Texto y vida:

Introducción a la literatura española

Bárbara Mujica

Georgetown University

JOHN WILEY & SONS, INC

To order books or for customer service please, call 1(800)-CALL-WILEY (225-5945).

Library of Congress Cataloging in Publication Data:
Texto y vida: introduction a la literature espanola / Barbara Mujica (editora).
     p. cm.
   Includes bibliographical references.
   ISBN 978-0-470-00250-6
    1. Spanish literature.   2. Spanish language——Readers I. Mujica, Barbara.
Kaminar de

Preface

The young woman who inspired this book graduated several years ago. At the time I met her, she was a sophomore Spanish major who was irate over having to study literature. "What good is literature?," she demanded angrily. "It has nothing to do with real life!"

"There is no such thing as literature," I told her. "There is *only* real life."

The young woman was taken aback, but she was listening.

I asked her to name a novel she had read in English, and she mentioned *A Tale of Two Cities*. We proceeded to discuss it, focusing on the historical moment, the political implications, the sociological context, the moral dilemmas of the characters. I asked her if she thought that the protagonist made the right decision in the end, if other options were open to him, if she would have had the courage to make a similar sacrifice in a crisis, and what comparable situations might someday arise in her own life. The young woman argued the issues with great conviction. She was in my office for nearly two hours.

"So you see," I told her. "There's no such thing as literature as an isolated subject. Literature is everything. It's history, politics, sociology, art, psychology, ethics. A literary piece is an author's own individual way of dealing with his or her personal world. Even the most fantastic or abstract poem or story is an individual's response to a particular reality. In this sense, literature is life. What we learn from literature is how others have dealt with pain, isolation, crisis, joy, and countless other human experiences. You may someday find that what you learned from your literature courses is more useful—yes, useful—than what you learned in economics or computer sciences."

The young woman went on to take many literature courses and to enjoy them, but the conversation spurred me to reconsider the way we teach literature to undergraduate students of Spanish, especially to those who are just beginning their literary studies. Often the emphasis is on history of literature (movements, styles), rather than issues. When the instructor conducts literary analysis, the focus is frequently form rather than content. Yet, long after our students have forgotten the characteristics of a **redondilla,** they will have to deal with the issues of temptation and self-control, authority and tyranny, freedom and responsibility, faith and reason, that are implicit or explicit in the works of Rojas, Lope, Calderón, and Unamuno. Will they derive strength and guidance from the texts they have read? Will they see any relationship between them and their own world?

Texto y vida: Introducción a la literatura española is a third-year textbook designed to introduce the advanced undergraduate to some of Spain's most representative authors and to focus on the relevance of their writings to the student's own life. Rather than a detailed anthology comparable to Ángel del Río's *Antología de la literatura española* or Bleznick and Pattison's *Representative Spanish Authors,* **Texto y vida** is an introductory collection containing selections from Spain's major literary periods. Works were chosen on the basis of their appeal and intelligibility to third-year students, as well as their literary merit. Because this collection was not designed to provide a complete survey of Spain's entire literary history, genres and movements that experience has shown to garner little interest from or to be too difficult for beginning literature students were eliminated. For example, the Golden Age is represented by several poems of Garcilaso de la Vega, a **tratado** from *Lazarillo de Tormes,* and selections by Cervantes, Lope, Quevedo, Zayas, and Calderón, all of which my own classroom testing has indicated are stimulating to students. Poets such as San Juan de la Cruz and Góngora, whose works present linguistic and conceptual obstacles that are often unsurmountable for the third-year student, do not appear. Although considered by some a minor writer, María de Zayas is included, not only because of her growing prestige among modern critics, but also because of her uniquely feminine perspective, to which today's students easily relate.

Difficult selections, particularly those from the Middle Ages and Renaissance, were modified to make them more accessible to students. Archaic spelling and grammatical constructions were modernized whenever it was possible to do so without changing the sense or tone of the text.

The works that comprise **Texto y vida** are of diverse genres: fiction, theater, poetry, essay. Because fragments of longer works present particular difficulty due to the fact that they appear out of context, complete selections have been used whenever possible. Short stories, rather than selections from novels, have been chosen to represent modern fiction. **Texto y vida** includes substantial pieces by a limited number of authors, rather than snippets from works by many authors. This will provide students with enough exposure to each author to develop a feeling for his or her work. Although the book covers all periods, it is weighted in favor of modern rather than early literature and prose rather than poetry because many instructors find that beginning literature students react best to twentieth-century prose.

The introductory essay that precedes each period includes pertinent information about the historical moment and the literary movement. The presentation of each individual selection includes information about the genre within the movement, the author's life and works, and the piece included here. The opinions set forth are based on my own careful readings of the texts, as well as of pertinent criticism. However, as all great literature is subject to diverse interpretations, my particular focus is by no means the only valid one. Furthermore, in many cases, space constraints have prevented me from developing a topic as much as I would have liked. Instructors and students are invited to take issue with my views and to supplement the information provided in the introductions and bibliographies.

Each selection is followed by three types of exercises: reading comprehension, literary analysis, and personal reaction. The reading comprehension questions are designed to focus on the most pertinent points of the selection. Since third-year students are usually still struggling with the complexities of Spanish, many have difficulty just grasping the main threads of the text. The comprehension questions will insure that the students have understood the content of the reading. The literary analysis questions serve as a guide to beginning literature students, focusing their attention on language, the use of literary devices, characterization, form, and genre. In some cases, students are asked to analyze a particular passage or to compare one author with another. The literary analysis questions are by no means exhaustive; instructors may want to add others of their own. The personal reaction questions, which appear under the heading **Texto y vida,** are designed to relate the text to the students' personal experience. By encouraging the students to deal with the social, moral, and ethical issues raised by a particular text, these questions will promote a comprehension of the universality of much human experience. In a successful learning situation, they will stimulate reflection on the relation of literature to life and help students to answer for themselves the question that my sophomore advisee asked me: What good is literature?

Texto y vida provides a number of aids to facilitate the student's work with the text. A glossary of literary terms appears at the beginning of the book. This contains the technical vocabulary—names of movements, devices, poetic meters, locutions—that are used in the introductions and literary analysis questions. Terms that appear in the glossary are marked with an asterisk. Each selection is accompanied by footnotes that will enable students to read without interrupting their concentration in order to look up difficult words. In order to allow instructors to pick and skip selections according to their own preferences, difficult words are defined whenever they appear, rather than only on the first instance. Whenever necessary, additional notes clarify obscure passages, explain specialized or regional terms, or identify historical or geographical names. The Spanish-English vocabulary at the end of the book includes all the words in the introductions, literary selections, and exercises.

The main objective of **Texto y vida: Introducción a la literatura española** is to whet the students' appetite for further literary study by showing that Spanish literature is interesting, vital, and relevant to their own lives. Whether it is the principal focus of the course or one component of a complete literature-culture-grammar program, this book is meant to make the students' first exposure to Spanish literature pleasant and stimulating, and to provide a foundation upon which students can build their future literary studies. A companion volume, **Texto y vida: Introducción a la literatura hispano-americana,** also published by Holt, Rinehart and Winston, provides an introduction to Spanish America's most representative authors from the Colonial period to the present.

Several of my friends and colleagues made significant contributions to this book. I wish to express my thanks to Professors Estelle Irizarry and Concha Alborg for their suggestions on modern women authors, to Professors Anthony Zahareas and E. Michael Gerli for furnishing bibliography on Juan Ruiz, to Glenn Wilson for preparing the Spanish-English vocabulary, and to the many reviewers for their sensible, helpful comments:

Acknowledgments

Professors Marta Altisent, University of California, Davis; Diana Alvarez, University of Kansas; Debra Castillo, Cornell University; Rosa Helena Chinchilla, University of Wisconsin, Milwaukee; Richard Curry, Texas A&M University; David Darst, Florida State University; Diana Frantzen, University of Indiana; Hazel Gold, Northwestern University; Virginia Higginbotham, University of Texas, Austin; Josaphat B. Kubayanda, Ohio State University; Angel Loureiro, University of Massachusetts, Amherst; Ernest Norden, Baylor University; Henry Sullivan, University of Florida; Gustavo Umpierre, Fordham University, Lincoln Center; Raymond L. Williams, University of Colorado; Roberto Veguez, Middlebury College; Kathleen Vernon, Cornell University.

Special thanks are due Irwin Stern, Richard Lindley, and Francisco Perea, who provided expert editing and made many useful suggestions, and to Isaac Goldemberg and Katherine Vardy, who offered valuable stylistic advice, and my dear friend Marilyn Pérez-Abreu, who sustained this project from beginning to end.

Barbara Mujica
Georgetown University
Washington, D. C., 1989

To my mother, with love

Table of Contents

Pequeño glosario de términos literarios

acto   división de una obra dramática

acotación   nota que se pone en una obra teatral para indicar la acción o movimiento de los personajes

alegoría   composición literaria o artística en que los personajes representan ideas o conceptos; representación simbólica de una idea abstracta por medio de un personaje o figura

amor cortés   concepto medieval del amor que idealiza a la dama, convirtiéndola en una diosa por quien el caballero hace sacrificios y hazañas a fin de demostrar su devoción

anécdota   relación breve de algún suceso curioso

argumento   materia de que se trata en una obra; sumario de la acción de una obra o de una parte de ella

aristotelismo   doctrina de Aristóteles (384–322 a. de C.), pensador griego que fue el oráculo de los filósofos escolásticos durante la Edad Media. En su *Poética* define las unidades de tiempo, lugar y acción que se emplean en el teatro clásico.

arquetipo   modelo primario, ejemplo de un tipo de personaje, obra u otra cosa

asonancia   identidad de las vocales en las terminaciones de dos palabras, por ejemplo, leyenda y oferta

auto: auto sacramental   obra en un acto escrita sobre algún tema relativo a la Biblia, al dogma o al misterio de la Eucaristía

barroco   estilo literario y artístico de los siglos XVI y XVII caracterizado por la profusión de ornamentación; en las artes visuales predomina la línea curva; en la literatura abundan los juegos de palabras, los giros rebuscados, la exageración, las formas cultas, las metáforas y los elementos decorativos

canción de gesta   poema épico que celebra las hazañas de héroes nacionales o legendarios

cantar   poesía popular puesta en música para cantarse

cante jondo   canto andaluz de marcada influencia gitana

cantiga   antigua composición poética que se cantaba

caricatura   figura ridícula en que se exageran o deforman las características de alguna persona

clásico   perteneciente a la literatura o al arte de la antigüedad griega y romana

clerecía: *Véase* mester de clerecía.

close-up   en la literatura, descripción íntima o detallada que imita una fotografía tomada desde una breve distancia o con un lente telescópico

comedia   obra dramática de cualquier género que sea. Lope de Vega distingue entre la comedia, la tragicomedia y la tragedia, la comedia siendo una obra de desenlace placentero en que no muere el héroe al final.

comedia de capa y espada   en el Siglo de Oro, una obra de teatro en que se retratan las costumbres de la clase caballeresca de la época; los personajes usan ropa de calle, que para los hombres incluye la capa y la espada

commedia dell'arte   tipo de obra dramática italiana de índole popular que se inició en el siglo XVI; los actores recibían un esquema de la acción e improvisaban el diálogo utilizando ciertos parlamentos y chistes establecidos; la *commedia dell' arte* influyó mucho en el desarrollo del teatro español del siglo XVI

conceptismo   estilo literario que se basa en el uso de conceptos

concepto   agudeza, dicho ingenioso; paradoja o sentencia en que se juntan dos ideas opuestas que, por el contexto o el sentido particular que se les da a los vocablos, no se contradicen (por ejemplo, «Muero porque no muero.»)

copla   composición poética breve; canción popular; combinación métrica que consta de cuatro o siete versos, y por lo común sirve para canciones populares

corral   patio descubierto donde se representaban comedias

costumbrismo   género literario dedicado a la descripción de las costumbres de una región particular

creacionismo   doctrina poética del chileno Vicente Huidobro y sus seguidores a principios del siglo XX; proclama la total autonomía del poema, el cual puede existir independiente de cualquier relación a la realidad objetiva

crónica   historia de un acontecimiento verídico

cuarteto   combinación métrica de cuatro versos

culteranismo   estilo literario que, en vez de expresar las ideas con naturalidad y sencillez, emplea manerismos y refinamientos, por ejemplo, extranjerismos, cultismos, giros rebuscados y juegos retóricos

cultismo   palabra o expresión culta o erudita

dadaísmo   escuela de arte de principios del siglo XX que intenta suprimir cualquier relación entre el pensamiento y la expresión

décima   estrofa de diez versos octosílabos con la siguiente rima: *abba ac cddc*

desenlace   solución del problema central de una obra dramática o de una novela

doble sentido   dícese de una palabra o expresión que puede entenderse de más de una manera

elegía   composición lírica en que se lamenta la muerte de una persona o cualquier otro asunto triste

enciclopedismo   conjunto de doctrinas profesadas por los autores de la Enciclopedia, una obra extensa que contiene artículos sobre muchas ciencias y artes, publicada en Francia a mediados del siglo XVIII; estos autores hicieron hincapié en la razón y en el conocimiento empírico

endecasílabo   verso de once sílabas

engagement   doctrina de los escritores existencialistas franceses de mediados del siglo XX, en particular, Jean-Paul Sartre, según la cual el artista debe comprometerse ideológicamente y poner su creación al servicio de su compromiso

enlace   unión, conexión entre una cosa y la otra

entremés   pieza jocosa de un acto que solía representarse entre una y otra jornada de una comedia

épica   epopeya; poema extenso, de asunto heroico, como *La Ilíada*

epíteto   adjetivo o frase descriptiva que no califica al sustantivo sino que acentúa su carácter

epopeya   épica; poema narrativo extenso, de elevado estilo, que cuenta las hazañas de alguna heroica figura legendaria o histórica

escena   sitio o parte de un teatro en que se representa la acción dramática; cada una de las partes en que se divide el acto de una obra dramática en que hablan los mismos personajes

escolástico   perteneciente al escolasticismo, filosofía de la Edad Media en la que domina la enseñanza de Aristóteles

esperpento   forma literaria inventada y cultivada por Ramón del Valle Inclán, en la que dominan lo feo, lo grotesco y lo absurdo

estribillo   cláusula en verso que a veces aparece al principio de una composición lírica y se repite al final de cada estrofa

estrofa   en un poema, cualquiera de las partes compuestas de un mismo número de versos y ordenadas de modo igual

fábula   relato ficticio con que se encubre o disimula una verdad

fabulista   persona que compone o escribe fábulas literarias

flashback   retrospectiva; escena que tuvo lugar en un momento previo a la acción principal

folklorismo   cultivo o estudio del folklore, es decir, del conjunto de las tradiciones, costumbres y creencias de las clases populares

generación del '98   nombre dado a un grupo de escritores formado a fines del siglo XIX a raíz de la pérdida de las últimas colonias españolas; caracteriza su obra la introspección personal y la preocupación por el futuro de su patria

gesta: canción de gesta   poema épico en que se celebran las hazañas de algún héroe histórico o legendario

gongorismo   estilo literario iniciado por Luis de Góngora (1561–1627), caracterizado por la oscuridad y la ornamentación; culteranismo

gracioso personaje cómico, generalmente un criado, que se caracteriza por su ingenio

hipérbole figura retórica que consiste en exagerar, aumentar o disminuir excesivamente las cualidades de la persona o cosa que se describe

humanismo cultivo y estudio de las letras clásicas; movimiento intelectual que duró desde fines del siglo XIV hasta principios del siglo XVI que, rompiendo con el escolasticismo medieval, exaltó al hombre, fomentó el estudio de las ciencias y de las letras grecolatinas y trató de dar un sentido racional a la vida

iluminación francesa movimiento filosófico del siglo XVIII caracterizado por la confianza en la capacidad de la razón humana para resolver los problemas de la vida

Ilustración *Véase* iluminación francesa.

imagen representación viva de una cosa o de una visión poética por medio del lenguaje

impresionismo estilo pictórico que se origina a fines del siglo XIX en Francia con las pinturas de Claude Monet (1840-1926) y después se adapta a la literatura; consiste en la representación de las sensaciones o impresiones que producen las cosas en el temperamento del lector en vez de la descripción realista de la cosa misma

intrahistoria la historia concebida no como una sucesión de datos cronológicos sino como la repetición eterna de actividades y situaciones que son fundamentales a la vida humana

ironía burla disimulada; figura retórica que consiste en dar a entender lo contrario de lo que se dice

jarcha en la lírica medieval, estrofa final de ciertos poemas árabes o hebreos, escrita en mozárabe

jornada en el Siglo de Oro, acto de una obra dramática

juego de palabras artificio que consiste en usar palabras en sentido equívoco o en varios de sus significados, o en emplear dos o más vocablos que sólo se diferencian en una de sus letras

juglar trovador, poeta; en la Edad Media, el que por dinero u otra recompensa recitaba o cantaba poemas para el recreo de los reyes y de los nobles

juglaría: *Véase* mester de juglaría.

letrilla composición poética de versos cortos que se pone en música; composición poética de tipo amoroso, festivo o burlesco que se divide en estrofas, al fin de cada una de las cuales se repite como estribillo la idea general de la composición

leyenda relación de sucesos que tiene tanto de lo tradicional y lo maravilloso como de lo histórico

lírica poesía propia para el canto; poesía en que el poeta expresa sus propios sentimientos e ideas (en contraste con la poesía épica o dramática)

máxima sentencia, regla o doctrina que sirve para guiar las acciones morales

medieval perteneciente a la Edad Media, el período anterior a la segunda mitad del siglo XV

medievo Edad Media

mester de clerecía poesía cultivada por clérigos u otras personas eruditas durante la Edad Media; se escribía en abadías y monasterios

mester de juglaría en la Edad Media, poesía de los juglares o cantores populares

metáfora figura retórica por la cual se transporta el sentido de una palabra a otra mediante una comparación

monólogo escena dramática en que habla una sola persona

monólogo interior sucesión de pensamientos que no se articulan en voz alta

mozárabe dialecto del español antiguo que hablaban los cristianos sometidos a la dominación árabe

muguasaja poema árabe o hebreo que al final tiene unos versos en mozárabe

narrador no fidedigno (o infidente) narrador que cuenta una historia desde su propia perspectiva sin darle al lector una idea objetiva de la acción

narrativa relato en que se expone una sucesión de hechos

naturalismo escuela literaria de la segunda mitad del siglo XIX que intenta aplicar un método semejante al científico a la novela, usando datos compilados de la observación y de la experiencia; hace hincapié en los aspectos negativos de la sociedad: la pobreza, el abuso, el alcoholismo, la criminalidad, la enfermedad

neoclasicismo movimiento literario del siglo XVIII que cultiva la imitación de las formas clásicas y las del Renacimiento español

neoplatonismo filosofía renacentista basada en la de Platón e introducida en España por los humanistas italianos; predica el culto a la belleza idealizada por el cual, según esta filosofía, el hombre puede aproximarse a Dios

novela de tesis una novela que sostiene una tesis política o moral

novela pastoril novela o romance que se desarrolla en un ambiente bucólico y en que los personajes son pastores o damas y caballeros disfrazados como tal

novela picaresca género de novela del Siglo de Oro que relata las aventuras y andanzas de un pícaro o truhán, caracterizada por la aguda sátira social

novelesco propio de la novela, es decir, que narra acciones fingidas, episodios o aventuras

objetivismo imparcialidad, desinterés; calidad de existir independientemente del sujeto que observa

octava combinación métrica de ocho versos de once sílabas cada uno, de los cuales riman entre sí el primero, tercero y quinto; el segundo, cuarto y sexto; y el séptimo y octavo

octosílabo verso de ocho sílabas

partida parte; registro o documento certificado; cada una de las siete partes de la compilación de leyes que hizo Alfonso el Sabio

paso pieza dramática muy breve

pastoril *Véase* novela pastoril

perspectivismo la representación de una situación o cosa desde diversas perspectivas o puntos de vista

posromanticismo período que sigue al romanticismo a mediados del siglo diecinueve

precursor artista o pensador que profesa doctrinas o desarrolla un estilo que hallará acogida en un tiempo venidero

quintilla combinación métrica de cinco versos de ocho sílabas cada uno

realismo movimiento literario de la segunda mitad del siglo XIX que produce novelas en que se intenta reproducir artísticamente la realidad social e histórica

redondilla estrofa de cuatro versos octosílabos que riman *abba*

refrán dicho sentencioso de uso común; proverbio o dicho

regionalismo corriente literaria que intenta reproducir las costumbres y creencias de una región determinada

Renacimiento época que comenzó a mediados del siglo XV, en que se despertó en Europa un vivo interés por el estudio de la antigüedad clásica y florecieron todas las artes

retórica arte de bien decir, de darle al lenguaje escrito y hablado eficacia para persuadir, deleitar y conmover

retrospectiva flashback; escena que tuvo lugar en algún momento del pasado

romance idioma español; el español antiguo; combinación métrica que consiste en repetir al fin de todos los versos pares una misma asonancia; composición poética escrita en romance

romance caballeresco novela de caballerías; romance que relata las aventuras y hazañas de un caballero andante

romancero colección de romances

romanticismo movimiento literario y artístico de principios del siglo XIX que rompió con las reglas y disciplina del neoclasicismo y cultivaba, a su lugar, el sentimentalismo, el subjetivismo y la libertad artística

sátira composición cuyo propósito es censurar o poner en ridículo a personas o cosas

seguidilla copla de cuatro versos de los cuales el primero y tercero son de siete sílabas y el segundo y cuarto son de cinco y asonantes

Siglo de Oro período que se extiende desde principios del siglo XVI hasta fines del siglo XVII, en el que florecieron la literatura, el drama, la pintura, la arquitectura, las artes decorativas y la filosofía

simbolismo movimiento poético francés de fines del siglo XIX que representa una reacción contra el realismo y el naturalismo; el simbolismo intenta darle expresión a lo misterioso e intangible; busca la musicalidad en vez de la representación plástica

símbolo imagen, figura o palabra con que se representa un concepto moral o intelectual

soliloquio monólogo que no se dirige a otra persona

soneto composición poética que consta de catorce versos de once sílabas cada uno distribuidos en dos cuartetos (combinaciones de cuatro versos) y dos tercetos (combinaciones de tres versos)

subjetivismo predominio de la reacción personal, del pensar y sentir; define el objeto en términos del sujeto que lo observa

surrealismo movimiento literario y artístico que intenta expresar el pensamiento puro con exclusión de toda lógica o preocupación ética, traspasando lo objetivamente real para buscar una realidad más auténtica

teatro subterráneo   tipo de teatro que se desarrolló durante los años de intensa censura impuesta por el general Francisco Franco, dictador de España entre 1936 y 1975; se trata de obras de violenta crítica social y política que se representaban a menudo en cafés, sin escenario, permitiendo que se borrara toda evidencia del espectáculo en caso de la llegada de la policía

terceto   combinación de tres versos endecasílabos

tragedia   obra de teatro de desenlace triste que termina usualmente con la muerte del protagonista

tragicomedia   obra de teatro que combina elementos de la comedia y de la tragedia

tremendismo   tendencia de algunos novelistas de mediados del siglo XX a acentuar la violencia, la perversión y la crueldad

trovar   componer versos

ultraísmo   movimiento literario iniciado en 1919; agrupaba a poetas españoles e hispanoamericanos que pedían una ruptura con las tradiciones poéticas del pasado y la renovación total del arte poético

verso   línea de poesía

La Edad Media española

a Edad Media comprende un período de aproximadamente mil años transcurridos desde la derrota del Imperio Romano, a fines del siglo V, hasta la unificación de los estados de la península ibérica durante la segunda mitad del siglo XV. Pero la historia de España comienza mucho antes.

Los primeros habitantes de la península eran los iberos, un pueblo agrícola de origen mediterráneo. Desde Andalucía, donde se habían establecido, los iberos se dirigieron hacia la costa oriental y ocuparon el valle del Ebro y la región de Aquitania, en el sur de Francia. Durante los primeros siglos de la época precristiana hubo numerosas invasiones de la península. Entre los invasores que influyeron más en el futuro desarrollo de España se incluyen los celtas, de procedencia centroeuropea, quienes se establecieron en la meseta española y en la zona de la Galia (Galicia y Portugal). La fusión de los celtas y los iberos, junto a otros pueblos indígenas, produjo un nuevo tipo: el celtíbero. Más tarde, fenicios y griegos llegaron a la península y fundaron colonias, hasta que hacia el siglo VI antes de Cristo, los cartagineses, un gran poder marítimo, comenzaron a dominar la región meridional.

Roma, que dominaba la península italiana, se enfrentó con Cartago, su rival en el control del Mediterráneo, unos doscientos años antes del nacimiento de Cristo. En la Península Ibérica los romanos tropezaron con dura resistencia de parte de las poblaciones indígenas. Cuando finalmente triunfaron, sometieron la península a su poder unificador, imponiendo la lengua latina y el sistema legislativo romano. La eficacia de la romanización de la península se ve claramente en el idioma: El 90 por ciento de las palabras del español actual son de origen latino. Los romanos construyeron acueductos, teatros, baños, arenas, calzadas, arcos de triunfo y puentes cuyos restos forman una parte integral del patrimonio de la España actual. Las letras latinas también florecieron en la

Península Ibérica, produciendo luminares literarios tales como el filósofo y dramaturgo Lucio Anneo Séneca (¿4?–65).

Según la tradición, el cristianismo se introdujo muy temprano en los estados de Hispania (la España romana), habiendo sido predicado por los apóstoles Santiago y San Pablo. La nueva religión adquirió rápidamente importancia dentro del Imperio, especialmente después de que el emperador Constantino (muerto en 337) proclamó la tolerancia de los adherentes a la nueva fe.

A la caída del Imperio Romano, varios pueblos bárbaros invadieron y saquearon la península. En 412 los visigodos, pueblo más civilizado que los anteriores, invadieron la Galia y pasaron a Hispania, donde preponderaron durante tres siglos. Los hechos más importantes de la ocupación visigoda fueron la unidad religiosa realizada en 589 bajo Recaredo, quien abrazó el cristianismo y lo estableció como la religión oficial, y la publicación del Fuero Juzgo, código que refundía las legislaciones visigodas e hispanorromanas.

En 711 los árabes invadieron la península y derrotaron a don Rodrigo, el último rey visigodo. Los partidarios de don Rodrigo se refugiaron en las montañas del norte de España, y allí se organizó la resistencia.

En 755 la España árabe se independizó de Damasco—hasta entonces sede de la dinastía Omeya—cuando Abderramán I fundó el Emirato Independiente. Más tarde, Abderramán III transformó el emirato en Califato de Córdoba (929). (Un califato era un territorio gobernado por un califa, o príncipe.) Córdoba alcanzó fama internacional como centro artístico y cultural, pero con el tiempo el territorio musulmán acabó fraccionándose en pequeños estados, llamados *taifas*, lo cual señaló el comienzo de la decadencia árabe en la península.

Mientras florecía la cultura árabe en el sur, los cristianos, refugiados en las montañas asturianas, emprendieron la reconquista de su territorio. En 718, las tropas de Pelayo derrotaron a los árabes en Covadonga, iniciando la larga lucha que duraría unos ochocientos años contra la dominación musulmana.

La situación política que existía durante la Reconquista era muy compleja. En el norte estaban los estados cristianos: León, Castilla, Aragón, Navarra, Barcelona. En el sur estaban los territorios moros: Sevilla, Granada, Córdoba, Valencia. Había judíos viviendo en todas partes de la península. Aún después del comienzo de la Reconquista, las alianzas no se formaban siempre según líneas étnicas. Era común que un rey cristiano se aliara con monarcas moros para proteger sus intereses. Muchos de los territorios moriscos eran dependencias de reinos cristianos y pagaban un tributo (impuesto) a cambio de protección contra otros reinos moros o cristianos. Estos tributos eran una fuente de conflictos entre los estados cristianos. Otra fuente de conflictos era la costumbre de los reyes españoles de dividir sus reinos entre sus hijos. Esta es la situación que se refleja en la primera gran obra literaria que nos ha llegado: *El Cantar de Mio Cid.*

Durante este período de lucha, crecieron las cortes de los diversos estados cristianos y se desarrolló su poder comercial y militar. Estos estados fueron uniéndose por medio de alianzas matrimoniales y otras circunstancias históricas hasta que en 1479, con el casamiento de Fernando V de Aragón e Isabel de

Castilla, los Reyes Católicos, se logró la unificación de los reinos cristianos y se dio inicio a la nación española. En 1492, al derrotar a las fuerzas árabes en Granada, Fernando e Isabel pusieron fin al dominio musulmán.

Comienzos de la literatura española

Los primeros trozos literarios que nos han llegado de la Edad Media son poemas. Tradicionalmente, la poesía se divide en tres géneros: lírica, épica y dramática. La *lírica* es poesía cantada en la cual el poeta expresa sus sentimientos personales. Originalmente, el poeta se acompañaba con una lira, un antiguo instrumento músico de cuerdas. La *épica* es narrativa, de estilo elevado, y cuenta las hazañas de algún gran héroe. Un poema épico se llama una *epopeya*—de la palabra griega *epos*, discurso. Las dos epopeyas griegas más conocidas son *La Ilíada,* que narra la guerra de Troya y el rapto de Helena, y *La Odisea,* que cuenta los viajes de Ulises, compuestas ambas por el poeta Homero. La poesía *dramática* es la que se usa para la acción teatral; no florece en España hasta principios del Renacimiento.

Por mucho tiempo se creía que la literatura española comenzaba con *El Cantar de Mio Cid,* un largo poema épico que narra las hazañas de un héroe nacional, don Rodrigo de Vivar. Pero el descubrimiento de las *jarchas* a mediados de nuestro siglo reveló que la tradición lírica española era tal vez aún más antigua que la épica.

¿Qué es una *jarcha*? Los poetas cultos judíos y musulmanes hacían unas composiciones llamadas *muguasajas*, escritas en hebreo o árabe, las cuales terminaban en una estrofilla en el dialecto español que hablaban los mozárabes (cristianos sometidos a la dominación mora). Esta estrofilla, escrita en una lengua diferente de la del resto del poema, se llamaba una *jarcha.* El lenguaje era más bien conversacional. A veces una palabra árabe se mezclaba con el romance (el español primitivo). El tema era casi siempre el amor: una joven que sufre por la ausencia de su amado confía su pena a su madre, hermana o amiga, como en el siguiente ejemplo:

Vaise mio corachón de mib.	Se va mi corazón de mí.
¡Ya Rab! ¿si se me tornarad?	¡Ay Dios! ¿acaso tornará?
Tan mal mío doler *li-l-habib:*	Tan grande es mi dolor por el amado:
enfermo yed, ¿cuánd sanarad?	enfermo está, ¿cuándo sanará?

Estas jarchas sobrevivieron, a veces con modificaciones, y se incorporaron al cuerpo de canciones folklóricas que se cantan aún hoy en partes de España y Latinoamérica. Hoy en día algunos historiadores dudan de la autenticidad de muchas de las jarchas. Alegan que estos trozos presentan problemas de interpretación lingüísticas y culturales que el crítico moderno no puede resolver.

A principios del siglo XIII florecía en el norte de la península la lírica gallego-portuguesa. Estudios recientes indican que la lírica gallego-portuguesa y la castellana comparten una raíz común, ya que ambas parecen tener alguna relación con la *jarcha*. La lírica gallego-portuguesa tradicionalmente se divide en tres categorías: las *cantigas de amigo* (canciones de tipo popular), *las cantigas de amor* (composiciones cortesanas), y las *cantigas de escarnio y maldecir* (composiciones de censura personal o crítica social). Típicamente, las cantigas son canciones breves en las que una joven se queja de la ausencia de su amado, aunque las hay de muchos tipos. Las *Cantigas de Santa María* de Alfonso X (1221–1284) son una colección de milagros y alabanzas a la Virgen, escritas todas, excepto una, en gallego-portugués. Son livianas, gráficas y, a veces, aun algo escabrosas.

La lírica culta muestra una clara influencia de la poesía provenzal, la cual llega a la Península Ibérica por medio de los muchos monjes, artistas y trovadores franceses que atraviesan los Pirineos. En esta poesía domina el concepto del amor como aflicción; el amante sufre por la amada, la cual se convierte en una diosa inalcanzable que el poeta contempla y adora con un fervor casi religioso. Estos conceptos se mantendrán vigentes durante toda la Edad Media y serán la base de la poesía amorosa del Renacimiento.

Sobre *El Cantar de Mio Cid*

La primera obra extensa que se ha conservado de la Edad Media española es una *epopeya: *El Cantar de Mio Cid*. Es posible que existieran muchos poemas de este tipo durante el siglo XIII, pero *El Cid* es el único que se ha conservado casi intacto.

El Cantar de Mio Cid cuenta la historia de Rodrigo Díaz de Vivar, nacido probablemente alrededor de 1043 en Vivar, al norte de Burgos. Hijo de nobles, fue enviado a educarse junto al príncipe Sancho, hijo de Fernando I, rey de Castilla y León. En 1063, Rodrigo acompañó al príncipe en una expedición contra Graus, ciudad que se encontraba en el reino moro de Zaragoza. Graus era un tributario de Castilla—es decir, le pagaba a Castilla un tributo como muestra de sumisión—y por lo tanto estaba bajo la protección del padre de Sancho. Pero Ramiro I de Aragón, tío del príncipe Sancho, deseaba tomar Zaragoza y había atacado Graus, muriendo en la batalla.

En diciembre del mismo año, el rey Fernando dividió su reino, incluyendo los estados moros que pagaban tributos, entre sus tres hijos. Después de la muerte de Fernando, Sancho, ahora rey de Castilla, nombró a Rodrigo alférez y le encargó que estableciera la frontera entre Navarra y Castilla. Rodrigo desempeñó el cargo brillantemente, dando así prueba de su acumen militar. Después de esta victoria fue conocido por el nombre de Campeador, que significa «gran guerrero». Siguen muchas otras batallas y triunfos. Rodrigo gana el respeto tanto de cristianos como de moros. Estos lo llaman Sidi (Cid), título de respeto que significa «señor».

El acontecimiento que da comienzo al poema es el siguiente: Muerto Sancho, el rey Alfonso VI de Castilla y León manda a Rodrigo a cobrar las parias (tributos) al rey moro de Sevilla. Al volver el Cid a Castilla, se encuentra con que sus enemigos lo han acusado de no entregar todo el dinero. A causa de esta calumnia, el rey destierra al Cid de León y de Castilla. Entonces Rodrigo reúne a sus vasallos y parientes, quienes optan por acompañarlo en el destierro. Como es costumbre en la literatura de este período, las emociones se revelan por medio de la imagen concreta. El héroe muestra su tristeza al llorar a lágrima viva. Al pasar el Cid por Burgos, nadie se atreve a ofrecerle asilo por miedo al rey. El poema nos hace sentir la solidaridad del pueblo con el héroe; en todas las bocas está el mismo lamento: «¡Dios, qué buen vassallo si oviesse buen señore!»

El Cid se distingue no sólo como gran guerrero, sino también como esposo y padre. Se dirige al monasterio de Cardeña a despedirse de su mujer, doña Ximena, y de sus dos hijas, quienes se quedarán allí bajo la protección del abad. La escena de la despedida es solemne y enternecedora.

Los siguientes episodios narran con vivo realismo los esfuerzos de Rodrigo Díaz de Vivar por probar su inocencia y por volver a ganarse el respeto del rey. Otro tema importante es el casamiento de las hijas del Cid con los cobardes e innobles Infantes de Carrión, quienes primero abusan a las jóvenes y las abandonan después. Si las proezas militares definen al Cid como un gran guerrero, sus esfuerzos por proteger a sus hijas lo caracterizan como un padre ejemplar.

En muchos episodios el Cid demuestra no sólo su fuerza superior, sino también su generosidad y su sentido de moderación. Por ejemplo, en la batalla contra Búcar, rey de Marruecos, el Cid trata de evitar el tener que matar a su adversario ofreciéndole su amistad; el Cid sólo ataca y mata al monarca árabe cuando éste se niega a hacer las paces.

Los sucesos se cuentan de una manera bastante sencilla y directa, sin idealizar sobremanera al protagonista. El Cid encarna los valores más fundamentales de la España medieval—la fe, el coraje, el honor, la fidelidad al soberano, la generosidad, el amor paterno—pero manteniendo al mismo tiempo cierta dimensión humana.

Existen dos teorías sobre los orígenes del poema del Cid, la tradicionalista y la individualista. La primera, propuesta por Ramón Menéndez Pidal (1869–1968) plantea la hipótesis de la creación colectiva y coloca la composición del poema alrededor de 1140. Según esta hipótesis, el poema, creado por un individuo, va transmitiéndose de una generación a otra y, en el proceso, va modificándose hasta convertirse en una obra anónima y colectiva. Es decir, al pasar de un *juglar a otro, termina siendo un producto de colaboración colectiva y, por lo tanto, una expresión auténtica del espíritu del pueblo. *El Cantar de Mio Cid* formaría, entonces, parte del *mester de juglaría; es decir, sería el producto de un largo proceso en el cual se produjeron numerosos relatos épicos gracias al arte de los juglares. En tal caso los asuntos que se narran en estos poemas se mantendrían bastante próximos a los hechos históricos, ya que los primeros narradores habrían oído los acontecimientos de alguien que los había presenciado.

La segunda hipótesis es que *El Cantar de Mio Cid* fue una creación individual. Los proponentes de esta hipótesis dicen que los *cantares de gesta— es decir, los poemas épicos que celebran las hazañas de héroes nacionales o legendarios—sólo tomaron forma varios siglos después de ocurrir los acontecimientos que describen, y están basados en crónicas o leyendas populares. Según esta hipótesis, tales cantares forman parte del *mester de clerecía; es decir, se escribieron en alguna abadía o monasterio. En 1983, el crítico inglés Colin Smith publicó un libro que se llama *The Making of the Poema de Mio Cid,* en el cual propone que *El Cid* se compuso alrededor de 1207 y que fue el primer poema épico castellano. Según el profesor Smith, la obra es experimental en el sentido de que fue una innovación literaria sin precedentes en castellano u otros idiomas de la Península Ibérica. Dice que el autor fue Per Abbat (o Pedro Abad), un clérigo con amplios conocimientos jurídicos, los cuales se manifiestan claramente en el poema; anteriormente, se había creído que Per Abbat era sencillamente el copista. La teoría de Colin Smith ha despertado bastante atención. Sin embargo, muchos expertos la encuentran errónea. El medievalista norteamericano Samuel G. Armistead ha demostrado que varias de las suposiciones del profesor Smith son inexactas.

El Cid es una de las grandes figuras míticas no sólo de España sino de Europa. Durante el siglo XV fue el tema de numerosos romances, y desde entonces ha inspirado obras de arte de diversos géneros—dramas, poemas y aun un ballet y una película.

Ediciones

Menéndez Pidal, Ramón. *Poemas de Mio Cid.* Madrid: Espasa Calpe, 1971

Smith, Colin. *Poema de Mio Cid.* Madrid: Cátedra, 1983

Crítica

Armistead, Samuel G. "Epic and Ballad: A Traditionalist Perspective." *Olifant* 8.4 (1981): 376–388

―――."The Initial Verses of the *Cantar de Mio Cid.*" *Corónica* 12.2 (Spring 1984): 178–186

Catalán, Diego. "El *Mio Cid:* nueva lectura de su intencionalidad política." *Symbolae Ludovico Mitxelena* N.p.: Victora, 1985. 807–819

De Chasca, Edmund. *El arte juglaresco en Cantar del Mio Cid.* Madrid: Gredos, 1972

―――. *The Poem of the Cid.* Boston: Twayne, 1976

Deyermond, Alan. "Tendencies in *Mio Cid* Scholarship, 1943–1973." *Mio Cid Studies.* London: Tamesis, 1977. 13–77

Faulhaber, C. B. "Neo-traditionalism, Formulism, Individualism, and Recent Studies on the Spanish Epic." *Romance Philology,* 30 (1976–7): 83–101

Funes, L. «Gesta, refundición, crónica: deslindes textuales en *Las mocedades de Rodrigo.*» *Incipit* 7 (1987):69–94

Lacarra, M. E. *El Poema de Mio Cid: realidad histórica e ideología.* Madrid: Porrúa Turanzas, 1980

Lapesa, Rafael. «Sobre el *Cantar de Mio Cid,* crítica de críticas: Cuestiones históricas.» *Essays on Narrative Fiction in the Iberian Peninsula in Honour of Frank Pierce,* Ed. R. B. Tate, Oxford: Dolphin, 1982, 55–66

López Estrada, Francisco. *Panorama crítico sobre el Poema de Mio Cid.* Madrid: n.p., 1980

Magnotta, M. *Historia y bibliografía de la crítica sobre el Poema de Mio Cid (1750–1971).* Chapel Hill: University of North Carolina Press, 1976

Menéndez Pidal, Ramón. *Cantar de Mio Cid. Texto, Gramática y Vocabulario,* 3 vol. Madrid: 1954–1956

Pattison, D. G. *From Legend to Chronicle: the Treatment of Epic Material in Alphonsine Historiography.* Oxford, 1983

Smith, Colin. *The Making of the Poema de Mio Cid.* Cambridge, Eng.: Cambridge University Press, 1983

Urbieto Arteta, A. *El Cantar de Mio Cid y algunos problemas históricos.* Valencia: Anubar, 1973

Webber, Ruth H. "The *Cantar de Mio Cid:* Problems of Interpretation." *Oral Tradition in Literature: Interpretation in Context.* Ed. John Miles Foley. Columbia: University of Missouri Press, 1986. 65–88

El Cantar de Mio Cid

ANÓNIMO

El Cid entra en Burgos, donde el Rey ha prohibido que le den posada y le vendan provisiones.

I

1 De los sos ojos   tan fuerte mientre lorando
  tornava la cabeça   y estava los catando.
  Vio puertas abiertas   e uços sin cañados,
  alcandaras vazias   sin pielles e sin mantos
5 e sin falcones   e sin adtores mudados.
  Sospiro mio Çid   ca mucho avie grandes cuidados.
  Ffablo mio Çid   bien e tan mesurado:
  ‹¡Grado a ti, señor,   padre que estas en alto!
  ¡Esto me an buelto   mios enemigos malos!›

II

1 Alli pienssan de aguijar,   alli sueltan las riendas.
  A la exida de Bivar   ovieron la corneja diestra
  y entrando a Burgos   ovieron la siniestra.
  Meçio mio Çid los ombros   y engrameo la tiesta:
5 ‹¡Albriçia, Albar Ffañez,   ca echados somos de tierra!›

III

1 Mio Çid Ruy Diaz   por Burgos entrava,
  en su compaña   pendones levava.
  Exien lo ver   mugieres e varones,
  burgeses e burgesas   por las finiestras son,
5 plorando de los ojos   tanto avien el dolor.
  De las sus bocas   todos dizian una razon:
  ‹¡Dios, que buen vassalo!   ¡Si oviesse buen señor!›

El Cid entra en Burgos, donde el Rey ha prohibido que le den posada y le vendan provisiones.

I

1 Los ojos de Mío Cid mucho llanto van llorando
hacia atrás vuelve la vista y se quedaba mirándolos.
Vio cómo estaban las puertas abiertas y sin candados,[1]
vacías quedan las perchas[2] ni con pieles ni con mantos,
5 sin halcones[3] de cazar y sin azores mudados.[4]
Suspira el Cid porque va de pesadumbre cargado.
Y habló, como siempre habla, tan justo y tan mesurado:
«¡Bendito seas Dios mío, Padre que estás en lo alto!
Contra mí tramaron[5] esto mis enemigos malvados.»

II

1 Ya aguijan[6] a los caballos, ya les soltaron las riendas.
Cuando salen de Vivar ven la corneja a la diestra,[7]
pero al ir a entrar en Burgos la llevaban a su izquierda.
Movió Mío Cid los hombros y sacudió la cabeza
5 «¡Animo, Alvar Fáñez,[8] ánimo, de nuestra tierra nos echan,
pero cargados de honra hemos de volver a ella!»

III

1 Ya por la ciudad de Burgos el Cid Ruy Díaz entró.
Sesenta pendones[9] lleva detrás el Campeador.
Todos salían a verle, niño, mujer y varón,
a las ventanas de Burgos mucha gente se asomó.
5 ¡Cuántos ojos que lloraban de grande que era el dolor!
Y de los labios de todos sale la misma razón:
«¡Qué buen vasallo sería si tuviese buen señor!»

---

*The left-hand column presents an original version, the right-hand column, a modernized version to which all notes refer.
[1] locks, fastenings
[2] racks
[3] falcons
[4] **azores**...molted hawks
[5] plotted, connived
[6] spur on
[7] **la**...the crow on the right (a sign of good luck)

[8] Alvar Fáñez is identified as the Cid's nephew and right-hand man. Historically, he was a respected warrior in his own right, but probably had little to do with the Cid. The nickname *Minaya*, that is used to refer to him is from the Iberian Basque *anai*, meaning "brother." Thus, *mi-anai*, "my brother." (See *Poema de Mio Cid*, ed. Colin Smith, p. 3)
[9] banners

IV

1 Conbidar le ien de grado   mas ninguno non osava;
    el rey don Alfonsso   tanto avie la grand saña,
    antes de la noche   en Burgos del entro su carta
    con grand recabdo   e fuerte mientre sellada,
5 que a mio Çid Ruy Diaz   que nadi nol diesse posada,
    e aquel que gela diesse   sopiesse—vera palabra—
    que perderie los averes   e mas los ojos de la cara
    e aun demas   los cuerpos e las almas.
    Grande duelo avien   las yentes christianas;
10 asconden se de mio Çid   ca nol osan dezir nada.
    El Campeador   adeliño a su posada;
    asi commo lego a la puerta   falola bien çerrada
    por miedo del rey Alfonsso   que assi lo avien parado
    que si non la quebrantas por fuerça   que non gela abriese nadi.
15 Los de mio Çid   a altas vozes laman,
    los de dentro   non les querien tornar palabra.
    Aguijo mio Çid,   a la puerta se legava,
    saco el pie del estribera,   una feridal dava;
    non se abre la puerta   ca bien era çerrada.
20 Una niña de nuef años   a ojo se parava:
    ‹¡Ya Campeador   en buen ora çinxiestes espada!
    El rey lo ha vedado,   anoch del entro su carta
    con grant recabdo   e fuerte mientre sellada.
    Non vos osariemos abrir   nin coger por nada;
25 si non, perderiemos   los averes e las casas
    e demas   los ojos de las caras.
    Çid, en el nuestro mal   vos non ganades nada;
    mas ¡el Criador vos vala   con todas sus vertudes santas!›
    Esto la niña dixo   e tornos pora su casa.
30 Ya lo vee el Çid   que del rey non avie graçia.
    Partios de la puerta,   por Burgos aguijava,
    lego a Santa Maria,   luego descavalga,
    finco los inojos,   de coraçon rogava.
    La oraçion fecha   luego cavalgava;
35 salio por la puerta   e en Arlançon pasava.
    Cabo essa villa   en la glera posava,
    fincava la tienda   e luego descavalgava.
    Mio Çid Ruy Diaz   el que en buen ora çinxo espada
    poso en la glera   quando nol coge nadi en casa,

IV

1 De grado le albergarían,[10] pero ninguno lo osaba,
que a Ruy Díaz de Vivar le tiene el rey mucha saña.[11]
La noche pasada a Burgos llevaron una real[12] carta
con severas prevenciones[13] y fuertemente sellada
5 mandando que a Mío Cid nadie le diese posada,
que si alguno se la da sepa lo que le esperaba:
sus haberes[14] perdería, más los ojos de la cara,
y además se perdería salvación de cuerpo y alma.
Gran dolor tienen en Burgos todas las gentes cristianas,
10 de Mío Cid se escondían: no pueden decirle nada.
Se dirige Mío Cid adonde siempre paraba;
cuando a la puerta llegó se la encuentra bien cerrada.
por miedo del rey Alfonso acordaron los de casa
que como el Cid no la rompa no se la abrirán por nada.
15 La gente de Mío Cid a grandes voces llamaba,
los de dentro no querían contestar una palabra.
Mío Cid picó el caballo, a la puerta se acercaba,
el pie sacó del estribo,[15] y con él gran golpe daba,
pero no se abrió la puerta que estaba muy bien cerrada.
20 La niña de nueve años muy cerca del Cid se para
«Campeador que en bendita hora ceñiste la espada[16]
el rey lo ha vedado,[17] anoche a Burgos llegó su carta,
con severas prevenciones y fuertemente sellada.
No nos atrevemos, Cid, a darte asilo por nada,
25 porque si no perderíamos los haberes y las casas,
perderíamos también los ojos de nuestras caras.
Cid, en el mal de nosotros vos no vais ganando nada.
Seguid y que os proteja Dios con sus virtudes santas.»
Esto lo dijo la niña y se volvió hacia su casa.
30 Bien claro ha visto Ruy Díaz que del rey no espere gracia.
De allí se aparta, por Burgos a buen paso atravesaba,
a Santa María llega, del caballo descabalga[18]
las rodillas hinca[19] en tierra y de corazón rogaba.
Cuando acabó su oración el Cid otra vez cabalga,
35 de las murallas salió, el río Arlanzón cruzaba.
Junto a Burgos, esa villa, en el arenal[20] posaba,
las tiendas mandó plantar y del caballo se baja.
Mío Cid el de Vivar que en buen hora ciñó espada,
en un arenal posó, que nadie le abre su casa.

---

[10] **De...**They would have lodged him gladly
[11] **enojo**
[12] royal
[13] warnings
[14] **posesiones**
[15] stirrup

[16] **bendita...**a blessed moment you first girded your sword
[17] **prohibido**
[18] dismounts
[19] **las...**he kneels
[20] river bed

40 derredor del   una buena conpaña.
   Assi poso mio Çid   commo si fuesse en montaña.
   Vedada l'an compra   dentro en Burgos la casa
   de todas cosas   quantas son de vianda;
   non le osarien vender   al menos dinarada.

El Cid va al Monasterio de San Pedro de Cardeña para despedirse de su esposa y de sus hijas. Habla doña Ximena, mujer del Cid.

XVI

1 ‹¡Merçed, ya Çid,   barba tan complida!
   Fem ante vos   yo e vuestras fijas
   —iffantes son   e de dias chicas—
   con aquestas mis dueñas   de quien so yo servida.
5 Yo lo veo   que estades vos en ida
   e nos de vos   partir nos hemos en vida:
   ¡Dad nos consejo   por amor de Santa Maria!›
   Enclino las manos   el de la barba velida,
10 a las sus fijas   en braço' las prendia,
   legolas al coraçon   ca mucho las queria.
   Lora de los ojos,   tan fuerte mientre sospira:
   ‹¡Ya doña Ximena   la mi mugier tan complida,
   commo a la mi alma   yo tanto vos queria!
15 Ya lo vedes   que partir nos emos en vida,
   yo ire   e vos fincaredes remanida.
   ¡Plega a Dios   e a Santa Maria
   que aun con mis manos   case estas mis fijas,
   o que de ventura   e algunos dias vida
   e vos, mugier ondrada,   de mi seades servida!›

El sueño del Cid.

XIX

1 I se echava mio Çid   despues que fue çenado.
   Un sueñol priso dulçe,   tan bien se adurmio.
   El angel Gabriel   a el vino en vision:
   ‹Cavalgad, Çid,   el buen Campeador,
5 ca nunqua en tan buen punto   cavalgo varon;
   mientra que visquieredes   bien se fara lo to.›
   Quando desperto el Çid   la cara se santigo;
   sinava la cara,   a Dios se acomendo.

40 Pero en torno suyo hay guerreros que le acompañan.
Así acampó Mío Cid cual si anduviera en montaña.
Prohibido tiene el rey que en Burgos le vendan nada
de todas aquellas cosas que le sirvan de vianda.[21]
No se atreven a venderle ni la ración más menguada.[22]

El Cid va al Monasterio de San Pedro de Cardeña para despedirse de su esposa y
de sus hijas. Habla doña Ximena, mujer del Cid.

XVI

1 «¡Merced os pido buen Cid, noble barba tan crecida!
Aquí ante vos me tenéis, Mío Cid, y a vuestras hijas
de muy poca edad las dos y todavía tan niñas.
Conmigo vienen también las damas que nos servían.
5 Bien veo Campeador que preparáis vuestra ida,
tenemos que separarnos estando los dos en vida.
¡Decidnos lo que hay que hacer, oh Cid, por Santa María!»
Las dos manos inclinó el de la barba crecida
a sus dos niñitas coge, en sus brazos las subía
10 al corazón se las llega de tanto que las quería.
Llanto le asoma a los ojos y muy fuerte que suspira.
«Es verdad, Doña Jimena, esposa honrada y bendita,
tanto cariño os tengo, como tengo al alma mía.
Tenemos que separarnos, ya lo veis, los dos en vida
15 a vos os toca quedaros, a mí me toca la ida.
¡Quiera Dios y con El quiera la Santa Virgen María
que con estas manos pueda aún casar a nuestras hijas
y que me quede ventura y algunos días de vida
para poderos servir, mujer honrada y bendita!»

El sueño del Cid.

XIX

1 En cuanto que fue de noche el Cid a dormir se echó,
le cogió un sueño tan dulce que muy pronto se durmió.
El arcángel San Gabriel a él vino en una visión:
«Cabalgad, Cid, le decía, cabalgad Campeador
5 que nunca tan en buen hora[23] ha cabalgado varón,
bien irán las cosas vuestras mientras vida os dé Dios.»
Mío Cid al despertarse la cara se santiguó.[24]
El Cid, después de signarse,[25] a Dios se fue a encomendar.[26]

---

[21] **comida**
[22] **pequeña**
[23] felicitously, profitably
[24] **se**...he crossed himself
[25] crossing himself
[26] commend

La cobardía de los Infantes de Carrión, yernos del Cid, ante el león que se suelta.

CXII

1 En Valençia seye mio Çid   con todos sus vassallos,
con el amos sus yernos   los ifantes de Carrion.
Yazies en un escaño,   durmie el Campeador;
mala sobrevienta   sabed que les cuntio:
5 salios de la red   e desatos el leon.
En grant miedo se vieron   por medio de la cort;
enbraçan los mantos   los del Campeador
e çercan el escaño   e fincan sobre so señor.
Ferran Gonçalez non vio alli dos alçasse,
10 nin camara abierta nin torre,
metios so'l escaño   tanto ovo el pavor;
Diego Gonçalez   por la puerta salio
diziendo de la boca: ‹¡Non vere Carrion!›
Tras una viga lagar   metios con grant pavor,
15 el manto y el brial   todo suzio lo saco.
En esto desperto   el que en buen ora naçio,
vio çercado el escaño   de sus buenos varones:
‹¿Ques esto, mesnadas,   o que queredes vos?›
‹¡Hya señor ondrado   rebata nos dio el leon!›
20 Mio Çid finco el cobdo,   en pie se levanto,
el manto trae al cuello   e adeliño poral leon;
el leon quando lo vio   assi envergonço
ante mio Çid la cabeça premio   y el rostro finco;
mio Çid don Rodrigo   al cuello lo tomo
25 e lieva lo adestrando,   en la red le metio.
A maravilla lo han   quantos que i son
e tornaron se al palaçio   pora la cort.
Mio Çid por sos yernos   demando e no los fallo,
mager los estan lamando   ninguno non responde.
30 Quando los fallaron   assi vinieron sin color;
¡non viestes tal guego   commo iva por la cort!
Mandolo vedar   mio Çid el Campeador.
Muchos tovieron por enbaidos   los ifantes de Carrion;
fiera cosa les pesa   desto que les cuntio.

La cobardía de los Infantes de Carrión, yernos del Cid, ante el león que se suelta.

CXII

1 Estaba el Cid con los suyos en Valencia la mayor
  y con él ambos sus yernos, los infantes de Carrión.
  Acostado en un escaño[27] dormía el Campeador,
  ahora veréis qué sorpresa mala les aconteció.
5 De su jaula se ha escapado y andaba suelto el león,
  al saberlo por la corte un gran espanto cundio.[28]
  Embrazan[29] sus mantos las gentes del Campeador
  y rodean el escaño protegiendo a su señor.
  Pero Fernando Gónzalez, el infante de Carrión
10 no encuentra donde meterse, todo cerrado lo halló,
  metióse bajo el escaño, tan grande era su terror.
  El otro Diego González, por la puerta se escapó
  gritando con grandes voces: «No volveré a ver Carrión.»
  Detrás de una gruesa viga[30] metióse con gran pavor
15 y de allí túnica y manto todos sucios los sacó.
  Estando en esto despierta el que en buen hora nació[31]
  y ve cercado el escaño suyo por tanto varón.
  «¿Qué es esto, decid, mesnadas?[32] ¿Qué hacéis aquí alrededor?»
  «Un gran susto nos ha dado, señor honrado, el león.»
20 Se incorpora Mío Cid y presto se levantó,
  y sin quitarse ni el manto se dirige hacia el león,
  la fiera cuando le ve mucho se atemorizó,
  baja ante el Cid la cabeza, por tierra la cara hincó.[33]
  El Campeador entonces por el cuello le cogió,
25 como quien lleva a un caballo en la jaula lo metió.
  Maravilláronse todos de aquel caso del león
  y el grupo de caballeros a la corte se volvió.
  Mío Cid por sus dos yernos pregunta y no los halló,
  aunque los está llamando no responde ni una voz.
30 Cuando al fin los encontraron, el rostro traen sin color,
  tanto broma y tanta risa nunca en la corte se vio,
  tuvo que imponer silencio Mío Cid Campeador.
  Avergonzados estaban los infantes de Carrión,
  gran pesadumbre tenían de aquello que les pasó.

---

[27] bench
[28] spread all around
[29] seize
[30] beam
[31] "He who in good hour was born" is an "epic tag"—an epithet repeatedly used to refer to a particular character. Note that Salinas retains the form *buen*, used in medieval Spanish before either a feminine or a masculine noun.
[32] armed retinue, company
[33] The episode illustrates not only the cowardliness of the Carrión heirs, but the tremendous presence of the Cid, who tames the lion simply by looking at it.

Batalla del Cid contra el rey Búcar. Victoria de las fuerzas del Cid y muerte del rey moro.

CXVII

1 El obispo don Jheronimo   priso a espolonada
   e iva los ferir   a cabo del albergada:
   por la su ventura   e Dios quel amava
   a los primeros colpes   dos moros matava de la lança;
5 el astil a quebrado   e metio mano al espada,
   ensayavas el obispo,   ¡Dios, que bien lidiava!
   Dos mato con lança   e.v. con el espada;
   los moros son muchos,   derredor le çercavan,
   davan le grandes colpes   mas nol falssan las armas.
10 El que en buen ora nasco   los ojos le fincava,
   enbraço el escudo   e abaxo el asta,
   aguijo a Bavieca   el cavallo que bien anda,
   hiva los ferir   de coraçon e de alma;
   en las azes primeras   el Campeador entrava,
15 abatio a .vii.   e a .iiii. matava.
   Plogo a Dios   aquesta fue el arrancada.
   Mio Çid con los suyos   cae en alcança:
   veriedes quebrar tantas cuerdas   e arrancar se las estacas
   e acostar se los tendales,   con huebras eran tantas.
20 Los de mio Çid a los de Bucar   de las tiendas los sacan.

CXVIII

1 Sacan los de las tiendas,   caen los en alcaz;
   tanto braço con loriga   veriedes caer apart,
   tantas cabeças con yelmos   que por el campo caen,
   cavallos sin dueños   salir a todas partes;
5 .vii. migeros conplidos   duro el segudar.
   Mio Çid al rey Bucar   cayol en alcaz:
   ‹¡Aca torna, Bucar!   Venist d'alent mar,
   verte as con el Çid   el de la barba grant,
   ¡saludar nos hemos amos   e tajaremos amistad!›
10 Respuso Bucar al Çid: ‹!Cofonda Dios tal amistad!
   El espada tienes desnuda en la mano   e veot aguijar,
   asi commo semeja   en mi la quieres ensayar;

Batalla del Cid contra el rey Búcar. Victoria de las fuerzas del Cid y muerte del rey moro.

CXVII

1 El obispo Don Jerónimo hizo una buena arrancada,
 y fue a atacar a los moros allí donde ellos acampan.
 Por la suerte que tenía y por lo que Dios le amaba
 de sus dos golpes primeros dos enemigos mataba.
5 Ya tiene rota la lanza y metió mano a la espada.
 ¡Cómo se esfuerza el obispo, Dios mío qué bien luchaba!
 A dos mató con la lanza y ahora a cinco con la espada.
 Pero son muchos los moros y en derredor le cercaban,
 muy grandes golpes le dieron, pero la armadura aguanta.[34]
10 Mío Cid el bienhadado[35] los ojos en él clavaba,
 por fin embraza el escudo,[36] baja el astil[37] de la lanza
 y espolea[38] a su Babieca,[39] el caballo que bien anda:
 ya va a atacar a los moros con el corazón y el alma.
 Entre las filas primeras el Campeador se entraba,
15 a siete tira por tierra, y a otros cuatro los mataba.
 Así empieza la victoria que aquel día fue lograda.
 Mío Cid con sus vasallos detrás de los moros anda.
 Vierais romper tantas cuerdas[40] y quebrar tantas estacas[41]
 y con sus labrados postes tiendas que se desplomaban.[42]
20 Los del Cid a los de Búcar fuera de sus tiendas lanzan.

CXVIII

1 De sus tiendas les arrojan y persiguiéndoles van.
 Vierais allí tantos brazos con sus lorigas[43] cortar,
 tantas cabezas con yelmo[44] por aquel campo rodar
 y los caballos sin amo correr de aquí para allá.
5 Aquella persecución siete millas fue a durar.
 Mío Cid a aquel rey Búcar a los alcances le va:
 «Vuélvete, Búcar, decía, viniste de allende el mar[45]
 y al Cid de la barba grande cara a cara has de mirar,
 los dos hemos de besarnos, pactaremos amistad.»
10 Repuso Búcar:«¡Que Dios confuda a un amigo tal!»
 «Espada tienes en mano y te veo espolear,
 se me figura que quieres en mí tu espada ensayar.[46]

---

[34] **la**...the armor holds up
[35] fortunate one
[36] shield
[37] shaft
[38] set spur
[39] the Cid's horse
[40] tent cords
[41] poles
[42] fell down
[43] bucklers
[44] helmet
[45] **de**...from beyond the sea
[46] try out

mas si el cavallo non estropieça   o comigo non caye
'non te juntaras comigo   fata dentro en la mar!›
15 Aqui repuso mio Çid: ‹¡Esto non sera verdad!›
Buen cavallo tiene Bucar   e grandes saltos faz
mas Bavieca el de mio Çid   alcançando lo va.
Alcançolo el Çid a Bucar   a tres braças del mar,
arriba alço Colada,   un grant golpe dadol ha,
20 las carbonclas del yelmo   tollidas gela[s] ha,
cortol el yelmo   e—librado todo lo hal—
fata la çintura   el espada legado ha.
Mato a Bucar   al rey de alen mar
e gano a Tizon   que mill marcos d'oro val.
25 Vençio la batalla   maravillosa e grant.
Aquis ondro mio Çid   e quantos con el son.

Los infantes de Carrión, objetos de burlas en la corte por causa del incidente del león, deciden volver a Carrión y dejar al Cid afrentado, abusando a sus hijas.

CXXIV

1 ‹Pidamos nuestras mugieres   al Çid Campeador;
digamos que las levaremos   a tierras de Carrion,
enseñar las hemos   do las heredades son;
sacar las hemos de Valençia   de poder del Campeador,
5 despues en la carrera   feremos nuestro sabor
ante que nos retrayan   lo que cuntio del leon.
¡Nos de natura somos   de condes de Carrion!
Averes levaremos grandes   que valen grant valor;
¡escarniremos   las fijas del Campeador!›
10 ‹D'aquestos averes   siempre seremos ricos omnes,
podremos casar con fijas   de reyes o de enperadores
¡ca de natura somos   de condes de Carrion!
Assi las escarniremos   a las fijas del Campeador
antes que nos retrayan   lo que fue del leon.›
15 Con aqueste conssejo   amos tornados son.
Fablo Feran Gonçalez   e fizo callar la cort:
‹¡Si vos vala el Criador,   Çid Campeador!
Que plega a doña Ximena   e primero a vos
e a Minaya Albar Fañez   e a quantos aqui son:
20 dad nos nuestras mugieres   que avemos a bendiçiones,
levar las hemos   a nuestras tierras de Carrion,
meter las hemos   en las villas
que les diemos   por arras e por onores;

Mas si no cae mi caballo y ningún tropiezo da,
no te juntarás conmigo como no sea en el mar.»
15 Responde entonces el Cid: «Eso no será verdad.»
Buen caballo tiene Búcar, grandes saltos le hace dar,
pero Babieca el del Cid, a los alcances le va.
Mío Cid alcanza a Búcar a tres brazas[47] de la mar,
alza su espada Colada, un fuerte golpe le da,
20 los carbunclos[48] de su yelmo todos se los fue a arrancar,
luego el yelmo y la cabeza le parte por la mitad,
hasta la misma cintura la espada fue a penetrar.
El Cid ha matado a Búcar aquel rey de allende el mar,
ganó la espada Tizona, mil marcos[49] de oro valdrá.
25 Batalla maravillosa y grande supo ganar.
Aquí se honró Mío Cid y cuantos con él están.

Los infantes de Carrión, objetos de burlas en la corte por causa del incidente del león, deciden volver a Carrión y dejar al Cid afrentado, abusando a sus hijas.

CXXIV

1 «Pidamos nuestras mujeres a este Cid Campeador.
Diremos que las llevamos a heredades[50] de Carrión
para que vean allí las tierras que nuestras son.
Saquémoslas del amparo de Mío Cid Campeador,
5 y por el camino haremos lo que nos plazca a los dos,
antes que nos pidan cuentas por aquello del león.
De gran linaje venimos, somos condes de Carrión.
Muchos bienes nos llevamos que valen mucho valor,
escarnio[51] haremos a las hijas del Campeador.
10 Con estos bienes seremos ya ricos hombres los dos,
podremos casar con hija de rey o de emperador.
De gran linaje venimos somos condes de Carrión,
escarnio haremos a las hijas del Campeador
antes que nos pidan cuentas por aquello del león.»
15 Después de puestos de acuerdo a la corte van los dos,
hicieron callar al todos, Fernán González habló:
«Nuestro Señor os bendiga, Mío Cid Campeador,
pedimos a vuestra esposa, pedimos primero a vos
y a Minaya[52] y a los otros que están aquí alrededor
20 que nos den nuestras mujeres, esposas por bendición
para llevarlas a aquellas tierras nuestras de Carrión:
de lo que en arras[53] las dimos tomarán ya posesión

---

[47] fathoms
[48] **joyas**
[49] mark (a monetary unit)
[50] lands

[51] ridicule
[52] See note 8.
[53] wedding pledge

veran vuestras fijas lo que avemos nos,
los fijos que ovieremos en que avran partiçion.›
25 Dixo el Campeador: ‹Darvos he mis fijas e algo de lo mio.
El Çid que nos curiava de assi ser afontado:
‹Vos les diestes villas por arras en tierras de Carrion;
hyo quiero les dar axuvar .iii. mill marcos de valor,
darvos e mulas e palafres muy gruessos de sazon,
30 cavallos pora en diestro fuertes e corredores
e muchas vestiduras de paños e de çiclatones;
dar vos he dos espadas, a Colada e a Tizon,
bien lo sabedes vos que las gane a guisa de varon.
Mios fijos sodes amos quando mis fijas vos do;
35 alla me levades las telas del coraçon.
¡Que lo sepan en Gallizia y en Castiella y en Leon
con que riqueza enbio mios yernos amos a dos!
A mis fijas sirvades, que vuestras mugieres son;
si bien las servides yo vos rendre buen galardon.›
40 Atorgado lo han esto los iffantes de Carrion.
Aqui reçiben las fijas del Campeador,
conpieçan a reçebir lo que el Çid mando.
Quando son pagados a todo so sabor
hya mandavan cargar iffantes de Carrion.
45 Grandes son las nuevas por Valençia la mayor,
todos prenden armas e cavalgan a vigor
por que escurren sus fijas del Campeador a tierras de Carrion.
Hya quieren cavalgar, en espidimiento son.
Amas hermanas don Elvira e doña Sol
50 fincaron los inojos ant'el Çid Campeador:
‹¡Merçed vos pedimos, padre! ¡Si vos vala el Criador!
Vos nos engendrastes, nuestra madre nos pario;
delant sodes amos, señora e señor.
Agora nos enviades a tierras de Carrion,
55 debdo nos es a cunplir lo que mandaredes vos.
Assi vos pedimos merçed nos amas a dos
que ayades vuestros menssajes en tierras de Carrion.›
Abraçolas mio Çid e saludolas amas a dos.

El Cid envía a sus hijas, doña Elvira y doña Sol, con los Infantes de Carrión. En Molina los recibe el buen moro Abengalbón, que les da regalos a las hijas del Cid y dos caballos a los Infantes. Entonces sale a acompañar al séquito. Los Infantes deciden matar al moro para quedarse con sus riquezas, pero Abengalbón descubre la traición. Acusa a los Infantes y se separa de ellos. Siguen los Infantes el viaje hasta el robledal de Corpes, donde abusan a doña Elvira y a doña Sol y las abandonan.

y así verán vuestras híjas las tíerras que nuestras son,
y que han de ser de los hijos que nos nazcan a los dos.»

25   No receló ningún mal Mío Cid Campeador:
«Llevadlas y de algo mío yo las haré donación,
vosotros disteis por arras unas villas de Carrión,
yo quiero darlas ahora tres mil marcos de valor,
y mulas y palafrenes[54] que de buena talla son

30   y unos veloces caballos de montar para los dos
y trajes y vestiduras de oro y seda en profusión.
Os daré mis dos espadas, Colada y Tizona; no
olvidéis que las gané en el campo, a lo varón,[55]
si os entrego a mis hijas por hijos os tengo yo.

35   Para allá os me lleváis las telas del corazón.[56]
Que sepan allí en Castilla y en Galicia y en León
con qué riqueza tan grande hoy os despido a los dos.
Servid bien a mis dos hijas, que vuestras mujeres son,
que si las sirvierais bien os daré buen galardón.»[57]

40   A todo dicen que sí los infantes de Carrión.
Sus hijas los ha entregado Mío Cid Campeador,
y empiezan a recibir lo que el Cid les regaló.
Cuando ya estuvieron hartos de recibir tanto don
mandan cargar las acémilas[58] los infantes de Carrión.

45   Mucho rebullicio[59] había por Valencia la mayor,
cada cual sus armas coge, en su caballo montó
por despedir a las hijas del Cid, que van a Carrión.
Iba a comenzar la marcha, la despedida llegó.
Entonces las dos hermanas, Doña Elvira y Doña Sol

50   van a hincarse de rodillas ante el Cid Campeador:
«Merced os pedimos, padre, válgaos el Creador,
vos nos habéis engendrado, nuestra madre nos parió,
señor y señora nuestros, estáis delante los dos.
Ahora, padre, nos mandáis a las tierras de Carrión

55   y fuerza nos es cumplir aquello que mandáis vos.
Así merced os pedimos, nuestro buen padre y señor,
que mandéis noticias vuestras a las tierras de Carrión.»
Las abraza y en la boca las besa el Cid a las dos.

El Cid envía a sus hijas, doña Elvira y doña Sol, con los Infantes de Carrión. En
Molina los recibe el buen moro Abengalbón, que les da regalos a las hijas del Cid y
dos caballos a los Infantes. Entonces sale a acompañar al séquito. Los Infantes deciden matar al moro para quedarse con sus riquezas, pero Abengalbón descubre la
traición. Acusa a los Infantes y se separa de ellos. Siguen los Infantes el viaje hasta
el robledal de Corpes, donde abusan a doña Elvira y a doña Sol y las abandonan.

---

[54] palfries, grooms' horses
[55] **a...**like a man, in a manly fashion
[56] **las...**the threads of my heart

[57] **regalos, premios**
[58] **mulas, bestias**
[59] bustle

CXXVIII

1 ‹Aquim parto de vos commo de malos e de traidores.
 Hire con vuestra graçia, don Elvira e doña Sol;
 ¡poco preçio las nuevas de los de Carrion!
 Dios lo quiera e lo mande, que de tod el mundo es señor,
5 d'aqueste casamiento ques grade el Campeador.›
 Esto les ha dicho y el moro se torno;
 teniendo ivan armas al troçir de Salon,
 cuemmo de buen seso a Molina se torno.
 Ya movieron del Anssarera los ifantes de Carrion;
10 acojen se a andar de dia e de noch,
 a ssiniestro dexan Atienza una peña muy fuert,
 la sierra de Miedes passaron la estoz,
 por los Montes Claros aguijan e espolon,
 a ssiniestro dexan a Griza que Alamos poblo
15 —alli son caños do a Elpha ençerro—
 a diestro dexan a Sant Estevan, mas cae aluen;
 entrados son los ifantes al robredo de Corpes,
 los montes son altos, las ramas pujan con las nues,
 e las bestias fieras que andan aderredor.
 Falaron un vergel con una linpia fuent,
 mandan fincar la tienda ifantes de Carrion;
 con quantos que ellos traen i yazen essa noch.
 Con sus mugieres en braços demuestran les amor:
25 ¡mal gelo cunplieron quando salie el sol!
 Mandaron cargar las azemilas con grandes averes;
 cogida han la tienda do albergaron de noch,
 adelant eran idos los de criazon.
 Assi lo mandaron los ifantes de Carrion
30 que non i fincas ninguno, mugier nin varon,
 si non amas sus mugieres doña Elvira e doña Sol;
 deportar se quieren con ellas a todo su sabor.
 Todos eran idos, ellos .iiii. solos son.
 Tanto mal comidieron los ifantes de Carrion:
35 ‹Bien lo creades don Elvira e doña Sol:
 aqui seredes escarnidas en estos fieros montes;
 oy nos partiremos e dexadas seredes de nos,
 non abredes part en tierras de Carrion.

CXXVIII

1 «De vosotros me separo, gente mala y de traición.
Con vuestro permiso marcho, Doña Elvira y Doña Sol;
poco me importa la fama de infantes de Carrión.
Quiera Dios, y así lo mande, El que de todo es Señor,
5 que de estas bodas resulte contento el Campeador.»
Esto les ha dicho el moro y para atrás se tornó.
Iban jugando las armas cuando pasan el Jalón,[60]
como hombre de buen seso a Molina se volvió.
Ya se marchan de Ansarera los infantes de Carrión,
10 de día y de noche andan, no se dan descanso, no;
dejan a la izquierda Atienza, un fortísimo peñón,[61]
ya la gran sierra de Miedes detrás de ellos se quedó
y por esos montes Claros cabalgan más y mejor.
A un lado dejan a Griza, la que Alamos pobló,
15 y las cuevas donde a Elfa, este Alamos encerró.[62]
San Esteban de Gormaz allá a la diestra se vio.
En el robledal de Corpes entraron los de Carrión;
las ramas tocan las nubes, muy altos los montes son
y muchas bestias feroces rondaban alrededor.
20 Con una fuente se encuentran y un pradillo de verdor.
Mandaron plantar las tiendas los infantes de Carrión
y esa noche en aquel sitio todo el mundo descansó.
Con sus mujeres en brazos señal las dieron de amor.
¡Pero qué mal se lo cumplen en cuanto que sale el sol!
25 Mandan cargar las acémilas con su rica cargazón,
mandan plegar esa tienda que anoche los albergó.
Sigan todos adelante, que luego irán ellos dos:
esto es lo que mandaron los infantes de Carrión.
No se quede nadie atrás, sea mujer o varón
30 menos las esposas de ellos Doña Elvira y Doña Sol,
porque quieren solazarse[63] con ellas a su sabor.
Quédanse solos los cuatro, todo el mundo se marchó.
Tanta maldad meditaron los infantes de Carrión.
«Escuchadnos bien, esposas, Doña Elvira y Doña Sol:
35 vais a ser escarnecidas[64] en estos montes las dos,
nos marcharemos dejándoos aquí a vosotras, y no
tendréis parte en nuestras tierras del condado de Carrión.

---

[60] a tributary of the Ebro River. It flows through the provinces of Soria and Zaragoza. A number of other place-names follow.

[61] rock, peak

[62] This is a confusing passage that scholars have not succeeded in clarifying. Griza is a place name and Alamos refers to a person, but neither have been identified. Elfa may be a derivation of Elfe, a germanic word for nymph or woodland fairy. It has been suggested that "Elfa hidden away in a cave" may refer to some obscure legend. (See Colin Smith, p. 301.)

[63] have a good time

[64] ridiculed, mocked, tormented

Hiran aquestos mandados al Çid Campeador;
40 ¡nos vengaremos aquesta por la del leon!›
Alli les tuellen los mantos e los pelliçones,
paran las en cuerpos y en camisas y en çiclatones.
Espuelas tienen calçadas los malos traidores,
en mano prenden las çinchas fuertes e duradores.
45 Quando esto vieron las dueñas fablava doña Sol:
‹¡Por Dios vos rogamos don Diego e don Ferando!
Dos espadas tenedes fuertes e tajadores
—al una dizen Colada e al otra Tizon—
50 ¡cortandos las cabeças, martires seremos nos!
Moros e christianos departiran desta razon,
que por lo que nos mereçemos no lo prendemos nos;
¡atan malos enssienplos non fagades sobre nos!
Si nos fueremos majadas abiltaredes a vos,
55 retraer vos lo an en vistas o en cortes.›
Lo que ruegan las dueñas non les ha ningun pro.
Essora les conpieçan a dar los ifantes de Carrion,
con las çinchas corredizas majan las tan sin sabor,
con las espuelas agudas don ellas an mal sabor
60 ronpien las camisas e las carnes a ellas amas a dos;
linpia salie la sangre sobre los çiclatones.
Ya lo sienten ellas en los sos coraçones.
¡Qual ventura serie esta si ploguiesse al Criador
que assomasse essora el Çid Campeador!
65 Tanto las majaron que sin cosimente son,
sangrientas en las camisas e todos los çiclatones.
Canssados son de ferir ellos amos a dos
ensayandos amos qual dara mejores colpes.
Hya non pueden fablar don Elvira e doña Sol,
por muertas las dexaron en el robredo de Corpes.

El Cid les pide cuentas a los Infantes de Carrión y dice que si no responden de una manera satisfactoria, llevará el caso ante la Corte.

CXXXIX

1 ‹Dezid: ¿que vos mereçi, ifantes
en juego o en vero o en alguna razon?
Aqui lo mejorare a juvizio de la cort.
¿A quem descubriestes las telas del coraçon?

Luego con estas noticias irán al Campeador
y quedaremos vengados por aquello del león.»
40 Allí los mantos y pieles les quitaron a las dos,
solo camisa y brial[65] sobre el cuerpo les quedó.
Espuelas[66] llevan calzadas los traidores de Carrión,
cogen en las manos cinchas[67] que fuertes y duras son.
Cuando esto vieron las damas así hablaba Doña Sol:
45 «Vos, Don Diego y Don Fernando, os lo rogamos por Dios,
sendas espadas tenéis[68] de buen filo tajador,[69]
de nombre las dos espadas, Colada y Tizona, son.
Cortadnos ya las cabezas, seamos mártires las dos,
50 así moros y cristianos siempre hablarán de esta acción,
que esto hacéis con nosotras no lo merecemos, no.
No hagáis esta mala hazaña, por Cristo nuestro Señor,
si nos ultrajáis[70] caerá la vergüenza sobre vos,
y en juicio o en corte han de pediros la razón.»
55 Las damas mucho rogaron, mas de nada les sirvió;
empezaron a azotarlas[71] los infantes de Carrión,
con las cinchas corredizas[72] les pegan sin compasión,
hiérenlas con las espuelas donde sientan más dolor,
y les rasgan las camisas y las carnes a las dos,
60 sobre las telas de seda limpia la sangre asomó.
Las hijas del Cid lo sienten en lo hondo del corazón.
¡Oh qué ventura tan grande si quisiera el Creador
que asomase por allí Mío Cid Campeador!
Desfallecidas[73] se quedan, tan fuertes los golpes son,
65 los briales y camisas mucha sangre los cubrió.
Bien se hartaron de pegar los infantes de Carrión,
esforzándose por ver quién les pegaba mejor.
Ya no podían hablar Doña Elvira y Doña Sol.
En el robledal de Corpes por muertas quedan las dos.

El Cid les pide cuentas a los Infantes de Carrión y dice que si no responden de
una manera satisfactoria, llevará el caso ante la Corte.

CXXXIX

1 «Decidme, ¿qué os he hecho, infantes de Carrión?
¿Cuándo de burlas o veras,[74] ofenderos pude yo?
Ante el juicio de la corte hoy pido reparación.
¿Para qué me desgarrasteis[75] las telas del corazón?

---

[65] undergarment
[66] spurs
[67] cinch (of a saddle)
[68] **sendas...**you each have a sword
[69] **de...**keen edged
[70] you harm us

[71] whip them
[72] sliding
[73] Unconscious
[74] **de...**in jest or in truth
[75] did you tear up

5 A la salida de Valençia   mis fijas vos di yo
con muy grand ondra   e averes a nombre;
quando las non queriedes   —¡ya canes traidores!—
¿por que las sacavades   de Valençia sus honores?
¿A que las firiestes   a çinchas e a espolones?
10 Solas las dexastes   en el robredo de Corpes
a las bestias fieras   e a las aves del mont:
¡por lo que les fiziestes   ¡menos valedes vos¡
Si non recudedes   vea lo esta cort.'›

El caso se decide por combate. Ha luchado Pedro Bermúdez, defensor del Cid, con el Infante don Fernando y lo ha vencido. Martín Antolínez, otro vengador del Cid, ha derrotado al Infante don Diego. Finalmente Muño Gustioz vence a Asur González, hermano mayor de los Infantes y último miembro del bando de Carrión. Los combatientes del Cid vuelven a Valencia y el Campeador los recibe con gran gozo. Doña Elvira y doña Sol se casan de nuevo y culmina la gloria del Cid.

CLII

1 Los dos han arrancado;   direvos de Muño Gustioz,
con Assur Gonçalez   commo se adobo:
firienssen en los escudos   unos tan grandes colpes;
Assur Gonçalez   furçudo e de valor
5 firio en el escudo   a don Muño Gustioz,
tras el escudo   falsso ge la guarnizon,
en vazio fue la lança   ca en carne nol tomo.
Este colpe fecho   otro dio Muño Gustioz,
(tras el escudo   falsso ge la guarnizon)
10 por medio de la bloca   del escudol quebranto,
nol pudo guarir,   falsso ge la guarnizon,
apart le priso,   que non cab el coraçon;
metiol por la carne adentro   la lança con el pendon,
de la otra part   una braça gela echo,
15 con el dio una tuerta,   de la siella lo encamo,
al tirar de la lança   en tierra lo echo;
vermejo salio el astil   e la lança y el pendon.
Todos se cuedan   que ferido es de muert.
La lança recombro   e sobr'el se paro;
20 dixo Gonçalo Assurez: ¡Nol firgades, por Dios!
'¡Vençudo es el campo   quando esto se acabo!
Dixieron los fieles: ‹Esto oimos nos.›
Mando librar el canpo   el buen rey don Alfonsso,

5 Al marcharos de Valencia yo os entregué mis dos
hijas con buenas riquezas y con el debido honor.
Si no las queríais ya, canes[76] de mala traición,
¿por qué fuisteis a sacarlas de Valencia la mayor?
¿Por qué las heristeis luego con cincha y con espolón?
10 En el robledal quedaron Doña Elvira y Doña Sol
a la merced de las fieras y las aves del Señor.
Estáis por haberlo hecho llenos de infamia los dos.
Ahora que juzgue esta corte si no dais satisfacción.»

El caso se decide por combate. Ha luchado Pedro Bermúdez, defensor del Cid, con el Infante don Fernando y lo ha vencido. Martín Antolínez, otro vengador del Cid, ha derrotado al Infante don Diego. Finalmente Muño Gustioz vence a Asur González, hermano mayor de los Infantes y último miembro del bando de Carrión. Los combatientes del Cid vuelven a Valencia y el Campeador los recibe con gran gozo. Doña Elvira y doña Sol se casan de nuevo y culmina la gloria del Cid.

CLII

1 Quiero contaros ahora algo de Muño Gustioz,
y con ese Asur González cómo se las arregló.
Muy grandes golpes se dieron en los escudos los dos.
Asur González, que era muy forzudo y de valor
5 el escudo le traspasa al buen Don Muño Gustioz,
tras de pasarle el escudo la armadura le quebró,
mas no le coge la carne, la lanza en vacío dio.
Cuando este golpe recibe otro da Muño Gustioz;
por la guarnición[77] del centro el escudo la partió,
10 no se pudo resguardar,[78] la armadura le rompió,
le hiere a un lado del cuerpo, que no junto al corazón,
por la carne se le ha entrado la lanza con el pendón,
al otro lado del cuerpo más de un palmo[79] le asomó,
un tirón le dio a la lanza, de la silla le movió[80]
15 y al ir a sacar la lanza en tierra le derribó:[81]
rojos han salido el asta[82] y la punta y el pendón.
Que estaba herido de muerte todo el mundo se creyó:
Muño recobra la lanza y a rematarle marchó,
pero el padre del infante grita: «No heridle, por Dios;
20 vencido ha sido en el campo, esta lucha se acabó.»
Los jueces dicen: «Así lo hemos oído los dos.»
Que despejaran[83] el campo el rey Alfonso mandó,

---

[76] perros
[77] parte de la espada que defiende la mano
[78] defender
[79] medida de longitud, ancho de los cuatro dedos de la mano
[80] de...he knocked him out of the saddle
[81] knocked down
[82] lanza
[83] Que...That they should clear, clean up

las armas que i rastaron   el selas tomo.
25 Por ondrados se parten   los del buen Campeador,
vençieron esta lid   ¡grado al Criador!
Grandes son los pesares   por tierras de Carrion.
El rey a los de mio Çid   de noche los enbio
que no les diessen salto   nin oviessen pavor.
30 A guisa de menbrados   andan dias e noches,
felos en Valençia   con mio Çid el Campeador;
por malos los dexaron   a los ifantes de Carrion,
conplido han el debdo   que les mando so señor;
alegre ffue d'aquesto   mio Çid el Campeador.
35 Grant es la biltança   de ifantes de Carrion:
qui buena dueña escarneçe   e la dexa despues
¡atal le contesca   o si quier peor!
Dexemos nos de pleitos   de ifantes de Carrion;
de lo que an preso   mucho an mal sabor.
40 Fablemos nos d'aqueste   que en buen ora naçio:
grandes son los gozos   en Valençia la mayor
por que tan ondrados   fueron los del Campeador.
Prisos a la barba   Ruy Diaz so señor:
‹¡Grado al rey del çielo,   mis fijas vengadas son!
45 ¡Agora las ayan quitas   heredades de Carrion!
Sin verguença las casare   o a qui pese o a qui non.›
Andidieron en pleitos   los de Navarra e de Aragon,
ovieron su ajunta   con Alfonsso el de Leon;
fizieron sus casamientos   con don Elvira e con doña Sol
50 Los primeros fueron grandes   mas aquestos son mijores;
a mayor ondra las casa   que lo que primero fue:
¡ved qual ondra creçe   al que en buen ora naçio
quando señoras son sus fijas   de Navarra e de Aragon!
Oy los reyes d'España   sos parientes son;
55 a todos alcança ondra   por el que en buen ora naçio.
Passado es deste sieglo   el dia de çinquaesma:
¡de Christus haya perdon!
¡Assi ffagamos nos todos,   justos e peccadores!
Estas son las nuevas   de mio Çid el Campeador;
60 en este logar   se acaba esta razon.

Nota añadida al fin del texto del Poema:

Quien escrivio este libro   ¡del Dios paraiso, amen!
Per Abbat le escrivio   en el mes de mayo
en era de mill e .cc xlv. años.

las armas que allí quedaran él para sí las tomó.
Se van como muy honrados los tres del Campeador,
25 que ya han ganado esta lucha, por gracia del Creador.
Muy grandes son los pesares por las tierras de Carrión.
A los del Cid que de noche salgan el rey les mandó
para que no les asalten ni tengan ningún temor.
De día y noche marchaban, que muy diligentes son,
30 ya los tenéis en Valencia con el Cid Campeador:
por malos dejaron a los infantes de Carrión,
bien cumplieron el mandato que les diera su señor.
¡Cuánto se alegra de aquello Mío Cid Campeador!
Envilecidos se quedan los infantes de Carrión.
35 Quien a damas escarnece y así abandona a traición,
que otro tanto le acontezca o alguna cosa peor.
Pero dejemos ya a esos infantes de Carrión,
muy pesarosos están de su castigo los dos.
Hablemos ahora de este que en tan buen hora nació.
40 ¡Qué grandes eran los gozos en Valencia la mayor,
por honrados que quedaron los tres del Campeador!
La barba se acariciaba Don Rodrigo, su señor:
«Gracias al rey de los cielos mis hijas vengadas son,
ya están limpias de la afrenta esas tierras de Carrión.
45 Casaré, pese a quien pese,[84] ya sin vergüenza a las dos.»
Ya comenzaron los tratos con Navarra y Aragón,
y todos tuvieron junta con Alfonso, el de León.
Sus casamientos hicieron Doña Elvira y Doña Sol,
los primeros fueron grandes pero éstos son aún mejor,
50 y a mayor honra se casan que con ésos de Carrión.
Ved cómo crece en honores el que en buen hora nació,
que son sus hijas señoras de Navarra y Aragón.
Esos dos reyes de España ya parientes suyos son,
y a todos les toca honra por el Cid Campeador.
55 Pasó de este mundo el Cid, el que a Valencia ganó:
en días de Pascua ha muerto, Cristo le dé su perdón.
También perdone a nosotros, al justo y al pecador.
Estas fueron las hazañas de Mío Cid Campeador:
en llegando a este lugar se ha acabado esta canción.

60 [Quien escribió este libro ¡déle Dios paraíso, amén!
Per Abbat le escribió en el mes de mayo,
en era de mil y CC XLV años.]

Versión moderna de Pedro Salinas

---

[84] like it or not

SOBRE EL TEXTO

Secciones I–IV, XVI, XIX

1. ¿Por qué llora el Cid?
2. ¿Cuál es la actitud del héroe ante la desgracia?
3. ¿Qué visión premonitoria tiene el Cid al salir de Burgos? ¿Y al entrar a la ciudad? ¿Cómo reacciona el Cid ante estos agüeros?
4. ¿Cómo recibe la gente de Burgos al Cid? ¿Por qué no le pueden dar posada? ¿Cómo le demuestran su afecto?
5. ¿Qué le dice la niña de nueve años?
6. ¿Dónde acampa el Cid aquella noche?
7. ¿Por qué va al Monasterio de San Pedro de Cardeña? ¿En qué se ve el amor que el Cid siente hacia su esposa e hijas?
8. ¿Quién aparece ante el Cid en su sueño? ¿Qué significan las palabras de San Gabriel?

Secciones CXII, CXVII–CXVIII

1. ¿Cuál fue la reacción del Cid cuando se escapó el león? ¿Cómo trataron sus hombres de proteger al Campeador?
2. ¿Cómo reaccionaron los Infantes de Carrión?
3. ¿Qué hizo el Cid al despertarse?
4. ¿Cómo domó al león?
5. ¿Por qué tuvo el Cid que imponer silencio en la corte?
6. ¿Qué papel representó el obispo don Jerónimo en el ataque contra los moros?
7. ¿Por qué le fue tan bien en la batalla?
8. Cómo se describen el ataque y el campo de batalla?
9. ¿Qué quería hacer el Cid con Búcar? ¿Qué le dijo? ¿Cómo respondió el rey moro?
10. ¿Cómo termina el episodio?

Secciones CXXIV, CXXVIII, CXXXIX, CLII

1. ¿Qué plan tenían los Infantes de Carrión? ¿Por qué querían ultrajar a las hijas del Cid?
2. ¿Receló el Cid algún mal cuando los Infantes pidieron sus esposas?
3. ¿Qué regalos les dio?
4. Describa la escena en la que el Cid se despide de sus hijas.
5. ¿Cuál fue la primera maldad que hicieron los Infantes al salir de Valencia? ¿Qué hizo Abengalbón al darse cuenta de sus intenciones?
6. ¿Cómo se comportaron los Infantes con sus esposas la primera noche que acamparon?
7. ¿Qué hicieron al día siguiente? ¿En qué se nota hasta qué punto habían planeado la afrenta?

8. ¿Por qué pidió doña Sol que las mataran?
9. ¿Cómo respondieron los Infantes a sus ruegos?
10. ¿En qué estado estaban las dos jóvenes cuando los Infantes las abandonaron?
11. ¿Pensaba el Cid tomar venganza personalmente o pensaba llevar el caso ante la corte?
12. ¿Cómo se decidió el asunto? ¿Quiénes triunfaron?
13. ¿Quién intervino para evitar que se matara a Asur González?
14. ¿En qué se ve que había cambiado la actitud del rey?
15. ¿Qué les pasó a los Infantes?
16. ¿Con quiénes casó el Cid a sus hijas entonces?
17. ¿Cuándo murió el Cid? ¿Cómo termina el poema?

HACIA EL ANÁLISIS LITERARIO

1. ¿Cuáles son algunas características morales del Cid que se ilustran en estos fragmentos? ¿En qué episodios se ve su sentido de justica y de moderación?
2. ¿Qué efecto produce la enumeración de objetos—«puertas abiertas» (Sec. I, 3)«alcandaras vazias»(Sec. I, 4)—al principio del poema?
3. ¿Cómo nos comunica el poeta las emociones de los personajes? ¿Las explica o las muestra? ¿Qué tipo de imágenes y descripciones emplea?
4. Analice textualmente los siguientes versos: «Allí pienssan de aguijar, allí sueltan las riendas»(Sec. II, 1); «Los de mio Cid a altas vozes laman»(Sec. IV, 15); «Ya lo vee el Cid que del rey no avie gracia»(Sec. IV, 30). «Lora de los ojos, tan fuerte mientre sospira...»(Sec. XVI, 12) ¿Qué formas verbales se emplean en estos versos? ¿Qué efecto produce el uso del presente? ¿Hay más ejemplos de este uso del presente? En la descripción de la batalla con los moros, ¿qué efecto rítmico produce el empleo del presente progresivo? («mas Bavieca el de mio Cid alcanzando lo va») ¿el uso del presente perfecto? («un grante golpe dadol ha»)?
5. ¿Es realista la descripción de la batalla? ¿Qué efecto produce la mención de «tanto braço con loriga veriedes caer apart» y «tantas cabeças con yelmos que por el campo caen»?
6. El narrador a menudo emplea expresiones como "veriedades" [vierais (Sec. CXVII, 1–2)], "veo", "direvos" (Sec. 118, 1–2). ¿Cómo consigue con estas expresiones que la acción parezca más viva e inmediata? Imagínese usted que un juglar está recitando este poema ante un grupo de oyentes. ¿Cómo le ayudaría el empleo de estas expresiones? ¿Qué influencia puede haber tenido la tradición oral?
7. ¿Qué *epítetos se emplean en el poema? ¿Cuál es su función?
8. ¿Por qué tienen nombres el caballo del Cid y las espadas que gana? ¿Por qué personifica el narrador los animales y los objetos?
9. ¿Qué rasgos físicos y morales caracterizan a los Infantes de Carrión? ¿Qué importancia tiene el elemento de premeditación en el episodio de la afrenta de Corpes? ¿Qué tipos de personajes se encuentran en el poema del Cid?

    ¿Son psicológicamente complejos o son más bien unidimensionales? ¿Se puede predecir sus acciones?

10. Hay numerosas referencias a las barbas y a los ojos del Cid. ¿Cuál es la importancia de estos elementos físicos?

TEXTO Y VIDA

1. ¿Qué personajes épicos son importantes en la cultura anglosajona? Compárelos con el Cid.

2. ¿Qué tipo de héroe ocupa el lugar del protagonista épico en la cultura norteamericana? ¿el cowboy? ¿el explorador? ¿el policía? ¿el astronauta? ¿Qué características comparten estos héroes con el Cid? ¿Por qué piensa usted que cada civilización inventa sus propios héroes?

3. ¿En qué sentido refleja el Cid los valores del pueblo español? ¿Cómo reflejan los héroes folklóricos de los Estados Unidos la mentalidad norteamericana?

4. ¿Por qué piensa usted que personajes tales como el Cid siguen inspirando obras artísticas hoy en día?

Comienzos de la prosa española

Las primeras manifestaciones de la prosa española consistían principalmente en obras históricas (las llamadas «crónicas»), obras de carácter moral o científico; a veces incluían *fábulas, leyendas, *anécdotas o *máximas para ilustrar conceptos particulares. El rey Alfonso X el Sabio (1221–1284) desempeñó un papel importantísimo en la formación de las letras españolas al encargar traducciones del árabe al castellano. Algunos de estos textos—por ejemplo, las *Tablas Alfonsíes*, un compendio de datos astronómicos—se vertían después al latín o al francés y se difundían en Europa. Más tarde, Alfonso emprendió proyectos más difíciles y originales.

    Las siete partidas son un monumental trabajo jurídico que describe las leyes necesarias para gobernar la sociedad. Además de ser una muestra de la filosofía jurídica y moral de la Edad Media, las *Partidas* ofrecen al lector un panorama de la sociedad española de la época. La *Primera crónica general*, otra obra importante de Alfonso el Sabio, es un resumen extenso de la historia española. La *Grande e general estoria* es una historia del mundo hasta los inicios de la era cristiana. No se sabe hasta qué punto el rey participó directa y personalmente en sus proyectos, aunque en la introducción de la *General estoria* se afirma que los dirigió, decidiendo qué materias se incluirían y haciendo correcciones. Sin embargo, las obras no fueron escritas por él, sino por otros, algunos de los cuales eran traductores árabes o judíos que se especializaban en ciencias, historia y jurisprudencia, además de idiomas.

    Durante el mismo período, varias colecciones de cuentos orientales y fábulas aparecieron en España. *Calila y Dimna* y *El libro de los engaños* son de origen indio y se tradujeron del árabe. La primera novela de caballerías, *La historia del cavallero Zifar*, apareció alrededor de 1300.

Don Juan Manuel y el arte de escribir prosa

No fue hasta la primera parte del siglo XIV cuando don Juan Manuel (1282–1349), sobrino de Alfonso X, elevó la ficción en prosa al nivel de un arte literario en España.

A don Juan Manuel se le reconoce el mérito de ser el primero en tener conciencia de ser escritor. En el prólogo de *El conde Lucanor* menciona dos características del artista literario: el deseo de preservar sus obras y el deseo de cultivar el estilo. Don Juan Manuel intenta realizar su primer objetivo al catalogar sus obras para la posteridad. Expresa su preocupación por el idioma cuando propone escribir con "palabras falagueras y apuestas"—es decir, palabras agradables y elegantes. Escoge latinismos y expresiones populares para embellecer su prosa aunque, a diferencia de otros escritores medievales, rara vez cita a autores griegos o romanos de la antigüedad.

Don Juan Manuel escribió unos veinte libros, todos los cuales tratan de algún aspecto de la caballería. *El libro de la caza* es un tratado sobre la caza, deporte favorito del noble. Las *Reglas como se debe trovar*—obra que se perdió, igual que el *Libro de los cantares*—es el primer estudio español sobre el arte de escribir poesía, otra actividad propia del caballero. El *Tratado de las armas* es una genealogía que contiene información personal muy interesante. El *Libro infinido* es un catecismo doctrinal que don Juan Manuel escribió para la edificación de su hijo.

Una de las obras más conocidas de don Juan Manuel es el *Libro de los estados*, colección de leyes que consta de dos volúmenes: el primero describe los estados laicos; el segundo, los estados clericales. Por lo tanto, la obra entera describe la jerarquía completa de la sociedad medieval.

Otra obra importante es el *Libro del caballero y el escudero*. La estructura narrativa es muy sencilla: un rey convoca a su corte y un joven escudero decide asistir. En el camino se encuentra con un caballero viejo que ha abandonado la vida de aventuras para meterse a ermitaño. Éste intenta explicarle al escudero «qué cosa es la caballería.» Sus conversaciones tocan diversos temas, entre ellos, la creación, el paraíso y el infierno, los ángeles, los cuerpos astronómicos y terrestres, el orden natural y el propósito de la vida humana. La obra es una especie de enciclopedia de conocimientos medievales.

Sobre *El Conde Lucanor*

La obra más famosa de don Juan Manuel es *El libro de los exemplos del conde Lucanor*, también conocido por el nombre de *El libro de Patronio*. Escrito en 1335, *El conde Lucanor* se considera precursor de la novela europea. Aunque muchas obras anteriores contienen narrativas breves, no es hasta *El conde Lucanor* cuando el cuento adquiere categoría.

Se trata de una colección de unos cincuenta cuentos breves que siguen el siguiente modelo: Cada vez que el conde Lucanor tiene un problema, presenta el caso a su consejero Patronio, quien le cuenta una historia para ayudarle a tomar una decisión. Por medio de estos relatos, don Juan Manuel explora diversos problemas—las relaciones entre marido y mujer, entre ricos y pobres, entre señores y siervos, entre astutos e inocentes. Describe una gran variedad de características, por ejemplo, la generosidad, la vanidad, la avaricia y la hipocresía. En el mundo que retrata don Juan Manuel, el hombre crédulo y confiado es vulnerable. Por lo tanto, se aconseja la cautela. Un aspecto de la psicología humana que don Juan Manuel no investiga es el amor.

Muchos de los cuentos de don Juan Manuel son de origen árabe. Como los fabulistas orientales, el autor emplea a menudo animales para explorar situaciones humanas, como en la historia de los dos caballos y el león que aquí incluimos. *El conde Lucanor* describe un vasto panorama de personajes de diversos tipos y de diversas clases sociales. Proporciona al lector un retrato amplio y detallado de la sociedad de su época, así como un resumen de la filosofía moral medieval.

Varios de los cuentos de don Juan Manuel han perdurado a través de los siglos. *El traje nuevo del emperador* de Hans Christian Andersen y *The Taming of the Shrew*, de Shakespeare están basados en cuentos de *El conde Lucanor*.

La prosa medieval después de don Juan Manuel

La segunda mitad del siglo XIV produce relativamente pocos escritores de importancia. La figura cumbre es el historiador y poeta Pero López de Ayala (1332–1407), quien desempeñó cargos importantes durante cuatro reinados y llegó a ser miembro del Consejo de Regencia y Canciller de Castilla en la época de Enrique III. La combinación de activismo político y dedicación literaria que caracteriza la vida de López de Ayala aparta al autor de la mentalidad medieval y lo projecta hacia el Renacimiento.

Las obras más conocidas de López de Ayala son las *Crónicas* y el *Rimado*. En las *Crónicas* el autor hace un recuento histórico de los reinados en los cuales sirvió: los de Pedro I, Enrique II, Juan I y los cinco primeros años del de Enrique III, hasta 1395. A diferencia de las crónicas de Alfonso el Sabio, las de López de Ayala son un testimonio vivo e íntimo. Hay un elemento de dramatismo, un espíritu de análisis y una penetración psicológica que provienen del hecho de que el autor describe una realidad que él experimentó personalmente.

Además de su prosa, López de Ayala escribió el *Rimado*, colección de poemas satírico-morales que incluye poesías religiosas, morales, sociales y políticas. El tono es a menudo severo, y el autor denuncia la conducta de diversos elementos de la sociedad—jueces, mercaderes, caballeros—dando ejemplos de sus abusos.

Por el sentido de reflexión y de individualismo que se revela en su obra, se considera a López de Ayala el primer humanista español.

Edición

Manuel, Juan. *El Conde Lucanor*, Ed. José Manuel Blecua. Madrid: Castalia, 1969.

Crítica

Ayerbe-Chaux, Reinaldo. «Don Juan Manuel y la conciencia de su propia autoría». *Corónica* 10.2 (1982):186–190

Barcia, Pedro L. *Análisis del Conde Lucanor*. Buenos Aires: Enciclopedia Literaria, 1968

Blecua, Alberto. *La transmisión textual de «El Conde Lucanor»*. Barcelona: Universidad Autónoma de Barcelona, 1980

Giménez Soler, A. *Don Juan Manuel, biografía y estudio crítico*. Zaragoza: n.p., 1932

El libro de los ejemplos del Conde Lucanor

Don Juan Manuel

De lo que aconteció[1] a los dos caballos con el león

Un día hablaba el conde Lucanor con Patronio, su consejero, de esta manera:

—Patronio, hace mucho tiempo que yo tengo un enemigo de quien me vino mucho mal, y eso mismo tiene él de mí,[2] de manera que, por las obras y por las voluntades, estamos muy enemistados. Y ahora acaeció así: que otro hombre mucho más poderoso que nosotros entrambos[3] va comenzando algunas cosas de que cada uno de nosotros recela[4] que pueda venir muy gran daño. Y ahora aquel enemigo mío me envió decir que nos pusiésemos de acuerdo para defendernos de aquel otro que quiere ser contra nosotros. Porque si ambos fuéramos ayuntados[5] es cierto que nos podríamos defender. Y si uno de nosotros se desvaría[6] del otro, es cierto que cualquiera de los dos podría ser destruido muy fácilmente por el que recelamos. Y que el de nosotros que fuera destruido, el otro sería muy fácil de destruir. Y yo ahora estoy en muy gran duda de este hecho: porque, de una parte, me temo mucho que aquel enemigo mío me quiera engañar, y si él me tuviese en su poder, yo no estaría bien seguro de la vida. Y si nos declaráramos aliados, no se podría excusar[7] de fiar yo en él y él en mí. Y eso me hace estar en un gran recelo. De otra parte, entiendo que si no nos aliamos así como él me lo envía rogar, nos puede venir un muy gran daño por la manera que ya vos[8] dije. Y por la gran confianza que yo tengo en vós y en vuestro buen entendimiento, vos ruego que me aconsejedes lo que haga en este hecho.[9]

—Señor conde Lucanor—dijo Patronio—, este hecho es muy grande y muy peligroso, y para que mejor entendades lo que vos cumplía[10] de hacer, me gustaría que supiésedes lo que aconteció en Túnez a dos caballeros que vivían con el infante[11] don Enrique.[12]

El conde le preguntó cómo fuera aquello.

—Señor conde —dijo Patronio—, dos caballeros que vivían con el infante don Enrique eran entrambos muy amigos y posaban[13] siempre el la misma posada.[14] Y estos dos caballeros no tenían más de sendos[15] caballos, y así como los caballeros se

---

[1] pasó
[2] y...y yo también le hice mucho mal a él
[3] entre los dos
[4] teme
[5] aliados, unidos
[6] separa, distancia
[7] evitar
[8] Vós is an archaic formal second person subject pronoun. It also functions as the object of a preposition. The object pronoun is vos (no accent). The verb forms that correspond to vós are not used in modern

Spanish, but are easily recognizable, for example, aconsejedes (aconsejes).
[9] caso, asunto
[10] importaba, convenía
[11] hijo del rey
[12] Don Enrique, infante de Castilla (1225–1304), fue el tercer hijo de Fernando III de Castilla. (*Infante* es el nombre que se da a los hijos del rey a partir del segundo.)
[13] lodged
[14] inn
[15] uno para cada cual

querían muy gran bien,[16] los caballos se querían muy gran mal.[17] Y los caballeros no eran tan ricos que pudiesen mantener dos posadas, y por la malquerencia[18] de los caballos no podían posar en una posada, y por esto tenían una vida muy enojosa.[19] Y como esto les duró un tiempo y vieron que no lo podían sufrir[20] más, contaron su hacienda[21] a don Enrique y le pidieron por merced que echase aquellos caballos a un león que el rey tenía en Túnez.

Don Enrique les agradeció mucho lo que decían y habló con el rey de Túnez. Y fueron los caballos muy bien pechados[22] a los caballeros, y los metieron en un corral donde estaba el león. Cuando los caballos se vieron en el corral, antes de que el león saliese de la casa[23] donde yacía encerrado, se comenzaron a matar lo más buenamente del mundo.[24] Y estando ellos en su pelea, abrieron la puerta de la casa en que estaba el león. Este salió al corral y los caballos lo vieron. Comenzaron a temblar muy fieramente[25] y poco a poco fueron llegándose el uno al otro. Y luego que estuvieron muy juntos, quedaron así un rato, y enderezaron[26] entrambos al león y lo pararon tal a mordiscos y a coces[27] que por fuerza se tuvo que encerrar en la casa de donde había salido. Y quedaron los caballos

sanos y no les hizo ningún mal el león. Y después quedaron aquellos caballos tan avenidos[28] que comían muy de grado[29] en un pesebre[30] y estaban juntos en un establo muy pequeño. Y esta armonía la tuvieron entre sí por el gran recelo que tuvieron del león.

—Y vós, señor conde Lucanor, si entendedes que aquel enemigo vuestro tiene tanto recelo de aquel otro como vós, y tiene tanto menester[31] a vós que forzadamente tendrá que olvidar cuánto mal pasó entre vós y él, y entiende que sin vós no se puede defender bien, creo que, así como poco a poco los caballos fueron ayuntándose hasta que perdieron el recelo y estuvieron bien seguros el uno del otro, que así debedes vós, poco a poco, tomar confianza e intimidad con aquel enemigo vuestro.

Y si hallardes que él siempre actúa bien y lealmente, y por bien que le vaya,[32] nunca vos vendrá de él daño, entonces haredes bien en ayudarvos[33] para que otro hombre extraño[34] no se apodere de lo vuestro ni vos destruya. Porque los hombres deben sufrir mucho de los parientes y vecinos para que no sean maltratados de otros extraños. Pero si vierdes[35] que aquel enemigo vuestro es tal que, luego de haber salido del peligro por vuestra ayuda, y después que lo suyo

---

[16] **se...se querían mucho**
[17] **se...se odiaban mucho**
[18] **antipatía**
[19] **desagradable**
[20] **tolerar**
[21] **(mala) fortuna, problema**
[22] harnessed
[23] **leonera**
[24] **lo...muy brutalmente**
[25] **violentamente**
[26] stood up to

[27] **a...**with bites and kicks
[28] **conformes, satisfechos**
[29] **de...contentos**
[30] manger
[31] **necesidad**
[32] **por...**no matter how well things are going for him
[33] help each other
[34] **hombre...**stranger
[35] you see

estuviese en salvo,[36] que iría contra vós y no podríades estar seguro de él, si él fuera así, haríades una tontería en ayudarle. Antes creo que le debedes alegar cuánto pudierdes, porque, pues viestes[37] que, estando él en tan gran apuro, no quiso olvidar el mal talante[38] que vos tenía, y entendiestes que vos lo tenía guardado para cuando viese su tiempo que vos lo podría hacer,[39] bien entendedes vós que no debedes hacer ninguna cosa para ayudarlo a salir del gran peligro en que está.

Al conde le gustó esto que Patronio dijo, y creyó que había dado muy bien consejo.

Y porque entendió don Juan que este ejemplo era bueno, lo mandó escribir en este libro.

---

[36] en...safe
[37] viste
[38] deseo, voluntad

[39] vos...he was holding a grudge against you, waiting for the time when he could take it out on you

SOBRE LA LECTURA

1. ¿Quién era Patronio?
2. ¿Qué problema tenía el conde Lucanor?
3. ¿Que invención usó Patronio para explicar la solución al conde?
4. ¿En qué sentido eran los dos caballos de la fábula como el conde y su enemigo?
5. ¿Qué solución encontraron los dos caballeros al problema de la enemistad de sus caballos?
6. ¿Cómo reaccionaron los caballos al verse ante el león?
7. ¿Qué lección le enseñó Patronio al conde por medio de la historia de los dos caballos?

HACIA EL ANÁLISIS LITERARIO

1. *El conde Lucanor* es un «libro de ejemplos», género muy popular en la Edad Media. Don Juan Manuel escribe en su prólogo: «Este libro hizo don Juan, hijo del muy noble infante don Manuel, deseando que los hombres hiciesen en este mundo tales obras que les fuesen provechosas de las honras y de las haciendas (fortunas) y de sus estados (clase o función social) y fuesen más allegados (cercanos) a la carrera (camino de Dios) porque pudiesen salvar las almas.» ¿En qué consiste el «ejemplo» de los dos caballos? ¿Cómo logra el autor el propósito que expresa en el prólogo?
2. ¿Cuál es la estructura de cada ejemplo? ¿Por qué escoge don Juan Manuel esta estructura?
3. ¿Por qué permite la fábula más amplitud de crítica de tipos y de costumbres que el cuento realista?
4. ¿Son concretas o abstractas las imágenes que emplea don Juan Manuel? Explique su respuesta. ¿Ha visto usted alguna obra de arte o alguna obra

arquitectónica de la Edad Media? Compare las imágenes de don Juan Manuel con la obra que usted ha visto.

5. ¿Cómo usa el autor la psicología en esta fábula?

TEXTO Y VIDA

1. ¿Qué piensa usted del consejo que Patronio le dio al conde?
2. ¿Qué hace usted cuando tiene algún problema? ¿Por qué es importante tener a quien contarle los problemas?
3. Escriba o cuente una fábula.
4. Describa algún dilema personal a otro estudiante, y pídale que le ofrezca una solución mediante una fábula.

El Arcipreste de Hita, y el arte de escribir poesía

Si don Juan Manuel fue el prosista más importante de la primera mitad del siglo XIV, Juan Ruiz, Arcipreste de Hita ¿1283?–¿1351?, fue el escritor que alcanzó mayor renombre en el campo de la poesía. Hoy en día su *Libro de buen amor* es la obra más leída de la literatura española medieval.

El Arcipreste representa una mentalidad totalmente diferente a la del infante. Si el tono de don Juan Manuel es mesurado, el de Juan Ruiz es burlesco y satírico; y si la obra de aquél carece de erotismo, la del Arcipreste es a menudo escabrosa. La perspectiva de don Juan Manuel es la de la clase señorial; todos sus libros tratan de algún aspecto de caballería. Juan Ruiz, en cambio, articula las actitudes del pueblo.

No es que el Arcipreste careciera de cultura. La gran variedad de sus fuentes demuestra su amplia formación intelectual. Poseía extensos conocimientos de las literaturas bíblica y clásica y de las reglas de la retórica. Pero su obra rebosa de espontaneidad y de sabor popular, haciendo al lector olvidar su erudición.

Se sabe poco de la vida de Juan Ruiz. Se cree que nació en Alcalá de Henares alrededor de 1283. Fue clérigo y probablemente estudió en Toledo. Se ha conjeturado que fue encarcelado por orden del Arzobispo de Toledo y compuso parte del *Libro de buen amor*, o tal vez todo, mientras estaba preso. Aunque parece que la obra tiene elementos autobiográficos, es imposible saber hasta qué punto se basa en experiencias personales del Arcipreste y hasta qué punto es pura invención.

Sobre el *Libro de buen amor*

El *Libro de buen amor* apareció en dos ediciones distintas: la primera, de 1330, contiene el cuerpo de la obra; la segunda, de 1343, contiene composiciones adicionales, algunas de las cuales aluden al encarcelamiento del autor, tema que no se menciona en la versión original.

A primera vista el *Libro de buen amor* parece ser un cancionero personal que consiste en diversas composiciones poéticas reunidas al azar. No existe ninguna unidad estructural entre los poemas; hay elementos del *mester de clerecía y elementos *juglarescos; hay influencias eruditas y populares. Se incluye una gran variedad de géneros—composiciones religiosas, bailes (cantares de danza), cantares de ciegos, burlas y canciones para escolares. En cuanto a los metros poéticos, tampoco hay uniformidad. Se ha sugerido que el *Libro de bueno amor* se formó por acumulación, aunque también es posible que en 1330 el autor compusiera una primera versión, revisándola y ampliándola en 1343.

A pesar del aparente desorden, hay varios hilos que unen los diversos elementos del libro. Tomado en su conjunto, es una autobiografía poética de las aventuras amorosas del autor. (¡Nótese que el Arcipreste era un experto en asuntos de amor!) Contiene anécdotas, fábulas y ejemplos, además de una paráfrasis del *Arte de amar* del poeta romano Ovidio (43 antes de Cristo a ¿17? de nuestra era). Un segmento del libro, el episodio de don Melón y doña Endrina, es una imitación del *Pamphilus*, comedia latina del siglo XII. Abundan los elementos burlescos y alegóricos, las sátiras y los elogios cómicos, como el de la mujer chiquita. Además, hay varias poesías líricas religiosas, morales o ascéticas. En muchos sentidos la obra de Juan Ruiz representa una síntesis del arte de la Edad Media. Confluyen en el *Libro de buen amor* elementos clásicos, eclesiásticos, árabes (por ejemplo, las fábulas morales) y europeos, por ejemplo, las formas líricas trovadorescas).

Los propósitos del Arcipreste de Hita son ambiguos; aún hoy en día los investigadores no están de acuerdo en cuanto al verdadero sentido de la obra. El autor sostiene que contrasta el buen amor (el divino) con el loco amor (el humano) a fin de guiar al lector. Explica en la introducción que su obra es un libro de ejemplos del cual los episodios del loco amor sirven para exponer los peligros de la carne. Aunque algunos críticos conservadores encuentran estas alegaciones convincentes, muchos académicos han señalado que el *Libro de buen amor* está lleno de contradicciones. Primero, a pesar de la aparente postura moralizadora del Arcipreste, la mayor parte del libro se dedica al loco amor. Segundo, el mismo autor afirma que su obra es un manual de este tipo de amor: «puesto que es humana cosa el pecar, si algunos quisieran (no se lo aconsejo) usar del loco amor, aquí hallarán algunas maneras para ello». Esta afirmación no es necesariamente una prueba de que sus defensas de la moral cristiana y sus elogios a la Virgen carezcan de sinceridad. El hombre de la Edad Media aceptaba como naturales los extremos de la conducta humana; así que tanto la virtud como el pecado tenían su lugar en el esquema general del mundo—y lo mismo se podría decir de la devoción y la crueldad, la obediencia y la rebelión, la caridad y la brutalidad.

Se ha sugerido que la introducción al *Libro de buen amor* fue escrita después del resto de la obra, posiblemente con el objetivo de justificar la creación de un tomo tan escandaloso. Es concebible que las autoridades eclesiásticas obligaran al Arcipreste a añadir la introducción, pero también es posible que para el autor no hubiera ningún conflicto entre los numerosos cuadros del loco amor y las poesías religiosas. Dice en su introducción que «no es posible escapar del pecado», el cual es un aspecto inevitable de la vida humana. En su invocación añade que no inventa, sino que sencillamente describe lo que «en el mundo se acostumbra y se haz (hace)». Es decir, describe su mundo de una manera realista, consciente del hecho de que entre la vida real y el ideal católico hay un abismo.

A través del libro el Arcipreste muestra que está plenamente consciente de la ambigüedad de su obra. En su invocación insinúa que su mensaje es diferente del que el lector pueda pensar, «pues como buen dinero custodia un vil correo / así, en feo libro está saber no feo», y le pide que no juzgue su obra por las apariencias. El juego entre la verdad y las apariencias es la base de mucha de la ironía de Juan Ruiz. Por ejemplo, en el elogio de las mujeres chiquitas, califica a éstas de apasionadas («arden más que el fuego»), hacendosas y bellas, y las compara a diversos condimentos picantes y deliciosos (la pimienta, la nuez). Pero la última estrofa revela que la actitud del poeta no es la que parece, ya que prefiere a la mujer pequeña porque es prudente «del mal tomar lo menos».

El orden de los poemas demuestra una tendencia muy común en la literatura medieval: la de progresar de lo general a lo concreto por vía de la experiencia propia o el ejemplo. El libro comienza con una introducción en prosa, seguida de oraciones y poesías a la Virgen. Se clarifica el tema (el contraste entre la moral cristiana y el amor concebido como ley natural) y aparece el Amor como personaje alegórico. Este dialoga con el Arcipreste, un enamorado, que introduce el tema de la astrología al atribuir su aflicción al hecho de que nació bajo el signo de Venus. El Amor y su esposa Venus le recomiendan que busque una intercesora. Entonces se introduce a la alcahueta Trotaconventos, personaje importante en el desarrollo de la literatura española, ya que servirá de modelo para varias otras alcahuetas ficticias, entre ellas Celestina, de la obra que lleva su nombre, de Fernando de Rojas, y Fabia, de *El caballero de Olmedo*, de Lope de Vega. Sigue el episodio principal del libro: los amores de don Melón (que parece ser una extensión del Arcipreste mismo) y doña Endrina. A causa de la proximidad de la cuaresma, el Arcipreste se retira a la sierra, donde hace una penitencia poco rigurosa y se divierte con las serranas, unas mujeres amazónicas y extremadamente sensuales. La lucha entre la carne y el espíritu se representa alegóricamente en la batalla entre don Carnal y doña Cuaresma. Aunque la religión vence a la pasión, con el principio de la primavera vuelve a reinar el Amor. Siguen algunos episodios amorosos, la muerte de Trotaconventos y poesías varias.

Como don Juan Manuel, el Arcipreste estaba consciente de su arte. Escribe en su introducción que uno de sus propósitos es «dar lección y muestra de versificar y rimar y trovar», y a través de su obra insiste en el elemento artístico, a veces recalcando su falta de destreza poética, a veces comentando las funciones de la literatura, a veces insistiendo en el poder del arte de revelar la verdad.

La obra de Juan Ruiz es compleja. Combina lo real con lo fantástico, lo bello con lo grotesco, lo burlesco con lo transcendental. Emplea un sinfín de recursos literarios: el *doble sentido, la *caricatura, la *hipérbole, la *ironía. Reproduce la lengua hablada, incorporando refranes, dichos, giros lingüísticos. Ya se notan en la obra de Juan Ruiz muchos rasgos que caracterizarán a los grandes satíricos del Renacimiento.

Edición

Ruiz, Juan. *Libro de buen amor*. Ed. and trans. Raymond S. Willis. Princeton: Princeton University Press, 1972

_____. *El libro de buen amor*, Ed. Anthony Zahareas. Madison Medieval Seminary, Madison: University of Wisconsin, 1988)

_____. *El libro de buen amor / The Book of Good Love*, Ed. Anthony Zahareas. Trans. Saralyn Daly. University Park: Pennsylvania State University Press, 1978

Crítica

Brownlee, Marina Scordilis. *The Status of the Reading Subject in the «Libro de buen amor»*. University of North Carolina Studies in the Romance Languages and Literatures 224. Chapel Hill: UNC Press, 1985

Deyermond, Alan D. "Juan Ruiz's Attitude toward Literature." *Medieval and Folklore Studies in Honor of John Esten Keller*. Newark, Del.: Juan de la Cuesta, 1980. 113–125

Gerli, E. Michael. "*Recta voluntas est bonus amor*: St. Augustine and the Didactic Structure of the *Libro de buen amor*." *Romance Philology* 35 (1981–1982):500–509

Gybbon-Monypenny, G. B. "Autobiography in «The *Libro de buen amor*» in the Light of some Literary Comparisons," *Bulletin of Hispanic Studies* 34 (1957):63–78

Joset, Jacques. *Nuevas investigaciones sobre el «Libro de buen amor.»* Madrid: Cátedra, 1988

Lawrance, Jeremy. N. H. "The Audience of the *Libro de buen amor*," *Comparative Literature* 36 (1984):220–237

Libro de buen amor Studies, Ed. G. B. Gybbon-Monypenny London: Tamesis, 1970

Lida de Malkiel, María Rosa. *Two Spanish Masterpieces: The Book of Good Love and The Celestina*. Urbana: Illinois Studies in Language and Literature, 1961

Vasvari, Louise. «La semiología de la connotación: lectura polisémica de *Cruz cruzada panadera*.» *Nueva Revista de Filología Hispánica* 32 (1983):299–324

Walsh, John K. "Juan Ruiz and the *Mester de clerezia*: Lost Context and Lost Parody in the *Libro de buen amor*." *Romance Philology* 33 (1979–1980):62–86

Willis, Raymond. "Mester de Clerecía: A Definition of the *Libro de buen amor*" *Romance Philology*. 10 (1956–1957):212–224

Zahareas, Anthony. *The Art of Juan Ruiz, Archpriest of Hita*. Madrid: Estudios de Literatura Española, 1965

Libro de buen amor

Juan Ruiz, Arcipreste de Hita

Invocación

Dios Padre, Dios Hijo, Dios Espíritu Santo
El que nació de Virgen esfuerzo nos dé, tanto
que siempre le loemos,[1] en prosa como en canto;
sea de nuestras almas la cobertura y manto.

El Creador del cielo, de la tierra y del mar,
El me dé la su gracia y me quiera alumbrar;
y pueda de cantares un librete rimar
que aquéllos que lo oyeren puedan solaz[2] tomar.

Tú que al hombre formaste, ¡oh mi Dios y Señor!
Ayuda al Arcipreste, infúndele valor;
que pueda hacer aqueste *Libro de Buen Amor*
que a los cuerpos dé risa y a las almas vigor.

Si quisiereis, señores, oír un buen solaz,
escuchad el romance; sosegaos[3] en paz,
no diré una mentira en cuanto dentro yaz:[4]
todo es como en el mundo se acostumbra y se haz.[5]

Y porque[6] mejor sea de todos escuchado,
os hablaré por trovas[7] y por cuento rimado;
es un decir hermoso y es arte sin pecado,
razón más placentera, hablar más delicado.

No penséis que es un libro necio, de devaneo,[8]
ni por burla toméis algo de lo que os leo,
pues como buen dinero custodia un vil correo
así, en feo libro está saber no feo.

El ajenuz,[9] por fuera, negro es más que caldera
y por dentro muy blanco, más que la primavera;
blanca, la harina yace so[10] negra tapadera,
lo dulce y blanco esconde la caña azucarera.

Bajo la espina crece la noble rosa flor,
so fea letra yace saber de gran doctor;
como so mala capa yace buen bebedor,
así, so mal tabardo,[11] está el Buen Amor.

Y pues de todo bien es comienzo y raíz
María, Virgen santa, por ello yo, Juan Ruiz,

---

[1] alabemos, elogiemos
[2] consuelo
[3] calmaos, descansad
[4] en...about what's inside (this book)
[5] hace
[6] para que
[7] versos
[8] tonterías, cosas insignificantes
[9] love-in-a-mist (type of plant)
[10] bajo
[11] tabard, a loose outer garment worn by a knight over his armor; a coarse, heavy, sleeveless coat worn outdoors

Arcipreste de Hita, aquí primero hiz[12]
un cantar de sus gozos siete, que así diz.[13]

Gozos de Santa María

¡Oh María!,
luz del día
sé mi guía
toda vía.

Dame gracia y bendición,
de Jesús consolación,
que ofrezca con devoción
cantares a tu alegría

El primer gozo se lea:
en ciudad de Galilea,
Nazaret creo que sea,
tuviste mensajería

del ángel, que hasta ti vino,
Gabriel, santo peregrino,
Trajo mensaje divino
y te dijo: ¡Ave María!

Desde que el mensaje oíste,
humilde lo recibiste
luego, Virgen concebiste
al Hijo que Dios envía.

En Belén acaeció
el segundo; allí nació,
sin dolor apareció
de ti, Virgen, el Mesía.

El tercero es, según leyes,
cuando adoraron los Reyes

a tu hijo y tú lo ves
en tu brazo, do yacía.[14]

Le ofreció mirra Gaspar,
Melchor fue el incienso a dar,
oro ofreció Baltasar
al que Dios y hombre sería.

Alegría cuarta y buena
fue cuando la Magdalena
te dijo—gozo sin pena—
que el hijo, Jesús, vivía.

El quinto placer tuviste
cuando de tu hijo viste
la ascensión y gracias diste
a Dios, hacia el que subía.

Señora, es tu gozo sexto
el Santo Espíritu impuesto
a los discípulos, presto,
en tu santa compañía.

El séptimo, Madre santa,
la Iglesia toda lo canta:
subiste con gloria tanta
al Cielo y a su alegría.

Reinas con tu hijo amado,
Nuestro Señor venerado;
que por nos sea gozado
por tu intercesión un día.

De como, por naturaleza, humanos y animales desean la compañía del sexo contrario y de cómo se enamoró el Arcipreste

Aristóteles dijo, y es cosa verdadera,
que el hombre por dos cosas trabaja: la primera,
por el sustentamiento, y la segunda era
por conseguir unión con hembra placentera.

Si lo dijera yo, se podría tachar,
mas lo dice un filósofo, no se me ha de culpar.
De lo que dice el sabio no debemos dudar,
pues con hechos se prueba su sabio razonar.

---

[12] hice
[13] dice

[14] do...where he lay

Que dice verdad el sabio claramente se prueba;
hombres, aves y bestias, todo animal de cueva
desea, por natura, siempre compañía nueva
y mucho más el hombre que otro ser que se mueva.

Digo que más el hombre, pues otras criaturas
tan sólo en una época se juntan, por natura;
el hombre, en todo tiempo, sin seso y sin mesura,[15]
siempre que quiere y puede hacer esa locura.

Prefiere el fuego estar guardado entre ceniza,
pues antes se consume cuanto más se le atiza;[16]
el hombre, cuando peca, bien ve que se deliza,[17]
mas por naturaleza, en el mal profundiza.

Yo, como soy humano y, por tal, pecador,
sentí por las mujeres, a veces, gran amor.
Que probemos las cosas no siempre es lo peor;
el bien y el mal sabed y escoged lo mejor.[18]

La viuda doña Endrina (fragmento)

Es cosa conocida, proverbio engañoso:
más vale rato aprisa que día perezoso.[19]
Alejé la tristeza, el anhelo engañoso,
busqué y encontré dama de que era deseoso.

De talle muy apuesta, de gestos amorosa,
alegre, muy lozana,[20] placentera y hermosa,
cortés y mesurada, zalamera,[21] donosa,
muy graciosa y risueña, amor de toda cosa.

La más noble figura de cuantas tener pud',[22]
viuda, rica, moza llena de juventud
y bien acostumbrada:[23] es de Calatayud.[24]
Era vecina mía, ¡mi muerte y mi salud![25]

En todo hidalga y noble, de muy alto linaje,
poco sale de casa, cual[26] tiene por usaje;[27]
acudí a doña Venus[28] para enviar mensaje,
pues ella es el principio y fin de aqueste viaje.

Es ella nuestra vida y ella es nuestra muerte;

---

[15] **moderación**
[16] poke, rouse
[17] he's slipping
[18] This is the author's justification for his scandalous book: one has to know sin in order to recognize it and reject it.
[19] You can get more done in a few busy minutes than in a whole lazy day.
[20] well-rounded, voluptuous
[21] flattering, sweet-talking
[22] **pude**

[23] **bien criada, bien educada**
[24] **ciudad en la provincia de Zaragoza**
[25] Love and death are frequently associated in literature, as well as in everyday speech, as when a woman says, "I'm dying for him." The love-death metaphor was an essential element in medieval love poetry.
[26] **como**
[27] **costumbre**
[28] goddess of love

del hombre recio hace flaco e inerte,[29]
por todo el mundo tiene poder muy grande y fuerte,
todo, con su consejo, a buen logro convierte.

«Señora doña Venus, mujer de don Amor,
noble dueña,[30] me humillo yo, vuestro servidor:
sois de todas las cosas vos y el Amor, señor;
todos os obedecen como a su creador.

«Reyes, duques y condes y toda criatura
os temen y obedecen, pues que son vuestra hechura;[31]
cumplid los mis deseos, dadme dicha y ventura,
no me seáis tacaña, desdeñosa ni dura.

«No he de pediros cosas que no me podáis dar,
mas para mí, cuitado,[32] difícil de lograr;
sin vos, yo no la puedo emprender ni acabar
y seré afortunado si queréisla otorgar.

«Estoy herido y llagado,[33] por un dardo[34] estoy perdido,
en mi corazón lo traigo, encerrado y escondido;
quisiera ocultar mi daño, pero moriré si olvido,
ni aun me atrevo a decir quién es la que me ha herido.»

...(Contesta Venus)
«A la mujer que gusta de mirar y es risueña
di sin miedo tus cuitas,[35] no te embargue[36] vergüeña;[37]
si, entre mil, una niega, su repulsa desdeña,
te amará la mujer que en amor piensa y sueña.

«No te enoje servirla; cortejando, amor crece;
el servicio hecho al bueno, no muere ni perece,
tarde o temprano, gana; amor no empequeñece
y la constancia siempre todas las cosas vence ...

«Si tiene madre vieja tu amiga de beldad
no dejará que te hable nunca en intimidad;
celos de juventud tiene la ancianidad,
es cosa que se sabe desde la antigüedad.

«Estas viejas gruñosas suelen ser maliciosas,
de las muchachas son guardadoras celosas,
sospechan y barruntan todas aquestas cosas;
¡bien conoce las trampas quien pasó por las losas![38]

---

[29] **del...**she makes the strong man weak and limp
[30] **señora**
[31] We are all the product of love in the sense that all men and women were conceived through the sex act.
[32] **pobrecito**
[33] In medieval love poetry, the anguish of desire is often depicted as a wound.

[34] Cupid pierces the heart with an arrow.
[35] **penas de amor**
[36] **impida**
[37] **vergüenza**
[38] In other words, they know what tricks their daughters are playing because they played the same tricks themselves when they were young.

«Por tanto, has de buscar muy buena medianera
que sepa sabiamente andar esta carrera,
que os conozca a los dos, vuestro genio y manera:
como don Amor dijo, ha de ser la trotera.»[39]

...(Habla Trotaconventos, la alcahueta)
«La cera, que es cosa dura, muy desabrida[40] y helada,
después de que, entre las manos, mucho tiempo es amasada,[41]
cederá con poco fuego, cien veces será doblada;[42]
toda mujer se doblega[43] cuando está bien hechizada.

«Acordaos, buen amigo, de lo que decirse suele:
si el trigo está en el molino, quien antes llega, antes muele.[44]
Mensaje que mucho tarda, a muchos hombres demuele;
el hombre que bien razona, tanto tiempo no se duele.

«No hay que dormir, buen amigo; la dama de quien habláis
otro quiere desposarla y ruega lo que rogáis;
es hombre de buen linaje, intenta lo que intentáis.
Haced que antes que sus ruegos lleguen los que vos hagáis.»

...(Trotaconventos cita a don Melón en su casa, donde tiene a doña Endrina.)
Vino a mí Trotaconventos, alegre con el recado.
Dijo, «Amigo, ¿cómo estáis?, id perdiendo ya el cuidado,
¡el ladino encantado saca la sierpe de horado![45]
Mañana hablará con vós; ya lo dejé asegurado.

«Bien sé que dice verdad aquel vuestro refrán chico;
peregrino porfiado siempre saca mendruguico.[46]
Sed mañana todo un hombre, nos os tenga por medrosico[47]
hablad, pero aprovechaos si yo me alejo un ratico.[48]

...(Don Melón se encuentra con doña Endrina en la casa de la alcahueta. Faltan treinta y dos cuartetas del manuscrito original en las cuales don Melón fuerza a doña Endrina, quien no ofrece mucha resistencia. [Los críticos han reconstruido el argumento basándose en *Pamphilus de amore*, la obra que inspiró la historia de don Melón y doña Endrina.] Doña Endrina se queja a Trotaconventos del engaño. Contesta la vieja:)

---

[39] go-between
[40] tough
[41] kneaded, massaged (**Nótese el doble sentido.**)
[42] folded over, bent over (**Nótese el doble sentido.**)
[43] give in, bend over (**Nótese el doble sentido.**)
[44] grinds
[45] The proverb is: **El encantador hábil sabe sacar aun una culebra de su agujero.** By analogy, a clever go-between can get her victim out of the house.
[46] **peregrino...**an insistent pilgrim always gets a crust (Pilgrims to holy places had to beg for food along the way.)
[47] **no...**don't let her think you shy (fearful)
[48] Trotaconventos advises Don Melón to go ahead and chat, but not to waste time talking when she leaves the room.

«Cuando yo salí de casa, si ya veíais las redes,
¿Por qué quedasteis con él, sola entre aquestas paredes?
¡No me vengáis con regaños, hija, vós los merecedes![49]
Lo mejor que hacer podéis es que vuestro mal calledes.

«Menos mal resultará que la cuestión ocultéis
que no que la descubráis y que el caso pregonéis;[50]
si un casamiento se ofrece, así no lo perderéis,
mejor esto me parece que no que así os difaméis.[51]

«Y puesto que confesáis que el daño ha sido hecho,
él os defienda y ayude, sea a tuerto o a derecho.»[52]
Hija mía, a daño hecho no hay más que paciencia y pecho.[53]
¡Callad y guardad la fama,[54] no salga de bajo el techo!

...(Conclusión)

Doña Endrina y don Melón en uno casados son;
los invitados se alegran en las bodas, con razón.
Si villanía encontráis, a todos pido perdón,
pues lo feo de la historia es de Panfilo y Nasón.[55]

Elogio de la mujer chiquita

Quiero abreviar, señores, esta predicación
porque siempre gusté de pequeño sermón
y de mujer pequeña y de breve razón,[56]
pues lo poco y bien dicho queda en el corazón.

De quien mucho habla, ríen; quien mucho ríe es loco;
hay en la mujer chica amor grande y no poco.
Cambié grandes por chicas, mas las chicas no troco.[57]
Quien da chica por grande se arrepiente del troco.

De que alabe a las chicas el Amor me hizo ruego;[58]
que cante sus noblezas, voy a decirlas luego.
Loaré a las chiquitas, y lo tendréis por juego.
¡Son frías como nieve y arden más que el fuego![59]

Son heladas por fuera pero, en amor, ardientes;

---

[49] **No**...Don't reproach me! You're the one who deserves to be reproached!

[50] Less damage will be done if you keep a lid on this; don't let it out of the bag, don't go around blabbing about it.

[51] A woman is dishonored if she has sexual relations with a man outside of marriage, even if she is seduced or raped. However, if she marries him, her honor is preserved.

[52] **él**...let him defend and protect you, even if it means twisting the rules

[53] **valor**

[54] **reputación**

[55] Recall that the story is an adaptation of *Pamphilus*. (See introduction.)

[56] **breve...pocas palabras**

[57] exchange

[58] **De...El Amor me rogó alabar a las mujeres pequeñas.**

[59] This conceit is a commonplace of medieval and Renaissance love poetry. The beautiful woman is cold, for she rejects her admirer's advances and remains aloof. However, she burns with passion (or, sometimes, with anger), and ignites the flame of love in her admirer's heart.

en la cama solaz, placenteras, rientes,
en la casa, hacendosas, cuerdas y complacientes;
veréis más cualidades tan pronto paréis mientes.[60]

En pequeño jacinto[61] yace gran resplandor,
en azúcar muy poco yace mucho dulzor,
en la mujer pequeña yace muy gran amor,
pocas palabras bastan al buen entendedor.

Es muy pequeño el grano de la buena pimienta,
pero más que la nuez reconforta y calienta:
así, en mujer pequeña, cuando en amor consienta,
no hay placer en el mundo que en ella no se sienta.

Como en la chica rosa está mucho color,
como en oro muy poco, gran precio y gran valor,
como en poco perfume yace muy buen olor,
así, mujer pequeña guarda muy gran amor.

Como rubí pequeño tiene mucha bondad,
color virtud y precio, nobleza y claridad,
así, la mujer chica tiene mucha beldad,
hermosura y donaire, amor y lealtad.

Chica es la calandria[62] y chico el ruiseñor,[63]
pero más dulce canto que otra ave mayor;
la mujer, cuando es chica, por eso es aún mejor,
en amor es más dulce que azúcar y que flor.

Son aves pequeñuelas papagayo y orior,[64]
pero cualquiera de ellas es dulce cantador;
gracioso pajarillo, preciado trinador,[65]
como ellos es la dama pequeña con amor.

Para mujer pequeña no hay comparación;
terrenal paraíso y gran consolación,
recreo y alegría, placer y bendición,
mejor es en la prueba que en la salutación.

Siempre quise a la chica más que a grande o mayor;
¡escapar de un mal grande nunca ha sido un error!
Del mal tomar lo menos, dícelo el sabidor,
por ello, entre mujeres, ¡la menor es mejor![66]

---

[60] **veréis...Si os fijáis bien, encontraréis muchas otras cualidades en ellas.**
[61] hyacinth
[62] calander (type of bird)
[63] nightingale
[64] oriole
[65] warbler
[66] The idea is, since women are evil (since they cause men to suffer and sin), a small dose (or a small woman) is better than a large one.

SOBRE LA LECTURA

Invocación; Gozos de Santa María; De cómo, por naturaleza, humanos y animales desean la compañía del sexo contrario y de cómo se enamoró el Arcipreste

1. Según la «Invocación», ¿por qué escribe el Arcipreste el *Libro de buen amor*?
2. ¿Qué tipo de libro quiere escribir?
3. ¿Cómo expresa su deseo de describir el mundo de una manera realista?
4. ¿Por qué se expresa en rimas?
5. ¿Cómo introduce el tema de las apariencias?
6. ¿Qué le pide el Arcipreste a la Virgen?
7. ¿Qué cuenta el autor en los «Gozos de Santa María»?
8. ¿Por qué le pide a la Virgen su intercesión?
9. ¿Por qué cita el Arcipreste a Aristóteles? ¿Qué dijo el filósofo?
10. Según el Arcipreste, ¿qué fuerza motiva a todo hombre y bestia? ¿En qué sentido es el hombre más loco que las bestias?
11. ¿Se aparta el Arcipreste de los hombres que describe o se identifica con ellos? ¿Por qué?
12. Según él, ¿por qué está bien probar las cosas malas?

La viuda doña Endrina

1. ¿Por qué dice el narrador que «más vale rato aprisa que día perezoso»?
2. ¿Cómo era doña Endrina?
3. ¿Por qué acudió el amante a Venus?
4. ¿Por qué era Venus una figura tan poderosa?
5. ¿Qué consejos le dio Venus al Arcipreste?
6. ¿Quién era Trotaconventos? ¿Qué le dijo ella acerca de las mujeres?
7. ¿Qué plan tenía la alcahueta?
8. ¿Qué sucedió cuando don Melón finalmente se encontró con doña Endrina?
9. ¿Cómo reaccionó Trotaconventos cuando doña Endrina se quejó del engaño?
10. ¿Cómo termina el episodio?

Elogio de la mujer chiquita

1. ¿Qué elogio de la brevedad hace el Arcipreste en la primera estrofa?
2. ¿Por qué dice que le gustan las mujeres pequeñas?
3. ¿Cómo expresa la pasión y la sensualidad de la mujer pequeña? ¿Con qué cosas la compara?
4. ¿Cómo expresa la idea de que las apariencias engañan? ¿Qué tiene que ver esta idea con el valor de la mujer pequeña?
5. ¿Cómo describe el poeta la belleza de la mujer pequeña? ¿Qué metáforas usa?

6. ¿En qué sentido es la mujer pequeña un «terrenal paraíso»?
7. Explique la ironía de la última estrofa.

HACIA EL ANÁLISIS LITERARIO

1. ¿Qué es el buen amor? ¿En qué sentido es ambiguo el título de la obra? ¿En que consiste la ironía del Arcipreste?
2. ¿Cómo yuxtapone el Arcipreste los elementos religiosos y humanos? ¿Qué logra con esta yuxtaposición?
3. ¿Dónde se nota la influencia de la literatura clásica en estas selecciones?
4. ¿Dónde se nota la influencia trovadoresca? ¿Cómo emplea el Arcipreste los temas y lugares comunes de la poesía amorosa medieval?
5. ¿Qué tipos de metáfora emplea el Arcipreste?
6. Describa el lenguaje que emplea. ¿Cómo usa el refrán y el giro popular? ¿Qué logra con incorporar elementos conversacionales en su texto?
7. ¿Cómo usa el diálogo en el episodio de don Melón y doña Endrina? ¿Qué otros elementos dramáticos usa?
8. ¿Cómo emplea la alegoría?
9. ¿Cómo son sus personajes?
10. ¿En qué consiste el humor del Arcipreste?

TEXTO Y VIDA

1. En nuestra sociedad, ¿existe un conflicto entre el idealismo religioso y la conducta humana? Explique.
2. En su opinión, ¿por qué incluye el Arcipreste poemas religiosos en el *Libro de buen amor*? ¿Es hipócrita el autor? Explique.
3. ¿Cuál es la actitud del Arcipreste con respecto al pecado? En su opinión, ¿es esta actitud sana o perversa?
4. ¿Diría usted que nuestra sociedad es más tolerante o menos tolerante que la del Arcipreste con respecto al sexo?
5. ¿Son las intenciones de don Melón hacia doña Endrina respetables o no? ¿Usa métodos aceptables para lograr su fin? ¿Por qué (no)?
6. En su opinión, ¿cuál fue el propósito del Arcipreste en escribir el *Libro de Buen Amor*, instruir o divertir? ¿En qué basa usted su respuesta?

La España de los Reyes Católicos

*L*a segunda mitad del siglo XV fue un período de transición durante el cual España se transformó de una conglomeración de estados divididos y frágiles en uno de los países más poderosos de Europa. Con el matrimonio de Fernando V de Aragón (1452–1516) e Isabel I de Castilla (1451–1504), se realizó el proceso de unificación nacional que había comenzado siglos antes. En 1474, cuando Fernando e Isabel, conocidos por el nombre de los Reyes Católicos, asumieron juntos la dignidad real de Castilla, sólo Navarra y el reino moro de Granada no se habían incorporado a la nación.

Los dos objetivos que dominaron el reino de Fernando e Isabel fueron la creación de un estado unido bajo un rey y una religión y la detención de las fuerzas otomanas, las cuales amenazaban el mundo cristiano. Para propulsar la causa de la unidad religiosa, los monarcas establecieron la Inquisición española en 1478. En 1492 conquistaron a Granada. Ese mismo año dieron un paso que tendría consecuencias profundas no sólo para la historia de España sino para la de Europa: expulsaron a los judíos, pueblo que había desempeñado un papel importantísimo en el desarrollo intelectual, científico, político y comercial del país. La expulsión de los moros en 1502 tuvo menos efecto, ya que muchos de éstos fingieron convertirse al catolicismo a fin de quedarse en España.

Con el descubrimiento de América en 1492, el poder político y económico de España aumentó grandemente. Por el Tratado de Tordesillas, España y Portugal dividieron el mundo no cristiano. Al mismo tiempo que los monarcas católicos intentaban establecer su influencia en el Nuevo Mundo, Fernando luchaba por aumentar su poder en Europa. Combatió contra Francia por el control de Italia, y en 1504 conquistó Nápoles. Ocho años más tardese anexó Navarra. Cuando murió Fernando, España era uno de las potencias navales más fuertes del mundo y el rival de Inglaterra y Francia por el dominio del Atlántico.

Pero la transformación de España no fue un proceso puramente político y militar. La época de los Reyes Católicos fue un período de esplendor cultural durante el cual florecieron las artes. Uno de los estilos decorativos más característicos de la segunda mitad del siglo XV es el plateresco, el cual combina motivos medievales—en particular, el gótico florido—con estructuras más modernas. Enriqueció las artes plásticas la llegada a la corte española de maestros flamencos, alemanes e italianos, quienes contribuyeron al desarrollo de la arquitectura, la escultura, la pintura y la producción de joyas.

Con la primacía de Castilla se estableció el castellano como la lengua nacional. En 1492 Antonio de Nebrija publicó su *Arte de la lengua castellana*, la primera gramática de una lengua vulgar. El idioma llegó a ser no sólo un instrumento del imperio, sino el vehículo de la creación de una literatura nacional. Poco a poco el español comenzó a reemplazar el latín como lengua literaria. Junto con nuevas formas importadas de Italia, se cultivaban formas poéticas tradicionales.

El Renacimiento y el humanismo

Durante el siglo XV España empezó a apartarse de la mentalidad medieval y adoptar nuevas actitudes características del *Renacimiento. El humanismo renacentista hizo del hombre el foco de la actividad intelectual. Los humanistas de fines del siglo XV y del siglo XVI se interesaron por todo lo que concerniera al hombre: los sistemas políticos, la flora y fauna que llenan el mundo, las ciencias, las lenguas habladas, el folklore y la sabiduría popular.

El mundo medieval no cultivó el individualismo. Por ejemplo, las grandes catedrales medievales fueron diseñadas por arquitectos anónimos y construidas por miles de trabajadores anónimos. El hombre se veía como una víctima del destino con poco control sobre su vida. Esta actitud empezó a modificarse durante el *Renacimiento. Nació un nuevo concepto del hombre que acentuaba la capacidad de cada persona de moldear su propia existencia. Con la importancia creciente que se le daba al individuo, surgió un nuevo interés en la psicología.

El humanismo intentó dar un sentido racional a la vida. Hizo hincapié en la moderación y el sentido común, y además en la armonía entre el hombre y la naturaleza. Rompiendo con el escolasticismo medieval, en el cual dominaba la enseñanza de Aristóteles adaptada al dogma católico, los humanistas intentaron darle una base mucho más amplia a su comprensión del mundo. Emprendieron el estudio de los clásicos grecolatinos, volviendo así a las fuentes de la cultura occidental. Con el saqueo de Constantinopla en 1453, muchos textos antiguos llegaron a Europa. Se dieron a conocer varios autores clásicos hasta entonces prácticamente desconocidos y se fomentó una proliferación de traducciones a lenguas modernas.

El humanismo floreció primero en Italia. La presencia política y militar de España en Nápoles bajo Fernando el Católico y, más tarde, su nieto Carlos V, facilitó la entrada de las ideas humanistas. Antonio de Nebrija pasó diez años en Italia antes de enseñar en Salamanca. Muchos escritores y artistas españoles también estudiaron allí, entre ellos, Fernando de Rojas, autor de *La Celestina*.

Al mismo tiempo que se cultivaba el castellano, el latín crecía en importancia. La misma reina Isabel estudió latín con una tutora particular, y reyes y nobles traían a maestros de Italia para educar a sus hijos en lenguas y literaturas clásicas y modernas. Entre 1514 y 1517 se preparó la *Biblia Políglota Complutense* en Alcalá.

Es en este ambiente de intensa actividad cultural donde se produce *La Celestina*, una de las grandes obras maestras de la literatura española.

La Celestina y los comienzos del humanismo español

Una de las primeras y más importantes obras del humanismo español es *La Celestina*, considerada como precursora tanto del drama como de la novela. La primera edición apareció en 1499, aunque muchos investigadores creen que la obra se escribió alrededor de 1492. La versión original consistía en dieciséis *autos* o *actos* dialogados, sin *acotaciones. En 1502 apareció una versión más larga, la cual se componía de veintiún *autos*.

El argumento de *La Celestina* es relativamente sencillo. Calisto, un joven de buena familia, entra a la huerta de Pleberio persiguiendo a su halcón. Allí ve por primera vez a Melibea y se prenda de ella. Melibea lo rechaza y él, siguiendo los consejos de su criado Sempronio, le pide a Celestina que intervenga. Celestina es una vieja alcahueta, perita en la medicina y en la brujería, que les sirve de medianera a los enamorados a cambio de dinero. Haciéndose pasar por una vendedora de hilos, telas, perfumes y afeites, Celestina entra en las casas de señores de calidad, donde se acerca a sus hijas. Con Melibea, demuestra sus amplios conocimientos de la psicología práctica; primero despierta la compasión de la joven y luego, su curiosidad, hasta que la hija de Pleberio termina por caer en la trampa. A pesar de su excelente crianza y de su sentido común, Melibea acaba por suplicarle a Celestina que arregle un encuentro con Calisto. Mientras tanto, Sempronio y Pármeno, el otro sirviente de Calisto, matan a Celestina en una disputa sobre su parte del pago y después ellos también son muertos. Al volver de una cita con Melibea, Calisto da un paso en falso en una escalera y muere despeñado. Melibea, desconsolada, se arroja de una torre, dejando a su padre lamentando la crueldad del mundo y del amor.

En la versión de 1502, alargada por petición de los lectores, los amantes no mueren después del primer encuentro, sino más tarde. Elicia y Areúsa, dos de las prostitutas que trabajan para Celestina y que habían sido amantes de Sempronio y de Pármeno, mandan a matones a vengar la muerte de los criados. Al oír el alboroto en la calle, Calisto corre a ayudar a sus hombres, tropezando y despeñándose.

La Celestina gozó de gran popularidad durante el siglo dieciséis, cuando aparecieron más de sesenta ediciones. En la más temprana, no se menciona el nombre del autor. En la de 1501, unos versos que aparecen al principio de la obra indican que Fernando de Rojas (¿?–1541) completó la obra—lo cual implica que pudo no haber escrito la primera parte. Hoy en día la gran mayoría de los investigadores creen que Rojas escribió la obra entera, con la excepción del primer acto, el cual afirma haber encontrado. La primera edición no lleva ningún título, pero otras ediciones tempranas se titulan *Comedia de Calisto y sino Melibea*. No fue sino más tarde cuando se le dio a la obra el nombre de *La Celestina*.

Poco se sabe de Rojas, excepto que fue un abogado converso de origen judío. El número considerable de latinismos que aparecen en la obra y las reminiscencias de autores clásicos, medievales e italianos del renacimiento indican que era un hombre sumamente culto.

La estructura y las técnicas que Rojas emplea ponen en evidencia su familiaridad con las literaturas clásica, italiana y española del medievo. Su tratamiento del amor y los tipos de personajes que crea recuerdan al dramaturgo romano Terencio (¿190?–159 a.C.). El monólogo de Celestina sobre la vejez que se pronuncia al principio del Acto IV proviene de Séneca (¿4?–¿65? d.C.) y una gran parte del lamento de Pleberio se deriva de la poesía del poeta italiano Petrarca (1304–1374). La retórica del amor empleada por Calisto tiene sus orígenes en las tradiciones líricas de la Edad Media y del temprano Renacimiento. La alcahueta recuerda a Trotaconventos, la medianera que aparece en el *Libro de buen amor*.

A pesar de estas influencias, *La Celestina* es una obra sumamente original que refleja una actitud más bien renacentista. Mientras que los personajes de las obras clásicas que inspiraron a Rojas eran convenciones y arquetipos, los de *La Celestina* son individuos. Cada uno piensa y actúa de acuerdo con su propia personalidad, motivado por valores y objetivos particulares.

A Calisto lo arrastra su deseo por Melibea, obsesión que confunde su percepción. Cuando Sempronio ofrece traer a Celestina, Calisto acepta con entusiasmo, aunque todos saben que la alcahueta es una mujer peligrosa y perversa cuya presencia deshonra las casas. Melibea se distancia aún más del modelo clásico. En la comedia romana, casi no hay heroínas. A diferencia de sus antecesoras, Melibea es un personaje cuidadosamente dibujado, de gran complejidad psicológica. Al principio de la obra, se comporta como una señorita respetable; desoye las insinuaciones de Celestina, tal como lo exige el decoro. Sin embargo, a medida que va despertándose su curiosidad, disminuyen sus defensas y lo único que le preocupa es su propia satisfacción. Después de la muerte de Calisto, sólo lamenta no haber tenido más tiempo para gozar del amor ilícito. Segura de unirse con su amante en el más allá, se suicida. Aunque habla del dolor que su muerte les causará a sus padres, el cariño que les tiene no basta para detenerla en su propósito. De hecho, no es el amor lo que caracteriza la relación de Calisto y Melibea, sino un deseo de gratificación. Los amantes no demuestran ni el respeto ni la consideración mutuos que el amor verdadero exige.

Rojas pone en evidencia la perspectiva individual de cada personaje al contrastarla con las opiniones de otros. Hacia el principio de la obra, al alabar Calisto la belleza de Melibea, Sempronio lo reprueba por endiosar a una mujer. Cuando Calisto se queja del tormento del amor, Sempronio se burla de él. Cada personaje ve la realidad desde su propio punto de vista. El presentar una circunstancia desde varios ángulos se llama *perspectivismo*; es una técnica que Miguel de Cervantes (1547–1616) cultivará en *Don Quijote* más de cien años después de la publicación de *La Celestina*.

Como cualquier obra maestra, *La Celestina* se presta a numerosas interpretaciones. Algunos críticos han visto a Calisto y a Melibea como víctimas de su pasión. Otros, haciendo hincapié en la importancia que el humanismo daba a la responsabilidad individual, alegan que los amantes controlan su destino porque, teniendo voluntad, son capaces de rechazar la tentación del amor ilícito.

Otra cuestión debatida es hasta qué punto son responsables los padres de Melibea por la conducta de su hija. Alisa, por lo menos, está consciente de que la presencia de Celestina constituye un peligro. La identidad de la vieja alcahueta no es ningún secreto. Sin embargo, Alisa le da acceso a la medianera y la deja sola con su hija.

Aunque avanza la acción, Celestina tampoco es directamente responsable del funesto desenlace. No fuerza la voluntad de Melibea ni causa la muerte de Calisto. Al principio de la obra, Pármeno le dice a su amo que Celestina no posee verdaderos poderes sobrenaturales; sus trucos son pura «burla y mentira».

Parece ser la imprudencia de los personajes mismos lo que causa su ruina, aunque a fines del siglo XV mucha gente creía en la brujería. Las detalladas descripciones que la obra contiene de la práctica de las artes ocultas indican que Celestina cultiva su fama de hechicera. Tal vez el verdadero poder de Celestina está en su fama y en el concepto que tienen sus víctimas de su poder.

El objetivo moral del autor se ha debatido largamente. Aunque se afirma al principio de *La Celestina* que la obra se escribió «en reprehensión de los locos enamorados» no se sabe si estas palabras reflejan totalmente la actitud del autor o si se agregaron para contentar a los censores. En vista del origen judío de Rojas, es tal vez dudoso que su punto de vista sea el de las autoridades eclesiásticas. Sin embargo, su obra no sólo ilustra los peligros de la obsesión amorosa, sino que revela la amoralidad de la sociedad.

A través de *La Celestina* el autor pone en evidencia la falta de fe de sus personajes. Señala que la pasión de Calisto se ha convertido en idolatría y aunque los personajes practican ritos cristianos y su lenguaje está lleno de alusiones religiosas, ninguno teme sinceramente a Dios. Aun Pleberio, lamentando la muerte de su hija, no busca consuelo en la doctrina de la Iglesia. Algunos críticos han concluido que puede haber sido la intención de Rojas sugerir que Pleberio era un *converso*—un judío o árabe convertido al catolicismo por presiones de la corona, pero cuya fe era heterodoxa. Sin embargo, la sociedad que describe Rojas es impía a todos los niveles; aun los curas frecuentan a Celestina. La opinión del autor sobre su sociedad es francamente pesimista. Sus personajes son egoistas y faltos de perspicacia.

La Celestina ofrece al lector un panorama de la sociedad española de la última parte del siglo quince. Sus personajes son de todas las capas sociales. No son meras convenciones, sino hombres y mujeres reconocibles dentro de cierto contexto social. La interacción entre diversos elementos de la sociedad crea un ambiente particularmente realista. El nuevo interés en el comercio y el desarrollo de una clase mercantil influyen directamente en los valores y las actitudes de los personajes, los cuales a menudo describen la vida como «una feria».

En la versión de 1502, el autor calificó su obra como *tragicomedia*. El uso de este término sirve de indicio del concepto que Rojas tenía de sus creaciones. En una tragedia, un personaje heroico lucha contra una falla personal o contra obstáculos externos que resultan imposibles de superar, y su fracaso no disminuye de ninguna manera su valor. Pero *La Celestina* no es una tragedia, sino una *tragicomedia* en la cual la temeridad de los personajes los conduce a un fin que, especialmente en los casos de Calisto, Celestina y los criados, difícilmente se puede interpretar como heroico.

Ediciones

Rojas, Fernando de. *La Celestina*. Ed. Julio Cejador y Frauca. 2 vols. Madrid: Espasa Calpe, 1968

————. *Tragedia de Calixto y Melibea: libro también llamado La Celestina*. Ed. M. Criado de Val y G. D. Trotter. Madrid: Consejo Superior de Investigaciones, 1984

————. *Celestina: Tragedia de Calixto y Melibea*. Ed. Miguel Marciales, directed by Brian Dutton and Joseph T. Snow. Urbana: University of Illinois Press, 1985

————. *La Celestina: tragedia de Calixto y Melibea*. Ed. Dorothy S. Severin, prol. Stephen Gilman. Madrid: Alianza, 1969

Crítica

Congreso Internacional sobre *La Celestina. La Celestina y su contorno social: Actas del I Congreso Internacional sobre La Celestina*. Dir. M. Criado de Val. Barcelona: Hispam, 1977

Deyermond, Alan. «Divisiones socio-económicos, nexos sexuales: La sociedad de *Celestina*.» *Celestinesca* 8.2 (Autumn 1984):3–10

————. *The Petrarchan Sources of La Celestina*. London: Oxford University Press, 1961

Gerli, E. Michael. "Calisto's Hawk and the Images of a Medieval Tradition," *Romania* 104 (1983):83–101

Gilman, Stephen. *La Celestina: arte y estructura*. Madrid: Taurus, 1974

————. *The Art of La Celestina*. Westport, Conn.: Greenwood Press, 1976

————. *The Spain of Fernando de Rojas: The Intellectual and Social Landscape of La Celestina*. Princeton: Princeton University Press, 1972

Lida de Malkiel, María Rosa. «La técnica dramática de La Celestina» in *Homenaje a Ana María Barrenechea*. Eds. Lía Schwartz Lerner and Isaías Lerner. Madrid: Castalia, 1984

————. *La originalidad artística de La Celestina*. Buenos Aires: Editorial Universitaria de Buenos Aires, 1970

Maravall, José Antonio. *El mundo social de La Celestina*. Madrid: Gredos, 1968

Morón Arroyo, Ciriaco. *Sentido y forma de La Celestina*. Madrid: Cátedra, 1974

Rubio García, Luis. *Estudios sobre La Celestina*. Murcia: Universidad de Murcia, Departamento de Filología Románica, 1985

Russel, Peter Edward. *Temas de La Celestina y otros estudios del Cid al Quijote*. Barcelona: Ariel, 1978

Severin, Dorothy. *Memory in La Celestina*. London: Tamesis, 1970

La Celestina

Fernando de Rojas

La comedia o tragicomedia de Calisto y Melibea, compuesta en reprehensión de los locos enamorados, que, vencido en su desordenado apetito, a sus amigas llaman y dicen ser su dios, asimismo hecha en aviso de los engaños de las alcahuetas[1] y malos y lisonjeros[2] sirvientes

ACTO PRIMERO

Argumento[3] del primer acto de esta comedia

Entrando Calisto en una huerta[4] en pos de[5] un halcón suyo, halló allí a Melibea, de cuyo amor preso,[6] le comenzó a hablar. Ella lo despidió rigurosamente y el joven fue para su casa muy angustiado. Habló con un criado suyo llamado Sempronio, el cual le enderezó[7] a una vieja llamada Celestina. Sempronio fue a casa de Celestina con el negocio de su amo y mientras le hablaba, Calisto razonaba con otro criado suyo, por nombre Pármeno. Este razonamiento duró hasta que llegaron Sempronio y Celestina a casa de Calisto.

CALISTO. En esto veo, Melibea, la grandeza de Dios.[8]

MELIBEA. ¿En qué, Calisto?

CALISTO. En dar poder a natura que de tan perfecta hermosura te dotase y hacer a mí inmérito tanta merced que verte alcanzase y en tan conveniente lugar, que mi secreto dolor manifestarte pudiese.[9]

MELIBEA. ¿Por gran premio tienes esto, Calisto?

CALISTO. Lo tengo por tanto, en verdad, que, si Dios me diese en el cielo la silla sobre sus santos, no lo tendría por tanta felicidad.

MELIBEA. ¡Qué loco atrevimiento! ¡Vete! ¡Vete de aquí, torpe! Que no puede mi paciencia tolerar que me hables de tu ilícito amor...

CALISTO.[10] ¡Sempronio, Sempronio, Sempronio! ¿Dónde está este maldito?

SEMPRONIO. Aquí estoy, señor, curando de[11] estos caballos...¿Qué cosa es?

CALISTO. ¡Vete de aquí! No me hables; si no, quizá antes del tiempo de mi rabiosa muerte mis manos causarán su arrebatado[12] fin.

---

[1] go-betweens
[2] flattering
[3] plot
[4] garden
[5] **en**...following
[6] captive
[7] directed
[8] Calisto repeats the commonplace that the greatness of God is reflected in the beauty of the loved one.

[9] In giving nature power to grant you perfect beauty and in granting me, unworthy though I am, the favor of seeing you and approaching you in such a suitable place, where I was able to reveal to you my secret pain.
[10] Rojas includes no stage directions. We must assume that Calisto is now home.
[11] **cuidando**
[12] sudden

SEMPRONIO. Iré, pues solo quieres padecer tu mal.

CALISTO. ¡Ve con el diablo!

SEMPRONIO. No creo, según pienso, ir conmigo el que contigo queda.[13] ¡Oh desventura! ¡Oh súbito mal! ¿Cuál fue tan contrario acontecimiento, que así tan presto robó la alegría de este hombre y, lo que peor es, junto con ella el seso? ¿Le dejaré solo o entraré allá? Si le dejo, se matará; si entro allá, me matará. Quédese; no me curo.[14] Más vale que muera aquél a quien es enojosa la vida, que no yo, que huelgo con ella...[15] Pero si se mata sin otro testigo, yo quedo obligado a dar cuenta de su vida. Quiero entrar. Mas puesto que[16] entre, no quiere consolación ni consejo. Asaz[17] es señal mortal no querer sanar. Con todo, le quiero dejar un poco desbrave...[18]

CALISTO. ¡Sempronio!

SEMPRONIO. ¡Señor!

CALISTO. Dame acá el laúd.[19]

SEMPRONIO. Señor, le ves aquí.

CALISTO.
«¿Cuál dolor puede ser tal
que se iguale con mi mal?»

SEMPRONIO. Destemplado[20] está ese laúd.[21]

CALISTO. ¿Cómo templará el destemplado? ¿Cómo sentirá la armonía aquel que consigo está tan discorde? ¿Aquél en quien la voluntad a la razón no obedece? ¿Quién tiene dentro del pecho aguijones, paz, guerra, tregua,[22] amor, enemistad, injurias, pecados, sospechas, todo a una causa? Pero tañe y canta la más triste canción que sepas.

SEMPRONIO.
«Mira Nero, de Tarpeya,
a Roma cómo se ardía:
gritos dan niños y viejos
y él de nada se dolía.»[23]

CALISTO. Mayor es mi fuego y menor la piedad de quien ahora digo.

SEMPRONIO.[24] No me engaño yo, que loco está este mi amo.

CALISTO. ¿Qué estás murmurando, Sempronio?

SEMPRONIO. No digo nada.

CALISTO. Di lo que dices, no temas.

SEMPRONIO. Digo que ¿cómo puede ser major el fuego que atormenta un vivo que el que quemó tal ciudad y tanta multitud de gente?

CALISTO. ¿Cómo? Yo te lo diré. Mayor es la llama que dura ochenta años que la que en un día pasa, y mayor la que mata un ánima que la que quema cien mil cuerpos. Como de la apariencia a la existencia, como de lo vivo a lo pintado, como de la sombra a lo real, tanta diferencia hay del fuego que dices al que me quema. Por cierto, si el del purgatorio es tal, más querría que mi espíritu

---

[13] I don't believe he (the Devil) can go with me, since he's staying with you. (Rojas implies that the lover is possessed.)

[14] Let him stay there; I don't care.

[15] It's better that he who finds life abhorrent should die, rather than I, who find life agreeable.

[16] **aunque**

[17] **suficiente, bastante**

[18] Even so, I want to give him a little relief.

[19] lute

[20] out of tune

[21] Sempronio's words imply that Calisto's world is "out of tune," that discord and confusion reign.

[22] truce

[23] According to legend, the Roman Emperor Nero Claudius Caesar remained insensitive while Rome burned to the ground in 64 A.D.

[24] (Aside)

fuese con los de los brutos animales que por medio de aquél ir a la gloria de los santos.

SEMPRONIO.[25] ¡Algo es lo que digo! ¡A más ha de ir este hecho![26] No basta loco, sino hereje.

CALISTO. ¿No te digo que hables alto cuando hablares?[27] ¿Qué dices?

SEMPRONIO. Digo que nunca Dios quiera tal; que es especie de herejía lo que ahora dijiste.

CALISTO. ¿Por qué?

SEMPRONIO. Porque lo que dices contradice la cristiana religión.

CALISTO. ¿Qué a mí?[28]

SEMPRONIO. ¿Tú no eres cristiano?

CALISTO. ¿Yo? Melibeo[29] soy y a Melibea adoro, y en Melibea creo y a Melibea amo.

SEMPRONIO. Tú te lo dirás. Como Melibea es grande, no cabe en el corazón de mi amo, que por la boca le sale a borbollones.[30] No es más menester. Bien sé de qué pie cojeas.[31] Yo te sanaré.

CALISTO. Increíble cosa prometes.

SEMPRONIO. Antes fácil. Que el comienzo de la salud es conocer hombre la dolencia del enfermo.

CALISTO. ¿Cuál consejo puede regir lo que en sí no tiene orden ni consejo?

SEMPRONIO. ¡Ja! ¡Ja! ¡Ja! ¿Esto es el fuego de Calisto? ¿Estas son sus congojas?[32] ¡Como si solamente el amor contra él asestara sus tiros![33]

¡Oh soberano Dios, cuán altos son tus misterios! Mandaste al hombre por la mujer dejar el padre y la madre; ahora no sólo aquello, mas a Ti y a tu ley desamparan, como ahora Calisto. Del cual no me maravillo, pues los sabios, los santos, los profetas, por él[34] te olivaron.

CALISTO. ¡Sempronio!

SEMPRONIO. ¡Señor!

CALISTO. No me dejes.

SEMPRONIO. De otro temple está esta gaita.[35]

CALISTO. ¿Qué te parece de mi mal?

SEMPRONIO. Que amas a Melibea.

CALISTO. ¿Y no otra cosa?

SEMPRONIO. Harto mal es tener la voluntad en un solo lugar cautiva...[36]

CALISTO. ¿Qué me repruebas?[37]

SEMPRONIO. Que sometes la dignidad del hombre a la imperfección de la flaca[38] mujer.

CALISTO. ¿Mujer? ¡Oh, grosero! ¡Dios, Dios![39]

SEMPRONIO. ¿Y así lo crees? ¿O burlas?

CALISTO. ¿Que burlo?[40] Por Dios la creo, por Dios la confieso y no creo que hay otro soberano en el cielo; aunque entre nosotros mora.[41]

SEMPRONIO. ¿Vistes que ceguedad?... Pero...para que no te desesperes yo quiero tomar esta empresa de cumplir tu deseo.

CALISTO. ¡Qué glorioso me es oírte,

---

[25] (Aside).

[26] I'm telling you this is really awful! It's worse than I thought!

[27] Future subjunctive of **hablar**. Although the future subjunctive has practically disappeared from modern Spanish, it still exists in modern Portuguese.

[28] **¿Qué me importa?**

[29] Melibean. Calisto worships Melibea instead of God.

[30] in gushes

[31] **de...lo que te pasa**

[32] **angustias**

[33] **asestara**...shot its bows

[34] **es decir, el amor**

[35] **De**...Now he's singing a different tune.

[36] It's bad enough to have your will tied up in just one place.

[37] reproach

[38] **débil**

[39] She's a god, a god!

[40] You think I'm kidding.

[41] **vive**

aunque no espero que lo has de hacer!

SEMPRONIO. Antes lo haré cierto.

CALISTO. Dios te consuele. El jubón[42] de brocado que ayer vestí, Sempronio, vístele tú...¿Cómo has pensado de hacer esta piedad?[43]

SEMPRONIO. Yo te lo diré. Días ha grandes[44] que conozco en fin de[45] esta vecindad una vieja barbuda que se dice Celestina, hechicera,[46] astuta, sagaz en cuantas maldades hay...A las duras peñas promoverá y provocará a lujuria si quiere.[47]

CALISTO. ¿Podría yo hablarle?

SEMPRONIO. Yo te la traeré hasta acá. Por eso, aparéjate,[48] séle gracioso, séle franco.[49] Estudia, mientras voy yo, de decirle tu pena tan bien como ella te dará el remedio.

CALISTO. ¿Y tardas?[50]

SEMPRONIO. Ya voy. Quede Dios contigo...

SEMPRONIO.[51] Madre[52] mía, bien tendrás confianza y creerás que no burlo. Toma el manto y vamos, que por el camino sabrás lo que, si aquí me tardase en decirte, impediría tu provecho y el mío.

CELESTINA. Vamos. ¡Adiós, paredes!

SEMPRONIO. ¡Oh madre mía! Todas cosas dejadas aparte, solamente sé atenta e imagina en lo que te dijere y no derrames[53] tu pensamiento en muchas partes.

CELESTINA. Di, no te detengas.

SEMPRONIO. Calisto arde en amores de Melibea. De ti y de mí tiene necesidad. Pues juntos nos ha menester, juntos nos aprovechemos. Que conocer el tiempo y usar el hombre de la oportunidad hace los hombres prósperos.

CELESTINA. Bien has dicho, al cabo estoy.[54] Basta para mecer el ojo.[55] Digo que me alegro de estas nuevas como los cirujanos de los descalabrados.[56] Y como aquéllos dañan en los principios las llagas y encarecen el prometimiento de la salud,[57] así entiendo yo hacer a Calisto. Le alargaré la certidumbre del remedio, porque, como dicen, la esperanza luenga[58] aflige el corazón y cuanto él la perdiere, tanto se la promete. ¡Bien me entiendes!

SEMPRONIO. Callemos, que a la puerta estamos y, como dicen, las paredes tienen oídos.

CELESTINA. Llama.

SEMPRONIO. Ta, ta, ta.[59]

CALISTO. ¡Pármeno!

PÁRMENO. ¡Señor!

CALISTO. ¿No oyes, maldito, sordo?

PÁRMENO. ¿Qué es, señor?

CALISTO. A la puerta llaman, corre.

PÁRMENO. ¿Quién es?

SEMPRONIO. Abre a mí y a esta dueña.[60]

---

[42] doublet
[43] act of mercy
[44] **Días...Hace mucho tiempo**
[45] at the far end of
[46] witch, enchantress
[47] She could move even the solid rocks to lust.
[48] **prepárate**
[49] **generoso**
[50] What are you waiting for?
[51] Sempronio is now at Celestina's house.
[52] **amiga** (used for an old woman)
[53] let wander
[54] **al...ya entiendo**
[55] **mecer...give a wink**
[56] I'm as happy about this news as surgeons are when someone breaks his head. (Both Celestina and surgeons profit from others' misfortunes.)
[57] And just as they (surgeons) make the wound worse in order to enhance the promise of health...
[58] **larga**
[59] Knock, knock, knock.
[60] **mujer (mayor) casada o viuda**

PÁRMENO. Señor, Sempronio y una puta vieja alcoholada[61] daban aquellas porradas.[62]

CALISTO. Calla, calla, malvado, que es mi tía.[63] Corre, corre, abre. Siempre lo vi, que por huir hombre de un peligro, cae en otro mayor. Por encubrir yo este hecho de Pármeno, a quien amor o fidelidad o temor pusieran freno, cae en indignación de esta, que no tiene menor podería en mi vida que Dios.[64]

PÁRMENO. ¿Por qué, señor, te matas? ¿Por qué, señor, te congojas?[65] ¿Y tú piensas que es vituperio en las orejas de ésta el nombre que la llamé? No lo creas, que así se glorifica en oírle, como tú, cuando dicen: ¡diestro caballero es Calisto! Y además de esto, es nombrada y por tal título conocida. Si entre cien mujeres va y alguno dice: ¡puta vieja! sin ningún empacho[66] luego vuelve la cabeza y responde con alegre cara...

CALISTO. ¿Y tú cómo la conoces?

PÁRMENO. Lo sabrás. Días grandes son pasados[67] que mi madre, mujer pobre, moraba en su vecindad, la cual, rogada por esta Celestina, me dio a ella por sirviente; aunque ella no me conoce,[68] por lo poco que la serví y por la mudanza que la edad ha hecho.

CALISTO. ¿De qué la servías?

PÁRMENO. Señor, iba a la plaza y le traía de comer y la acompañaba; suplía en aquellos menesteres que mi tierna fuerza bastaba. Pero de aquel poco tiempo que la serví recogía la nueva memoria lo que la vejez no ha podido quitar. Tiene esta buena dueña al cabo de la ciudad, allá cerca de las tenerías,[69] en la cuesta del río, una casa apartada, medio caída, poco compuesta y menos abastada.[70] Ella tenía seis oficios, conviene saber: labrandera,[71] perfumera, maestra de hacer afeites y de hacer virgos,[72] alcahueta y un poquito hechicera. Era el primer oficio cobertura de los otros so color[73] del cual muchas mozas de estas sirvientas entraban en su casa a labrar camisas y gorgueras y otras muchas cosas. Ninguna venía sin torrezno,[74] trigo, harina o jarro de vino y de las otras provisiones que podían a sus amas hurtar.[75] Y aun otros hurtillos de más calidad allí se encubrían. Asaz era amiga de estudiantes y despenseros[76] y mozos de abades. A éstos vendía aquella sangre inocente de las cuitadillas,[77] la cual ligeramente aventuraban en esfuerzo de la restitución, que ella las prometía. Subió su hecho a más:[78] que por medio de aquéllas

---

[61] **puta**...painted old whore

[62] **daban**...were knocking

[63] **manera de llamar a una mujer de edad avanzada**

[64] Calisto thinks that by not telling Pármeno how important Celestina is to his plan, he has inadvertently caused the servant to treat Celestina disrespectfully. Pármeno answers that everyone calls Celestina an "old whore," and that she is proud of her title.

[65] **te**...sufres

[66] shyness, embarrassment

[67] **Días**...Hace mucho tiempo

[68] **reconoce**

[69] tanneries

[70] well provisioned

[71] seamstress

[72] **hacer**...repair maidenheads

[73] under pretense

[74] bacon

[75] **robar**

[76] monks in charge of the monastery pantry

[77] **pobrecitas**

[78] **Subió**...She did even more:

comunicaba con las más en-
cerradas, hasta traer a ejecución
su propósito. Muchas
encubiertas[79] vi entrar en su casa.
Tras ellas, hombres descalzos,[80]
contritos y rebozados,[81] que
entraban allí a llorar sus pecados.
¡Qué tráfagos,[82] si piensas,[83]
traía!...Tenía para remediar
amores y para quererse bien.
Tenía huesos de corazón de
ciervo, lengua de víbora, cabezas
de codornices, sesos de asno, soga
de ahorcado, flor de hiedra[84],
espina de erizo[85] y otras mil cosas.
Venían a ella muchos hombres y
mujeres y a unos demandaba el
pan donde mordían; a otros, de su
ropa; a otros, de sus cabellos; a
otros pintaba en la palma letras
con azafrán;[86] a otros, con
bermellón;[87] a otros daba unos
corazones de cera, llenos de agujas
y quebradas y otras cosas en barro
y en plomo hechas, muy
espantables al ver. ¿Quién te
podrá decir lo que esta vieja
hacía? Y todo era burla y mentira.

CALISTO. Bien está, Pármeno. Azaz
soy de ti avisado...

CELESTINA.[88] Pasos oigo. Acá
descienden. Haz,[89] Sempronio,
que no lo oyes. Escucha y déjame
hablar lo que a ti y a mí me
conviene.

SEMPRONIO. Habla.

CELESTINA. No me congojes ni me
importunes,[90] que sobrecargar[91] el
cuidado es aguijar[92] al mal
congojoso. Así sientes la pena de
tu amo Calisto, que parece que tú
eres él y él tú y que los tormentos
son en un mismo sujeto.[93] Pues
cree que yo no vine acá por dejar
este pleito indeciso o morir en la
demanda.

CALISTO. ¡Sempronio!

SEMPRONIO. ¡Señor!

CALISTO. ¿Qué haces, llave de mi
vida? Abre. ¡Oh Pármeno! ya la
veo: ¡sano estoy, vivo estoy!
¿Miras qué reverenda persona,
qué acatamiento?[94] Por la mayor
parte, por la fisonomía es
conocida la virtud interior. ¡Oh
vejez virtuosa! ¡Oh virtud
envejecida! ¡Oh gloriosa
esperanza de mi deseado fin! ¡Oh
fin de mi deleitosa esperanza! ¡Oh
salud de mi pasión, reparo de mi
tormento, regeneración mía,
vivificación de mi vida,
resurrección de mi muerte! Deseo
llegar a ti, codicio[95] besar esas
manos llenas de remedio. La
indignidad de mi persona lo
embarga.[96] Desde aquí adoro la
tierra que huellas y en reverencia
tuya beso.

CELESTINA. Sempronio, ¡de aquéllas[97]
vivo yo! ¡Los huesos que yo roí
piensa este necio de tu amo de

---

[79] women covering their faces with veils or
hoods
[80] humble
[81] disguised, covered with a cape
[82] traffic, dealings
[83] you can't imagine
[84] ivy
[85] thistle
[86] saffron
[87] vermilion
[88] Celestina and Pármeno are outside waiting
for Calisto to open the door.

[89] Pretend
[90] **molestes**
[91] overload
[92] spur on
[93] **los...**you suffer equally
[94] humble bearing
[95] **tengo muchas ganas de**
[96] **lo...**holds me back
[97] **Se refiere a las palabras de Calisto.**

darme a comer!⁹⁸ Pues al le sueño.⁹⁹ Dile que cierre la boca y comience a abrir la bolsa, que de las obras dudo, cuanto más de las palabras...

PÁRMENO. ¡Guay de orejas,¹⁰⁰ que tal oyen! Perdido es quien tras perdido anda. ¡O Calisto desaventurado, abatido, ciego! Deshecho es, vencido es, caído es: no es capaz de ninguna redención ni consejo ni esfuerzo.

CALISTO. ¿Qué decía la madre? Me parece que pensaba que le ofrecía palabras por excusar galardón.¹⁰¹

SEMPRONIO. Así lo sentí.

CALISTO. Pues ven conmigo: trae las llaves, que yo sanaré su duda...

PÁRMENO. ¿Qué le dio, Sempronio?

SEMPRONIO. Cien monedas en oro.

PÁRMENO. ¡Hi! ¡Hi! ¡Hi!

SEMPRONIO. ¿Habló contigo la madre?

PÁRMENO. Calla, que sí.

SEMPRONIO. ¿Pues cómo estamos?

PÁRMENO. Como quisieres; aunque estoy espantado.

SEMPRONIO. Pues calla, que yo te haré espantar dos tanto.¹⁰²

PÁRMENO. ¡O Dios! No hay pestilencia más eficaz, que el enemigo de casa para empecer.¹⁰³

CALISTO. Ve ahora, madre, y consuela tu casa y después ven y consuela la mía, y luego.

CELESTINA. Quede Dios contigo.

CALISTO. Y él te me guarde.

ACTO CUARTO

Argumento del cuarto acto

Celestina, andando por el camino, habla consigo misma hasta llegar a la puerta de Pleberio,¹ donde halló a Lucrecia, criada de Pleberio. Se pone con ella razones.² Sentidas por Alisa, madre de Melibea y sabido que es Celestina, la hace entrar en casa. Viene un mensajero a llamar a Alisa. Se va. Queda Celestina en casa con Melibea y le descubre³ la causa de su venida.

CELESTINA. Ahora, que voy sola, quiero mirar bien lo que Sempronio ha temido de este mi camino.⁴ Porque aquellas cosas, que bien no son pensadas, aunque algunas veces hayan buen fin,⁵ comunmente crían desvariados efectos. Que aunque yo he disimulado con él,⁶ podría ser que, si me sintiesen en estos pasos de parte de Melibea, que no pagase

---

⁹⁸ **Los...**Does your master think he can pay me in old bones?

⁹⁹ **Pues...**Well, I expect something better from him.

¹⁰⁰ Woe to

¹⁰¹ **premio, pago**

¹⁰² **dos...el doble**

¹⁰³ damage, mess up everything

¹ **padre de Melibea**

² **en...a conversar**

³ **revela**

⁴ In Act III (not included here) Sempronio warns Celestina of the dangers of acting as a go-between for Calisto. In the following monologue, Celestina expresses her doubts and fears.

⁵ **hayan...terminan bien**

⁶ **es decir, con Sempronio**

con pena que menor fuese que la vida,[7] muy amenguada[8] quedase, cuando matarme no quisiesen, manteándome[9] o azotándome[10] cruelmente. Pues amargas cien monedas serían éstas. ¡Ay cuitada[11] de mí! ¡En qué lazo me he metido! ¿Que por mostrarme solícita y esforzada pongo mi persona al tablero? ¿Qué haré, cuitada, mezquina[13] de mí, que ni el salir afuera[14] es provechoso[15] ni la perseverancia carece de peligro?...Cada camino descubre sus dañosos y hondos barrancos.[16] Si con el hurto soy tomada, nunca de muerta o encorozada falto...[17] Si no voy, ¿qué dirá Sempronio? Que todas éstas eran mis fuerzas, saber y esfuerzo, ardid[18] y ofrecimiento, astucia y solicitud. Y su amo Calisto, ¿qué dirá? ¿Qué hará? ¿Qué pensará; sino que hay nuevo engaño en mis pisadas[19] y que yo he descubierto la celada,[20] por haber más provecho de esta otra parte, como sofística prevaricadora?[21] O si no se le ofrece[22] pensamiento tan odioso,

dará voces como loco. Me dirá en mi cara denuestos[23] rabiosos. Propondrá mil inconvientes,[24] que mi deliberación presta[25] le puso, diciendo: Tú, puta vieja, ¿por qué acrecentaste mis pasiones con tus promesas?...¡Pues triste yo! ¡Mal acá, mal acullá:[26] pena en ambas partes! Cuando a los extremos falta el medio, arrimarse el hombre al más sano, es discreción.[27] Más quiero ofender a Pleberio, que enojar a Calisto. Ir quiero. Que mayor es la vergüenza de quedar por cobarde, que la pena, cumpliendo como osada lo que prometí...Ya veo la puerta. En mayores afrentas me he visto. ¡Esfuerza,[28] esfuerza, Celestina! ¡No desmayes!...[29] Todos los agüeros[30] se aderezan[31] favorables o yo no sé nada de esta arte. Cuatro hombres, que he topado,[32] a los tres llaman Juanes[33] y los dos son cornudos.[34] La primera palabra que oí por la calle, fue de achaque[35] de amores. Nunca he tropezado como otras veces. Ni perro me ha ladrado ni

---

[7] if Melibea's family suspected what I was really up to, they would punish me with death, or, if not, they would humiliate me by tossing me up in a blanket or else by whipping me cruelly.

[8] **reducida**

[9] tossing me in a blanket

[10] whipping me

[11] **pobre**

[12] I'm gambling my life. (**Tablero** means gambling table.)

[13] wretched

[14] **abandonar el plan**

[15] beneficial

[16] Each path reveals dangerous and deep ravines.

[17] If I'm caught red-handed, I'll be killed or shamed.

[18] trick

[19] **hay...**I'm up to a new trick

[20] **he...**I revealed the trap (to Pleberio)

[21] **como...**like a two-faced deceiver

[22] **ocurre**

[23] **insultos**

[24] objections

[25] sudden change of mind

[26] **Mal...**Whatever I do will have bad consequences

[27] When there's no middle course between two extremes, the wise thing for a man to do is to choose the lesser of two evils.

[28] Courage

[29] weaken

[30] omens

[31] are coming up

[32] run into

[33] simpletons

[34] cuckolds

[35] about the illness

ave negra he visto, tordo[36] ni cuervo[37] ni otras nocturnas. Y lo mejor de todo es que veo a Lucrecia a la puerta de Melibea.[38]

LUCRECIA. ¿Quién es esta vieja, que viene haldeando?[39]

CELESTINA. Paz sea en esta casa.

LUCRECIA. Celestina, madre, seas bienvenida...

ALISA. ¿Con quién hablas, Lucrecia?

LUCRECIA. Señora, con aquella vieja de la cuchillada,[40] que solía vivir en las tenerías, a la cuesta del río...

ALISA. ¿Qué oficio tiene?...

LUCRECIA. Señora, perfuma tocas,[41] hace solimán[42] y otros treinta oficios. Conoce mucho en hierbas, cura niños y aun algunos la llaman la vieja lapidaria.[43]

ALISA. Todo eso dicho no me la da a conocer; dime su nombre, si le sabes.

LUCRECIA. ¿Si le sé, señora? No hay niño ni viejo en toda la ciudad que no lo sepa. ¿Le había de ignorar yo?

ALISA. ¿Pues por qué no le dices?

LUCRECIA. Tengo vergüenza!

ALISA. Anda, boba, dile. No me indignes con tu tardanza.

LUCRECIA. Celestina, hablando con reverencia,[44] es su nombre.

ALISA. ¡Hi! ¡Hi! ¡Hi! ¡Mala landre te mate,[45] si de risa puedo estar, viendo el desamor que debes de tener a esa vieja, que su nombre tienes vergüenza de nombrar! Ya me voy recordando de ella. ¡Una buena pieza![46] No me digas más. Di que suba.

LUCRECIA. Sube, tía.

CELESTINA. Señora buena, la gracia de Dios sea contigo y con la noble hija. Mis pasiones[47] y enfermedades han impedido mi visitar tu casa, como era razón;[48] mas Dios conoce mis limpias entrañas, mi verdadero amor, que la distancia de las moradas no despega[49] el querer de los corazones...

ALISA. Hija Melibea, quédese esta mujer honrada contigo, que ya me parece que es tarde para ir a visitar a mi hermana, que desde ayer no la he visto, y también que viene su paje a llamarme, que se le arreció desde un rato acá el mal.[50]

CELESTINA. —[*aparte*] Por aquí anda el diablo aparejando oportunidad.

ALISA. ¿Qué dices, amiga?

CELESTINA. Señora, que maldito sea el diablo y mi pecado, porque en tal tiempo hubo de crecer el mal de tu hermana, que habrá para nuestro negocio oportunidad...

ALISA. Ruega[51] tú, vecina, por amor mío, en tus devociones por su salud a Dios.

CELESTINA. Yo te prometo, señora, en yendo de aquí me vaya por

---

[36] thrush
[37] crow
[38] Celestina knows Lucrecia and is glad to see her because she thinks the girl will help her make contact with Melibea. Maidservants were notorious for advancing their mistresses' love affairs and thereby betraying the honor of the household.
[39] **tan de prisa**
[40] knife scar
[41] headdress
[42] substance used to remove skin blemishes
[43] It was believed that every precious stone could cure an ill or solve a particular kind of problem. A **lapidario** was a person versed in the powers of stones.
[44] **hablando...expresión que se usa antes de decir algo ofensivo**
[45] **Mala...Damn! (landre = tumor)**
[46] A character!
[47] **sufrimientos**
[48] **como debía**
[49] detach, undo
[50] her illness has grown worse lately
[51] **Reza**

esos monasterios, donde tengo frailes devotos míos[52] y les dé el mismo cargo que tú me das...

ALISA. Pues, Melibea, contenta a la vecina en todo lo que razón fuere darle por el hilado.[53] Y tú, madre, perdóname, que otro día vendrá en que más nos veamos.

CELESTINA. Señora, el perdón sobraría donde el yerro falta. De Dios sea perdonada, que buena compañía me queda. Dios la deje gozar su noble juventud y florida mocedad, que es el tiempo en que más placeres y mayores deleites se alcanzarán. Que, a mi fe, la vejez no es sino mesón[54] de enfermedades, posada de pensamientos, amiga de rencillas,[55] congoja continua, llaga incurable, mancilla de lo pasado, pena de lo presente, cuidado triste de lo porvenir, vecina de la muerte, choza sin rama, que llueve por cada parte, cayado[56] de mimbre,[57] que con poca carga se doblega.[58]

MELIBEA. ¿Por qué dices, madre, tanto mal de lo que todo el mundo con tanta eficiacia gozar y ver desea?

CELESTINA. Desea harto mal para sí, desea harto trabajo...

MELIBEA. Bien conozco que dice cada uno de la feria según le va en ella:[59] así, que otra canción cantarán los ricos.

CELESTINA. Señora, hija, a cada cabo hay tres leguas de mal quebranto...[60] Cada rico tiene una docena de hijos y nietos, que no rezan otra oración, no otra petición, sino rogar a Dios que le saque de en medio; no ven la hora que tener a él bajo la tierra y lo suyo entre sus manos y darle a poca costa su morada para siempre.[61]

MELIBEA. Madre, pues que así es, gran pena tendrás por la edad que perdiste. ¿Querrías volver a la primera?

CELESTINA. Loco es, señora, el caminante que, enojado del trabajo del día, quisiese volver de comienzo la jornada para tornar otra vez a aquel lugar...No hay cosa más dulce ni graciosa al muy cansado que el mesón. Así que, aunque la mocedad sea alegre, el verdadero viejo no la desea...

MELIBEA. Siquiera por vivir más es bueno desear lo que digo.

CELESTINA. Tan presto, señora, se van el cordero como el carnero.[62] Ninguno es tan viejo que no pueda vivir un año, ni tan mozo que hoy no pudiese morir. Así, que en esto poca ventaja nos lleváis...

MELIBEA. Celestina amiga, yo he holgado[63] mucho en verte y conocerte. También me has dado placer con tus razones. Toma tu dinero y

---

[52] What Celestina really means is that some of her best customers are friars and monks.

[53] thread (Celestina has entered the house under the guise of a seller of notions and vanity articles.)

[54] inn

[55] ill humor

[56] staff

[57] willow

[58] bends

[59] Each one judges the fair (that is, life) according to whether his luck was good or bad. (A proverb.)

[60] The road is rough at both ends. (Life is as difficult for the rich as for the poor.)

[61] **su**...tumba

[62] The lamb goes to the slaughterhouse, as does the ram. (That is, the young die as well as the old. Celestina's words foreshadow Melibea's end.)

[63] **yo**...I am pleased

vete con Dios, que me parece que no debes haber comido.

CELESTINA. ¡Oh, angélica imagen! ¡Oh perla preciosa, y cómo te lo dices! Gozo me toma[64] en verte hablar. Si tú me das licencia, te diré la necesitada causa de mi venida, que es otra que la que hasta ahora has oído y tal, que todos perderíamos en tornarme en balde[65] sin que la sepas.

MELIBEA. Di, madre, todas tus necesidades, que si yo las pudiere remediar, de muy buen grado lo haré, por el pasado conocimiento y vecindad,[66] que pone obligación a los buenos.

CELESTINA. ¿Mías, señora? Antes ajenas, que las mías de mi puerta adentro me las paso sin que las sienta la tierra,[67] comiendo cuando puedo, bebiendo cuando lo tengo. Que con mi pobreza jamás me falta, a Dios gracias, una blanca[68] para pan y un cuarto[69] para vino, después que enviudé...

MELIBEA. Pide lo que querrás, sea para quien fuere.

CELESTINA. ¡Doncella graciosa y de alto linaje! Tu suave habla y alegre gesto,[70] junto con el aparejo[71] de liberalidad[72] que muestras con esta pobre vieja, me dan osadía a decírtelo. Yo dejo un enfermo a la muerte, que con sola una palabra de tu noble boca salida, que le lleve metida en mi seno, tiene por fe que sanará,

según la mucha devoción tiene en tu gentileza.

MELIBEA. Vieja honrada, no te entiendo si más no declaras tu demanda. Que yo soy dichosa si de mi palabra hay necesidad para salud de algún cristiano. Porque hacer beneficio es semejar a Dios y el que le da le recibe, cuando a persona digna de él le hace. Y además de esto, dicen que el que puede sanar al que padece, no lo haciendo, le mata. Así, no ceses tu petición por empacho ni temor.

CELESTINA. El temor perdí mirando, señora, tu beldad. Que no puedo creer que en balde pintase Dios unos gestos más perfectos que otros, más dotados de gracias, más hermosas facciones, sino para hacerlos almacén de virtudes, de misericordia, de compasión, ministros de sus mercedes y dádivas, como a ti...

MELIBEA. Por Dios, sin más dilatar[73] me digas quién es ese doliente.

CELESTINA. Bien tendrás, señora, noticia en esta ciudad de un caballero mancebo,[74] gentilhombre de clara[75] sangre, que llaman Calisto.

MELIBEA. ¡Ya, ya, ya! Buena vieja, no me digas más, no pases adelante. ¿Ese es el doliente por quien has hecho tantas premisas en tu demanda?...De locura será su mal. No se dice en vano que el más empecible[76] miembro del mal

---

[64] **gozo...me da placer**
[65] **todos...**we would all be the losers if I were to go back without accomplishing anything
[66] Melibea's family and Celestina had been neighbors.
[67] My problems I keep inside my own house; I don't let people know about them.
[68] **moneda de poco valor**

[69] **moneda de poco valor**
[70] **actitud, expresión**
[71] **disposición**
[72] **generosidad**
[73] **tardar**
[74] **joven, soltero**
[75] **pura, distinguida**
[76] **dañino**

hombre o mujer es la lengua. ¡Quemada seas, alcahueta falsa, hechicera, enemiga de honestidad, causadora de secretos yerros! ¡Jesú, Jesú! ¡Quítamela, Lucrecia, de delante, que me muero, que no me ha dejado gota de sangre en el cuerpo! Bien se lo merece esto y más quien a estas tales[77] da oídos. Por cierto, si no mirase a mi honestidad y por no publicar su osadía de ese atrevido, yo te hiciera, malvada, que tu razón y vida acabaran en un tiempo.[78]

CELESTINA. —[*aparte*] ¡En hora mala[79] acá vine, si me falta mi conjuro![80] ¡Ea, pues! Bien sé a quien digo.[81] Ce,[82] hermano, que se va todo a perder![83]

MELIBEA. ¿Aun hablas entre dientes delante mí para acrecentar[84] mi enojo y doblar tu pena? ¿Querrías condenar mi honestidad por dar vida a un loco?[85] ¿Dejar a mí triste por alegrar a él y llevar tú el provecho de mi perdición, el galardón de mi yerro? ¡Perder y destruir la casa y la honra de mi padre por ganar la de una vieja maldita como tú? ¿Piensas que no tengo sentidas tus pisadas y entendido tu dañado mensaje? Pues yo te certifico que las albricias[86] que de aquí saques no sean sino estorbarte[87] de más ofender a Dios, dando fin a tus

días. Respóndeme, traidor: ¿cómo osaste tanto hacer?

CELESTINA. Tu temor, señora, tiene ocupada[88] mi disculpa. Mi inocencia me da osadía, tu presencia me turba en verla airada,[89] y lo que más siento y me pena es recibir enojo sin razón ninguna. Por Dios, señora, que me dejes concluir mi dicho, que ni él quedará culpado ni yo condenada. Y verás cómo es todo más servicio de Dios que pasos deshonestos; más para dar salud al enfermo que para dañar la fama al médico.[90] Si pensara, señora, que tan de ligero habías de conjeturar de lo pasado nocibles sospechas, no bastara tu licencia para darme osadía a hablar en cosa que a Calisto ni a otro hombre tocase.

MELIBEA. ¡Jesú! No oiga yo mentar[91] más ese loco...Avísale que se aparte de este propósito y se sanará. Y tú tórnate con su misma razón,[92] que respuesta de mí otra no tendrás ni la esperes. Y da gracias a Dios, pues tan libre vas de esta feria.[93] Bien me habían dicho quién tú eras, y avisado de tus propiedades, aunque ahora no te conocía.

CELESTINA. —[*aparte*] ¡Más fuerte estaba Troya,[94] y aun otras más

---

[77] **palabras**
[78] **tu...**your speech and your life would end at once
[79] **En...**Damn the day
[80] summons (to the Devil)
[81] I know who I'm talking to (the Devil)
[82] Hey
[83] **se...**everything will be ruined
[84] **aumentar**
[85] **Calisto**
[86] reward (for good news)
[87] prevent you

[88] **interrumpida**
[89] **enojada**
[90] Melibea is the doctor who can "cure" Calisto of his suffering.
[91] **mencionar**
[92] **parlamento**
[93] fair, affair
[94] The invincible city. According to Greek mythology, the Trojan prince Paris abducted Helen, wife of Menelaus of Sparta. When Menelaus demanded her return, the Trojans refused. The greatest Greek heroes laid siege

bravas he yo amansado![95]
Ninguna tempestad mucho dura.

MELIBEA. ¿Qué dices, enemiga? Habla que te pueda oír. ¿Tienes disculpa alguna para satisfacer mi enojo y excusar tu yerro y osadía?[96]

CELESTINA. Mientras viviere tu ira más dañará mi descargo.[97] Que estás muy rigurosa,[98] y no me maravillo: que la sangre nueva poca calor ha menester para hervir.[99]

MELIBEA. ¿Poca calor? ¿Poco lo puedes llamar, pues quedaste tú viva y yo quejosa sobre tan gran atrevimiento? ¿Qué palabra podías tú querer para ese tal hombre que a mí bien me estuviese?[100] Responde, pues dices que no has concluido: ¡quizás pagarás lo pasado!

CELESTINA. Una oración, señora, que le dijeron que sabías de Santa Polonia para el dolor de las muelas.[101] Asimismo tu cordón,[102] que es fama que ha tocado todas las reliquias que hay en Roma y Jerusalén. Esta fue mi venida.[103]

Pero pues en mi dicha estaba[104] tu airada respuesta, padézcase él su dolor, en pago de buscar tan desdichada[105] mensajera. Que pues en tu mucha virtud me faltó piedad, también me faltará agua si a la mar me enviara.[106]

MELIBEA. Si eso querías, ¿por qué luego no me lo expresaste? Por qué no me lo dijiste en tan pocas palabras?

CELESTINA. Señora, porque mi limpio motivo me hizo creer que, aunque en menos lo propusiera,[107] no se había de sospechar mal. Que si faltó el debido preámbulo fue porque la verdad no es necesario abundar de muchos colores. Compasión de su dolor, confianza de tu magnificencia, ahogaron en mi boca la expresión de la causa...

MELIBEA. Por cierto, tantos y tales loores[108] me han dicho de tus mañas,[109] que no sé si crea[110] que pedías oración.

CELESTINA. Nunca yo la rece y si la rezare no sea oída, si otra cosa de mí se saque, aunque mil tormentos me diesen...

---

to Troy, but the city held out for nine years. Finally, the Greeks built a wooden horse in which a small group of warriors was concealed. The Trojans brought the horse within the city walls, and at night the Greeks crept out and opened the gates to their companions, who sacked the city. Thus, Troy was brought down by a trick, just as Celestina hopes that Melibea will be.

[95] tamed
[96] Instead of actually throwing Celestina out, as she has threatened to do, Melibea gives her leave to talk.
[97] I can't answer your charge while you're angry at me.
[98] harsh, strict
[99] Young blood needs little heat to boil. **Calor** is feminine in old Spanish.
[100] **que...**that would be fitting for me to say?
[101] Celestina lowers Melibea's resistance by

appealing to her sense of compassion and making her feel guilty for her previous harsh words. In the Middle Ages and the Renaissance, "toothache" is a metaphor for sexual desire.
[102] sash
[103] reason for coming
[104] **en...fue mi destino oír**
[105] **desafortunada**
[106] If I was unable to find pity in your great virtue, then I wouldn't even be able to find water in the sea. (In other words, anyone as virtuous as I know you are must certainly feel pity.)
[107] **aunque...**even though I expressed myself in fewer words
[108] praises (sarcastic)
[109] cunning
[110] **debo creer**

MELIBEA. Tanto afirmas tu ignorancia que me haces creer lo que puede ser. Quiero, pues, en tu dudosa disculpa, tener la sentencia en peso[111] y no disponer de tu demanda al sabor de ligera interpretación.[112] No tengas en mucho ni te maravilles de mi pasado sentimiento, porque concurrieron dos cosas en tu habla que cualquiera de ellas era bastante para sacarme de seso:[113] nombrarme ese tu caballero, que conmigo se atrevió a hablar, y también pedirme palabra sin más causa que no se podía sospechar sino daño para mi honra. Pero pues todo viene de buena parte, de lo pasado haya perdón. Que en alguna manera es aliviado mi corazón viendo que es obra pía[114] y santa sanar los pasionados[115] y enfermos.

CELESTINA. ¡Y tal enfermo, señora! Por Dios, si bien le conocieses, no le juzgases por el que has dicho y mostrado con tu ira. En Dios y en mi alma, no tiene hiel;[116] gracias, dos mil:[117] en franqueza, Alejandro; en esfuerzo, Héctor; gesto, de un rey, gracioso, alegre; jamás reina en él tristeza. De noble sangre, como sabes. Gran justador, pues verlo armado, un San Jorge. Fuerza y esfuerzo, no tuvo Hércules tanta. La presencia y facciones, disposición, desenvoltura,[118] otra lengua había menester para contarlas. Todo junto semeja ángel del cielo. Por fe, tengo que no era tan hermoso aquel gentil Narciso que se enamoró de su propia figura cuando se vio en las aguas de la fuente. Ahora señora, le tiene derribado[119] una sola muela, que jamás cesa de quejar.

MELIBEA. ¿Y qué tanto tiempo ha?

CELESTINA. Podrá ser, señora, de veintitrés años;[120] que aquí está Celestina que le vio nacer y le tomó a los pies de su madre.

MELIBEA. Ni te pregunto eso ni tengo necesidad de saber su edad, sino qué tanto que tiene el mal.

CELESTINA. Señora, ocho días. Que parece que ha un año en su flaqueza.[121] Y el mayor remedio que tiene es tomar una vihuela[122] y tañe tantas canciones y tan lastimeras, que no creo que fueron otras las que compuso aquel emperador y gran músico Adriano de la partida del ánima,[123] por sufrir sin desmayo[124] la ya vecina muerte...Mirad, señora, si una pobre vieja como yo si se hallará dichosa en dar la vida a quien tales gracias tiene.[125] Ninguna mujer le ve que no alabe

---

[111]in abeyance

[112]**al...**on the basis of a quick interpretation (that is, without hearing the whole story)

[113]**No le des importancia**.

[114]pious, charitable

[115]**los que sufren**

[116]bile (that is he's never ill-humored)

[117]He has two thousand virtues. In the following lines Celestina ennumerates Calisto's qualities, comparing the young man with famous mythological and religious figures.

[118]openness, easiness

[119]**le...**has him down

[120]Celestina pretends to misunderstand Melibea's question in order to provide her with additional information about Calisto.

[121]Although he's as weak as if he had been ill for a year.

[122]guitar-like instrument

[123]Reference to Hadrian, Emperor of Rome, who composed a poem to his soul just before his death.

[124]swooning, fainting

[125]**Si una...**even a poor old woman such as I would consider herself fortunate to give life

a Dios, que así le pintó.[126] Pues si le habla, acaso no es más señora de sí de lo que él ordena. Y pues tanta razón tengo, juzga, señora, por bueno mi propósito, mis pasos saludables y vacíos de sospecha.

MELIBEA. ¡Oh, cuánto me pesa con la falta de mi paciencia! Porque siendo él ignorante y tú inocente, habéis padecido las alteraciones de mi airada lengua. Pero la mucha razón me relieva de culpa, la cual tu habla sospechosa causó. En pago de tu buen sufrimiento, quiero cumplir tu demanda y darte luego mi cordón. Y porque para escribir la oración no habrá

tiempo sin que venga mi madre, si esto no bastare, ven mañana por ella muy secretamente.[127]

LUCRECIA. —[*aparte*] ¡Ya, ya perdida es mi ama! ¿Secretamente quiere que venga Celestina? ¡Fraude hay! ¡Más le querrá dar que lo dicho!

MELIBEA. ¿Qué dices, Lucrecia?

LUCRECIA. Señora, que baste lo dicho, que es tarde.

MELIBEA. Pues, madre, no le des parte[128] de lo que pasó a ese caballero, porque no me tenga por[129] cruel o arrebatada o deshonesta.

LUCRECIA. (*aparte*) ¡No miento yo, que mal va este hecho!

ACTO DÉCIMO

Argumento del décimo acto

Mientras andan Celestina y Lucrecia por el camino, está hablando Melibea consigo misma. Llegan a la puerta. Entra Lucrecia primero. Hace entrar a Celestina. Melibea, después de muchas razones, descubre a Celestina arder en amor de Calisto. Ven venir a Alisa, madre de Melibea. Se despiden en seguida. Pregunta Alisa a Melibea de los negocios de Celestina, defendiéndole[1] su mucha conversación.

MELIBEA. ¡Oh lastimada de mí! ¡Oh malproveída[2] doncella![3] ¿Y no me fuera mejor conceder su petición

y demanda ayer a Celestina, cuando de parte de aquel señor, cuya vista me cautivó, me fue rogando, y contentarle a él y sanar a mí, que no venir por fuerza a descubrir mi llaga,[4] cuando ya, desconfiando de mi buena respuesta, haya puesto sus ojos en amor de otra? ¡Cuánto más ventaja tuviera mi prometimiento rogado, que mi ofrecimiento forzoso![5] ¡Oh mi fiel criada Lucrecia! ¿Qué dirás de mí? ¿Qué pensarás de mi seso cuando me veas publicar[6] lo que a ti jamás he

---

to a man of so many excellent qualities. (Recall that Celestina was the midwife who attended Calisto's mother when he was born.)

[126] who made him so

[127] The fact that Melibea wants to hide what has happened from her mother indicates that she is aware that her behavior is wrong.

[128] **no...no le digas**

[129] **porque...** so that he won't think that I am

[1] **prohibiéndole**
[2] **desafortunada**
[3] maiden
[4] wound
[5] How much better it would have been to give my promise (to Calisto) when it was asked for (by Celestina) than to be forced to offer it myself.
[6] **hacer público**

querido descubrir?[7] ¡Cómo te espantarás del rompimiento de mi honestidad y vergüenza, que siempre como encerrada doncella acostumbré tener! No sé si habrás barruntado[8] de dónde proceda el dolor. ¡Oh, si ya vinieses con aquella medianera de mi salud![9] ¡Oh soberano Dios! A ti que todos los atribulados[10] llaman, los apasionados piden remedios, los llagados medicina; a ti, que los cielos, mar y tierra con los infernales centros obedecen; a ti, el cual todas las cosas a los hombres sojuzgaste,[11] humildemente suplico dés a mi herido corazón sufrimiento y paciencia, con que mi terrible pasión pueda disimular. No se desdore aquella hoja de castidad[12] que tengo asentada sobre este amoroso deseo, publicando ser otro mi dolor,[13] que no el que me atormenta. Pero, ¿cómo lo podré hacer, lastimándome tan cruelmente el ponzoñoso[14] bocado,[15] que la vista de su presencia de aquel caballero me dio? ¡Oh género femíneo[16], encogido[17] y frágil! ¿Por qué no fue también a las hembras concedido poder descubrir su congojoso y ardiente amor, como a los varones? Que ni Calisto

viviera quejoso ni yo penada.

LUCRECIA. Tía, detente un poquito cabo[18] esta puerta. Entraré a ver con quién está hablando mi señora. Entra, entra, que consigo lo ha.[19]

MELIBEA. Lucrecia, echa esa antepuerta.[20] ¡Oh, vieja sabia y honrada, tú seas bienvenida! ¿Qué te parece, cómo ha querido mi dicha y la fortuna ha rodeado[21] que yo tuviese de tu saber necesidad, para que tan presto me hubieses de pagar en la misma moneda el beneficio que por ti me fue demandado para ese gentilhombre, que curabas con la virtud de mi cordón?

CELESTINA. ¿Qué es, señora, tu mal, que así muestra las señas de tu tormento en las coloradas[22] colores de tu gesto.

MELIBEA. Madre mía, que comen este corazón serpientes dentro de mi cuerpo.

CELESTINA. —[*aparte*] Bien está. Así lo quería yo. Tú me pagarás, doña loca, la sobra[23] de tu ira.

MELIBEA. ¿Qué dices? ¿Has sentido en verme alguna causa, donde mi mal proceda?

CELESTINA. No me has, señora, declarado la calidad del mal. ¿Quieres que adivine la causa? Lo que yo digo es que recibo mucha

[7] **dejar que se sepa**
[8] **adivinado, conjeturado**
[9] Melibea, having fallen into Celestina's trap, yearns for Calisto. She now calls Celestina "mediator of my health," since the old woman can relieve her suffering by bringing Calisto to her. Melibea has sent Lucrecia to fetch Celestina.
[10] afflicted
[11] subjugated
[12] Do not allow the shield of my chastity to be tarnished.
[13] **publicando...**proclaiming another source for

my suffering
[14] poisonous
[15] morsel
[16] **femenino**
[17] **tímido**
[18] **junto a**
[19] **consigo...está hablando consigo misma**
[20] close the screen (An **antepuerta** is a curtain or screen located in front of a door.)
[21] turned the tables
[22] **rojas (Melibea tiene la cara colorada.)**
[23] **exceso**

pena de ver triste tu graciosa presencia.[24]

MELIBEA. Vieja honrada, alégramela tú, que grandes nuevas me han dado de tu saber.

CELESTINA. Señora, el sabedor solo es Dios; pero, como para salud y remedio de las enfermedades fueron repartidas las gracias[25] en las gentes de hallar las medicinas,[26] de ellas[27] por experiencia, de ellas por arte, de ellas por natural instinto, alguna partecica alcanzó a esta pobre vieja, de la cual al presente podrás ser servida.[28]

MELIBEA. ¡Oh qué gracioso y agradable me es oírte! Saludable es al enfermo la alegre cara del que le visita. Me parece que veo mi corazón entre tus manos hecho pedazos. El cual, si tu quisieses, con muy poco trabajo juntarías con la virtud de tu lengua...[29] Pues, por amor de Dios, te despojes[30] para muy diligente entender en mi mal y me des algún remedio.

CELESTINA. Gran parte de la salud es desearla, por lo cual creo menos peligroso ser tu dolor. Pero para darte saludable medicina, es necesario saber de ti tres cosas. La primera, en qué parte de tu cuerpo te duele. Otra: si es nuevamente[31] por ti sentido, porque más presto se curan las tiernas[32] enfermedades en sus principios, que cuando han hecho curso en la perseveración de su oficio.[33] La tercera, si procede de algún cruel[34] pensamiento, que asentó en aquel lugar.[35] Y esto sabido, verás obrar mi cura. Por ende,[36] cumple[37] que al médico como al confesor se hable toda verdad abiertamente.

MELIBEA. Amiga Celestina, mujer bien sabia y maestra grande, mucho has abierto el camino por donde mi mal te pueda especificar.[38] Por cierto, tú lo pides como mujer bien experta en curar tales enfermedades. Mi mal es de corazón, la izquierda teta es su aposentamiento,[39] tiende sus rayos a todas partes. Lo segundo, es nuevamente nacido en mi cuerpo. Que no pensé jamás que podía doler privar del seso,[40] como éste hace. Me turba la cara, me quita el comer, no puedo dormir, ningún género de risa querría ver. La causa o pensamiento, que es la final cosa por ti preguntada de mi mal, ésta no sabré decir. Porque ni muerte de deudo[41] ni pérdida de temporales bienes ni sobresalto[42] de visión ni sueño desvariado[43] ni otra cosa puedo sentir, que fuese,

---

[24] attractive self
[25] **talentos**
[26] since mankind has been given the ability to find cures
[27] **gracias (talentos)**
[28] which you will presently be able to use (Celestina refers to that portion of knowledge to which she has access.)
[29] **El...**Which, if you wanted to, you could easily cure with your words.
[30] **te...**take off your cloak
[31] **por primera vez**
[32] **nuevas**

[33] **que...**than when they have progressed in the spread of their infection
[34] painful
[35] **la parte del cuerpo que duele**
[36] **por lo tanto**
[37] **es esencial**
[38] **por...**by which I can clarify my ailment to you
[39] **teta...**breast is where it lodges (that is, the heart)
[40] **privar...volverlo a uno loco**
[41] **pariente**
[42] start, anxiety
[43] delirious

salvo la alteración,[44] que tú me causaste con la demanda, que sospeché de parte de aquel caballero Calisto, cuando me pediste la oración.

CELESTINA. ¿Cómo, señora, tan mal hombre es aquél? ¿Tan mal nombre es el suyo, que en sólo ser nombrado trae consigo ponzoña su sonido? No creas que sea ésa la causa de tu sentimiento, antes otra que yo barrunto. Y pues, que así es, si tu licencia me das, yo, señora, te la diré.

MELIBEA. ¿Cómo, Celestina? ¿De licencia tienes tú necesidad para darme la salud? Di, di, que siempre la tienes de mí, tal que[45] mi honra no dañes con tus palabras.[46]

CELESTINA. Te veo, señora, por una parte quejar el dolor, por otra temer la medicina. Tu temor me pone miedo, el miedo silencio, el silencio tregua entre tu llaga y mi medicina. Así que será causa, que ni tu dolor cese ni mi venida aproveche.

MELIBEA. Cuanto más dilatas la cura, tanto más me acrecientas y multiplicas la pena y pasión...[47] Oh, ¡cómo me muero con tu dilatar! Di, por Dios, lo que quisieres, haz lo que supieres, que no podrá ser tu remedio tan áspero que iguale con mi pena y tormento. Ahora toque[48] en mi honra, ahora dañe mi fama, ahora lastime mi cuerpo, aunque sea romper mis carnes para sacar mi dolorido corazón, te doy mi fe ser segura y si siento alivio, bien galardonada.[49]

LUCRECIA. —[*aparte*] El seso tiene perdido mi señora. Gran mal es éste. Esta hechicera la ha cautivado.

CELESTINA. —[*aparte*] Nunca me ha de faltar un diablo acá y acullá.

MELIBEA. ¿Qué dices, amada maestra? ¿Qué te hablaba esa moza?[50]

CELESTINA. No le oí nada. Que es muy necesario para tu salud que no esté persona delante y así que la debes mandar salir. Y tú, hija Lucrecia, perdona.

MELIBEA. Sal fuera presto.

LUCRECIA. ¡Ya! ¡Ya! [*aparte*] ¡Todo es perdido! [*en voz alta*] Ya me salgo, señora.

CELESTINA. También me da osadía tu gran pena, como ver que con tu sospecha has ya tragado alguna parte de mi cura;[51] pero todavía es necesario traer más clara medicina y más saludable descanso de casa de aquel caballero Calisto.

MELIBEA. Calla, por Dios, madre. No traigas de su casa cosa para mi provecho ni le nombres aquí.

CELESTINA. Sufre, señora con paciencia, que es el primer punto y principal...Tu llaga es grande, tiene necesidad de áspera cura...Ten paciencia, que pocas

---

[44] **emoción fuerte**

[45] **con tal de que**

[46] Melibea still hangs on to the desire to maintain intact her honor or good name. Soon her passion will become all-enveloping and she will abandon even that.

[47] The more you delay, the more you increase my pain and passion. (Celestina deliberately puts Melibea off in order to force the girl to beg.)

[48] even if it blemishes

[49] rewarded

[50] **muchacha**

[51] **ver...**I see from your suspicions (of Lucrecia) that you have swallowed a portion of my medicine.

veces lo molesto sin molestia se cura. Y un clavo con otro se expele y un dolor con otro. No concibas odio ni desamor ni consientas a tu lengua decir mal de persona tan virtuosa como Calisto, que si conocido fuese...

MELIBEA. ¡Oh por Dios, que me matas! ¿Y no te tengo dicho que no me alabes[52] ese hombre ni me le nombres en bueno ni en malo?

CELESTINA. Señora, éste es otro y segundo punto, el cual si tú con tu mal sufrimiento no consientes, poco aprovechará mi venida, y si, como prometiste, lo sufres, tú quedarás sana y sin deuda y Calisto sin queja y pagado. Primero te avisé de mi cura y de esta invisible aguja,[53] y sin llegar a ti, sientes en sólo mentarla en mi boca.

MELIBEA. Tantas veces me nombrarás ese tu caballero, que ni mi promesa baste ni la fe, que te di, a sufrir tus dichos. Más agradable me sería que rasgases[54] mis carnes y sacases mi corazón, que no traer esas palabras aquí.

CELESTINA. Sin romperte las vestiduras se lanzó en tu pecho el amor: no rasgaré yo tus carnes para curarle.

MELIBEA. ¿Cómo dices que llaman a este mi dolor que así se ha enseñoreado[55] en lo mejor de mi cuerpo?

CELESTINA. Amor dulce.

MELIBEA. Eso me declara qué es, que en sólo oírlo me alegro.

CELESTINA. Es un fuego escondido, una agradable llaga, un sabroso veneno, una dulce amargura, una delectable dolencia, un alegre tormento, una dulce y fiera[56] herida, una blanda muerte.

MELIBEA. ¡Ay mezquina de mí! Que si verdad es tu relación, dudosa será mi salud. Porque, según la contrariedad que esos nombres entre sí muestran, lo que al uno fuere provechoso acarreará al otro más pasión.[57]

CELESTINA. No desconfíe, señora, tu noble juventud de salud, que, cuando el alto Dios da la llaga, tras ella envía el remedio. Mayormente que sé yo al mundo nacida una flor de todo esto te dé libre.[58]

MELIBEA. ¿Cómo se llama?

CELESTINA. No te lo oso decir.

MELIBEA. Di, no temas.

CELESTINA. ¡Calisto! ¡Oh por Dios, señora Melibea! ¿Qué poco esfuerzo es éste? ¿Qué descaecimiento?[59] Abre tus claros ojos. ¡Lucrecia! ¡Lucrecia! ¡Entra presto acá! Baja presto por un jarro de agua.

MELIBEA. Paso, paso,[60] que yo me esforzaré.[61] No escandalices la casa.

CELESTINA. ¡Oh cuitada[62] de mí! No te descaezcas, señora, háblame como sueles.

MELIBEA. Y muy mejor. Calla, no me fatigues.

CELESTINA. ¿Pues qué me mandas

---

[52] praise
[53] needle
[54] tear
[55] become master of
[56] fierce
[57] **lo...**what might be beneficial to one person will bring another person suffering

[58] **mayormente...**Especially when I know a flower that will end your suffering.
[59] What weakness? (Melibea has fainted at the mention of Calisto's name.)
[60] quiet, quiet
[61] I will pull myself together
[62] **pobre**

que haga, perla graciosa? ¿Qué ha sido este tu sentimiento? Creo que se van quebrando mis puntos.[63]

MELIBEA. Se quebró mi honestidad, se quebró mi empacho, aflojó[64] mi mucha vergüenza y como muy naturales, como muy domésticos,[65] no pudieron tan livianamente despedirse de mi cara, que no llevasen consigo su color por algún poco de espacio, mi fuerza, mi lengua y gran parte de mi sentido. ¡Oh! pues ya, mi buena maestra, mi fiel secretaria, lo que tú tan abiertamente conoces, en vano trabajo por encubrírtelo.[66] Muchos y muchos días son pasados que ese noble caballero me habló de amor. Tanto me fue entonces su habla enojosa, cuanto, después que tú me le tornaste a nombrar, alegre. Han cerrado tus puntos mi llaga, venida soy en tu querer...Pospuesto[67] todo temor, has sacado de mi pecho lo que jamás a ti ni a otro pensé descubrir...

CELESTINA. Pues así, señora, has querido descubrir la gran merced, que nos has hecho, declara tu voluntad, echa tus secretos en mi regazo,[68] pon en mis manos el concierto de este concierto.[69] Yo daré forma cómo tu deseo y el de Calisto sean en breve cumplidos.

MELIBEA. ¡Oh mi Calisto y mi señor! ¡Mi dulce y suave alegría! Si tu corazón siente lo que ahora el mío, maravillada estoy cómo la ausencia te consiente vivir. ¡Oh mi madre, y mi señora!, haz de manera como luego le pueda ver, si mi vida quieres.

CELESTINA. Ver y hablar.

MELIBEA. ¿Hablar? Es imposible.

CELESTINA. Ninguna cosa a los hombres, que quieren hacerla, es imposible.

MELIBEA. Dime cómo.

CELESTINA. Yo lo tengo pensado, yo te lo diré: por entre las puertas de tu casa.

MELIBEA. ¿Cuándo?

CELESTINA. Esta noche.

MELIBEA. Gloriosa me serás, si lo ordenas.[70] Di a qué hora.

CELESTINA. A las doce.

MELIBEA. Pues ve, mi señora, mi leal amiga, y habla con aquel señor y que venga muy paso y se dará concierto, según su voluntad, a la hora que has ordenado.

CELESTINA. Adiós, que viene hacia acá tu madre...

---

[63] stitches (Celestina entered disguised as a seamstress.)
[64] relaxed
[65] **como...**since they were so much a part of me
[66] **trabajo...**I struggle to hide it from you
[67] Having set aside
[68] lap
[69] **el...**the harmonious outcome of this agreement
[70] **arreglas**

ACTO DÉCIMONONO

Argumento del décimonono acto

Calisto va con Sosia y Tristán al huerto de Pleberio a visitar a Melibea, que lo estaba esperando y con ella Lucrecia. Estando Calisto dentro del huerto con Melibea, viene Traso e otros por mandado de Centurio,[2] a los cuales sale Sosia; y oyendo Calisto desde el huerto, donde estaba con Melibea, el ruido que hacen, quiso salir fuera; la cual salida fue causa que sus días pereciesen, porque los tales[3] este don reciben por galardón y por esto han de saber desamar los amadores.

CALISTO....Señora, Sosia es aquel que da voces.[4] Déjame ir a valerle,[5] que no hay sino un pajecico con él. Dame presto mi capa, que está debajo de ti.

MELIBEA. ¡Oh triste de mi ventura! No vayas allá sin tus corazas;[6] tórnate a armar.[7]

CALISTO. Señora, lo que no hace espada y capa y corazón no lo hacen corazas y capacete[8] y cobardía.

SOSIA. ¿Aún tornáis?

CALISTO. Déjame, por Dios, señora, que puesta está la escala.[9]

MELIBEA. ¡Oh desdichada yo! ¿Y cómo vas tan recio[10] y con tanta prisa y desarmado a meterte entre quien no conoces? Lucrecia, ven presto acá, que es ido Calisto a un ruido. Echémosle sus corazas por la pared, que se quedan acá.

TRISTÁN. Tente, señor, no bajes, que idos son; que no era sino Traso el cojo y otros bellacos, que pasaban voceando. Que ya se torna Sosia. Tente, tente, señor, con las manos a la escala.

CALISTO. ¡Oh, válgame Santa María![11] ¡Muerto soy! ¡Confesión!

TRISTÁN. Llégate presto, Sosia, que el triste de nuestro amo se ha caído de la escala y no habla ni se bulle.[12]

SOSIA. ¡Señor, señor! ¡Tan muerto está como mi abuelo! ¡Oh gran desventura!

LUCRECIA. ¡Escucha, escucha! ¡Gran mal es éste!

MELIBEA. ¿Qué es esto? ¿Qué oigo? ¡Amarga de mí!

TRISTÁN. ¡Oh mi señor y mi bien muerto! ¡Oh mi señor despeñado![13] ¡Oh triste muerte sin confesión! Coge, Sosia, esos sesos de esos cantos,[14] júntalos con la cabeza del desdichado amo nuestro. ¡Oh día de aciago![15] ¡Oh arrebatado fin!

---

[1] In a previous act, Sempronio and Pármeno murdered Celestina. As a result, they, too, are dead. Sosia and Tristán are Calisto's new servants.
[2] Enemy of Calisto.
[3] such people (**los locos amantes**)
[4] **da...grita**
[5] **ayudarlo**
[6] breastplate, armor
[7] come back to put on your armor

[8] helmet
[9] rope ladder that Calisto plans to use to descend the wall
[10] **impetuosamente**
[11] Calisto has fallen from the ladder.
[12] stirs
[13] fallen (from a great height)
[14] paving stones
[15] bitterness

MELIBEA. ¡Oh desconsolada de mí! ¿Qué es esto? ¿Qué puede ser tan áspero acontecimiento como oigo? Ayúdame a subir, Lucrecia, por estas paredes, veré mi dolor; si no, hundiré con alaridos la casa de mi padre. ¡Mi bien y placer, todo es ido en humo! ¡Mi alegría es perdida! ¡Se consumió mi gloria!

LUCRECIA. Tristán, ¿qué dices, mi amor? ¿Qué es eso, que lloras tan sin mesura?

TRISTÁN. ¡Lloro mi gran mal, lloro mis muchos dolores! Cayó mi señor Calisto de la escala y está muerto...Llevemos el cuerpo de nuestro querido amo donde no padezca su honra detrimento, aunque haya muerto en este lugar...[16]

MELIBEA. ¡Oh la más de las tristes triste!...¿Oyes lo que aquellos mozos van hablando, oyes sus tristes cantares? ¡Rezando llevan con responso[17] mi bien todo! ¡Muerta llevan mi alegría! ¡No es tiempo de yo vivir![18] ¿Cómo no gocé más del gozo?[19] ¿Cómo tuve en tan poco la gloria que entre mis manos tuve? ¡Oh ingratos mortales! ¡Jamás conocéis vuestros bienes sino cuando de ellos carecéis!

LUCRECIA. Avívate, aviva,[20] que mayor mengua[21] será hallarte en el huerto que placer sentiste con la venida ni pena con ver que está muerto. Entremos en la cámara, tienes que acostarte. Llamaré a tu padre y fingiremos otro mal, pues éste no es para poderse encubrir.[22]

ACTO VEINTENO

Argumento del veinteno acto

Lucrecia llama a la puerta de la cámara de Pleberio. Le pregunta Pleberio lo que quiere. Lucrecia le da prisa que vaya a ver a su hija Melibea. Levantado Pleberio, va a la cámara de Melibea. La consuela, preguntando qué mal tiene. Finge Melibea dolor de corazón. Envía Melibea a su padre por algunos instrumentos músicos. Sube ella y Lucrecia en una torre. Envía de sí a Lucrecia. Cierra tras ella la puerta. Llega su padre al pie de la torre. Le descubre Melibea todo el negocio que había pasado. En fin, se deja caer de la torre abajo.

PLEBERIO. ¿Qué quieres, Lucrecia? ¿Qué quiere tan presurosa? ¿Qué pides con tanta importunidad[1] y poco sosiego?[2] ¿Qué es lo que mi hija ha sentido? ¿Qué mal tan arrebatado puede ser, que no haya yo tiempo de vestirme ni me des aún espacio a levantarme?

---

[16] If Calisto's activities were discovered, his reputation would suffer. The servants carry him off quickly to protect his good name.

[17] religious chant

[18] I should no longer live.

[19] **¿Cómo...**Why didn't I enjoy pleasure longer? Melibea is distraught at having resisted Calisto's early advances.

[20] Pull yourself together

[21] **vergüenza**

[22] **pues...**since this pain cannot be hidden. (Since Melibea cannot stifle her grief, Lucrecia knows they must find some way to explain it.)

[1] **con...**so insistently

[2] **calma**

LUCRECIA. Señor, apresúrate mucho si la quieres ver viva, que ni su mal conozco de fuerte[3] ni a ella ya de desfigurada.[4]

PLEBERIO. ¿Qué es eso, hija mía? ¿Qué dolor y sentimiento es el tuyo? ¿Qué novedad es ésta? ¿Qué quieres? Háblame, mírame, dime la razón de tu dolor, por que[5] presto sea remediado. No quieras enviarme con triste postrimería[6] al sepulcro. Ya sabes que no tengo otro bien sino a ti. Abre esos alegres ojos y mírame.

MELIBEA. ¡Ay dolor!

PLEBERIO. ¿Qué dolor puede ser que iguales con ver el tuyo? Tu madre está sin seso[7] en oír tu mal. No pudo venir a verte de turbada.[8] Dime, ánima mía, la causa de tu sentimiento.

MELIBEA. ¡Pereció mi remedio!

PLEBERIO. Hija, mi bienamada y querida del viejo padre, por Dios, no te ponga desesperación el cruel tormento de esta tu enfermedad y pasión, que a los flacos corazones el dolor los arguye.[9] Si tú me cuentas tu mal, luego será remediado. Pues no me fatigues más, no me atormentes, no me hagas salir de mi seso y dime: ¿Qué sientes?

MELIBEA. Una mortal llaga en medio del corazón, que no me consiente hablar. No es igual a los otros males; menester es sacarle para ser curada, que está en lo más secreto de él.

PLEBERIO. Temprano cobraste los sentimientos de la vejez. La mocedad toda suele ser placer y alegría, enemiga de enojo. Levántate de ahí. Vamos a ver los frescos aires de la ribera; te alegrarás con tu madre, descansará tu pena. Cata,[10] si huyes de placer, no hay cosa más contraria a tu mal.

MELIBEA. Vamos donde mandares. Subamos, señor, a la azotea alta, porque desde allí goce de la deleitosa vista de los navíos; por ventura aflojará algo mi congoja.

PLEBERIO. Subamos, y Lucrecia con nosotros.

MELIBEA. Mas, si a ti placerá, padre mío, mandar traer algún intrumento de cuerdas con que se sufra mi dolor o tañendo[11] o cantando, de manera que, aunque aqueje[12] por una parte la fuerza de su accidente, lo mitigarán por otra los dulces sones y alegre armonía.

PLEBERIO. Eso, hija mía, luego es hecho.

MELIBEA. Lucrecia, amiga mía, muy alto es esto.[13] Ya me pesa por dejar la compañía de mi padre. Baja a él y dile que se pare al pie de esta torre, que le quiero decir una palabra que se me olvidó que hablase a mi madre.

LUCRECIA. Ya voy, señora.

MELIBEA. De todas soy dejada. Bien se ha aderezado[14] la manera de mi morir. Algún alivio siento en ver que tan presto estaremos juntos

---

[3] because of its force
[4] because she appears completely changed
[5] **para que**
[6] last days
[7] **sin...loca de preocupación**
[8] upset
[9] **no...**don't let the suffering brought about by this passion and sickness cause you to despair, for pain wears down weak hearts.
[10] **Fíjate**
[11] strumming
[12] grieve
[13] Lucrecia and Melibea have gone up to the tower.
[14] **preparado**

yo y aquel mi querido amado Calisto. Quiero cerrar la puerta, porque ninguno suba a estorbarme mi muerte. No me impidan la partida, no me atajen[15] el camino por el cual en breve tiempo podré visitar en este día al que me visitó la pasada noche. Todo se ha hecho a mi voluntad. Buen tiempo tendré para contar a Pleberio mi señor la causa de mi ya acordado[16] fin. Gran sinrazón[17] hago a sus canas, gran ofensa a su vejez. Gran fatiga le acarreo[18] con mi falta. En gran soledad le dejo; pero no es más en mi mano. Tú, Señor,[19] que de mi habla eres testigo, ves mi poco poder; ves cuán cautiva tengo mi libertad, cuán presos mis sentidos de tan poderoso amor del muerto caballero, que priva al que tengo con[20] los vivos padres.

PLEBERIO. Hija mía, Melibea, ¿qué haces sola? ¿Qué es tu voluntad decirme? ¿Quieres que suba allá?

MELIBEA. Padre mío, no pugnes[21] ni trabajes por venir adonde yo estoy, que estorbarás[22] la presente habla que te quiero hacer. Lastimado serás brevemente con la muerte de tu única hija. Mi fin es llegado, llegado es mi descanso y tu pasión,[23] llegado es mi alivio y tu pena, llegada es mi acompañada hora[24] y tu tiempo de soledad. No habrás, honrado padre, menester instrumentos para aplacar mi dolor, sino campanas para sepultar mi cuerpo. Si me escuchas sin lágrimas, oirás la causa desesperada de mi forzada y alegre partida. No la interrumpas con lloro ni palabras; si no, quedarás más quejoso en no saber por qué me mato, que doloroso por verme muerta. Oye, padre mío, mis últimas palabras y, si como yo espero las recibes, no culparás mi yerro. Bien ves y oyes este triste y doloroso sentimiento que toda la ciudad hace. Bien ves este clamor de campanas, este alarido[25] de gentes, este aullido[26] de canes,[27] este gran estrépito[28] de armas. De todo esto fui yo la causa. Yo cubrí de luto y jergas[29] en este día casi la mayor parte de la ciudadana caballería,[30] yo dejé hoy muchos sirvientes descubiertos de[31] señor, yo quité muchas raciones y limosnas a pobres y envergonzantes,[32] yo fui ocasión que los muertos tuviesen compañía del más acabado hombre que en gracia nació, yo quité a los vivos el dechado[33] de gentileza, de invenciones galanas, de atavíos y bordaduras[34] de habla, de andar, de cortesía, de virtud; yo fui causa que la tierra[35]

---

[15] cut off
[16] **decidido**
[17] **injusticia**
[18] **traigo**
[19] **Dios**
[20] **priva**...prohibits (the love) I have for
[21] struggle
[22] you will prevent
[23] **sufrimiento**
[24] Melibea will be accompanied by Calisto in death.
[25] cry
[26] howl
[27] **perros**
[28] clang, clash
[29] dark-colored cloth
[30] **ciudadana...los nobles de la ciudad**
[31] unprotected by, without
[32] **gente pobre pero digna**
[33] **modelo**
[34] **de**...of finery and adornment
[35] ground (where he is buried)

goce sin tiempo[36] el más noble cuerpo y más fresca juventud que al mundo era en nuestra edad criada. Muchos días son pasados, padre mío, que penaba por amor un caballero que se llamaba Calisto, el cual tú bien conociste. Conociste asimismo sus padres y claro linaje. Era tanta su pena de amor y tan poco el lugar para hablarme, que descubrió su pasión a una astuta y sagaz mujer que llamaban Celestina. La cual, de su parte venida a mí, sacó mi secreto amor de mi pecho. Descubría a ella lo que a mi querida madre encubría. Tuvo manera cómo ganó mi querer, ordenó cómo su deseo y el mío hubiesen efecto. Si él mucho me amaba, no vivía engañado.[37] Concertó el triste concierto de la dulce y desdichada ejecución de su voluntad. Vencida de su amor, le di entrada a la casa. Quebrantó con escalas las paredes de tu huerto, quebrantó mi propósito. Perdí mi virginidad. A la vuelta de su venida, no vio bien los pasos, puso el pie en el vacío y cayó. Su muerte convida a la mía, me convida y fuerza que sea presto,

sin dilación; me muestra que ha de ser despeñada, por seguirle en todo. ¡O padre mío muy amado! Te ruego, si amor en esta pasada y penosa vida me has tenido, que estén juntas nuestras sepulturas; juntas nos hagan nuestras obsequias. Algunas consolatorias palabras te diría antes de mi agradable fin, colegidas[38] y sacadas de aquellos antiguos libros que tú, por más aclarar mi ingenio, me mandabas leer; sino que la ya dañada memoria, con la gran turbación, me las ha perdido, y aun porque veo tus lágrimas mal sufridas decir[39] por tu arrugada faz. Salúdame a mi cara[40] y amada madre, sepa de ti largamente la triste razón por que muero. ¡Gran placer llevo de no verla presente! Toma, padre viejo, los dones de tu vejez. Que en largos días largas se sufren tristezas.[41] Recibe las arras[42] de tu senectud[43] antigua, recibe allá tu amada hija. Gran dolor llevo de mí, mayor de ti, muy mayor de mi vieja madre. Dios quede contigo y con ella. A El ofrezco mi ánima. Pon tú en cobro[44] este cuerpo que allá baja.

ACTO VEINTIUNO

Argumento del acto veintiuno

Pleberio, tornando a su cámara con grandísimo llanto, le pregunta Alisa su mujer la causa de tan súbito mal. Le cuenta la muerte de su hija Melibea, mostrándole el cuerpo de ella

todo hecho pedazos y haciendo su planto concluye.

ALISA. ¿Qué es esto, señor Pleberio? ¿Por qué son tus fuertes

---

[36] **eternamente**
[37] unrequited
[38] **seleccionadas**
[39] **caer**
[40] **querida**

[41] For if one has a long life, one lives to suffer great sadnesses.
[42] **regalo, ofrenda**
[43] **vejez**
[44] **un lugar seguro**

alaridos?...

PLEBERIO. ¡Ay, ay, noble mujer! Nuestro gozo en el pozo.[1] Nuestro bien todo está perdido. ¡No queramos más vivir!...

¡O vida de congojas llena, de miserias acompañada! ¡O mundo, mundo! Muchos mucho de ti dijeron, muchos en tus cualidades metieron la mano, a diversas cosas por oídas te compararon; yo por triste experiencia lo contaré, como a quien las ventas y compras de tu engañosa feria no prósperamente sucedieron, como aquel que hasta ahora ha callado tus falsas propiedades, por no encender con odio tu ira, porque no me secases sin tiempo esta flor que este día echaste de tu poder. Yo pensaba en mi más tierna edad que eras y eran tus hechos regidos por alguna orden; ahora, visto el pro y la contra de tus bienandanzas,[2] me pareces un laberinto de errores, un desierto espantable, una morada de fieras, juego de hombres que andan en corro,[3] laguna llena de cieno,[4] región llena de espinas, monte alto, campo pedregoso,[5] prado lleno de serpientes, huerto florido y sin fruto, fuente de cuidados, río de lágrimas, mar de miserias, trabajo sin provecho, dulce ponzoña, vana esperanza, falsa alegría, verdadero dolor...

¡Oh amor, amor! ¡Que no pensé que tenías fuerza ni poder de matar a tus sujetos! Herida fue de ti mi juventud, por medio de tus brasas pasé: ¿cómo me soltaste, para darme la paga de la huida en mi vejez? Bien pensé que de tus lazos me había librado, cuando los cuarenta años toqué, cuando fui contento con mi conjugal compañera, cuando me vi con el fruto que me cortaste el día de hoy. No pensé que tomabas en los hijos las venganzas de los padres...Dulce nombre te dieron; amargos hechos haces.

Enemigo de amigos, amigo de enemigos, ¿por qué te riges sin orden ni concierto? Ciego te pintan, pobre y mozo.[6] Te ponen un arco[7] en la mano, con que tiras a tiento[8]; más ciegos son tus ministros,[9] que jamás sienten ni ven el desabrido[10] galardón que saca de tu servicio. Tu fuego es de ardiente rayo, que jamás hace señal donde llega. La leña, que gasta tu llama, son almas y vidas de humanas criaturas. Las cuales son tantas, que de quien comenzar pueda, apenas me ocurre. No sólo de cristianos; mas de gentiles y judíos y todo en pago de vuestros servicios...

Del mundo me quejo, porque en sí me crió, porque no dándome vida, no engendrara en él a Melibea; no nacida, no amara; no amando, cesara mi quejosa y desconsolada postrimería. ¡O mi compañera buena! ¡O mi hija

---

[1] **en**...down the well
[2] prosperity, happiness
[3] **en**...around in a circle
[4] slime
[5] **lleno de piedras**
[6] Cupid, symbol of love, is a blind child, depicted with his eyes covered.
[7] bow
[8] at random
[9] **es decir, los amantes**
[10] **desagradable, áspero**

despedazada! ¿Por qué no quisiste que estorbase tu muerte? ¿Por qué no tuviste lástima de tu querida y amada madre? ¿Por qué te mostraste tan cruel con tu viejo padre? ¿Por qué me dejaste, cuando yo te había de dejar?[11] ¿Por qué me dejaste penado? ¿Por qué me dejaste triste y solo *in hac lachrymarum valle*?[12]

---

[11] That is, Why did you die first, when I should have been the one?

[12] **in...en este valle de lágrimas**

SOBRE LA LECTURA

Acto primero

1. ¿Dónde ve Calisto a Melibea por primera vez? ¿Cómo reacciona al verla? ¿Cómo responde la joven?
2. Compare la actitud de Sempronio hacia el amor a la de Calisto.
3. ¿Por qué dice Sempronio que su amo es «hereje»?
4. ¿Por qué decide ayudar a Calisto? ¿Cómo piensa ayudarlo?
5. ¿Quién es Celestina?
6. ¿Por qué dice Sempronio que Calisto necesita ser generoso con Celestina?
7. ¿Qué tipo de persona es Celestina? ¿Qué cosas dice que revelan su carácter?
8. ¿Por qué se enfada Calisto con Pármeno? ¿De dónde conoce Pármeno a Celestina? ¿Qué información le da a Calisto sobre ella?
9. ¿Por qué no quiere Calisto seguir escuchando a Pármeno? Explique el doble sentido de las palabras de Calisto: «Azaz soy de ti avisado.»
10. ¿Cómo recibe Calisto a Celestina?
11. ¿Cuál es el significado del comentario que hace Pármeno (¡Guay de orejas...!) mientras Calisto y Celestina hablan?
12. ¿Por qué dice Pármeno que «no hay pestilencia más eficaz, que el enemigo de casa para empecer»?

Acto cuarto

1. Describa el estado de ánimo de Celestina al principio del cuarto acto.
2. ¿Cómo logra Celestina entrar en casa de Pleberio?
3. ¿Sabe Alisa quien es Celestina? ¿Por qué la deja sola con su hija, entonces?
4. ¿Cómo gana Celestina la confianza de Melibea? ¿Cómo despierta su interés en Calisto?
5. ¿Cómo reacciona Melibea la primera vez que Celestina menciona a Calisto? ¿Por qué?
6. ¿Echa a Celestina de la casa, tal como promete? ¿Cómo sabemos que, a pesar de sus palabras, Melibea está fascinada?
7. ¿Cómo logra Celestina hablarle de Calisto? ¿Cómo consigue que Melibea le dé alguna prenda para Calisto?
8. ¿Por qué cambia la actitud de Melibea hacia la Celestina?

Acto décimo

1. ¿Por qué va Celestina a casa de Melibea al principio del décimo acto?
2. ¿Por qué está Melibea tan impaciente?
3. ¿Cómo ha cambiado su actitud hacia Celestina?
4. ¿Cómo manipula Celestina a Melibea psicológicamente?
5. ¿Qué revelan los «apartes» de Lucrecia?
6. Según Celestina, ¿cuál es la enfermedad de Melibea? ¿Cuál es la cura?
7. ¿Cómo reacciona Melibea al oír el nombre de su admirador?
8. ¿Todavía está preocupada por su honor? Explique.
9. ¿Qué le promete Celestina a Melibea?
10. ¿Cómo reacciona la joven ante esta posibilidad?

Actos diecinueve, veinte y veintiuno

1. ¿Ha cumplido Celestina su promesa? ¿Qué le ha pasado a ella?
2. ¿Qué ruidos interrumpen los amores de Calisto y Melibea?
3. ¿Qué revela la reacción de Calisto acerca de su carácter?
4. ¿Qué le sucede al intentar acudir en socorro de sus criados?
5. Se arrepiente Melibea de su conducta al darse cuenta de que ha conducido a la tragedia? Explique.
6. ¿En qué se ve el amor de Pleberio por su hija?
7. ¿Cómo logra Melibea que su padre la deje sola en la torre? ¿Es Melibea víctima del amor o una joven consentida y egoísta? Explique su punto de vista.
8. ¿Cómo explica su suicidio a su padre?
9. ¿Qué imagen del mundo pinta Pleberio en su largo lamento final?
10. ¿Qué dice acerca del amor? En la opinión de usted, ¿tiene la obra un mensaje moral? ¿Cuál sería?

HACIA EL ANÁLISIS LITERARIO

1. ¿Cómo desarrolla el autor el aspecto psicológico de cada personaje? ¿Cómo usa el *soliloquio? ¿el *monólogo? ¿el diálogo? ¿la acción?
2. Dé tres ejemplos del uso del *doble sentido en el texto. ¿Comprenden siempre los personajes los significados de cada comentario? ¿Con qué fin usa el autor el doble sentido?
3. ¿Qué efecto producen en el lector las palabras de Calisto al conocer a Celestina («¡Oh vejez virtuosa! ¡Oh virtud envejecida!» (Acto I, Línea 6)? ¿Qué otros juegos lingüísticos utiliza el autor?
4. ¿Qué alusiones religiosas se encuentran en el texto? ¿Qué logra el autor al hacer estas alusiones? ¿En qué partes del texto sorprende la falta de referencias religiosas?
5. Compare el lenguaje que emplea Calisto al hablarles a los criados con el que emplea al dirigirse a Melibea por primera vez. Compare el lenguaje que

emplea en el primer acto con el que emplea en el diecinueve. ¿Cómo se diferencia el lenguaje de Calisto del de los criados?

6. ¿Cómo usa Celestina el lenguaje para manipular a Melibea?
7. ¿Cuál es la función de Lucrecia?
8. Dé dos ejemplos del *perspectivismo en *La Celestina*. ¿Con qué fin usa el autor el perspectivismo?
9. ¿Cómo aumenta Rojas la tensión?
10. ¿En qué sentido son las «caídas» físicas de Calisto y Melibea simbólicas de su «caída» moral? ¿Qué otro paralelo encuentra usted entre las acciones físicas y las morales?
11. ¿En qué se nota la influencia del humanismo?
12. Compare a Celestina con Trotaconventos, la alcahueta del *Libro de buen amor*.

TEXTO Y VIDA

1. ¿Hasta qué punto es Celestina responsable del triste desenlace de la historia de Calisto y Melibea? ¿Hasta qué punto son responsables los padres? ¿Quién es responsable de lo que pasa al individuo? ¿Qué papel tienen las emociones? ¿las circunstancias? ¿la sociedad?
2. ¿Cree usted que los jóvenes son capaces de controlar sus inclinaciones románticas o es el amor una fuerza tan poderosa y ciega que no se puede controlar? ¿Por qué? ¿Cómo contestaría esta pregunta Celestina? ¿Melibea? ¿Pleberio?
3. En su opinión, ¿tienen los padres el derecho de opinar sobre los amores de sus hijos? Explique.
4. ¿Recibe cada uno de los personajes—Celestina, Melibea, Calisto, Pármeno, Sempronio, Alisa y Pleberio—el fin que merece? ¿Por qué?
5. ¿Qué dice Fernando de Rojas sobre la naturaleza humana? ¿sobre el amor? ¿sobre la sociedad? ¿Podría suceder la historia de Calisto y Melibea hoy día? ¿Por qué?
6. ¿Qué elementos en particular de las personalidades de Calisto y Melibea contribuyen a la tragedia? ¿Cómo habría podido evitarse? Invente otro fin para la obra.
7. ¿Cómo funciona el perspectivisimo en la vida diaria?

El Siglo de Oro

Gloria y ocaso de España

El Siglo de Oro es un período que se extiende desde principios del siglo XVI hasta 1681, año de la muerte del dramaturgo Pedro Calderón de la Barca. Durante los aproximadamente ciento sesenta años que constituyen el Siglo de Oro, España llega al ápice de su poder político y militar. Florecen todas las artes y Madrid se convierte en un centro cultural de primer orden. Pero Madrid no es el único centro de creación artística. Salamanca, Sevilla, Valencia, Toledo y otras ciudades producen también importantes pintores y escritores. De hecho, el predominio político y cultural español transciende las fronteras nacionales e influye en el desarrollo de los demás países del continente europeo.

Desde principios del siglo XVI, España luchaba por establecer su hegemonía en Europa. Muerta Isabel la Católica en 1504, Fernando continuó su política de expansión mediterránea y de exploración del Nuevo Mundo. La hija de los monarcas, conocida por el nombre de Juana la Loca (1479–1555), perdió el uso de la razón después de la muerte de su esposo, el archiduque de Austria Felipe el Hermoso, y Fernando siguió gobernando hasta el advenimiento de su nieto, Carlos I de España y V de Alemania (1500–1558).

El emperador Carlos reunió bajo su dominio Castilla y Aragón, además de los inmensos territorios de la Casa de Austria. Nacido y criado en Gante, capital de Flandes Oriental (Bélgica), llegó a España rodeado de consejeros extranjeros, lo cual provocó el disgusto de muchos españoles. Al morir su abuelo Maximiliano en 1521, salió para Alemania para que lo coronaran emperador, dejando como gobernador de España a su antiguo perceptor Adriano de Utrecht. Estalló una insurrección conocida como la sublevación de los Comuneros, la cual fue sofocada por el ejército real.

Como cabeza del Sacro Imperio Romano Germánico, Carlos podía decir que el sol jamás se ponía en sus dominios. El monarca veía la expansión como un glorioso destino. Soñaba con una Europa unida bajo una sola fe, la católica, e involucró a España en una guerra tras otra en su esfuerzo por realizar este objetivo.

Carlos atendió a la conquista y colonización del Nuevo Mundo al mismo tiempo que combatía contra el poderoso emperador turco, Solimán el Magnífico, y luchaba por contener los avances del protestantismo. Obtuvo victorias decisivas contra los musulmanes, conquistando Túnez en 1535. Al principio trató de resolver los conflictos religiosos pacíficamente, pero cuando estos esfuerzos fracasaron, recurrió a las armas, derrotando a los reformadores de la Liga de Smalcalda en Mühlberg en 1547. Sostuvo además cuatro guerras contra su rival Francisco I de Francia, quien le había disputado la corona imperial de Alemania. A pesar de que Francisco se alió con Enrique VIII de Inglaterra, con varios poderes italianos, con los turcos y con los protestantes alemanes, el rey Carlos logró importantes triunfos contra los franceses, venciendo a Francisco en Pavía en 1525. Pero al final de su vida, Carlos todavía no había realizado todas sus metas. Cansado de luchar, abdicó en favor de su hijo Felipe II en 1556, retirándose al monasterio de Yuste.

La España de Carlos I rebosaba de ideas nuevas. A pesar del temor del protestantismo, el país todavía no había cerrado las puertas a influencias exteriores. El humanista holandés Desiderio Erasmo (¿1469?–1536), conocido por su espíritu enciclopédico y sus ideas reformadoras sobre problemas sociales y religiosos, ejerció una influencia notable en España.

Bajo Felipe II (1556–1598) continuó el expansionismo español. Las

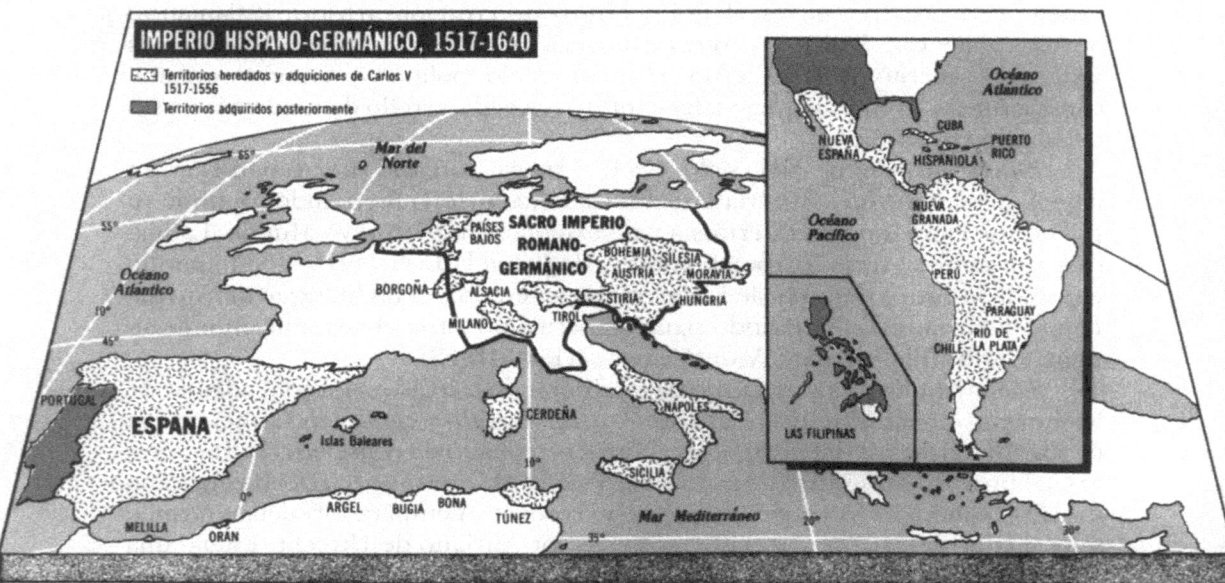

guerras constantes en Flandes y en Holanda consumían las fuerzas y los recursos del país. El afán expansionista de Felipe lo llevó a combatir contra Francia, que todavía representaba una amenaza al poder español en Italia, y contra el mismo Papa, que se había aliado con los franceses. Al mismo tiempo, seguían las guerras contra los infieles; en 1571, los turcos fueron vencidos en la Batalla de Lepanto. Portugal pasó a depender de España en 1580. Siguieron otros triunfos. Pero las guerras habían debilitado el país y pronto la corriente se volvió contra España. La Armada Invencible fue destruida por los ingleses en 1588—primera de una serie de catástrofes que conducirían al fin de la gloria española.

Mientras tanto, las colonias americanas prosperaban y llevaban grandes ganacias a la madre patria. El oro peruano contribuía a la inflación, y la riqueza se gastaba en artículos de lujo que se producían en el extranjero, debilitando así la economía nacional.

Al mismo tiempo, el fanatismo religioso de Felipe II producía un ambiente de aislamiento intelectual. La Contrarreforma católica se organizó para combatir la Reforma Protestante y tuvo por meta el eliminar los abusos e inconsistencias que existían en la Iglesia. En los Concilios de Trento (1545–1563) se definió el dogma y se aclararon problemas relacionados a las Escrituras (texto e interpretación), los sacramentos, el pecado original, la educación y las obligaciones de los sacerdotes. La defensa de la fe se llevó a tal extremo que en 1559 se prohibió que los espanõles estudiaran en el extranjero. Aumentó la censura y se limitó la importación de libros extranjeros. Aunque no se pudo impedir completamente la llegada de nuevos conceptos del resto de Europa, el influjo de ideas que había caracterizado el principio del siglo se había parado. Existía un ambiente de intolerancia, superstición y sospecha.

Durante el reinado de Felipe III (1598–1621), cuando Cervantes escribió la mayoría de sus obras, el imperio español daba claras muestras de decadencia política y económica. Ni Felipe III ni su sucesor, Felipe IV (1621–1665) fueron capaces de gobernar un imperio tan inmenso. Confiaron el poder a consejeros, quienes disputaron entre sí y llevaron al país a la ruina. El conde-duque de Olivares, ministro de Felipe IV, hizo la guerra a Francia y a los Países Bajos, desangrando a España y provocando el descontento general. Los regimientos españoles fueron derrotados en Rocroi en 1653. Por la Paz de Westfalia (1648), España reconoció la independencia de Holanda. Siguió una serie de sublevaciones regionales y en 1640 Portugal logró separarse definitivamente.

Carlos II (1661–1700), hijo de Felipe IV y Mariana de Austria, sucedió a su padre bajo la tutela de su madre en 1665. Un hombre enfermizo que se dejó manipular por extranjeros, Carlos perdió el Franco Condado en 1678 y Luxemburgo en 1684. Aunque se casó dos veces, no tuvo sucesión. Su muerte puso fin al reino de los Habsburgos en España.

Esplendor artístico del Siglo de Oro

El *Renacimiento europeo produjo una renovación literaria, artística, científica y filosófica. En 1440 el alemán Juan Gutenberg (¿1400–1468) inventó la imprenta con caracteres móviles, haciendo posible la reproducción y divulgación de las obras maestras de los grandes pensadores de la antigüedad. La invención del grabado a mediados de siglo XV hizo posible que se dieran a conocer las grandes obras de arte.

El Renacimiento nació en Italia, donde los Papas Julio II y León X protegían a los artistas y les prodigaban su ayuda económica. Florecieron pensadores tales como Maquiavelo, escritores tales como Ariosto y Tasso, pintores y escultores tales como Leonardo da Vinci, Rafael y Miguel Angel. Los estrechos contactos políticos que existían entre Italia, Francia y España facilitaron el movimiento de ideas de un país a otro. Francisco I apoyó el cultivo de las artes y ofreció su protección a muchos artistas italianos que vivían en Francia.

En España, las formas literarias italianas y el clasicismo humanístico entraron con fuerza. Durante el temprano renacimiento, el tema del amor dominó la literatura. El hombre del Renacimiento buscaba la perfección y la verdad. Lo guiaba el anhelo de la excelencia, la virtud, la sabiduría. El idealismo renacentista encontró su expresión en la lucha del amante por una dama inalcanzable, imagen que tiene su origen en el concepto medieval del *amor cortés, pero que en el renacimiento adquirió nuevas dimensiones psicológicas y filosóficas.

A mediados del siglo llegaron a su auge el misticismo y la didáctica moral. Santa Teresa de Avila (1515–1582), a pesar de presentarse como una monja sencilla e ignorante en sus obras literarias, fue, además de una escritora prolífica, uno de los reformadores religiosos más activos de la época. Sus obras incluyen *Fundaciones,* historia de su labor como reformadora de la Orden del Carmelo y fundadora de conventos, *Vida,* su confesión personal y *Las moradas o Castillo interior,* resumen de sus ideas sobre la mística. San Juan de la Cruz (1542–1591) fue amigo y discípulo de Teresa y el más apreciado de los místicos españoles. En su *Cántico espiritual* describe, por medio de la metáfora, la esencia de la experiencia mística: la unión del hombre con Dios.

Fray Luis de León (1528–1591) fue uno de los grandes moralistas del Siglo de Oro. Mente activísima cuya curiosidad intelectual lo condujo a explorar campos prohibidos por las autoridades eclesiásticas, Fray Luis fue condenado por la Inquisición y pasó cinco años en la cárcel por poner en duda la autoridad de la Vulgata, la versión oficial de la Biblia. Su poesía expresa su anhelo por Dios y un deseo de apartarse de la confusión y la hipocresía de la vida diaria. En *De los nombres de Cristo,* un largo tratado religioso y filosófico que fue publicado en 1583, toca una multitud de temas. Defiende la traducción de la Biblia a lenguas modernas, la cual se había prohibido. Habla de lo mudable que es la existencia humana, la cual compara con la verdad inmutable de Dios. En *La perfecta casada* defiende el matrimonio como un estado digno y describe los deberes y atributos de la mujer casada. Tanto la prosa como la poesía de Fray Luis expresan un concepto humanístico del universo. Su lenguaje, sencillo, claro, directo, conversacional, es un modelo del equilibrio y buen gusto renacentistas.

A partir de 1580, el estilo *barroco, con su énfasis en la ornamentación, comenzó a dominar el arte. El poeta Luis de Góngora y Argote (1561–1627) fue el iniciador de un estilo literario conocido por el nombre de *gongorismo o *culteranismo. Ni el amor ni la religión dominan la poesía de Góngora. El arte mismo fue su preocupación principal. Góngora cultivó la imagen, la metáfora. Abundan en su obra las alusiones históricas y mitológicas. Su lenguaje es difícil, oscuro, repleto de transposiciones gramaticales, *hipérboles, figuras retóricas. Góngora no escribió para las masas, sino para un grupo selecto de intelectuales capaces de descifrar sus obras. Muchos contemporáneos de Góngora atacaron este nuevo estilo rebuscado, pero aun sus críticos terminaron incorporando algunas de sus técnicas.

No sólo la literatura sino también las artes visuales florecieron durante el Siglo de Oro. Uno de los pintores más conocidos de la época fue Diego Rodríguez de Silva y Velázquez (1599–1660), quien asimiló las técnicas de los grandes maestros italianos y las incorporó a su propia obra. Pintor de la corte, Velázquez retrataba a la familia real y a los privados del rey con tremenda perspicacia e ironía, a menudo realzando la fealdad de sus modelos. Tenía un ojo maravilloso para el detalle y, como Góngora, exageraba lo grotesco. Utilizaba la perspectiva para producir juegos visuales cómicos, convirtiendo el retrato en un comentario mordaz acerca de los valores y costumbres de la corte.

Otros pintores importantes de la época son Domenico Theotocopuli, llamado el Greco (¿1544?–1614) y Bartolomé Esteban Murillo (1617–1682).

La poesía del Renacimiento

El poeta Juan Boscán (¿1492?–1542) cuenta en una carta a la marquesa de Soma que, habiéndose encontrado con el embajador veneciano Andrés Navagero, éste le sugirió que escribiera sonetos y otros tipos de poemas que estaban de moda en Italia. A instancias de su amigo Garcilaso de la Vega (1501–1536), Boscán experimentó con las nuevas formas, pero siendo un poeta de dones limitados, no tuvo gran éxito. En cambio, en manos de Garcilaso, un poeta de inmensa sensibilidad, los metros italianos revolucionaron la poesía española.

La poesía tradicional utilizaba principalmente el verso de ocho sílabas, aunque se empleaban también otros metros. Distinguía a la poesía italiana el endecasílabo (verso de once sílabas), el cual se usaba en los sonetos, en las octavas reales y en otras numerosas formas poéticas. A veces se combinaba con versos de siete sílabas, por ejemplo, en las liras. Aunque las formas tradicionales siguieron cultivándose, las italianas llegaron a dominar la poesía española. Casi todos los grandes poetas del Siglo de Oro emplearon los nuevos metros italianos. El soneto—composición poética de catorce versos endecasílabos, compuesta de dos cuartetos (estrofas de cuatro líneas) y dos tercetos (estrofas de tres líneas)—llegó a ser la forma preferida de la gran mayoría de los poetas. Se empleaba para composiciones sobre cualquier tema: amoroso, filosófico, metafísico, histórico, aun burlesco.

Las innovaciones italianas no se limitaban a la estructura, sino que se extendían a la temática, al lenguaje, al mismo espíritu del poema. Francesco Petrarca (1304–1374), considerado como el primer gran humanista del Renacimiento, tuvo una influencia decisiva en el desarrollo de la poesía española. Los sonetos y canciones de su *Cancionero* y de los *Triunfos*, inspirados por su amor a Laura de Noves, empleaban un vocabulario poético que adoptaron sus

seguidores españoles. Los poetas del Renacimiento le dieron una nueva importancia a la metáfora. La imagen poética de la mujer renacentista—con cabello como oro, ojos como zafiros, mejillas como rosas, labios y dientes como rubíes y perlas—proviene en gran parte de la poesía amorosa de Petrarca y fue trabajada y desarrollada por sus imitadores. A diferencia de los poetas medievales, los cuales celebraban a la mujer como un símbolo espiritual, Petrarca creó una imagen femenina íntima y real. Como humanista, realzó el aspecto psicológico del amor. Su enfoque eran las emociones y conflictos interiores causados por su devoción a Laura.

Como todos los poetas de su época, Petrarca hereda de los trovadores provenzales el concepto del amor comprendido como servicio a la amada. El amor para el poeta medieval es un vasallaje espiritual que le da dignidad al enamorado. Pero a diferencia de sus predecesores, Petrarca desarrolla el aspecto personal del amor. Emprende por primera vez el análisis de las contradicciones y anhelos del amante.

Petrarca escribía tanto en latín como en italiano y consideraba las lenguas modernas inferiores a las antiguas. Su trabajo con textos latinos inspiró un nuevo interés en los estudios clásicos y los temas greco-latinos se incorporaron a la poesía del renacimiento. El ambiente bucólico y las referencias mitológicas de muchas composiciones poéticas de la época reflejan la influencia clásica e italiana. La naturaleza idealizada se convirtió en una expresión de la armonía para el hombre del Renacimiento, quien se guiaba por una visión utópica y vivía en búsqueda de la perfección.

Garcilaso de la Vega: Hombre del Renacimiento

Soldado y poeta, Garcilaso de la Vega (1503–1536) fue el hombre renacentista por excelencia. De una familia nobilísima, nació en Toledo y recibió una educación clásica, aprendiendo el griego, el latín, el francés y el toscano—la lengua de Toscana, un estado italiano cuya capital, Florencia, fue uno de los centros artísticos más importantes del renacimiento. De adulto, participó en la corte de Carlos V y combatió con las fuerzas reales contra los Comuneros en 1520. Durante los próximos siete años, luchó al servicio del rey contra los turcos y los franceses.

En 1525 se casó con Elena de Zúñiga, con quien tuvo tres hijos. Sin embargo, la musa y gran amor de Garcilaso fue Isabel Freire, una dama portuguesa que se casó con Antonio de Fonseca y murió en 1533 o 1534.

En 1531 Garcilaso provocó la cólera de Carlos V al asistir a una boda contra las órdenes del rey. Este desterró al poeta a una isla del Danubio y después a Nápoles. En aquella época el político y militar español Pedro de Toledo, padre del Duque de Alba, era virrey de Nápoles. Bajo su protección, Garcilaso cultivó la poesía y escribió algunas de sus mejores composiciones en español y en latín. Conoció a importantes poetas, pintores y músicos italianos en cuya compañía desarrolló su sensibilidad artística.

En 1534 Garcilaso fue herido en la expedición militar de Túnez. Dos años más tarde participó en una campaña en el sur de Francia, donde fue muerto cerca de la ciudad de Fréjus.

Sobre la poesía de Garcilaso

La trágica muerte de Garcilaso a los treinta y tres años de edad privó al mundo de un poeta que estaba en la flor de su carrera. Sólo alcanzó a escribir treinta y ocho sonetos, dos elegías, una epístola dirigida a Boscán y cinco canciones u odas a la manera italiana, además de ocho coplas tradicionales y tres églogas.

El tema de casi todas las composiciones de Garcilaso es el amor no correspondido. El amor del poeta a una dama indiferente llega a ser un pretexto para analizar diversos aspectos de la psicología humana. Como mucha de la poesía del temprano Renacimiento, es una poesía arreligiosa. Si el amante clama por la muerte, no es que piense en la salvación, sino que busca un alivio del dolor que le causa la frialdad de su amada, o si no, desea unirse con ella en algún paraíso bucólico después de morir. Los sonetos contienen ciertas reminscencias de la poesía trovadoresca, aunque revelan principalmente la profunda influencia de Petrarca. También hay muchos rasgos de Ausias March (¿1397?–1459), poeta valenciano de inspiración petrarquista, de quien Garcilaso asimila ciertos giros o juegos lingüísticos, además de un poderoso emocionalismo.

La influencia de March es más evidente en los primeros sonetos de Garcilaso, en los cuales el poeta expresa el tormento del amante cuya dama no le corresponde. March le había dado una nueva dignidad a la pasión erótica; en la poesía de March, la belleza de la mujer afecta los sentidos, lo cual causa tensión y, finalmente, frustración.

Intensamente psicológicos, los sonetos de Garcilaso retratan al hombre solitario que se enfrenta a un sinnúmero de contradicciones: desea morir para librarse del dolor, pero si muere renuncia a la posibilidad de servir a la dama; desea recordar el bien perdido (los momentos fugaces que ha pasado con la amada), pero estos recuerdos le causan dolor; su amor por la dama es destructivo, ya que lo hace sufrir, pero al mismo tiempo es regenerativo, ya que le da una razón de esperar y, por lo tanto, de vivir. El amor enajena al amante; se siente solo. A menudo se retrata como un caminante o un desterrado.

Es significativo el hecho de que rara vez aparece la amada en un poema de Garcilaso. Aparte de algunas referencias a su cabello, ojos y labios tomadas directamente de la tradición petrarquiana, no hay ninguna descripción física de la mujer que inspira tanta pasión. De hecho, no es ella, sino el estado psicológico del amante lo que le interesa al poeta.

La poesía de Garcilaso evoluciona a través de los años. En sus églogas—largos diálogos poéticos del género pastoril en los que los personajes son en realidad aristócratas disfrazados de rústicos—el tono es dulcemente melancólico y el ambiente es refinado y sensual.

Algunos sonetos de Garcilaso

Soneto I. El primer soneto gira alrededor de la metáfora del poeta como caminante. Al considerar el camino que ha tomado y hasta dónde lo ha llevado—es decir, su presente situación—el narrador decide que podría estar peor. Sin embargo, en la segunda estrofa, reconsidera su estado. Cuando olvida su camino (toda lo que sufrido por la amada), se espanta al darse cuenta de lo mucho que ha viajado (el extremo al cual lo ha llevado su devoción). Se siente tan gastado que está seguro de estar muriendo. Lamenta el morir, no porque aprecie la vida, sino porque con su muerte terminará su sufrimiento, el cual da valor a su existencia.

Sin embargo, en los tercetos con que concluye el soneto, el poeta no expresa resignación sino voluntad. Se entrega a la dama, sabiendo que ella será la causa de su muerte. Pero el entregarse es un acto de voluntad, aunque en este caso su voluntad se conforma con su destino.

Soneto III. En el Soneto III, Garcilaso recoge un tema del poeta latino Virgilio (70–19 a.C.): el del destierro. El poeta expresa su enajenación por medio de la metáfora del amante como exilado que ha ido alejándose de su tierra. Aunque su fantasía nutre el deseo de volver, el miedo se lo impide. Es decir, una vez que el amante se entrega al amor, ya no puede librarse por más que quisiera; el miedo de quedar sin la amada lo paraliza. En este estado de angustia, el poeta no tiene más remedio que esperar la muerte. La única persona que puede socorrerlo es la dama.

En el primer terceto, el poeta expresa una paradoja: podría aguantar cualquier mal con tal de ver a su amada, aunque si la viera, no sentiría el mal porque sólo la esperanza de verla le quitaría el sufrimiento. El *juego de conceptos se repite en el segundo terceto. Si no puede ver a la dama, su único remedio es morir, aunque la muerte tampoco ofrece alivio. ya que al morir, el amante perdería a la amada definitivamente, lo cual le causaría infinito dolor.

Soneto IV. El Soneto IV crea una tensión entre fuerzas opuestas: la esperanza y la desesperación, el bien y el mal, la fortuna (tempestad) y la bonanza (buen tiempo). Los cuartetos describen la lucha psicológica que tiene lugar dentro del espíritu del hombre. El amante, tirado a un lado, después al otro, se siente agotado; pero sabe que un período de sufrimiento suele ser seguido de otro de felicidad.

Como en el Soneto I, los tercetos representan un cambio abrupto. En vez de entregarse al hado, el poeta toma su destino en sus manos. El tono es enérgico, aun violento; el amante emprenderá «a fuerza de brazos / romper un monte» para lograr su meta. El segundo terceto constituye una proclamación de independencia. Ningún obstáculo, ni siquiera la muerte, podrá impedir que se junte con su amada.

Soneto X. El tema aquí es el bien perdido. Las prendas de la amada—tal vez algún recuerdo que ella le dio al poeta—le traen a la memoria momentos pasados de felicidad y, por lo tanto, le causan dolor. Por medio de un complejo juego psicológico, el poeta demuestra la naturaleza paradójica del amor: la representación del bien produce un mal—el dolor.

La estructura del soneto refuerza el contraste entre el bien pasado y el mal presente. Los tres primeros versos están divididos en dos partes: la primera enfoca la felicidad que se ha perdido («Oh dulces prendas»); la segunda, el sufrimiento actual del amante («por mi mal halladas»). En el cuarto verso hay un cambio rítmico. El vocablo que se acentúa es «muerte», recalcando la idea de que el recuerdo de las prendas causa la muerte (es decir, el intenso sufrimiento) del amante. En el segundo cuarteto, se produce un desajuste rítmico, creando una impresión de nerviosismo. El acento cae en la palabra «dolor», reforzando la idea central de soneto: el dolor causado por el recuerdo.

El primer terceto expresa el cambio abrupto de la suerte del amante: En un momento desapareció todo el bien que había recibido. Le ruega a la amada que le quite el dolor. Si no, creerá que ella causó su sufrimiento sólo para verlo morir entre sus recuerdos. El último terceto introduce otro cambio rítmico. La estrofa fluye sin pausa hasta las palabras «memoria» y «morir». El soneto concluye con una síntesis del concepto de que la memoria mata.

Soneto XII. Esta composición está basada en los mitos griegos. El primero es el de Icaro, quien huyó con su padre del laberinto de Creta con unas alas pegadas con cera. A pesar de las advertencias de su padre, Icaro se acercó demasiado al Sol. Se derritió la cera e Icaro cayó al mar y se ahogó. El segundo es el de Faetón, hijo de Apolo, dios del día y del sol. Conduciendo mal el carro de su padre, quien le había advertido del peligro, Faetón cayó al río Po entre sus hermanas, las cuales habían sido convertidas en álamos.

Por medio de las figuras mitológicas, Garcilaso introduce el tema del conflicto entre la razón y el deseo. El soneto comienza con una descripción de una pasión desenfrenada. Como en la composición anterior, la estructura métrica refuerza el contenido. En el primer cuarteto, no hay una sola pausa hasta la palabra «loco»; entonces, el estacato producido por segmentos cortos y disparejos produce un sentido de nerviosismo, de confusión, aun de histeria.

En el primer terceto, Garcilaso se refiere a cuadros de Icaro y de Faetón, quienes, como el amante, vuelan demasiado alto y no prestan atención a las advertencias. El sol, símbolo de la dama, atrae al amante al mismo tiempo que lo destruye. Aunque él recuerda los mitos, los cuales deberían advertirle del peligro, no aprende la lección. Sigue subiendo, sabiendo que caerá a su muerte después.

Soneto XIII. Este soneto también se basa en un mito: el de Dafne y Apolo. Según la leyenda, Apolo, enamorado de la ninfa Dafne, la perseguía con intensiones de poseerla, pero ella se salvó al metamorfosearse en laurel. En el soneto de Garcilaso, Dafne representa a la mujer inalcanzable. El poeta narra en primera persona, como si fuera testigo. El enfoque es el momento de la transformación, en el que el amante pierde el bien que tanto desea.

Las imágenes que emplea Garcilaso son gráficas; comunican la sensación de vida, de movimiento: «ya los brazos le crecían», «en verdes hojas vi que se tornaban». Se ponen cada vez más despeluznantes. La mujer se cubre de corteza al mismo tiempo que tiemblan de vida sus delicados brazos y piernas. Por medio del constraste («blandos pies», «torcidas raíces»), Garcilaso hace sentir al lector la horrible deformación de Dafne. Usa el color—blanco, verde, oro—para reforzar el aspecto visual del poema.

El soneto concluye con la imagen de Apolo que llora a la base del árbol, al cual riega con sus lágrimas. El dios griego representa al poeta cuyas lágrimas nutren su devoción a la dama.

Edición

Garcilaso de la Vega. *Poesías castellanas completas,* Ed. Elias L. Rivers. Madrid: Castalia, 1972

Crítica

Cammarata, Joan. *Mythological Themes in the Works of Garcilaso de la Vega.* Madrid: Studia Humanitatis, 1983

Jones, Royston O. «Garcilaso, poeta del humanismo.» *Clavileño* 5.2 (1954): 1–7

Keniston, Hayward. *Garcilaso de la Vega. A Critical Study of His Life and Works.* New York: Hispanic Society of America, 1922

Lapesa, Rafael. *La trayectoria poética de Garcilaso.* Madrid: Revista del Occidente, 1968

Salinas, Pedro. "The Idealization of Reality: Garcilaso de la Vega." *Reality and the Poet in Spanish Poetry.* Baltimore: Johns Hopkins Press, 1966

Sonetos

GARCILASO DE LA VEGA

Soneto I

Cuando me paro a contemplar mi 'stado[1]
y a ver los pasos por dó[2] me han traído,
hallo, según por do anduve perdido,
que a mayor mal pudiera haber llegado;
 mas cuando del camino 'sto[3] olvidado,
a tanto mal no sé por dó he venido;
sé que me acabo,[4] y más he yo sentido[5]
ver acabar conmigo mi cuidado.[6]
 Yo acabaré, que me entregué sin arte[7]
a quien[8] sabrá perderme y acabarme
si quisiere, y aún sabrá querello[9]
 que pues mi voluntad puede matarme,
la suya, que no es tanto de mi parte,[10]
pudiendo, ¿qué hará sino hacello?[11]

---

[1] **estado**
[2] **donde**
[3] **estoy**
[4] **muero**
[5] regretted
[6] to see my pain end with my life
[7] **artificio, engaño, falsedad**
[8] **Se refiere a la dama, quien podrá causar la muerte del poeta.**

[9] **quererlo** (Note that in early Spanish, the final **r** of the infinitive is replaced by **l** before an object pronoun beginning with **l**.)
[10] **Es decir, la voluntad de ella, que no me favorece tanto como la mía.**
[11] **Es decir, pudiendo matarme, ¿qué otra cosa puedo esperar de ella?**

Soneto III

La mar en medio y tierras he dejado
de cuanto bien, cuitado, yo tenía;[12]
y yéndome alejando cada día,
gentes, costumbres, lenguas he pasado.

Ya de volver estoy desconfiado;
pienso remedios en mi fantasía,
y el que más cierto espero es aquel día
que acabará la vida y el cuidado.

De cualquier mal pudiera socorrerme
con veros yo, señora, o esperallo,
si esperallo pudiera sin perdello;[13]

mas de no veros ya para valerme,[14]
si no es morir, ningún remedio hallo,
y éste[15] lo es, tampoco podré habello.[16]

Soneto IV

Un rato se levanta mi esperanza,
mas cansada d'haberse[17] levantado,
torna[18] a caer, que deja, a mal mi grado,[19]
libre el lugar a la desconfianza

¿Quién sufrirá tan áspera mudanza[20]
del bien al mal? ¡Oh corazón cansado,
esfuerza en la miseria de tu estado,
que tras fortuna[21] suele haber bonanza![22]

Yo mesmo emprenderé a fuerza de brazos
romper un monte que otro no rompiera,
de mil inconvenientes[23] muy espeso;

muerte, prisión no pueden, ni embarazos,
quitarme de ir a veros como quiera,[24]
desnudo espíritu[25] o hombre en carne y hueso.

---

[12] **La**...Afflicted, I put lands and seas between me and the happiness I once had (Note that **mar** was formerly a feminine noun.) **cuitado = afligido**

[13] **Lo** refers to **mal** (pain), two lines above. The idea is: You could alleviate any pain, if only I could see you or hope to see you, if indeed it were possible for me to entertain the hope of seeing you without being cured of the pain of not seeing you.

[14] **mas**...but there is no cure for the affliction of not seeing you.

[15] that is, if dying is the only remedy (**Este** refers to **morir**.)

[16] **tenerlo**

[17] **de haberse**

[18] **vuelve**

[19] **a**...against my will

[20] **Quién**...Who could stand such an abrupt change

[21] storm at sea

[22] clearing (Both **fortuna** and **bonanza** refer to weather at sea.)

[23] **obstáculos**

[24] **como**...de cualquier modo

[25] **espíritu (italianismo)** (Here the poet is saying that even if he is nothing more that a fleshless spirit [even if he is dead], he will realize his goal.)

Soneto X

¡Oh dulces prendas por mi mal[26] halladas,
dulces y alegres cuando Dios quería,
juntas estáis en la memoria mía
y con ella[27] en mi muerte conjuradas!

¿Quién me dijera, cuando las pasadas
horas qu'en tanto bien por vos me vía,[28]
que me habiades[29] de ser en algún día
con tan grave dolor representadas?[30]

Pues en una hora[31] junto me llevastes[32]
todo el bien que por términos[33] me distes,
lleváme[34] junto el mal que me dejastes;

si no, sospecharé que me pusistes
en tantos bienes porque deseastes
verme morir entre memorias tristes.

Soneto XII

Si para refrenar este deseo
loco, imposible, vano, temeroso,
y guarecer de un mal tan peligroso,
que es darme a entender yo lo que no creo,[35]

no me aprovecha verme cual[36] me veo,
o muy aventurado[37] o muy medroso,
en tanta confusión que nunca oso
fiar el mal de mí que lo poseo,[38]

¿qué me ha de aprovechar ver la pintura[39]
d'aquél[40] que con las alas derretidas,
cayendo, fama y nombre al mar ha dado,[41]

y la[42] del que su fuego y su locura
llora entre aquellas plantas[43] conocidas,
apenas en el agua resfriado.[44]

---

[26] **por...**to my sorrow (Note thal **mal** is a noun.)
[27] **la memoria** (The idea is: **La memoria y las prendas (recuerdos) conjuran para causar la muerte del poeta.**)
[28] **veía; Quién...Quién me hubiera dicho, cuando en tiempos pasados me veía tan feliz por causa vuestra**
[29] **habíais**
[30] **presentadas de nuevo al ser halladas**
[31] **momento**
[32] **quitasteis**
[33] **por...poco a poco**
[34] **llevadme**
[35] **y...y protegerme de un peligro tan grande, que es tratar de convencerme de lo que no creo** (That is, looking at the picture of Icarus should convince the poet that he, like the mythological character, is in great danger.

However, reason is no match for passion, and so the poet refuses to learn the lesson that the myth teaches.)
[36] **como**
[37] reckless
[38] **en...**I'm in such a state of confusion that I don't dare to believe how much danger I'm really in
[39] **es decir, la pintura de Icaro**
[40] **Icaro**
[41] Icarus' fall gave "fame and name" to the Icarian Sea, which is part of the Aegean Sea and is found between the Greek Islands of Patmos and Leros.
[42] **la pintura de Faetón**
[43] reference to the poplars into which Phaeton's sisters were transformed
[44] **frío**

Soneto XIII

A Dafne ya los brazos le crecían
y en luengos[45] ramos vueltos se mostraban;
en verdes hojas vi que se tornaban
los cabellos qu'oro escurecían;[46]
de áspera corteza[47] se cubrían
los tiernos miembros que aun bullendo[48] 'staban;
los blancos pies en tierra se hincaban[49]
y en torcidas raíces se volvían.
Aquél[50] que fue la causa de tal daño,
a fuerza de llorar, crecer hacía
este árbol, que con lágrimas regaba.[51]
¡Oh miserable estado, oh mal tamaño,[52]
que con llorarla crezca cada día
la causa y la razón por que lloraba!

---

[45] **largos**
[46] **oscurecían** (That is, Daphne's hair shone brighter than gold; next to it, gold seemed dark and lusterless.)
[47] bark

[48] **moviéndose**
[49] were sinking
[50] **Apolo**
[51] watered
[52] **enorme**

SOBRE LA LECTURA

Soneto I

1. ¿Qué siente el amante al contemplar su estado?
2. ¿Cómo cambia cuando se olvida del camino?
3. ¿Qué solución propone en el primer terceto?
4. ¿Qué reacción espera de su amada?
5 ¿Está de acuerdo su voluntad o no?

Soneto III

1. ¿Qué metáfora usa el poeta para expresar su enajenación?
2. ¿Por qué no puede volver a su estado anterior?
3. ¿Quién podría socorrerlo?
4. Explique la paradoja del primer terceto.
5. Si la dama no le ayuda, ¿qué le pasará?
6. ¿Por qué no es la muerte una solución?

Soneto IV

1. ¿Qué vacilación describe el poeta en el primer cuarteto?
2. ¿Por qué no termina por desesperarse?

3. ¿Cómo expresa su determinación en los dos tercetos?
4. ¿Qué quiere decir cuando afirma que irá a ver a su dama, aun si es un «desnudo espíritu»?

Soneto X

1. ¿Qué situación describe el poeta en este soneto?
2. ¿Por qué sufre al encontrar las prendas de su amada?
3. ¿Cuál es la función de la memoria en este soneto?
4. ¿Qué paradoja emplea en el segundo cuarteto?
5. ¿Cómo desarrolla el tema de la mudanza en los tercetos?
6. ¿Qué sospechará el poeta si la dama no le quita el mal que le dejó?

Soneto XII

1. ¿Cómo describe el poeta su pasión en el primer cuarteto?
2. ¿Qué oposición existe entre la razón y la pasión en este soneto?
3. ¿A qué cuadros alude el poeta?
4. ¿Qué lección debería aprender de estos mitos? ¿Por qué no la aprende?
5. ¿Cómo terminaron Icaro y Faetón? ¿Cómo cree el poeta que terminará él?

Soneto XIII

1. ¿Sobre qué mito basa Garcilaso este soneto?
2. ¿Cómo describe la metamorfosis de Dafne?
3. ¿Qué sentimientos logra comunicar por medio de esta descripción?
4. ¿Quién es el personaje que llora en el primer terceto?
5. ¿Qué ironía hay en este retrato de Apolo?

HACIA EL ANÁLISIS LITERARIO

1. ¿Qué elementos humanísticos hay en los sonetos de Garcilaso?
2. ¿Cuál es el enfoque de estas composiciones? ¿Qué elementos de la psicología humana explora?
3. ¿Cuál es la función de la dama?
4. Compare su tratamiento de la voluntad en los Sonetos I y IV.
5. ¿Qué metáforas usa Garcilaso? ¿Cómo las usa?
6. ¿Cómo usa la mitología?
7. ¿Cómo usa el poeta las antítesis («llevastes/dejastes», «bien/mal»)?
8. En cuanto a su tono y función, ¿cómo difieren los tercetos de los cuartetos?
9. Analice la estructura de dos sonetos.
10. Compare el retrato del amante de Garcilaso con el de Rojas en *La Celestina*.

TEXTO Y VIDA

1. ¿Piensa usted que la descripción del amante en estos sonetos es realista o no? Explique.
2. ¿Por qué piensa usted que este tipo de poesía no está de moda hoy en día?
3. ¿Cómo se describe al amante en la literatura y música populares de nuestra época?
4. ¿Cómo destruye o trastorna al individuo una obsesión de cualquier tipo? ¿Se podría reemplazar la dama de la poesía de Garcilaso con otro ideal u objetivo?

Comienzos de la novela

La fusión de elementos medievales y renacentistas que caracteriza la poesía de principios de siglo XVI también se ve en la ficción. Una forma prenovelística que se compone de episodios entrelazados empezó a florecer durante la época de los Reyes Católicos. Tres tipos de novela primitiva son la sentimental, la caballeresca y la pastoril.

La novela sentimental cuenta las tribulaciones de un cabellero enamorado que sufre las angustias del amor no correspondido. La obra más conocida de este género literario, *Cárcel de amor* de Diego de San Pedro, apareció en 1492. El concepto del amor es el de la literatura cortés: la dama es una diosa inalcanzable cuya frialdad le causa gran sufrimiento al amante, quien le sirve con la lealtad de un vasallo. El protagonista encarna todas las cualidades del caballero enamorado: la devoción a la amada, la cortesía, el sacrificio. La obra se desarrolla en un marco alegórico, lo cual es característico de la literatura de la Edad Media.

El libro de caballerías cuenta las aventuras e infortunios de un héroe que combate contra las fuerzas del mal, defiende las del bien, protege a los desamparados y ama fielmente a alguna doncella bella y noble. Contiene episodios de encantamientos, además de peleas con monstruos, gigantes y caballeros malos. El primer libro de caballerías en castellano fue el *Amadís de Gaula,* compuesto por Garci Rodríguez de Montalvo y publicado en 1508. La obra consiste en una refundición de tres relatos caballerescos mucho más antiguos—tal vez del siglo XIV—además de uno original del autor. Los libros de caballerías gozan de una tremenda popularidad durante la primera parte del siglo VI.

A mediados del siglo XVI la novela pastoril, que pinta un mundo idealizado en el cual la única preocupación es el amor, entra en boga. Inspirado por las literaturas bucólicas antigua e italiana, el libro de pastores coloca al caballero— ahora disfrazado de rústico—en un ambiente campestre. El desarrollo del pastoralismo corresponde a la creciente importancia del neoplatonismo, por medio del cual el hombre del renacimiento busca en las cosas del mundo un reflejo de la perfección de Dios. El neoplatonismo suprime de la naturaleza todo lo feo y caótico, creando un ambiente utópico propio de la contemplación.

Al alejar sus personajes de la ciudad, el autor puede explorar la psicología del amor sin tomar en cuenta otros elementos de la existencia diaria, aunque, en las obras más tardías, las consideraciones políticas y aun económicas empiezan a jugar un papel cada vez más grande en el argumento. A diferencia del amante de la literatura cortés, el de la pastoril refleja nuevas actitudes renacentistas hacia el matrimonio, que empieza a considerarse como el estado de armonía en que el amor se realiza plenamente. Este concepto corresponde a la idea platónica de que el amor entre el hombre y la mujer es un reflejo del amor perfecto que existe entre el ser human y Dios. Así es que todos los pastores sueñan con casarse con su amada y, en los libros pastoriles más tempranos, realizan su objetivo.

El primer libro de pastores escrito en español—aunque con unos pasajes en portugués—fue la *Diana*, de Jorge de Montemayor (¿1518?–1561), publicado en Valencia en 1558 o 1559. Le siguen varias continuaciones, siendo la más conocida la *Diana enamorada*, de Gaspar Gil Polo (¿1540?–1585), publicada en 1564. El género adquiere nuevas dimensiones psicológicas y filosóficas con la creación de la *Galatea* de Miguel de Cervantes, publicada en 1585. *La Arcadia*, publicada por Lope de Vega en 1598, fue el libro de pastores más leído de la época, con la excepción de la *Diana* de Montemayor. En *La Arcadia*, Lope introduce varias técnicas teatrales y crea personajes relativamente autónomos que se parecen en muchos sentidos a los de la novela moderna.

Lazarillo de Tormes: Precursor de la novela picaresca

A principios del siglo XVI aparece una nueva figura literaria—el pícaro—que ocupará un lugar importante no sólo en la novelística del Siglo de Oro, sino en la más moderna. El pícaro tiene sus orígenes en los cuentos de engaños o burlas de haraganes y mendigos que eran populares en Europa, especialmente en Alemania, durante la primera parte de siglo XVI. El pícaro es un tipo astuto, travieso, descarado y bufón que sale de su casa—ya sea por razones económicas, ya sea por otros motivos—para buscar su camino en el mundo. Viaja de un lugar a otro, sirve a varios amos, se pone en contacto con personas de diversos niveles sociales. Por medio de la experiencia y la observación, aprende las cosas del mundo. La novela consiste en la narración de sus aventuras, la cual ofrece al lector un panorama bastante amplio de la sociedad de la época.

Aunque la novela picaresca retrata diferentes capas sociales, pone en relieve especialmente el ambiente sórdido y ruin de la clase menesterosa, la cual incluye a indigentes, mendigos, delincuentes, estudiantes, toreros, hidalgos pobres pero presuntuosos, curas mezquinos y oficiales corruptos. Es un mundo en el cual reinan el materialismo y el engaño. Donde el hambre prevalece, hay que ser astuto y hábil para sobrevivir; el que no se aprovecha del otro es un tonto, ya que el otro no vacilaría en aprovecharse de él. Frente al idealismo de la literatura caballeresca, pastoril o sentimental, la novela picaresca subraya el pragmatismo. El pícaro es un antihéroe. Las ambiciones puras y elevadas del héroe caballeresco o del poeta-amante no entran en la mentalidad del pícaro, cuya preocupación principal es la supervivencia. Los valores de la clase alta—el honor, la belleza, la castidad, el linaje, la cortesía—son para él tema de mofa.

Aunque muchos críticos consideran a Lazarillo el primer pícaro de la literatura española, la palabra «pícaro» no aparece en el libro. Hoy en día la mayoría de los críticos consideran *Lazarillo de Tormes* un precursor de la novela picaresca. La obra que iniciará la corriente picaresca del siglo XVII, *Guzmán de Alfarache,* por Mateo Alemán (1547–¿1619?), no aparecerá hasta 1599, 45 años después de la publicación de *La vida de Lazarillo de Tormes.* A *Guzmán* le seguirán muchos otros, entre ellos, *El Buscón* (¿1603–1604?), de Francisco de Quevedo (1580–1645); *La pícara Justina* (1605), atribuida a Francisco López de Ubeda (fines del siglo XVI); *La vida de Marcos de Obregón* (1616) de Vicente Espinel (1550–1624); y *Alonso, mozo de muchos amos* (1626), de Jerónimo Yáñez (1563–1632). La corriente picaresca alcanzará también a otros países de Europa. *Moll Flanders* (1722), de Daniel Defoe (¿1660?–1731) y *Tom Jones* (1749), de Henry Fielding (1707–1754) son ejemplos del género en la literatura inglesa. *On the Road* (1957), de Jack Kerouac (1922–1969) se considera un tipo de novela picaresca moderna. Aunque la picaresca evoluciona con cada innovación sucesiva, muchos elementos que definen el género—el tipo de protagonista, la estructura y la forma autobiográfica—ya se encuentran en *La vida de Lazarillo de Tormes.*

La vida de Lazarillo de Tormes y de sus fortunas y adversidades se publicó anónimamente en 1554, aunque los expertos creen que pudo haberse escrito entre 1525 y 1550. El hecho de que la obra haya aparecido en tres distintas ediciones el año de su publicación indica que tuvo éxito desde el principio.

Lazarillo de Tormes, protagonista de la novela que lleva su nombre, es un muchacho de clase bajísima, hijo natural de un molinero que había sido involucrado en un crimen y capturado por la justicia. Tomó su apellido del río Tormes, en el cual había nacido—hecho que constituye una burla de la importancia que se le da al linaje del héroe en la literatura y en la sociedad, además de una referencia irónica a los héroes de los libros de caballerías, tales como *Amadís de Gaula,* quien, abandonado de bebé en un río, resulta ser hijo de un gran señor.

La madre de Lazarillo, encontrándose sola y desamparada después de la muerte de padre, «determinó arrimarse a los buenos por ser uno de ellos», objetivo que adquiere un significado cada vez más claro a través de la novela. Torciendo el sentido normal de un proverbio antiguo cuya forma usual es «Allégate los buenos y serás uno de ellos», el autor del *Lazarillo* demuestra que en la sociedad, hay que aprender a servirse del que tiene y evitar al que no tiene. En el sentido moral tradicional, los «buenos» son los virtuosos, pero en el mundo materialista de Lazarillo, son los adinerados. Las palabras de la madre—«Procura de ser bueno»—al despedirse de su hijo, encierran un mensaje diferente del que parecen. Para llegar a ser «bueno» Lazarillo tendrá que aprender las reglas de la sociedad. El aprovecharse del otro será una lección fundamental.

Al salir de la casa de su madre, Lazarillo sirve sucesivamente como criado a un ciego, a un clérigo, a un escudero, a un fraile de la Merced, a un bulero, a un capellán, maestro de pintar panderos, y a un alguacil. Por fin consigue un oficio de verdad, el de pregonero real en la ciudad de Toledo, puesto que le permite vivir cómodamente. Le ofrece su protección el arcipreste de San Salvador, quien lo casa con una criada de su casa. Su ayuda no es de todo desinteresada, sin embargo, ya que—según los rumores—la muchacha sigue entendiéndose con el clérigo después de casada. Pero Lazarillo ha sufrido demasiado para preocuparse por cuestiones de honor. Aprueba pragmáticamente los consejos del cura: «no mires a lo que pueden decir, sino a lo que te toca, digo a tu provecho». Viéndose próspero y seguro, acepta su buena fortuna sin buscar reparos. Por fin ha logrado «arrimarse a los buenos».

La novedad del *Lazarillo* consiste ante todo en su carácter autobiográfico. Aunque existen autobiografías anteriores, éstas son descripciones de la vida de personas reales; toman la forma de confesiones, relaciones de grandes acontecimientos o cartas. El *Lazarillo* es la primera obra de ficción relativamente extensa en la que se usa la técnica autobiográfica. De hecho, la novela consiste en una carta que el «yo» ficticio le dirige a un «Vuestra Merced» desconocido, quien le ha pedido información acerca de su «caso»—es decir, acerca de los rumores que circulan sobre las relaciones de su mujer con el arcipreste de la parroquia de San Salvador. Se trata de una narración *retrospectiva. El narrador-escritor del *Lazarillo* ya es un hombre maduro que recuerda, analiza y juzga su pasado desde su perspectiva actual.

Es evidente que el autor del *Lazarillo* no fue realmente un pobre vagabundo ignorante. El estilo cuidadosamente trabajado y las ocasionales referencias cultas indican que el escritor era un hombre instruido de una amplia formación cultural. El lenguaje que se emplea en el *Lazarillo* es vivo y conversacional. La obra está repleta de expresiones coloquiales. Sin embargo, no es el «grosero estilo» al cual el autor se refiere con falsa modestia en el prólogo. La obra contiene muchos *juegos de palabras, artificios y agudezas. Las descripciones de los personajes son vívidas y perspicaces. Hay gran *ironía en varios episodios, por ejemplo, el que cuenta la reacción del hermanito de Lazarillo al ver a su propio padre.

Dos temas importantes que le dan unidad al *Lazarillo* son el hambre y el anticlericalismo. Ambos tienen raíces en la literatura medieval. Algunos críticos alegan que el hambre, especialmente, es una convención literaria y que su tratamiento en el *Lazarillo* no tiene una base real en la España del siglo XVI. Sin embargo, estudios más recientes prueban que el hambre sí era un problema en aquella época, no sólo en España sino en otros países de Europa. Algo semejante ocurre con la postura anticlerical de *Lazarillo*. Aunque las burlas del cura y del canónigo tienen sus raíces en la literatura medieval española, existe un sinnúmero de documentos de la época en los cuales se habla de la corrupción de los religiosos. *Lazarillo de Tormes* es un precursor de las novelas picarescas mucho más extensas del Siglo XVII, las cuales pintarán con mordacidad la decadencia de la sociedad española.

Edición

La vida de Lazarillo de Tormes y de sus fortunas y adversidades. Ed. Alberto Blecua. Madrid: Castalia, 1982

Crítica

Alonso, Dámaso. «El realismo psicológico en el *Lazarillo de Tormes*,» en *De los siglos oscuros al de Oro*. Madrid: Gredos, 1958

Bataillon, Marcel. *Novedad y fecundidad del Lazarillo de Tormes*. Salamanca: Anaya, 1968

Fiore, Robert L. *Lazarillo de Tormes*. Boston: Twayne, 1984

Lázaro Careter, Fernando. «Construcción y sentido del *Lazarillo de Tormes*». *Abaco: Estudios sobre literatura española*. Madrid: Castilia, 1969

Morreale, Margherita. «Reflejos de la vida española en el *Lazarillo de Tormes*». *Clavileño* V.30 (1954): 28–31

Rico, Francisco. *La novela picaresca y el punto de vista*. Barcelona: Seix Barral, 1972

La vida de Lazarillo de Tormes y de sus fortunas y adversidades

ANÓNIMO

TRATADO PRIMERO

Cuenta Lázaro su vida y cuyo hijo fue

Pues sepa Vuestra Merced ante todas cosas que a mí llaman Lázaro de Tormes, hijo de Tomé González y de Antona Pérez, naturales[1] de tejares, aldea de Salamanca. Mi nacimiento fue dentro del río Tormes, por la cual causa tomé el sobrenombre[2], y fue de esta manera: mi padre, que Dios perdone, tenía cargo de proveer una molienda de una aceña[3] que está ribera[4] de aquel río, en la cual fue molinero[5] más de quince años; y estando mi madre una noche en la aceña, preñada de mí, le tomó el parto[6] y me parió[7] allí; de manera que con verdad me puedo decir nacido en el río.

Pues siendo yo niño de ocho años, achacaron[8] a mi padre ciertas sangrías mal hechas en los costales[9] de los que allí a moler venían, por lo cual fue preso, y confesó, y no negó, y padeció persecución por justicia. Espero en Dios que está en la Gloria, pues el Evangelio los llama bienaventurados.[10] En este tiempo se hizo cierta armada[11] contra moros, entre los cuales fue mi padre, que a la sazón[12] estaba desterrado[13] por el desastre[14] ya dicho, con cargo de ace-

---

[1] natives
[2] **apellido**
[3] **tenía**...was in charge of keeping grain supplied to a gristmill
[4] on the banks of
[5] miller
[6] **le**...went into labor
[7] gave birth

[8] **atribuyeron**
[9] **ciertas**...certain bleedings (thefts) from the sacks
[10] blessed
[11] **expedición**
[12] **a...en esa época**
[13] exiled, kept away
[14] misfortune

milero[15] de un caballero que allá fue; y con su señor, como leal criado, feneció[16] su vida.

Mi viuda madre, como sin marido y sin abrigo se viese, determinó arrimarse a los buenos por ser uno de ellos,[17] y se vino a vivir a la ciudad, y alquiló una casilla, y se metió a guisar[18] de comer a ciertos estudiantes, y lavaba la ropa a ciertos mozos de caballos del Comendador de la Magdalena;[19] de manera que fue frecuentando las caballerizas.[20] Ella y un hombre moreno,[21] de aquellos que las bestias curaban,[22] vinieron en conocimiento.[23] Este algunas veces se venía a nuestra casa, y se iba a la mañana; otras veces de día llegaba a la puerta, en achaque[24] de comprar huevos, y entraba en casa. Yo, al principio de su entrada, pesábame con él y le había miedo viendo el color y mal gesto[25] que tenía; mas de que vi que con su venida mejoraba el comer, le fui queriendo bien, porque siempre traía pan, pedazos de carne, y en el invierno leños,[26] a que nos calentábamos.

De manera que, continuando la posada[27] y conversación,[28] mi madre vino a darme un negrito muy bonito, el cual yo brincaba[29] y ayudaba a calentar. Y me acuerdo que estando el negro de mi padrastro trebejando[30] con el mozuelo, como el niño veía a mi madre y a mí blancos, y a él no, huía de él con miedo para mi madre, y señalando con el dedo decía: «Madre, coco!»[31] Respondió él riendo: «¡Hideputa!»[32]

Yo, aunque bien muchacho, noté aquella palabra de mi hermanico, y dije entre[33] mí: «Cuántos debe de haber en el mundo que huyen de otros porque no se ven a a sí mismos!»

Quiso nuestra fortuna que la conversación del Zaide, que así se llamaba, llegó a oídos del mayordomo,[34] y hecha pesquisa,[35] se halló que la mitad por medio[36] de la cebada[37] que para las bestias le daban hurtaba;[38] y salvados,[39] leña, almohazas,[40] mandiles[41] y las mantas y sábanas de los caballos hacía perdidas;[42] y cuando otra cosa no tenía, las bestias desherraba,[43]

---

[15]con...with the job of taking care of the pack mules

[16]terminó

[17]determinó...she decided to associate with good people in order to be one of them

[18]cocinar

[19]A comendador was a nobleman who held an encomienda, a territory in which he enjoyed certain privileges and from which he collected rents. This nobleman's encomienda was the parish of La Magdalena.

[20]stables

[21]en este contexto, moreno = negro

[22]cuidaban

[23]vinieron...they came to know each other. This expression has a sexual connotation.

[24]en...bajo el pretexto

[25]pesábame...I got upset at the sight of him and I was afraid, seeing his color and the ugly face he put on

[26]firewood

[27]hospitality

[28]commerce, intercourse. The word has a sexual connotation here.

[29]tossed up in my arms

[30]jugando

[31]An expression used by children to refer to something fearful, similar to "bogeyman."

[32]This term here conveys a certain rude affection.

[33]para

[34]head steward

[35]investigación

[36]la...on the average half

[37]barley

[38]he used to steal

[39]bran

[40]currycombs

[41]cleaning cloths

[42]hacía...he pretended were lost

[43]las...he took the shoes off the horses

y con todo esto acudía[44] a mi madre para criar a mi hermanico. No nos maravillemos de un clérigo ni fraile porque el uno hurta de los pobres, y el otro de casa para sus devotas y para ayuda de otro tanto, cuando a un pobre esclavo el amor le animaba a esto.[45]

Y se le probó cuanto digo y aun más, porque a mí, con amenazas, me preguntaban, y como niño respondía y descubría cuanto sabía con miedo, hasta ciertas herraduras que por mandado de mi madre a un herrero vendí.

Al triste de mi padrastro azotaron[46] y pringaron,[47] a mi madre pusieron pena por justicia; sobre el acostumbrado centenario, que en casa del sobredicho Comendador no entrase[48] ni al lastimado Zaide en la suya acogiese.

Por no echar la soga tras el caldero,[49] la triste se esforzó y cumplió la sentencia; y por evitar peligro y quitarse de malas lenguas, se fue a servir a los que al presente vivían en el mesón de la Solana;[50] y allí, padeciendo mil importunidades,[51] se acabó de criar mi hermanico hasta que supo andar, y a mí hasta ser buen mozuelo, que iba a los huéspedes por[52] vino y candelas y por lo demás que me mandaban.

En este tiempo vino a posar al mesón un ciego, el cual, pareciéndole que yo sería para adestralle,[53] me pidió a mi madre, y ella me encomendó[54] a él diciéndole cómo era hijo de un buen hombre, el cual, por ensalzar[55] la fe, había muerto en la de los Gelves[56] y que ella confiaba en Dios no saldría peor hombre que mi padre, y que le rogaba me tratase bien y mirase por mí, pues era huérfano.[57] El respondió que así lo haría y que me recibía no por mozo,[58] sino por hijo. Y así le comencé a servir y adestrar a mi nuevo y viejo amo.[59]

Como estuvimos en Salamanca algunos días, pareciéndole a mi amo que no era la ganancia a su contento,[60] determinó irse de allí, y cuando nos hubimos de partir yo fui a ver a mi madre, y ambos llorando, me dio su bendición y dijo:

—Hijo, ya sé que no te veré más; procura de ser bueno, y Dios te guíe; te he criado y con buen amo te he puesto, válete por ti.[61]

Y así, me fui para mi amo, que esperándome estaba. Salimos de Salamanca, y llegando a la puente, está a la entrada de ella un animal de pie-

---

[44] he came to the aid
[45] **No...**We shouldn't be surprised at a priest or a friar because one robs the poor and the other steals from his monastery for the women who are devoted (to him) and for other assistance of that sort, when love inspired a poor slave to do all this. (Note the double meaning of **devotas**.)
[46] they flogged
[47] basted. Slaves, such as Zaide, were punished by flogging and then basting the wounds with hot fat.
[48] **a...**on my mother, for the sake of justice, they imposed, in addition to the customary one hundred lashes, the penalty that she never again enter the house of the aforementioned Comendador.

[49] **Por...**So as not to throw the rope away after the bucket; that is, in order not to make matters worse
[50] Solana Inn, now the city hall of Salamanca
[51] misfortunes
[52] **que...que me mandaban por**
[53] **yo...**I would do to guide him
[54] **ella...**she put me in his charge
[55] exalt
[56] battle against the Moors in 1510
[57] orphan
[58] **criado**
[59] my new and old (in age) master. Note the wordplay.
[60] to his liking
[61] take care of yourself

dra, que casi[62] tiene forma de toro, y el ciego mandó que llegase cerca del animal, y allí puesto, me dijo:

—Lázaro, llega el oído a este toro y oirás gran ruido dentro de él.

Yo simplemente llegué, creyendo ser así; y como sintió que tenía la cabeza par de[63] la piedra, afirmó[64] recio[65] la mano y me dio una gran calabazada[66] en el diablo del toro, que[67] más de tres días me duró el dolor de la cornada[68] y me dijo:

—Necio, aprende, que el mozo del ciego un punto[69] ha de[70] saber más que el diablo.

Y rio mucho la burla.

Me pareció que en aquel instante desperté de la simpleza[71] en que, como niño, dormido estaba. Dije entre mí: «Verdad dice éste, que me cumple avivar el ojo y avisar,[72] pues solo soy, y pensar cómo me sepa valer.»

Comenzamos nuestro camino, y en muy pocos días me mostró jerigonza[73]; y como me viese de buen ingenio, si holgába mucho y decía: «Yo oro ni plata no te lo puedo dar; mas avisos para vivir muchos te mostraré,» Y fue así que, después de Dios, éste me dio la vida, y siendo ciego me alumbró y adestró en la carrera[74] de vivir.

Huelgo de contar a Vuestra Merced estas niñerías para mostrar cuánta virtud sea saber los hombres subir siendo bajos, y dejarse bajar siendo altos cuánto vicio.

Pues tornando al bueno de mi ciego[75] y contando sus cosas, Vuestra Merced sepa que desde que Dios creó el mundo, ninguno formó más astuto ni sagaz. En su oficio era un águila: ciento y tantas oraciones sabía de coro[76]; un tono bajo, reposado y muy sonable,[77] que hacía resonar[78] la iglesia donde rezaba; un rostro humilde y devoto, que con muy buen continente[79] ponía cuando rezaba, sin hacer gestos[80] ni visajes[81] con boca ni ojos como otros suelen hacer. Allende[82] de esto, tenía otras mil formas y maneras para sacar el dinero. Decía saber oraciones para muchos y diversos efectos: para mujeres que no parían, para las que estaban de parto, para las que eran malcasadas, que sus maridos las quisiesen bien. Echaba pronósticos[83] a las preñadas,[84] si traían hijo o hija. Pues en caso de medicina, decía que Galeno[85] lo supo la mitad que él para muela,[86] desmayos, males de madre[87]. Finalmente, nadie le decía padecer alguna pasión[88] que luego[89] no le decía: «Haced esto, haréis esto otro, cosed tal hierba, tomad tal raíz.» Con esto se andaba todo el mundo tras él, espe-

---

[62] almost, because the stone is worn away
[63] **cerca de**
[64] he clenched
[65] tightly
[66] **golpe**
[67] **de modo que**
[68] goring
[69] **un poco**
[70] **ha de...necesita**
[71] naïveté
[72] **Verdad...**He's right, I'd better open my eyes and sharpen my wits
[73] lowlife slang
[74] job, profession
[75] **al...**to my good blind man

[76] **de...de memoria**
[77] **sonoro**
[78] resound
[79] bearing
[80] **hacer...**making faces
[81] grimaces
[82] **Además**
[83] **Echaba...**He forecast
[84] pregnant women
[85] famous Greek doctor, the epitome of Greek medical learning
[86] toothache
[87] **males...**pains in the uterus
[88] ailment
[89] **inmediatamente**

cialmente mujeres, que cuanto les decía, creían. De éstas sacaba él grandes provechos[90] con las artes que digo, y ganaba más en un mes que cien ciegos en un año.

Mas también quiero que sepa Vuestra Merced que con todo lo que adquiría y tenía, jamás tan avariento[91] ni mezquino[92] hombre no vi,[93] tanto que me mataba a mí de hambre, y así no me demediaba de lo necesario.[94] Digo verdad; si con mi sutileza y buenas mañas[95] no me supiera remediar, muchas veces me finara[96] de hambre; mas con todo su saber y aviso le contaminaba[97] de tal suerte, que siempre, o las más veces, me cabía lo más y mejor. Para esto le hacía burlas endiabladas, de las cuales contaré algunas, aunque no todas a mi salvo.[98]

El traía el pan y todas las otras cosas en un fardel de lienzo[99] que por la boca se cerraba con una argolla[100] de hierro y su candado[101] y su llave, y al meter de todas las cosas y sacarlas, era con tan gran vigilancia y tanto por contadero,[102] que no bastara hombre en todo el mundo hacerle menos una migaja.[103] Mas yo tomaba aquella laceria[104] que él me daba, la cual en menos de dos bocados[105] era despa-chada. Después que cerraba el candado y se descuidaba, pensando que yo estaba entendiendo en otras cosas, por un poco de costura, que muchas veces del un lado del fardel descosía y tornaba a coser, sangraba el avariento fardel, sacando no por tasa pan, mas buenos pedazos[106] torreznos[107] y longaniza.[108] Y así buscaba conveniente tiempo para rehacer, no la chaza,[109] sino la endiablada falta que el mal ciego me faltaba.

Todo lo que podía sisar[110] y hurtar traía en medias blancas;[111] y cuando le mandaban rezar y le daban blancas, como él carecía de vista, no había el que se la daba amagado[112] con ella, cuando yo la tenía lanzada en la boca y la media aparejada,[113] que[114] por presto que él echaba la mano, ya iba de mi cambio aniquilada en la mitad del justo precio.[115] Se me quejaba el mal ciego, porque al tiento[116] luego[117] conocía y sentía que no era blanca entera, y decía:

—¿Qué diablo es esto, que después que conmigo estás no me dan sino medias blancas, y de antes una blanca y un maravedí[118] hartas veces me pagaban? ¡En ti[119] debe estar esta desdicha![120]

También él abreviaba[121] el rezar

---

[90] **beneficios**

[91] greedy

[92] petty

[93] Do not translate the word **no**.

[94] **no**...he didn't share with me the necessities of life

[95] **mi**...my deftness and clever tricks

[96] **muriera**

[97] **dañaba**

[98] **a**...to my benefit

[99] **un**...a canvas bag

[100] ring

[101] lock

[102] **y**...and counted it so carefully

[103] **que**...that in the whole world nobody could have got a crumb away from him

[104] pittance

[105] mouthfuls

[106] **sacando**...taking out not little bits of bread, but good-sized pieces

[107] strips of bacon

[108] sausage

[109] **no**...not just the incidental shortage

[110] **robaba**

[111] **monedas de poco valor**

[112] **no**...the giver had scarcely shown the coin

[113] **la**...**tenía la media blanca lista**

[114] **porque**

[115] reduced to half the fair price

[116] **al**...by feeling (the coin)

[117] **inmediatamente**

[118] **moneda que vale dos blancas**

[119] **En**...**Por culpa tuya**

[120] **mala suerte**

[121] shortened

y la mitad de la oración no acababa, porque me tenía mandado que, en yéndose el que la mandaba rezar, le tirase por cabo del capuz.[122] Yo así lo hacía. Luego él tornaba a dar voces diciendo: «¿Mandan rezar tal y tal oración?», como suelen decir.

Usaba poner cabe[123] sí un jarrillo de vino cuando comíamos, y yo, muy de presto, le asía[124] y daba un par de besos[125] callados y le tornaba a su lugar. Mas me duró poco, que en los tragos conocía la falta, y por reservar su vino a salvo,[126] nunca después desamparaba[127] el jarro, antes[128] lo tenía por el asa[129] asido. Mas no había piedra imán que así trajese a sí[130] como yo con una paja[131] larga de centeno,[132] que para aquel menester[133] tenía hecha, la cual metiéndola en la boca del jarro, chupando el vino lo dejaba a buenas noches.[134] Mas como fuese el traidor tan astuto, pienso que me sintió, y dende en adelante[135] mudó propósito, y asentaba su jarro entre las piernas, y le atapaba[136] con la mano, y así bebía seguro.

Yo, como estaba hecho[137] al vino, moría por él; y viendo que aquel remedio de la paja no me aprovechaba ni valía, acordé[138] en el suelo del jarro hacerle una fuentecilla y agujero sutil,[139] y delicadamente con una muy delgada tortilla[140] de cera

taparlo, y al tiempo de comer, fingiendo haber frío, entraba entre las piernas del triste ciego a calentarme en la pobrecilla lumbre que teníamos, y al calor de ella luego derretida la cera (por ser muy poca), comenzaba la fuentecilla a destilarme[141] en la boca, la cual yo de tal manera ponía, que maldita la gota se perdía. Cuando el pobreto iba a beber, no hallaba nada. Se espantaba, me maldecía, daba al diablo el jarro y el vino, no sabiendo qué podía ser.

—No diréis, tío,[142] que os lo bebo yo —decía—, pues no le quitáis de la mano

Tantas vueltas y tientos dio al jarro, que halló la fuente, y cayó en[143] la burla; mas así lo disimuló como si no lo hubiera sentido. Y luego otro día,[144] teniendo yo rezumando[145] mi jarro como solía, no pensando el daño que me estaba aparejado[146] ni que el mal ciego me sentía, me senté como solía. Estando recibiendo aquellos dulces tragos, mi cara puesta hacia el cielo, un poco cerrados los ojos por mejor gustar el sabroso licor, sintió el desesperado[147] ciego que ahora tenía tiempo de tomar de mí venganza, y con toda su fuerza, alzando con dos manos aquel dulce y amargo jarro, le dejó caer sobre mi boca, ayudándose, como digo, de

---

[122] capa larga cerrada
[123] cerca de
[124] grasped
[125] daba...tomaba de a poco el vino
[126] a...safe
[127] soltaba
[128] rather
[129] handle
[130] Mas...But there never was a magnet that could attract to itself as I could
[131] straw
[132] rye
[133] need, purpose
[134] I left it empty ("I kissed the wine good night.")

[135] dende...de allí en adelante
[136] covered it up
[137] acostumbrado
[138] decidí
[139] pequeño
[140] wafer
[141] trickle down
[142] manera de llamar a un hombre de edad avanzada
[143] comprendió
[144] otro...al día siguiente
[145] oozing (wine)
[146] preparado
[147] accursed

todo su poder, de manera que el pobre Lázaro, que de nada de esto se guardaba[148] antes, como otras veces, estaba descuidado y gozoso, verdaderamente me pareció que el cielo, con todo lo que en él hay, me había caído encima.

Fue tal el golpecillo, que me desatinó[149] y sacó de sentido, y el jarrazo tan grande, que los pedazos de él se me metieron por la cara, rompiéndomela por muchas partes, y me quebró los dientes, sin los cuales hasta hoy día me quedé. Desde aquella hora quise mal al mal ciego; y aunque me quería y regalaba y me curaba, bien vi que se había holgado del cruel castigo. Me lavó con vino las roturas que con los pedazos del jarro me había hecho, y sonriéndose decía:

—¿Qué te parece, Lázaro? Lo que te enfermó te sana y da salud.

Y otros donaires[150] que a mi gusto no lo eran.

Ya que estuve medio bueno de mi negra trepa[151] y cardenales, considerando que a pocos golpes tales el cruel ciego ahorraría de[152] mí, quise yo ahorrar de él; mas no lo hice tan presto por hacello más a mi salvo y provecho.[153] Y aunque yo quisiera asentar[154] mi corazón y perdonarle el jarrazo, no daba lugar el maltratamiento que el mal ciego dende[155] allí adelante me hacía, que sin causa ni razón me hería, dándome coxcorrones y repelándome.[156] Y si alguno le decía por qué me trataba tan mal, luego contaba el cuento del jarro, diciendo;

—¿Pensaréis que este mi mozo es algún inocente? Pues oíd si el demonio ensayara otra tal hazaña.[157] Santiguándose los que lo oían, decían:

—¡Mirad quién pensara de un muchacho tan pequeño tal ruindad!

Y reían mucho el artificio,[158] y decían:

—Castigadlo, castigadlo, que de Dios lo habréis.[159] Y él, con aquello, nunca otra cosa hacía.

Y en esto, yo siempre le llevaba por los peores caminos, y adrede,[160] por hacerle mal y daño; si había piedras, por ellas; si lodo, por lo más alto,[161] que aunque yo no iba por lo más enjuto,[162] me holgaba a mí de quebrar un ojo por quebrar dos al que ninguno tenía.[163] Con esto siempre con el cabo alto del tiento[164] me atentaba el colodrillo,[165] el cual siempre traía lleno de tolondrones[166] y pelado[167] de sus manos; y aunque yo juraba no hacerlo con malicia, sino por no hallar mejor camino, no me aprovechaba ni me creía, mas tal era el sentido y el grandísimo entendimiento del traidor.

Y porque vea Vuestra Merced a

---

[148] **sospechaba, temía**
[149] bewildered
[150] witty remarks
[151] accursed beating
[152] would be rid of
[153] **por...**in order to arrange things to my own advantage
[154] **calmar**
[155] **desde**
[156] **dándome...**hitting me over the head and pulling my hair
[157] **oíd...**listen whether the devil himself would try such a trick

[158] clever trick
[159] **que...**God will reward you
[160] on purpose
[161] **lo...**the deepest part
[162] **lo...**the dryest part
[163] **me...**I was happy to spite him, even though I had to pay the consequences. (**quebrar un ojo** = to spite) Note the wordplay.
[164] **el...**the end of his stick
[165] **me...**held against the back of my head
[166] bumps

cuánto se extendía el ingenio de este astuto ciego, contaré un caso de muchos que con él me acaecieron, en el cual me parece dio bien a entender su gran astucia. Cuando salimos de Salamanca, su motivo fue venir a tierra de Toledo, porque decía ser la gente más rica, aunque no muy limosnera[167]; se arrimaba a este refrán: «Más da el duro que el desnudo.»[168] Y venimos a este camino por los mejores lugares. Donde hallaba buena acogida y ganancia, nos deteníamos; donde no, a tercer día hacíamos San Juan.[169]

Acaeció que, llegando a un lugar que llaman Almorox[170] al tiempo que cogían las uvas, un vendimiador[171] le dio un racimo[172] de ellas en limosna.[173] Y como suelen ir los cestos maltratados, y también porque la uva en aquel tiempo está muy madura, se le desgranaba[174] el racimo en la mano; para echarlo en el fardel, se tornaba mosto y lo que a él se llegaba.[175] Acordó[176] de hacer un banquete, así por no lo poder llevar como por contentarme que aquel día me había dado muchos rodillazos y golpes. Nos sentamos en un valladar,[177] y dijo:

—Ahora quiero yo usar contigo de una liberalidad,[178] y es que ambos comamos este racimo de uvas, y que hayas de él tanta parte como yo. Partirlo hemos[179] de esta manera: tú picarás una vez, y yo otra; con tal que me prometas no tomar cada vez más de una uva. Yo haré lo mismo hasta que lo acabemos, y de esta suerte no habrá engaño.

Hecho así el concierto, comenzamos; mas luego al segundo lance, el traidor mudó propósito, y comenzó a tomar de dos en dos,[180] considerando que yo debería hacer lo mismo. Como vi que él quebraba la postura,[181] no me contenté ir a la par con él,[182] mas aún pasaba adelante: dos a dos, y tres a tres, y como podía, las comía. Acabado el racimo, estuvo un poco con el escobajo en la mano, y meneando[183] la cabeza dijo:

—Lázaro, me has engañado; juraré yo a Dios que has comido las uvas tres a tres.

—No comí — dije yo —, mas ¿por qué sospecháis eso? Respondió el sagacísimo ciego:

— ¿Sabes en qué veo que las comiste tres a tres? En que comía yo dos a dos y callabas.

Me reí entre mí, y aunque muchacho, noté mucho la discreta consideración del ciego.

Mas por no ser prolijo[184] dejo de contar muchas cosas, así graciosas

---

[167]rubbed raw

[167]**decía**...he said the people were richer there, although not very charitable. (Toledo was the home of many **conversos,** or converted Jews, who were reputed to be rich and stingy.)

[168]The hardhearted give more than the naked. (Even a rich, stingy man is more likely to give than a poor man who has nothing.)

[169]**hacíamos**...we moved on

[170]about 38 miles from Toledo

[171]vintner, grape grower

[172]bunch

[173]alms

[174]was dripping

[175]**para**...if he had put it in the bag, it would have turned to must (juice) and spoiled everything it touched

[176]**Decidió**

[177]embankment

[178]**generosidad**

[179]**Lo partiremos**

[180]**de**...two at a time

[181]agreement

[182]**ir**...to equal him

[183]shaking

[184]long-winded

como de notar, que con este mi primer amo me acaecieron, y quiero decir el despidiente[185] y, con él , acabar. Estábamos en Escalona,[186] villa del duque de ella, [187] en un mesón, y me dio un pedazo de longaniza que le asase.[188] Ya que la longaniza había pringado y se habían comido las pringadas,[189] sacó un maravedí de la bolsa y mandó que fuese por él de vino[190] a la taberna. Me puso el demonio el aparejo[191] delante los ojos, el cual, como suelen decir, hace al ladrón, y fue que había cabe el fuego un nabo[192] pequeño, larguillo y ruinoso y tal, que por no ser para la olla,[193] debió ser echado allí.

Y como al presente nadie estuviese sino él y yo solos, como me vi con apetito goloso,[194] habiéndome puesto dentro el sabroso olor de la longaniza (del cual solamente sabía que había de gozar),[195] no mirando qué me podría suceder, pospuesto todo el temor por cumplir con el deseo, en tanto que el ciego sacaba de la bolsa el dinero, saqué la longaniza, y, muy presto, metí el sobredicho nabo en el asador,[196] el cual, mi amo dándome el dinero para el vino, tomó y comenzó a dar vueltas al fuego, queriendo asar al que de ser cocido, por sus deméritos,[197] había escapado.

Yo fui por el vino, con el cual no tardé en despachar la longaniza; y cuando vine, hallé al pecador del ciego que tenía entre dos rebanadas[198] apretado el nabo, al cual aún no había conocido por no lo haber tentado con la mano. Como tomase[199] las rebanadas y mordiese en ellas, pensando también llevar parte de la longaniza, se halló en frío con el frío nabo;[200] se alteró[201] y dijo:—¿Qué es esto, Lazarillo?

¡Lacerado[202] de mí!—dije yo—. ¿Si queréis a mí echar algo? ¿Yo no vengo de traer el vino? Alguno estaba ahí, y por burlar haría esto.

—No, no—dijo él—, que yo no he dejado el asador de la mano. No es posible.

Yo torné a jurar y perjurar que estaba libre de aquel trueco y cambio; mas poco me aprovechó, pues a las astucias del maldito ciego nada se le escondía. Se levantó y me asió por la cabeza y se llegó a olerme. Y como debió sentir el huelgo,[203] a uso de buen podenco,[204] por mejor satisfacerse de la verdad y con la gran agonía[205] que llevaba, asiéndome con las manos, me abría la boca más de su derecho y desatentadamente[206] metía la nariz, la cual él tenía luenga[207] y afilada, y a aquella sazón, con el

---

[185]**el último incidente**
[186]about 30 miles northwest of Toledo
[187]the Duke of Escalona was Don Diego López Pacheco.
[188]**que...**to roast for him
[189]**Ya...**When the sausage had begun to drip and he had eaten the drippings
[190]**fuese...**go to get its worth in wine
[191]occasion, opportunity
[192]turnip
[193]**por...**not being fit for the stew
[194]**tremendo**
[195]**del...**of which I knew that the smell was the only thing I would get to enjoy
[196]spit

[197]unworthiness
[198]slices of bread
[199]**Como...Cuando tomó**
[200]**en...**face to face with the cold turnip (Note wordplay.)
[201]he got upset
[202]**pobre, herido** (Note the pun on Lazarillo's name.)
[203]**aliento**
[204]**a...**like a good hound dog
[205]**ansiedad**
[206]**más...**more than it was meant to be opened, and injudiciously
[207]**larga**

enojo, se había augmentado un palmo, con el pico de la cual me llegó a la gulilla.[208]

Y con esto, y con el gran miedo que tenía, y con la brevedad del tiempo, la negra longaniza aún no había hecho asiento en el estómago, y lo más principal, con el destiento[209] de la cumplidísima nariz medio cuasi[210] ahogándome, todas estas cosas se juntaron, y fueron causa que el hecho y golosina[211] se manifestase y lo suyo fuese vuelto a su dueño; de manera que antes que el mal ciego sacase de mi boca su trompa, tal alteración sintió mi estómago, que le dio con el hurto en ella, de suerte que su nariz y la negra mal maxcada[212] longaniza a un tiempo salieron de mi boca.

¡Oh gran Dios, quién estuviera aquella hora sepultado, que muerto ya lo estaba! Fue tal el coraje[213] del perverso ciego, que, si al ruido no acudieran, pienso no me dejara con la vida. Me sacaron de entre sus manos, dejándoselas llenas de aquellos pocos cabellos que tenía, arañada[214] la cara y rascuñado el pescuezo[215] y la garganta. Y esto bien lo merecía, pues por su maldad me venían tantas persecuciones.[216]

Contaba el mal ciego a todos cuantos allí se allegaban[217] mis desastres, y les daba la cuenta una y otra vez,[218] así de la del jarro como de la del racimo, y ahora de lo presente. Era la risa de todas tan grande, que toda la gente que por la calle pasaba entraba a ver la fiesta; mas con tanta gracia y donaire recontaba[219] el ciego mis hazañas, que aunque yo estaba tan maltratado y llorando, me parecía que hacía sinjusticia[220] en no reírselas.

Y en cuanto esto pasaba, a la memoria me vino una cobardía y flojedad que hice por que[221] me maldecía, y fue no dejarle sin narices,[222] pues tan buen tiempo tuve para ello, que la meitad[223] del camino estaba andado: que, con sólo apretar los dientes, se me quedaran en casa, y con ser de[224] aquel malvado, por ventura lo retuviera mejor mi estómago que retuvo la longaniza, y no pareciendo ellas pudiera negar la demanda.[225] Pluguiera a Dios que lo hubiera hecho, que eso fuera así que así.[226]

Nos hicieron amigos la mesonera y los que allí estaban, y con el vino que para beber le había traído me lavaron la cara y la garganta. Sobre lo cual discantaba el mal ciego donaires; diciendo:

—Por verdad, más vino me gasta este mozo en lavatorios al cabo del año que yo bebo en dos. A lo menos, Lázaro, eres en más cargo[227] al vino que a tu padre, porque él una

---

[208] throat
[209] **la poca moderación y cortesía**
[210] **casi**
[211] choice morsel
[212] **mal mascada**
[213] **furor**
[214] cut
[215] **rascuñado**...my throat scratched
[216] **Y**...And this (my throat) well deserved, since for the evil it had done (swallowing the sausage) so many punishments had been heaped upon me.
[217] **se**...se juntaban
[218] **les**...he told them again and again

[219] **contaba**
[220] **injusticia**
[221] for which
[222] **me**...I cursed myself for not leaving him without a nose
[223] **mitad**
[224] **con**...in spite of belonging to
[225] **por**...perhaps my stomach would have held it better than it held the sausage, and, neither of them coming up, I would have been able to deny his complaint.
[226] **Pluguiera**...I wish to God I had done it, at least it would have been something.
[227] **eres**...you owe more

vez te engendró, mas el vino mil te ha dado la vida.

Y luego contaba cuántas veces me había descalabrado [228] y arpado [229] la cara, y con vino luego sanaba.

—Yo te digo —dijo— que si un hombre en el mundo ha de ser bienaventurado con vino, que serás tú.

Y reían mucho, los que me lavaban, con esto, aunque yo renegaba. Mas el pronóstico del ciego no salió mentiroso, y después acá muchas veces me acuerdo de aquel hombre, que sin duda debía tener espíritu de profecía, y me pesa [230] de los sinsabores [231] que le hice, aunque bien se lo pagué, considerando lo que aquel día me dijo salirme tan verdadero como adelante Vuestra Merced oirá.

Visto esto y las malas burlas que el ciego burlaba de mí, determiné de todo en todo [232] dejarle, y como lo traía pensado y lo tenía en voluntad, con este postrer juego que me hizo, afirmé más. Y fue así, que luego otro día salimos por la villa a pedir limosna y había llovido mucho la noche antes; y porque el día también llovía, y andaba rezando debajo de unos portales que en aquel pueblo había, donde no nos mojamos; [233] mas como la noche se venía, y el llover no cesaba, me dijo el ciego:

—Lázaro, esta agua [234] es muy porfiada, y cuanto la noche más cierra, más recia; [235] acojámonos a la posada con tiempo.

Para ir allá, habíamos de pasar un arroyo que con la mucha agua iba grande. Yo le dije:

—Tío, el arroyo va muy ancho; mas si queréis, yo veo por donde travesemos [236] mas aína [237] sin mojarnos, porque se estrecha allí mucho, y saltando pasaremos a pie enjuto.

Le pareció buen consejo, y dijo:

—Discreto eres, por esto te quiero bien. Llévame a ese lugar donde el arroyo se ensangosta, [238] que ahora es invierno y sabe mal el agua, y más llevar los pies mojados.

Yo, que vi el aparejo a mi deseo, le saqué de bajo de los portales, y le llevé derecho a [239] un pilar o poste de piedra que en la plaza estaba, sobre el cual y sobre otros cargaban saledizos [240] de aquellas casas, y le digo:

—Tío, este es el paso más angosto que en el arroyo hay.

Como llovía recio y el triste se mojaba, y con la prisa que llevábamos de salir del agua, que encima de nosotros caía, y lo más principal, porque Dios le cegó aquella hora el entendimiento (fue por darme de él venganza), se creyó de mí y dijo:

—Ponme bien derecho y salta tú el arroyo.

Yo le puse bien derecho enfrente del pilar, y doy un salto y me pongo detrás del poste como quien espera tope [241] de toro y le dije:

—¡Sús! [242] Saltad todo lo que podáis, porque deis de este cabo del agua. [243]

Aun apenas lo había acabado de

---

[228] hit me over the head
[229] scratched, torn
[230] **me...** I feel sorry
[231] trouble
[232] **de...** once and for all
[233] **no...** we wouldn't get wet
[234] **lluvia**
[235] **fuerte**
[236] **atravesemos, crucemos**

[237] **rápido**
[238] **se...** narrows
[239] right in front of
[240] **balcones**
[241] **como...** like somebody waiting for a butt
[242] Okay!
[243] **Salta...** Jump as far as you can, in order to get clear of the water.

decir, cuando se abalanza[244] el pobre ciego como cabrón, y de toda su fuerza arremete,[245] tomando un paso atrás de la corrida[246] para hacer mayor salto, y da con la cabeza en el poste, que sonó tan recio como si diera con una gran calabaza,[247] y cayó luego para atrás, medio muerto y hendida[248] la cabeza.

—¿Cómo, y olistes la longaniza y no el poste? ¡Olé! ¡Olé![249] le dije yo.

Y le dejo en poder de mucha gente que lo había ido a socorrer, y tomo la puerta de la villa en los pies[250] de un trote,[251] y antes que la noche viniese di conmigo en Torrijos.[252] No supe más lo que Dios hizo de él, ni curé[253] de saberlo.

---

[244] **se**...he threw himself forward
[245] **salta**
[246] **tomando**...stepping back for a running start
[247] gourd
[248] split open
[249] Play on **olé,** a cheer used during bullfights, and **oled** (smell), the joke being that the blind man smelled the sausage on Lazarillo's breath, but failed to smell the post.
[250] **tomo**...I reach the town gate
[251] **de**...without stopping, in one spurt
[252] About 23 miles northwest of Toledo
[253] **traté**

SOBRE LA LECTURA

1. ¿Quiénes fueron los padres de Lazarillo? ¿Cómo murió su padre?
2. ¿Por qué tomó el apellido de Tormes? Normalmente, ¿qué indica la preposición «de» en un apellido? ¿Por qué es irónico su uso aquí?
3. ¿Qué hizo la madre de Lazarillo al quedar viuda? ¿Por qué «determinó arrimarse a los buenos por ser uno de ellos»?
4. ¿Quién era Zaide? ¿Cómo reaccionó el hijo de Zaide al ver a su padre? ¿Qué comentario hizo Lazarillo?
5. ¿Por qué se separaron Zaide y la madre de Lazarillo?
6. ¿Por qué le entregó ella su hijo mayor al ciego? ¿Qué consejos le dio su madre a Lazarillo?
7. ¿Cuál fue la primera lección que el ciego le enseñó al muchacho? ¿Cómo reaccionó éste? ¿Se enojó o aprendió de la experiencia?
8. ¿De qué vivía el ciego? ¿Que tipo de persona era?
9. ¿Por qué tuvo Lazarillo que aprender a vivir del engaño?
10. ¿Cómo le robaba pan al ciego? ¿Cómo le robaba dinero?
11. ¿Qué métodos empleaba para robar vino? ¿Que hizo el viejo al descubrir el sistema de Lazarillo? ¿A qué se le puede atribuir esta violencia?
12. ¿Cómo reaccionaba la gente cuando el ciego describía las mañas de Lazarillo? ¿Qué revela esta reacción en cuanto al mundo que describe el autor?
13. ¿Por qué decidió el ciego ir a Toledo? ¿Cuál era su actitud hacia los pobres?
14. ¿Por qué le regaló el vendimiador un racimo de uvas? ¿Por generoso? ¿Qué sistema propuso el ciego para comer las uvas? ¿Cómo supo que Lazarillo estaba engañándolo?

15. ¿Qué sucedió en Escalona? ¿Qué pasó cuando el ciego trató de averiguar si Lazarillo se había comido la longaniza? ¿Qué dice el narrador que debía haber hecho cuando el ciego le metió la nariz en la boca?
16. ¿Cómo se deshizo Lazarillo del ciego?

HACIA EL ANÁLISIS LITERARIO

1. ¿A quién se dirige el autor? ¿Cómo afecta a la narración la existencia de «Vuestra Merced»? ¿En qué época de su vida cuenta el narrador esta historia? ¿Por qué es importante este detalle?
2. ¿Por qué se presta la forma autobiográfica a este tipo de relato? ¿Le permite al autor decir cosas que no podría decir de otra manera el poner la narración en boca de un pícaro? Explique. ¿Qué efecto tiene el cambio a la tercera persona en el párrafo que empieza «Tantas vueltas y tientos dio al jarro...»? (pág. 113)
3. ¿En qué consiste la *ironía de la reacción del hermanito de Lazarillo al ver a su padre? ¿y en el deseo de la madre de «arrimarse a los buenos»? En el episodio en el cual Lazarillo le roba vino al ciego, ¿por qué es irónico el comentario del viejo: «¿Qué te parece, Lázaro? Lo que te enfermó te sana y da salud?»(pág. 114) ¿En qué otros episodios emplea el autor la ironía?
4. ¿Cómo usa el autor los *juegos de palabras?
5. ¿Qué revelan los siguientes pasajes sobre Lazarillo?

> Yo, al principio de su entrada, me pesaba con él y le había miedo, viendo el color y mal gesto que tenía; mas de que vi que con su venida mejoraba el comer, le fui queriendo bien, porque siempre traía pan, pedazos de carne, y en el invierno leños, a que nos calentábamos.(pág. 109)

> ...después de Dios, éste me dio la vida, y siendo ciego me alumbró y adestró en la carrera de vivir.(pág. 111)

> Y en esto yo siempre le llevaba por los peores caminos, y adrede por hacerle mal y daño...me holgaba a mí de quebrar un ojo por quebrar dos al que ninguno tenía.(pág. 114)

6. ¿Qué revelan los siguientes pasajes sobre el ciego?

> El traía el pan y todas las otras cosas en un fardel de lienzo que por la boca se cerraba con una argolla de hierro y su candado y su llave, y al meter de todas las cosas y sacarlas, era con tan gran vigilancia y tanto por contadero, que no bastara hombre en todo el mundo hacerle menos una migaja.(pág. 112)

> ...abreviaba el rezar y la mitad de la oración no acababa, porque me tenía

mandado que en yéndose el que la mandaba rezar, le tirase por cabo del capuz.(pág. 112)

7. ¿Cómo logra el autor una caracterización viva y convincente? ¿Describe a sus personajes o los hace actuar y comentar? ¿Qué otros pasajes revelan características de Lazarillo y del ciego?
8. ¿Cómo critica el autor a su sociedad?
9. ¿Cómo emplea la violencia? ¿Nos choca esta violencia o nos hace reír? ¿Por qué?

TEXTO Y VIDA

1. Casi todos los episodios del Tratado Primero se relacionan con la comida. ¿qué revela esta obsesión con la comida acerca del mundo de Lazarillo?
2. ¿Cómo hace la necesidad de sobrevivir más astuto a Lazarillo? ¿En qué episodio lo hace descuidado? ¿Qué está diciendo el autor acerca del hambre? ¿Ha cambiado la situación en nuestra época?
3. ¿Es Lazarillo un personaje realista o no? Explique. ¿Hay pícaros en nuestra sociedad? ¿Hay pícaros en la literatura o en el cine de los Estados Unidos? ¿Por qué es atractivo este tipo de personaje?
4. ¿Es *Lazarillo de Tormes* una obra esencialmente democrática o no? ¿Por qué?
5. ¿Es la actitud del autor de protesta o de aceptación? Explique.
6. ¿Qué lección aprende Lazarillo del ciego? ¿Cree usted que la actitud del pícaro hacia la vida es sana o no? ¿Existe esta actitud hoy en día?

Cervantes: Hombre de armas y de letras

Soldado y a la vez hombre de letras, Miguel de Cervantes y Saavedra (1547–1616) combinó en su vida azarosa las dos actividades humanas que durante el Renacimiento se consideraban más dignas del hombre. Cervantes nació en la sección de los conversos de Alcalá de Henares, una pequeña ciudad universitaria. El lugar de su nacimiento y su actitud burlona hacia la obsesión española con la pureza de la sangre han llevado a muchos investigadores a creer que Cervantes era de origen converso. Poco se sabe de sus primeros años de vida, excepto que la familia se mudó varias veces. Como don Quijote, el personaje más famoso de Cervantes, su padre, Rodrigo Cervantes, era un hidalgo pobre—tan pobre que fue encarcelado por varios meses a causa de sus deudas. Cuando Cervantes tenía siete años, la familia se trasladó a Córdoba, donde el futuro escritor comenzó sus estudios. Cuando los Cervantes fueron a vivir a Sevilla, Miguel sin duda estudió en el colegio jesuita de esta ciudad. Años después, describiría la vida estudiantil en sus *Novelas ejemplares*.

En 1568 Cervantes publicó algunos poemas conmemorando la muerte de Isabel de Valois, tercera esposa de Felipe II. Al año siguiente, se encontraba en Roma en el servicio del Cardenal Giulio Acquaviva. En 1571 Cervantes combatió

con las fuerzas de Juan de Austria contra los turcos en Lepanto. Perdió el uso de la mano izquierda a causa de una herida que recibió en dicha batalla, por lo cual se le conocía con el nombre de «El Manco de Lepanto». Después del triunfo de las fuerzas cristianas, Cervantes vivió en Italia por un tiempo. Al emprender el viaje de vuelta a España, fue capturado y encarcelado por los turcos–experiencia que describe en varias de sus obras de ficción.

La carrera literaria de Cervantes realmente no empezó hasta los años ochenta. En 1584 publicó *La Galatea,* una *novela pastoril que prometió continuar en numerosas ocasiones–promesa que no logró cumplir. Durante este período, Cervantes no abandonó la carrera militar. En 1587 aceptó la comisión de agente proveedor con la Armada Española, la cual fue derrotada por Inglaterra al año siguiente. En 1605 publicó la primera parte de su obra maestra, *Don Quijote de la Mancha.* La obra fue un éxito y fue traducida a varios idiomas. En 1612 salieron las *Novelas ejemplares,* una colección de narraciones cortas a la moda italiana que refleja diversos géneros: la novela picaresca, la de costumbres, el coloquio filosófico. En 1614 Cervantes publicó un largo poema, *Viaje del Parnaso*. Ese mismo año apareció una continuación de *Don Quijote* escrita por otro autor, lo cual le causó gran consternación a Cervantes, quien publicó su propia continuación en 1615. También en 1615 aparecieron sus *Ocho comedias y ocho entremeses*. Dos años después de su muerte, la viuda de Cervantes publicó los *Trabajos de Persiles y Segismunda*, novela que, al modo bizantino, contiene viajes, naufragios, raptos y otras aventuras.

A pesar de su éxito literario, Cervantes sufrió una existencia muy penosa. Fue pobre durante la mayor parte de su vida. Fue encarcelado varias veces por deudas y una vez por una cuestión de homicidio. Las descripciones de la penuria que llenan muchas de sus páginas son testimonios de su propia experiencia.

De todos los luminares del Siglo de Oro, Cervantes es el que dejó las huellas más profundas en la cultura europea. Cervantes era un observador perspicaz de la sociedad española y de las imperfecciones humanas. Desmenuza las obsesiones del español—el honor, la castidad femenina, la pureza de la sangre—con agudeza y buen humor. En la tendencia del hombre a deformar la realidad de acuerdo con sus propios deseos y nociones supo encontrar una inagotable fuente de risa. Sin embargo, aunque Cervantes se muestra tolerante ante las extravagancias de sus personajes, en sus obras se vislumbra la terrible realidad de una sociedad repleta de problemas; la pobreza, la injusticia, la violencia y el fanatismo se asoman en página tras página. Además, los personajes de Cervantes, por más divertidos que sean, a menudo rayan en lo peligroso o destructivo. El idealismo pronto degenera en fanatismo; el amor, en celos; la confianza, en estupidez.

Todas las formas de la narrativa renacentista influyen en la creación artística de Cervantes, quien, sin abandonar los rasgos intrínsecos de cada género que utiliza, transforma lo heredado en algo diferente y original. Su don de imbuir formas establecidas de una nueva vitalidad, ampliando sus dimensiones psicológicas y vivenciales, se ve claramente en *La Galatea*, la primera obra novelesca de Cervantes. En la novela pastoril tradicional, los pastores lloran las penas de un amor no correspondido. En *La Galatea* los personajes no se contentan con llorar, sino que actúan; buscan maneras de alcanzar su meta. A diferencia de los pastores tradicionales, a veces recurren a la intriga, a veces a la violencia. Piensan, calculan y proceden. En *La Galatea* el verde campo del pastoril tradicional se salpica de sangre. A diferencia de la novela pastoril tradicional, *La Galatea* incorpora elementos sociales y económicos. El resultado es una obra que, mucho más que sus predecesoras, retrata la vida en toda su variada plenitud.

A Don Quijote de la Mancha, personaje central de la obra maestra de Cervantes, se le ha llamado el primer protagonista moderno de la literatura europea. *El ingenioso hidalgo Don Quijote de la Mancha* fue publicado en dos partes, la primera en 1605, la segunda en 1615. Cuenta la historia de un pobre y viejo hidalgo llamado Alonso Quijano o tal vez Quijada—el narrador dice que no se acuerda del nombre exacto—que vive en un lugar de La Mancha. Después de leer muchos libros de caballerías, el desafortunado viejo, creyendo que son verdad las invenciones fantásticas de los romances, decide imitar a los caballeros que tanto admira. Obtiene un rocín viejo, se inventa un nombre nuevo—Don Quijote de la

Mancha—y, acompañado de Sancho Panza, un campesino a quien nombra su escudero, sale a corregir los males que existen en el mundo.

Lo que define a don Quijote como un personaje moderno es el poseer un concepto del mundo—un *world view*—que, aunque basado en fuentes literarias, es completamente personal y suyo. Los libros de caballerías le muestran un mundo que es imperfecto, pero que es perfectible porque el héroe rectifica los males y deshace los entuertos. Esta visión utópica opera en la mente del lector. El idealismo del viejo hidalgo le inspira a convertirse en un instrumento del bien; quiere crear un mundo donde reine la justicia, la paz, la alegría.

Don Quijote no se contenta con soñar con la utopía caballeresca, sino que actúa. Sale de su casa y busca aventuras activamente. Algunas veces pelea con molinos de viento o con cueros de vino—objetos que adquieren en su mente formas fantásticas—pero otras veces intenta corregir injusticias auténticas: el abuso de un criado, por ejemplo. Su visión del mundo le hace sensible a males que otros no ven, o que no se atreven a enmendar.

El activismo de don Quijote refleja la filosofía que dominaba la España de Cervantes: el humanismo ponía al hombre en el centro de su mundo y la Contrarreforma le daba suma importancia al libre albedrío. Don Quijote se transforma por medio de un acto de la voluntad. Dice al principio de la Segunda Parte que aunque las estrellas le inclinan a recomenzar su carrera de caballero andante, más que de inclinación, es una cuestión de voluntad. Y esta voluntad, Don Quijote la realiza por medio de sus actos al salir a luchar contra la maldad y la desgracia.

La personificación de los ideales de don Quijote es Dulcinea del Toboso—una campesina grosera que su imaginación transforma en una dama bella y elegante. Dulcinea se convierte en su razón de ser. A ella le dedica todos sus actos de valor. En un episodio don Quijote se encuentra con Dulcinea (cuyo verdadero nombre es Aldonza) y la ve tal como es: ordinaria, andrajosa y maloliente. Pero en vez de aceptar la realidad, don Quijote alega que algún malhechor la ha transformado en villana. El incidente demuestra con qué tenacidad el hombre es capaz de aferrarse a sus ideales.

Don Quijote se mantiene fuerte mientras su imaginación sigue activa. Pero en la Segunda Parte, ya ha llegado a ser famoso y otros, deseosos de divertirse con él, empiezan a inventarle aventuras. Una vez que ya no necesita proyectar su voluntad, para crearse una identidad, Don Quijote se debilita. En el último episodio de la novela, renuncia al sueño utópico. Al volver a su pueblo observa tristemente que Dulcinea no aparece. La ausencia de la amada designa el fin de la ilusión.

Don Quijote no logra crear una utopía. A este nivel, fracasa—pero sólo porque, como Cervantes muestra en episodio tras episodio, en nuestro mundo la perfección es inalcanzable. Y sin embargo, a otro nivel, Don Quijote triunfa. Crea una identidad. Deja su marca. Para hacerlo volver a su pueblo, sus «protectores» tienen que vencerlo en el campo de batalla. Es decir, tienen que jugar según las reglas de don Quijote. Hoy en día, ya casi nadie se acuerda de Alonso Quijano o Quijada, pero todos conocen a don Quijote. Su visión particular le ha ganado un lugar inmortal dentro de las letras europeas.

Sobre *El retablo de las maravillas*

Un *entremés es una obra corta y ligera que se representa entre los actos de una pieza más larga. El público de los teatros populares solía aburrirse durante los intermedios y el entremés servía para distraerlo al mismo tiempo que aliviaba la tensión producida por el drama principal. Los entremeses de Cervantes se publicaron un año antes de su muerte, y no se representaron durante su vida. Sin embargo, se consideran los mejores ejemplos de su género y una contribución importante al teatro prelopista.

El retablo de las maravillas se basa en la antigua leyenda, recreada por don Juan Manuel, del traje nuevo del emperador. En el entremés de Cervantes, dos embusteros llegan a un pueblo y prometen montar un espectáculo que el espectador podrá ver bajo dos condiciones: el ser hijo legítimo de su padre y el tener sangre pura (es decir, no tener ningún ancestro judío o moro). Aunque en verdad no hay ningún espectáculo, los villanos, tratando desesperadamente de convencerse de que ven las imágenes inexistentes, describen con gran entusiasmo las diversas escenas. En esta obra Cervantes, quien según muchos investigadores fue un converso él mismo, se burla de la fanática obsesión del español por la limpieza de sangre, al mismo tiempo que demuestra la capacidad del hombre de deformar la realidad para proteger su autoimagen.

Para el hombre del siglo diecisiete, el honor dependía, entre otras cosas, de la pureza de su linaje. Puesto que la presencia judía había sido un fenómeno urbano, existía la creencia de que la sangre pura se encontraba principalmente en el campo. El campesino se jactaba de ser el único español que podía estar seguro de ser cristiano viejo. Los embusteros Chirinos y Chanfalla, que entienden la obsesión del villano por el honor, la usan para manipular a sus víctimas. Como don Quijote, cada villano tiene un concepto de sí mismo que tiene que preservar. Animados por los otros del grupo (todos los cuales afirman ver el retablo), por las vívidas descripciones de los embusteros y por la música de Rabelín, los villanos mismos terminan describiendo (e inventando) las escenas. Cervantes penetra en la psicología de las masas al mostrar como los campesinos van alentándose hasta que cada uno se pierde en la histeria colectiva. Sólo el gobernador reconoce (aunque no públicamente) que no ve nada.

La historia del traje nuevo del emperador concluye cuando un muchachito que no tiene ninguna pretensión al honor afirma que el monarca está desnudo y los ciudadanos reconocen que el niño ha dicho la verdad. Cervantes altera el relato tradicional para mostrar hasta qué punto las obsesiones ciegan al hombre. Cuando un furrier que no está al tanto del espectáculo toma por locos a los villanos que persisten en asustarse por ratones y leones invisibles, ellos lo atacan, acusándolo de ser de sangre impura. En la obra maestra de Cervantes, don Quijote experimenta con su armadura, golpeándola para ver si está fuerte. Al ver que no sirve, se queda con la armadura y abandona el experimento. De igual manera, los villanos eliminan el elemento que amenaza su autoimagen. Al final de entremés nos quedamos con la duda: ¿mienten los campesinos al decir que ven las figuras descritas por Chanfalla y Chirinos, o es que desean tanto creer en su propio honor que terminan viéndolas de verdad?

Al estructurar su entremés como una obra dentro de una obra, Cervantes demuestra también el magnífico poder creador del teatro. Si los villanos se imbuyen del ambiente del espectáculo inexistente y terminan inventándolo ellos mismos, el espectador del entremés, viéndolos actuar, termina reinventándolos para sí mismo y creyendo en ellos.

Cervantes llama su obra *El retablo de las maravillas*. Un retablo es una repisa o mesita que se usa para colocar objetos sagrados en la iglesia o una obra de piedra u otra materia que constituye la decoración de un altar. También significa un conjunto de figuras en el cual se representa una historia, especialmente en un espectáculo de marionetas. La combinación de significados religiosos y teatrales no es casual. En este pequeño entremés Cervantes demuestra que la realidad psicológica del individuo depende de su sistema personal de creencias; para don Quijote, como para los villanos, vivir es tener fe.

Edición

Cervantes, Miguel de. *Entremeses*. Ed. Jean Caravaggio. Madrid: Taurus, 1982

———. *Entremeses*. Ed. Nicholas Spadaccini. Madrid: Cátedra, 1981

Crítica

Avalle-Arce, Juan B. *Deslindes cervantinos*. Madrid: Edhigar, 1961

Byron, William. *Cervantes: A Biography*. Garden City: Doubleday, 1978

Castro, Américo. *El pensamiento de Cervantes*. Madrid: Noguer, 1972

Cervantes: A Collection of Critical Essays. Ed Nelson Lowry. Englewood Cliffs, New Jersey: Prentice-Hall, 1969

Cervantes and the Renaissance. Ed. Michael McGaha. Easton, Pa.: Juan de la Cuesta, 1980

Critical Essays on Cervantes. Ed. Ruth El Saffar, Boston: Hall, 1986

Durán, Manuel. *Cervantes*. Boston: Twayne, 1974

———. *La ambigüedad en el Quijote*. Xalapa: Universidad Veracruzana, 1960

Entwistle, William. *Cervantes*. Oxford: The Clarendon Press, 1940

Predmore, Richard. *Cervantes*. New York: Dodd, Mead, and Co., 1973

Riley, E. C. *Cervantes' Theory of the Novel*. Oxford: The Clarendon Press, 1962

Ríquer, Martín. *Aproximación al Quijote*. Barcelona: Teide, 1967

Suma Cervantina. Ed. J. B. Avalle-Arce, and E. C. Riley, London: Tamesis, 1973

Zimic, Stanislav. «La ejemplaridad de los entremeses de Cervantes» *Bulletin of Hispanic Studies* 61.3 (July 1984):444–453

Entremés de
El retablo de las maravillas

MIGUEL DE CERVANTES

[*Salen*[1] CHANFALLA *y la* CHIRINOS.][2]

CHANFALLA. No se te pasen de la memoria,[3] Chirinos, mis advertimientos, principalmente los que te he dado para este nuevo embuste,[4] que ha de salir tan a luz[5] como el pasado del llovista.[6]

CHIRINOS. Chanfalla ilustre, lo que en mí fuere[7] tenlo como de molde;[8] que tanta memoria tengo como entendimiento, a quien se junta una voluntad de acertar a satisfacerte, que excede a las demás potencias;[9] pero dime: ¿de qué te sirve este Rabelín[10] que hemos tomado? Nosotros dos solos, ¿no pudiéramos salir con esta empresa?

CHANFALLA. Habíamosle[11] menester como el pan de la boca, para tocar en los espacios que tardaren en salir las figuras del Retablo de las Maravillas.[12]

CHIRINOS. Maravilla será si no nos apedrean[13] por solo el Rabelín; porque tan desventurada criaturilla no la he visto en todos los días de mi vida.

[*Entra* EL RABELIN.]

RABELIN. ¿Hase[14] de hacer algo en este pueblo, señor Autor?[15] Que ya me muero porque vuestra merced vea que no me tomó a carga cerrada.[16]

CHIRINOS. Cuatro cuerpos de los vuestros no harán un tercio, cuanto más una carga;[17] si no sois más gran músico que grande, medrados estamos.[18]

RABELIN. Ello dirá[19]; que en verdad que me han escrito para

---

[1] Enter (theater)
[2] trifles, happy-go-lucky
[3] **No...No olvides**
[4] trick, scam
[5] **salir**...be as successful
[6] rainmaker (Chanfalla refers to some fraud they perpetrated in another town.)
[7] **lo**...as for me
[8] **tenlo**...you can count on it
[9] **a**...to which is joined a will to satisfy you that exceeds all my other powers
[10] Rabelín plays the **rabel,** or rebek, a three-stringed instrument played with a bow. **Rabelín** is the diminutive of **rabel.**
[11] **Le tenemos**
[12] Chanfalla knows that music is used in the theater to help create a mood. Rabelín's playing is essential to the creation of an illusion.
[13] **Maravilla**...It will be a miracle if they don't throw stones at us
[14] **Se ha**
[15] manager or producer
[16] **porque**...so that you can see that you didn't make a bad deal when you hired me
[17] play on **carga,** military charge, used in the line above. **Cuatro**...Four of you wouldn't add up to a **tercio** (half a mule load), let alone a whole charge.
[18] **medrados**...we're in for it
[19] you'll see

entrar en una compañía de partes,[20] por chico que soy.[21]

CHANFALLA. Si os han de dar la parte a medida del cuerpo, casi será invisible.[22]—Chirinos, poco a poco estamos ya en el pueblo, y éstos que aquí vienen deben de ser, como lo son sin duda, el Gobernador y los Alcaldes.[23] Salgámosles al encuentro, y date un filo a la lengua en la piedra de la adulación;[24] pero no despuntes de aguda.[25]

[*Salen el* GOBERNADOR, *y* BENITO REPOLLO,[26] *alcalde,* JUAN CASTRADO, *regidor, y* PEDRO CAPACHO,[27] *escribano.*]

Beso a vuestras mercedes las manos: ¿quién de vuestras mercedes es el Gobernador de este pueblo?

GOBERNADOR. Yo soy el Gobernador; ¿qué es lo que queréis, buen hombre?

CHANFALLA. A tener yo dos onzas de entendimiento, hubiera echado de ver que esa peripatética[28] y anchurosa presencia no podía ser de otro que del dignísimo Gobernador

de este honrado pueblo; que con venirlo a ser de las Algarrobillas,[29] lo deseche[30] vuestra merced.

CHIRINOS. En vida de la señora y de los señoritos,[31] si es que el señor Gobernador los tiene.

CAPACHO. No es casado el señor Gobernador.

CHIRINOS. Para cuando lo sea: que no se perderá nada.

GOBERNADOR. Y bien, ¿qué es lo que queréis, hombre honrado?

CHIRINOS. Honrados[32] días viva vuestra merced, que así nos honra; en fin, la encina,[33] da bellotas,[34] el pero, peras; la parra[35] uvas, y el honrado, honra, sin poder hacer otra cosa.

BENITO. Sentencia ciceronianca,[36] sin quitar ni poner un punto.

CAPACHO. *Ciceroniana* quiso decir el señor alcalde Benito Repollo.

BENITO. Siempre quiero decir lo que es mejor, sino que las más veces no acierto; en fin, buen hombre, ¿qué queréis?

CHANFALLA. Yo, señores míos, soy Montiel, el que trae el Retablo de las Maravillas: hanme[37] enviado a llamar de la corte los señores cofrades de los

---

[20] touring stock company in which the earnings are divided among the members
[21] **por...**because I'm so small
[22] **Si...** If they give you a cut to match your size, it will be almost invisible.
[23] members of the city council
[24] **date...**sharpen your tongue on the stone of flattery (that is, get ready to flatter them)
[25] **pero...**but don't overdo it
[26] cabbage head
[27] baggy pants
[28] peripatetic (reference to the philosophical school of Aristotle, who taught while walking about [peripatetically]. In this context, the word means nothing. Chanfalla uses big

words to impress the country folks.)
[29] Town known for its hams. This is significant because Jews and Moslems did not eat pork.
[30] **lo...**you've said it all
[31] **En...**Best wishes to your wife and children.
[32] Chirinos insists on honor because she knows that this is a sensitive point with the townspeople.
[33] oak
[34] acorns
[35] vine
[36] **ciceroniana** (Benito tries to use big words in order to impress the guests, but mispronounces this one.)
[37] **me han**

hospitales,[38] porque no hay autor de comedias en ella, y perecen los hospitales, y con mi ida se remediará todo.

GOBERNADOR. Y ¿qué quiere decir *Retablo de las maravillas*?

CHANFALLA. Por las maravillosas cosas que en él se enseñan y muestran, viene a ser llamado Retablo de las Maravillas; el cual fabricó y compuso el sabio Tontonelo[39] debajo de tales paralelos, rumbos, astros y estrellas, con tales puntos, caracteres y observaciones, que ninguno puede ver las cosas que en él se muestran, que tenga alguna raza de confeso,[40] o no sea habido[41] y procreado de sus padres de legítimo matrimonio; y el que fuere contagiado de estas dos tan usadas[42] enfermedades, despídase de ver las cosas, jamás vistas ni oídas, de mi retablo.

BENITO. Ahora echo de[43] ver que cada día se ven en el mundo cosas nuevas. Y ¡qué! ¿Se llamaba Tontonelo el sabio que el Retablo compuso?

CHIRINOS. Tontonelo se llamaba, nacido en la ciudad de Tontonela: hombre de quien hay fama que la llegaba la barba a la cintura.[44]

BENITO. Por la mayor parte, los hombres de grandes barbas son sabihondos.[45]

GOBERNADOR. Señor regidor Juan Castrado, yo determino, debajo de su buen parecer, que esta noche se despose la señora Teresa Castrada, su hija, de quien yo soy padrino, y, en regocijo de la fiesta, quiero que el señor Montiel muestre en vuestra casa su Retablo.

JUAN. Eso tengo yo[46] por servir al señor Gobernador, con cuyo parecer me convengo, entablo y arrimo,[47] aunque haya otra cosa en contrario.

CHIRINOS. La cosa que hay en contrario es que, si no se nos paga primero nuestro trabajo, así verán las figuras como por el cerro de Ubeda.[48] ¿Y vuestras mercedes, señores Justicias, tienen conciencia y alma en esos cuerpos? ¡Bueno sería que entrase esta noche todo el pueblo en casa del señor Juan Castrado, o como es su gracia, y viese lo contenido en el tal Retablo, y mañana, cuando quisiésemos mostralle[49] al pueblo, no hubiese ánima[50] que le viese! No, señores, no , señores; *ante omnia*[51] nos han de pagar lo que fuere justo.

BENITO. Señora Autora, aquí no os

---

[38] Hospital Brethren, a religious brotherhood that sponsored local theater and received part of the profits. By citing it, Chanfalla adds credibility to his story.

[39] play on **tonto** (The mention of **paralelos, rumbos, astros y estrellas** suggests that Tontonelo is an astrologer.

[40] **raza...**of Jewish ancestry

[41] begotten

[42] **comunes**

[43] **echo...empiezo a**

[44] waist

[45] know-it-alls

[46] **Eso...**I agree

[47] **con...**with whom I thoroughly concur

[48] **así...**you'll see nothing at all

[49] **mostrarle**

[50] **nadie**

[51] first of all

ha de pagar ninguna Antona,[52] ni ningún Antoño; el señor regidor Juan Castrado os pagará más que honradamente, y si no, el Concejo. ¡Bien conocéis el lugar, por cierto! Aquí, hermana, no aguardamos a que ninguna Antona pague por nosotros.

CAPACHO. ¡Pecador de mí, señor Benito Repollo, y qué lejos da del blanco! No dice la señora Autora que pague ninguna Antona, sino que le paguen adelantado y ante todas cosas, que eso quiere decir *ante omnia*.

BENITO. Mirad, escribano Pedro Capacho, haced vos que me hablen a derechas,[53] que yo entenderé a pie llano;[54] vos, que sois leído y escribido,[55] podéis entender esas algarabías de allende,[56] que yo no.

JUAN. Ahora bien; ¿contentarse ha[57] el señor Autor con que yo le dé adelantados media docena de ducados?[58] Y más, que se tendrá cuidado que no entre gente del pueblo esta noche en mi casa.

CHANFALLA. Soy contento; porque yo me fío de la diligencia de vuestra merced y de su buen término.[59]

JUAN. Pues véngase conmigo, recibirá el dinero, y verá mi casa, y la comodidad que hay en ella para mostrar ese Retablo.

CHANFALLA. Vamos, y no se les pase de las mientes las calidades que han de tener los que se atrevieren a mirar el maravilloso Retablo.[60]

BENITO. A mi cargo queda eso, y séle decir que, por mi parte, puedo ir seguro a juicio, pues tengo el padre alcalde; cuatro dedos de enjundia[61] de cristiano viejo rancioso[62] tengo sobre los cuatro costados de mi linaje: ¡miren si veré el tal Retablo!

CAPACHO. Todos le pensamos ver, señor Benito Repollo.

JUAN. No nacimos acá en las malvas,[63] señor Pedro Capacho.

GOBERNADOR. Todo será menester, según voy viendo, señores Alcalde, Regidor y Escribano.

JUAN. Vamos, Autor, y manos a la obra; que Juan Castrado me llamo, hijo de Antón Castrado y de Juana Macha;[64] y no digo más, en abono y seguro que podré ponerme cara a cara y a pie quedo[65] delante del referido retablo.

---

[52] Benito mistakes the Latin words **ante omnia,** which he does not understand, for "Antona."

[53] **a...claramente**

[54] **a...sin dificultad**

[55] **sois...que sabes leer y escribir**

[56] **algarabías...**gibberish from foreign countries (**Algarabías** refers to Arabic words. Benito suggests that it is better not to know how to read and write, since intellectual pursuits were associated with Jews and Arabs. Cervantes humorously equates illiteracy with purity of blood.)

[57] **se contentará**

[58] ducats (coins)

[59] Chanfalla shows trust in the bumpkins in order to win them over.

[60] Chanfalla reiterates the conditions necessary to see the show in order to fix them in the minds of his victims.

[61] **cuatro...**four inches of substance

[62] **cristiano...**rancid Old Christian. (The Old Christians were those who had no Jewish ancestors. The word **rancioso** is a humorous reference to ethnic purity, since Jews were forbidden to eat pork, a "greasy" meat.)

[63] **No...**We're not hicks

[64] play on **macho,** "male"

[65] **a...standing firmly**

CHIRINOS. ¡Dios lo haga!

[*Entranse*[66] JUAN CASTRADO y
    CHANFALLA.]

GOBERNADOR. Señora Autora,
¿qué poetas[67] se usan[68] ahora
en la corte, de fama y rumbo,[69]
especialmente de los llamados
cómicos? Porque yo tengo mis
puntas y collar[70] de poeta, y
pícome de la farándula y
carátula.[71] Veinte y dos
comedias tengo, todas nuevas,
que se veen las unas a los
otras;[72] estoy aguardando
coyuntura[73] para ir a la corte y
enriquecer con ellas media
docena de autores.

CHIRINOS. A lo que vuestra
merced, señor gobernador, me
pregunta de los poetas, no le
sabré responder; porque hay
tantos que quitan el sol,[74] y
todos piensan que son famosos.
Los poetas cómicos son los
ordinarios y que siempre se
usan, y así no hay para qué
nombrallos.[75] Pero dígame
vuestra merced, por su vida:

¿cómo es su buena gracia?[76]
¿Cómo se llama?

GOBERNADOR. A mí, señora
Autora, me llaman el
Licenciado Gomecillos.

CHIRINOS. ¡Válame[77] Dios! ¿Y qué,
vuesa merced es el señor
Licenciado Gomecillos, el que
compuso aquellas coplas tan
famosas de *Lucifer estaba malo* y
Tómale mal de fuera?[78]

GOBERNADOR. Malas lenguas hubo
que me quisieron ahijar[79] esas
coplas, y así fueron mías como
del Gran Turco.[80] Las que yo
compuse, y no lo quiero negar,
fueron aquellas que trataron
del diluvio de Sevilla;[81] que,
puesto que los poetas son
ladrones unos de otros, nunca
me precié de hurtar nada a
nadie: con mis versos me ayude
Dios, y hurte el que quisiere.[82]

[*Vuelve* CHANFALLA.]

CHANFALLA. Señores, vuestras
mercedes vengan, que todo
está, a punto,[83] y no falta más
que comenzar.

---

[66] Exit (theater)
[67] **dramaturgos**
[68] **se...están de moda**
[69] **de...pompa, reputación**
[70] **puntas...inclinaciones**
[71] **pícome...**I have pretentions of writing for
the theater
[72] **que...cada una tan buena como la otra (veen
= ven)**
[73] **oportunidad**
[74] **hay...**they're as thick as flies (there are so
many that they hide the sun)
[75] **nombrarlos**
[76] **nombre**
[77] **Válgame**
[78] Chirinos flatters the Governor by pretending
to be familiar with his work. The ridiculous
names of poems are a spoof on the literary

junk that abounded at Court. Cervantes was
highly critical of the many playrights and
poets who were popular during his day,
including Lope. Cervantes himself was never
successful as a dramatist, although he wrote
several full-length plays.
[79] **atribuir**
[80] **Gran...**Great Sultan (An expression of
denial.)
[81] Seville was inundated by the flooding of the
Guadalquivir River in 1595, 1596–97, and
1603–04.
[82] Cervantes himself was plagued by imitators
and plagiarists. In 1614 Alonso Fernández
de Avellaneda published an apocryphal
second part of *Don Quijote*.
[83] **a...listo**

CHIRINOS. ¿Está ya el dinero *in corbona?*[84]

CHANFALLA. Y aun entre las telas del corazón.[85]

CHIRINOS. Pues doite[86] por aviso, Chanfalla, que el Gobernador es poeta.

CHANFALLA. ¿Poeta? ¡Cuerpo del mundo![87] Pues dale por engañado,[88] porque todos los de humor semejante son hechos a la mazacona,[89] gente descuidada, crédula y no nada maliciosa.

BENITO. Vamos, Autor; que me saltan los pies[90] por ver esas maravillas.

[*Entranse todos.*]

Salen JUANA CASTRADA *y* TERESA REPOLLA, *labradoras: la una como desposada, que es la* CASTRADA

CASTRADA. Aquí te puedes sentar, Teresa Repolla amiga, que tendremos el Retablo enfrente; y pues sabes las condiciones que han de tener los miradores del Retablo, no te descuides, que sería una gran desgracia.

TERESA. Ya sabes, Juana Castrada, que soy tu prima, y no digo más.[91] ¡Tan cierto tuviera yo el cielo como tengo cierto ver todo aquello que el Retablo mostrare! ¡Por el siglo de mi madre,[92] que me sacase los mismos ojos de mi cara,[93] si alguna desgracia me aconteciese! ¡Bonita soy yo para eso![94]

CASTRADA. Sosiégate,[95] prima; que toda la gente viene.

Entran el GOBERNADOR, BENITO REPOLLO, JUAN CASTRADO, PEDRO CAPACHO, EL AUTOR *y* LA AUTORA, *y* EL MUSICO, *y otra gente del pueblo, y* UN SOBRINO *de Benito, que ha de ser aquel gentil hombre que baila.*

CHANFALLA. Siéntense todos; el Retablo ha de estar detrás de este repostero,[96] y la Autora también, y aquí el músico.

BENITO. ¿Músico es éste? Métanle también detrás del repostero, que, a trueco de no velle,[97] daré por bien empleado el no oílle.[98]

CHANFALLA. No tiene vuestra merced razón, señor alcalde Repollo, de descontentarse del músico, que en verdad que es muy buen cristiano, y hidalgo de solar conocido.[99]

GOBERNADOR. ¡Calidades son bien necesarias para ser buen músico!

BENITO. De solar, bien podrá ser; mas de sonar, *abrenuncio.*[100]

RABELIN. ¡Eso se merece el bellaco[101] que se viene a sonar delante de...!

---

[84] **in**...tucked away (Biblical expression)
[85] **las**...the threads of my heart
[86] **te doy**
[87] **Cuerpo**... Damn!
[88] **dale**...he's as good as fooled
[89] **a**...without sharpness. That is, poets are not too bright.
[90] **que**...I'm really anxious
[91] **no**...I needn't say more
[92] **Por**...I swear by my mother
[93] **me**...I'd gouge out my eyes
[94] **Bonita**...That's all I need
[95] Calm down
[96] tapestry
[97] **a**...in order not to see him
[98] **daré**...I'll be happy not to hear him
[99] Chanfalla insists that even though he is scrawny, Rabelín is an Old Christian. The Governor's response is sarcastic.
[100] I deny it (Latin Biblical term)
[101] scoundrel

BENITO. ¡Pues por Dios, que hemos visto aquí sonar a otros músicos tan...!

GOBERNADOR. Quédese esta razón[102] en el *de* del señor Rabel y en el *tan* del Alcalde, que será proceder en infinito; y el señor Montiel comience su obra.

BENITO. Poca balumba[103] trae este autor para tan gran Retablo.

JUAN. Todo debe de ser de maravillas.

CHANFALLA. Atención, señores, que comienzo.—¡Oh tú, quien quiera que fuiste,[104] que fabricaste este Retablo con tan maravilloso artificio, que alcanzó renombre *de las maravillas*: por la virtud que en él se encierra, te conjuro, apremio y mando que luego incontinenti[105] muestres a estos señores algunas de las tus maravillosas maravillas, para que se regocijen y tomen placer, sin escándalo alguno! Ea, que ya veo que has otorgado mi petición, pues por aquella parte asoma la figura del valentísimo Sansón, abrazado con las columnas del templo, para derriballe[106] por el suelo y tomar venganza de sus enemigos.[107] ¡Tente, valeroso caballero, tente, por la gracia de Dios Padre; no hagas tal desaguisado,[108] porque no cojas debajo y hagas tortilla[109] tanta y tan noble gente como aquí se ha juntado!

BENITO. ¡Téngase, cuerpo de tal conmigo![110] ¡Bueno sería que, en lugar de habernos venido a holgar, quedásemos aquí hechos plasta![111] ¡Téngase, señor Sansón, pesia a mis males, que se lo ruegan buenos![112]

CAPACHO. ¿Veisle vos, Castrado?

JUAN. Pues ¿no le había de ver? ¿Tengo yo los ojos en el colodrillo?[113]

GOBERNADOR. Milagroso caso es éste: así veo yo a Sansón ahora, como el Gran Turco. Pues en verdad que me tengo por legítimo y cristiano viejo.

CHIRINOS. ¡Guárdate, hombre, que sale el mesmo toro que mató al ganapán[114] en Salamanca! ¡Echate,[115] hombre; échate, hombre; Dios te libre, Dios te libre!

CHANFALLA. ¡Echense todos, échense todos! ¡Húcho ho!,[116] ¡húcho ho!, ¡húcho ho!

[*Echanse todos, y alborótanse.[117]*]

---

[102]**palabra**
[103]props and scenery
[104]**¡Oh...** formula for conjuring up demons
[105]**inmediatamente**
[106]**derribarle**
[107]Chanfalla evokes scenes from the Bible to avoid any notion of scandal. Ironically, almost all the scenes are from the Old Testament, which is the only portion of the Bible accepted by Jews. Here, Chanfalla refers to the story of Samson, who lost his strength when his hair was cut. After his hair grew back, thereby restoring his power, Samson destroyed the temple of the Philistines.
[108]outrage, offense
[109]**hagas...**crush
[110]**Téngase...**Hold off, damn you!
[111]**hechos...**squashed
[112]**pesia...**in spite of my sins, we are good people who are begging you
[113]the back of my head
[114]errand boy
[115]get down out of the way
[116]expression to scare the bull
[117]**se alborotan**

BENITO. El diablo lleva en el cuerpo el torillo; sus partes tiene de hosco y de bragado;[118] si no me tiendo, me lleva de vuelo.[119]

JUAN. Señor Autor, haga, si puede, que no salgan figuras que nos alboroten; y no lo digo por mí, sino por estas mochachas,[120] que no les ha quedado gota de sangre en el cuerpo, de la ferocidad del toro.

CASTRADA. Y ¡cómo, padre! No pienso volver en mí[121] en tres días; ya me vi en sus cuernos, que los tiene agudos como una lesna.[122]

JUAN. No fueras tú mi hija, y no lo vieras.

GOBERNADOR. Basta, que todos ven lo que yo no veo; pero al fin habré de decir que lo veo, por la negra honrilla.[123]

CHIRINOS. Esa manada[124] de ratones que allá va, deciende por línea recta de aquéllos que se criaron en el arca de Noé;[125] de ellos[126] son blancos, de ellos albarazados,[127] de ellos jaspeados[128] y de ellos azules; y, finalmente, todos son ratones.

CASTRADA. ¡Jesús! ¡Ay de mí! ¡Ténganme, que me arrojaré por aquella ventana! ¿Ratones? ¡Desdichada! Amiga, apriétate las faldas, y mira no te muerdan; y ¡monta que son pocos! ¡Por el siglo de mi abuela, que pasan de milenta![129]

REPOLLA. Yo sí soy la desdichada, porque se me entran sin reparo ninguno;[130] un ratón morenico me tiene asida[131] de una rodilla: ¡socorro venga del cielo, pues en la tierra me falta![132]

BENITO. Aun bien[133] que tengo gregüescos:[134] que no hay ratón que se me entre, por pequeño que sea.

CHANFALLA. Esta agua, que con tanta prisa se deja descolgar de las nubes, es de la fuente que da origen y principio al río Jordán.[135] Toda mujer a quien tocare en el rostro, se le volverá como de plata bruñida, y a los hombres se les volverán las barbas como de oro.

CASTRADA. ¿Oyes, amiga? Descubre[136] el rostro, pues ves lo que te importa. ¡Oh, qué licor tan sabroso! Cúbrase, padre, no se moje.

JUAN. Todos nos cubrimos, hija.

BENITO. Por las espaldas me ha calado el agua hasta la canal maestra.[137]

CAPACHO. Yo estoy más seco que un esparto.[138]

GOBERNADOR. ¿Qué diablos puede ser esto, que aun no me ha

---

[118]**sus**...it's all black with different-colored legs
[119]**me**...he'd carry me off
[120]**muchachas**
[121]**volver**...regain my senses
[122]awl
[123]**por**...in order to save face
[124]bunch
[125]**arca**...Noah's Ark
[126]**algunos de ellos**
[127]streaked with black, yellow and red
[128]speckled
[129]thousands (a coined word)
[130]**sin**...brashly
[131]**me**...has me caught
[132]**socorro**...This is a line from a popular song.
[133]**Aun**...It's lucky
[134]wide breeches that were tight at the knee
[135]The Jordan's waters were believed to have the power to rejuvenate.
[136]Uncover
[137]humorous euphemism for anus
[138]kind of grass

tocado una gota, donde todos se ahogan? Mas ¿si viniera yo a ser bastardo entre tantos legítimos?

BENITO. Quítenme de allí aquel músico; si no, voto a Dios[139] que me vaya sin ver más figura. ¡Válgate el diablo por músico aduendado,[140] y qué hace de menudear sin cítola[141] y sin son!

RABELIN. Señor alcalde, no tome conmigo la hincha;[142] que yo toco como Dios ha sido servido de enseñarme.

BENITO. ¿Dios te había de enseñar, sabandija?[143] ¡Métete tras la manta;[144] si no, por Dios que te arroje este banco!

RABELIN. El diablo creo que me ha traído a este pueblo.

CAPACHO. Fresca es el agua del santo río Jordán; y, aunque me cubrí lo que pude, todavía me alcanzó un poco en los bigotes, y apostaré que los tengo rubios como un oro.

BENITO. Y aun peor cincuenta veces.

CHIRINOS. Allá van hasta dos docenas de leones rapantes y de osos colmeneros;[145] todo viviente se guarde; que, aunque fantásticos, no dejarán de dar alguna pesadumbre, y aun de hacer las fuerzas de Hércules, con espadas desenvainadas.[146]

JUAN. Ea, señor Autor, ¡cuerpo de nosla![147] ¿Y ahora nos quiere llenar la casa de osos y de leones?

BENITO. ¡Mirad qué ruiseñores y calandrias[148] nos envía Tontonelo, sino leones y dragones! Señor Autor, o salgan figuras más apacibles, o aquí nos contentamos con las vistas, y Dios le guíe, y no pare más en el pueblo un momento.

CASTRADA. Señor Benito Repollo, deje salir ese oso y leones, siquiera por nosotras, y recebiremos mucho contento.

JUAN. Pues, hija, ¿de antes te espantabas de los ratones, y ahora pides osos y leones?

CASTRADA. Todo lo nuevo aplace,[149] señor padre.

CHIRINOS. Esa doncella, que ahora se muestra tan galana y tan compuesta, es la llamada Herodías,[150] cuyo baile alcanzó en premio la cabeza del Precursor de la vida. Si hay quien la ayude a bailar, verán maravillas.

BENITO. Esta sí, ¡cuerpo del mundo!, que es figura hermosa, apacible y reluciente![151] ¡Hi de puta, y cómo que se vuelve la mochacha!—Sobrino Repollo, tú que sabes de achaque[152] de castañetas, ayúdala, y será la

---

[139]**voto**...goddamn
[140]fairylike
[141]zither, a small stringed instrument. Benito's comment indicates that there is no zither and no music.
[142]**no**...don't hold it against me
[143]**insecto**
[144]Instead of a real tapestry (**repostero**), a blanket separates the stage. The usual place for musicians was behind the tapestry.
[145]honey-eating

[146]unsheathed
[147]**cuerpo**...for goodness sake
[148]calanders (birds)
[149]**da gusto**
[150]Mother of Salome, who danced in exchange for the head of Saint John the Baptist (**el Precursor de la vida**).
[151]Benito is enthused by the mention of the sexy young dancer.
[152]the matter

fiesta de cuatro capas.[153]

SOBRINO. Que me place, tío Benito Repollo.

[*Tocan la zarabanda.*[154]]

CAPACHO. ¡Toma mi abuelo,[155] si es antiguo el baile de la zarabanda y de la chacona![156]

BENITO. Ea, sobrino, ténselas tiesas[157] a esa bellaca jodía[158]; pero, si ésta es jodía, ¿cómo vee estas maravillas?

CHANFALLA. Todas las reglas tienen excepción, señor Alcalde.

[*Suena una trompeta o corneta dentro del teatro, y entra* UN FURRIER[159] *de compañías.*]

FURRIER. ¿Quién es aquí el señor Gobernador?

GOBERNADOR. Yo soy. ¿Qué manda vuestra merced?

FURRIER. Que luego, al punto, mande hacer alojamiento para treinta hombres de armas que llegarán aquí dentro de media hora, y aun antes, que ya suena la trompeta; y adiós.

[*Vase*]

BENITO. Yo apostaré que los envía el sabio Tontonelo.

CHANFALLA. No hay tal; que ésta es una compañía de caballos, que estaba alojada dos leguas de aquí.

BENITO. Ahora yo conozco bien a Tontonelo, y sé que vós y él sois unos grandísimos bellacos, no perdonando al músico; y mirad que os mando que mandéis a Tontonelo no tenga atrevimiento de enviar estos hombres de armas, que le haré dar doscientos azotes[160] en las espaldas, que se vean unos a otros.[161]

CHANFALLA. ¡Digo, señor alcalde, que no los envía Tontonelo!

BENITO. Digo que los envía Tontonelo, como ha enviado las otras sabandijas que yo he visto.

CAPACHO. Todos las habemos visto, señor Benito Repollo.

BENITO. No digo yo que no, señor Pedro Capacho.—No toques más, músico de entresueños,[162] que te romperé la cabeza

[*Vuelve el* FURRIER.]

FURRIER. Ea, ¿está ya hecho el alojamiento? Que ya están los caballos en el pueblo.

BENITO. ¿Qué, todavía ha salido con la suya Tontonelo? ¡Pues yo os voto a tal, Autor de humos[163] y de embelecos,[164] que me lo habéis de pagar!

---

[153] solemn religious ceremony in which the chorus of clergymen wears long capes. The comparison with a wild party is sacrilegious.

[154] popular, sensual dance that was considered immoral

[155] **Toma...Expresión de sorpresa**

[156] popular jig that was considered lascivious

[157] **ténselas tiesas...**hold them firm (**Las** refers to "hips.")

[158] **judía**

[159] army quartermaster who has come to arrange for food and lodging for the king's troops. It was the townspeople's duty to provide for soldiers when they passed through town.

[160] lashes

[161] **que...**one as hard as the next

[162] **de...**nightmarish

[163] **de...**fraud

[164] bamboozling

CHANFALLA. Séanme testigos que me amenaza el Alcalde.

CHIRINOS. Séanme testigos que dice el Alcalde que lo que manda S. M.[165] lo manda el sabio Tontonelo.

BENITO. Atontoneleada[166] te vean mis ojos, plega a[167] Dios Todopoderoso.

GOBERNADOR. Yo para mí tengo que verdaderamente estos hombres de armas no deben de ser de burlas.

FURRIER. ¿De burlas habían de ser, señor Gobernador? ¿Está en su seso?[168]

JUAN. Bien pudieran ser atontoneleados; como esas cosas habemos visto aquí. Por vida del Autor, que haga salir otra vez a la doncella Herodías, porque vea este señor lo que nunca ha visto; quizá con esto le cohecharemos[169] para que se vaya presto del lugar.

CHANFALLA. Eso en buen hora,[170] y veisla aquí a do[171] vuelve, y hace de señas a su bailador a que de nuevo la ayude.

SOBRINO. Por mí no quedará, por cierto.

BENITO. Eso sí, sobrino, cánsala, cánsala; vueltas y más vueltas; ¡vive Dios, que es un azogue la muchacha![172] ¡Al hoyo, al hoyo![173] ¡A ello, a ello!

FURRIER. ¿Está loca esta gente? ¿Qué diablos de doncella es ésta, y qué baile, y qué Tontonelo?

CAPACHO. Luego ¿no ve la doncella herodiana el señor Furrier?

FURRIER. ¿Qué diablos de doncella tengo de ver?

CAPACHO. Basta: de *ex illis* es.[174]

GOBERNADOR. De *ex illis* es, de *ex illis* es.

JUAN. De ellos es, de ellos el señor Furrier, de ellos es.

FURRIER. ¡Soy de la mala puta que los parió;[175] y, por Dios vivo, que, si echo mano a la espada, que los haga salir por las ventanas, que no por la puerta!

CAPACHO. Basta: de *ex illis* es.

BENITO. Basta: de ellos es, pues no vee nada.

FURRIER. Canalla barretina:[176] si otra vez me dicen que soy de ellos, no les dejaré hueso sano.

BENITO. Nunca los confesos ni bastardos fueron valientes; y por eso no podemos dejar de decir: de ellos es, de ellos es.

FURRIER. ¡Cuerpo de Dios con los villanos! ¡Esperad!

[*Mete mano a la espada, y acuchíllase con todos; y el* ALCALDE *aporrea*[177] *al* RABELLEJO;[178] *y la* CHIRINOS *descuelga la manta y dice:*]

---

[165]**Su Majestad.** Under the king's orders, the townspeople must put up the troops.
[166]dazed
[167]**plega...quiera**
[168]**en...**in your right mind
[169]we will bribe
[170]**Eso...**Fine
[171]**a...adonde**
[172]**es...**she's restless, she's ready to go
[173]**al...**go to it!

[174]**de...**Biblical Latin: "You are one of them." The townspeople assume that since the quartermaster does not see the images, he is Jewish.
[175]**Soy...**You sons of bitches
[176]cap worn by Jews. By associating the townspeople with Jews, the quartermaster insults them.
[177]beats up
[178]Rabelín

CHIRINOS. El diablo ha sido la trompeta y la venida de los hombres de armas; parece que los llamaron con campanilla.

CHANFALLA. El suceso ha sido extraordinario; la virtud del Retablo se queda en su punto,[179] y mañana lo podemos mostrar al pueblo; y nosotros mismos podemos cantar el triunfo de esta batalla, diciendo: ¡Vivan Chirinos y Chanfalla!

---

[179] en...perfecto

SOBRE LA LECTURA

1. ¿Quiénes son Chanfalla y Chirinos?
2. ¿Qué embuste piensan hacer en el pueblo?
3. ¿Quién es Rabelín? ¿Qué tiene de cómico?
4. ¿Cómo saluda Chanfalla al Gobernador? ¿Por qué?
5. ¿Por qué insiste Chirinos en la honra?
6. ¿Cómo se sabe que Benito está tratando de impresionar a los recién llegados?
7. ¿Cómo trata Chanfalla de aumentar su credibilidad? ¿Por qué menciona a Tontonelo?
8. ¿Qué condiciones hay que satisfacer para ver el retablo, según Chanfalla?
9. ¿Por qué insiste Chirinos en que les paguen primero?
10. ¿Qué entiende Benito por *ante omnia*?
11. ¿Por qué está Benito orgulloso de no saber leer y escribir?
12. ¿Cómo trata de convencerse de que verá el retablo?
13. ¿Qué pretensiones tiene el Gobernador? ¿Cómo trata Chirinos de ganarse su confianza?
14. ¿Por qué piensa Chirinos que el Gobernador será fácil de manipular?
15. ¿Cómo se animan Juana Castrada y Teresa Repolla una a otra?
16. ¿Qué piensa Benito de Rabelín?
17. ¿En qué sentido es el Gobernador más lúcido que los otros campesinos?
18. ¿Cómo crea Chanfalla la ilusión de conjurar figuras maravillosas?
19. ¿Cómo reaccionan los campesinos a la descripción del toro? ¿a la de los ratones? ¿a la del agua del río Jordán?
20. ¿Cómo reacciona el Gobernador?
21. ¿Por qué quiere Juana Castrada que salgan osos y leones?
22. ¿Cómo cambia la reacción cuando Chirinos menciona a Herodías? ¿Cómo crean los embusteros un frenesí entre los hombres del pueblo?
23. ¿Quién es el forastero que llega de repente? ¿Qué pide?
24. ¿Cómo reaccionan los campesinos?
25. ¿Por qué piensa Chanfalla que no hay ningún peligro en mostrarle el retablo al resto del pueblo?

HACIA EL ANÁLISIS LITERARIO

1. ¿Cómo manipulan los embusteros al pueblo? ¿Qué conocimientos de la psicología colectiva les permite engañar a los campesinos?
2. ¿Por qué quieren montar el retablo para los alcaldes antes de montarlo para el pueblo entero? ¿Qué pasará si la gente importante de Algarrobillas se convence de la validez del retablo? ¿Qué pasará si se da cuenta de que es un fraude?
3. ¿Qué semejanzas ve usted entre don Quijote y los campesinos del entremés?
4. Analice la progresión de imágenes que describen los embusteros. ¿Por qué empiezan con una escena inocua y terminan con una escandalosa?
5. ¿Cómo muestra Cervantes sus conocimientos de la psicología de las masas?
6. ¿Cuál es el campesino más ignorante y fanático? ¿Cómo convierte su ignorancia en una ventaja? ¿Qué dice Cervantes de la importancia de la autoimagen a través de este personaje?
7. ¿Cuál es la importancia del Gobernador?
8. Compare el fin de *El retablo de las maravillas* al de *La ropa nueva del emperador*. ¿Cómo utiliza Cervantes un relato conocido para crear una obra original e innovadora que refleje la realidad del momento?
9. Analice la estructura de *El retablo de las maravillas*. ¿Qué logra Cervantes con colocar una obra dentro de una obra? ¿Tiene la estructura alguna relación con el fondo filosófico?
10. ¿Qué implica Cervantes acerca de la naturaleza de la ficción? ¿Hay un solo autor de la historia? ¿En qué sentido es el lector o el espectador también un creador?
11. ¿Por qué se hace vulnerable el individuo al revelar cuál es su obsesión o pretensión? ¿Por qué es vulnerable el Gobernador a la manipulación de Chirinos?
12. ¿Cuál es la actitud de Cervantes hacia sus personajes?
13. ¿Qué importancia tienen los nombres de los personajes?
14. ¿Cómo es el lenguaje que emplean? ¿Por qué es el lenguaje una fuente de humor?

TEXTO Y VIDA

1. En su opinión, ¿mienten los campesinos o realmente ven los cuadros?
2. ¿En qué sentido inventamos nosotros nuestra realidad?
3. ¿Por qué es importante recordar que vemos cualquier situación desde un punto de vista particular?
4. ¿Podemos conocer la realidad objetiva o nos ciegan siempre nuestras obsesiones? Explique.
5. ¿Qué obsesiones han reemplazado la pureza de sangre en nuestra sociedad?
6. ¿Cómo ha cambiado el concepto del honor?
7. ¿Es tan importante la autoimagen hoy en día como durante la época de Cervantes? Explique.

8. ¿En qué situaciones vemos lo que queremos ver o no vemos lo que no queremos ver? Considere, por ejemplo, el caso de una madre cuyo hijo está tomando drogas o el de una mujer cuyo marido tiene una amante.

9. ¿Son los embusteros potencialmente peligrosos? ¿Ve usted alguna semejanza entre Chanfalla y Chirinos y algún demagogo moderno?

El teatro del Siglo de Oro

Desde principios del siglo XVI crecía el interés por el teatro en España. Aunque *La Celestina* era una obra demasiado larga para representarse, inspiró muchas imitaciones que se podían llevar a la escena. En Salamanca, Juan del Encina (¿1469–1529?) y Lucas Fernández (1474–1542) componían obras que ya tenían algunas de las características que se asocian con el teatro del Siglo de Oro: la interacción de personajes de diversos estados sociales; la mezcla de lo cómico y lo serio; una orientación humanística, aun en obras religiosas; el uso de un dialecto rústico para distinguir el habla del villano. Aunque estas obras se componían para espectadores aristocráticos, también se organizaban representaciones en plazas y otros lugares públicos, lo cual permitía que el hombre común viera espectáculos teatrales.

Durante este período, el teatro italiano estaba en pleno desarrollo. Debido a la política expansionista de Fernando el Católico y de Carlos V la presencia española estaba muy fuerte en Italia. En Roma, había una colonia española de unas diez mil almas. Había iglesias, escuelas, librerías y restaurantes españoles. Juan del Encina, quien vivió por un tiempo en Roma, integró técnicas y temas italianos a sus obras. Bartolomé de Torres Naharro (¿?–1531), otro dramaturgo español que pasó varios años en Italia, compuso piezas que muestran la influencia del teatro renacentista italiano.

Al mismo tiempo, grupos teatrales italianos viajaban por los pueblos y aldeas de España, donde representaban obras para un público inculto. Pronto se formaron grupos ambulantes españoles. Lope de Rueda (¿?–1565) fue una de las figuras más influyentes en la popularización del teatro durante la primera parte del siglo XVI. Dramaturgo, actor y director de su propia compañía, creó breves piezas cómicas, llamadas *pasos, en las que los personajes hablaban el lenguaje de la calle. Escritas para el hombre común, estas obritas presentaban a tipos tomados de la vida real.

A fines del siglo XVI se crearon los primeros teatros estables, llamados *corrales. Los corrales eran patios o corrales de casas en los cuales se levantaba un tablado. Como no había techo, las representaciones se hacían por la tarde para aprovechar la luz natural—claro, sólo cuando hacía buen tiempo.

Uno de los grandes temas de discusión literaria durante este período era si el teatro debía respetar las normas clásicas de «tiempo, lugar y acción», las cuales dictaban que una obra debía ocurrir en un solo lugar y que no debía haber argumentos secundarios o paralelos. A Lope de Vega se le ha reconocido como el dramaturgo que rompió definitivamente con las reglas clásicas, aunque Juan de la Cueva (1550–¿1610?) pretendía ser el primero en defender la causa de un teatro nacional no sometido a normas clásicas. De una manera general, Lope respeta la unidad de acción, evitando el uso de argumentos paralelos demasiado complicados, aunque a menudo los amores entre los criados constituyen un subargumento a la acción principal. De hecho, la acción es el aspecto más importante de la comedia española. A diferencia del temprano teatro español o el teatro clásico francés, en los cuales el diálogo domina la obra, el español supedita el diálogo a la intriga.

Entre los seguidores más importantes de Lope se incluye a Tirso de Molina (¿1583?–1648), pseudónimo de Fray Gabriel Téllez, conocido especialmente por su drama *El burlador de Sevilla* (1630). Basada sobre una leyenda medieval, esta obra lleva a la escena una de las figuras más populares y duraderas de la literatura occidental: don Juan Tenorio, el indómito seductor de mujeres que inspiró a Molière, a Mozart y a Byron. También se le atribuye a Tirso la obra teológica más estudiada del Siglo de Oro, *El condenado por desconfiado* (¿1625?), en la cual el autor explora los problemas de la gracia y la predestinación.

Otros dramaturgos importantes de la época son Guillén de Castro (1569–1631), autor de *Las mocedades del Cid;* Antonio Mira de Amescua (1574–1644), autor de *El esclavo del demonio;* Juan Ruiz de Alarcón (¿1581?–1639), autor de *La verdad sospechosa;* y Luis Vélez de Guevara (1579–1644), autor de *Reinar después de morir.*

Lope de Vega y la creación del teatro nacional

Félix Lope de Vega y Carpio (1562–1635), el dramaturgo que recordamos como el creador del teatro nacional español, era de una familia humilde. Se dice que leía español y latín a los cinco años. De mozo estudió en el Colegio de la Compañía de Jesús y después en la Universidad de Salamanca.

Lope tuvo una vida muy agitada, llena de enredos amorosos, experiencias militares y aventuras de todos tipos. En 1583 acompañó a don Alvaro de Bazán en la conquista de la Isla Terceira. Posiblemente fuese a su regreso cuando conoció a Elena Osorio, con quien tuvo amores, a los cuales alude en varias de sus obras. En 1587 lo detuvieron las autoridades por ciertos libelos escritos contra Elena y su familia y al año siguiente se le condenó al destierro. Ese mismo año raptó a Isabel de Urbina, con quien se casó antes de embarcarse en la Armada Española.

Después de la muerte de Isabel en 1595, se le levantó el destierro y Lope se trasladó a Madrid. En los años que siguieron, creció su fama como dramaturgo y entró en una polémica literaria con el poeta Luis de Góngora (1561–1627), cuyo culteranismo le repugnaba. Lope se casó con Juana de Guardo en 1598, al mismo tiempo que continuó sus amores con Marcela de Luján, la Camila Lucinda de sus versos. Su hijo Carlos Félix murió en 1612, un año antes del fallecimiento de Juana. En 1614 Lope se ordenó de sacerdote, sin que esto pusiera fin a su vida amorosa. En 1616 se prendó de Marta de Nevares, la Amarilis de sus versos. Lope murió en Madrid, donde había nacido, el 27 de agosto de 1635.

Lope fue un dramaturgo extremadamente prolífico. Según el propio autor, compuso unas 1500 obras, aunque la crítica moderna mantiene que esta cifra es seguramente una exageración. Se conservan unas 470 comedias del dramaturgo, además de otras obras más cortas. Lope también escribió novelas y poesía.

Lope define sus ideas sobre el teatro en *Arte nuevo de hacer comedias en este tiempo*, un tratado sobre la teoría dramática. La palabra *comedia se refiere a cualquier obra de teatro, ya sea cómica o seria. Es el equivalente de *play* en inglés. Lope distingue entre la *comedia, una obra no necesariamente cómica pero de desenlace satisfactorio para los protagonistas; la *tragedia, una obra en la cual los personajes son ilustres y el desenlace causa terror o compasión; y la *tragicomedia, una obra en la cual se mezclan elementos de ambas. Es a Lope a quien se le debe el triunfo de la tragicomedia. Al combinar elementos de los dos géneros que se habían heredado del teatro clásico, Lope intenta imitar la naturaleza, en la que lo cómico y lo trágico coexisten.

En su *Arte nuevo* Lope define la estructura de la comedia limitando el número de actos a tres, llamados *jornadas, en vez de los cuatro o cinco que solían tener las obras dela epoca. Lope también describe las formas métricas y su función. Entre los metros más usados se encuentran los siguientes:

El *romance es una forma tradicional de versos de ocho sílabas. Al fin de todos los versos pares se repite la misma *asonancia. El romance se emplea para la narración. Sigue un ejemplo del romance en i-a:

> Por la tarde salió Inés
> a la feria de Medina,
> tan hermosa que la gente
> pensaba que amanecía:
> rizado el cabello en lazos,
> que quiso encubrir la liga,
> porque mal caerán las almas
> si ven las redes tendidas.

La *redondilla es una combinación de cuatro versos de ocho sílabas. Riman el primero con el último y el segundo con el tercero: abba. La redondilla se emplea comúnmente para la conversación animada:

FABIA.
¿A mí, forastero?
TELLO.   A ti.   *a*
FABIA.
Debe de pensar que yo   *b*
soy perro de muestra.
TELLO.   No.   *b*
FABIA.
¿Tiene algún achaque?
TELLO.   Sí.   *a*

La *décima es una combinación de diez versos de ocho sílabas que consisten en dos redondillas conectadas por una copla: *abba ac cddc*. La décima se emplea comúnmente para quejas o lamentos.

Amor, no te llame amor	*a*
el que no te corresponde,	*b*
pues que no hay materia adonde	*b*
no imprima forma el favor;	*a*
naturaleza, en rigor,	*a*
conservó tantas edades	*c*
correspondiendo amistades;	*c*
que no hay animal perfeto	*d*
si no asiste a su conceto	*d*
la unión de las voluntades.	*c*

En cuanto a la temática, Lope recomienda conflictos de honor, ya que éstos apasionan a la gente. El honor en el Siglo de Oro es un valor social que equivale a fama o reputación. Aunque al hombre le toca defender el honor, el depositario del honor es la mujer, de cuya virtud depende el buen nombre de su esposo, hermano y padre. El honor y el amor—con sus ramificaciones psicológicas, sociales, morales y políticas—son los dos temas principales de Lope.

Caracteriza la obra de Lope la interacción de personajes de todos tipos y de todas clases sociales. Dos prototipos son el galán o héroe y el *gracioso o figura de donaire. El héroe es siempre un hombre bueno, generoso, idealista; siempre está enamorado. El gracioso, a menudo un criado, es pragmático y cobarde; se burla del amor y del idealismo de su amo, pero respeta a éste e intenta avanzar sus proyectos.

Lope también crea heroínas atractivas. Aunque siempre se mueven dentro de papeles tradicionales, los personajes femeninos de Lope son a menudo fuertes y valientes; están dispuestas a correr riesgos para lograr sus fines y luchan por determinar su propio destino en vez de aceptar dócilmente la decisión de otros.

El villano es otro prototipo que aparece en las obras de Lope y en las de sus seguidores. Se trata siempre de un labrador rico, con criados y terrenos. Está orgulloso de ser cristiano viejo y tiene un fuerte sentido de dignidad personal.

Aunque Lope escribió comedias de todos tipos—históricas, *novelescas, mitológicas, religiosas, *pastoriles—la mayoría de las más conocidas dramatizan algún momento de la historia nacional. Algunas tratan de figuras importantes de la historia medieval o contemporánea—el Cid o Carlos V por ejemplo. Otras tratan de algún incidente narrado en las crónicas—por ejemplo, la rebelión del pueblo Fuenteovejuna contra un noble que abusaba de los villanos. Otras, como *El caballero de Olmedo,* se basan en leyendas que se pasaban de una generación a otra por medio de *refranes o *cantares.

Sobre *El caballero de Olmedo*

El caballero de Olmedo se basa en un hecho histórico que se relata en el *Nobiliario* (1622) de Alonso López de Haro y en varias obras del siglo XVII: Un caballero fue muerto saliendo de Medina del Campo, donde había asistido a una fiesta de toros. Todavía forma parte del caudal folklórico oral de los pueblos de Medina y Olmedo. Sobre el incidente se inventó el siguiente *cantar: «Que de noche le mataron / al caballero / la gala de Medina, / la flor de Olmedo.» Aunque el hecho ocurrió en 1521, Lope coloca su obra en el reinado de Juan II (1404–1454), tal vez para realzar el ambiente de misterio y miedo. Para el espectador del Siglo de Oro, aquella época se asociaba con el erotismo, la magia, el fatalismo y la violencia. El cantar y *La Celestina* parecen haber inspirado directamente la composición de la comedia.

El argumento es semejante al de la obra de Rojas: don Alonso se enamora de doña Inés en la feria de Medina. Fabia, un personaje celestinesco que se entromete en las cosas de familias hidalgas vendiendo hilos y afeites, despierta la curiosidad de la joven y consigue que ella lea un billete amoroso de don Alonso. Cuando éste llega a recoger una cinta que Inés le deja, se encuentra con don Rodrigo y don Fernando, que pretenden la mano de doña Inés y de su hermana Leonor, respectivamente. Don Alonso y su sirviente Tello riñen con don Rodrigo y don Fernando y éstos huyen. Al día siguiente le piden a don Pedro la mano de sus dos hijas. Doña Inés finge querer ser monja para evitar casarse con don Rodrigo. Tello y Fabia, disfrazados de profesores, entran en la casa de don Pedro, supuestamente para enseñarle a la joven latín y religión.

El tono se convierte en trágico en el tercer acto. En unas corridas de toros organizadas para honrar al rey, don Alonso le salva la vida a don Rodrigo y éste, humillado y envidioso, decide matar al gallardo joven. Después de las fiestas, don Alonso parte para Olmedo a la casa de sus padres. Lope crea un ambiente de gran dramatismo y suspenso en esta escena; el bosque está lleno de sombras aterradoras y en el camino un labrador canta coplas antiguas que presagian la muerte de Alonso. De repente aparecen don Rodrigo y sus criados, quienes le dan muerte. Mientras Alonso está en el camino, Inés le revela a su padre que quiere casarse con Alonso y no con Rodrigo. La tragedia llega a un punto culminante al acceder don Pedro a la demanda de su hija. Poco después, llega Tello y anuncia la muerte de su amo. Enterado del caso, el rey Juan II manda ahorcar a don Rodrigo.

La muerte de Alonso es doblemente trágica porque habría podido evitarse. El padre no se opone al matrimonio. El joven, guiado por una ética erótica que exige la postergación de la satisfacción amorosa, había buscado obstáculos a su unión con Inés. Había querido prolongar la dulce angustia del deseo. Había recurrido innecesariamente a la alcahueta. Irónicamente, él mismo ayuda a crear las circunstancias que conducen a su muerte.

Disempeña un papel importante el *amor cortés, un concepto medieval que se introduce en España por medio de los trovadores provenzales y en el que domina el pensamiento erótico del siglo XV. El amor cortés endiosa a la mujer, colocándola en un pedestal. Se trata casi siempre de una dama inalcanzable—ya sea porque es de un nivel social más alto que el de su admirador, ya sea porque es casada. El caballero enamorado debe hacer grandes proezas en nombre de su dama para comprobarle su valor. La mujer queda siempre al nivel de un ideal que inspira al hombre, haciéndole realizar hazañas siempre más admirables. El objetivo del amor cortés no es la unión sino la sublimación del deseo. Los moralistas católicos de la época se opusieron vehementemente al amor cortés, ya que el amante le rendía culto a la dama de una manera que se debía reservar únicamente para la Virgen.

El *neoplatonismo también se refleja en las actitudes y el lenguaje de Alonso, quien convierte a la dama en un reflejo de la belleza divina. Según el concepto neoplatónico, al adorar a la amada, el amante se purifica y se acerca a Dios, ya que la mujer es una sombra de la perfección celestial.

La *ironía está en el hecho de que don Alonso no es un caballero de molde antiguo que comete grandes actos de heroismo por su dama—a pesar del idealismo erótico de su lenguaje—sino un muchacho cuyas intenciones son totalmente convencionales. El joven desea defender el honor de Inés; piensa casarse con ella. Pero en vez de proceder de una manera decorosa, recurre a una bruja cuya magia la aparta de los hombres honestos y de Dios. Al pedirle ayuda a Fabia, don Alonso pone en peligro el honor de Inés, ya que se sabe que casa donde entra la alcahueta queda deshonrada.

Lope aumenta la tensión al llenar el diálogo de presagios. Con sus ojos Inés parece decirle a Alonso, «No os vais, don Alonso, a Olmedo, / quedaos agora en Medina», y Fabia le advierte «Que a gran peligro te pones». Por todos lados hay señales de que Alonso corre un gran riesgo, pero el joven, cegado por la pasión, no las ve. La retórica del amor que Lope hereda aparea continuamente el amor y la muerte: El caballero "se muere" por la amada; su sufrimiento es una muerte en vida. Lope imbuye de un significado especial estas convenciones al darles un sentido literal. En las quintillas que empiezan en la línea 2176, por ejemplo, utiliza la imaginería tradicional para anunciar la tragedia inminente. Cuando Alonso dice,

> Parto a morir, y te escribo
> mi muerte, si ausencia vivo,
> porque tengo, Inés, por cierto
> que si vuelvo será muerto,
> pues partir no puedo vivo.

la muerte de la cual habla no es puramente metafórica.

Lope realza los elementos humanos y trágicos de la historia celestinesca al convertir al héroe en un galán joven, apuesto, simpático y bondadoso, y al insistir en el apego que Alonso le tiene a su familia. El retratar a Alonso como un joven que ama profundamente a sus padres hace su muerte aún más dolorosa, ya que no se trata sólo de la pérdida de un amante, sino también de la de un hijo.

El *lirismo poético de Lope alcanza su punto culminante en *El caballero de Olmedo*. Esta es una de las obras que ilustran mejor la sensibilidad trágica del autor, además de su talento por integrar lo humorístico y lo serio.

Edición

Vega y Carpio, Lope Félix de. *El caballero de Olmedo*. Ed. Francisco Rico. Madrid: Cátedra, 1981

Crítica

Darst, David. "Lope's Strategy for Tragedy in *El caballero de Olmedo.*" *Crítica Hispánica* 6.1 (1984):11–17

Díez Borque, José María. *Sociología de la comedia española del siglo XVII.* Madrid: Cátedra, 1976

Fothergill-Payne, Louise. «*El caballero de Olmedo* y la razón de la diferencia». *Bulletin of the Comediantes* 36. 1(1984):111–124

Froldi, Rinaldo. *Lope de Vega y la formación de la comedia.* Tr. Franco Gabriele y señora. Salamanca: Anaya, 1968

Larson, Donald R. *The Honor Plays of Lope de Vega.* Cambridge, Mass.: Harvard University Press, 1977

Lázaro Carreter, Fernando. *Lope de Vega. Introducción a su vida y obra.* Salamanca: Anaya, 1966

Menéndez y Pelayo, Marcelino. *Estudios sobre el teatro de Lope de Vega.* Ed. E. Sánchez Reyes. 6 vol. Santander: Consejo Superior de Investigaciones Científicas, 1964

Morley, S. Griswold and Courtney Bruerton. *Cronología de las comedias de Lope de Vega.* Tr. María Rosa Cartes. Madrid: Gredos, 1963

Parker, Alexander. "The Approach to the Drama of Golden Age Spain." *Tulane Drama Review* 4 (1959):142–51

Parker, Jack H. and Arthur M. Fox. *Lope de Vega Studies 1937–1962. A Critical Survey and Annotated Bibliography.* Toronto: University of Toronto Press, 1964

Rennert, Hugo Albert. *The Spanish Stage in the Time of Lope de Vega.* New York: Dover, 1963

Rico, Francisco. «Hacia *El caballero de Olmedo,* II» *Nueva Revista de Filología Hispánica* 29.2 (1980):271–292

Wardropper, Bruce. "The Dramatization of Figurative Language in the Spanish Theatre." *Yale French Studies* 47 (1972):189–98.

El caballero de Olmedo

TRAGICOMEDIA DE LOPE DE VEGA

PERSONAS

DON ALONSO	GENTE
DON RODRIGO	ANA
DON FERNANDO	FABIA
DON PEDRO	TELLO
EL REY DON JUAN II	MENDO
EL CONDESTABLE	LAIN
DOÑA INÉS	UN LABRADOR
DOÑA LEONOR	UNA SOMBRA
ACOMPAÑAMIENTO DEL REY	CRIADOS

ACTO PRIMERO

[*Sale* DON ALONSO.]

ALONSO.

Amor, no te llame amor[1]
el que no te corresponde,
pues que no hay materia adonde
no imprima forma el favor;
naturaleza, en rigor,
conservó tantas edades
correspondiendo amistades;[2]
que no hay animal perfeto[3]
si no asiste a su conceto[4]
la unión de dos voluntades.[5]

De los espíritus vivos[6]
de unos ojos procedió
este amor que me encendió
con fuegos tan excesivos.
No me miraron altivos;
antes, con dulce mudanza,
me dieron tal confianza,
que, con poca diferencia,
pensando correspondencia,
engendra amor esperanza.

Ojos, si ha quedado en vós[7]
de la vista el mismo efeto,[8]
amor vivirá perfeto,
pues fue engendrado de dos;
pero si tú, ciego dios,[9]
diversas flechas tomaste,
no te alabes que alcanzaste

[1] In these **décimas,** which he does not direct to any particular person, don Alonso complains of the pains of love, but defends love as a positive natural force. The passage, which establishes a passionate, melancholic mood, serves to define don Alonso as a young man as obsessed with love as with the loved one. Influenced by the image of the courtly lover who suffers love's torments willingly with no hope of satisfaction, don Alonso seeks means of complicating the courtship process, thereby delaying union and prolonging his own anguish.

[2] **naturaleza...**nature, in fact, has preserved life throughout the ages through the mutual attraction of male and female.

[3] **perfecto**

[4] **concepto**

[5] **si...**that was not conceived of the union of two wills.

[6] vital spirits. Medicine held that certain spirits or humors—blood, phlegm, black bile, and yellow bile—acted together to animate the body.

[7] **vosotros**

[8] **efecto**

[9] Cupid, depicted as a blind, winged child, who shoots arrows at prospective victims. The idea is that love is a blind force.

la vitoria;[10] que perdiste,
si de mí solo naciste,
pues imperfeto[11] quedaste.[12]

(*Salen* TELLO, *criado, y* FABIA.)

FABIA.

¿A mí, forastero?[13]

TELLO.

A ti.

FABIA.

Debe de pensar que yo
soy perro de muestra.[14]

TELLO.

No.

FABIA.

¿Tiene algún achaque?[15]

TELLO.

Sí.

FABIA.

¿Qué enfermedad tiene?

TELLO.

Amor.

FABIA.

Amor, ¿de quién?

TELLO.

Allí está.
Él, Fabia, te informará
de lo que quiere mejor.

FABIA.

Dios guarde tal gentileza.

ALONSO.

Tello, ¿es la madre?[16]

TELLO.

La propia.[17]

ALONSO.

¡Oh Fabia, oh retrato, oh copia
de cuanto naturaleza
puso en ingenio mortal!
¡Oh peregrino dotor,[18]
y para enfermos de amor,
Hipócrates[19] celestial!
Dame a besar esa mano,
honor de las tocas, gloria
del monjil.[20]

FABIA.

La nueva historia
de tu amor cubriera en vano
vergüenza o respeto mío;[21]
que ya en tus caricias veo
tu enfermedad.

ALONSO.

Un deseo
es dueño de mi albedrío.[22]

FABIA.

El pulso de los amantes
es el rostro. Aojado[23] estás:
¿qué has visto?

ALONSO.

Un ángel.

FABIA.

¿Qué
más?

ALONSO.

Dos imposibles, bastantes,
Fabia, a quitarme el sentido:[24]
que es dejarla de querer,
y que ella me quiera.

FABIA.

Ayer

---

[10] **victoria**
[11] **imperfecto**
[12] That is, if Cupid's arrows hit me alone, and not my loved one, then love has won no victory.
[13] **A...**A stranger is looking for me? (Alonso is from Olmedo, and is therefore a stranger in Medina.)
[14] hunting dog
[15] **enfermedad**
[16] A term frequently used to address older women
[17] **misma**

[18] **doctor**
[19] a famous Greek physician. Alonso seeks Fabia as a doctor who will cure him of the pains of love by supplying the remedy, which is Inés.
[20] The **tocas** (headdress) and **monjil** (nun's habit) were worn by old women in general.
[21] **cubriera...**you would cover up in vain out of shame or respect for me
[22] **Un...**A desire is master of my will.
[23] bewitched
[24] **Dos...**Two impossibilities, Fabia, which are enough to rob me of my wits

te vi en la feria perdido
    tras una cierta doncella,
que en forma de labradora
encubría el ser señora,
no el ser tan hermosa y bella;
    que pienso que doña Inés
es de Medina la flor.[25]

ALONSO.

Acertaste con mi amor.
Esa labradora es
    fuego que me abrasa y arde.

FABIA.

Alto has picado.[26]

ALONSO.

                    Es deseo
de su honor.

FABIA.

                    Así lo creo.

ALONSO.

Escucha, así Dios te guarde.
    Por la tarde salió Inés
a la feria de Medina,
tan hermosa que la gente
pensaba que amanecía:[27]
rizado el cabello en lazos,
que quiso encubrir la liga,

porque mal caerán las almas
si ven las redes tendidas.[28]
Los ojos a lo valiente
iban perdonando vidas,
aunque dicen los que deja
que es dichoso a quien la quita.[29]
Las manos haciendo tretas;[30]
que, como juego de esgrima[31]
tiene tanta gracia en ellas,
que señala las heridas.
Las valonas esquinadas[32]
en manos de nieve [33] viva;
que muñecas[34] de papel
se han de poner en esquinas.[35]
Con la caja[36] de la boca
allegaba infantería,
porque, sin ser capitán,
hizo gente[37] por la villa.
Los corales y las perlas[38]
dejó Inés, porque sabía
que las llevaban mejores
los dientes y las mejillas.
Sobre un manteo[39] francés
una verdemar basquiña,[40]
porque tenga en otra lengua[41]
de su secreto la cifra.

---

[25] Note that Fabia's powers really reside in her perspicacity, her keen observation, and her knowledge of human nature. Before being told, she has already noted that Alonso was watching Inés at the fair.

[26] **Alto...**You're aiming high.

[27] **la...**people thought the sun had risen. In neoplatonic rhetoric, the loved one is often referred to as "sun," "dawn" or "light."

[28] **rizado...**her hair done up in ringlets that a ribbon tried to cover, since hearts (souls) would hardly be trapped if they saw the nets spread out before them. Beautiful hair was considered one of a woman's most irresistible attributes. The idea is that a beautiful woman's hair is a lure for unwary hearts.

[29] **Los...**her eyes, flamboyantly sparing lives, although those who survived claimed that those who perished were far the more fortunate. Both courtly and neoplatonic love literature describes love as death, since love requires total surrender, to the point of self-annihilation. Since love is a positive force,

those who experience such "death" are considered fortunate.

[30] feint (in fencing)

[31] fencing

[32] a Vandyke collar, a wide collar of lace or linen with the edge formed into deep points

[33] **de...**blancas

[34] Note that muñeca means both "wrist" and "doll."

[35] **en...**crossed, folded in points

[36] **Caja** means both "drum" and "cavity." Inés' words (formed by the cavity of her mouth) are like a drum roll that calls forth legions of men (a division of infantry).

[37] **hizo...**She recruited men. That is, without being a captain, she commanded the hearts of men ready to die for her.

[38] In Renaissance love poetry, a beautiful woman's cheeks are often referred to as coral, while her teeth are called pearls.

[39] petticoat

[40] **falda**

[41] reference to Inés's French petticoat

No pensaron las chinelas[42]
llevar de cuantos la miran
los ojos en los listones,[43]
las almas en las virillas.[44]
No se vio florido almendro
como toda parecía;
que del olor natural
son las mejores pastillas.[45]
Invisible fue con ella
el amor,[46] muerto de risa
de ver, como pescador,
los simples peces que pican.[47]
Unos le ofrecieron sartas,[48]
y otros arracadas[49] ricas;
pero en oídos de áspid[50]
no hay arracadas que sirvan.
Cuál[51] a su garganta hermosa
el collar de perlas finas;
pero como toda es perla,
poco las perlas estima.[52]
Yo, haciendo lengua los ojos,[53]
solamente le ofrecía
a cada cabello un alma,
a cada paso una vida.
Mirándome sin hablarme,
parece que me decía:

«No os vais,[54] don Alonso, a
	Olmedo;
quedaos agora[55] en Medina.»[56]
Creí mi esperanza, Fabia;
salió esta mañana a misa,
ya con galas de señora,[57]
no labradora fingida.
Si has oído que el marfil
del unicornio santigua
las aguas, así el cristal
de un dedo puso en la pila.[58]
Llegó mi amor basilisco,
y salió del agua misma
templado el veneno ardiente
que procedió de su vista.[59]
Miró a su hermana, y entrambas
se encontraron en la risa,[60]
acompañando mi amor
su hermosura y mi porfía.
En una capilla entraron;
yo, que siguiéndolas iba,
entré imaginando bodas:
(¡tanto quien ama imagina!);
vime sentenciado a muerte,
porque el amor me decía:
«Mañana mueres, pues hoy

---

[42] slippers. A woman's foot and shoes were considered highly erotic, since they were all that was visible beneath her skirts.

[43] ribbons

[44] The **virilla** is the part of the slipper between the thick sole and top. **En virillas** also means "pierced with darts," in this case, Cupid's.

[45] **No**...You never saw an almond tree in bloom as beautiful as she, because the best perfumes are those that are natural. An almond tree in bloom is covered with white blossoms, a reference to the whiteness of Inés's skin. Perfumed lozenges, or **pastillas,** were burned in order to sweeten the air.

[46] Cupid

[47] Love is depicted as a fisherman who casts bait to unwary souls, who, like fish, nibble and become "hooked." (See note 28)

[48] strings of beads

[49] earrings

[50] Love is like a deadly viper, against whose venom there is no cure. Since a viper has no ears, no gift of earrings can influence it.

[51] **Como**

[52] Since her neck is as white as pearls, she holds

pearls in little regard.

[53] That is, allowing my eyes to speak for me. Alonso communicates his love through his passionate gaze.

[54] **vayáis**

[55] **ahora**

[56] The first of many instances of foreshadowing in the play. Over and over again, Alonso is warned not to return to Olmedo.

[57] dressed as an elegant lady (instead of disguised as a peasant girl, as she had been at the fair)

[58] The unicorn is a Christ symbol in medieval art. The unicorn purified the baptismal font by touching the water and driving away evil, represented by the serpent's venom. Alonso commits a heresy common to courtly lovers by elevating the loved one to the level of the unicorn.

[59] The basilisk was a serpent whose breath and gaze were considered poisonous. The loved one purifies the lover by neutralizing the venom.

[60] **se**...they laughed when their eyes met

te meten en la capilla.»[61]
En ella estuve turbado;[62]
ya el guante se me caía,
ya el rosario;[63] que los ojos
a Inés iban y venían.
No me pagó mal; sospecho
que bien conoció que había
amor y nobleza en mí;
que quien no piensa no mira,
y mirar sin pensar, Fabia,
es de inorantes[64] y[65] implica
contradición que en un ángel
faltase ciencia divina.
Con este engaño,[66] en efeto,
le dije a mi amor que escriba
este papel[67] que si quieres
ser dichosa y atrevida
hasta ponerle en sus manos,
para que mi fe consiga
esperanzas de casarme
(tan honesto amor me inclina),
el premio será un esclavo,
con una cadena rica,
encomienda de esas tocas,
de mal casadas envidia.[68]

FABIA.

Yo te he escuchado.

ALONSO.

              Y ¿qué
sientes?

FABIA.

Que a gran peligro te pones.[69]

TELLO.

Excusa, Fabia, razones,[70]
si no es que por dicha intentes,
  como diestro cirujano,
hacer la herida mortal.[71]

FABIA.

Tello, con industria igual[72]
pondré el papel en su mano,
  aunque me cueste la vida,
sin interés[73] porque[74] entiendas
que donde hay tan altas[75] prendas,
sola yo fuera atrevida.[76]
  Muestra el papel, que primero
le tengo de aderezar.[77]

ALONSO.

¿Con qué te podré pagar
la vida, el alma que espero,
  Fabia, de esas santas manos?[78]

TELLO.

¿Santas?

ALONSO.

        ¿Pues no, si han de hacer
milagros?

TELLO.

De Lucifer.[79]

FABIA.

Todos los medios humanos
tengo de intentar por ti,

---

[61] **Meter en capilla** means to be condemned to be executed. This is another example of foreshadowing; the line announces that Alonso's obsession will be fatal.

[62] confused, upset

[63] **ya**...now dropping my glove, now my rosary

[64] **ignorantes**

[65] **e**

[66] **ilusión**

[67] **carta**

[68] **el**...as a prize, I will be your slave, with a valuable chain, that will provide for your old age (symbolized by **tocas**), and you will be the envy of women married to stingy husbands. The gold chain that Alonso promises Fabia symbolically "chains" him to her.

[69] Foreshadowing. Even Fabia warns Alonso that he is putting himself at risk.

[70] **excusa**...never mind the lectures.

[71] Doctors were the butt of many jokes. It was often asserted that they killed more patients than they saved. Here, the reference to "mortal wound" is another example of foreshadowing.

[72] **con**...with such skill

[73] profit

[74] **para que**

[75] stakes

[76] **sola**...I alone would be daring enough to undertake this assignment.

[77] get it ready (Fabia plans to hide it in her basket)

[78] In spite of the fact that Alonso knows Fabia to be a bawd, he refers to her hands as "saintly," another indication that he has closed his mind to reason.

[79] Tello correctly identifies Fabia as an agent of the devil.

porque el darme esa cadena
no es cosa que me da pena;
mas confïada nací.

TELLO.

¿Qué te dice el memorial?

ALONSO.

Ven, Fabia, ven, madre honrada,
porque sepas mi posada.

FABIA.

Tello...

TELLO.

    Fabia...

FABIA.

[*Aparte a* TELLO.]
    (No hables mal;
que tengo cierta morena
de extremado talle[80] y cara.)

TELLO.

(Contigo me contentara
si me dieras la cadena.)[81] [*Vanse.*]

[*Salen* DOÑA INÉS *y* DOÑA LEONOR.]

INÉS.

Y todos dicen, Leonor,
que nace de las estrellas.[82]

LEONOR.

De manera que sin ellas
¿no hubiera en el mundo amor?

INÉS.

Dime tú; si don Rodrigo
ha que me sirve dos años,[83]
y su talle y sus engaños
son nieve helada conmigo,
    y en el instante que vi
este galán forastero
me dijo el alma «éste quiero»,
y yo le dije «sea ansí»,
    ¿quién concierta y desconcierta
este amor y desamor?

LEONOR.

Tira como ciego amor;
yerra mucho y poco acierta.[84]
    Demás, que negar no puedo
(aunque es de Fernando amigo
tu aborrecido Rodrigo,
por quien obligada quedo
    a intercederte por él)
que el forastero es galán.

INÉS.

Sus ojos causa me dan
para ponerlos en él,
    pues pienso que en ellos vi
el cuidado[85] que me dio
para que mirase yo
con el que también le di.
    Pero ya se habrá partido.

LEONOR.

No le miro yo de suerte
que pueda vivir sin verte.

[*Sale* ANA, *criada.*]

ANA.

Aquí, señora, ha venido
la Fabia, o la Fabiana.

INÉS.

Pues ¿quién es esa mujer?

ANA.

Una que suele vender
para las mejillas grana[86]
y para la cara nieve[87]

INÉS

¿Quieres tú que entre, Leonor?

LEONOR.

En casa de tanto honor
no sé yo cómo se atreve;
    que no tiene buena fama.
Mas ¿quién no desea ver?[88]

---

[80] **de**...very shapely
[81] Tello is more interested in the gold chain than in the pretty brunette that Fabia has for him.
[82] reference to the concept that love is a matter of destiny rather than choice
[83] **si...hace dos años que don Rodrigo me sirve**

[84] reference to the idea that love is blind
[85] **amor**
[86] rouge
[87] powder
[88] Although the girls know that Fabia's presence dishonors their household, they allow themselves to be tempted by curiosity.

INÉS.

Ana, llama esa mujer.

ANA.

Fabia, mi señora os llama.

[*Sale* FABIA, *con una canastilla.*]

FABIA. [*Aparte.*]

(Y ¡cómo si yo sabía
que me habías de llamar!)
¡Ay! Dios os deje gozar
tanta gracia y bizarría,[89]
    tanta hermosura y donaire;[90]
que cada día que os veo
con tanta gala y aseo,[91]
y pisar de tan buen aire,
    os echo mil bendiciones;
y me acuerdo como agora
de aquella ilustre señora[92]
que, con tantas perficiones,[93]
    fue la fénix[94] de Medina,
fue el ejemplo de lealtad.
¡Qué generosa piedad
de eterna memoria dina![95]
    ¡Qué de pobres la lloramos!
¿A quién no hizo mil bienes?

INÉS.

Dinos, madre, a lo que vienes.

FABIA.

¡Qué de huérfanos quedamos[96]
    por su muerte malograda![97]
La flor de las Catalinas[98]
hoy la lloran mis vecinas;

no la tienen olvidada.
    Y a mí, ¿qué bien no me hacía?
¡Qué en agraz[99] se la llevó
la muerte! No se logró[100]
Aun cincuenta no tenía.

INÉS.

No llores, madre, no llores.

FABIA.

No me puedo consolar
cuando le veo llevar
a la muerte las mejores,
    y que yo me quedé acá.
Vuestro padre, Dios le guarde,
¿está en casa?

LEONOR.

                    Fue esta tarde
al campo.

FABIA.

              Tarde vendrá.[101]
    Si va a deciros verdades,
mozas sois, vieja soy yo:
más de una vez me fió
don Pedro sus mocedades;[102]
    pero teniendo respeto
a la que pudre,[103] yo hacía,
como quien se lo debía,
mi obligación. En efeto,
    de diez mozas no le daba
cinco.[104]

INÉS.

              ¡Qué virtud!

FABIA.

                    No es poco;

---

[89] elegancia
[90] gracia
[91] limpieza, pulcritud
[92] es decir, la madre de Inés y de Leonor
[93] perfecciones
[94] The phoenix was a symbol of uniqueness because only one existed at a time. A mythical bird, the phoenix supposedly lived for a hundred years, was consumed by fire, and was reborn from its own ashes.
[95] digna
[96] Qué...So many of us were left orphans
[97] prematura
[98] Although this passage is not entirely clear, the girls' mother was probably named Catalina. This is also possibly a reference to the martyred Saint Catherine of Alexandria.
[99] antes de tiempo
[100] No...She did not live out her life.
[101] Foreshadowing. Inés's inattentive father will arrive too late to avoid the tragedy.
[102] me...Don Pedro entrusted me with his youthful escapades. The fragment reveals that in his youth, the girls' father was wild and passionate.
[103] la...la difunta (la madre de las jóvenes)
[104] de...out of every ten girls he asked me to get him, I only gave him five.

que era vuestro padre un loco;
cuanto vía,[105] tanto amaba.
    Si sois de su condición,
me admiro de que no estéis
enamoradas. ¿No hacéis,
niñas, alguna oración
    para casaros?[106]

INÉS.

          No, Fabia;
eso siempre será presto.

FABIA.

Padre que se duerme en esto,
mucho a sí mismo se agravia.[107]
    La fruta fresca, hijas mías,
es gran cosa, y no aguardar
a que la venga a arrugar
la brevedad de los días.[108]
    Cuantas cosas imagino,
dos solas, en mi opinión,
son buenas, viejas.

LEONOR.

          Y ¿son?

FABIA.

Hija, el amigo y el vino.
    ¿Veisme aquí? Pues yo os
    prometo
que fue tiempo en que tenía
mi hermosura y bizarría
más de algún galán sujeto.
    ¿Quién no alababa mi brío?
¡Dichoso a quien yo miraba!
Pues ¿qué seda no arrastraba?[109]
¡Qué gasto, qué plato el mío!
    Andaba en palmas, en andas.[110]
Pues, ¡ay Dios!, si yo quería,

¡qué regalos no tenía
desta[111] gente de hopalandas![112]
    Pasó aquella primavera;[113]
no entra un hombre por mi casa;
que como el tiempo se pasa,
pasa la hermosura.

INÉS.

          Espera.
¿Qué es lo que traes aquí?

FABIA.

Niñerías que vender
para comer, por no hacer
cosas malas.[114]

LEONOR.

          Hazlo ansí,
madre, y Dios te ayudará.

FABIA.

Hija, mi rosario y misa:[115]
esto cuando estoy de prisa,
que si no...

INÉS.

          Vuélvete acá.
¿Qué es esto?

FABIA.

          Papeles son
de alcanfor y solimán.[116]
    Aquí secretos están,
de gran consideración,
    para nuestra enfermedad
ordinaria.

LEONOR.

          Y esto, ¿qué es?

FABIA.

No lo mires, aunque estés
con tanta curiosidad.

---

[105] veía
[106] Fabia slyly introduces the subject of marriage.
[107] **Padre...** A father who doesn't attend to this (his daughters' marriages), does himself great harm. Fabia emphasizes Don Pedro's responsibility to get his girls married before they dishonor him by taking matters into their own hands.
[108] Fabia introduces the *carpe diem* theme: Time passes quickly and youth is soon over, so one must enjoy the fleeting moments while one can.

[109] llevaba
[110] **Andaba...** I was praised and I was paraded in triumph.
[111] de esta
[112] de...elegante
[113] es decir, la juventud
[114] Fabia pretends to sell make-up and notions in order to stay out of trouble; that is, she poses as a virtuous woman.
[115] Fabia is posing as a saint.
[116] Camphor and corrosive sublimate were used as cosmetics.

LEONOR.

    ¿Qué es, por tu vida?

FABIA.

                Una moza
se quiere, niñas, casar;
mas acertóla a engañar
un hombre de Zaragoza.
    Hase encomendado a mí;
soy piadosa; y en fin es
limosna,[117] porque después
vivan en paz.

INÉS.

             ¿Qué hay aquí?

FABIA.

    Polvos de dientes, jabones
de manos, pastillas, cosas
curiosas y provechosas.[118]

INÉS.

    ¿Y esto?

FABIA.

          Algunas oraciones.[119]
¡Qué no me deben a mí
las ánimas!

INÉS.

        Un papel
hay aquí.

FABIA.

        Diste con él
cual si fuera para ti.
    Suéltale; no le has de ver,
bellaquilla, curiosilla.

INÉS.

Deja, madre.

FABIA.

         Hay en la villa
cierto galán bachiller
que quiere bien una dama.
Prométeme una cadena
porque le dé yo, con pena

de[120] su honor, recato y fama;
aunque es para casamiento
no me atrevo. Haz una cosa
por mí, doña Inés hermosa,
que es discreto pensamiento;
    respóndeme a este papel,
y diré que me le ha dado
su dama.

INÉS.

          Bien lo has pensado
si pescas, Fabia, con él
la cadena prometida.
Yo quiero hacerte este bien.[121]

FABIA.

    Tantos[122] los cielos te den
que un siglo alarguen tu vida.
Lee el papel.

INÉS.

          Allá dentro,
y te traeré la respuesta. [*Vase.*]

LEONOR.

¡Qué buena invención![123]

FABIA. [*Aparte.*]

(Apresta, fiero habitador del
    centro,
    fuego accidental que abrase
el pecho desta doncella.)[124]

(*Salen* DON RODRIGO *y* DON
                FERNANDO.)

RODRIGO. [*A* DON FERNANDO]

Hasta casarme con ella
será forzoso que pase
por estos inconvenientes.

FERNANDO.

Mucho ha de sufrir quien ama.

RODRIGO.

Aquí tenéis vuestra dama.

---

[117] an act of charity
[118] beneficial
[119] prayers
[120] **con...sin poner en peligro**
[121] Note that Inés has no qualms about going
along with this scheme
[122] **es decir, tantos bienes**

[123] scheme
[124] Fabia is addressing the devil, who she asks to
ignite the disabling fire of love in Ines's
breast. Note that although she is an amusing
character, Fabia is also a practicing witch.
The practice of black magic was condemned
by the Catholic Church.

FABIA. [*Aparte.*]

(¡Oh necios impertinentes!
¿Quién os ha traído aquí?)

RODRIGO.

Pero ¡en lugar de la mía
aquella sombra!

FABIA. [*A* LEONOR.]

Sería
gran limosna para mí,
que tengo necesidad.

LEONOR.

Yo haré que os pague mi
hermana.

FERNANDO.

Si habéis tomado, señora,
o por ventura os agrada
algo de lo que hay aquí
(si bien serán cosas bajas
las que aquí puede traer
esta venerable anciana,
pues no serán ricas joyas
para ofreceros la paga),
mandadme que os sirva yo.

LEONOR.

No habemos comprado nada;
que es esta buena mujer
quien suele lavar en casa
la ropa.

RODRIGO.

¿Qué hace don Pedro?

LEONOR.

Fue al campo; pero ya tarda.[125]

RODRIGO.

¿Mi señora doña Inés?

LEONOR.

Aquí estaba; pienso que anda
despachando esta mujer.

RODRIGO. [*Aparte.*]

(Si me vio por la ventana,
¿quién duda que huyó por mí?
¿Tanto de ver se recata

quien más servirla desea?)

[*Salga*[126] DOÑA INÉS.]

LEONOR. [*A su hermana.*]

Ya sale.—Mira que aguarda
por la cuenta de la ropa
Fabia.

INÉS. [*A* FABIA.]

Aquí la traigo, hermana.—
Tomad, y haced que ese mozo
la lleve.

FABIA.

¡Dichosa el agua
que ha de lavar, doña Inés,
las reliquias de la holanda[127]
que tales cristales cubre!
[*Lee el papel.*]
«Seis camisas, diez toallas,
cuatro tablas de manteles,[128]
dos cosidos de almohadas,[129]
seis camisas de señor,
ocho sábanas»...mas basta;
que todo vendrá más limpio
que los ojos de la cara.

RODRIGO.

Amiga, ¿queréis feriarme[130]
ese papel, y la paga
fiad de mí,[131] por tener
de aquellas manos ingratas
letra[132] siquiera en las mías?

FABIA.

¡En verdad que negociara
muy bien si os diera el papel!
Adios, hijas de mi alma [*Vase.*]

RODRIGO.

Esta memoria[133] aquí había
de quedar, que no llevarla.

LEONOR.

Llévala y vuélvela,[134] a efeto

---

[125] Again, foreshadowing. Don Pedro will arrive too late.

[126] **Que salga.** Stage directions are sometimes given in the subjunctive.

[127] **reliquias...** the fine linen (imported from Holland) that covers Inés's pure skin (**cristales**)

[128] **tablas...** tablecloths

[129] **cosidos...** pillowcases

[130] **venderme**

[131] **y...** and trust me for the payment

[132] writing

[133] **lista**

[134] **Llévala...** La lleva y la trae de vuelta

de[135] saber si algo le falta.

INÉS.

Mi padre ha venido ya;
vuesas mercedes se vayan
o le visiten; que siente
que nos hablen, aunque calla.

RODRIGO.

Para sufrir el desdén
que me trata desta suerte,
pido al amor y a la muerte
que algún remedio me den.
Al amor, porque también
puede templar tu rigor
con hacerme algún favor,
y a la muerte, porque acabe
mi vida; pero no sabe
la muerte, ni quiere amor.
    Entre la vida y la muerte
no sé qué medio tener,
pues amor no ha de querer
que con su favor acierte;
y siendo fuerza quererte,
quiere el amor que te pida
que seas tú mi homicida.
Mata, ingrata, a quien te adora;
serás mi muerte, señora,
pues no quieres ser mi vida.
    Cuanto vive, de amor nace,
y se sustenta de amor;
cuanto muere es un rigor
que nuestras vidas deshace.
Si al amor no satisface
mi pena, ni la hay tan fuerte
con que la muerte me acierte,
debo de ser inmortal,
pues no me hacen bien ni mal
ni la vida ni la muerte.[136] [*Vanse*[137]
    los dos.]

INÉS.

¡Qué de necedades juntas!

LEONOR.

No fue la tuya menor.

INÉS.

¿Cuándo fue discreto amor,
si del papel me preguntas?[138]

LEONOR.

¿Amor te obliga a escribir
sin saber a quién?

INÉS.

                                Sospecho
que es invención que se ha hecho,
para probarme a rendir,
    de parte del forastero.

LEONOR.

Yo también lo imaginé.

INÉS.

Si fue ansí, discreto fue.
Leerte unos versos quiero.
[*Lea.*] «Yo vi la más hermosa
    labradora,
en la famosa feria de Medina,
que ha visto el sol adonde más se
    inclina
desde la risa de la blanca aurora.
    Una chinela de color, que dora
de una coluna[139] hermosa y
    cristalina
la breve base, fue la ardiente mina
que vuela el alma a la región que
    adora.
    Que una chinela fuese vitoriosa,
siendo los ojos del amor enojos,
confesé por hazaña milagrosa.
    Pero díjele, dando los
    despojos:[140]
'Si matas con los pies, Inés
    hermosa,
¿qué dejas para el fuego de tus
    ojos?'»[141]

---

[135] **a...para**
[136] In Rodrigo's monologue, which is filled with courtly imagery, love and death are linked irremediably. The passage foreshadows Rodrigo's own death.
[137] **Se van**
[138] In Renaissance thinking, discretion is associated with common sense, self-control and moderation. Inés' view is that love is an ungovernable force and therefore cannot be discreet.
[139] **la pierna de Inés**
[140] trophies (of war)
[141] Alonso finds Inés' slipper so enticing that he

LEONOR.

Este galán, doña Inés,
te quiere para danzar.[142]

INÉS.

Quiere en los pies comenzar,
y pedir manos después.

LEONOR.

¿Qué respondiste?

INÉS.

Que fuese
esta noche por la reja
del güerto.[143]

LEONOR.

¿Quién te aconseja,
o qué desatino es ése?

INÉS.

No es para hablarle.

LEONOR.

Pues ¿qué?

INÉS.

Ven conmigo y lo sabrás.

LEONOR.

Necia y atrevida estás.

INÉS.

¿Cuándo el amor no lo fue?

LEONOR.

Huir del amor cuando empieza.

INÉS.

Nadie del primero huye,
porque dicen que le influye
la misma naturaleza. [Vanse.]

[Salen DON ALONSO, TELLO y
FABIA.]

FABIA.

Cuatro mil palos me han dado.

TELLO.

¡Lindamente negociaste!

FABIA.

Si tú llevaras los medios...[144]

ALONSO.

Ello ha sido disparate
que yo me atreviese al cielo.

TELLO.

Y que Fabia fuese el ángel
que al infierno de los palos
cayese por levantarte.

FABIA.

¡Ay, pobre Fabia!

TELLO.

¿Quién[145] fueron
los crueles sacristanes
del facistol[146] de tu espalda?

FABIA.

Dos lacayos y tres pajes.
Allá he dejado las tocas
y el monjil hecho seis partes.

ALONSO.

Eso, madre, no importara,
si a tu rostro venerable
no se hubieran atrevido.
¡Oh qué necio fui en fiarme
de aquellos ojos traidores,
de aquellos falsos diamantes,
niñas[147] que me hacían señas
para engañarme y matarme!
Yo tengo justo castigo.
Toma este bolsillo, madre;
y ensilla, Tello, que a Olmedo
nos hemos de ir esta tarde.

TELLO.

¿Cómo, si anochece ya?

ALONSO.

Pues ¡qué! ¿Quieres que me mate?

FABIA.

No te aflijas, moscatel,[148]
ten ánimo; que aquí trae

---

dares not even think of her eyes. Recall that
during the Renaissance, shoes and feet had
erotic significance.

[142] Leonor quips that Alonso is so obsessed with
Ines' feet that he probably wants her to
dance with.

[143] huerto

[144] Si...If you had taken measures...

[145] Quiénes

[146] lectern. Sacristans led the choir of acolytes
by rapping the beat on a lectern.

[147] Note that niñas means both "pupils" of the
eyes and "girls."

[148] tonto

Fabia tu remedio. Toma.

ALONSO.

¿Papel?

FABIA.

Papel.

ALONSO.

No me engañes.

FABIA.

Digo que es suyo,[149] en respuesta
de tu amoroso romance.[150]

ALONSO.

Hinca,[151] Tello, la rodilla.

TELLO.

Sin leer no me lo mandes;
que aun temo que hay[152] palos
dentro,
pues en mondadientes caben.[153]

ALONSO.

[*Lea.*] «Cuidadosa de saber si sois
quien presumo, y deseando que
lo seáis, os suplico que vais[154]
esta noche a la reja del jardín
desta casa, donde hallaréis
atado el listón verde de las
chinelas, y ponéosle mañana en
el sombrero para que os
conozca.»[155]

FABIA.

¿Qué te dice?

ALONSO.

Que no puedo
pagarte ni encarecerte
tanto bien.

TELLO.

Ya desta suerte
no hay que ensillar para Olmedo.
¿Oyen, señores rocines?

Sosiéguense, que en Medina
nos quedamos.

ALONSO.

La vecina
noche, en los últimos fines
con que va expirando el día,
pone los helados pies.
Para la reja de Inés
aun importa bizarría;
que podría ser que amor
la llevase a ver tomar
la cinta. Voyme a mudar.[156] [*Vase.*]

TELLO.

Y yo a dar a mi señor,
Fabia, con licencia tuya,
aderezo de sereno.[157]

FABIA.

Detente.

TELLO.

Eso fuera bueno
a ser la condición suya
para vestirse sin mí.

FABIA.

Pues bien le puedes dejar,
porque me has de acompañar.

TELLO.

¿A ti, Fabia?

FABIA.

A mí.

TELLO.

¿Yo?

FABIA.

Sí;
que importa a la brevedad
deste amor.

TELLO.

¿Qué es lo que
quieres?

---

[149]**de ella**
[150]**poema**
[151]**bend**
[152]**haya**
[153]Tello fears a beating. Note the wordplay:
palos means blow with a stick; **palillos** and
mondadientes both mean toothpicks.
[154]**vayáis**

[155]**conozca = reconozca.** In Spanish Renaissance literature, green signifies hope. A lady
who gives an admirer a green ribbon is
conveying the message that he may dare to
hope for her love.
[156]**cambiar de ropa**
[157]**aderezo...ropa para salir de noche**

FABIA.

Con los hombres las mujeres
llevamos seguridad.
Una muela he menester
del salteador[158] que ahorcaron
ayer.[159]

TELLO.

Pues ¿no le enterraron?

FABIA.

No.

TELLO.

Pues ¿qué quieres hacer?

FABIA.

Ir por ella, y que conmigo
vayas solo a acompañarme.

TELLO.

Yo sabré muy bien guardarme
de ir a esos pasos contigo.[160]
¿Tienes seso?[161]

FABIA.

Pues, gallina,[162]
adonde yo voy, ¿no irás?

TELLO.

Tú, Fabia, enseñada estás
a hablar al diablo.

FABIA.

Camina.

TELLO.

Mándame a diez hombres juntos
temerario acuchillar,[163]
y no me mandes tratar
en materia de difuntos.

FABIA.

Si no vas, tengo de[164] hacer
que él propio[165] venga a buscarte.

TELLO.

¡Que tengo de acompañarte!
¿Eres demonio o mujer?

FABIA.

Ven. Llevarás la escalera;
que no entiendes destos casos.

TELLO.

Quien sube por tales pasos,
Fabia, el mismo fin espera.
[*Vanse.*]

[*Salen* DON RODRIGO *y* DON
FERNANDO *en hábito de noche.*]

FERNANDO.

¿De qué sirve inútilmente
venir a ver esta casa?

RODRIGO.

Consuélase entre estas rejas,
don Fernando, mi esperanza.
Tal vez[166] sus hierros guarnece[167]
cristal de sus manos blancas;
donde las pone de día,
pongo yo de noche el alma;
que cuanto más doña Inés
con sus desdenes me mata,
tanto más me enciende el pecho:
así su nieve me abrasa.
¡Oh rejas enternecidas
de mi llanto, quién pensara
que un ángel endureciera
quien vuestros hierros ablanda!
Oíd; ¿qué es lo que está aquí?

FERNANDO.

En ellos mismos atada
está una cinta o listón.

RODRIGO.

Sin duda las almas atan[168]
a estos hierros, por castigo
de los que su amor declaran.

FERNANDO.

Favor fue de mi Leonor;
tal vez por aquí me habla.

---

[158] highwayman
[159] Recall that Fabia is a witch. She needs the dead man's tooth for an enchantment.
[160] **guardarme...evitar acompañarte**
[161] **¿Tienes...¿Estás loca?**
[162] **cobarde**

[163] to stab
[164] **que**
[165] **mismo**
[166] **A veces**
[167] hold, be trimmed with
[168] **es decir, Inés y Leonor atan las almas...**

RODRIGO.

Que no lo será de Inés
dice mi desconfianza;
pero en duda de que es suyo,
porque sus manos ingratas
pudieron ponerle acaso,
basta que la fe me valga.
Dadme el listón.

FERNANDO.

No es razón,
si acaso Leonor pensaba
saber mi cuidado ansí,
y no me le ve[169] mañana.

RODRIGO.

Un remedio se me ofrece.

FERNANCO.

¿Cómo?

RODRIGO.

Partirle.[170]

FERNANDO.

¿A qué causa?[171]

RODRIGO.

A que las dos nos le vean,
y sabrán con esta traza[172]
que habemos venido juntos.

[*Dividen el listón.*]

FERNANDO.

Gente por la calle pasa.

[*Salen* DON ALONSO *y* TELLO, *de
noche.*][173]

TELLO.

Llega de presto a la reja; [*A su
amo.*]
mira que Fabia me aguarda
para un negocio que tiene
de grandísima importancia.

ALONSO.

¡Negocio Fabia esta noche
contigo!

TELLO.

Es cosa muy alta.

ALONSO.

¿Cómo?

TELLO.

Yo llevo escalera,
y ella...

ALONSO.

¿Qué lleva?

TELLO.

Tenazas.[174]

ALONSO.

Pues ¿qué habéis de hacer?

TELLO.

Sacar
una dama de su casa.[175]

ALONSO.

Mira lo que haces, Tello;
no entres adonde no salgas.[176]

TELLO.

No es nada, por vida tuya.

ALONSO.

Una doncella ¿no es nada?

TELLO.

Es la muela del ladrón
que ahorcaron ayer.

ALONSO.

Repara[177]
en que acompañan[178] la reja
dos hombres.

TELLO.

¿Si están de guarda?

ALONSO.

¡Qué buen listón!

TELLO.

Ella quiso
castigarte.

---

[169]**no**...she doesn't see it on me
[170]**dividirle**
[171]**razón**
[172]scheme
[173]**de**...dressed in clothes appropriate to go out
    at night
[174]pincers

[175]The **dama** is the tooth and the **casa** the
    highwayman's mouth.
[176]**no**...don't get yourself involved in some-
    thing you can't get out of
[177]**Nota, fíjate**
[178]**están al lado de**

ALONSO.
                    ¿No buscara,
si fui atrevido, otro estilo?
Pues advierta que se engaña.
Mal conoce a don Alonso,
que por excelencia llaman
el caballero de Olmedo.
¡Vive Dios, que he de mostrarla
a castigar de otra suerte
a quien la sirve!

TELLO.
                    No hagas
algún disparate.

ALONSO.
                    Hidalgos,
en las rejas de esa casa
nadie se arrima.[179]

RODRIGO. [Aparte a DON FERNANDO.]
                    ¿Qué es esto?

FERNANDO.
Ni en el talle ni en el habla
conozco este hombre.

RODRIGO.
                         ¿Quién es
el que con tanta arrogancia
se atreve a hablar?

ALONSO.
                    El que tiene
por lengua, hidalgos, la espada.

RODRIGO.
Pues hallará quien castigue
su locura temeraria.

TELLO.
Cierra,[180] señor; que no son
muelas que a difuntos sacan.

[Retíranse DON RODRIGO y DON
FERNANDO.]

ALONSO.
No los sigas. Bueno está.

TELLO.
Aquí se quedó una capa.

ALONSO.
Cógela y ven por aquí;
que hay luces en las ventanas.
      [Vanse.]

[Salen DOÑA LEONOR y DOÑA INÉS.]

INÉS.
Apenas la blanca aurora,
Leonor, el pie de marfil
puso en las flores de abril,
que pinta, esmalta y colora,[181]
cuando a mirar el listón
salí, de amor desvelada,[182]
y con la mano turbada[183]
di sosiego al corazón.[184]
En fin, él no estaba allí.

LEONOR.
Cuidado tuvo el galán.

INÉS.
No tendrá los que me dan
sus pensamientos a mí.[185]

LEONOR.
Tú, que fuiste el mismo hielo,[186]
¡en tan breve tiempo estás
de esa suerte!

INÉS.
                    No sé más
de que me castiga el cielo.
O es venganza o es vitoria
de amor en mi condición;
parece que el corazón
se me abrasa en su memoria.
Un punto[187] solo no puedo
apartarla dél.[188] ¿Qué haré?

---

[179]acerca
[180]Ataca
[181]description of the morning. In mythology,
Aurora is the goddess of the moon who
opens the doors of the East to the sun.
[182]sin poder dormir
[183]temblando

[184]di...calmé
[185]No...He probably is not thinking of me the
way I'm thinking of him.
[186]Tú...You, who were as cold as ice. Inés had
always been cold and indifferent to men.
[187]poquito
[188]de él

[*Sale* DON RODRIGO *con el listón en el sombrero.*]

RODRIGO. [*Aparte.*]
(Nunca, amor, imaginé
que te sujetara el miedo.
Ánimo para vivir;
que aquí está Inés.) Al señor
don Pedro busco.

INÉS
                    Es error
tan de mañana acudir;
que no estará levantado.

RODRIGO.
Es un negocio importante.

INÉS. [*A* LEONOR.]
(No he visto tan necio amante.)

LEONOR.
(Siempre es discreto lo amado,
y necio lo aborrecido.)

RODRIGO. [*Aparte.*]
¿Que de ninguna manera
puedo agradar una fiera,
ni dar memoria a su olvido?[189]

INÉS. [*A* LEONOR.]
(¡Ay, Leonor! No sin razón
viene don Rodrigo aquí,
si yo misma le escribí
que fuese por el listón.)

LEONOR.
(Fabia este engaño te ha hecho.)

INÉS.
(Presto romperé el papel;
que quiero vengarme en él
de haber dormido en mi pecho.)[190]

[*Salen* DON PEDRO, *su padre, y* DON FERNANDO.]

FERNANDO.
Hame puesto por tercero[191]

[*Aparte a* DON PEDRO.]
para tratarlo con vós.

PEDRO.
Pues hablaremos los dos
en el concierto primero.

FERNANDO.
Aquí está; que siempre amor
es reloj anticipado.

PEDRO.
Habrále Inés concertado
con la llave del favor.

FERNANDO.
De lo contrario se agravia.

PEDRO.
Señor don Rodrigo...

RODRIGO.
                    Aquí
vengo a que os sirváis de mí.

[*Hablen bajo* DON PEDRO *y los dos galanes.*]

INÉS. [*Aparte a* LEONOR.]
Todo fue enredo de Fabia.

LEONOR.
    ¿Cómo?

INÉS.
                ¿No ves que también
trae el listón don Fernando?

LEONOR.
Si en los dos le estoy mirando,
entrambos te quieren bien.

INÉS.
Sólo falta que me pidas[192]
celos, cuando estoy sin mí.[193]

LEONOR.
¿Qué quieren tratar aquí?

---

[189] **ni**...nor make her remember me in her indifference? **Fiera** refers to Inés, who is like a wild animal in her hostility toward Rodrigo.
[190] **quiero**...I want to take vengeance on it (the paper) for having slept on my breast.
[191] intermediary
[192] **tengas**
[193] **sin...loca**

INÉS.

¿Ya las palabras olvidas
que dijo mi padre ayer
en materia de casarme?

LEONOR.

Luego bien puede olvidarme
Fernando, si él viene a ser.[194]

INÉS.

Antes presumo que son
entrambos los que han querido
casarse, pues han partido
entre los dos el listón.

PEDRO. [A los caballeros.]

Ésta es materia que quiere
secreto y espacio. Entremos
donde mejor la tratemos.

RODRIGO.

Como yo ser vuestro[195] espere,
no tengo más de tratar.

PEDRO.

Aunque os quiero enamorado
de Inés, para el nuevo estado,[196]
quien soy os ha de obligar.[197]

[Vanse los tres.]

INÉS.

¡Qué vana fue mi esperanza!
¡Qué loco mi pensamiento!
¡Yo, papel a don Rodrigo!
Y ¡tú, de Fernando celos!
¡Oh forastero enemigo!
¡Oh Fabia embustera![198]

[Sale FABIA.]

FABIA.

Quedo;[199]
que lo está escuchando Fabia.

INÉS.

Pues ¿cómo, enemiga, has hecho

un enredo[200] semejante?

FABIA.

Antes fue tuyo el enredo;
si en aquel papel escribes
que fuese aquel caballero
por un listón de esperanza
a las rejas de tu güerto,
y en ellas pones dos hombres
que[201] le maten, aunque pienso
que a no se haber[202] retirado
pagaran su loco intento.[203]

INÉS.

¡Ay, Fabia! Ya que contigo
llego a declarar mi pecho,
ya que a mi padre, a mi estado,[204]
y a mi honor pierdo el respeto,
dime: ¿es verdad lo que dices?
Que siendo así, los que fueron
a la reja le tomaron,
y por favor se le han puesto.[205]
De suerte estoy,[206] madre mía,
que no puedo hallar sosiego,
si no es pensando en quien sabes.

FABIA. [Aparte.]

(¡Oh qué bravo efeto hicieron
los hechizos[207] y conjuros![208]
La vitoria me prometo.)
No te desconsueles, hija;
vuelve en ti,[209] que tendrás presto
estado con el mejor
y más noble caballero
que agora tiene Castilla;
porque será, por lo menos;
el que por único llaman
el caballero de Olmedo.
Don Alonso en una feria
te vio, labradora Venus,
haciendo las cejas arco,

---

[194] si...si es él
[195] vuestro yerno
[196] el...el matrimonio
[197] quien...out of respect for me you must wait
[198] deceiver
[199] Silencio
[200] lío, intriga
[201] para que
[202] se...haberse
[203] pagaran...they would have done what they set out to do
[204] posición
[205] por...and took it for a token put there for them
[206] De...I'm in such a state
[207] spells
[208] conjuration (of spirits)
[209] vuelve...get a grip on yourself

y flecha los ojos bellos.[210]
Disculpa tuvo en seguirte,
porque dicen los discretos
que consiste la hermosura
en ojos y entendimiento.
En fin, en las verdes cintas
de tus pies llevaste presos
los suyos; que ya el amor
no prende con los cabellos.
El te sirve, tú le estimas;
él te adora, tú le has muerto,
él te escribe, tú respondes;
¿quién culpa amor tan honesto?
Para él tienen sus padres,
porque es único heredero,
diez\ mil ducados de renta;
y aunque es tan mozo[211] son
 viejos.
Déjate amar y servir
del más noble, del más cuerdo
caballero de Castilla,
lindo talle, lindo ingenio.
El rey en Valladolid
grandes mercedes le ha hecho,
porque él solo honró las fiestas
de su real casamiento.[212]
Cuchilladas y lanzadas
dio en los toros como un
 Héctor;[213]
treinta precios[214] dio a las damas
en sortijas[215] y torneos.[216]
Armado, parece Aquiles[217]
mirando de Troya el cerco;
con galas parece Adonis...[218]

Mejor fin le den los cielos.[219]
Vivirás bien empleada[220]
en un marido discreto.
¡Desdichada de la dama
que tiene marido necio!

INÉS.

¡Ay, madre, vuélvesme[221] loca!
Pero, triste, ¿cómo puedo
ser suyo, si a don Rodrigo
me da mi padre don Pedro?
El y don Fernando están
tratando mi casamiento.

FABIA.

Los dos haréis nulidad[222]
la sentencia de ese pleito.[223]

INÉS.

Está don Rodrigo allí.

FABIA.

Esto no te cause miedo,
pues es parte[224] y no jüez.

INÉS.

Leonor, ¿no me das consejo?

LEONOR.

Y ¿estás tú para tomarle?

INÉS.

No sé; pero no tratemos
en público destas cosas.

FABIA.

Déjame a mí tu suceso.
Don Alonso ha de ser tuyo;
que serás dichosa espero
con hombre que es en Castilla
 la gala de Medina,
 la flor de Olmedo.[225]

---

[210]**haciendo**...making your eyebrows bows that shot arrows from your lovely eyes
[211]**joven**
[212]reference to the marriage of Juan II and María de Aragón at Medina del Campo in 1418
[213]the brave Trojan chief killed by Achilles in the Trojan War
[214]**premios**
[215]rings
[216]tournaments
[217]The most famous of the Greek heroes of the *Iliad*, Achilles is the incarnation of valor. He was mortally wounded in the heel, the only vulnerable part of his body, by an arrow.
[218]In Greek mythology, Adonis was renowned for his physical beauty.
[219]**Mejor**...May the heavens grant him a happier end. Adonis was killed by a wild boar.
[220]**casada**
[221]**me vuelves**
[222]**haréis**...will nullify
[223]case (in a legal sense)
[224]party (in a legal sense)
[225]The verses are from an old **romance** and are included in the song *Sobre el canto llano del caballero*, printed by the musician Antonio Cabezón in 1578.

ACTO SEGUNDO

[*Salen* TELLO y DON ALONSO.]

ALONSO.

Tengo el morir por mejor,
Tello, que vivir sin ver.

TELLO.

Temo que se ha de saber
este tu secreto amor;
que, con tanto ir y venir
de Olmedo a Medina, creo
que a los dos[1] da tu deseo
que sentir, y aun que decir.

ALONSO.

¿Cómo puedo yo dejar
de ver a Inés si la adoro?

TELLO.

Guardándole más decoro
en el venir y el hablar;[2]
que en ser a tercero día,[3]
pienso que te dan, señor,
tercianas[4] de amor.

ALONSO.

Mi amor
ni está ocioso, ni se enfría;
siempre abrasa,[5] y no permite
que esfuerce naturaleza
un instante su flaqueza,[6]
porque jamás se remite.
Mas bien se ve que es león,
amor; su fuerza, tirana;
pues que con esta cuartana
se amansa mi corazón.
Es esta ausencia una calma
de amor, porque si estuviera
adonde siempre a Inés viera,
fuera salamandra[7] el alma.

TELLO.

¿No te cansa y te amohina[8]
tanto entrar, tanto partir?[9]

ALONSO.

Pues yo, ¿qué hago en venir,
Tello, de Olmedo a Medina?
Leandro[10] pasaba un mar
todas las noches, por ver
si le podía beber
para poderse templar.
Pues si entre Olmedo y Medina
no hay, Tello, un mar, ¿qué me debe
Inés?

TELLO.

A otro mar se atreve
quien al peligro camina
en que Leandro se vio;
pues a don Rodrigo veo
tan cierto de tu deseo
como puedo estarlo yo;
que como yo no sabía
cuya[11] aquella capa fue,
un día que la saqué...

ALONSO.

¡Gran necedad!

TELLO.

como mía,

---

[1] **don Rodrigo y don Fernando**

[2] Alonso repeatedly goes to Medina, then returns home to Olmedo. His coming and going is attracting attention, and Tello warns him that such boldness is dangerous.

[3] **a ...** the third day (of this affair)

[4] Tertian fever, which occurs every three days. (Note the play between **tercero**, both "third" and "intermediary," and **tercianas**.) Nine lines below Alfonso refers to **esta cuartana,** quartan fever, which occurs every four days.

[5] burns

[6] **no...**does not allow it to weaken for a moment.

[7] The legendary salamander was believed to be able to endure fire without harm.

[8] annoy

[9] Tello's constant comments on the undesirability of so much coming and going serve to foreshadow the outcome.

[10] In Greek mythology, Leander swam the Hellespont (now the Dardanelles Strait) every night in order to see his beloved Hero. He eventually drowned.

[11] **de quien**

me preguntó: «Diga, hidalgo,
¿quién esta capa le dio?
Porque la conozco yo.»
Respondí: «Si os sirve en algo
daréla a un criado vuestro.»
Con esto, descolorido,[12]
dijo: «La había perdido
de noche un lacayo nuestro,
pero mejor empleada
está en vos; guardadla bien.»
Y fuese[13] a medio desdén,[14]
puesta la mano en la espada.[15]

Sabe que te sirvo, y sabe
que la perdió con los dos.
Advierte, señor, por Dios,
que toda esa gente es grave,
y que están en su lugar,
donde todo gallo canta.[16]
Sin esto, también me espanta
ver este amor comenzar
por tantas hechicerías,
y que cercos[17] y conjuros
no son remedios seguros,
si honestemente porfías.[18]

Fui con ella[19] ¡que no fuera!,[20]
a sacar de un ahorcado
una muela; puse a un lado,
como Arlequín,[21] la escalera.

Subió Fabia, quedé al pie,
y díjome el salteador:
«Sube, Tello, sin temor,
o, si no, yo bajaré.»

¡San Pablo!, allí me caí;

tan sin alma vine al suelo
que fue milagro del cielo
el poder volver en mí.[22]

Bajó, desperté turbado,
y de mirarme afligido;
porque, sin haber llovido,
estaba todo mojado.

ALONSO.

Tello, un verdadero amor
en ningún peligro advierte.
Quiso mi contraria suerte
que hubiese competidor,
y que trate, enamorado,
casarse con doña Inés.
Pues ¿qué he de hacer, si me ves
celoso y desesperado?

No creo en hechicerías,
que todas son vanidades;
quien[23] concierta voluntades
son méritos y porfías.[24]

Inés me quiere; yo adoro
a Inés, yo vivo en Inés.
Todo lo que Inés no es
desprecio, aborrezco, ignoro.

Inés es mi bien; yo soy
esclava de Inés, no puedo
vivir sin Inés. De Olmedo
a Medina vengo y voy,
porque Inés mi dueño es
para vivir o morir.

TELLO.

Sólo te falta decir:
«Un poco te quiero, Inés.»[25]

---

[12] livid
[13] se fue
[14] **a**...with rather forced carelessness
[15] Tello has insulted Don Rodrigo by using the cloak himself, thereby implying that it is not good enough for a gentleman. Then he refers to it as something one of Don Rodrigo's lackeys might have lost.
[16] **están**...they're on home territory (in Medina), where they rule the roost
[17] circles (used in conjurations)
[18] Note the repeated insistence on the "honesty" of Alonso's pursuit. He does not wish to dishonor Inés, but his passion has caused him to act imprudently.
[19] Fabia

[20] **que...ojalá que no hubiera ido**
[21] Harlequin, the acrobatic clown of the Italian *commedia dell'arte.*
[22] **volver**...regain consciousness
[23] **lo que**
[24] Note that Alonso does not believe in witchcraft. Since witchcraft was considered a sin against God, Alonso's rejection of the practice is essential to his role of admirable young protagonist. The point is also important with respect to the Church's stand on free will. Since Fabia has no real power, Alonso's downfall is brought about by his own imprudent behavior.
[25] Tello mocks his master's rapture.

¡Plega[26] a Dios que por bien sea!

ALONSO.

Llama, que es hora.

TELLO.

Yo voy.

ANA.

¿Quién es?

TELLO.

¿Tan presto? Yo soy.
¿Está en casa Melibea?[27]
Que viene Calisto aquí.

ANA. [*Dentro.*]

Aguarda un poco, Sempronio.

TELLO.

¿Si haré falso testimonio?[28]

INÉS. [*Dentro.*]

¿El mismo?

ANA. [*Dentro.*]

Señora, sí.

[*Sale* DOÑA INÉS.]

INÉS.

¡Señor mío!

ALONSO.

Bella Inés,
esto es venir a vivir.

TELLO.

Agora no hay que decir:
«Yo te lo diré después.»

INÉS.

Tello amigo!

TELLO.

¡Reina mía!

INÉS.

Nunca, Alonso de mis ojos,[29]
por haberme dado enojos
esta ignorante porfía[30]

de don Rodrigo esta tarde,
he estimado que me vieses...

....
....[31]

ALONSO.

Aunque fuerza de obediencia
te hiciese tomar estado[32]
no he de estar desengañado[33]
hasta escuchar la sentencia.
Bien el alma me decía,
y a Tello se lo contaba
cuando el caballo sacaba,
y el sol los que aguarda el día,[34]
que de alguna novedad
procedía mi tristeza,
viniendo a ver tu belleza,
pues me dices que es verdad.
¡Ay de mí si ha sido ansí!

INÉS.

No lo creas, porque yo
diré a todo el mundo no,
después que te dije sí.
Tú solo dueño has de ser
de mi libertad y vida;
no hay fuerza que el ser impida,
don Alonso, tu mujer.
Bajaba al jardín ayer,
y como por don Fernando
me voy de Leonor guardando,[35]
a las fuentes, a las flores
estuve diciendo amores,
y estuve también llorando.
«Flores y aguas (les decía),
dichosa vida gozáis,
pues aunque noche pasáis,
veis vuestro sol cada día.»
Pensé que me respondía

---

[26] **Plega...Quiera Dios**

[27] Melibea, Calisto, and Sempronio are characters in *La Celestina*, one of the sources for *El caballero de Olmedo*.

[28] As Sempronio did in *La Celestina*.

[29] **Alonso...mi querido Alonso**

[30] stubbornness

[31] Two verses are missing to complete the redondilla.

[32] **tomar...casarte**

[33] desilusionado

[34] **el sol...**the sun took out the horses that day awaited. In mythology, Apollo's horse-drawn chariot brought the sun to the new day.

[35] staying away

la lengua de una azucena
(¡qué engaños amor ordena!):
«Si el sol que adorando estás
viene de noche, que es más,
Inés, ¿de qué tienes pena?»

TELLO.

Así dijo a un ciego un griego,
que le contó mil disgustos:
«Pues tiene la noche gustos,
¿para qué te quejas, ciego?»[36]

INÉS.

Como mariposa llego
a estas horas, deseosa
de tu luz;[37] no mariposa,
fénix ya, pues de una suerte
me da vida y me da muerte
llama tan dulce y hermosa.[38]

ALONSO.

¡Bien haya el coral, amén,
de cuyas hojas de rosas
palabras tan amorosas
salen a buscar mi bien![39]
Y advierte que yo también,
cuando con Tello no puedo,
mis celos, mi amor, mi miedo
digo en tu ausencia a las flores.

TELLO.

Yo le vi decir amores
a los rábanos[40] de Olmedo;
que un amante suele hablar
con las piedras, con el viento.

ALONSO.

No puede mi pensamiento
ni estar solo, ni callar;
contigo, Inés, ha de estar,
¡Oh, quién supiera decir
lo que te digo en ausencia!

Pero estando en tu presencia
aun se me olvida el vivir.
Por el camino le cuento
tus gracias a Tello, Inés,
y celebramos después
tu divino entendimiento.
Tal gloria en tu nombre siento
que una mujer recibí[41]
de tu nombre, porque ansí,
llamándola todo el día,
pienso, Inés, señora mía,
que te estoy llamando a ti.

TELLO.

Pues advierte, Inés discreta,
de los dos tan nuevo efeto,
que a él le has hecho discreto,
y a mí me has hecho poeta.
Oye una glosa a un estribo[42]
que compuso don Alonso,
a manera de responso,[43]
si los hay en muerto vivo.
«En el valle a Inés
la dejé riendo:
si la ves, Andrés,
dile cuál me ves
por ella muriendo.»[44]

INÉS.

¿Don Alonso la compuso?

TELLO.

Que es buena, jurarte puedo,
para poeta de Olmedo;
escucha.

ALONSO.

Amor lo dispuso.

TELLO.

Andrés, después que las bellas
plantas de Inés goza el valle,

---

[36] **Pues...**Since night (darkness) brings pleasure, what are you complaining about, blind man? As usual, Tello is making fun of the lovers' fancy rhetoric.

[37] Recall that the loved one is associated with light in Neoplatonic poetry. Inés is like a moth who is attracted to Alonso's flame.

[38] Once again, note the association between love and death.

[39] **Bien...**Blessed be the mouth (coral) from whose lips (rose petals) such loving words come forth to seek my happiness.

[40] radishes

[41] **empleé**

[42] refrain

[43] responsory for the dead

[44] Note that each line of the refrain ends one strophe of the poem recited by Tello below.

tanto florece con ellas,
que quiso el cielo trocalle[45]
por sus flores, sus estrellas.

Ya el valle es cielo, después
que su primavera es,
pues verá el cielo en el suelo
quien vio, pues Inés es cielo,
en el valle a Inés.

Con miedo y respeto estampo[46]
el pie donde el suyo huella;[47]
que ya Medina del Campo
no quiere aurora más bella
para florecer su campo.

Yo la vi de amor huyendo,
cuanto miraba matando,
su mismo desdén venciendo,
y aunque me partí llorando,
la dejé riendo.

Dile, Andrés, que ya me veo
muerto por volverla a ver,
aunque cuando llegues, creo
que no será menester;
que me habrá muerto el deseo.

No tendrás que hacer después
que a sus manos vengativas
llegues, si una vez la ves,
ni aun es posible que vivas,
si la ves, Andrés.

Pero si matarte olvida,
por no hacer caso de ti,
dile a mi hermosa homicida
que ¿por qué se mata en mí,
pues que sabe que es mi vida?

Dile: «Crüel, no le des
muerte, si vengada estás,
y te ha de pesar después.»
Y pues no me has de ver más,
dile cuál me ves.

Verdad es que se dilata[48]

el morir, pues con mirar
vuelve a dar vida la ingrata,
y ansí se cansa en matar,
pues da vida a cuantos mata.[49]

Pero, muriendo o viviendo,
no me pienso arrepentir
de estarla amando y sirviendo;
que no hay bien como vivir
por ella muriendo.

INÉS.

Si es tuya, notablemente
te has alargado[50] en mentir
por don Alonso.

ALONSO.

Es decir
que mi amor en versos miente;
pues, señora ¿qué poesía
llegará a significar[51]
mi amor?

INÉS.

¡Mi padre!

ALONSO.

¿Ha de entrar?

INÉS.

Escondeos.

ALONSO.

¿Dónde?

[*Ellos se entran, y sale* DON PEDRO.]

PEDRO.

Inés mía,
¡agora por recoger![52]
¿Cómo no te has acostado?

INÉS.

Rezando, señor, he estado
por lo que dijiste ayer,
rogando a Dios que me incline
a lo que fuere mejor.

---

[45] **tocarle**
[46] I place (my foot)
[47] leaves a print
[48] **se**...delays
[49] The idea is that love gives both life and
death. Love "kills" by incapacitating the lover
and causing his total submission, but gives

life by revitalizing him and providing a
reason for living. This concept is a commonplace of courtly love.
[50] **te**...you've been long-winded
[51] **expresar**
[52] **agora**...you're just turning in now!

PEDRO.

Cuando para ti mi amor
imposibles imagine,
    no pudiera hallar un hombre
como don Rodrigo, Inés.

INÉS.

Ansí dicen todos que es
de su buena fama y nombre;
y habiéndome de casar,
ninguno en Medina hubiera,
ni en Castilla, que pudiera
sus méritos igualar.

PEDRO.

    ¿Cómo, habiendo de casarte?

INÉS.

Señor, hasta ser forzoso
decir que ya tengo esposo,
no he querido disgustarte.

PEDRO.

¡Esposo! ¿Qué novedad
es ésta, Inés?

INÉS.

                    Para ti
será novedad; que[53] en mí
siempre fue mi voluntad.
    Y ya que estoy declarada,
hazme mañana cortar
un hábito, para dar
fin a esta gala excusada;[54]
    que así quiero andar, señor,
mientras me enseñan latín.
Leonor te queda; que al fin
te dará nietos Leonor.
    Y por mi madre te ruego
que en esto no me repliques,
sino que medios apliques
a mi elección y sosiego.
    Haz buscar una mujer
de buena y santa opinión,

que me dé alguna lición[55]
de lo que tengo de ser,
    y un maestro de cantar,
que de latín sea también.

PEDRO.

    ¿Eres tú quien habla, o quién?

INÉS.

Esto es hacer, no es hablar.

PEDRO.

Por una parte, mi pecho
se enternece de escucharte,
Inés, y por otra parte,
de duro mármol le has hecho.[56]
    En tu verde[57] edad mi vida
esperaba sucesión;
pero si esto es vocación,
no quiera Dios que lo impida.
    Haz tu gusto, aunque tu celo[58]
en esto no intenta[59] el mío;
que ya sé que el albedrío
no presta obediencia al cielo.
    Pero porque suele ser
nuestro pensamiento humano
tal vez inconstante y vano,
y en condición de mujer,
    que es fácil de persuadir,
tan poca firmeza alcanza
que hay de mujer a mudanza[60]
lo que de hacer a decir;
    mudar las galas no es justo,
pues no pueden estorbar[61]
a leer latín o cantar,
ni a cuanto fuere tu gusto.
    Viste alegre y cortesana;
que no quiero que Medina,
si hoy te admirare divina,
mañana te burle humana.[62]
    Yo haré buscar la mujer
y quien te enseñe latín,

---

[53] pero
[54] gala...unnecessary frills
[55] lección
[56] you have left me cold (stunned)
[57] ripe
[58] zeal
[59] corresponde con

[60] It was a commonplace that women were always changing their minds.
[61] ser un obstáculo
[62] si...if today they admire you for your sanctity, tomorrow they could mock you for being just an ordinary flesh-and-blood woman.

pues a mejor padre, en fin,
es más justo obedecer.
    Y con esto adiós te queda;
que para no darte enojos,
van a esconderse mis ojos
adonde llorarte pueda.

[*Vase, y salgan* DON ALONSO *y*
TELLO.]

INÉS.
    Pésame de haberte dado
disgusto.
ALONSO.
        A mí no me pesa,
por el que me ha dado el ver
que nuestra muerte conciertas.[63]
¡Ay, Inés! ¿Adónde hallaste
en tal desdicha, en tal pena,
tan breve remedio?
INÉS.
          Amor
en los peligros enseña
una luz adonde el alma
posibles remedios vea.[64]
ALONSO.
    Este ¿es remedio posible?
INÉS.
    Como yo agora le tenga,
para que este don Rodrigo
no llegue al fin que desea,
bien sabes que breves males
la dilación[65] los remedia;
que no dejan esperanza
si no hay segunda sentencia.
TELLO.
    Dice bien, señor; que en tanto
que doña Inés cante y lea,
podéis dar orden[66] los dos
para que os valga[67] la Iglesia.
Sin esto, desconfiado

don Rodrigo, no hará fuerza
a don Pedro en la palabra,
pues no tendrá por ofensa
que le deje doña Inés
por quien dice que le deja.[68]
También es linda ocasión
para que yo vaya y venga
con libertad a esta casa.
ALONSO.
    ¡Libertad! ¿De qué manera?
TELLO.
    Pues ha de leer latín,
¿no será fácil que pueda
ser yo quien venga a enseñarla?
¡Y verás con qué destreza
la enseño a leer tus cartas!
ALONSO.
    ¡Qué bien mi remedio piensas!
TELLO.
    Y aun pienso que podrá Fabia
servirte en forma de dueña,[69]
siendo la santa mujer
que con su falsa apariencia[70]
venga a enseñarla.
INÉS.
         Bien dices;
Fabia será mi maestra
de virtudes y costumbres.[71]
TELLO.
    ¡Y qué tales serán ellas!
ALONSO.
    Mi bien, yo temo que el día
(que es amor dulce materia
para no sentir las horas,
que por los amantes vuelan)
nos halle tan descuidados
que al salir de aquí me vean,
o que sea fuerza quedarme.
¡Ay, Dios, qué dichosa fuerza!
Medina, a la Cruz de Mayo[72]

---

[63] you are planning
[64] That is, love will serve as a guiding light.
[65] delay, time
[66] find a way
[67] **sirva, apoye**
[68] That is, God.

[69] teacher, guide
[70] disguise
[71] Note the irony of Don Pedro's taking Fabia as a moral instructor for his daughter.
[72] **Cruz**...May 3, the Feast of the Finding of the Holy Cross

hace sus mayores fiestas:
yo tengo que prevenir,
que, como sabes, se acercan;
que, fuera de que en la plaza
quiero que galán me veas,
de Valladolid me escriben
que el rey don Juan viene a verlas;
que en los montes de Toledo
le pide que se entretenga
el Condestable[73] estos días,
porque en ellos convalezca,[74]
y de camino, señora,
que honre esta villa le ruega;
y así, es razón que le sirva
la nobleza desta tierra.
Guárdete el cielo, mi bien.

INÉS.

Espera; que a abrir la puerta
es forzoso que yo vaya.

ALONSO.

¡Ay, luz! ¡Ay, aurora necia,
de todo amante envidiosa![75]

TELLO.

Ya no aguardéis[76] que amanezca.

ALONSO.

¿Cómo?

TELLO.

Porque es de día.

ALONSO.

Bien dices, si a Inés me muestras;[77]
pero, ¿cómo puede ser,
Tello, cuando el sol acuesta?

TELLO.

Tú vas despacio, él aprisa;
apostaré que te quedas. [*Vanse.*]

[*Salen* DON RODRIGO *y* DON
FERNANDO.]

RODRIGO.

Muchas veces había reparado,
don Fernando, en aqueste[78]
caballero,
del corazón solícito[79] avisado.[80]
El talle, el grave rostro, lo severo,
celoso me obligaban a miralle.[81]

FERNANDO.

Efetos son de amante verdadero;
que, en viendo otra persona de
buen talle,
tienen temor que si le ve su dama,
será posible, o fuerza, codicialle.[82]

RODRIGO.

Bien es verdad que él tiene tanta
fama,
que por más que en Medina se
encubría,[83]
el mismo aplauso popular le
aclama.
Vi, como os dije, aquel
mancebo[84] un día
que la capa perdida en la
pendencia[85]
contra el valor de mi opinión traía.
Hice secretamente diligencia[86]
después de hablarle, y satisfecho
quedo,
que tiene esta amistad
correspondencia.[87]
Su dueño es don Alonso, aquel
de Olmedo,

---

[73] military commander (in the Middle Ages). A
reference to Don Alvaro de Luna, the
Constable of Castile, who was a favorite of
Juan II and one of the most powerful men of
his time. He lost favor with the King and was
beheaded.

[74] rest from danger

[75] Dawn is the enemy of lovers because it robs
them of the protection of night's darkness.

[76] **esperéis**

[77] Alonso is saying that for him, Inés is the sun.

[78] **este**

[79] apprehensive

[80] warned

[81] **mirarle**

[82] **si...**if his lady sees him, it is possible, or even
certain, that she will desire him

[83] **se escondía**

[84] **muchacho**

[85] **disputa**

[86] **investigación**

[87] **que...**that she returns his love

alanceador[88] galán y cortesano,[89]
de quien hombres y toros tienen
   miedo.
   Pues si éste sirve a Inés, ¿qué
intento en vano?
O ¿cómo quiero yo, si ya le adora,
que Inés me mire con semblante[90]
   humano?

FERNANDO.
   ¿Por fuerza ha de quererle?[91]

RODRIGO.
                  El la
   enamora,
y merece, Fernando, que le quiera.
¿Qué he de pensar, si me aborrece
   agora?

FERNANDO.
   Son celos, don Rodrigo, una
   quimera[92]
que se forma de envidia, viento y
   sombra,
con que lo incierto imaginado
   altera,
   una fantasma que de noche
   asombra,
un pensamiento que a locura
   inclina,
y una mentira que verdad se
   nombra.[93]

RODRIGO.
   Pues, ¿cómo tantas veces a
   Medina
viene y va don Alonso? Y ¿a qué
   efeto
es cédula de noche en una
   esquina?[94]
   Yo me quiero casar; vos sois
   discreto:

¿qué consejo me dais, si no es
   matalle?[95]

FERNANDO.
   Yo hago diferente mi conceto;[96]
que ¿cómo puede doña Inés
   amalle[97]
si nunca os quiso a vos?

RODRIGO.
                Porque es
   respuesta
que tiene mayor dicha o mejor
   talle.

FERNANDO.
   Mas porque doña Inés es tan
   honesta,
que aun la ofendéis con nombre
   de marido.

RODRIGO.
   Yo he de matar a quien vivir me
   cuesta
   en su desgracia, porque tanto
   olvido
no puede proceder de honesto
   intento.
Perdí la capa y perderé el sentido.

FERNANDO.
   Antes,[98] dejarla a don Alonso,
   siento
que ha sido como echársela en los
   ojos.
Ejecutad,[99] Rodrigo, el casamiento;
llévese don Alonso los
   despojos,[100] y la vitoria vos.

RODRIGO.
                Mortal
   desmayo[101]
cubre mi amor de celos y de enojos.

---

[88] **el que lleva una lanza**
[89] courtly
[90] **cara**
[91] **Por...**Does she necessarily have to love him?
[92] a fancy, a fantastic illusion
[93] The destructive power of jealousy was a favorite Renaissance theme.
[94] **es...**he is like a sign posted on the wall of Don Pedro's house every night. That is, Alonso is always standing by his loved one's house.
[95] **matarle**
[96] **opinión**
[97] **amarle**
[98] Rather
[99] Carry out
[100] scraps
[101] depression, faintness

FERNANDO.

Salid galán para la Cruz de
    Mayo,
que yo saldré con vós; pues el rey
    viene,
las sillas piden el castaño y bayo.[102]
Menos aflige el mal que se
    entretiene.

RODRIGO.

Si viene don Alonso, ya Medina
¿qué competencia con Olmedo
    tiene?[103]

FERNANDO.

¡Qué loco estáis!

RODRIGO.

        Amor me desatina.[104] [*Vanse.*]

[*Salen* DON PEDRO, DOÑA INÉS, *y*
    DOÑA LEONOR.]

PEDRO.

No porfíes.[105]

INÉS.

        No podrás
mi propósito vencer.[106]

PEDRO.

Hija, ¿qué quieres hacer,
que tal veneno me das?
Tiempo te queda.

INÉS.

        Señor,
¿qué importa el hábito pardo,
si para siempre le aguardo?

LEONOR.

Necia estás.

INÉS.

        Calla, Leonor.

LEONOR.

Por lo menos estas fiestas
has de ver con galas.

INÉS.

        Mira
que quien por otras suspira,
ya no tiene el gusto en éstas.
    Galas celestiales son
las que ya mi vida espera.

PEDRO.

¿No basta que yo lo quiera?

INÉS.

Obedecerte es razón.

[*Sale* FABIA, *con un rosario y
    báculo*[107] *y antojos.*]

FABIA.

¡Paz sea en aquesta casa!

PEDRO.

Y venga con vós.

FABIA.

        ¿Quién es
la señora doña Inés,
que con el Señor[108] se casa?
    ¿Quién es aquélla que ya
tiene su esposo elegida,
y como a prenda querida
estos impulsos le da?

PEDRO.

Madre honrada, ésta que veis,
y yo su padre.

FABIA.

        Que sea
muchos años, y ella vea
el dueño[109] que vós no veis.
    Aunque en el Señor espero
que os ha de obligar piadoso
a que acetéis[110] tal esposo,
que es muy noble caballero.

PEDRO.

Y ¡cómo, madre, si lo es!

---

[102] this calls for saddling the chestnut (horse)
and the bay (horse)
[103] ya...how can Medina compete with Olmedo
[104] makes me foolish
[105] **insistas**
[106] **No**...You can't make me change my mind.

[107] staff
[108] Here and below, **Señor** and **dueño** are
ambiguous; they can refer either to the
Lord or to Don Alonso, who is a lord.
[109] master
[110] **aceptéis**

FABIA.

Sabiendo que anda a buscar
quien venga a morigerar[111]
los verdes años de Inés,
    quien la guíe, quien la muestre
las sémitas[112] del Señor,
y al camino del amor
como a principianta adiestre,[113]
    hice oración en verdad,
y tal impulso me dio,
que vengo a ofrecerme yo
para esta necesidad,
    aunque soy gran pecadora.[114]

PEDRO.

Esta es la mujer, Inés,
que has menester.

INÉS.

                    Ésta es
la que he menester agora.[115]
Madre, abrázame.

FABIA.

                    Quedito,
que el cilicio[116] me hace mal.

PEDRO.

No he visto humildad igual.

LEONOR.

En el rostro trae escrito
    lo que tiene el corazón.

FABIA.

¡Oh qué gracia, oh qué belleza!
¡Alcance tu gentileza
mi deseo y bendición!
    ¿Tienes oratorio?[117]

INÉS.

                    Madre,
comienzo a ser buena agora.

FABIA.

Como yo soy pecadora,
estoy temiendo a tu padre.

PEDRO.

No le pienso yo estorbar
tan divina vocación.

FABIA.

En vano, infernal dragón,
la pensabas devorar.
    No ha de casarse en Medina;
monasterio tiene Olmedo;
Domine, si tanto puedo,
ad juvandum me festina.[118]

PEDRO.

Un ángel es la mujer.

                    [*Sale* TELLO, *de gorrón.*][119]

TELLO. [*Dentro.*]

(Si con sus hijas está,
yo sé que agradecerá
que yo me venga a ofrecer.) [*Sale.*]
    El maestro que buscáis
está aquí, señor don Pedro,
para latín y otras cosas,[120]
que dirán después su efeto.
Que buscáis un estudiante
en la iglesia me dijeron,
porque ya desta señora
se sabe el honesto intento.
Aquí he venido a serviros,
puesto que[121] soy forastero,
si valgo para enseñarla.

PEDRO.

Ya creo y tengo por cierto,
viendo que todo se junta,
que fue voluntad del cielo.
En casa puede quedarse
la madre, y este mancebo
venir a darte lición.
Concertadlo,[122] mientras vuelvo,
las dos.—¿De dónde es, galán? [*A*
TELLO.]

---

[111] regulate, guide
[112] **camino**
[113] **enseñe**
[114] Fabia is telling the truth, although her words are those of a penitent.
[115] Note the hidden meaning. Inés needs Fabia to help her communicate with Alonso.
[116] hair shirt (worn as a penance)
[117] oratory, chapel (in a room or house)
[118] "Hasten to help me, oh Lord."
[119] wearing a student's gown
[120] Note the hidden meaning of **otras cosas**.
[121] **aunque**
[122] Plan it, decide it

TELLO.

Señor, soy calahorreño.[123]

PEDRO.

¿Su nombre?

TELLO.

Martín Peláez.[124]

PEDRO.

Del Cid debe de ser deudo.[125]
¿Dónde estudió?

TELLO.

En la Coruña,[126]
y soy por ella maestro.

PEDRO.

¿Ordenóse?[127]

TELLO.

Sí, señor;
de vísperas.[128]

PEDRO.

Luego vengo. [*Vase.*]

TELLO.

¿Eres Fabia?

FABIA.

¿No lo ves?

LEONOR.

Y ¿tú Tello?

INÉS.

¡Amigo Tello!

LEONOR.

¿Hay mayor bellaquería?[129]

INÉS.

¿Qué hay de don Alonso?

TELLO.

¿Puedo
fiar de Leonor?

INÉS.

Bien puedes.

LEONOR.

Agraviara[130] Inés mi pecho[131]

y mi amor, si me tuviera
su pensamiento encubierto.

TELLO.

Señora, para servirte,
está don Alonso bueno,
para las fiestas de mayo,
tan cerca ya, previniendo
galas, caballos, jaezes,[132]
lanza y rejones;[133] que pienso
que ya le tiemblan los toros.
Una adarga habemos hecho,
si se conciertan las cañas,[134]
como de mi raro ingenio.
Allá la verás, en fin.

INÉS.

¿No me ha escrito?

TELLO.

Soy un necio;
ésta, señora, es la carta.

INÉS.

Bésola[135] de porte,[136] y leo.

[*Sale* DON PEDRO.]

PEDRO.

Pues pon el coche[137] si está
malo el alazán.[138] ¿Qué es esto?

TELLO. [*Aparte a* INÉS.]

(¡Tu padre! Haz que lees, y yo
haré que latín te enseño.)
Dominus...[139]

INÉS.

Dominus...

TELLO.

Diga.

INÉS.

¿Cómo más?

[123] from Calahorra, in Old Castile
[124] The Cid's nephew
[125] **pariente**
[126] city in Galicia. There was never a university there.
[127] **Se ordenó (de sacerdote)**
[128] **de...**either «ordained at vespers» or «ordained yesterday»
[129] cunning, knavery
[130] It would hurt
[131] here, feelings
[132] harnesses
[133] **tipo de lanza**
[134] tourney in which the spearsmen tilt with spears of cane
[135] **La beso**
[136] in payment
[137] carriage
[138] sorrel horse
[139] God

TELLO.

        Dominus meus.[140]

INÉS.

Dominus meus.

TELLO.

        Ansí,
poco a poco irá leyendo.

PEDRO.

    ¿Tan presto tomas lición?

INÉS.

Tengo notable deseo.[141]

PEDRO.

Basta; que a decir, Inés,
me envía el ayuntamiento[142]
que salga a las fiestas yo.

INÉS.

Muy discretamente[143] han hecho,
pues viene a la fiesta el rey.

PEDRO.

Pues será con un concierto
que has de verlas con Leonor.

INÉS.

Madre, dígame si puedo
verlas sin pecar.

FABIA.

        Pues ¿no?[144]
No escrupulices en eso
como algunos tan mirlados[145]
que piensan, de circunspectos,
que en todo ofenden a Dios,
y olvidados de que fueron
hijos de otros, como todos,
cualquiera entretenimiento
que los trabajos olvide,
tienen por notable exceso.
Y aunque es justo moderarlos,
doy licencia, por los menos

para estas fiestas, por ser
jugatoribus paternus.[146]

PEDRO.

Pues vamos; que quiero dar
dineros a tu maestro,
y a la madre para un manto.[147]

FABIA.

¡A todos cubra el del cielo![148]
Y vós, Leonor, ¿no seréis
como vuestra hermana presto?

LEONOR.

Sí, madre, porque es muy justo
que tome tan santo ejemplo.
    [*Vanse.*]

        [*Sale el* REY DON JUAN *con
acompañamiento y el*
CONDESTABLE.]

REY.

No me traigáis al partir
negocios que despachar.

CONDESTABLE.

Contienen sólo firmar;
no has de ocuparte en oír.

REY.

    Decid con mucha presteza.[149]

CONDESTABLE.

¿Han de entrar?

REY.

        Ahora no.

CONDESTABLE.

Su Santidad[150] concedió
lo que pidió vuestra alteza
por Alcántara, señor.[151]

REY.

Que mudase le pedí

---

[140] My God
[141] Note the double meaning. Inés burns with desire.
[142] town council
[143] here, appropriately
[144] **¿por qué no?**
[145] **exageradamente virtuosos**
[146] Made-up Latin words that are supposed to mean "to give pleasure to the father."
[147] cloak
[148] **el...heaven's cloak**
[149] **con...rápido**
[150] **el Papa**
[151] A religious and military order. The Infante Fernando de Antequera, who later became Fernando de Aragón, requested the change in the habit of the Order of Alcántara, not Juan II. The new habit included a green cross on the left breast.

el hábito, porque ansí
pienso que estará mejor.

CONDESTABLE.

Era aquel traje muy feo.

REY.

Cruz verde pueden traer.
Mucho debo agradecer
al Pontífice el deseo
que de nuestro aumento
muestra,
con que irán siempre adelante
estas cosas del infante,[152]
en cuanto es de parte nuestra.

CONDESTABLE.

Estas son dos provisiones,
y entrambas notables son.

REY.

¿Qué contienen?

CONDESTABLE.

La razón[153]
de diferencia que pones
entre los moros y hebreos
que en Castilla han de vivir.

REY.

Quiero con esto cumplir,
Condestable, los deseos
de fray Vicente Ferrer,[154]
que lo ha deseado tanto.

CONDESTABLE.

Es un hombre docto y santo.

REY.

Resolví con él ayer
que en cualquiera reino mío
donde mezclados están,
a manera de gabán[155]
traiga un tabardo[156] judío

con una señal en él,
y un verde capuz[157] el moro.
Tenga el cristiano el decoro
que es justo; apártese dél;[158]
que con esto tendrán miedo
los que su nobleza infaman.

CONDESTABLE.

A don Alonso, que llaman
el caballero de Olmedo,
hace vuestra alteza aquí
merced de un hábito.

REY.

Es hombre
de notable fama y nombre.
En esta villa le vi
cuando se casó mi hermana.

CONDESTABLE.

Pues pienso que determina,
por servirte, ir a Medina
a las fiestas de mañana.

REY.

Decidle que fama emprenda
en el arte militar;
porque yo le pienso honrar
con la primera encomienda.[159]

[*Vanse.*]

[*Sale* DON ALONSO.]

ALONSO.

¡Ay, riguroso estado,
ausencia mi enemiga,
que dividiendo el alma
puedes dejar la vida!
¡Cuán bien por tus efetos
te llaman muerte viva,

---

[152]Fernando de Antequera, Juan II's uncle and the regent during the king's minority. Pope Benedict XIII was influential in placing Fernando on the throne of Aragón.

[153]statement

[154]A famous Dominican preacher who, as indicated in the following passage, was instrumental in the order to separate Jews and Moors by requiring them to wear special garments. It was not Juan II, but the Queen Doña Catalina de Valladolid, who issued the directive while she and the Infante were regents for the king, then only seven years old.

[155]coat

[156]tabard, a course, heavy short coat

[157]hooded cloak

[158]**de él**

[159]a commission in a military order, along with large land holdings, with which the king honored worthy subjects

pues das vida al deseo,
y matas a la vista!
¡Oh, cuán piadosa fueras
si al partir de Medina
la vida me quitaras
como el alma me quitas!
En ti, Medina, vive
aquella Inés divina,
que es honra de la corte
y gloria de la villa.
Sus alabanzas[160] cantan
las aguas fugitivas,
las aves que la escuchan,
las flores que la imitan.
Es tan bella que tiene
envidia de sí misma,
pudiendo estar segura
que el mismo sol la envidia,
pues no la ve más bella
por su dorada cinta,
ni cuando viene a España,
ni cuando va a las Indias.[161]
Yo merecí quererla,
¡dichosa mi osadía!,
que es merecer sus penas
calificar mis dichas.
Cuando[162] pudiera verla,
adorarla y servirla,
la fuerza[163] del secreto
de tanto bien me priva.
Cuando mi amor no fuera
de fe tan pura y limpia,
las perlas de sus ojos
mi muerte solicitan.
Llorando por mi ausencia
Inés quedó aquel día;
que sus lágrimas fueron
de sus palabras firma.
Bien sabe aquella noche
que pudiera ser mía;

cobarde amor, ¿qué aguardas,
cuando respetos miras?
¡Ay, Dios! ¡Qué gran desdicha
partir el alma y dividir la vida!

[*Sale* TELLO.]

TELLO.
    ¿Merezco ser bien llegado?[164]
ALONSO.
    No sé si diga que sí;
    que me has tenido sin mí[165]
    con lo mucho que has tardado.
TELLO.
    Si por tu remedio ha sido,
    ¿en qué me puedes culpar?
ALONSO.
    ¿Quién me puede remediar,
    si no es a quién le pido?
    ¿No me escribe Inés?
TELLO.
                          Aquí
    te traigo cartas de Inés.
ALONSO.
    Pues hablarásme después
    en lo que has hecho por mí.
    [*Lea.*] «Señor mío, después que os
    partistes no he vivido; que sois
    tan cruel que aun no me dejáis
    vida cuando os vais.»
TELLO.
    ¿No lees más?
ALONSO.
                    No.
TELLO.
                        ¿Por qué?
ALONSO.
    Porque manjar[166] tan süave
    de una vez no se me acabe.[167]
    Hablemos de Inés.

---

[160] praises
[161] Note the anachronism. The Indies had not yet been discovered at the time of Juan II. The passage means: the sun itself envies her because it can do nothing to make her more beautiful, whether its rays shine from the east (Spain) or from the west (the Indies).

[162] **aún si**
[163] **obligación**
[164] **bien...bienvenido**
[165] **sin...loco**
[166] delicacy
[167] **de...shouldn't be used up all at once**

TELLO.

Llegué
con media sotana[168] y guantes;
que parecía de aquellos
que hacen en solos los cuellos
ostentación de estudiantes.
Encajé salutación,[169]
verbosa filatería,[170]
dando a la bachillería
dos piensos de discreción;[171]
y volviendo el rostro, vi
a Fabia...

ALONSO.

Espera, que leo
otro poco; que el deseo
me tiene fuera de mí.[172]
[*Lea.*] «Todo lo que dejastes
ordenado se hizo; sólo no se
hizo que viviese yo sin vós,
porque no lo dejastes
ordenado.»

TELLO.

¿Es aquí contemplación?

ALONSO.

Dime cómo hizo Fabia
lo que dice Inés.

TELLO.

Tan sabia
y con tanta discreción,
melindre[173] y hipocresía,
que me dieron que temer
algunos que suelo ver
cabizbajos todo el día.[174]
De hoy más quedaré advertido
de lo que se ha de creer
de una hipócrita mujer
y un ermitaño fingido.
Pues si me vieras a mí
con el semblante mirlado,

dijeras que era traslado
de un reverendo alfaquí.[175]
Creyóme el viejo aunque en él
se ve de un Catón[176] retrato.

ALONSO.

Espera; que ha mucho rato
que no he mirado el papel.
[*Lea.*] «Daos prisa a venir, para
que sepáis cómo quedo cuando
os partís, y cómo estoy cuando
volvéis.»

TELLO.

¿Hay otra estación[177] aquí?

ALONSO.

En fin, tú hallaste lugar
para entrar y para hablar.

TELLO.

Estudiaba Inés en ti;
que eras el latín, señor,
y la lición que aprendía.

ALONSO.

Leonor, ¿qué hacía?

TELLO.

Tenía
envidia de tanto amor,
porque se daba a entender
que de ser amado eres
digno; que muchas mujeres
quieren porque ven querer.
Que en siendo un hombre
querido
de alguna con grande afeto,
piensan que hay algún secreto
en aquel hombre escondido.
Y engáñanse, porque son
correspondencias de estrellas.

ALONSO.

¡Perdonadme, manos bellas,
que leo el postrer renglón![178]

---

[168] priest's habit
[169] I gave a greeting
[170] full of verbosity and fancy words
[171] but I included a bit of discretion
[172] **enloquecido**
[173] prudishness, finickiness
[174] **me...**that I'm beginning to suspect of hy-
pocrisy those whom I see going around with
such seriousness and glumness
[175] **religioso musulmán**
[176] Roman statesman famous for his seriousness and austerity
[177] **pausa**
[178] **el...**the last line

[*Lea.*] «Dicen que viene el rey a
Medina, y dicen verdad, pues
habéis de venir vós, que sois rey
mío.»
Acabóseme[179] el papel.

TELLO.
Todo en el mundo se acaba.[180]

ALONSO.
Poco dura el bien.

TELLO.
En fin,
le has leído por jornadas.[181]

ALONSO.
Espera, que aquí a la margen
vienen dos o tres palabras.
[*Lea.*] «Poneos esa banda al cuello.»
¡Ay, si yo fuera la banda!

TELLO.
¡Bien dicho, por Dios, y entrar
con doña Inés a la plaza!

ALONSO.
¿Dónde está la banda, Tello?

TELLO.
A mí no me han dado nada.

ALONSO.
¿Cómo no?

TELLO.
Pues ¿qué me has
dado?

ALONSO.
Ya te entiendo; luego saca
a tu elección un vestido.[182]

TELLO.
Ésta es la banda.

ALONSO.
¡Extremada![183]

TELLO.
¡Tales manos la bordaron!

ALONSO.
Demos orden que me parta.

Pero, ¡ay, Tello!

TELLO.
¿Qué tenemos?

ALONSO.
De decirte me olvidaba
unos sueños[184] que he tenido.

TELLO.
¿Agora en sueños reparas?

ALONSO.
No los creo, claro está,
pero dan pena.

TELLO.
Eso basta.

ALONSO.
No falta quien llama a algunos
revelaciones del alma.

TELLO.
¿Qué te puede suceder
en una cosa tan llana[185]
como quererte casar?

ALONSO.
Hoy, Tello, al salir el alba,
con la inquietud de la noche,
me levanté de la cama,
abrí la ventana aprisa,
y mirando flores y aguas
que adornan nuestro jardín,
sobre una verde retama[186]
veo ponerse un jilguero,[187]
cuyas esmaltadas[188] alas
con lo amarillo añadían
flores a las verde ramas.
Y estando al aire trinando[189]
de la pequeña garganta
con naturales pasajes
las quejas enamoradas,
sale un azor[190] de un almendro,[191]
adonde escondido estaba,
y como eran en los dos
tan desiguales las armas,

---

[179]**Se me acabó**
[180]**Todo...**Everything in the world comes to an end. (Note the foreshadowing.)
[181]**por...**in acts (like a play)
[182]**saca...**take your pick of my clothes
[183]**Maravillosa**
[184]**presentimientos**

[185]**sencillo, corriente**
[186]Spanish broom (type of plant)
[187]goldfinch
[188]enameled
[189]warbling
[190]goshawk (bird of prey)
[191]almond tree

tiñó[192] de sangre las flores,
plumas al aire derrama.[193]
Al triste chillido, Tello,
débiles ecos del aura,
respondieron, y, no lejos,
lamentando su desgracia,
su esposa, que en un jazmín
la tragedia viendo estaba.
Yo, midiendo con los sueños
estos avisos del alma,
apenas puedo alentarme;[194]
que con saber que son falsas
todas estas cosas, tengo
tan perdida la esperanza
que no me aliento a vivir.

TELLO.

Mal a doña Inés le pagas
aquella heroica firmeza
con que, atrevida, contrasta
los golpes de la fortuna.
Ven a Medina, y no hagas

caso de sueños ni agüeros,[195]
cosas a la fe contrarias.
Lleva el ánimo que sueles,
caballos, lanzas y galas;
mata de envidia los hombres,
mata de amores las damas.
Doña Inés ha de ser tuya
a pesar de cuantos tratan
dividiros a los dos.

ALONSO.

Bien dices; Inés me aguarda.
Vamos a Medina alegres.
Las penas anticipadas
dicen que matan dos veces,
y a mí sola Inés me mata,
no como pena, que es gloria.

TELLO.

Tú me verás en la plaza
hincar de rodillas toros
delante de sus ventanas.

ACTO TERCERO

[*Suenan atabales*[1] *y entran con lacayos y rejonas* DON RODRIGO y DON FERNANDO.]

RODRIGO.

¡Poca dicha!

FERNANDO.

¡Malas suertes![2]

RODRIGO

¡Qué pesar!

FERNANDO.

¿Qué se ha de hacer?

RODRIGO.

Brazo, ya no puede ser
que en servir a Inés aciertes.

FERNANDO.

Corrido[3] estoy.

RODRIGO.

Yo, turbado.

FERNANDO.

Volvamos a porfiar.

RODRIGO.

Es imposible acertar
un hombre tan desdichado.
Para el de Olmedo,[4] en efeto,
guardó suertes la fortuna.

FERNANDO.

No ha errado el hombre ninguna.[5]

RODRIGO.

Que la ha de errar os prometo.

---

[192] stained
[193] spills
[194] **respirar, calmarme**
[195] omens
[1] kettledrums

[2] **Suerte** means luck and also refers to the various skilled movements of the bullfighter.
[3] **con vergüenza**
[4] **Alonso**
[5] **No...**The man hasn't failed once

FERNANDO.

Un hombre favorecido,
Rodrigo, todo lo acierta.

RODRIGO.

Abrióle[6] el amor la puerta,
y a mí, Fernando, el olvido.
Fuera de esto, un forastero
luego se lleva los ojos.[7]

FERNANDO.

Vós tenéis justos enojos;
él es galán caballero,
mas no para escurecer[8]
los hombres que hay en Medina.

RODRIGO.

La patria me desatina;
mucho parece mujer
en que lo propio desprecia,
y de lo ajeno se agrada.[9]

FERNANDO.

De ser ingrata culpada
son ejemplos Roma y Grecia.

[*Dentro ruido de pretales[10] y voces.*]

VOZ PRIMERA. [*Dentro.*]

¡Brava suerte!

VOZ SEGUNDA. [*Dentro*]

¡Con qué gala
quebró el rejón!

FERNANDO.

¿Qué aguardamos?
Tomemos caballos.

RODRIGO.

Vamos.

VOZ PRIMERA.

¡Nadie en el mundo le iguala!

FERNANDO.

¿Oyes esa voz?

RODRIGO.

No puedo
sufrirlo.[11]

FERNANDO.

Aun no lo encareces.[12]

VOZ SEGUNDA. [*Dentro.*]

¡Vítor[13] setecientas veces
el caballero de Olmedo!

RODRIGO.

¿Qué suerte quieres que
aguarde,
Fernando, con estas voces?

FERNANDO.

Es vulgo, ¿no le conoces?[14]

VOZ PRIMERA. [*Dentro.*]

¡Dios te guarde! ¡Dios te guarde!

RODRIGO.

¿Qué más dijeran al rey?
Mas bien hacen: digan, rueguen
que hasta el fin sus dichas lleguen.

FERNANDO.

Fue siempre bárbara ley
seguir aplauso vulgar
las novedades.

RODRIGO.

El viene
a mudar caballo.

FERNANDO.

Hoy tiene
la fortuna en su lugar.

[*Salen* TELLO, *con rejón y librea[15] y* DON ALONSO.]

TELLO.

¡Valientes suertes, por Dios!

ALONSO.

Dame, Tello, el alazán.

TELLO.

Todos el lauro[16] nos dan.

---

[6] **Le abrió**

[7] **se**...takes her breath away

[8] **oscurecer**

[9] Rodrigo complains that Medina, his **patria**, is fickle, just like a woman. It holds in contempt its native son and goes crazy for an outsider.

[10] breastplates

[11] **aguantarlo**

[12] **Aun**...Don't give it too much importance.

[13] **Viva**

[14] **Es**...Don't you realize that it's just the common people?

[15] servant's garb (in this case, the suit of the **banderillero**)

[16] laurel; here, prize

ALONSO.

    ¿A los dos, Tello?

TELLO.

                A los dos;
que tú a caballo, y yo a pie,
nos habemos igualado.

ALONSO.

    ¡Qué bravo, Tello, has andado!

TELLO.

    Seis toros desjarreté[17]
    como si sus piernas fueran
rábanos de mi lugar.

FERNANDO.

    Volvamos, Rodrigo, a entrar,
que por dicha nos esperan,
    aunque os parece que no.

RODRIGO.

    A vós, don Fernando, sí;
a mí no, si no es que a mí
me esperan para que yo
    haga suertes que me afrenten,
o que algún toro me mate,
o me arrastre o me maltrate
donde con risa lo cuenten.

TELLO.

    Aquéllos te están mirando.

ALONSO.

    Ya los he visto envidiosos
de mis dichas, y aun celosos
de mirarme a Inés mirando.

            [*Vanse los dos.*]

TELLO.

    ¡Bravos favores te ha hecho
con la risa! Que la risa
es lengua muda que avisa
de lo que pasa en el pecho.
    No pasabas vez ninguna
que arrojar no se quería[18]
del balcón.

ALONSO.

             ¡Ay, Inés mía!
¡Si quisiese la fortuna
que a mis padres les lleva
tal prenda de sucesión![19]

TELLO.

    Sí harás, como la ocasión
deste don Rodrigo pase;[20]
    porque satisfecho estoy
de que Inés por ti se abrasa.

ALONSO.

    Fabia se ha quedado en casa
mientras una vuelta doy
    a la plaza, ve corriendo
y di que esté prevenida[21]
Inés, porque en mi partida
la[22] pueda hablar; advirtiendo
    que si esta noche no fuese
a Olmedo, me han de contar
mis padres por muerto, y dar
ocasión, si no los viese,
    a esta pena, no es razón.[23]
Tengan buen sueño, que es justo.

TELLO.

    Bien dices: duerman con gusto,
pues es forzosa ocasión
    de temer y de esperar.

ALONSO.

    Yo entro.

TELLO.

            Guárdete el cielo.[24]

           [*Vase* DON ALONSO.]

    Pues puedo hablar sin recelo[25]
a Fabia, quiero llegar.
    Traigo cierto pensamiento
para coger la cadena
a esta vieja, aunque con pena
de su astuto entendimiento.
    No supo Circe, Medea

---

[17] I bled
[18] **que...que no se quería arrojar**
[19] **tal...**such a treasure for a daughter-in-law
[20] **como...**as soon as this business with Don
    Rodrigo is over
[21] ready
[22] **le**
[23] **no...**it's not right
[24] **Guárdete...**Heaven keep you.
[25] **miedo**

ni Hécate lo que ella sabe;²⁶
tendrá en el alma una llave
que de treinta vueltas²⁷ sea.
   Mas no hay maestra²⁸ mejor
que decirle que la quiero,
que es el remedio primero
para una mujer mayor;
   que con dos razones²⁹ tiernas
de amores y voluntad,
presumen de mocedad,³⁰
y piensan que son eternas.
Acabóse; llego, llamo.
Fabia...Pero soy un necio;
que sabrá que el oro precio
y que los años desamo,
   porque se lo ha de decir
el de las patas de gallo.³¹

            [*Sale* FABIA]

FABIA.
  ¡Jesús, Tello! ¿Aquí te hallo?
¡Qué buen modo de servir
   a don Alonso! ¿Qué es esto?
¿Qué ha sucedido?

TELLO.
           No alteres
lo venerable, pues eres
causa de venir tan presto;
   que por verte, anticipé
de don Alonso un recado.

FABIA.
  ¿Cómo ha andado?

TELLO.
           Bien ha
  andado,
porque yo le acompañé.

FABIA.
  ¡Extremado fanfarrón!³²

TELLO.
  Pregúntalo al rey; verás
cuál de los dos hizo más,
que se echaba del balcón
   cada vez que yo pasaba.

FABIA.
  ¡Bravo favor!

TELLO.
           Más quisiera
los tuyos.

FABIA.
        ¡Oh quién te viera!

TELLO.
  Esa hermosura bastaba
   para que yo fuera Orlando.
¿Toros de Medina a mí?
¡Vive el cielo!,³³ que les di
reverses,³⁴ desjarretando,
   de tal aire,³⁵ de tal casta,
en medio del regocijo,
que hubo toro que me dijo:
«Basta, señor Tello, basta.»
   «No basta», le dije yo;
y eché de un tajo volado
una pierna en un tejado.³⁶

FABIA.
  Y ¿cuántas tejas³⁷ quebró?

TELLO.
       Eso al dueño, que no a mí.³⁸
Dile, Fabia, a tu señora
que ese mozo que la adora
vendrá a despedirse aquí;
   que es fuerza volverse a casa,
porque no piensen que es muerto
sus padres: esto te advierto.
Y porque la fiesta pasa
   sin mí, y el rey me ha de echar
menos (que en efeto soy
su toricida),³⁹ me voy

---

²⁶ Circe, Medea and Hecate were famous enchantresses in Greek mythology.
²⁷ grooves
²⁸ master key
²⁹ **frases, declaraciones**
³⁰ **juventud**
³¹ **Es decir, el diablo.**
³² bragging

³³ **Vive...Damn!**
³⁴ counterstrokes
³⁵ **de...with such a style**
³⁶ **eché...with one slice I sent his leg flying up to the rooftops**
³⁷ tiles
³⁸ **Eso...That's the owner's problem, not mine.**
³⁹ bull killer (coined word)

a dar materia al lugar
de vítores y de aplauso,[40]
si me das algún favor.

FABIA.
¿Yo favor?

TELLO.
Paga mi amor.

FABIA.
¿Que yo tus hazañas causo?
Basta, que no la sabía.
¿Qué te agrada más?

TELLO.
Tus ojos.

FABIA.
Pues daréte sus antojos.[41]

TELLO.
Por caballo,[42] Fabia mía,
quedo confirmado ya.

FABIA.
Propio favor de lacayo.

TELLO.
Más castaño soy que bayo.

FABIA.
Mira como andas allá,
que esto de *no nos inducas*
suelen causar los refrescos;
no te quite los gregüescos
algún mozo de San Lucas;[43]
que será notable risa,
Tello, que donde lo vea
todo el mundo, un toro sea
sumiller[44] de tu camisa.

TELLO.
Lo atacado[45] y el cuidado
volverán por[46] mi decoro.

FABIA.
Para un desgarro[47] de un toro
¿qué importa ser atacado?

TELLO.
Que no tengo a toros miedo.

FABIA.
Los de Medina hacen riza
porque tienen ojeriza
con los lacayos de Olmedo.[48]

TELLO.
Como ésos ha derribado,
Fabia, este brazo español.

FABIA.
¿Mas que te ha de dar el sol
adonde nunca te ha dado?[49]
[*Vanse.*]

[*Ruido de plaza, y gritos, y digan
dentro:*]

VOZ PRIMERA.
¡Cayó don Rodrigo!

ALONSO.
¡Afuera!

VOZ SEGUNDA.
¡Qué gallardo, qué animoso
don Alonso le socorre!

VOZ PRIMERA.
¡Ya se apea[50] don Alonso!

VOZ SEGUNDA.
¡Qué valientes cuchilladas![51]

VOZ PRIMERA.
Hizo pedazos el toro.

[*Salgan los dos, y* DON ALONSO
teniéndole.]

ALONSO.
Aquí tengo yo caballo;
que los nuestros van furiosos
discurriendo por la plaza.
Ánimo.[52]

---

[40] **a**...in order to give the crowd cause to praise and applaud me
[41] **Anteojos** means blinders (for horses) as well as eyeglasses.
[42] **Caballo** means «jerk» or «ass» as well as horse.
[43] bull. The bull is a symbol of Saint Luke.
[44] valet
[45] **traje apretado**
[46] **defenderán**
[47] tear, gore
[48] **Los**...The bulls of Medina do so much damage because they're out to get the lackeys from Olmedo.
[49] **Mas**...I'll bet you get a suntan where you've never gotten one before.
[50] **se**...is dismounting
[51] strokes with the sword
[52] Courage

RODRIGO.
　　　　Con vós le cobro;[53]
la caída ha sido grande.

ALONSO.
　Pues no será bien que al coso[54]
volváis; aquí habrá criados
que os sirvan, porque yo torno
a la plaza. Perdonadme,
porque cobrar es forzoso
el caballo que dejé.

　　　　[Vase y sale DON FERNANDO.]

FERNANDO.
　¿Qué es esto? ¡ Rodrigo, y solo!
¿Cómo estáis?

RODRIGO.
　　　　Mala caída,
mal suceso, malo todo;
pero más deber la vida
a quien me tiene celoso,
y a quien la muerte deseo.

FERNANDO.
　¡Que sucediese a los ojos
del rey, y que viese Inés
que aquel su galán dichoso
hiciese el toro pedazos
por libraros!

RODRIGO.
　　　　¡Estoy loco!
No hay hombre tan desdichado,
Fernando, de polo a polo.[55]
¡Qué de afrentas, qué de penas,
qué de agravios, qué de enojos,
qué de injurias, qué de celos,
qué de agüeros, qué de asombros!
Alcé los ojos a ver
a Inés, por ver si piadoso
mostraba el semblante entonces;
que aunque ingrata, necio adoro,
y veo que no pudiera
mirar Nerón riguroso

desde la torre Tarpeya[56]
de Roma el incendio, como
desde el balcón me miraba;
y que luego, en vergonzoso
clavel de púrpura fina
bañado el jazmín del rostro,
a don Alonso miraba,
y que por los labios rojos
pagaba en perlas el gusto
de ver que a sus pies me postro,[57]
de la fortuna arrojado
y de la suya envidioso.
Mas, ¡vive Dios, que la risa,
primero que la de Apolo
alegre el oriente y bañe
el aire de átomos de oro,
se le ha de trocar en llanto,
si hallo al hidalguillo loco
entre Medina y Olmedo!

FERNANDO.
　El sabrá ponerse en cobro.[58]

RODRIGO.
　Mal conocéis a los celos.

FERNANDO.
　¿Quién sabe que no son
　　monstruos?[59]
Mas lo que ha de importar mucho
no se ha de pensar tan poco.
　　　　[Vanse.]

[Salen el REY, el CONDESTABLE y
　　　　　　　　　　CRIADOS.]

REY.
　　　　Tarde acabaron las fiestas,
pero ellas han sido tales
que no las he visto iguales.

CONDESTABLE.
　Dije a Medina que aprestas
　　para mañana partir;

---

[53] **Con...**You give me courage
[54] enclosure for bullfighting
[55] **de...**from one end of the earth to the other
[56] Peak from which Nero is supposed to have
watched Rome burn.
[57] **me...**I throw myself down
[58] **ponerse...protegerse**
[59] **Es decir, los celos son monstruos.**

mas tiene tanto deseo
de que veas el torneo
con que te quiere servir,
    que me ha pedido, señor,
que dos días se detenga
vuestra alteza.

REY.
                    Cuando venga,
pienso que será mejor.

CONDESTABLE.
Haga este gusto a Medina
vuestra alteza.

REY.
                    Por vós sea,
aunque el infante desea,
con tanta prisa camina,
    estas vistas[60] de Toledo
para el día concertado.

CONDESTABLE.
Galán y bizarro ha estado
el caballero de Olmedo.

REY.
    ¡Buenas suertes, Condestable!

CONDESTABLE.
No sé en él cuál es mayor,
la ventura o el valor,
aunque es el valor notable.

REY.
Cualquiera cosa[61] hace bien.

CONDESTABLE.
Con razón le favorece
vuestra alteza.

REY.
                    El lo merece,
y que vós le honréis también.
    [*Vanse.*]

[*Salen* DON ALONSO *y* TELLO, *de
                    noche.*]

TELLO.
Mucho habemos[62] esperado;

ya no puedes caminar.

ALONSO.
Deseo, Tello, excusar[63]
a mis padres el cuidado.[64]
    A cualquier hora es forzoso
partirme.

TELLO.
                    Si hablas a Inés,
¿qué importa, señor, que estés
de tus padres cuidadoso?
    Porque os ha de hallar el día
en esas rejas.

ALONSO.
                    No hará;
que el alma me avisará
como si no fuera mía.

TELLO.
    Parece que hablan en ellas,
y que es en la voz Leonor.

ALONSO.
Y lo dice el resplandor
que da el sol a las estrellas.

    [LEONOR *en la reja.*]

LEONOR.
    ¿Es don Alonso?

ALONSO.
                    Yo soy.

LEONOR.
Luego mi hermana saldrá,
porque con mi padre está
hablando en[65] las fiestas de hoy.
    Tello puede entrar; que quiere
daros un regalo Inés.

ALONSO.
Entra, Tello.

TELLO.
                    Si después
cerraren[66] y no saliere,[67]
    bien puedes partir sin mí;

---

[60] reunión
[61] **Cualquiera...todo**
[62] **hemos**
[63] **evitar**

[64] **preocupación**
[65] **de**
[66] they close up
[67] **no...I'm not out**

que yo te sabré alcanzar.

ALONSO.

¿Cuándo, Leonor, podré entrar
con tal libertad aquí?

LEONOR.

Pienso que ha de ser muy presto,
porque mi padre de suerte
te encarece[68] que a quererte
tiene el corazón dispuesto.

Y porque se case Inés,
en sabiendo vuestro amor,
sabrá escoger lo mejor
como estimarlo después.

[*Sale* DOÑA INÉS *a la reja.*]

INÉS.

¿Con quién hablas?

LEONOR.

                  Con
Rodrigo.

INÉS.

Mientes, que mi dueño es.

ALONSO.

Que soy esclavo de Inés,
al cielo doy por testigo.

INÉS.

No sois sino mi señor.

LEONOR.

Ahora bien, quieros[69] dejar;
que es necedad estorbar
sin celos quien tiene amor.

INÉS.

¿Cómo estáis?

ALONSO.

              Como sin vida;
por vivir os vengo a ver.[70]

INÉS.

Bien había menester

la pena desta partida
para templar el contento
que hoy he tenido de veros,
ejemplo de caballeros,
y de las damas tormento.[71]

De todas estoy celosa;
que os alabasen quería,
y después me arrepentía,
de perderos temerosa.

¡Qué de varios pareceres!
¡Qué de títulos y nombres
os dio la envidia en los hombres
y el amor en las mujeres!

Mi padre os ha codiciado
por yerno para Leonor,[72]
y agradecióle[73] mi amor,
aunque celosa, el cuidado;

que habéis de ser para mí,
y así se lo dije yo,
aunque con la lengua no,
pero con el alma sí.

Mas ¡ay! ¿cómo estoy contenta
si os partís?

ALONSO.

              Mis padres son
la causa.

INÉS.

          Tenéis razón,
mas dejadme que lo sienta.

ALONSO.

Yo lo siento, y voy a Olmedo,[74]
dejando el alma en Medina.
No sé cómo parto y quedo.
Amor la ausencia imagina,
los celos, señora, el miedo.

Así parto muerto y vivo;
que vida y muerte recibo.
Mas ¿qué te puedo decir

---

[68] **estima**
[69] **os quiero**
[70] Note the use of love-death metaphors.
[71] Alonso is the "torment" of women because
they're all in love with him.
[72] **Mi...** My father desired you to marry Leonor

so that you would be his son-in-law
[73] **le agradeció**
[74] In the following **quintillas** Lope intensifies
the love-death metaphor as a means of
building tension in anticipation of the
denouement.

cuando estoy para partir,
puesto ya el pie en el estribo?[75]

Ando, señora, estos días,
entre tantas asperezas
de imaginaciones mías,
consolado en mis tristezas
y triste en mis alegrías.

Tengo, pensando perderte,
imaginación tan fuerte,
y así en ella vengo y voy,
que me parece que estoy
con las ansias de la muerte.

La envidia de mis contrarios
temo tanto, que aunque puedo
poner medios necesarios,
estoy entre amor y miedo
haciendo discursos varios.

Ya para siempre me privo
de verte, y de suerte vivo,
que mi muerte presumiendo,
parece que estoy diciendo:
«*Señora, aquésta te escribo.*»

Tener de tu esposo el nombre
amor y favor ha sido;
pero es justo que me asombre
que amado y favorecido
tenga tal tristeza un hombre.

Parto a morir, y te escribo
mi muerte, si ausente vivo,
porque tengo, Inés, por cierto
que si vuelvo será muerto,
pues partir no puedo vivo.

Bien sé que tristeza es;
pero puede tanto en mí,
que me dice, hermosa Inés,
«Si partes muerto de aquí,
¿cómo volverás después?»

Yo parto, y parto a la muerte,
aunque morir no es perderte;
que si el alma no se parte,
¿cómo es posible dejarte,
cuanto más volver a verte?

INÉS.

Pena me has dado y temor.[76]
con tus miedos y recelos;
si tus tristezas son celos,
ingrato ha sido tu amor.
Bien entiendo tus razones,
pero tú no has entendido
mi amor.

ALONSO.

Ni tú, que han sido
estas imaginaciones
sólo un ejercicio triste
del alma, que me atormenta,
no celos; que fuera afrenta
del nombre, Inés, que me diste.
De sueños y fantasías,
si bien falsas ilusiones,
han nacido estas razones,
que no de sospechas mías.

[LEONOR *sale a la reja.*]

INÉS.
Leonor vuelve. ¿Hay algo?
LEONOR.
⠀⠀⠀⠀⠀⠀⠀⠀⠀⠀⠀⠀⠀⠀⠀⠀⠀Sí.
ALONSO.
¿Es partirme?
LEONOR.
⠀⠀⠀⠀⠀⠀⠀⠀⠀⠀Claro está;
mi padre se acuesta ya,
[*A* INÉS.]
y me preguntó por ti.
INÉS.
Vete, Alonso, vete. Adios.
No te quejes; fuerza es.
ALONSO.
¿Cuándo querrá Dios, Inés
que estemos juntos los dos? [*Vanse
las dos.*]
Aquí se acabó mi vida,
que es lo mismo que partirme.

---

[75] The italicized verses are from a **copla** that Cervantes includes in the dedication of *Persiles y Segismunda.*

[76] Ines' nervousness indicates that she intuits the danger to which Alonso is exposing himself.

Tello no sale, o no puede
acabar de despedirse.
Voyme; que él me alcanzará.

[*Al entrar, una* SOMBRA *con una
máscara negra y sombrero, y puesta
la mano en el puño de la espada, se
le ponga delante.*]

¿Qué es esto? ¿Quién va? De oírme
no hace caso. ¿Quién es? Hable.
¡Que un hombre me atemorice,
no habiendo temido a tantos!
¿Es don Rodrigo? ¿No dice
quién es?

SOMBRA.
      Don Alonso.

ALONSO.
          ¿Cómo?

SOMBRA.
Don Alonso.

ALONSO.
      No es posible.
Mas otro será, que yo
soy don Alonso Manrique.
Si es invención,[77] meta mano.
Volvió la espalda; seguirle, [*Vase la*
                SOMBRA.]

desatino me parece.
¡Oh imaginación terrible!
Mi sombra debió de ser;
mas no, que en forma visible
dijo que era don Alonso.
Todas son cosas que finge
la fuerza de la tristeza,
la imaginación de un triste.
¿Qué me quieres, pensamiento,
que con mi sombra me afliges?

Mira que temer sin causa
es de sujetos humildes.[78]
O embustes de Fabia son,
que pretende persuadirme
porque no vaya a Olmedo.
sabiendo que es imposible.
Siempre dice que me guarde,
y siempre que no camine
de noche, sin más razón
de que la envidia me sigue.
Pero ya no puede ser
que don Rodrigo me envidie,
pues hoy la vida me debe;[79]
que esta deuda no permite
que un caballero tan noble
en ningún tiempo la olvide.[80]
Antes pienso que ha de ser
para que amistad confirme
desde hoy conmigo en Medina;
que la ingratitud no vive
en buena sangre, que siempre
entre villanos reside.
En fin, es la quinta esencia[81]
de cuantas acciones viles
tiene la bajeza humana,
pagar mal quien bien recibe.
   [*Vase.*]

[*Salen* DON RODRIGO, DON
FERNANDO, MENDO *y* LAÍN.][82]

RODRIGO.
Hoy tendrán fin mis celos y su
vida.

FERNANDO.
Finalmente, ¿venís determinado?

RODRIGO.
No habrá consejo que su muerte
impida,

---

[77] **engaño, ilusión**
[78] **temer**...only common men (not noblemen) fear needlessly
[79] **la**...he owes his life to me
[80] According to the laws of chivalry, if one knight saves another's life, the second is indebted to him forever. By attacking Alonso, Rodrigo will prove himself to be an unworthy knight.
[81] **quinta**...epitome
[82] The scene has shifted to the road between Medina and Olmedo.

después que la palabra me han
    quebrado.
Ya se entendió la devoción
    fingida;[83]
ya supe que era Tello, su criado,
quien la enseñaba aquel latín que
    ha sido
en cartas de romance traducido.
    ¡Qué honrada dueña recibió en
    su casa
don Pedro en Fabia! ¡Oh mísera
    doncella!
Disculpo tu inocencia, si te abrasa
fuego infernal de los hechizos
    della.[84]
No sabe, aunque es discreta, lo
    que pasa,
y así el honor de entrambos
    atropella.[85]
¡Cuántas casas de nobles caballeros
han infamado hechizos y terceros!
    Fabia, que puede trasponer un
    monte;
Fabia, que puede detener un río,
y en los negros ministros de
    Aqueronte[86]
tiene, como en vasallos, señorío;
Fabia, que deste mar, deste
    horizonte,
al abrasado clima, al norte frío
puede llevar un hombre por el aire,
le da liciones. ¿Hay mayor donaire?

FERNANDO.
    Por la misma razón yo no
    tratara[87]
de más venganza.

RODRIGO.
             ¡Vive Dios,
    Fernando,
que fuera de los dos bajeza clara!

FERNANDO.
No la hay mayor que despreciar
    amando.

RODRIGO.
Si vós podéis, yo no.

MENDO.
               Señor, repara
en que vienen los ecos avisando
de que a caballo alguna gente
    viene.

RODRIGO.
Si viene acompañado, miedo tiene.

FERNANDO.
No lo creas, que es mozo
    temerario.

RODRIGO.
Todo hombre con silencio esté
    escondido.
Tú, Mendo, el arcabuz,[88] si es
    necesario,
tendrás detrás de un árbol
    prevenido.

FERNANDO.
¡Qué inconstante es el bien, qué
    loco y vario![89]
Hoy a vista de un rey salió lucido,
admirado de todos a la plaza,
y ya tan fiera[90] muerte le amenaza.

    [*Escóndanse, y salga* DON ALONSO.]

ALONSO.
    Lo que jamás he tenido,
que es algún recelo o miedo,
llevo caminando a Olmedo:
pero tristezas han sido.
Del agua el manso[91] rüido
y el ligero movimiento
destas ramas con el viento,
mi tristeza aumentan más.

---

[83] Rodrigo refers to Inés' pretending to want to
become a nun.
[84] **de ella** Rodrigo attributes Inés' love for
Alonso to Fabia's spells.
[85] she is trampling
[86] In Greek mythology, one of the rivers of

Hell.
[87] **trataría**
[88] harquebus, a small-caliber long gun
[89] changeable
[90] cruel
[91] soft

Yo camino, y vuelve atrás
mi confuso pensamiento.
    De mis padres el amor
y la obediencia me lleva,
aunque ésta es pequeña prueba
del alma de mi valor.
Conozco que fue rigor
el dejar tan presto a Inés.
¡Qué escuridad! Todo es
horror, hasta que el aurora[92]
en las alfombras de Flora
ponga los dorados pies.
    Allí cantan. ¿Quién será?
Mas será algún labrador
que camina a su labor.
Lejos parece que está,
pero acercándose va.
Pues ¡cómo! Lleva instrumento,
y no es rústico el acento,
sino sonoro y süave.
¡Qué mal la música sabe
si está triste el pensamiento!

[*Canten desde lejos en el vestuario, y
véngase acercando la voz como
que camina.*]

LABRADOR.

    *Que de noche le mataron
al caballero,
la gala de Medina,
la flor de Olmedo.*

ALONSO.

    ¡Cielos! ¿Qué estoy escuchando?
Si es que avisos vuestros son,
ya que estoy en la ocasión,
¿de qué me estáis informando?
    Volver atrás, ¿cómo puedo?
Invención de Fabia es,
que quiere, a ruego de Inés,
hacer que no vaya a Olmedo.[93]

LABRADOR.

    *Sombras le avisaron
que no saliese,
y le aconsejaron
que no se fuese
el caballero,
la gala de Medina,
la flor de Olmedo.*

ALONSO.

    ¡Hola, buen hombre, el que
canta!

LABRADOR. [*Dentro.*]

    ¿Quién me llama?

ALONSO.

                    Un hombre soy
que va perdido.[94]

LABRADOR. [*Sale.*]

                    Ya voy.
Veisme[95] aquí.

ALONSO.

                    (Todo me espanta.)
¿Dónde vas?

LABRADOR.

                    A mi labor.

ALONSO.

    ¿Quién esa canción te ha dado,
que tristemente has cantado?

LABRADOR.

    Allá en Medina, señor.

ALONSO.

    A mí me suelen llamar
el caballero de Olmedo,
y yo estoy vivo.

LABRADOR.

                    No puedo
deciros deste cantar
    más historia ni ocasión,
de que a una Fabia la oí.
Si os importa, yo cumplí
con deciros la canción.

---

[92] **Las alfombras de Flora** are the flowered fields. Flora was the goddess of flowers and gardens.

[93] Until the end, Alonso is warned not to continue to Olmedo.

[94] Alone, in the face of death, Alonso no longer brags of his lineage and his nobility. He is simply "a man, who wanders lost."

[95] **Me veis**

Volved atrás; no paséis
deste arroyo.

ALONSO.

En mi nobleza
fuera ese temor bajeza.[96]

LABRADOR.

Muy necio valor tenéis.
Volved, volved a Medina.

ALONSO.

Ven tú conmigo.

LABRADOR.

No puedo. [*Vase.*]

ALONSO.

¡Qué de sombras finge el miedo![97]
¡Qué de engaños imagina!
Oye, escucha. ¿Dónde fue,
que apenas sus pasos siento?
¡Ah, labrador! Oye, aguarda.
«Aguarda», responde el eco.
¿Muerto yo? Pero es canción
que por algún hombre hicieron
de Olmedo, y los de Medina[98]
en este camino han muerto.
A la mitad dél estoy:
¿qué han de decir si me vuelvo?
Gente viene...no me pesa;
si allá van, iré con ellos.

[*Salgan* DON RODRIGO *y* DON
FERNANDO *y su gente.*]

RODRIGO.

¿Quién va?

ALONSO.

Un hombre. ¿No me
ven?

FERNANDO.

Deténgase.

ALONSO.

Caballeros,

si acaso necesidad
los fuerza a pasos como éstos,
desde aquí a mi casa hay poco.
No habré menester dineros;
que de día y en la calle
se los doy a cuantos veo
que me hacen honra en pedirlos.[99]

RODRIGO.

Quítese las armas luego.

ALONSO.

¿Para qué?

RODRIGO.

Para rendillas.[100]

ALONSO.

¿Sabes quién soy?

FERNANDO.

El de Olmedo,
el matador de los toros,
que viene arrogante y necio
a afrentar los de Medina,
el que deshonra a don Pedro
con alcahüetes[101] infames.

ALONSO.

Si fuérades a los menos
nobles vosotros, allá,
pues tuvistes tanto tiempo,
me hablárades, y no agora,
que solo a mi casa vuelvo.
Allá en las rejas adonde
dejastes la capa huyendo,
fuera bien, y no en cuadrilla[102]
a media noche, soberbios,[103]
Pero confieso, villanos,
que la estimación os debo,
que aun siendo tantos, sois
pocos.[104] [*Riñan.*]

RODRIGO.

Yo vengo a matar, no vengo
a desafíos; que entonces

---

[96] lowliness
[97] **Qué...**How many shadows my fear invents!
[98] **algún...algún hombre de Olmedo hicieron,
y que los hombres de Medina**
[99] **No...**I shall not want for money which,
during the day and in the open I will give to
all of you, if only you will do me the honor of
asking for it.

[100] **rendirlas**
[101] go-betweens
[102] **fuera...**it would have been all right, and not
ganged up against me
[103] **arrogantes**
[104] **aun...**even though there are many of you,
there are too few (to overpower me).

te matara cuerpo a cuerpo.[105]
Tírale. [*Disparen dentro.*]

ALONSO.
 Traidores sois;
pero sin armas de fuego
no pudiérades matarme.
¡Jesús! [*Cae.*]

FERNANDO.
   Bien lo has hecho, Mendo.
[*Vanse.*]

ALONSO.
 ¡Qué poco crédito di
a los avisos del cielo!
Valor propio me ha engañado,
y muerto[106] envidias y celos.
¡Ay de mí! ¿Qué haré en un campo
tan solo?

     [*Sale* TELLO.]

TELLO.
   Pena[107] me dieron
estos hombres que a caballo
van hacia Medina huyendo.
Si a don Alonso habían visto
pregunté; no respondieron.
Mala señal. Voy temblando.

ALONSO.
 ¡Dios mío, piedad! ¡Yo muero!
Vós sabéis que fue mi amor
dirigido a casamiento.
¡Ay Inés!

TELLO.
   De lastimosas
quejas siento tristes ecos.
Hacia aquella parte suenan.
No está del camino lejos
quien las da. No me ha quedado
sangre. Pienso que el sombrero
puede tenerse en el aire
solo en cualquiera cabello.[108]
¡Ah, hidalgo!

ALONSO.
   ¿Quién es?

TELLO.
     ¡Ay Dios!
¿Por qué dudo lo que veo?
Es mi señor. ¡Don Alonso!

ALONSO.
 Seas bien venido, Tello.

TELLO.
 ¿Cómo, señor, si he tardado?
¿Cómo, si a mirarte llego,
hecho una fiera de sangre?
Traidores, villanos, perros,
volved, volved a matarme,
pues habéis, infames, muerto
el más noble, el más valiente,
el más galán caballero
que ciñó espada en Castilla.

ALONSO.
 Tello, Tello, ya no es tiempo
más que de tratar del alma.
Ponme en tu caballo presto,
y llévame a ver mis padres.

TELLO.
 ¡Qué buenas nuevas les llevo
de las fiestas de Medina!
¿Qué dirá aquel noble viejo?
¿Qué hará tu madre y tu patria?
¡Venganza, piadosos cielos!
 [*Vanse.*]

  [*Salen* DON PEDRO, DOÑA INÉS,
DOÑA LEONOR, FABIA *y* ANA.]

INÉS.
   ¿Tantas mercedes ha hecho?

PEDRO.
 Hoy mostró con su rëal
mano, heroica y liberal,
la grandeza de su pecho.
 Medina está agradecida,
y por la[109] que he recibido
a besarla os he traído.

---

[105]Rodrigo kills Alonso in a low, cowardly way, ordering his men to shoot from a distance.
[106]y...y me han muerto
[107]Inquietud, preocupación
[108]Tello is so frightened that his hair is standing straight up on end.
[109]la merced

LEONOR.

¿Previene ya su partida?

PEDRO.

Sí, Leonor, por el infante
que aguarda al rey en Toledo:
en fin, obligado quedo;
que por merced semejante
    más por vosotros lo estoy,
pues ha de ser vuestro aumento.

LEONOR.

Con razón estás contento.

PEDRO.

Alcaide de Burgos soy.[110]
Besad la mano a su alteza.[111]

INÉS. [Aparte a FABIA.]

¿Ha de haber ausencia, Fabia?

FABIA.

Más la fortuna te agravia.[112]

INÉS.

No en vano tanta tristeza
he tenido desde ayer.

FABIA.

Yo pienso que mayor daño
te espera, si no me engaño,
como suele suceder;
    que en las cosas por venir
no puede haber cierta ciencia.

INÉS.

¿Qué mayor mal que la ausencia,
pues es mayor que morir?

PEDRO.

Ya, Inés, ¿qué mayores bienes
pudiera yo desear,
si tú quisieras dejar
el propósito que tienes?
    No porque yo te hago fuerza;
pero quisiera casarte.

INÉS.

Pues tu obediencia no es parte
que mi propósito tuerza.[113]
    Me admiro[114] de que no

entiendas
la ocasión.[115]

PEDRO.

Yo no la sé.

LEONOR.

Pues yo por ti la diré,
Inés, como[116] no te ofendas.
    No la casas a su gusto.
Mira ¡qué presto!

PEDRO. [A INÉS.]

Mi amor
se queja de tu rigor;
porque a saber tu disgusto
no lo hubiera imaginado.

LEONOR.

Tiene inclinación Inés
a un caballero, después
que el rey de una cruz le ha
honrado;
    que esto es deseo de honor,
y no poca honestidad.

PEDRO.

Pues si él tiene calidad,
y tú le tienes amor,
    ¿quién ha de haber que
replique?
Cásate en buen hora, Inés;
pero ¿no sabré quién es?

LEONOR.

Es don Alonso Manrique.

PEDRO.

Albricias[117] hubiera dado.
¿El de Olmedo?

LEONOR.

Sí, señor.

PEDRO.

Es hombre de gran valor,
y desde agora me agrado
    de tan discreta elección;
que si el hábito rehusaba,[118]
era porque imaginaba

---

[110]The king has named Pedro mayor of Burgos. An **alcalde** was the governor of a fort or town.
[111]**Besad**...Kiss the king's hand (in gratitude).
[112]**Más**...Fortune holds worse in store for you.
[113]**tu**...my obedience to you is not in conflict

with my own goals
[114]**me**...I am amazed
[115]**situación**
[116]**con tal que**
[117]congratulations
[118]I didn't want (you to accept)

diferente vocación.
Habla, Inés; no estés ansí.

INÉS.
Señor, Leonor se adelanta;
que la inclinación no es tanta
como ella te ha dicho aquí.

PEDRO.
Yo no quiero examinarte,
sino estar con mucho gusto
de pensamiento tan justo
y de que quieres casarte.
Desde agora es tu marido;
que me tendré por honrado
de un yerno tan estimado,
tan rico y tan bien nacido.

INÉS.
Beso mil veces tus pies.[119]
Loca de contento estoy,
Fabia.

FABIA.
El parabién[120] te doy,
[*Aparte.*] (si no es pésame[121]
después.)

[*Salen el* REY, *el* CONDESTABLE *y
gente, y* DON RODRIGO *y* DON
FERNANDO.]

LEONOR.
El rey.

PEDRO.
Llegad a besar [*A sus hijas.*]
su mano.

INÉS.
¡Qué alegre llego!

PEDRO.
Dé vuestra alteza los pies,
por la merced que me ha hecho
del alcaidía de Burgos,
a mí y a mis hijas.

REY.
Tengo

bastante satisfación
de vuestro valor, don Pedro,
y de que me habéis servido.

PEDRO.
Por lo menos lo deseo.

REY.
¿Sois casadas?

INÉS.
No, señor.

REY.
¿Vuestro nombre?

INÉS.
Inés.

REY.
¿Y el
vuestro?

LEONOR.
Leonor.

CONDESTABLE.
Don Pedro merece
tener dos gallardos yernos,
que están presentes, señor,
y que yo os pido por ellos
los caséis de vuestra mano.

REY.
¿Quién[122] son?

RODRIGO.
Yo, señor, pretendo,
con vuestra licencia, a Inés.

FERNANDO.
Y yo a su hermana le ofrezco
la mano y la voluntad.

REY.
En gallardos caballeros
emplearéis[123] vuestras dos hijas,
don Pedro.

PEDRO.
Señor, no puedo
dar a Inés a don Rodrigo,
porque casada la tengo
con don Alonso Manrique,

---

[119] **Beso...Mil gracias**
[120] congratulations
[121] **condolences**

[122] **Quiénes**
[123] **casaréis**

el caballero de Olmedo,
a quien hicistes merced
de un hábito.

REY.

       Yo os prometo
que la primera encomienda
sea suya...

RODRIGO. [*Aparte a* DON FERNANDO.]
      (¡Extraño suceso!)[124]

FERNANDO. [*A* RODRIGO.]
      (Ten prudencia.)

REY.

Porque es hombre
de grandes merecimientos.

TELLO. [*Dentro.*]
Dejadme entrar.

REY.

         ¿Quién da voces?

CONDESTABLE.

Con la guarda un escudero[125]
que quiere hablarte.

REY.

         Dejadle.

CONDESTABLE.

Viene llorando y pidiendo
justicia.

REY.

      Hacerla es mi oficio;
eso significa el cetro.[126]

[*Sale* TELLO.]

TELLO.

Invictísimo[127] don Juan,
que del castellano reino,
a pesar de tanta envidia,[128]
gozas el dichoso imperio:
con un caballero anciano
vine a Medina, pidiendo
justicia de dos traidores;

pero el doloroso exceso
en tus puertas le ha dejado,
si no desmayado, muerto.
Con esto, yo, que le sirvo.
rompí con atrevimiento
tus guardas y tus oídos:
oye, pues te puso el Cielo
la vara de su justicia
en tu libre entendimiento,
para castigar los malos
y para premiar los buenos.
La noche de aquellas fiestas
que a la Cruz de Mayo[129] hicieron
caballeros de Medina;
para que fuese tan cierto
que donde hay cruz hay pasión;[130]
por dar a sus padres viejos
contento de verle libre
de los toros, menos fieros
que fueron sus enemigos,
partió de Medina a Olmedo
don Alonso, mi señor,
aquel ilustre mancebo
que mereció tu alabanza,
que es raro encarecimiento.
Quedéme en Medina yo,
como a mi cargo estuvieron
los jaeces y caballos
para tener cuenta dellos.
Ya la encapotada[131] noche,
de los dos polos en medio,
daba a la traición espada,
mano al hurto, pies al miedo,
cuando partí de Medina;
y al pasar un arroyelo,
puente y señal del camino,
veo seis hombres, corriendo
hacia Medina, turbados,
y aunque juntos, descompuestos.
La luna, que salió tarde,

---

[124]**Extraño...**How strange
[125]squire
[126]scepter
[127]great, unconquerable
[128]Reference to the fact that after the death of his uncle Fernando, el duque de Antequera,

Juan's power was disputed.
[129]**fiesta del descubrimiento de la Santa Cruz (3 de mayo)**
[130]**Nótese el doble sentido. Referencia a la pasión de Cristo y a la de Alonso.**
[131]**triste; cubierta de nubes negras**

menguado el rostro sangriento,
me dio a conocer los dos;
que tal vez[132] alumbra el cielo
con las hachas[133] de sus luces
el más escuro silencio,
para que vean los hombres
de las maldades los dueños,
porque a los ojos divinos
no hubiese humanos secretos.
Paso adelante, ¡ay de mí!,
y envuelto en su sangre veo
a don Alonso expirando.
Aquí, gran señor, no puedo
ni hacer resistencia al llanto,
ni decir el sentimiento.
En el caballo le puse
tan animoso, que creo
que pensaban sus contrarios
que no le dejaban muerto.
A Olmedo llegó con vida,
cuanto fue bastante, ¡ay cielo!,
para oír la bendición
de dos miserables viejos,
que enjugaban las heridas
con lágrimas y con besos.
Cubrió de luto[134] su casa
y su patria, cuyo entierro
será el del fénix, señor,
después de muerto viviendo
en las lenguas de la fama,
a quien conocen respeto
la mudanza de los hombres
y los olvidos del tiempo.

REY.
¡Extraño caso!

INÉS.
¡Ay de mí!

PEDRO.
Guarda lágrimas y xstremos,
Inés, para nuestra casa.
....[135]

INÉS.
Lo que de burlas te dije,
señor, de veras te ruego.
Y a vós, generoso rey,
destos viles caballeros
os pido justicia.

REY. [*A* TELLO.]
                    Dime,
pues pudiste conocerlos,
¿quién son esos dos traidores?
¿Dónde están? Que ¡vive el cielo,
de no me partir de aquí
hasta que los deje presos!

TELLO.
Presentes están, señor:
don Rodrigo es el primero,
y don Fernando el segundo.

CONDESTABLE.
El delito es manifiesto;
su turbación lo confiesa.

RODRIGO.
Señor, escucha...

REY.
                    Prendedlos,
y en un teatro mañana
cortad sus infames cuellos.

Fin de la trágica historia
del *caballero de Olmedo*.

---

[132]**alguna vez**
[133]torch

[134]mourning
[135]A verse is missing in the **romance**.

SOBRE LA LECTURA

Acto primero

1. ¿Cómo saluda don Alonso a Fabia?
2. ¿Cómo sabe Fabia de quién está enamorado don Alonso?
3. ¿Dónde vio don Alonso a Inés por primera vez?
4. ¿Cómo logra Fabia entrar a la casa de Inés?
5. ¿Cómo logra que Inés lea la carta de don Alonso?
6. ¿Qué truco emplea para conseguir que Inés escriba una respuesta?
7. ¿Cómo explica Fabia a don Rodrigo su presencia en la casa?
8. ¿Qué seña de su afecto deja Inés para don Alonso? ¿Quiénes se llevan este objeto?
9. ¿Qué piensa Leonor al ver que ambos don Fernando y don Rodrigo andan con el listón?
10. ¿Por qué habla don Rodrigo con el padre de Inés?
11. ¿Qué actitud adopta Inés en la última escena?
12. ¿Qué le promete Fabia a Inés? ¿Cómo piensa lograr esto?

Acto segundo

1. ¿Por qué le dice Tello a don Alonso que debe guardar más decoro?
2. ¿De quién es la capa que Tello encontró? ¿Cómo insulta Tello a don Rodrigo?
3. ¿Qué le pasó a Tello cuando acompañó a Fabia a sacarle la muela al ahorcado? ¿Qué dice don Alonso de las hechicerías?
4. ¿Qué se dicen don Alonso e Inés cuando finalmente se encuentran?
5. ¿Qué embuste inventa Inés para no casarse con don Rodrigo?
6. ¿Qué papeles tendrán Fabia y Tello en esta farsa? ¿Cómo piensa Inés comunicarse con don Alonso?
7. ¿Cómo piensa don Rodrigo deshacerse de su rival?
8. ¿Cómo piensa el rey premiar a don Alonso?
9. ¿Qué dice Inés en su carta a don Alonso? ¿Por qué la lee en fragmentos?
10. ¿Qué sueños o presentimientos afligen a Alonso?

Acto tercero

1. ¿A don Rodrigo le ha ido bien o mal con los toros?
2. ¿Y a don Alonso? ¿Qué dice don Fernando de don Alonso al principio del tercer acto?
3. ¿Por qué insiste don Alonso en volver a Olmedo después de las fiestas?
4. ¿Cómo describe Tello su participación en las corridas?
5. ¿Qué accidente sufre don Rodrigo? ¿Quién le salva la vida?
6. ¿Cómo reacciona don Rodrigo ante la generosidad y el valor de su rival?
7. ¿Qué siente Inés al partir don Alonso para Olmedo?

8. ¿Qué ve don Alonso en el camino? ¿Cómo reacciona?

9. ¿Cómo justifica don Rodrigo su decisión de matar a don Alonso?

10. ¿Qué oye don Alonso en el camino? ¿Cuál es el significado del cantar?

11. ¿Qué le aconseja el labrador? ¿Por qué no sigue don Alonso sus consejos?

12. ¿Cómo trata de racionalizar lo que ha visto y oído?

13. ¿Cómo mata don Rodrigo a don Alonso? ¿Cómo muestra su cobardía y su falta de nobleza?

14. ¿Qué le pide Inés a su padre? ¿Cómo reacciona él?

15. ¿Qué anuncia Tello? ¿Cómo castiga el rey a los asesinos?

HACIA EL ANÁLISIS LITERARIO

1. Compare *El caballero de Olmedo* con *La Celestina,* examinando los siguientes temas:
   a) las diferencias entre don Alonso y Calisto en cuanto a su personalidad, sus relaciones con sus padres, sus intenciones con respecto a la amada y su papel dramático
   b) las diferencias entre Fabia y Celestina en cuanto a su manera de proceder, su papel dramático y sus relaciones con los otros personajes
   c) las diferencias entre don Pedro y Pleberio en cuanto a su concepto del mundo, su actitud para con su hija y su responsabilidad por la tragedia
   d) Tello y los sirvientes de Calisto en cuanto a su perspectiva, su personalidad, su relación con el amo y su papel dramático

2. Dé un ejemplo de cada uno de los siguientes metros y explique su función dentro del contexto: romance, redondilla, décima.

3. Compare el tono de los primeros dos actos con el del tercero.

4. ¿Cómo aumenta Lope la tensión? ¿Cómo crea un ambiente trágico en el tercer acto?

5. ¿Cómo utiliza las convenciones del *amor cortés? Dé por lo menos cinco ejemplos.

6. Explique la importancia del presentimiento de don Alonso al fin del segundo acto. ¿Qué simbolizan el jilguero y el azor?

7. ¿Cómo emplea Lope el humor para aliviar la tensión?

8. ¿Cómo emplea el doble sentido en los interludios humorísticos?

9. ¿Qué *cultismos usa Lope en esta obra?

10. Explique el tema del honor.

11. ¿Por qué es importante el contexto histórico?

12. ¿Cuál es la función de la intervención del rey?

TEXTO Y VIDA

1. Dentro de un contexto moderno, ¿se puede explicar el hecho de que don Alonso haya procedido en secreto en vez de pedirle la mano de Inés a don Pedro?

2. ¿Qué tipo de persona es don Alonso? ¿Inés? ¿don Pedro? ¿don Rodrigo?
3. A través de la obra, Inés y Leonor le mienten a su padre. ¿Cuál es la importancia de este hecho desde un punto de vista moral? ¿desde un punto de vista dramático?
4. ¿Cómo contribuyen la impaciencia y temeridad de los personajes al desenlace trágico?
5. ¿Es don Alonso una víctima de sus pasiones?
6. ¿Quién es responsable por la muerte de don Alonso?

El barroco español

La derrota de la Armada Invencible en 1588 señala el principio de un largo período de decadencia militar y política para España. Las interminables guerras iniciadas por Felipe II desangraron al país. Cuando su hijo subió al trono en 1598, el reino estaba en crisis. Felipe III y su sucesor Felipe IV dejaron la política exterior en manos de privados que terminaron por llevar a España a la ruina.

A partir de 1580 predomina el estilo barroco, el cual se caracteriza por las imágenes poderosas y por el exceso de ornamentación. En la pintura y en la escultura, prevalece la línea curva; en la literatura, se cultivan la agudeza, el doble sentido, el juego lingüístico, la alusión oscura, la exageración.

Otro rasgo importante es el pesimismo. Por un lado, la situación política convence al intelectual del siglo XVII de que la gloria, el poder y los bienes materiales no son más que una vana ilusión, idea que es reforzada por la religión. Algunos autores se amargan, adoptando una actitud cínica con respecto a la sociedad. Por otro lado, el descubrimiento de América y las ideas de científicos como Copérnico y Galileo sugieren que la realidad objetiva es muy diferente de las apariencias. La creciente importancia en Europa del escepticismo—la filosofía de la duda—también contribuye a la desconfianza en la capacidad del hombre de conocer la realidad objetiva. El contraste entre la realidad y las apariencias llega a ser uno de los grandes temas del barroco español.

Es un período de gran innovación literaria y de intensa crítica social. Los temas humanísticos del siglo anterior siguen vigentes, pero la decadencia política, junto con el aislamiento intelectual que resulta del afán de la corona y de las autoridades eclesiásticas de proteger al pueblo de ideas heterodoxas, producen una literatura sumamente introspectiva. Las restricciones que imponen la ortodoxia religiosa no privan a la literatura barroca de su vigor. Al contrario, intensifican la mordacidad y la agudeza, aunque los autores no critican siempre de una manera directa, sino por medio de sutilezas o juegos lingüísticos que son difíciles de entender. La ironía y la sátira se convierten en armas eficaces en manos de moralistas que desean exponer los males de una sociedad que ellos consideran totalmente hipócrita.

Si los autores del Renacimiento buscan el sentido armónico de las cosas, los del barroco pintan un mundo caótico y confuso. Se cultiva la imagen chocante, fea o grotesca. La sobrecarga de sinónimos o de elementos decorativos crea una sensación de exceso. Se emplean muchos de los mismos temas e imágenes que en el Renacimiento, pero ahora éstos adquieren un aspecto negativo. Por ejemplo, la mujer bella sigue inspirando al poeta, pero su hermosura efímera sirve para recordarle la temporalidad de todo bien material y su frialdad sirve para intensificar su sentido de frustración y enajenación.

Dos tendencias caracterizan la literatura barroca: el culteranismo y el conceptismo. El culteranismo—también llamado gongorismo—se asocia con Luis de Góngora, cuya poesía abunda en elementos decorativos, alusiones difíciles, inversiones gramaticales, exageraciones e imágenes fuertes. La poesía de Góngora opera sobre los sentidos, creando una impresión de suntuosidad. Aunque muchos de los contemporáneos de Góngora rechazaron su estilo oscuro y difícil, éste tuvo una influencia considerable aun en la obra de algunos de los escritores que lo criticaron.

A diferencia del culteranismo, el conceptismo opera sobre el entendimiento. Se trata de una literatura recargada de sentido. Se busca la concisión; el conceptista intenta encerrar el mayor número de ideas posible dentro de una sola frase. De ahí vienen las máximas de doble o triple sentido, los juegos de palabras, las agudezas, los conceptos y paradojas. El culteranismo y el conceptismo no son mutuamente exclusivos. Casi todos los grandes escritores del barroco emplean las dos técnicas.

Baltasar Gracián (1601–1658) es tal vez el escritor que ilustra mejor la ingeniosidad del conceptismo. Sacerdote que gozó de fama de predicador, Gracián ingresó en la Compañía de Jesús en 1619 y llegó a ser rector del colegio de Tarragona. Era un espíritu selecto que despreciaba al vulgo y escribía sólo para un grupo de amigos cuidadosamente escogidos.

En manos de Gracián, la naturaleza engañosa del mundo se convierte en un arma que se puede usar para manipular a otros. En *El héroe* (1637), *El político* (1640), *El discreto* (1646) y el *Oráculo manual* (1647), obras que recuerdan *El príncipe* de Maquiavelo, Gracián explica cómo un hombre hábil puede convencer a los demás de su propia superioridad mientras que oculta sus defectos a fin de dominar cualquier situación, aunque, según nos asegura el autor, estas técnicas deben emplearse sólo para hacer el bien. La naturaleza sospechosa de sus obras creó problemas para Gracián, quien, después de la publicación de su novela alegórico-filosófica *El criticón*, sufrió represiones serias de las autoridades jesuitas. En 1658 pidió permiso para pasar a otra orden, pero murió antes de recibir una respuesta.

En su *Arte de ingenio: Tratado de agudeza* (1642, ampliado en 1648), Gracián explica la estética conceptista, de la cual sus propios tratados proveen amplios ejemplos. Estos consisten en «primores», máximas o aforismos que presentan en forma muy concentrada las cualidades que un hombre del mundo necesita. Por ejemplo, el Primor Primero de *El héroe* es «Que el héroe practique incomprensibilidades de caudal», lo cual significa que el héroe—es decir, el hombre que sobresale—debe parecer siempre profundo, cuidándose de que los otros se den cuenta de los límites de sus conocimientos. La máxima 7 del *Oráculo manual* es «Excusar victorias del patrón», lo cual significa que un hombre hábil debe evitar el vencer a su superior, ya que los celos de éste pueden costarle la carrera o aun la vida. Gracián define su estilo compacto en la máxima, «Lo breve, si bueno, dos veces bueno».

Otros maestros del barroco—Francisco de Quevedo o Pedro Calderón de la Barca, por ejemplo—emplean el culteranismo y el conceptismo con sus propios fines moralizadores o artísticos. Aunque los dos manipulan el lenguaje con destreza extraordinaria, Quevedo se entrega a la desmesura, al sarcasmo y aun a la violencia, mientras que Calderón se distingue por la riqueza de sus imágenes, su profunda penetración psicológica y sus conocimientos de la metafísica.

Quevedo: Prosista, poeta, hombre de estado

Francisco de Quevedo (1580–1645) fue uno de los hombres más brillantes, activos y problemáticos de su época. Nació en Madrid y estudió humanidades en el Colegio Imperial de la Compañía de Jesús. Más tarde inició sus estudios universitarios en Alcalá, donde conoció a muchos personajes que poblarían sus escritos más tarde—estudiantes, pícaros y maestros de esgrima, entre otros. En 1602, mientras era estudiante de teología, un médico lo llevó a juicio por no pagarle sus servicios, desatando el rencor que Quevedo les tendría durante toda su vida a los médicos, boticarios, abogados, jueces, alguaciles y otros que ataca en sus obras burlescas y morales. En 1605 aparecieron dos *letrillas (poesías populares) muy agudas de Quevedo, *Poderoso caballero es don dinero* y *Con su pan se lo coma*, las cuales ya revelan el sarcasmo y la perspicacia que caracterizarán su prosa y poesía satíricaso. El mismo año, Quevedo empezó a escribir los *Sueños*, una serie de ensayos punzantes en los cuales el autor se burla de las costumbres y de los valores de su época.

A la edad de 33 años, Quevedo tuvo una crisis moral. Durante este período compuso el *Heráclito cristiano*, una colección de poemas metafísicos que algunos críticos colocan entre los mejores del Siglo de Oro. Poco después, el Duque de Osuna, virrey de Sicilia y protector de Quevedo, mandó al poeta a Italia, donde éste desempeñó un cargo diplomático. Al volver Quevedo a Madrid, la poesía de Góngora había causado gran sensación en la Corte; algunos intelectuales alababan el atrevido estilo nuevo y otros lo censuraban, pero ninguno quedó indiferente. Quevedo se alineó con los detractores de Góngora. Es posible que algunos de los sonetos burlescos en que Quevedo ataca a su rival se escribieran durante este período.

Quevedo estuvo involucrado en las intrigas de la Corte durante toda su vida. En 1615 participó en un plan para conseguir el virreinato de Nápoles para el Duque de Osuna. Algunas de sus páginas más mordaces sobre la corrupción política se encuentran en la correspondencia personal que mantenía con el Duque. A causa de su relación con Osuna, Quevedo tuvo muchos problemas con el gobierno de Felipe III. Sufrió el destierro y el encarcelamiento. Al salir de la cárcel en 1621, Quevedo se relacionó con el nuevo gobierno de Felipe IV, quien acababa de suceder a su padre. Durante esta época escribió muchos versos satíricos, además de algunos de sus mejores sonetos amorosos, que reunió en su *Canto solo a Lisi*.

En 1626, durante un período de relativa tranquilidad, Quevedo empezó a preparar, para publicarla, su *Política de Dios*, un tratado en el cual expone sus ideas sobre el gobierno. Ese mismo año salió su *novela picaresca, *El Buscón*, aunque seguramente fue escrita mucho antes. El libro representa un paso importante en la evolución del género, ya que Quevedo limita sus temas y hasta el espacio recorrido por su pícaro para lograr una mayor intensificación de la que se había alcanzado anteriormente en la picaresca. Pablos, el narrador cínico y amoral, es un vehículo por el cual el autor realiza una intensa crítica social. En *El Buscón* Quevedo lleva al extremo el arte de la *caricatura, exagerando todos los defectos de sus personajes hasta crear un retrato grotesco de la sociedad.

La publicación de los *Sueños*, (fantasías satíricas de crítica social) en 1627 provocó elogios de los admiradores de Quevedo, pero críticas agudas de parte de sus rivales y enemigos. Pronto comenzó otro período de conflictos e intrigas. El Conde-Duque de Olivares, consejero de Felipe IV, veía en la *Política de Dios* una crítica de la Corona y desterró al autor dos veces. El Conde-Duque de Olivares no era popular. Las numerosas guerras extranjeras en las cuales había metido a España debilitaron al país no sólo económicamente sino también psicológicamente. A causa de su participación en los embrollos de la Corte y de sus sátiras audaces, Quevedo acumulaba enemigos, algunos de los cuales circulaban *letrillas en las que le atacaban. Quevedo era cojo y en algunos de los asaltos más crueles sus adversarios se burlaban de este defecto físico. En 1631 Quevedo escribió la primera parte de su tratado político *Vida de Marco Bruto*. Durante esta época varios de sus escritos se denunciaron ante la Inquisición y en 1635 ya estaba preso otra vez sin saber por qué. En 1643 el Conde-Duque cayó del poder y, después de muchas investigaciones y demoras, el rey puso a Quevedo en libertad. Pero el poeta-político ya estaba enfermo y cansado. A principios de 1645 terminó la segunda parte de *Marco Bruto*. En septiembre del mismo año, meses después de la muerte del Conde-Duque, Quevedo falleció, poniendo fin a una larga carrera política y literaria.

A pesar de que Quevedo escribió numerosos poemas de amor, no se sabe mucho de su vida personal. Era un hombre poco atractivo y él mismo se burlaba de su cojera. Vivió sin la bendición de la Iglesia con cierta señorita de Ledesma por un tiempo, inspirando a sus adversarios a componer letrillas maliciosas sobre su amancebamiento. No se casó hasta la edad de 54 años y se separó de su esposa unos dos años después. De hecho, parece haber tenido una aversión al matrimonio, tema de varias de sus composiciones burlescas.

En «Desposorios entre el Casar y la Juventud» usa la *alegoría y la *sátira para describir los desastres que resultan cuando el hombre se casa joven: Al juntarse el matrimonio y la juventud, ésta se desvanece pronto dejando sólo el arrepentimiento. La viudez reemplaza la juventud; con ella llega la soledad y el cumplimiento, esa formalidad hipócrita a la cual, según Quevedo, se prestan las viudas, quienes se hacen pasar por mártires si bien gozan plenamente de su nueva libertad. Alivian la soledad de la viudez los chismes y los requiebros de nuevos pretendientes, haciendo que la viuda termine por entregarse a los placeres. Sin embargo, el hombre arrepentido jamás aprende su lección, jamás abandona la esperanza, testarudez que le traerá amarguras sin fin y lo dejará sin consuelo y alegría por el resto de sus días.

La poesía y la prosa burlescas de Quevedo comparten muchas de las mismas características: la imagen gráfica y grotesca, la exageración, el sarcasmo, la crítica social. Las obras serias a menudo revelan una profunda angustia. En sus poemas metafísicos el poeta expresa el desprecio por la falsedad del mundo. Aun en sus poemas religiosos, rara vez menciona la salvación o la eternidad. Parece no encontrar la paz en ninguna parte.

Los poemas amorosos revelan estas mismas inquietudes. La dama es siempre fría, distante, inmóvil. A menudo el poeta la compara con un cuadro, como por ejemplo en «A un retrato de una dama». La amada no es una mujer de carne y hueso, sino un ideal inalcanzable que huye cuando se acerca el amante. Nunca se trata de una relación realizada y feliz; para Quevedo el amor es una búsqueda constante. Ante el fracaso de su intento de alcanzar a la amada, el poeta queda triste y abatido.

La actitud cínica y burlona de las obras satíricas y la angustia de las obras serias reflejan dos aspectos de un hombre sensible e inteligente que se desalienta ante la decadencia de su mundo. El pesimismo que penetra toda la obra de Quevedo es un reflejo de su tiempo y una característica del *barroco.

Ediciones

Quevedo, Francisco de. *Obras satíricas y festivas*. Ed. J. M. Salaverría. Madrid: n.p., 1965

_____. *Obras completas, poesía original*. Ed. José Manuel Blecua. Barcelona: Planeta, 1971

_____. *Obras completas, prosa*. Madrid: Aguilar, 1974

_____. *An Anthology of Quevedo's Poetry*. Ed. R. M. Price. Manchester: Manchester University Press, 1969

Crítical

Ayala, Francisco. «Hacia una semblanza de Quevedo». *La Torre*. LVII (1967):89–116

Bleznick, Donald W. *Quevedo*. New York: Twayne n.p., 1972

Crosby, James O. *En torno a la poesía de Quevedo*. Madrid: Castalia, 1967

Durán, Manuel. *Francisco de Quevedo*. Madrid: Edaf, 1978

Francisco de Quevedo. Ed. Gonzalo Sobejano. Madrid: Taurus, 1978

Green, Otis H. *Courtly Love in Quevedo*. Boulder: University of Colorado, 1952

Olivares, Julián. *The Love Poetry of Francisco de Quevedo*. Cambridge, Eng.: Cambridge University Press, 1983

Walters, D. Gareth. *Francisco de Quevedo: Love Poet*. Cardiff, Wales: University of Wales Press, 1985

Ynduráin, Francisco. *El pensamiento de Quevedo*. Zaragoza: Universidad de Zaragoza, 1944

Desposorios[1]
entre el Casar y la Juventud

FRANCISCO DE QUEVEDO

El Casar se desposó con la Juventud y de este matrimonio tuvieron dos hijos que nacieron de un vientre[2]: al primero llamaron Contento y al segundo Arrepentir y murió la madre de este parto.[3]

El Contento murió muy niño, pero su hermano Arrepentir vivió muchos años, el cual escarmentado[4] por lo que había visto en casa de sus padres, no quiso tomar estado[5] y se anduvo por el mundo sin dejar parte de él que no visitase.

Al cabo de algún tiempo dió en hacer el amor a doña Viudez, señora de tocas,[6] la cual hacía muy pocos días que había enterrado al Sentimiento, su marido, y como tuviese en su casa al Cumplimiento[7] y Soledad por criados, se aficionó[8] al Cumplimiento, pero le duró poco la afición, porque luego se lo llevaron a palacio para que sirviese al rey de engaños.

Se quedó Soledad con su señora doña Viudez y la acompañó una tarde que fueron a una junta de dones[9] y encontró con[10] tres amigas, con cuya conversación se divirtió de manera que, cuando su ama[11] doña Viudez se quiso volver a casa, no la pudo acompañar la Soledad. Estas tres amigas se llamaban Mirar de lado[12] Descubrir la mano[13] y Pláticas excusadas.[14] Se halló la Soledad muy afligida por verse sin su ama; la envió un recado para que la volviese a recibir y le llevó Pláticas excusadas, pero de lo que sirvió este recado fué que Pláticas excusadas su mensajero o mediador se quedase y que a Soledad aún no se le pagase su salario.

En esta ocasión andaba Placeres muy amartelado[15] de la señora doña Viudez y le dio sus poderes a Pláticas excusadas por cuya tercería[16] se vinieron a querer mucho doña Viudez y Placeres y de la primera vez que se vieron quedó preñada[17] Viudez de un hijo que llamaron Diversiones en honra del nombre de su padre.

Este hijo confirmó tanto el amor de Viudez y Placeres, que no fue posible conseguir que Viudez diese oídos[18] a los recados con que la solici-

---

[1] **Matrimonio**
[2] womb
[3] delivery, childbirth
[4] **enseñada una lección**
[5] **tomar...casarse**
[6] **de...vieja**
[7] Formality, courtesy
[8] **se...she became fond**
[9] **junta...a meeting of talents**

[10] **encontró...she met**
[11] employer
[12] **Mirar...To sneak a look**
[13] **Descubrir...To accept gifts**
[14] **Pláticas...Idle gossip**
[15] **atormentado con celos**
[16] **mediación, intervención**
[17] **encinta**
[18] **diese...escuchara**

taba Arrepentir, el cual, despechado[19] por esto, dio en un gran desbarro[20] que fue enamorarse de una ramera[21] pública y de todos, llamada doña Esperanza. Con ésta, pues, se amancebó[22] y tuvieron doce hijos a los cuales llamaron con diversos nombres, sin que ninguno de ellos perdiese el de la cepa [23] de su padre.

Al primero llamaron Sufrir y llevar la carga;[24] al segundo, Mal infierno arda quien con vós me juntó; al tercero, Dios me dé paciencia; al cuarto, Dios me saque de con vós,[25] al quinto, Si yo me viera libre; al sexto, Loco estaba yo; al séptimo, Esta y no más; al octavo, Juzgué que era miel y era acíbar[26] al noveno, ¿Qué trajistes vós?; al décimo, Otras se gozan y yo padezco; al onceno, ¿Quién me lo dijera a mí?; al duodécimo, Más vale capuz que toca.[27]

Dejo de decir otros dos hijos porque sin embargo[28] de haber nacido y criado en su casa no ha habido forma que los quiera recono-

cer por tales el Arrepentir; estos son: Celos y Mala condición.

Viéndose con tantos hijos el Arrepentir, trató de que se le diese la franqueza[29] y exención de que gozan los de la descendencia de los Modorros.[30] A este pleito[31] salió Penseque[32] con poder especial y lo contradijo alegando no debía gozar de privilegios por ser los hijos no legítimos a lo cual se replicó que sí lo eran, por ser nacidos muchos años antes de los Concilios[33] y que los había habido con palabras de casamiento, que en aquel tiempo por no haber otro, equivalía a verdadero matrimonio. Y estando el pleito concluso en el Tribunal de la Antigüedad, presidiendo en él la Experiencia, se pronunció sentencia definitiva y se despachó ejecutoria[34] de ella, en que declararon al Arrepentir y a toda su descendencia por libres y exceptos de consuelo y alegría, gusto, contento y de todo bien.

Y esto como ya ejecutariado se guarda y observa inviolablemente.

---

[19] **desesperado**
[20] **locura, error**
[21] **prostituta**
[22] **entró en relaciones**
[23] stump (of a tree)
[24] burden
[25] **Dios...**God free me of you
[26] bitterness
[27] I'd rather be a monk than be involved with a woman. (A **capuz** is a cowl worn by monks; a **toca** is a headdress similar to a nun's, worn by women, especially older ones.)
[28] **sin...a pesar**
[29] **libertad**
[30] Ignorant people, people who are lethargic or live in a dream world
[31] dispute
[32] **Pensé que**
[33] The Council of Trent (1545–1563) undertook a massive reform of the Catholic Church. The third session of the Council (1562–63) dealt with marriage. Prior to the clarification of the doctrinal canons, if a man promised to marry a woman before having sexual relations with her, the couple was considered married and their children legitimate. The Council declared that this custom was not in keeping with Church doctrine.
[34] **se...**was put into effect

Sonetos

Francisco de Quevedo

Soneto amoroso
A un retrato de una dama

Tan vivo está el retrato y la belleza
que Amor tiene en el mundo por escudo,[1]
que, con mirarle tan de cerca, dudo
cuál de los dos formó Naturaleza.[2]

　　Teniéndole por Filis,[3] con presteza,[4]
mi alma se apartó del cuerpo rudo,[5]
y viendo que era su retrato mudo,[6]
en mí volví,[7] corrido[8] con tristeza.

　　En el llevar tras sí mi fe y deseo
es Filis viva, pues su ser incluye,
con cuyo disfavor siempre peleo.

　　Mas su rigor aquesto lo destruye,
y que no es Filis al momento creo,
pues que de mí, mirándome, no huye.[9]

Soneto moral
Desengaño de la exterior apariencia con el
examen interior y verdadero

¿Miras este gigante corpulento
que con soberbia[10] y gravedad[11] camina?
Pues por de dentro es trapos y fajina,[12]
y un ganapán[13] le sirve de cimiento.[14]

　　Con su alma vive y tiene movimiento,
y adonde quiere su grandeza inclina;[15]

---

[1] **por...**as a coat of arms

[2] **dudo...**I wonder which was created by Nature (which is real), the picture or the woman.

[3] **Teniéndole...**Because I took the portrait for Phyllis herself (Phyllis is the name of the poet's loved one.)

[4] **con...inmediatamente**

[5] **mi...**I lost consciousness (my soul left my coarse body)

[6] mute, speechless

[7] I regained consciousness

[8] **confuso**

[9] **y...**and I now believe it's not really Phyllis, for she (the portrait) looks at me without fleeing

[10] **arrogancia**

[11] Note the wordplay: **gravedad** refers both to the physical weight of the **gigante corpulento** and to his pompous formality.

[12] **Fajina** means both "wood chip" and "mindless jabber." The point is that this arrogant snob has nothing in his head.

[13] errand boy

[14] **le...**props him up, serves as his foundation. That is, the noble could not throw his weight around if he did not have the common people under him.

[15] **y...**and he imposes his greatness anywhere he wishes. *Greatness* refers both to his physical size and his political influence.

mas quien su aspecto rígido examina,
desprecia su figura y ornamento.
    Tales son las grandezas aparentes
de la vana ilusión de los tiranos:
fantásticas escorias[16] eminentes.
    ¿Veslos arder en púrpura,[17] y sus manos
en diamantes y piedras diferentes?
Pues asco[18] dentro son, tierra y gusanos.

Soneto satírico
Vieja vuelta a la edad de las niñas

    ¿Para qué nos persuades eres niña?
¿Importa que te mueras de viruelas?[19]
Pues la falta de dientes y de muelas
boca de taita[20] en la vejez te aliña.[21]
    Tú te cierras de edad[22] y de campiña,[23]
y a que están por nacer,[24] chicota[25] apelas;
gorjeas[26] con quijadas[27] bisagüelas[28]
y llamas metedor[29] a la basquiña.[30]
    La boca, que fue chirlo,[31] agora embudo,[32]
disimula lo rancio[33] en los antaños,[34]
y nos vende por babas[35] el engrudo.[36]
    Grandilla[37] (porque[38] logres tus engaños)
que tienes pocos años no lo dudo,
si son por vivir los pocos años.[39]

---

[16] slag, dregs, trash
[17] Purple is the color of authority. **Arder en púrpura** suggests that the nobles are both "shining in their purple robes" and "burning in the purple-red" fires of hell.
[18] nauseating rot
[19] pox, syphilis
[20] **Taita** is a name that children use to address their fathers. The woman in the poem has the toothless mouth of an old man.
[21] **adorna**
[22] **Cerrarse de edad** is a term used to describe horses, when their teeth are all even. This occurs at about seven years old.
[23] **Cerrarse de campiña** means to be stubborn. The idea is that the woman insists on passing herself off as a baby or an overgrown child, who still has perfect teeth, when in reality, her teeth are rotted due to old age.
[24] **que**...unborn babies
[25] **niña robusta**
[26] you gurgle
[27] jaws
[28] **bisabuelas** (of a great grandmother)
[29] a diaper liner (The woman tries to pass her skirts off as diapers.)
[30] **falda**
[31] slash
[32] a funnel (The woman's mouth is sucked in like a funnel because she is toothless.)
[33] rancid
[34] years of yore
[35] baby's drool
[36] pasty saliva
[37] Old Woman
[38] **para que**
[39] Note the wordplay: **no**...I don't doubt that you have few years (that you are very young) if what you mean is that you have few years left to live.

SOBRE LA LECTURA

Desposorios entre el Casar y la Juventud

1. ¿Qué frutos produjo el matrimonio del Casar con la Juventud?
2. ¿Qué les ocurrió a los dos hijos?
3. ¿Qué le pasó a la Juventud?
4. ¿Por qué no quiso desposarse el Arrepentir? ¿Por dónde anduvo?
5. ¿De quién se prendó el Arrepentir?
6. ¿Quién era el marido de doña Viudez?
7. ¿Quiénes acompañaban a la Viudez?
8. ¿Con qué tres amigas se encontró la Soledad en una reunión?
9. ¿Cómo trató la Soledad de conseguir que su ama la recibiese de nuevo?
10. ¿Por qué no resultó el plan?
11. Después de trabar amistad con Pláticas excusadas, ¿con quién entró en relaciones la Viudez? ¿Cómo se llamaba su hijo?
12. ¿De quién se enamoró Arrepentir? ¿Qué tenían en común los hijos que produjeron?
13. ¿A cuáles hijos no quiso don Arrepentir reconocer? ¿Por qué?
14. ¿Qué pleito llevó el padre ante el Tribunal de la Antigüedad?
15. ¿Qué declaración se le hizo al Arrepentir? ¿Sigue vigente la ejecutoria o ya se venció?

Sonetos

1. En «A un retrato de una dama», ¿qué duda tiene el poeta al mirar la imagen?
2. ¿Por qué «se apartó del cuerpo rudo» su alma?
3. ¿Por qué volvió?
4. ¿Cuál es el objeto de la fe y el deseo del poeta? ¿Cómo reacciona la amada al percibir la devoción del amante?
5. ¿Cómo sabe el poeta que la imagen que ve no es la de su dama, sino la de un retrato?
6. En «Desengaño de la exterior apariencia» ¿cómo destruye el poeta la imagen del gigante?
7. ¿Por qué dice el poeta que aunque parece que se trata de un hombre vivo, el gigante no es más que «figura y ornamento»?
8. ¿Qué tema introduce el poeta en el primer terceto?
9. ¿Cómo crea una imagen ambivalente en el segundo terceto?
10. ¿Cómo introduce el concepto de podredumbre?
11. En «Vieja vuelta a la edad de las niñas», ¿por qué se burla el poeta de la vieja?
12. ¿De qué se muere la vieja?
13. Describa la cara de la vieja. ¿En qué se empeña?
14. ¿Cómo trata de convencer a la gente que es más joven de lo que es?
15. ¿Con qué compara el poeta la boca de la vieja?
16. ¿En qué sentido dice que está dispuesto a aceptar que ella tiene «pocos años»?

HACIA EL ANÁLISIS LITERARIO

1. Explique el uso de la *alegoría en *Desposorios entre el Casar y la Juventud*.
2. ¿Cuáles son las características del matrimonio entre jóvenes?
3. ¿Por qué dice el autor que la Viudez «había enterrado al Sentimiento»? Según él, ¿cuáles son las características de la Viudez?
4. ¿Qué tono predomina en este trozo? ¿Cuál es la actitud del autor?
5. ¿Qué aspectos de la sociedad satiriza Quevedo? ¿Hace alguna alusión a la política? ¿Dónde? ¿Qué significa el último párrafo?
6. En «A un retrato de una dama» ¿cómo representa el poeta lo inalcanzable?
7. Cuál es más real e inmediato, el retrato o la dama? ¿Cómo yuxtapone la realidad y el ideal? ¿Qué efectos logra con esta yuxtaposición?
8. ¿Cómo se describe el poeta a sí mismo? ¿Qué tono predomina en este soneto?
9. En «Desengaño de la exterior apariencia», ¿qué representa el gigante?
10. ¿Cómo crea el autor una imagen de un figurón hueco?
11. Analice la estructura del soneto. ¿Dónde hace el poeta la transición de la imagen concreta a la generalización sobre la sociedad? ¿Cómo difieren los cuartetos de los tercetos? ¿Qué imágenes emplea el poeta en el último terceto? ¿Qué efecto logra?
12. ¿Cómo emplea Quevedo la caricatura en «Vieja vuelta a la edad de las niñas»?
13. ¿Cómo emplea la antítesis? (Por ejemplo, babas/engrudo)
14. ¿Cómo emplea la metáfora para convertir la imagen de la vieja en algo grotesco?
15. Explique el conceptismo dando ejemplos de las cuatro selecciones que se incluyen aquí.

TEXTO Y VIDA

1. ¿Qué piensa usted de las observaciones que hace Quevedo sobre el matrimonio y la juventud?
2. ¿Por qué dura tan poco el Contento?
3. ¿Qué piensa usted del uso de la alegoría en esta selección? ¿Es o no es eficaz? ¿Por qué?
4. ¿Piensa usted que el tema del soneto amoroso es realmente el amor, o expresa otros tipos de frustraciones?
5. ¿Qué «ideales inalcanzables» existen en su vida? ¿Siente usted la misma angustia que Quevedo o ha reaccionado de una forma distinta?
6. ¿Qué realidad social denuncia el poeta en su soneto? ¿En qué consiste la inmoralidad de la situación? ¿Por qué se califica a este soneto de moral?
7. ¿Cree usted que la misma situación existe hoy en día? Dé ejemplos.
8. Al describir al grande que se convierte, en la última estrofa, en «tierra y gusanos», ¿qué actitud revela el poeta ante la muerte? ¿Piensa usted que esta actitud ante la muerte añade a su sentido de frustración? ¿Por qué?

9. ¿Cree usted que la obsesión con la juventud que Quevedo describe en «Vieja vuelta a la edad de las niñas» se manifiesta en nuestra sociedad? Dé ejemplos. ¿Por qué existe esta obsesión?
10. ¿Comparte usted la opinión de Quevedo acerca de las viejas que quieren parecer más jóvenes o cree usted que la actitud del poeta es demasiado condenatoria? Explique.

María de Zayas y la novela cortesana

Al mismo tiempo que la novela picaresca adquiría gran auge en España, floreció la novela corta, un género derivado del cuento italiano. Durante el siglo XVII se publicaron muchas colecciones de narraciones breves. Aunque las había de todos tipos, una de las categorías más populares era la novela cortesana. Consistía en un cuadro de costumbres en el cual se narraban los enredos y amoríos de galanes y damas, usualmente en el ambiente de la corte madrileña. María de Zayas y Sotomayor es uno de los escritores que cultivaron el género con más éxito.

Hasta hace relativamente poco, las novelas de María de Zayas y Sotomayor (1590–¿1661?) atrajeron poca atención crítica. Se ha sugerido que si Zayas hubiera vivido en otra época, su cuentística se habría dado a conocer más, pero apareciendo en una época dominada por tantos genios literarios—Cervantes, Lope, Quevedo—, la obra de ella palidece en comparación. Sin embargo, sus *Novelas ejemplares y amorosas* (1637) gozaron de gran popularidad durante la vida de la autora y durante los dos siglos después de su muerte.

Se han llamado las *Novelas* de María de Zayas el *«Decamerón español»* porque, como *Il Decamerone* del escritor italiano Giovanni Boccaccio (1313–1375), constan de varias historias agrupadas por medio del artificio de una tertulia en la cual cada noche uno de los participantes narra un cuento. Es una estructura común de la época; se encuentra en varias obras españolas, italianas, francesas e inglesas.

María de Zayas sitúa algunas de sus novelitas en Nápoles o en otras ciudades donde ha vivido. Como en muchos de los dramas de la época, los celos, la virtud y el honor son a menudo problemas centrales.

Aunque ésta es una literatura principalmente de entretenimiento, las narraciones de María de Zayas también tienen un aspecto moralizador. Su parentesco con la novela picaresca se encuentra en su insistencia en los aspectos negativos de la sociedad. En el mundo novelístico de María de Zayas reinan la corrupción, la hipocresía y el engaño aunque, a diferencia de la novela picaresca, la cortesana representa un ambiente burgués o aristocrático. La autora demuestra que aun entre damas y caballeros, es común encontrar la falsedad y el egoísmo. En las *Novelas ejemplares,* los hombres son víctimas de su propia ceguera moral. Cuando terminan en la ruina, es casi siempre a causa de alguna perversa obsesión.

María de Zayas muestra poca tolerancia con las flaquezas humanas. Sus personajes son a veces ruines, a veces necios, pero aun cuando son simplemente inocentones, provocan la irrisión. Sin embargo, si bien en la novela picaresca la maldad casi siempre triunfa, en la de María de Zayas, es castigada. En *La fuerza del amor,* el libertino don Diego pierde esposa y vida como consecuencia de haberse entregado a una pasión ilícita.

Tal vez lo que más distingue la narración de María de Zayas es su perspectiva definidamente femenina. Gran defensora de las mujeres, la autora lamenta su situación de inferioridad y dependencia. Vitupera la inconstancia de los hombres, quienes a menudo pagan la fidelidad de sus esposas con la traición. A veces la mujer, desesperada por recobrar el afecto de su amado, recurre a soluciones arriesgadas o dudosas. En *La fuerza del amor,* Laura, abandonada por su padre, sus hermanos y su marido, pierde orgullo y sensatez, sirviéndose de una hechicera para tratar de torcer la voluntad de don Diego. Pero, auque víctimas, las protagonistas de María de Zayas no son pasivas. Cuando don Diego le hace la corte a Laura, ésta, a diferencia de las damas esquivas que se encuentran en las obras de muchos autores masculinos, declara su amor de una manera franca y abierta; y cuando él la deja, busca activamente una solución. Aunque el amor es a menudo un tema, los cuentos de María de Zayas no son realmente románticos. En ellos se trata más bien la psicología de la mujer enamorada que el amor mismo.

Lo sobrenatural es un elemento importante en la cuentística de María de Zayas. La magia, las brujas, las supersticiones agregan una dimensión fantástica que enriquece la narrativa. En *La fuerza del amor* lo sobrenatural funciona a dos niveles. En manos de la hechicera, el encantamiento no es más que un embuste—la manera de sacarle dinero a una pobre mujer afligida. Al mismo tiempo, la fuerza invisible que guía los pasos de don Carlos, hermano de Laura, trasciende las leyes de la razón y revela la existencia de un poder más allá de la comprensión humana. Es ésta, tal vez, la verdadera «fuerza del amor». El uso de la magia también tiene una función artística: sirve para aumentar la tensión. La escena que tiene lugar en el humilladero, el inmenso hoyo negro y amenazante, repleto de cadáveres, llena de horror no sólo a Laura sino también al lector.

Muy poco se sabe de la vida de María de Zayas; ni siquiera se ha podido averiguar si se casó o no. Sin embargo, su obra es testimonio de su agudo genio y de su perspicacia.

Edición

Zayas y Sotomayor, María de. *Novelas completas.* Ed. María Martínez del Portal. Barcelona: Bruguera, 1973

_____. *Novelas ejemplares y amorosas* Ed. Agustín G. de Amezcua. Madrid: Aldus, 1948

Crítica

Boyer, Patsy. «La visión artística de María de Zayas». Eds. Tamara Holzapfel, Alfred Rodríguez, y Marshall R. Nason. *Estudios sobre el Siglo de Oro en homenaje a Raymond R. MacCurdy.* Albuquerque: University of New Mexico, 1983 and Madrid: Cátedra, 1983. 253–263

Díez Borque, José María. «El feminismo de doña María de Zayas». *La mujer en el teatro y la* novela del siglo XVII: Actas del Segundo Coloquio del Grupo de Estudios sobre Teatro Español. (Toulouse-Le Mirail: Université de Toulouse-Le Mirail, 1979.) 61–83

Dolz-Blackburn, Inés. «María de Zayas y Sotomayor y sus *Novelas ejemplares y amorosas. Explicación de Textos Literarios* 14.2 (1985–1986):73–82

Foa, Sandra M. «María de Zayas y Sotomayor: Sibyl of Madrid,» In J. R. Brink, ed. *A Traditional of Learned Women before 1800.* Montreal: Eden Press Women's Publications, 1980. 57–67

Griswald, Susan C. «Topoi and Rhetorical Distance: The 'Feminism' of María de Zayas.» *Revista de Estudios Hispánicos* 14.2 (1980):97–116

Ordóñez, Elizabeth. «Woman and Her Text in the Works of María de Zayas and Ana Caro.» *Revista de Estudios Hispánicos* 19.1 (Jan. 1985):3–15

Stackhouse, Kenneth. «Verisimilitude, Magic and the Supernatural in the *Novelas* of María de Zayas y Sotomayor.» *Hispanófila* 62 (1978):65–76

Vasileski, Irma. *María de Zayas y Sotomayor: su época y su obra.* Madrid: Plaza Mayor, 1973

Welles, Marcia L. «María de Zayas y Sotomayor and Her *Novela cortesana:* a Re-Evaluation.» *Bulletin of Hispanic Studies* 55 (1978):301–310

La fuerza del amor

MARÍA DE ZAYAS Y SOTOMAYOR

En Nápoles, famosa ciudad de Italia, nació Laura, que entre las más gallardas[1] y hermosas fue tenida por celestial extremo. Fue tercera en el nacer, pues gozó del mundo después de haber nacido en él dos hermanos tan nobles y virtuosos como ella hermosa. Murió su madre del parto[2] de Laura, quedando su padre por gobierno y amparo de los tres hijos, que si bien sin madre, la discreción del padre suplió medianamente esta falta. Era don Antonio, que éste era el nombre de su padre, del linaje y apellido de Carrafa, deudo[3] de los duques de Nochera, y señor de Piedrablanca.

Se criaron don Alejandro, don Carlos y Laura con la grandeza y cuidado que su estado pedía, poniendo en esto su noble padre el cuidado que requería su estado y riqueza, enseñando a los hijos las buenas costumbres y ejercicios que dos caballeros y una tan hermosa dama merecían. La bella Laura vivía con el recato[4] y honestidad que a una mujer tan rica y principal era justo, siendo los ojos[5] de su padre y hermanos y alabanza[6] de la ciudad. Quien más se señalaba[7] en querer a Laura era don Carlos, el menor de los hermanos, que la amaba tan tierno que se olvidaba de sí por quererla. No hacía falta su madre para su recogimiento,[8] demás de ser

---

[1] bonitas, apuestas
[2] acción de tener un bebé
[3] pariente
[4] modestia

[5] delight
[6] (object of) praise
[7] distinguía
[8] protección

su padre y hermanos vigilantes guardas de su hermosura; y quien más cuidadosamente velaba[9] a esta señora eran sus honestos pensamientos.

Es costumbre en Nápoles ir las doncellas a los saraos[10] y fiestas que en los palacios del virrey[11] y casas particulares se hacen. Salió, en fin, Laura a ver y ser vista, tan acompañada de hermosura como de honestidad.

Fueron sus bellos ojos basiliscos[12] de las almas; su gallardía monstruo de las vidas; y su riqueza y nobles prendas[13] cebo[14] de los deseos de mil gallardos y nobles mancebos[15] de la ciudad, pretendiendo por medio de casamiento gozar de tanta hermosura.

Entre los que pretendían servir a Laura se aventajó[16] don Diego de Piñatelo, de la noble casa de los duques de Monteleón, caballero rico y galán. Vio, en fin, a Laura, y le rindió el alma con tal fuerza que casi no la acompañaba sólo por no desamparar[17] la vida; tal es la hermosura mirada en ocasión,[18] la tuvo don Diego en un festín que se hacía en casa de un príncipe de los de aquella ciudad, no sólo para verla, sino para amarla, y después de amarla darla a entender su amor, tan grande en

aquel punto como si hubiera mil años que la amaba. Se usa en Nápoles llevar a los festines un maestro de ceremonias, el cual saca a danzar a las damas y las da al caballero que le parece. Se valió don Diego en esta ocasión del que en el festín asistía, ¿quién duda que sería a costa de dinero?, pues apenas calentó con él las manos al maestro, cuando vio en las suyas las de la bella Laura el tiempo que duró el danzar una gallarda; mas no le sirvió de más que de arderse[19] con aquella nieve, pues apenas se atrevió a decir:

«Señora, yo os adoro», cuando la dama, fingiendo justo impedimento[20] le dejó y se volvió a su asiento, dando que sospechar a los que miraban y que sentir[21] a don Diego, el cual quedó tan triste como desesperado, pues en lo que quedaba de día no mereció de Laura el que ni siquiera le favoreciese con los ojos[22] Llegó la noche, que don Diego pasó revolviendo mil pensamientos, ya animado con la esperanza, ya desesperando con el temor, mientras la hermosa Laura, tan ajena de sí[23] cuanto propia de su cuidado,[24] llevando en la vista la gallarda gentileza de don Diego y en la memoria el «yo os

---

[9] **cuidaba**

[10] **reunión nocturna en la que se baila y se toca música**

[11] Viceroy. France and Spain vied for Italy during the first part of the sixteenth century. Naples was governed by a Spanish viceroy and had a large, sophisticated Spanish population, with Spanish schools, churches, restaurants, and literary circles.

[12] **animal fabuloso que mataba con la vista (Es decir, era tan hermosa que al mirarla, los hombres «se morían» por ella.)**

[13] **cualidades**

[14] **alimento**

[15] **muchachos**

[16] **llevó la ventaja**

[17] **abandonar**

[18] **en...en el momento propicio**

[19] **el**...to dance a gallarda (old Spanish dance); but it only made him burn. The paradox of the lover who "burns" with passion ignited by "snow" (the lady) was a commonplace of Renaissance love literature. The lady was typically associated with whiteness and coldness—snow, ice, marble, ivory—which symbolized both her perfect skin and the purity of her soul.

[20] **excusa por no bailar más**

[21] **sufrir**

[22] **le**...lo mirara

[23] **ajena**...detached

[24] **propia**...aware of the object of her concern

adoro» que le había oído, ya se determinaba a querer y ya pidiéndose estrecha cuenta de su libertad y perdida opinión,[25] como si en sólo amar se hiciese yerro, arrepentida se reprendía[26] a sí misma, pareciéndole que ponía en condición, si amaba, la obligación de su estado, y si aborrecía, se obligaba al mismo peligro. Con estos pensamientos y cuidados empezó a negarse a sí misma el gusto, y a la gente de su casa la conversación, deseando ocasiones para ver la causa de su descuido.[27]

Sucedió que una noche de las muchas que a don Diego le amaneció[28] a las puertas de Laura, viendo que no le daban lugar para decir su pasión, trajo a la calle un criado que con un instrumento fuese tercero[29] de ella, por ser su dulce y agradable voz de las buenas de la ciudad, procurando declarar en un romance su amor y los celos que le daba un caballero muy querido de los hermanos de Laura, y que por este respecto entraba a menudo en su casa.

Escuchando estaba Laura la música desde el principio de ella por una menuda celosía[30] y determinó volver por su opinión,[31] viendo que la perdía, en que don Diego por sospechas, como en sus versos mostraba, se la quitaba; y así, lo que el amor no pudo hacer, hizo este temor de perder su crédito, y aunque batallando su vergüenza con su amor, se resolvió a volver por sí, como lo hizo, pues abriendo la ventana, le dijo: «Milagro fuera, señor don Diego, que siendo amante no fuerais celoso, pues jamás se halló amor sin celos; mas son los que tenéis tan falsos, que me han obligado a lo que jamás pensé, porque siento mucho ver mi fama en lenguas de poesía y en las cuerdas de ese laúd, y lo que peor es, en boca de ese músico;[32] yo no os olvido por nadie, que si alguno en el mundo ha merecido mis cuidados, sois vós, y seréis el que me habéis de merecer, si por ellos aventurase la vida. Disculpe vuestro amor mi desenvoltura[33] y el verme ultrajada[34] mi atrevimiento, y tenedle desde hoy para llamaros mío, que yo me tengo por dichosa de ser vuestra. Y creedme que no dijera esto si la noche con su oscuro manto no me excusara la vergüenza y colores que tengo en decir estas verdades.» Pidiendo licencia a su turbación, el más alegre de la tierra[35] quiso responder y agradecer a Laura el enamorado don Diego, cuando sintió abrir las puertas de la casa y saltearle[36] tan brevemente dos espadas, que a no estar prevenido[37] y sacar el criado también la suya pudiera ser que no le

---

[25] demanding of herself an accounting of her brashness and tarnished reputation (Laura feels guilty for loving Don Diego, since young ladies were supposed to remain aloof and cold.)

[26] she scolded herself

[27] **empezó...**she started to deny pleasure to herself and conversation to those in her household, seeking opportunities to see the cause of her neglect (Don Diego)

[28] **comenzó el día**

[29] **intermediario**

[30] slatted shutter

[31] **volver...**salvage her reputation (Don Diego's verses are jeopardizing her reputation for being a proper young lady.)

[32] **siento...**I'm sorry to see my name sullied by appearing on the tongues of poets and in the songs played by that lute, and what is worse, on the lips of that musician. (It was considered an affront to the virtue of a young lady if her name was bandied in songs and poems performed before the populace.)

[33] openness, lack of restraint

[34] **ofendida**

[35] **el...es decir, don Diego**

[36] **atacarlo**

[37] forewarned

dieran lugar para llevar sus deseos amorosos adelante. Laura, que vio el suceso y conoció a sus dos hermanos, temerosa de ser sentida, cerró la ventana y se retiró a su aposento,[38] acostándose, más por disimular que por desear reposo. Fue el caso que como don Alejandro y don Carlos oyesen la música, se levantaron a toda prisa y salieron, como he dicho, con las espadas desnudas[39] en las manos, las cuales fueron, si no más valientes que las de don Diego y su criado, a lo menos más dichosas, pues siendo herido de la pendencia,[40] hubo de retirarse, quejándose de su desdicha,[41] aunque mejor fuera llamarla ventura, pues fue fuerza que supieran los padres la causa, y viendo lo que su hijo granjeaba[42] con tan noble casamiento, sabiendo que era éste su deseo, pusieron terceros que lo tratasen con el padre de Laura. Y cuando pensó la hermosa Laura que las enemistades serían causa de eternas discordias, se halló esposa de don Diego.

¿No es fácil de creer que este amor había de ser eterno? Y lo fuera si Laura no fuera como hermosa desdichada, y don Diego como hombre mudable;[43] pues a él no le sirvió el amor contra el olvido, ni la nobleza contra el apetito,[44] ni a ella le valió la riqueza contra la desgracia,[45] la hermosura contra el remedio, la discreción contra el desdén, ni el amor contra la ingratitud, bienes que en esta edad cuestan mucho y se estiman poco.

Fue el caso que don Diego, antes que amase a Laura, había empleado sus cuidados en Nise, gallarda dama de Nápoles, que tuvo pensamientos de ser su mujer; y a este título le había dado todos los favores que pudo y él quiso. Pues como los primeros días y aun los primeros meses de casado se descuidase de Nise, que todo cansa a los hombres, procuró[46] con las veras[47] posibles saber la causa, y no faltó quien se lo dijo todo; demás que como la boda había sido pública y don Diego no pensaba ser su marido, no se recató de nada.[48] Se sintió Nise con grandísimo extremo[49] ver casado a don Diego; mas al fin era mujer y con amor, que siempre olvida agravios, aunque sea a costa de opinión. Procuró gozar de don Diego, ya que no como marido, a lo menos como amante, pareciéndole no poder vivir sin él; y para conseguir su propósito solicitó con palabras y obligó con lágrimas a que don Diego volviese a su casa, que fue la perdición de Laura, porque Nise supo con tantos regalos enamorarle de nuevo, que ya empezó Laura a ser enfadosa como propia, cansada como celosa y olvidada como aborrecida; porque don Diego amante, don Diego solícito, don Diego porfiado[50] y, finalmente, don Diego, que decía a los principios ser el más dichoso del mundo, no sólo negó todo esto, mas se negó a sí mismo lo que se debía; pues los hombres que desprecian tan a las claras están dando alas al agravio, y llegando un

---

[38] **dormitorio**
[39] unsheathed
[40] **pelea**
[41] **mala fortuna**
[42] stood to win
[43] **cambiable**
[44] **deseo sexual**

[45] **mala fortuna**
[46] **trató**
[47] **fervor**
[48] **no...no hizo ningún esfuerzo por ocultar**
[49] **Se sintió...**Nise was extremely upset
[50] stubborn

hombre a esto, cerca está de perder el honor. Empezó a ser ingrato,[51] faltando a la cama y mesa; y no sintiendo los pesares que daba a su esposa, desdeñó sus favores y la despreció diciendo libertades, pues es más cordura negar lo que se hace que decir lo que se piensa. Pues como Laura veía tantas novedades en su esposo, empezó con lágrimas a mostrar sus pesares, y con palabras a sentir sus desprecios, y en dándose una mujer por sentida[52] de los desconciertos[53] de su marido, dese por perdida, pues como es fuerza decir su sentimiento, daba causa a don Diego para, no sólo tratar mal de palabras, mas a poner las manos en ella.[54] Sólo por cumplimiento iba a su casa la vez que iba; tanto la aborrecía y desestimaba, pues le era el verla más penoso que la muerte. Quiso Laura saber la causa de estas cosas, y no le faltó quien le dio larga cuenta[55] de ellas.

Vio Laura a Nise en una iglesia, y con lágrimas le pidió que desistiese de su pretensión, pues con ella no aventuraba más que perder la honra y ser causa de que ella pasase mala vida. Nise respondió a Laura tan desabridamente,[56] que con lo mismo que pensó la pobre dama remediar su mal y obligarla, con eso la dejó más sin remedio y más resuelta a seguir su amor con mayor publicidad. Perdió de todo punto el respeto a Dios y al mundo, y si hasta allí con recato[57] enviaba a don Diego papeles, regalos

y otras cosas, ya sin él ella y sus criados le buscaban, siendo estas libertades para Laura nuevos tormentos y firmísimas pasiones, pues ya veía en su desventura menos remedio que primero, con lo que pasaba sin esperanzas la más desconsolada vida que decirse puede.

Tenía celos, ¡qué milagro!, como si dijésemos rabiosa enfermedad.[58] Notaban su padre y su hermanos su tristeza y deslucimiento,[59] y viendo la perdida hermosura de Laura, vinieron a rastrear[60] lo que pasaba y los malos pasos en que andaba don Diego, y tuvieron sobre el caso muchas rencillas[61] y disgustos, hasta llegar a pesadumbres[62] declaradas.

Una noche, don Diego, oyendo las quejas de Laura, la empezó a arrastrar[63] por los cabellos y maltratarla de manos, tanto que las perlas de sus dientes presto tomaron forma de corales bañados en la sangre que empezó a sacar en las crueles manos; y no contento con esto, sacó la daga para salir con ella del yugo[64] tan pesado como el suyo, a cuya acción las criadas, que estaban procurando apartarle de su señora, alzaron las voces, dando gritos, llamando a su padre y a sus hermanos, que, desatinados[65] y coléricos,[66] subieron al cuarto de Laura, y viendo el desatino de don Diego y a la dama bañada en sangre, creyendo don Carlos que la había herido, arremetió[67] a don

---

[51] cruel
[52] ofendida, insultada
[53] actos imprudentes y desacostumbrados
[54] a...pegarle
[55] le...le explicó con todo lujo de detalles
[56] duramente, desagradablemente
[57] cautela, astucia
[58] In the Middle Ages and Renaissance, love and jealousy were referred to as illnesses.

[59] falta de brillo
[60] check into
[61] disputas
[62] penas, agravios
[63] drag
[64] yoke, burden
[65] locos de rabia
[66] furiosos
[67] atacó

Diego, y quitándole la daga de la mano, se la iba a meter por el corazón, si el arriesgado mozo, viendo su manifiesto peligro, no se abrazara con don Carlos, y Laura, haciendo lo mismo, le pidiera que se reportase[68] diciendo: «¡Ay, hermano! Mira que en esa vida está la de tu triste hermana.» Se reportó don Carlos, y metiéndose su padre por medio, apaciguó[69] la pendencia, y volviéndose a sus aposentos, temiendo don Antonio que si cada día había de haber aquellas ocasiones sería perderse, se determinó no ver por sus ojos tratar mal a una hija tan querida; y así, otro día, tomando su casa, hijos y hacienda, se fue a Piedrablanca, dejando a Laura en su desdichada vida.

Y oyendo Laura decir que en aquella tierra había mujeres que obligaban por fuerza de hechizos[70] a que hubiese amor, viendo cada día el de su marido en menoscabo[71] y pensando remediarse por este camino, encargó que la trajesen una.

No fue muy perezoso el tercero a quien la hermosa y afligida Laura encargó que le trajese a la embustera,[72] y le trajo una, a quien la discreta y cuidadosa Laura, después de obligada con dádivas,[73] sed de semejantes mujeres, enterneció con lágrimas y animó con promesas, contándole sus desdichas, y en tales razones la pidió lo que deseaba, diciéndola: «Amiga, si tú haces que mi marido aborrezca a Nise y vuelva a tenerme

el amor que al principio de mi casamiento me tuvo, cuando él era más leal y yo más dichosa, tú verás en mi agradecimiento y liberal satisfacción de la manera que estimo tal bien, pues pensaré que quedo muy corta con darte la mitad de toda mi hacienda.[74] Y cuando esto no baste, mide tu gusto con mi necesidad[75] y señalate tú misma la paga de este beneficio,[76] que si lo que yo poseo es poco, me venderé para satisfacerte.» La mujer, asegurando a Laura de su saber, contando milagros en sucesos ajenos, facilitó tanto su petición,[77] que ya Laura se tenía por segura, a la cual la mujer dijo había menester, para ciertas cosas que había de aderezar[78] para traer consigo en una bolsilla, barbas, cabellos y dientes de un ahorcado,[79] las cuales reliquias, con las demás cosas, harían que don Diego mudase la condición.

«Si supieses las mujeres que tienen paz con sus maridos por mi causa, señora, desde luego te tendrías por dichosa y asegurarías tus temores,» le dijo la hechicera. Confusa estaba la hermosa Laura, viendo que le pedía una cosa tan difícil para ella, pues no sabía el modo como viniese a sus manos;[80] y así, dándole cien escudos[81] de oro, le dijo que el dinero todo lo alcanzaba, que los diese a quien la trajese aquellas cosas. A lo cual replicó la taimada[82] hechicera, que con esto quería entretener la cura para sangrar la bolsa de la afligida

---

[68] pull himself together
[69] he quelled
[70] spells, witchcraft
[71] **en...disminuyendo**
[72] trickster, fake
[73] **regalos**
[74] **quedo...**even if I give you half my estate, it won't be enough
[75] **mide...**measure your pleasure against my

need
[76] **y...**and decide yourself what payment you want for this service
[77] **facilitó...**made her request sound so easy
[78] **preparar**
[79] hanged man
[80] **viniese...conseguirlo**
[81] **tipo de moneda**
[82] **astuta, hipócrita**

dama y encubrir su enredo,[83] que ella no tenía de quien fiarse, demás que estaba la virtud en que ella lo buscase y se lo diese, y con esto, dejando a Laura en la tristeza y confusión que se puede pensar, se fue.

Discurriendo[84] estaba Laura cómo podía buscar lo que la mujer la pedía, y hallando por todas partes muchas dificultades, el remedio que halló fue hacer dos ríos caudalosos[85] de sus hermosos, ojos, no hallando de quien poderse fiar, porque le parecía que era afrenta que una mujer como ella anduviese en tan mecánicas[86] cosas. Con estos pensamientos no hacía sino llorar; y hablando consigo misma decía, «Desdichada de ti, Laura, y cómo fueras más venturosa, si como le costó tu nacimiento la vida a tu madre fuera también la tuya sacrificio de la muerte. ¡Oh amor, enemigo de las gentes! Y qué de males han venido por ti al mundo, y más a las mujeres, que, como en todo, somos las más perdidosas y las más fáciles de engañar, parece que sólo contra ellas tienes el poder o, por mejor decir, el enojo.

«¿A quién contaré mis penas que me las remedie? ¿Quién oirá mis quejas que se enternezca? Y ¿quién verá mis lágrimas que me las enjugue?[87] Nadie, por cierto, pues mi padre y mis hermanos, por no oírlas, me han desamparado, y hasta el cielo, consuelo de los afligidos, se hace sordo por no dármelo.»

«¿Cómo es mi ánimo tan poco, mi valor tan afeminado y mi cobardía tanta, que no quito la vida, no sólo la

enemiga de mi sosiego,[88] sino al ingrato que me trata con tanto rigor? ¡Mas, ay, que tengo amor! Y en lo uno temo perderle y en lo otro enojarle. ¿Por qué, vanos legisladores del mundo, atáis nuestras manos para las venganzas, imposibilitando nuestras fuerzas con vuestras falsas opiniones, pues nos negáis letras y armas?[89] ¿Nuestra alma no es la misma que la de los hombres? Pues si ella es la que da valor al cuerpo, ¿quién obliga a los nuestros a tanta cobardía? Yo aseguro que si entendiérais que también había en nosotras valor y fortaleza, no os burlaríais como os burláis; y así, por tenernos sujetas desde que nacimos, vais enflaqueciendo[90] nuestras fuerzas con temores de la honra, y el entendimiento con el recato de la vergüenza, dándonos por espadas ruecas[91] y por libros almohadillas. ¡Mas triste de mí! ¿De qué sirven estos pensamientos, pues ya no sirven para remediar cosas tan sin remedio? Lo que ahora importa es pensar cómo daré a esta mujer lo que pide.»

Y diciendo esto, se ponía a pensar qué haría, y volvía luego a sus quejas. Quien oyera las que estaba dando Laura diría que la fuerza del amor estaba en su punto, mas aun faltaba otro extremo mayor, y fue que viendo cerrar la noche y viendo ser la más oscura y tenebrosa que en todo aquel invierno había hecho, respondiendo, a su pretensión su opinión, sin mirar a lo que se ponía y lo que aventuraba si don Diego venía y la hallaba fuera, diciendo a sus criados que si venía le dijesen que estaba en

---

[83] encubrir...cover up the mess
[84] Reflexionando
[85] copiosos, grandes (por las lágrimas)
[86] indecorosas
[87] dry
[88] tranquilidad

[89] Arms and letters (war and literature, especially poetry) were two traditionally masculine activities.
[90] poniendo débiles
[91] instrumento que sirve para hilar

casa de alguna de las muchas señoras que había en Nápoles, poniéndose un manto de una de ellas, con una pequeña linternilla, se puso en la calle y fue a buscar lo que ella pensaba había de ser su remedio.

Hay en Nápoles, como una milla apartada de la ciudad, un humilladero,[92] de cincuenta pies de largo y otros tantos de ancho, la puerta del cual está hacia el camino, y enfrente de ella un altar con una imagen pintada en la misma pared. Tiene el humilladero estado y medio de alto,[93] el suelo es una fosa[94] de más de cuatro de hondura, que coge toda la dicha capilla, y sólo queda alrededor un poyo,[95] de media vara[96] de ancho, por el cual se anda todo el humilladero. A estado de hombre, y menos, hay puestos por las paredes unos garfios[97] de hierro, en los cuales cuelgan a los que ahorcan en la plaza; y como los tales se van deshaciendo, caen los huesos en aquel hoyo, que como está sagrado les sirve de sepultura. Pues a esta parte tan espantosa guió sus pasos Laura, donde a la sazón[98] había seis hombres que por salteadores[99] habían ajusticiado[100] pocos días hacía, y llegando allí con ánimo increíble, que se lo daba el amor, tan olvidada del peligro como acordada de sus fortunas, pues podía temer, si no a la gente con quien iba a negociar, a lo menos caer dentro de aquella profundidad, donde, si tal fuera, jamás se supiera de ella.

Ya he contado cómo el padre y hermanos de Laura, por no verla maltratar y ponerse en ocasión de perderse con su cuñado, se habían retirado a Piedrablanca, donde vivían, si no olvidados de ella, a lo menos desviados[101] de verla. Estando don Carlos acostado en su cama, al tiempo que llegó Laura al humilladero, despertó con riguroso y cruel sobresalto,[102] dando tales voces que parecía se le acababa la vida. Se alborotó[103] la casa, vino su padre, acudieron sus criados; todos confusos y turbados y solemnizando su dolor con lágrimas, le preguntaban la causa de su señal, la cual estaba escondida aun al mismo tiempo que la sentía. El cual, vuelto más en sí, levantándose de la cama y diciendo: «En algún peligro está mi hermana», se comenzó a vestir con toda diligencia,[104] dando orden a un criado para que luego al punto le ensillase[105] un caballo, el cual apercibido, saltó en él, y sin querer aguardar que le acompañase algún criado, a todo correr de él partió la vía de Nápoles con tanta prisa que a la una se halló enfrente del humilladero, donde paró el caballo de la misma suerte que si fuera de piedra. Procuraba don Carlos pasar adelante, mas era porfiar en la misma porfía,[106] porque atrás ni adelante era posible volver; antes, como arrimándole la espuela[107] quería que caminase, el caballo daba unos bufidos[108] espantosos. Viendo don Carlos tal cosa y acordándose del humilladero, volvió a mirarle, y como vio luz que salía de

---

[92] a roadside shrine; here, a common grave
[93] **diez u once pies**
[94] grave
[95] **banco de piedra**
[96] about a foot and a half
[97] hooks
[98] **a...en ese momento**
[99] highwaymen
[100] **ejecutado**

[101] averted
[102] start, shock
[103] Became aroused, agitated
[104] **prisa**
[105] saddle
[106] **era...era inútil**
[107] **arrimándole...**spurring him on
[108] snorts

la linterna que su hermana tenía, pensó que alguna hechicería le detenía, y deseando saberlo de cierto, probó si el caballo quería caminar hacia allá, y apenas hizo la acción, cuando el caballo, sin apremio alguna, hizo la voluntad de su dueño; y llegando a la puerta con su espada en la mano, dijo: «Quienquiera que sea quien está ahí dentro, salga luego fuera, que si no lo hace, por vida del Rey que no me he de ir de aquí hasta que con la luz del día vea quién es y qué hace en tal lugar.» Laura, que en la voz conoció a su hermano, pensando que se iría, y mudando cuanto pudo la suya, le respondió: «Yo soy una pobre mujer, que por cierto caso estoy en este lugar; y pues no os importa saber quién soy, por amor de Dios que os vayáis; y creed que si porfiáis en aguardar, me arrojaré luego al punto en esa sepultura, aunque piense perder la vida y el alma.» No disimuló Laura tanto el habla, que su hermano, que no la tenía olvidada, como ella pensó, dando una gran voz acompañada con un suspiro, dijo: «¡Ay, hermana! Grande mal hay, pues tú estás aquí; sal fuera, que no en vano me decía mi corazón este suceso.» Pues viendo Laura que ya su hermano la había conocido, con el mayor tiento[109] que pudo, por no caer en la fosa, salió arrimándose a las paredes, y tal vez a los mismos ahorcados; y llegando donde su hermano, lleno de mil pesares la aguardaba, no sin lágrimas se arrojó en sus brazos, y apartándose a un lado, supo de Laura en breves razones[110] la ocasión que

había tenido por venir allá, y ella de él la que le había traído a tal tiempo; y el remedio que don Carlos tomó fue ponerla sobre su caballo y, subiendo asimismo[111] él, dar la vuelta a Piedrablanca, teniendo por milagrosa su venida, y lo mismo sintió Laura, mirándose arrepentida de lo que había hecho.

Cerca de la mañana llegaron a Piedrablanca, donde sabido de su padre el suceso, haciendo poner un coche y metiéndose en él con sus hijos y su hija, se vino a Nápoles, y derecho al palacio del virrey, a cuyos pies arrodillado le dijo que para contar un caso portentoso[112] que había sucedido le suplicaba mandase venir allí a don Diego Piñatelo, su yerno, porque importaba a su autoridad y sosiego. Su excelencia así lo hizo, y como llegase don Diego a la sala del virrey y hallase en ella a su suegro, cuñados y mujer, quedó absorto, y más cuando Laura, en su presencia, contó al virrey lo que en este caso queda escrito, acabando la plática[113] con decir que ella estaba desengañada de lo que era el mundo y los hombres y que así no quería más batallar con ellos, porque cuando pensaba lo que había hecho y dónde se había visto, no acababa de admirarse;[114] y que supuesto esto, ella se quería entrar en un monasterio, sagrado[115] poderoso, para valerse de las miserias a que las mujeres están sujetas. Oyendo don Diego esto, y negándole al alma el ser la causa de tanto mal, en fin, como hombre bien entendido, estimando en aquel punto a Laura más que nunca y temiendo que ejecutase su determinación,[116] no

---

[109]**cuidado**
[110]**explicaciones**
[111]**likewise**
[112]**extraordinario**

[113]**conversación**
[114]**sorprenderse**
[115]**refugio**
[116]**que...that she would carry out her plan**

esperando él por sí alcanzar de ella cosa alguna, según estaba agraviada, tomó por medio al virrey, suplicándole pidiese a Laura que volviese con él, prometiendo la enmienda[117] de allí en adelante. Lo hizo el virrey, mas Laura, temerosa de lo pasado, no fue posible lo aceptase, antes más firme en su propósito, dijo que era cansarse en vano, que ella quería hacer por Dios, que era amante más agrade-cido, lo que por un ingrato había hecho; con que este mismo día entró en la Concepción, convento noble, rico y santo. Don Diego, desesperado, se fue a su casa, y tomando las joyas y dinero que halló, se partió sin despedirse de nadie de la ciudad, donde a pocos meses se supo que en la guerra que la majestad de Felipe II tenía con el duque de Saboya[118] había acabado la vida.

---

[117]to make amends

[118]**Región del sureste de Francia, en la frontera de Italia y Suiza.**

SOBRE LA LECTURA

1. ¿Dónde tiene lugar el cuento? Describa el ambiente social.
2. ¿Cómo era la familia de Laura?
3. ¿Qué características morales y físicas distinguían a la joven?
4. ¿Cómo conoció a don Diego? ¿Qué le dijo el caballero?
5. ¿Cómo reaccionó Laura cuando don Diego le dio serenata?
6. ¿Quiénes interrumpieron la escena? ¿Cómo se resolvió el problema?
7. ¿Fueron felices Laura y Diego? ¿Por qué no?
8. ¿Cómo respondió Nise cuando Laura le pidió que dejara de ver a su marido?
9. ¿Cómo maltrataba don Diego a su esposa? ¿Quién intervino una noche?
10. ¿Por qué se fue el padre de Laura con sus hijos?
11. ¿Dónde buscó Laura una solución a su problema?
12. ¿Qué tipo de persona era la hechicera? ¿Qué mandó hacer? ¿Por qué?
13. ¿Dónde buscaba Laura las reliquias que le pedía la hechicera? ¿Quién la encontró allí?
14. ¿Cómo reaccionó don Diego al darse cuenta de la desesperación de su mujer? ¿Quiso Laura volver a vivir con su esposo? ¿Qué decidió hacer?
15. ¿Cómo terminó la vida de don Diego?

HACIA EL ANÁLISIS LITERARIO

1. Compare la descripción de Laura al principio del cuento con la imagen de ella que pinta la autora al final. ¿Por qué nos choca tanto la transformación de la protagonista? ¿Cómo nos hace la autora sentir su desesperación? ¿Es Laura un personaje complejo o sencillo? ¿Cómo muestra la autora diversos aspectos de su personalidad?
2. ¿En qué consiste el feminismo de María de Zayas?
3. ¿Por qué dice de Nise «al fin era mujer y con amor»? ¿Cuál es su actitud hacia Nise? ¿Es Nise también una víctima de don Diego?

4. ¿Son negativos todos los personajes masculinos de *La fuerza del amor*? ¿Se puede justificar el comportamiento del padre y de los hermanos de Laura? ¿Son los personajes masculinos tan complejos como los femeninos?

5. ¿Cómo crea la autora un ambiente de miedo en la escena del humilladero? ¿Por qué es tan importante esta escena?

6. El título de la obra se presta a diversas interpretaciones. Explique por lo menos dos.

7. ¿Cómo juega la autora lo racional contra lo irracional, lo natural contra lo sobrenatural, lo trivial contra lo extraordinario? ¿Qué efectos produce?

TEXTO Y VIDA

1. Si Laura viviera ahora, ¿qué opciones tendría? ¿Qué características o actitudes la distancian de la mujer moderna? ¿Qué tiene en común con la mujer moderna?

2. ¿En qué se diferencia el feminismo de María de Zayas del actual?

3. Cuente la historia de Laura y Diego desde una perspectiva masculina.

Calderón de la Barca: Dramaturgo del barroco

El *barroco español culmina en el teatro de Pedro Calderón de la Barca (1600– 1681), el último gran dramaturgo del siglo XVII. Hijo de una familia noble, Calderón se educó en Madrid con los jesuitas, los cuales dejaron huellas inequívocas en su obra. Como varios otros grandes artistas e intelectuales de su época, cursó estudios universitarios en Salamanca y en Alcalá. Fue soldado y sirvió en Flandes, Lombardía y Cataluña, aunque sus experiencias militares no tuvieron el alcance de las de Cervantes, por ejemplo. A diferencia de Lope, rara vez participó en los grandes debates literarios de la época y, a diferencia de Quevedo, no actuó en la política. Sin embargo, su vida no carece de episodios interesantes. Estuvo involucrado en varios sucesos violentos, siendo el más notorio la violación de la clausura de un convento de las Trinitarias, donde se encontraba Marcela, la hija de Lope de Vega.

Mientras que Lope se asocia con el teatro popular, Calderón se asocia con el de la corte. Alcanzó gran éxito durante el reinado de Felipe IV y compuso numerosos dramas para celebraciones oficiales tales como la inauguración del Palacio del Buen Retiro, en 1635. A los 51 años, Calderón se ordenó de sacerdote franciscano.

Aunque Calderón sigue las normas generales establecidas por Lope para la comedia, utilizando los mismos temas, metros y formato que su predecesor, imbuye el drama español de una nueva penetración intelectual y psicológica. Calderón es un dramaturgo reflexivo. Sus obras son sumamente cerebrales, construidas en base a una ideología consistente. El dogma católico, con el énfasis de la Contrarreforma en el libre albedrío y en la responsabilidad individual, es el fundamento de su sistema metafísico y moral.

La producción dramática de Calderón es variada. Incluye dramas históricos, religiosos, filosóficos y mitológicos, además de tragedias de honor y comedias de *capa y espada. Calderón también compuso obras cortas de varios tipos, siendo las más conocidas los *autos sacramentales.

Entre los dramas de Calderón que se estudian más hoy en día están los de honor, que incluyen *El médico de su honra*, (1635) *El pintor de su deshonra* (¿1639?) y *A secreto agravio, secreta venganza* (1636). Todas estas obras giran alrededor de un mismo problema: Un caballero cree que su esposa—u otra mujer por la cual se siente responsable, por ejemplo, su hija o su hermana—ha entrado en relaciones con otro hombre, lo cual constituye un insulto a su honor. El código de conducta según el cual estos caballeros funcionan exige que cualquier afrenta al honor se castigue con la muerte. El caballero deshonrado se encuentra en el dilema de tener que matar no sólo al hombre que ha manchado su honor, sino también a su propia esposa (o hija o hermana). Aun cuando la mujer es inocente, la mera sospecha de infidelidad obliga al caballero a quitarle la vida.

Se ha debatido largamente si estos dramas reflejan fielmente el comportamiento de la aristocracia española del Siglo de Oro. Algunos estudios recientes demuestran que, aunque hay muchos casos documentados de asesinatos realizados por motivo del honor, la situación descrita en estos dramas es probablemente una exageración. Sin embargo, la obsesión del honor era una realidad psicológica para el hombre del siglo XVII, aun cuando no actuaba siempre de la misma manera que los caballeros de los dramas. Por lo tanto, el público se identificaba con estos personajes. En estas tragedias, el honor es un elemento catalizador que produce una crisis, obligando al personaje a actuar de una manera decisiva. El colocar a sus hombres de honor en una situación en la cual se creen obligados a matar a una mujer que pretenden amar le permite a Calderón crear escenas de gran intensidad dramática. La confusión psicológica es una de las características más distintivas del hombre de honor.

Las comedias de capa y espada son obras ligeras, parecidas a cuadros de costumbres, que tienen lugar en el momento actual y en las cuales los personajes llevan ropa de calle, que incluye, para los caballeros, la capa y la espada. Al igual que los dramas de honor, giran alrededor de una sospechada relación ilícita entre una dama y un galán, pero en estas comedias los protagonistas son solteros. Esto permite una resolución feliz al problema, ya que la dama puede poner fin a la necesidad de que su padre o hermano se vengue al casarse con el galán. Hasta hace relativamente poco se prestaba poca atención a las comedias de capa y espada porque se creía que estas obras, aunque muy divertidas, carecían de fondo filosófico. Sin embargo, un análisis cuidadoso revela que en ellas Calderón explora los mismos problemas que en sus dramas más «serios»: la libertad, la presión social, el engaño, las apariencias.

De las comedias filosóficas, la más conocida es *La vida es sueño* (1635). En esta obra—posiblemente la más leída del Siglo de Oro—Calderón trata los grandes temas de la época: la predestinación, la salvación, la libertad, la realidad y la ilusión. Frente a la posición determinista de los reformadores protestantes, quienes creían que Dios predestinaba a cada persona o a la gloria o al infierno, los católicos adoptaron una posición antideterminista. Según la doctrina católica, cada individuo posee albedrío y por lo tanto, es capaz de tomar decisiones y de actuar libremente. Por medio de sus actos gana o pierde la salvación. Es decir, Dios le da a cada cristiano la posibilidad de alcanzar la gloria, pero al individuo le toca hacerse merecedor de la salvación que Dios le ofrece.

En *La vida es sueño*, Basilio, rey de Polonia y astrólogo famoso, encierra a su hijo Segismundo en una torre en el monte, privándole de la libertad que Dios le da a todo hombre. A causa de ciertos pronósticos según los cuales el joven está destinado a ser un tirano, Basilio cree con plena convicción que es mejor criarlo lejos de la corte. Con el tiempo, Basilio decide poner a Segismundo a prueba. Lo hace drogar y llevar a la corte. Si el presagio se cumple, lo devolverá a la torre, diciéndole que todo ha sido un sueño. El joven, en un estado de confusión, duda de todo lo que ve en el palacio. Pero pronto rechaza la duda y opta por creer que él es realmente el príncipe y que los otros son sus vasallos. Para este muchacho que nunca ha gozado de la libertad y por lo tanto siempre se ha sentido incapaz de influir en su destino, la posibilidad de controlar no sólo su propia vida sino también la de otros es demasiado tentadora. Se convierte en tirano, abusando de todos los que lo rodean. Parece que Basilio ha interpretado los agüeros correctamente.

Basilio le advierte a su hijo que puede estar soñando, pero en este momento Segismundo siente la necesidad de imponer su voluntad. Cuando Basilio en efecto lo devuelve a la torre, el joven de nuevo está confuso. Clotaldo, su tutor, le explica que sus experiencias han sido un sueño y que ahora se ha despertado a la realidad. Segismundo, que asocia la torre con un ataúd, por primera vez toma conciencia de la muerte. Poco a poco comprende que aunque su visita a la corte no fue soñada realmente, toda experiencia humana es un sueño en el sentido de que todo lo que adquiere importancia durante la vida—riqueza, poder, honor, belleza—es pura ilusión: desaparece con la muerte. Este concepto lo lleva a la inacción. Si todo es efímero y falso, ¿para qué actuar? Cuando unos soldados le piden que encabece la rebelión que se ha armado contra Basilio, Segismundo se niega a ejercer el poder. Pero Clotaldo le convence de que se le da la vida—el sueño—al hombre para que éste gane la salvación por medio de sus buenas obras. Aunque la vida es «sueño», no es inútil; nos sirve para ganar la gloria eterna. Segismundo, ahora con un nuevo sentido del deber y de la responsabilidad, toma su lugar al frente de las tropas. Prueba que es un príncipe digno de gobernar al mostrar clemencia; perdona a su padre por el mal que le ha hecho y le da a Rosaura, la mujer que ama, otro esposo que le conviene más. Segismundo ha aprendido que la verdadera libertad requiere el autodominio, y el verdadero poder implica un elemento de responsabilidad. Al mismo tiempo, ha demostrado la falsedad de las creencias deterministas de Basilio.

En el teatro de Calderón se funden lo intelectual, lo poético y lo visual. Ningún otro dramaturgo de la época utilizó con tanta precisión la escenografía. Las obras mitológicas especialmente se prestaban al uso de efectos visuales espectaculares, a veces realizados con la colaboración de técnicos italianos. A menudo se incorporaban la música y el baile. Los artificios y tramoyas servían para reforzar la base filosófica: lo que se ve no es necesariamente lo que es.

Pocos de los imitadores de Calderón dejaron huella en la historia literaria de España. El teatro barroco, que en las manos de Calderón había alcanzado un altísimo nivel de sensibilidad artística, cayó en decadencia, produciendo obras con argumentos absurdamente complicados, personajes desprovistos de profundidad psicológica y poesía rimbombante y hueca. Durante el siglo XVIII los gustos cambian. Los excesos del barroco inspiran desprecio y los pocos buenos dramaturgos que aparecen buscan su inspiración en el teatro clásico francés. No será hasta la época romántica, durante la primera mitad del siglo XIX, que la comedia del Siglo de Oro volverá a descubrirse e inspirará una nueva generación de escritores.

Sobre *El gran teatro del mundo*

Los personajes de Calderón son arquetípicos; aunque no carecen completamente de personalidad e individualismo, ilustran, más que nada, características o tendencias generales humanas. El gusto de Calderón por la abstracción se ve claramente en sus *autos sacramentales—obras dramáticas de un acto, cuyo tema es la Eucaristía y cuyos personajes son bíblicos o alegóricos. Los autos se representaban durante la celebración de Corpus Christi y, dentro de su carácter religioso, se prestaban a una gran variedad de temas bíblicos y doctrinales.

En una obra alegórica, los personajes representan conceptos abstractos en vez de personas reales. En *El gran teatro del mundo,* uno de los autos más logrados de Calderón, la acción se desarrolla con perfecto paralelismo en dos planos: el literal y el metafórico. En el plano literal, el argumento es totalmente cohesivo: El Autor—productor de una obra de teatro—decide crear una comedia y encarga a su director de distribuir los papeles. Le explica al elenco que cada papel es de igual valor. No importa el papel que cada uno haga; lo que importa es actuar bien. Al final de la obra, los actores entregarán sus trajes y accesorios y el Autor les dará un premio a los que hayan hecho bien su papel. Para ayudarles a los actores, el Autor les provee de un apuntador, pero él y su director se abstienen de intervenir en el espectáculo.

Es al nivel figurativo donde el auto adquiere su profundo significado religioso: El Autor es Dios y la obra que produce es la vida humana. Mundo, su director de escena, le da a cada pesona las cosas que necesita para hacer bien su papel: al rey, una corona; al labrador, un azadón. En el mundo rígidamente jerárquico de Calderón, el individuo no selecciona el papel que desempeñará en la vida; Dios se lo da. La libertad del hombre reside en su capacidad de actuar dentro de su contexto social—es decir, dentro de las circunstancias en las cuales se encuentra. Para el lector del siglo XX, este concepto de la libertad es difícil de comprender y de aceptar, ya que en muchos países de Occidente—y especialmente en los Estados Unidos—prevalece el ideal de la movilidad social, según el cual el individuo debe ser libre para escoger su propio papel. Sin embargo, para Calderón, se trataba de la libertad de alcanzar la salvación por medio de decisiones tomadas de acuerdo con los principios de fe, de la caridad y del amor al prójimo. Así, el Rico se condena, no por ser rico, sino por negarle limosna al pobre; el Pobre se salva, no por ser pobre, sino porque resiste la tentación de desesperarse.

El hombre se encuentra en un mundo confuso en el que las cosas no son lo que parecen. Necesita actuar a pesar de su inseguridad, a pesar de no poder juzgar siempre correctamente. La angustia del individuo que se siente temeroso de errar a causa de las señas contradictorias que percibe se expresa en el pasaje en el cual los actores se quejan de tener que actuar sin poder ensayar primero. La vida pasa una sola vez; las escenas no se repiten. Los errores que uno comete no se pueden deshacer. Para ayudar al hombre, Dios le da la ley divina y su propia conciencia, representada por el apuntador, que le recuerda que tiene que «obrar bien, que Dios es Dios.» Dios es misericordioso; siempre está dispuesto a perdonar a los que se arrepienten de sus yerros. Sin embargo, Dios y el Mundo no intervienen en el espectáculo. Dejan al hombre libre para lograr o malograr su papel.

El premio que les ofrece a los que logran su papel es la salvación. Al final del auto, los personajes, llamados por la muerte, entregan los bienes que el Mundo les ha dado. Ahora todos esperan el juicio final igualmente desnudos ante Dios, quien los recibe o los rechaza.

Edición

Calderón de la Barca, Pedro. *Autos sacramentales, I.* Ed. Angel Valbuena Prat. Madrid: Espasa-Calpe, 1957

―――――. *El gran teatro del mundo* Ed. Eugenio Frutos. Salamanca: Anaya, 1958

Crítica

Approaches to the Theater of Calderón. Ed. Michael D. McGaha. Washington, D.C.: University Press of America, 1982

Calderón: Actas del Congreso Internacional sobre Calderón y el teatro español del Siglo de Oro. Ed. Luciano García Lorenzo. Madrid: Consejo Superior de Investigaciones Científicas, 1983

Calderón y la crítica: Historia y antología. Ed. Manuel Durán and Roberto González Echeverría. Madrid: Gredos, 1976

Critical Essays on the Theater of Calderón. Ed. Bruce Wardropper. New York: New York University Press, 1965

Critical Perspectives on Calderón de la Barca. Eds. Frederick De Armas, David M. Gitlitz, and José Antonio Madrigal. Lincoln, Nebraska: Society of Spanish and Spanish American Studies, 1981

Díez Borque, José M. «Teatro y fiesta en el barroco español: El auto sacramental de Calderón y el público.» *Cuadernos Hispanoamericanos* 396: (June 1983):606–642

Frutos Cortés, Eugenio. *La filosofía de Calderón en sus Autos Sacramentales.* Zaragoza: Institución «Fernando el Católico,» Consejo Superior de Investigaciones Científicas, 1952

Gilman, Stephen. "Allegorical Play in *El gran teatro del mundo.*" *Josep María Sola-Solé: Homenaje.* Ed. Antonio Torres-Alcalá. Barcelona: Puvill, 1984

Hesse, Everett W. *Calderón de la Barca.* New York: Twayne, 1967

Honig, Edwin. *Calderón and the Seizures of Honor.* Cambridge, Mass.: Harvard University Press, 1972

Jones, C. A. "Spanish Honour as Historical Phenomenon, Convention and Artistic Motive." *Hispanic Review* 33 (1965):32–39

Mujica, Barbara. *Calderón's Characters: An Existential Point of View.* Barcelona: Puvill, 1980

Parker, Alexander. "Commentary to *El gran teatro del mundo.*" *Readings in Spanish Literature.* Eds. Anthony Zahareas and Barbara Mujica. New York: Oxford University Press, 1975

————. *The Approach to the Spanish Drama of the Golden Age.* London: The Hispanic and Luso-Brazilian Councils, 1957. Reprinted in *Tulane Drama Review* 4 (1959):42–59

————. *The Allegorical Dramas of Calderón: An Introduction to the Autos Sacramentales.* Oxford: Dolphin, 1968

Shergold, N. D. "Calderón and *Theatrum Mundi,*" in Jean-Michel Vaccaro. *Ars du spectacle et histoire des idées.* Tours: Centre d'Etudes Supérieurs du Renaissance, 1984. 163–175

Shumway, Nicholas. "Calderón and the Protestant Reformation: A View from the Autos Sacramentales." *Hispanic Review* 49.3 (Summer 1981):329–348

Sloman, Albert E. *The Dramatic Craftsmanship of Calderón: His Use of Earlier Plays.* Oxford: Dolphin, 1958

Valbuena Briones, Angel. *Ensayo sobre la obra de Calderón.* Madrid: Ateneo, 1958

El gran teatro del mundo

AUTO SACRAMENTAL ALEGORICO

PEDRO CALDERON DE LA BARCA

PERSONAS

EL AUTOR.[1]	EL RICO.
EL MUNDO.	EL LABRADOR.
EL REY.	EL POBRE.
LA DISCRECION.	UN NIÑO.
LA LEY DE GRACIA.	UNA VOZ.
LA HERMOSURA.	ACOMPAÑAMIENTO.

[Sale el Autor, con manto de estrellas y potencias en el sombrero[2].]

AUTOR.

Hermosa compostura[3]
de esa varia inferior arquitectura,[4]
que entre sombras y lejos[5]
a esta celeste usurpas los reflejos,
cuando con flores bellas
el número compite a sus estrellas,[6]
siendo con resplandores
humano cielo de caducas flores.[7]
    Campaña de elementos,[8]
con montes, rayos, piélagos[9] y
    vientos:[10]
con vientos, donde graves
te surcan los bajeles de las aves;[11]
con piélagos y mares donde a
    veces
te vuelan las escuadras de los
    peces;
con rayos donde ciego
te ilumina la cólera del fuego;
con montes donde dueños
    absolutos
te pasean los hombres y los
    brutos:[12]
siendo, en continua guerra,
monstruo de fuego y aire, de agua
    y tierra.[13]
    Tú, que siempre diverso,
la fábrica feliz del Universo
eres, primer prodigio sin segundo,
y por llamarte de una vez, tú, el
    Mundo,

---

[1] producer

[2] God is traditionally depicted wearing a cloak with stars on it and a crown with nine rays (**potencias**) arranged in groups of three, symbolizing omnipotence.

[3] God addresses his Stage Manager, World. (**compostura** = creation, construction)

[4] The World's structure (**arquitectura**) is inferior to heaven's.

[5] **sombras...**shadowy background (of a painting)

[6] **cuando...**when with innumerable beautiful flowers earth competes with the stars

[7] Flowers are **caducas** because they are temporal; therefore, earth cannot really compete with heaven.

[8] The elements are at war until God makes peace among them and creates an ordered universe.

[9] **océanos**

[10] This type of enumeration is common in Baroque literature. The list of elements signifies the totality of the universe.

[11] **te...**birds fly

[12] **animales**

[13] Note the enumeration of the elements.

He has to check

que naces como el Fénix[14] y en su fama
de tus mismas cenizas.

[*Sale el Mundo por diversa puerta.*]

MUNDO.

              ¿Quién me llama,
que desde el duro centro
de aqueste globo que me esconde dentro
alas visto veloces?[15]
¿Quién me saca de mí, quién me da voces?

AUTOR.

Es tu Autor Soberano.
De mi voz un suspiro, de mi mano
un rasgo es quien te informa[16]
y a su oscura materia le da forma.

MUNDO.

Pues ¿qué es lo que me mandas?
            ¿Qué me
            QUIERES?

AUTOR.

Pues soy tu Autor, y tú mi hechura eres,
hoy de un concepto mío
la ejecución a tus aplausos fío.[17]
    Una fiesta hacer quiero
a mi mismo poder, si considero[18]
que sólo a ostentación de mi grandeza
fiestas hará la gran Naturaleza;
y como siempre ha sido
lo que más ha alegrado y divertido

la representación bien aplaudida,
y es representación la humana vida,
una comedia sea
la que hoy el cielo en tu teatro vea.
Si soy Autor y si la fiesta es mía
por fuerza la ha de hacer mi compañía.
Y pues que yo escogí de los primeros
los hombres y ellos son mis compañeros,[19]
ellos, en el *teatro
del mundo,* que contiene partes cuatro,[20]
con estilo oportuno
han de representar. Yo a cada uno
el papel le daré que le convenga,
y porque en fiesta igual su parte tenga
el hermoso aparato
de apariencias,[21] de trajes el ornato,
hoy prevenido quiero
que, alegre, liberal y lisonjero,
fabriques apariencias
que de dudas se pasen a evidencias.[22]
Seremos, yo el Autor, en un instante;
tú el teatro, y el hombre el recitante.

MUNDO.

Autor generoso mío,[23]
a cuyo poder, a cuyo

---

[14] The World will be reborn constantly (since it renews itself every spring), like the Phoenix, the mythical bird that is reborn of its own ashes.

[15] **alas...**I'll put on wings and rush out

[16] **da forma**

[17] **de...**I entrust to you the plan I intend to carry out.

[18] The purpose of man's life on earth is to praise God.

[19] Man is God's "companion" because Man was made in God's image.

[20] Reference to the four continents: Europe, Africa, America, Asia.

[21] stage decorations and props, as well as "appearances." The idea is that everything in life is mere appearance.

[22] The world is full of appearances that we take for evidence.

[23] In the lines that follow, the World describes creation.

acento obedece todo,
yo *el gran teatro del mundo,*
para que en mí representen
los hombres, y cada uno
halle en mí la prevención[24]
que le impone el papel suyo,
como parte obedencial,
que solamente ejecuto
lo que ordenas, que aunque es
    mía
la obra el milagro es tuyo,[25]
primeramente porque es
de más contento y más gusto
no ver el tablado[26] antes
que esté el personaje a punto,[27]
lo tendré de un negro velo[28]
todo cubierto y oculto
que sea un caos donde estén
los materiales confusos.[29]
Correráse aquella niebla
y, huyendo el vapor oscuro,
para alumbrar el teatro
(porque adonde luz no hubo
no hubo fiesta), alumbrarán
dos luminares,[30] el uno
divino farol del día,
y de la noche nocturno
farol el otro, a quien ardan
mil luminosos carbunclos[31]
que en la frente de la noche
den vividores influjos.[32]

En la primera jornada,[33]
sencillo y cándido nudo[34]
de la gran ley natural,[35]
allá en los primeros lustros
aparecerá un jardín[36]
con bellísimos dibujos,
ingeniosas perspectivas,
que se dude cómo supo
la Naturaleza hacer
tan gran lienzo sin estudio.[37]
Las flores mal despuntadas[38]
de sus rosados capullos[39]
saldrán la primera vez
a ver el Alba en confuso.
Los árboles estarán
llenos de sabrosos frutos,
si ya el áspid[40] de la envidia
no da veneno en alguno.
Quebraránse mil cristales
en guijas,[41] dando su curso
para que el Alba los llore
mil aljófares menudos.[42]
Y para que más campee[43]
este humano cielo, juzgo
que estará bien engastado[44]
de varios campos incultos.
Donde fueron menester
montes y valles profundos,
habrá valles, habrá montes;
y ríos, sagaz y astuto,
haciendo zanjas[45] la tierra

---

[24] **preparación**
[25] It is the World's job to follow God's plan, since the miracle of creation (the idea for the production) is God's.
[26] stage
[27] **a...**ready
[28] a dark curtain (Refers to the darkness that precedes creation as well as to the curtain that has not yet risen on the play.)
[29] Refers to the dark chaos of the universe before God imposes order as well as to the dark chaos of the stage before the scene is set.
[30] spotlights (the sun and the moon)
[31] glittering jewels (stars)
[32] Play on **influjo:** The "influx" of light from the stars may "influence" men's lives.
[33] Play on **jornada,** an "act" of a play as well as "day."

[34] node; plot of a play
[35] Natural Law, the natural order of the universe that existed before God gave man Written Law
[36] **Edén**
[37] That is, the backdrop is like a huge canvas painted naturally, without craft.
[38] **mal...**barely peeping through
[39] buds
[40] snake (in the garden of Eden)
[41] pebbles
[42] **Quebraránse...**They will break into a thousand tiny pieces, so that Dawn will shed a thousand tiny tears of pearl. (Image of dewdrops at the break of dawn. **Aljófar** means both *irregular pearl* and *dewdrop.*)
[43] grow green
[44] set, mounted
[45] furrows

llevaré por sus conductos,
brazos de mar desatados
que corran por varios rumbos.
Vista la primera escena
sin edificio ninguno,
en un instante verás
cómo repúblicas fundo,
cómo ciudades fabrico,
cómo alcázares descubro.[46]
Y cuando solicitados
montes fatiguen algunos
a la tierra con el peso
y a los aires con el bulto,[47]
mudaré todo el teatro
porque todo, mal seguro,
se verá cubierto de agua
a la saña de un diluvio.[48]
En medio de tanto golfo,
a los flujos y reflujos
de ondas y nubes, vendrá
haciendo ignorados surcos[49]
por las aguas un bajel[50]
que fluctuando seguro
traerá su vientre preñado[51]
de hombres, de aves y de brutos.
A la seña que, en el cielo,
de paz hará un arco rubio[52]
de tres colores, pajizo,
tornasolado y purpúreo,[53]
todo el gremio[54] de las ondas
obediente a su estatuto[55]

hará lugar, observando
leyes que primero tuvo,
a la cerviz[56] de la tierra
que, sacudiéndose el yugo,[57]
descollará[58] su semblante[59]
bien que macilento y mustio.[60]
Acabado el primer acto
luego empezará el segundo,
ley escrita,[61] en que poner
más apariencias procuro,
pues para pasar a ella
pasarán con pies enjutos[62]
los hebreos desde Egipto
los cristales del mar rubio;[63]
amontonadas las aguas
verá el Sol que le descubro[64]
los más ignorados senos[65]
que ha mirado en tantos lustros.[66]
Con dos columnas de fuego[67]
ya me parece que alumbro
el desierto antes de entrar
en el prometido fruto.[68]
Para salir con la ley
Moisés a un monte robusto
le arrebatará una nube
en el rapto vuelo suyo.[69]
Y esta segunda jornada
fin tendrá en un furibundo
eclipse en que todo el Sol
se ha de ver casi difunto.

---

[46] Up to this point the world has been covered with vegetation. Now buildings and cities appear. The World describes the beginnings of civilization.

[47] **Y**...And when burdensome mountains weigh down the earth and obstruct the air with their bulk

[48] reference to the Great Flood

[49] will cut through the water

[50] reference to Noah's ark

[51] **lleno**

[52] **arco**...rainbow

[53] reference to the color spectrum (light yellow to deep purple) of the rainbow

[54] **grupo**

[55] decree. God promised never to destroy mankind again with a flood.

[56] **base**

[57] **sacudiéndose**...shaking off the yoke

[58] will emerge

[59] face

[60] **sacudiéndose**...(The earth), shaking off the yoke of the waters, will reappear, showing a haggard, musty face.

[61] **El Antiguo Testamento**

[62] **con**...sin dificultad

[63] **mar**...Red Sea

[64] I will uncover

[65] **los**...the most unfathomed depths

[66] **períodos de cinco años**

[67] pillars of fire. According to Exodus 13:22, the Lord led the way by day with a pillar of cloud and by night, with a pillar of fire.

[68] the Promised Land

[69] Moses received the written law in a cloud moving across Mount Sinai.

Al último parasismo[70]
se verá el orbe cerúleo[71]
titubear,[72] borrando tantos
paralelos y coluros.[73]
Sacudiránse los montes,
y delirarán los muros,
dejando en pálidas ruinas
tanto escándalo caduco.[74]
Y empezará la tercera
jornada, donde hay anuncios
que habrá mayores portentos
por ser los milagros muchos
de la *ley de gracia*,[75] en que
ociosamente discurro.[76]
Con lo cual en tres jornadas
tres leyes y un estatuto
los hombres dividirán
las tres edades del mundo;
hasta que al último paso
todo el tablado, que tuvo
tan grande aparato en sí,
una llama, un rayo puro
cubrirá porque no falte
fuego en la fiesta...[77] ¿Qué mucho
que aquí, balbuciente el labio,[78]
quede absorto, quede mudo?
De pensarlo, me estremezco;
de imaginarlo, me turbo;
de repetirlo, me asombro;
de acordarlo, me consumo.
Más, ¡dilátese esta escena,[79]
este paso horrible y duro,
tanto, que nunca le vean
todos los siglos futuros!

Prodigios[80] verán los hombres
en tres actos y ninguno
a su representación
faltará por mí en el uso.[81]
Y pues que ya he prevenido
cuanto al teatro, presumo
que está todo ahora; cuanto
al vestuario, no dudo
que allá en tu mente le tienes,
pues allá en tu mente juntos,
antes de nacer, los hombres
tienen los aplausos suyos.[82]
Y para que desde ti
a representar al mundo
salgan y vuelvan a entrarse,
ya previno mi discurso
dos puertas: la una es la cuna
y la otra es el sepulcro.

Y para que no les falten
las galas y adornos juntos,
tendré prevenido[83] a punto
al que hubiere de hacer rey,
púrpura y laurel augusto;
al valiente capitán,
armas, valores y triunfos;
al que ha de hacer el ministro,
libros, escuelas y estudios.
Al religioso, obediencias;
al facineroso,[84] insultos;
al noble le daré honras,
y libertades[85] al vulgo.[86]
Al labrador[87] que a la tierra
ha de hacer fértil a puro

---

[70] gasp
[71] **azul**
[72] **temblar**
[73] lines of longitude and latitude
[74] reference to the Jews' temple, which collapsed in an earthquake
[75] The New Testament, with its promise of grace and redemption, replaced the Old Testament.
[76] **ociosamente**...I idly ramble on
[77] **porque**...so that the performance will end with a spark. Reference to the final destruction of the Apocalypse.
[78] **balbuciente**...stammering on

[79] **dilátese**...may this scene be put off
[80] marvels
[81] **y**...and it will not be my fault if anyone does not perform well. This is a fundamental idea of the **auto**. Each individual is responsible for his own performance; no one is predestined to succeed or to fail.
[82] God knows, before each person is born, which role he or she will play.
[83] **preparado**
[84] villain
[85] permissiveness
[86] common people
[87] farmer

afán,[88] por culpa de un necio,[89]
le daré instrumentos rudos.
A la que hubiere de hacer
la dama,[90] le daré sumo[91]
adorno en las perfecciones,
dulce veneno de muchos.[92]
Sólo no vestiré al pobre
porque es papel de desnudo,
porque ninguno después
se queje de que no tuvo
para hacer bien su papel
todo el adorno que pudo,
pues el que bien no lo hiciere[93]
será por defecto suyo,
no mío. Y pues que ya tengo
todo el aparato junto,
¡venid, mortales, venid
a adornaros cada uno
para que representéis
en el *teatro del mundol*

[*Vase.*]

AUTOR.
Mortales que aún no vivís
y ya os llamo yo mortales,
pues en mi presencia iguales
antes de ser asistís;
aunque mis voces no oís,
venid a aquestos vergeles,[94]
que ceñido de laureles,
cedros y palma os espero,[95]
porque aquí entre todos quiero
repartir[96] estos papeles.

[*Salen el Rico, el Rey, el Labrador,
el Pobre, la Hermosura,
la Discreción y un Niño.*]

REY.
Ya estamos a tu obediencia,
Autor nuestro, que no ha sido
necesario haber nacido
para estar en tu presencia.[97]
Alma, sentido, potencia,
vida, ni razón tenemos;
todos informes[98] nos vemos;
polvo somos de tus pies.
Sopla aqueste polvo,[99] pues,
para que representemos.

HERMOSURA.
Sólo en tu concepto estamos,
ni animamos ni vivimos,
ni tocamos ni sentimos,
ni del bien ni el mal gozamos;
pero si hacia el mundo vamos
todos a representar,
los papeles puedes dar,
pues en aquesta ocasión
no tenemos elección
para haberlos de tomar.

LABRADOR.
Autor mío soberano
a quien conozco desde hoy,
a tu mandamiento estoy
como hechura de tu mano,
y pues tú sabes, y es llano
porque en Dios no hay ignorar,[100]
qué papel me puedes dar,
si yo errare este papel,
no me podré quejar de él,
de mí me podré quejar.

AUTOR.
Ya sé que si para ser
el hombre elección tuviera,

---

[88] hard work
[89] reference to Adam, who, by disobeying God, caused mankind to be punished and to have to till the earth
[90] leading lady
[91] utmost
[92] Women are "sweet poison" because, although they give pleasure, they lead to man's downfall.
[93] anyone who doesn't play (his role) well. **Hiciere** is the future subjunctive, now obsolete.

[94] **jardines**
[95] Laurel and palm symbolize triumph; cedar, eternity.
[96] **distribuir**
[97] Just as the characters exist in the author-producer's mind before the play is written, individuals exist in God's mind before they are born.
[98] unformed
[99] God breathes life into dust, from which man is formed.
[100] There is nothing that God does not know.

ninguno el papel quisiera
del sentir y padecer;
todos quisieran hacer
el de mandar y regir,[101]
sin mirar, sin advertir
que en acto tan singular
aquello es representar
aunque piensen que es vivir.[102]

    Pero yo, Autor soberano,
sé bien qué papel hará
mejor cada uno; así va
repartiéndolos mi mano.
Haz tú el Rey.

        [*Da su papel a cada uno.*]

REY.

        Honores gano.

AUTOR.

La dama, que es la hermosura
humana, tú.

HERMOSURA.

        ¡Qué ventura!

AUTOR.

Haz, tú, al rico, al poderoso.

RICO.

En fin, nazco venturoso[103]
a ver del sol la luz pura.

AUTOR.

Tú has de hacer el labrador.

LABRADOR.

¿Es oficio o beneficio?

AUTOR.

Es un trabajoso oficio.

LABRADOR.

Seré mal trabajador.
Por vuestra vida...Señor,
que aunque soy hijo de Adán,
que no me deis este afán,
aunque me deis posesiones,

porque tengo presunciones
que he de ser grande holgazán.

    De mi natural infiero,
con ser tan nuevo, Señor,
que seré mal cavador
y seré peor quintero;[104]
si aquí valiera un «no quiero»,
dejérale, mas delante
de un autor tan elegante,
nada un «no quiero» remedia,
y así seré en la comedia
el peor representante.

    Como sois cuerdo, me dais
como el talento el oficio.[105]
y así mi poco juïcio
sufrís y disimuláis;
nieve como lana dais;[106]
justo sois, no hay que quejarme;
y pues que ya perdonarme
vuestro amor me muestra en él,[107]
yo haré, señor, mi papel
despacio por no cansarme.

AUTOR.

Tú, la discreción harás.

DISCRECION.

Venturoso estado sigo.

AUTOR.

Haz tú al mísero, al mendigo.

POBRE.

¿Aqueste papel me das?

AUTOR.

Tú, sin nacer morirás.

NIÑO.

Poco estudio el papel tiene.

AUTOR.

Así mi ciencia previene
que represente el que viva.
Justicia distributiva[108]
soy, y sé lo que os conviene.

---

[101] rule

[102] Men do not realize that the parts they play are only roles, and that it is insignificant which role one plays in life, since, as long as one performs well, one will be rewarded.

[103] fortunate

[104] **agricultor**

[105] **Como...**Since you are wise, you give me a trade that fits my skills.

[106] **nieve...**you give us snow, but also wool (to keep us warm in the winter)

[107] **perdonarme...**your forgiveness is proof that you love me in this role

[108] retributive justice (In the afterlife, each person will be judged according to his or her performance.)

POBRE.

Si yo pudiera excusarme
de este papel, me excusara,
cuando mi vida repara
en el que has querido darme;
y ya que no declararme
puedo, aunque atrevido quiera,
le tomo, mas considera,
ya que he de hacer el mendigo,[109]
no, señor, lo que te digo,
lo que decirte quisiera.

    ¿Por qué tengo de hacer yo
el pobre en esta comedia?
¿Para mí ha de ser tragedia,
y para los otros no?
¿Cuando este papel me dio
tu mano, no me dio en él
igual alma a la de aquél
que hace al rey? ¿Igual sentido?
¿Igual ser? Pues ¿por qué ha sido
tan desigual mi papel?

    Si de otro barro me hicieras,
si de otra alma me adornaras,
menos vida me fiaras,
menos sentidos me dieras;
ya parece que tuvieras
otro motivo, Señor;
pero parece rigor,
perdona decir cruel,
el ser mejor su papel
no siendo su ser mejor.

AUTOR.

En la representación
igualmente satisface
el que bien al pobre hace
con afecto, alma y acción,
como el que hace al rey, y son
iguales éste y aquél
en acabando el papel.
Haz tú bien el tuyo, y piensa
que para la recompensa
yo te igualaré con él.

    No porque pena te sobre,

siendo pobre, es en mi ley
mejor papel el del rey
si hace bien el suyo el pobre;
uno y otro de mí cobre
todo el salario después[110]
que haya merecido, pues
en cualquier papel se gana,
que toda la vida humana
representaciones es.

    Y la comedia acabada,
ha de cenar a mi lado
el que haya representado
sin haber errado en nada
su parte más acertada;
allí, igualaré a los dos.

HERMOSURA.

Pues, decidnos, Señor, Vós,
¿cómo en lengua de la fama
esta comedia se llama?

AUTOR.

Obrar bien, que Dios es Dios.

REY.

Mucho importa que no erremos
comedia tan misteriosa.

RICO.

Para eso es acción forzosa
que primero la ensayemos.[111]

DISCRECION.

¿Cómo ensayarla podremos
si nos llegamos a ver
sin luz, sin alma y sin ser
antes de representar?

POBRE.

Pues ¿cómo sin ensayar
la comedia se ha de hacer?

LABRADOR.

Del pobre apruebo la queja,
que lo asiento así, Señor,
(que son, pobre y labrador
para par a la pareja).[112]
Aun una comedia vieja
harta de representar
si no se vuelve a ensayar

---

[109]beggar
[110]The actor's "salary" is not material compensation, but salvation.

[111]we rehearse
[112]**par...**the same, alike

se yerra cuando se prueba,
¿si no se ensaya esta nueva
cómo se podrá acertar?[113]

AUTOR.

Llegando ahora a advertir
que siendo el cielo jüez
se ha de acertar de una vez
cuando es nacer y morir.[114]

HERMOSURA.

Pues ¿el entrar y salir
cómo lo hemos de saber
ni a qué tiempo haya de ser?

AUTOR.

Aun eso se ha de ignorar,
y de una vez acertar
cuanto es morir y nacer.

Estad siempre prevenidos
para acabar el papel;[115]
que yo os llamaré al fin dél.

POBRE.

¿Y si acaso los sentidos
tal vez se miran perdidos?

AUTOR.

Para eso, común grey,[116]
tendré desde el pobre al rey,
para enmendar al que errare
y enseñar al que ignorare.
Con él apunto a mi ley;[117]
ella a todos os dirá
lo que habéis de hacer, y así
nunca os quejaréis de mí.
Albedrío[118] tenéis ya,

y pues prevenido está
el teatro, vós y vós
medid las distancias dos
de la vida.[119]

DISCRECION.

¿Qué esperamos?
¡Vamos al teatro!

TODOS.

¡Vamos
a obrar bien, que Dios es Dios!

[*Al irse a entrar, sale el Mundo y
detiénelos[120].*]

MUNDO.

Ya está todo prevenido
para que se represente
esta comedia aparente
que hace el humano sentido.

REY.

Púrpura y laurel te pido.

MUNDO.

¿Por qué, púrpura y laurel?

REY.

Porque hago este papel.

[*Enséñale el papel, y toma la púrpura
y corona, y vase[121].*]

MUNDO.

Ya aquí prevenido está.

HERMOSURA.

A mí, matices[122] me da

---

[113] This passage addresses man's anguish at having to perform and make decisions without being certain of the outcome. Since the world is filled with deceit and appearances, man can easily misjudge the evidence and make a moral mistake. The characters want to rehearse first, so that they can avoid making errors in the performance, but it is the nature of human existence that the individual gets only one chance to act (to live), and must simply do the best he can in an uncertain world.

[114] **Llegando...** You should understand once and for all that God decides when you are born and when you die.

[115] Be always ready to end your role. The moral

lesson is that a person may die at any minute, and therefore must live a moral life, so that whenever he is called, he will be ready.

[116] **común...** my flock

[117] God gives people a promptbook, His Law, which will remind them of their lines (guide them in their behavior) throughout their performance.

[118] free will

[119] **vós...** you and you (pointing to actors), measure the distance (between the cradle and the grave).

[120] stops them

[121] **se va**

[122] shades (of color)

de jazmín, rosa y clavel.[123]
   Hoja a hoja y rayo a rayo
se desaten a porfía[124]
todas las luces del día,
todas las flores del mayo;
padezca mortal desmayo
de envidia al mirarme el Sol,[125]
y como a tanto arrebol[126]
el girasol[127] ver desea,
la flor de mis luces sea
siendo el Sol mi girasol.[128]

MUNDO.

   Pues ¿cómo vienes tan vana
a representar al mundo?

HERMOSURA.

En este papel me fundo.[129]

MUNDO.

¿Quién es?

HERMOSURA.

        La hermosura humana.

MUNDO.

Cristal, carmín, nieve y grana
pulan sombras y bosquejos
que te afeiten de reflejos.[130]

[Dale un ramillete.]

HERMOSURA.

Pródiga[131] estoy de colores.
Servidme de alfombra, flores;
sed, cristales, mis espejos. *[Vase.]*

RICO.

   Dadme riquezas a mí,
dichas y felicidades,

pues para prosperidades
hoy vengo a vivir aquí.

MUNDO.

   Mis entrañas[132] para ti
a pedazos romperé;
de mis senos[133] sacaré
toda la plata y el oro,
que en avariento tesoro
tanto encerrado oculté.

[Dale joyas.]

RICO.

   Soberbio[134] y desvanecido[135]
con tantas riquezas voy.

DISCRECION.

   Yo, para mi papel, hoy,
tierra en que vivir te pido.

MUNDO.

   ¿Qué papel el tuyo ha sido?

DISCRECION.

   La discreción estudiosa.[136]

MUNDO.

   Discreción tan religiosa
tome ayuno[137] y oración.[138]

[Dale cilicio[139] y disciplina[140]]

DISCRECION.

   No fuera yo discreción
tomando de ti otra cosa. *[Vase.]*

MUNDO.

   ¿Cómo tú entras sin pedir
para el papel que has de hacer?

---

[123] carnation
[124] **se...**burst forth with gusto
[125] **padezca...**let the Sun die of envy when it looks at me
[126] glow
[127] sunflower
[128] **la...**let the Sun turn to face me (as the sunflower turns to face the Sun)
[129] **En...**That's my role. Note that **papel** means both "paper" and "role." **Autor** handed each character a paper with his or her role indicated on it.
[130] The World hands Beauty a bouquet of flowers of many colors: crystal, carmine,

snow white, and red. Note that these are colors which, in the sixteenth and seventeenth centuries, were associated with feminine beauty (white skin, red lips, etc.)
[131] marvel
[132] insides
[133] bowels
[134] **arrogante**
[135] **vano**
[136] **La...**contemplative discretion
[137] fasting
[138] prayer
[139] hairshirt
[140] scourge (symbols of penance)

NIÑO.

Como no te he menester
para lo que he de vivir.
Sin nacer he de morir,
en ti no tengo de estar
más tiempo que el de pasar
de una cárcel a otra oscura,[141]
y para una sepultura
por fuerza me la has de dar.

MUNDO.

¿Qué pides tú, di, grosero?

LABRADOR.

Lo que le diera yo a él.

MUNDO.

Ea, muestra tu papel.

LABRADOR.

Ea, digo que no quiero.

MUNDO.

De tu proceder infiero
que como bruto gañán[142]
habrás de ganar tu pan.

LABRADOR.

Esas mis desdichas son.

MUNDO.

Pues toma aqueste azadón.[143]

[*Dale un azadón.*]

LABRADOR.

Ésta es la herencia de Adán.
    Señor Adán, bien pudiera,
pues tanto llegó a saber,
conocer que su mujer
pecaba de bachillera;[144]
dejárala que comiera
y no la ayudara él;[145]

mas como amante cruel[146]
dirá que se lo rogó,
y así tan mal como yo
representó su papel. [*Vase.*]

POBRE.

Ya que a todos darles dichas,
gustos y contentos vi,
dame pesares a mí,
dame penas y desdichas;
no de las venturas dichas
quiero púrpura y laurel;
deste colores, de aquél
plata ni oro no he querido.
Sólo remiendos[147] te pido.

MUNDO.

¿Qué papel es tu papel?

POBRE.

Es mi papel la aflicción
es la angustia, es la miseria,
.... [148]
la desdicha, la pasión,
el dolor, la compasión
el suspirar, el gemir,[149]
el padecer, el sentir,
importunar[150] y rogar,
el nunca tener que dar,
el siempre haber de pedir.
    El desprecio, la esquivez,[151]
el baldón,[152] el sentimiento,
la vergüenza, el sufrimiento.
la hambre, la desnudez,
el llanto, la mendiguez,
la inmundicia,[153] la bajeza,
el desconsuelo y pobreza,
la sed, la penalidad,[154]

---

[141] The Child, who dies before it is born, goes from one dark prison to the other—that is, from the womb to the tomb.

[142] laborer

[143] **aqueste...**this hoe

[144] **pecaba...**talked too much. Reference to Eve's conversation with the Serpent.

[145] **dejárala...**he should have let her eat (the apple of the tree of knowledge), while he fasted.

[146] The Farmer mocks courtly love rhetoric, in which the lover is depicted as the vassal of a beautiful woman

[147] rags

[148] A line is missing from the **décima**.

[149] moan

[150] **molestar**

[151] scorn

[152] **insulto**

[153] filth

[154] hardship

y es la vil necesidad,
que todo esto es la pobreza.

MUNDO.

A ti nada te he de dar,
que el que haciendo al pobre vive
nada del mundo recibe,
antes te pienso quitar
estas ropas, que has de andar
desnudo, para que acuda
yo a mi cargo, no se duda.[155]
[*Desnúdale.*]

POBRE.

En fin, este mundo triste
al que está vestido viste
y al desnudo le desnuda.[156]

MUNDO.

Ya que de varios estados[157]
está el teatro cubierto,
pues un rey en él advierto
con imperios dilatados,[158]
beldad a cuyos cuidados
se adormecen los sentidos,[159]
poderosos aplaudidos,
mendigos menesterosos,[160]
labradores, religiosos,
que son los introducidos
para hacer los personajes
de la comedia de hoy
a quien[161] yo el teatro doy,
las vestiduras y trajes
de limosnas[162] y de ultrajes,[163]
¡sal, divino Autor, a ver
las fiestas que te han de hacer
los hombres! ¡Ábrase el centro
de la tierra, pues que dentro
de ella la escena ha de ser!

[*Con música se abren a un tiempo dos*

*globos: en el uno, estará un
trono de gloria, y en él, el Autor
sentado; en el otro ha de hacer
representación con dos puertas;
en la una pintada una cuna y
en la otra un ataúd.*]

AUTOR.

Pues para grandeza mía
aquesta fiesta he trazado,
en ese trono sentado,
donde es eterno el día,
he de ver mi compañía.
Hombres que salís al suelo[164]
por una cuna de yelo[165]
y por un sepulcro entráis,
ved cómo representáis,
que os ve el Autor desde el cielo.

[*Sale la Discreción con un
instrumento, y canta.*]

DISCRECION.

Alaben[166] al Señor de Tierra y
Cielo,
el Sol, Luna y estrellas;
alábenle las bellas
flores que son caracteres del suelo;
alábele la luz, el fuego, el hielo,
la escarcha y el rocío,
el invierno y estío,
y cuanto esté debajo de ese velo
que, en visos celestiales,
árbitro[167] es de los bienes y los
males. [*Vase.*]

AUTOR.

Nada me suena mejor
que en voz del hombre este fiel

---

[155] **para...**never doubt that I will give you what you are supposed to have. (Nothing.)

[156] "For unto every one that hath shall be given...but from him that hath not shall be taken away even that which he hath." (Matthew 25:29)

[157] **clases sociales**

[158] spread out

[159] **beldad...**beauty such that men will lose their

senses

[160] needy

[161] **quienes**

[162] alms

[163] **insultos**

[164] floor (earth)

[165] **hielo**

[166] Praise

[167] judge

himno que cantó Daniel[168]
para templar[169] el furor
de Nabucodonosor.[170]

MUNDO.

¿Quién hoy la *loa* echará?[171]
Pero en la apariencia ya
la ley convida a su voz
que, como, corre veloz,
en elevación está[172]
sobre la haz de la Tierra.

[*Aparece la Ley de Gracia en una
elevación, que estará sobre
donde estuviere*[173] *el Mundo,
con un papel en la mano.*]

LEY.

Yo, que Ley de Gracia soy,
la fiesta introduzco hoy;
para enmendar[174] al que yerra
en este papel se encierra
la gran comedia, que Vós
compusisteis sólo en dos
versos que dicen así:

[*Canta.*]

*Ama al otro como a ti,
y obra bien, que Dios es Dios.*

MUNDO.

La ley después de la loa
con el apunto[175] quedó;

victoriar quisiera aquí[176]
pues me representa a mí.
Vulgo[177] esta fiesta soy,
mas callaré porque empieza
ya la representación.

[*Salen la Hermosura y la Discreción,
por la puerta de la cuna.*]

HERMOSURA.

Vente conmigo a espaciar[178]
por estos campos que son
felice patria del mayo,
dulce lisonja del sol;
pues sólo a los dos conocen,
dando solos a los dos,
resplandores, rayo a rayo,
y matices, flor a flor.

DISCRECION.

Ya sabes que nunca gusto
de salir de casa, yo,
quebrantando la clausura
de mi apacible prisión.[179]

HERMOSURA.

¿Todo ha de ser para ti
austeridad y rigor?
¿No ha de haber placer un día?
Dios, di, ¿para qué crió
flores, si no ha de gozar
el olfato[180] el blando olor
de sus fragantes aromas?
¿Para qué aves engendró,
que en cláusulas lisonjeras[181]

---

[168]Discretion's song is an adaptation of a hymn of praise from the Book of Daniel.
[169]**calmar**
[170]Nebuchadnezzar, king of Babylon, conquered Egypt. A splendid builder, he made Babylon, with its hanging gardens, into one of the most beautiful cities of the ancient world. The Book of Daniel depicts the king as an arrogant, conceited man, and tells of him going mad and eating grass.
[171]**¿Quién...**Who will recite the **loa**? A **loa** is a short prologue or play that is performed by members of the cast before the main play.
[172]on a raised platform representing the heavens above the surface of the earth
[173]wherever (the World) is. **Estuviere** is the future subjunctive.
[174]**corregir**
[175]prompting
[176]**victoriar...**I would like to cry **víctor** (a custom by which audiences showed their approval)
[177]general public
[178]to amuse ourselves
[179]agreeable prison, that is, the convent
[180]smell
[181]**cláusulas...**agreeable rhythms

cítaras de pluma[182] son,
si el oído no ha de oírlas?
¿Para qué galas si no
las ha de romper el tacto
con generosa ambición?[183]
¿Para qué las dulces frutas
si no sirve su sazón
de dar al gusto manjares[184]
de un sabor y otro sabor?
¿Para qué hizo Dios, en fin,
montes, valles, cielo, sol,
si no han de verlo los ojos?
Ya parece, y con razón,
ingratitud no gozar
las maravillas de Dios.

DISCRECION.
Gozarlas para admirarlas
es justa y lícita acción
y darle gracias por ellas;
gozar las bellezas no
para usar de ellas tan mal
que te persuadas que son
para verlas las criaturas
sin memoria del Criador.
Yo no he de salir de casa;
ya escogí esta religión
para sepultar mi vida,
para eso soy Discreción.

HERMOSURA.
Yo, para esto, Hermosura:
a ver y ser vista voy. [*Apártanse.*[185]]

MUNDO.
Poco tiempo se avinieron[186]
Hermosura y Discreción.

HERMOSURA.
Ponga redes su cabello,
y ponga lazos mi amor

al más tibio afecto, al más
retirado corazón.[187]

MUNDO.
Una acierta,[188] y otra yerra
su papel, de aquestas dos.

DISCRECION.
¿Qué haré yo para emplear
bien mi ingenio?[189]

HERMOSURA.
　　　　　¿Qué haré yo
para lograr mi hermosura?

LEY.
[*Canta.*]
Obrar bien, que Dios es Dios.

MUNDO.
Con oírse aquí el apunto
la Hermosura no le oyó.[190]

　　　　　[*Sale el Rico.*]

RICO.
Pues pródigamente el Cielo
hacienda[191] y poder me dio,
pródigamente se gaste
en lo que delicias son.
Nada me parezca bien
que no lo apetezca yo;
registre mi mesa cuanto
o corre o vuela veloz.[192]
Sea mi lecho la esfera
de Venus,[193] y en conclusión
la pereza y las delicias,
gula, envidia y ambición
hoy mis sentidos posean.

　　　　　[*Sale el Labrador.*]

---

[182] **cítaras...**winged lutes
[183] **¿Para...**What are beautiful clothes for if not to touch and enjoy?
[184] delicacies
[185] **Se separan**
[186] **se...**they came together
[187] **Ponga...**Let hair become a trap, and let my love ensnare even the coldest heart
[188] succeeds in
[189] skill, talent
[190] The prompting didn't make any impression on Beauty.
[191] **dinero**
[192] **registre...**may any animal or fowl (that I desire) grace my table.
[193] goddess of love. The Rich Man seeks pleasure.

LABRADOR.

¿Quién vio trabajo mayor
que el mío? Yo rompo el pecho
a quien el suyo me dio[194]
porque el alimento mío
en esto se me libró.
Del arado[195] que la cruza
la cara, ministro soy,
pagándola el beneficio
en aquestos que la doy.
Hoz[196] y azada[197] son mis armas;
con ellas riñendo estoy:[198]
con las cepas,[199] con la azada;
con las mieses,[200] con la hoz.
En el mes de abril y mayo
tengo hidrópica[201] pasión,[202]
y si me quitan el agua,
entonces estoy peor.
En cargando algún tributo
de aqueste siglo pensión,
encara la puntería
contra el triste labrador.[203]
Mas, pues trabajo y lo sudo,
los frutos de mi labor
me ha de pagar quien los compre
al precio que quiera yo.
No quiero guardar la tasa
ni seguir más la opinión
de quien, porque ha de comprar,
culpa a quien no la guardó.[204]
Y yo sé que si no llueve
este abril, que ruego a Dios
que no llueva, ha de valer
muchos ducados mi troj.[205]

Con esto un Nabal-Carmelo[206]
seré de aquesta región
y me habrán menester todos;
pero muy hinchado[207] yo,
entonces, ¿qué podré hacer?

LEY.

[*Canta.*]
Obrar bien, que Dios es Dios.

DISCRECION.

¿Cómo el apunto no oíste?

LABRADOR.

Como sordo a tiempo soy.[208]

MUNDO.

El al fin se está en sus trece.[209]

LABRADOR.

Y aun en mis catorce estoy.[210]

[*Sale el Pobre*]

POBRE.

De cuantos el mundo viven,
¿quién mayor miseria vio
que la mía? Aqueste suelo
es el más dulce y mejor,
lecho mío que, aunque es
todo el cielo pabellón
suyo, descubierto está
a la escarcha y al calor;[211]
la hambre y la sed me afligen.
¡Dadme paciencia, mi Dios!

RICO.

¿Qué haré yo para ostentar
mi riqueza?

---

[194] I break the breast (surface) of she who nourishes me with her breasts (the earth)
[195] plow
[196] sickle
[197] hoe
[198] That is, the peasant fights with the earth in order to make it produce.
[199] vine stalks
[200] grain fields
[201] **sedienta**
[202] I'm obsessed with the fields' need for water.
[203] **En...** Whenever there is a new tax—which is how they raise money these days—the poor farmer is hurt the worst.
[204] **No...** I will not respect the official rate, but will charge the buyer as much as I can.
[205] **Y...** And I know that if it doesn't rain, my grain will be worth a lot more. (The peasant has hoarded grain in hopes the price will go up.)
[206] reference to the wealthy landowner who kept his wealth on Mount Carmel (Book of Kings)
[207] loaded with goods
[208] **Como...** I'm deaf when it suits me.
[209] **El...** He's really stubborn.
[210] **Y...** As stubborn as a mule.
[211] **aunque...** even though heaven is a protective tent, the earth is exposed to frost and heat

POBRE.

           ¿Qué haré yo
para sufrir mis desdichas?

LEY.

[*Canta.*]
Obrar bien, que Dios es Dios.

POBRE.

¡Oh, cómo esta voz consuela!

RICO.

¡Oh, cómo cansa esta voz!

DISCRECION.

El rey sale a estos jardines.

RICO.

¡Cuánto siente esta ambición
postrarse a nadie!

HERMOSURA.

           Delante
de él he de ponerme yo
para ver si mi hermosura
pudo rendirlo a mi amor.

LABRADOR.

Yo detrás; no se le antoje[212]
viendo que soy labrador,
darme con un nuevo arbitrio,[213]
pues no espero otro favor.

[*Sale el Rey*]

REY.

A mi dilatado imperio
estrechos límites son
cuantas contiene provincias
esta máquina inferior.
De cuanto circunda el mar
y de cuanto alumbra el Sol
soy el absoluto dueño,
soy el supremo señor.
Los vasallos de mi imperio
se postran por donde voy.
¿Qué he menester yo en el
    mundo?

LEY.

[*Canta.*]
Obrar bien, que Dios es Dios.

MUNDO.

A cada uno va diciendo
el apunto lo mejor.

POBRE.

Desde la miseria mía
mirando infeliz estoy
ajenas[214] felicidades.
El rey, supremo señor,
goza de la majestad
sin acordarse que yo
necesito de él; la dama,
atenta a su presunción,
no sabe si hay en el mundo
necesidad y dolor;
la religiosa, que siempre
se ha ocupado en oración,
si bien a Dios sirve, sirve
con comodidad a Dios.
El labrador, si cansado
viene del campo, ya halló
honesta mesa su hambre
si opulenta mesa no;
al rico le sobra todo;
y sólo, en el mundo, yo
hoy de todos necesito,
y así llego a todos hoy,
porque ellos viven sin mí
pero yo sin ellos no.
A la Hermosura me atrevo
a pedir. Dadme, por Dios,
limosna.

HERMOSURA.

           Decidme fuentes,
pues que mis espejos sois,
¿qué galas me están más bien?,
¿qué rizos[215] me están mejor?

POBRE.

¿No me veis?

MUNDO.

           Necio, ¿no miras
que es vana tu pretensión?
¿Por qué ha de cuidar de ti
quien de sí se descuidó?[216]

---

[212]**no**...so he won't get it into his head
[213]tax
[214]**de otras personas**

[215]hairdos
[216]**¿Por qué**...Why should she take care of you
when she doesn't even take care of herself?

POBRE.

Pues que tanta hacienda os
sobra,[217] dadme una limosna vós.

RICO.

¿No hay puertas donde llamar?
¿Así os entráis donde estoy?
En el umbral[218] del zaguán[219]
pudierais llamar, y no
haber llegado hasta aquí.

POBRE.

No me tratéis con rigor.

RICO.

Pobre importuno, idos luego.

POBRE.

Quien tanto desperdició[220]
por su gusto, ¿no dará
alguna limosna?

RICO.

No.

MUNDO.

El avariento y el pobre
de la parábola, son.[221]

POBRE.

Pues a mi necesidad
le falta ley y razón,
atreveréme al rey mismo.
Dadme limosna, señor.

REY.

Para eso tengo ya
mi limosnero mayor.[222]

MUNDO.

Con sus ministros el rey
su conciencia aseguró.

POBRE.

Labrador, pues recibís
de la bendición de Dios
por un grano que sembráis[223]
tanta multiplicación,

mi necesidad os pide
limosna.

LABRADOR.

Si me la dio
Dios, buen arar y sembrar
y buen sudor me costó.
Decid: ¿No tenéis vergüenza
que un hombrazo como vos
pida? ¡Servid, noramala![224]
No os andéis hecho un bribón.
Y si os falta que comer,
tomad aqueste azadón
con que lo podéis ganar.

POBRE.

En la comedia de hoy
yo el papel de pobre hago;
no hago el de labrador.

LABRADOR.

Pues amigo, en su papel
no le ha mandado el Autor
pedir no más y holgar[225] siempre,
que el trabajo y el sudor
es proprio papel del pobre.

POBRE.

Sea por amor de Dios.
Riguroso, hermano, estáis.

LABRADOR.

Y muy pedigüeño[226] vós.

POBRE.

Dadme vós algún consuelo.

DISCRECION.

Tomad, y dadme perdón.

[Dale un pan.]

POBRE.

Limosna de pan, señora,
era fuerza hallarla en vós,
porque el pan que nos sustenta
ha de dar la Religión.[227]

---

[217]**tanta...**you have so much extra money
[218]entrance
[219]vestibule
[220]wasted
[221]Refers to the parable in Luke 16, in which
the rich man who shows contempt for the
beggar winds up in hell, while the beggar
winds up in heaven.

[222]**limosnero...**official almsgiver
[223]you sow
[224]**Servid...**Work, damn it!
[225]fool around
[226]annoying
[227]Discretion, who is dressed as a nun,
represents religion. The bread that she gives
is the consecrated bread of Holy Com-

DISCRECION.

¡Ay de mí!

REY.

¿Qué es esto?

POBRE.

Es...
alguna tribulación que la Religión
padece

[*Va a caer la Religión, y le da el Rey
la mano.*]

REY.

Llegaré a tenerla[228] yo.

DISCRECION.

Es fuerza; que nadie puede
sostenerla como vós.[229]

AUTOR.

Yo, bien pudiera enmendar
los yerros que viendo estoy;
pero por eso les di
albedrío superior
a las pasiones humanas,
por no quitarles la acción
de merecer con sus obras;
y así dejo a todos hoy
hacer libres sus papeles,
y en aquella confusión
donde obran todos juntos
miro en cada uno yo,
diciéndoles por mi ley:

LEY.

[*Canta.*]
Obrar bien, que Dios es Dios.
(*Recita.*)
A cada uno por sí
y a todos juntos, mi voz

ha advertido; ya con esto
su culpa será su error.
[*Canta.*]
Ama al otro como a ti,
y obrar bien, que Dios es Dios.

REY.

Supuesto que es esta vida
una representación,
y que vamos un camino
todos juntos, haga hoy
del camino la llaneza,
común la conversación.[230]

HERMOSURA.

No hubiera mundo[231] a no haber
esa comunicación.

RICO.

Diga un cuento cada uno.[232]

DISCRECION.

Será prolijo;[233] mejor
será que cada uno diga
qué está en su imaginación.[234]

REY.

Viendo estoy mis imperios
dilatados,
mi majestad, mi gloria, mi
grandeza,
en cuya variedad naturaleza
perficionó[235] de espacio[236] mis
cuidados.
Alcázares poseo levantados,
mi vasalla ha nacido la belleza.[237]
La humildad de unos, de otros la
riqueza
triunfo son al arbitrio de los
hados.[238]
Para regir tan desigual, tan
fuerte

---

munion, which gives spiritual nourishment.

[228] sustain

[229] reference to the monarchy's support of the
Church

[230] **haga...**let's amuse ourselves during the
journey by chatting

[231] **No...**The world would not be the place it is

[232] The device of having each person tell a story
to pass the time during a journey is a very

old one. It was used by Chaucer in the
Canterbury Tales.

[233] tedious

[234] **qué...qué está pensando**

[235] **perfeccionó**

[236] **de...despacio, poco a poco**

[237] **mi...**beauty is my vassal (beautiful things
belong to me)

[238] **La...**The humility of some, the wealth of
others depend on the whims of fate

monstruo de muchos cuellos,[239]
  me concedan
los cielos atenciones más felices.
  Ciencia me den con que a regir
  acierte,
que es imposible que domarse
  puedan
con un yugo no más tantas
  cervices.

MUNDO.

Ciencia para gobernar
pide, como Salomón.[240]

    [*Canta una voz triste, dentro, a la
parte que está la puerta del
ataúd.*]

VOZ.

Rey de este caduco imperio,
cese, cese tu ambición,
que en el teatro del mundo
ya tu papel se acabó.

REY.

Que ya acabó mi papel
me dice una triste voz
que me ha dejado al oírla
sin discurso ni razón.
Pues se acabó el papel, quiero
entrarme, mas ¿dónde voy?
Porque a la primera puerta,
donde mi cuna se vio,
no puedo, ¡ay de mí!, no puedo
retroceder. ¡Qué rigor!
¡No poder hacia la cuna
dar un paso...! ¡Todos son
hacia el sepulcro...! Que el río[241]
que, brazo de mar, huyó,
vuelva a ser mar; que la fuente
que salió del río (¡qué horror!)
vuelva a ser río; el arroyo

que de la fuente corrió
vuelva a ser fuente; y el hombre,
que de su centro salió,
vuelva a su centro, a no ser
lo que fue...¡Qué confusión!
Si ya acabó mi papel,
supremo y divino Autor,
dad a mis yerros disculpa,
pues arrepentido estoy.

    [*Vase por la puerta del ataúd y todos
se han de ir por ella.*]

MUNDO.

Pidiendo perdón el rey,
bien su papel acabó.

HERMOSURA.

De en medio de sus vasallos
de su pompa y de su honor
faltó el rey.

LABRADOR.

        No falte en mayo
el agua al campo en sazón,
que con buen año y sin rey
lo pasaremos mejor.[242]

DISCRECION.

Con todo, es gran sentimiento.

HERMOSURA.

Y notable confusión.
¿Qué haremos sin él?

RICO.

          Volver
a nuestra conversación.
Dinos, tú, lo que imaginas.

HERMOSURA.

Aquesto imagino yo.

MUNDO.

¡Qué presto se consolaron
los vivos de quien murió!

---

[239] reference to Hydra, the nine-headed serpent of mythology. The king asks for guidance in order to rule justly the monster that is his realm.

[240] Solomon, the king of Israel who was known for his wisdom; in a dream, he asked the Lord how to govern properly (Book of Kings 3:5–10).

[241] Traditional metaphor comparing life to a river that flows inexorably toward the sea, which represents death.

[242] No...As long as there's no lack of rain in May, who needs the king?

LABRADOR.

Y más cuando el tal difunto
mucha hacienda les dejó.

HERMOSURA.

Viendo estoy mi beldad
hermosa y pura;
ni al rey envidio, ni sus triunfos
quiero,
pues más ilustre imperio
considero
que es el que mi belleza me
asegura.
Porque si el rey avasallar
procura
las vidas, yo, las almas; luego
infiero
con causa que mi imperio es el
primero
pues que reina en las almas la
hermosura.
«Pequeño mundo»[243] la filosofía
llamó al hombre; si en él mi
imperio fundo
como el cielo lo tiene, como el
suelo;
bien puede presumir la deidad
mía
que el que al hombre llamó
«pequeño mundo»,
llamará a la mujer «pequeño
cielo».[244]

MUNDO.

No se acuerda de Ezequiel[245]
cuando dijo que trocó
la soberbia a la hermosura
en fealdad la perfección.

VOZ.

[*Canta.*]
Toda la hermosura humana

es una pequeña flor.
Marchítese[246] pues la noche
ya de su aurora llegó.

HERMOSURA.

Que fallezca[247] la hermosura
dice una triste canción.
No fallezca, no fallezca.
Vuelva a su primer albor.
Mas, ¡ay de mí!, que no hay rosa
de blanco o rojo color
que a las lisonjas del día,
que a los halagos del sol
saque a deshojar sus hojas,[248]
que no caduque, pues no
vuelve ninguna a cubrirse
dentro del verde botón.[249]
Mas, ¿qué importa que las flores
del alba breve candor
marchiten del sol dorado
halagos de su arrebol?[250]
¿Acaso tiene conmigo
alguna comparación
flor en que ser y no ser
términos continuos son?
No, que yo soy flor hermosa
de tan grande duración,
que si vio el Sol mi principio
no verá mi fin el Sol.
Si eterna soy, ¿cómo puedo
fallecer? ¿Qué dices, voz?

VOZ.

[*Canta.*]
Que en el alma eres eterna
y en el cuerpo mortal flor.

HERMOSURA.

Ya no hay réplica que hacer
contra aquesta distinción.
De aquella cuna salí
y hacia este sepulcro voy.

---

[243] Each individual was considered a microcosm of the world, with its periods of conflict, its storms and its lulls. In this sense, each human being is a "little world."

[244] **pequeño...**little heaven

[245] In Ezekiel 28:12–19, God threatens to disfigure man; similarly, pride made Beauty ugly.

[246] Wither

[247] **muera**

[248] **saque...**opens its petals

[249] bud

[250] **¿qué...**what do I care if flowers that bloom at dawn have withered by dusk?

Mucho me pesa no haber
hecho mi papel mejor. [*Vase.*]

MUNDO.

Bien acabó el papel, pues
arrepentida acabó.
De entre las galas y adornos
y lozanías[251] faltó
la Hermosura.

LABRADOR.

            No nos falte
pan, vino, carne y lechón[252]
por Pascua, que a la Hermosura
no la echaré menos yo.

DISCRECION.

Con todo, es grande tristeza.

POBRE.

Y aun notable compasión.
¿Qué habemos de hacer?

RICO.

                Volver
a nuestra conversación.

LABRADOR.

Cuando el ansioso cuidado
con que acudo a mi labor
miro sin miedo al calor
y al frío desazonado,[253]
y advierto lo descuidado
del alma, tan tibia, ya,
la culpo, pues dando está
gracias, de cosecha nueva
al campo porque la lleva
y no a Dios que se la da.

MUNDO.

Cerca está de agradecido
quien se conoce deudor.[254]

POBRE.

A este labrador me inclino
aunque antes me reprehendió.

VOZ.

[*Canta.*]

Labrador, a tu trabajo
término fatal llegó;
ya lo serás de otra tierra;
dónde será, ¡sabe Dios!...

LABRADOR.

Voz, si de la tal sentencia
admites apelación,[255]
admíteme, que yo apelo,
a tribunal superior.
No muera yo en este tiempo;
aguarda sazón mejor,[256]
siquiera porque mi hacienda
la deje puesta en sazón;
y porque, como ya dije,
soy maldito labrador,
como lo dicen mis viñas
cardo[257] a cardo y flor a flor,
pues tan alta está la hierba
que duda el que la miró
un poco apartado dellas
si mieses o viñas son.
Cuando panes del lindero[258]
son gigante admiración,
casi enanos[259] son los míos,
pues no salen del terrón.[260]
Dirá quien aquesto oyere
que antes es buena ocasión
estando el campo sin fruto
morirme, y respondo yo:
—Si dejando muchos frutos
al que hereda, no cumplió
testamento de sus padres,
¿qué hará sin frutos, Señor?[261]
Mas pues no es tiempo de gracias,
pues allí dijo una voz
que me muero, y el sepulcro
la boca, a tragarme,[262] abrió;
si mi papel no he cumplido
conforme a mi obligación,
pésame que no me pese[263]

---

[251]luxuriance
[252]suckling pig
[253]out of season
[254]debtor
[255]an appeal
[256]**aguarda...**wait for a better time (season)
[257]thistle

[258]**panes...**my neighbor's grain
[259]dwarfs
[260]ground
[261]The farmer is worried because he has nothing to leave to his heirs.
[262]to swallow me up
[263]**pésame...**I'm sorry not to be sorry

de no tener gran dolor. [*Vase.*]

MUNDO.

Al principio le juzgué
grosero, y él me advirtió
con su fin de mi ignorancia.
¡Bien acabó el labrador!

RICO.

De azadones y de arados,
polvo, cansancio y sudor,
ya el labrador ha faltado.

POBRE.

Y afligidos nos dejó.

DISCRECION.

¡Qué pena!

POBRE.

          ¡Qué desconsuelo!

DISCRECION.

¡Qué llanto!

POBRE.

          ¡Qué confusión!

DISCRECION.

¿Qué habemos de hacer?

RICO.

            Volver
a nuestra conversación
y, por hacer lo que todos,
digo lo que siento yo.
    ¿A quién mirar no le asombra
ser esta vida una flor
que nazca con el albor
y fallezca con la sombra?
Pues si tan breve se nombra,
de nuestra vida gocemos
el rato que la tenemos,
dios a nuestro vientre hagamos.[264]
¡Comamos, hoy, y bebamos,
que mañana moriremos!

MUNDO.

De la Gentilidad[265] es

aquella proposición,
así lo dijo Isaías.[266]

DISCRECION.

¿Quién se sigue ahora?

POBRE.

               Yo.
Perezca, Señor, el día[267]
en que a este mundo nací.
Perezca la noche fría
en que concebido fui
para tanta pena mía.
    No la alumbre la luz pura
del Sol entre oscuras nieblas;
todo sea sombra oscura,
nunca venciendo la dura
agresión de las tinieblas.
    Eterna la noche sea
ocupando pavorosa[268]
su estancia, y porque no vea
el Cielo, caliginosa[269]
oscuridad la posea.
    De tantas vivas centellas[270]
luces sea su arrebol;
día sin aurora y Sol,
noches sin Luna y estrellas.
    No porque así me he quejado
es, Señor, que desespero
por mirarme en tal estado,
sino porque considero
que fui nacido en pecado.[271]

MUNDO.

Bien ha engañado las señas
de la desesperación;[272]
que así, maldiciendo el día,
maldijo el pecado Job.

VOZ.

[*Canta.*]
Número tiene la dicha,
número tiene el dolor;[273]

---

[264]The Rich Man articulates the doctrine of *carpe diem*, which teaches that since life is short, one must enjoy each moment to the fullest.

[265]heathens

[266]Isaiah 22:14

[267]Adaptation of Job's lament (Job 3:3–9)

[268]fearful

[269]misty, dark

[270]bright

[271]According to the doctrine of original sin, all people were conceived in sin.

[272]**Bien...**He really fooled me with those signs of despair.

[273]**Número...**Happiness has a limit, and so does pain.

de ese dolor y esa dicha,
venid a cuentas los dos.

RICO.

¡Ay de mí!

POBRE.

       ¡Qué alegre nueva!

RICO.

¿De esta voz que nos llamó
tú no te estremeces?[274]

POBRE.

          Sí.

RICO.

¿No procuras huir?

POBRE.

         No;
que el estremecerse es
una natural pasión
del ánimo a quien como hombre
temiera Dios, con ser Dios.
Mas si el huir será en vano,
porque si de ella no huyó
a su sagrado el poder,[275]
la hermosura a su blasón,
¿dónde podrá la pobreza?
Antes mil gracias le doy,
pues con esto acabará
con mi vida mi dolor.

RICO.

¿Cómo no sientes dejar
el teatro?

POBRE.

      Como no
dejo en él ninguna dicha,
voluntariamente voy.

RICO.

Yo ahorcado,[276] porque dejo
en la hacienda el corazón.

POBRE.

¡Qué alegría!

RICO.

       ¡Qué tristeza!

POBRE.

¡Qué consuelo!

RICO.

        ¡Qué aflicción!

POBRE.

¡Qué dicha!

RICO.

        ¡Qué sentimiento!

POBRE.

¡Qué ventura!

RICO.

       ¡Qué rigor!

              [*Vanse los dos.*]

MUNDO.

¡Qué encontrados[277] al morir
el rico y el pobre son!

DISCRECION.

En efecto, en el teatro
sola me he quedado yo.

MUNDO.

Siempre, lo que permanece
más en mí, es la Religión.

DISCRECION.

Aunque ella acabar no puede,
yo sí, porque yo no soy
la Religión, sino un miembro
que aqueste estado eligió.
Y antes que la voz me llame,
yo me anticipo a la voz
del sepulcro, pues en vida
me sepulté; con que doy,
por hoy, fin a la comedia
que mañana hará el Autor.[278]
Enmendaos para mañana
los que veis los yerros de hoy.

      [*Ciérrase el globo de la Tierra.*]

AUTOR.

Castigo y premio ofrecí

---

[274]**tú**...you are not terrified?
[275]**si**...if the powerful king couldn't take refuge
in his palace

[276]as if condemned
[277]**opuestos**
[278]**que**...tomorrow God will wind up the play

a quien mejor o peor
representase, y verán
qué castigo y premio doy.

[*Ciérrase el globo celeste, y, en él, el
Autor.*]

MUNDO.

¡Corta fue la comedia! Pero
¿cuándo
no lo fue la comedia desta vida,
y más para el que está
considerando
que toda es una entrada, una
salida?
Ya todos el teatro van dejando,
a su primer materia reducida
la forma que tuvieron y gozaron.
Polvo salgan de mí, pues polvo
entraron.
Cobrar quiero de todos, con
cuidado,
las joyas que les di con que
adornasen
la representación en el tablado,
pues sólo fue mientras
representasen.
Pondréme en esta puerta, y,
avisado,
haré que mis umbrales no
traspasen
sin que dejen las galas que
tomaron.
Polvo salgan de mí, pues polvo
entraron.

[*Sale el Rey.*]

Di. ¿Qué papel hiciste, tú, que
ahora
el primero a mis manos has
venido?

REY.

Pues el Mundo, ¿qué fui tan
presto ignora?

MUNDO.

El Mundo lo que fue pone en
olvido.[279]

REY.

Aquél fui que mandaba cuanto
dora
el Sol, de luz y resplandor vestido,
desde que en brazos de la aurora
nace,
hasta que en brazos de la sombra
yace.[280]
Mandé, juzgué, regí muchos
Estados;
hallé, heredé, adquirí grandes
memorias;
vi, tuve, concebí cuerdos cuidados;
poseí, gocé, alcancé varias
victorias.
Formé, aumenté, valí varios
privados;
hice, escribí, dejé, varias historias;
vestí, imprimí, ceñí,[281] en ricos
doseles,[282]
las púrpuras, los cetros[283] y
laureles.

MUNDO.

Pues deja, suelta, quita la
corona;
la majestad, desnuda, pierde,
olvida; (*Quítasela.*)
vuélvase, torne, salga tu persona
desnuda de la farsa de la vida.
La púrpura, de quien tu voz
blasona,[284]
presto de otro se verá vestida,[285]
porque no has de sacar de mis
crueles

---

[279] That is, the World soon forgets what one was.
[280] **desde...** from dawn to dusk
[281] I laid siege

[282] canopies (behind a throne)
[283] scepters
[284] **de...** which you boast of
[285] **presto...** will soon be worn by another

manos púrpuras, cetros, ni
   laureles.

REY.
   ¿Tú, no me diste adornos tan
    amados?
   ¿Cómo me quitas lo que ya me
    diste?

MUNDO.
   ¿Porque dados no fueron, no;
    prestados
   sí para el tiempo que el papel
    hiciste.
   Déjame para otros los Estados,
   la majestad y pompa que tuviste.

REY.
   ¿Cómo de rico fama solicitas
   si no tienes qué dar si no lo quitas?
    ¿Qué tengo de sacar en mi
     provecho[286]
   de haber, al mundo, al rey
    representado?

MUNDO.
   Esto, el Autor, si bien o mal lo has
    hecho
   premio o castigo te tendrá
    guardado;
   no, no me toca a mí, según
    sospecho,
   conocer tu descuido o tu cuidado:
   cobrar me toca el traje que sacaste,
   porque me has de dejar como me
    hallaste.

[Sale la Hermosura.]

MUNDO.
   ¿Qué has hecho, tú?

HERMOSURA.
             La gala y la
   hermosura.

MUNDO.
   ¿Qué te entregué?

HERMOSURA.
             Perfecta una
   belleza.

MUNDO.
   Pues, ¿dónde está?

HERMOSURA.
             Quedó en la
   sepultura.[287]

MUNDO.
   Pasmóse,[288] aquí, la gran
    Naturaleza
   viendo cuán poco la hermosura
    dura,
   que aun no viene a parar adonde
    empieza,
   pues al querer cobrarla yo, no
    puedo;
   ni la llevas, ni yo con ella quedo.
    El rey, la majestad en mí ha
    dejado;
   en mí ha dejado el lustre, la
    grandeza.
   La belleza no puedo haber
    cobrado,
   que espira con el dueño la belleza.
   Mírate en ese cristal.[289]

HERMOSURA.
             Ya me he
   mirado.

MUNDO.
   ¿Dónde está la beldad, la gentileza
   que te presté? Volvérmela
    procura.

HERMOSURA.
   Toda la consumió la sepultura.
    Allí dejé matices y colores;
   allí perdí jazmines y corales;
   allí desvanecí rosas y flores;
   allí quebré marfiles[290] y cristales.
   Allí turbé[291] afecciones y
    primores;[292]

---

[286] benefit

[287] Beauty cannot give back what the World gave to her at the beginning of the play because physical beauty disintegrates with age.

[288] was shocked

[289] **espejo**

[290] ivories (white)

[291] I confused

[292] virtues

allí borré designios y señales;
allí eclipsé esplendores y reflejos;
allí aún no toparás sombras y
    lejos.[293]

              [*Sale el Labrador.*]

MUNDO.

  Tú, villano, ¿qué hiciste?

LABRADOR.

                   Si
villano,[294]
era fuerza que hiciese, no te
    asombre,
un labrador, que ya tu estilo vano
a quien labra la tierra da ese
    nombre.
Soy a quien trata siempre el
    cortesano
con vil desprecio y bárbaro
    renombre;[295]
y soy, aunque de serlo más me
    aflijo,
por quien de *él,* el *vós* y el *tú* se
    dijo.[296]

MUNDO.

  Deja lo que te di.

LABRADOR.

              Tú, ¿qué me has
dado?

MUNDO.

  Un azadón te di.

LABRADOR.

              ¡Qué linda
alhaja![297]

MUNDO.

  Buena o mala con ella habrás
    pagado.

LABRADOR.

  ¿A quién el corazón no se le raja[298]
viendo que deste mundo
    desdichado
de cuanto la codicia vil trabaja
un azadón, de la salud castigo,[299]
aun no le han de dejar llevar
    consigo?

        [*Salen el Rico y el Pobre.*]

MUNDO.

  ¿Quién va allá?

RICO.

              Quien de ti nunca
    quisiera
salir.

POBRE.

        Y quien de ti siempre ha
    deseado
salir.

MUNDO.

  ¿Cómo los dos de esa manera
dejarme y no dejarme habéis
    llorado?

RICO.

  Porque, yo rico y poderoso era.

POBRE.

  Y yo porque era pobre y
    desdichado.[300]

MUNDO.

  Suelta esas joyas. (*Quítaselas.*) Mira
    qué bien fundo[301]

POBRE.

  no tener que sentir dejar el
    mundo.

              [*Sale el Niño.*]

---

[293] background (of a painting)
[294] The word **villano** implies coarseness. The farmer answers that his surliness was appropriate for his role.
[295] The farmer resents the fact that the nobleman has always treated him with contempt.
[296] Disdainful ways of addressing lower-class people.
[297] jewel
[298] **rompe**
[299] **de...**which is bad for one's health (since hard work is back-breaking)
[300] **desafortunado**
[301] **qué...si tengo razón**

MUNDO.

Tú que al teatro a recitar
entraste
¿cómo, di, en la comedia no
saliste?

NIÑO.

La vida en un sepulcro me
quitaste.
Allí te dejo lo que tú me diste.

[Sale la Discreción.]

MUNDO.

Cuando a las puertas del vivir
llamaste
tú, ¿para adorno tuyo qué
pediste?

DISCRECION.

Pedí una religión y una
obediencia,
cilicios, disciplinas y abstinencia.

MUNDO.

Pues déjalo en mis manos, no
me puedan
decir que nadie saca sus blasones.

DISCRECION.

No quiero; que en el mundo no se
quedan
sacrificios, afectos y oraciones;
conmigo he de llevarlos, porque
excedan
a tus mismas pasiones tus
pasiones;[302]
o llega a ver si ya de mí las
cobras.[303]

MUNDO.

No te puedo quitar las buenas
obras.
Éstas solas del mundo se han
sacado.

REY.

¡Quién más reinos no hubiera
poseído!

HERMOSURA.

¡Quién más beldad no hubiera
deseado!

RICO.

¡Quién más riquezas nunca
hubiera habido!

LABRADOR.

¡Quién más, ay Dios, hubiera
trabajado!

POBRE.

¡Quién más ansias hubiera
padecido!

MUNDO.

Ya es tarde; que en muriendo, no
os asombre
no puede ganar méritos el
hombre.[304]
Ya que he cobrado augustas
majestades,
ya que he borrado hermosas
perfecciones,
ya que he frustrado altivas
vanidades,
ya que he igualado cetros y
azadones;
al teatro pasad de las verdades,[305]
que éste el teatro es de las
ficciones.

REY.

¿Cómo nos recibiste de otra suerte
que nos despides?[306]

MUNDO.

La razón
advierte.
Cuando algún hombre hay algo
que reciba,
las manos pone, atento a su

---

[302] **porque...**so that you will suffer more

[303] **o...**or see if you can get them (good deeds) back from me. World cannot take her acts of charity away from her. These are the only things that a person can take out of the world and present before God, the judge.

[304] Death puts an end to action. After death, a person can no longer earn salvation.

[305] The "true" or "real" life comes after death, in the hereafter. Life on earth is a mere "fiction."

[306] **¿Cómo...**Why do you send us off so differently from the way you received us? The World is very gruff now.

fortuna,
en esta forma: cuando con esquiva
acción lo arroja, así las vuelve; de una
suerte, puesta la cuna boca arriba
recibe al hombre, y esta misma cuna,
vuelta al revés, la tumba suya ha sido.[307]
Si cuna os recibí, tumba os despido.

POBRE.

Pues que tan tirano el mundo
de su centro nos arroja,[308]
vamos a aquella gran cena
que en premio de nuestras obras
nos ha ofrecido el Autor.

REY.

¿Tú, también, tanto baldonas
mi poder que vas delante?
¿Tan presto de la memoria
que fuiste vasallo mío,
mísero mendigo, borras?[309]

POBRE.

Ya acabado tu papel,
en el vestuario ahora
del sepulcro iguales somos.
Lo que fuiste poco importa.

RICO.

¿Cómo te olvidas que a mí
ayer pediste limosna?

POBRE.

¿Cómo te olvidas que tú
no me la diste?

HERMOSURA.

      ¿Ya ignoras
la estimación que me debes
por más rica y más hermosa?

DISCRECION.

En el vestuario ya
somos parecidas todas,
que en una pobre mortaja[310]
no hay distinción de personas.

RICO.

¿Tú vas delante de mí,
villano?

LABRADOR.

      Deja las locas
ambiciones, que ya muerto,
del sol que fuiste eres sombra.

RICO.

No sé lo que me acobarda
el ver al Autor ahora.

POBRE.

Autor del Cielo y la Tierra,
ya tu compañía toda
que hizo de la vida humana
aquella comedia corta,
a la gran cena, que Tú
ofreciste, llega; corran
las cortinas de tu solio
aquellas cándidas hojas.[311]

[*Con música se descubre*[312] *otra vez el globo celeste, y en él una mesa con cáliz*[313] *y hostia,*[314] *y el Autor sentado a ella; y sale el Mundo.*]

AUTOR.

Esta mesa, donde tengo
pan que los cielos adoran
y los infiernos veneran,
os espera; mas importa
saber los que han de llegar
a cenar conmigo ahora,
porque de mi compañía

---

[307] The World gestures, cupping his hands upwards to illustrate a cradle, and downwards, as though emptying something out, to illustrate a tomb.

[308] **nos...** hurls us away

[309] The King resents that the Poor Man shows him so little respect, but the Poor Man reminds the King that they are no longer playing roles. Naked before God, all men are equal.

[310] shroud

[311] **corran...** open the curtains of your throne so that we can see the white canopy of your globe.

[312] **se...** is revealed

[313] chalice

[314] wafer (used in Holy Communion)

se han de ir los que no logran
sus papeles por salvarles
entendimiento y memoria
del bien que siempre les hice
con tantas misericordias.
Suban a cenar conmigo
el pobre y la religiosa
que, aunque por haber salido
del mundo este pan no coman,
sustento será adorarle
por ser objeto de gloria.[315]

[*Suben los dos.*]

POBRE.

¡Dichoso yo! ¡Oh, quien pasara
más penas y más congojas,[316]
pues penas por Dios pasadas
cuando son penas son glorias!

DISCRECION.

Yo que tantas penitencias
hice, mil veces dichosa,
pues tan bien las he logrado.
Aquí, dichoso es quien llora
confesando haber errado.

REY.

Yo, Señor, ¿entre mis pompas
ya no te pedí perdón?
Pues ¿por qué no me perdonas?

AUTOR.

La hermosura y el poder,
por aquella vanagloria[317]
que tuvieron, pues lloraron,
subirán, pero no ahora,
con el labrador también,
que aunque no te dio limosna

no fue por no querer darla
que su intención fue piadosa,
y aquella reprehensión
fue en su modo misteriosa
para que tú te ayudases.

LABRADOR.

Esa fue mi intención sola
que quise mal[318] vagabundos.

AUTOR.

Por eso os lo premio ahora,
y porque llorando culpas
pedisteis misericordia,
los tres en el Purgatorio,
en su dilación[319] penosa,
estaréis.

DISCRECION.

Autor divino,
en medio de mis congojas,
el rey me ofreció su mano
y yo he de dársela ahora.

[*Da la mano al Rey, y sube.*]

AUTOR.

Yo le remito la pena
pues la Religión le abona;[320]
pues vivió con esperanzas,
vuele el siglo, el tiempo corra.[321]

LABRADOR.

Bulas de difuntos[322] lluevan
sobre mis penas ahora,
tantas que por llegar antes
se encuentren unas a otras;[323]
pues son estas letras santas
del Pontífice de Roma[324]
mandamientos de soltura
de esta cárcel tenebrosa.[325]

---

[315] The Poor Man and Discretion have left the world, and therefore cannot receive the sacramental wafer. However, they can gain spiritual sustenance by adoring it.

[316] **angustias**

[317] pride

[318] **quise...**I didn't like

[319] delay

[320] supports

[321] **el...**let time fly by (thereby shortening the period that the King will have to spend in purgatory)

[322] papal bulls or remissions of purgatorial punishment, called indulgences

[323] **Bulas...**Let the Papal bulls pour in so fast that they crash into one another. The farmer hopes that people on earth will buy indulgences on his behalf so that he will not have to spend so much time in purgatory.

[324] **letras...**holy documents from the Pope

[325] The "shadowy prison" is purgatory.

NIÑO.

Si yo no erré mi papel,
¿por qué no me galardonas,[326]
gran Señor?

AUTOR.

Porque muy poco
le acertaste; y así, ahora,
ni te premio ni castigo.[327]
Ciego, ni uno ni otro goza,
que en fin naces del pecado.[328]

NIÑO.

Ahora, noche medrosa
como en un sueño me tiene,
ciego sin pena ni gloria.

RICO.

Si el poder y la hermosura
por aquella vanagloria
que tuvieron, con haber
llorado, tanto se asombran,[329]
y el labrador que a gemidos
enterneciera una roca[330]
está temblando de ver
la presencia poderosa
de la vista del Autor,
¿cómo oso mirarla ahora?
Mas es preciso llegar,
pues no hay adonde me esconda
de su riguroso juicio.
¡Autor!

AUTOR.

¿Cómo así me nombras?
Que aunque soy tu Autor, es bien
que de decirlo te corras,[331]
pues que ya en mi compañía
no has de estar. De ella te arroja
mi poder. Desciende adonde
te atormente tu ambiciosa

condición eternamente
entre penas y congojas.

RICO.

¡Ay de mí! Que envuelto en fuego
caigo arrastrando[332] mi sombra
donde, ya que no me vea
yo a mí mismo, duras rocas
sepultarán mis entrañas
en tenebrosas alcobas.[333]

DISCRECION.

Infinita gloria tengo.

HERMOSURA.

Tenerla espero dichosa.

LABRADOR.

Hermosura, por deseos
no me llevarás la joya.[334]

RICO.

No la espero eternamente.

NIÑO.

No tengo, para mí, gloria.

AUTOR.

Las cuatro postrimerías[335]
son las que presentes notan
vuestros ojos, y porque
de estas cuatro se conozca
que se ha de acabar la una,[336]
suba la Hermosura ahora
con el Labrador, alegres,
a esta mesa misteriosa,[337]
pues que ya por sus fatigas
merecen grados de gloria.

[*Suben los dos.*]

HERMOSURA.

¡Qué ventura!

---

[326] **premias**
[327] Unbaptized children go to limbo, where they neither enjoy the glory of God's light nor suffer pain. (The church has since revised its doctrine on this point.)
[328] Although unborn children have not sinned, all humans are tainted by original sin.
[329] **impresionan**
[330] **a**...with his crying would soften a rock
[331] **es**...you should avoid saying so
[332] dragging down
[333] chambers
[334] prize (for the best performance)
[335] The four last stages of man: heaven, hell, purgatory, and limbo
[336] Purgatory ends, while the other **postrimerías** are eternal.
[337] The Eucharist is a mystery, since it is unknowable except through divine revelation.

LABRADOR.

¡Qué consuelo!

RICO.

¡Qué desdicha!

REY.

¡Qué victoria!

RICO.

¡Qué sentimiento!³³⁸

DISCRECION.

¡Qué alivio!

POBRE.

¡Qué dulzura!

RICO.

¡Qué ponzoña!

NIÑO.

Gloria y pena hay, pero yo
no tengo pena ni gloria.

AUTOR.

Pues el ángel en el cielo,
en el mundo las personas
y en el infierno el demonio
todos a este Pan se postran;³³⁹
en el infierno, en el cielo
y mundo a un tiempo se oigan
dulces voces que le alaben
acordadas y sonoras.

[*Tocan chirimías,*³⁴⁰ *cantando el*
*«Tantum ergo»*³⁴¹ *muchas voces.*]

MUNDO.

Y pues representaciones
es aquesta vida toda,
merezca alcanzar perdón
de las unas y las otras.

---

³³⁸**pena, angustia**
³³⁹The Bread is the Host or wafer before which all must kneel.

³⁴⁰hornpipes
³⁴¹song of praise sung during the Corpus Christi celebrations

SOBRE LA LECTURA

1. ¿Quién es el Autor? ¿Por qué llama a Mundo? ¿Qué proyecto tiene el Autor?
2. ¿Qué acontecimientos importantes menciona Mundo en su descripción de la creación?
3. ¿Qué son la ley escrita y la ley de gracia?
4. ¿Qué planes tiene el Autor para los actores?
5. ¿Quién se encarga del vestuario y de los accesorios? ¿Qué recibirá cada actor?
6. ¿Qué representan las dos puertas?
7. ¿En qué estado están los actores antes de recibir su papel? Explique la alegoría que emplea Calderón en esta escena.
8. ¿Cuáles de los actores no están contentos con su papel? ¿Por qué?
9. ¿Por qué dice el Autor que no importa qué papel un actor haga?
10. ¿Cómo se llama la comedia? ¿Qué significa el título?
11. ¿Por qué quieren ensayar los actores? ¿Por qué no pueden?
12. ¿Por qué les dice el Autor que deben estar listos para dejar la escena en cualquier momento?
13. ¿Cuándo reciben los actores albedrío?
14. ¿Qué le da Mundo al Rey? ¿a la Hermosura? ¿al Rico? ¿a la Discreción? ¿al Niño? ¿al Labrador? ¿al Pobre?
15. ¿Qué hace la Discreción al salir a la escena?

16. ¿Cuál es la función de la Ley de Gracia? ¿Qué apunte le da a todo el mundo?
17. ¿En qué sentido es Mundo «vulgo de esta fiesta»? ¿Interviene en la acción?
18. Compare la actitud de la Hermosura con la de la Discreción.
19. ¿Cómo es el Rico?
20. ¿Qué tipo de persona es el Labrador? ¿Por qué nos hace reír?
21. ¿Por qué se considera el Pobre un desgraciado? ¿Cómo reacciona cada personaje al pedirle el Pobre limosna?
22. ¿Qué simboliza el pan que le da la Discreción al Pobre?
23. ¿Quién sostiene a la Discreción cuando ésta padece una tribulación? Explique el simbolismo de esta escena.
24. ¿Por qué no enmienda el Autor los errores que ve en la escena?
25. ¿Cómo deciden los actores pasar el tiempo?
26. ¿Cómo acaba el Rey su papel? ¿Cómo reaccionan los que quedan en la tierra?
27. ¿Con qué se compara la Hermosura? ¿Cómo acaba su papel? ¿La echa de menos el Labrador?
28. ¿Por qué protesta el Labrador cuando lo llama la voz de la muerte? ¿Por qué cambia Mundo de opinión con respecto al Labrador?
29. ¿Qué filosofía abraza el Rico?
30. ¿Qué peligro amenaza al Pobre? ¿Se desespera al fin? Compare su reacción a la voz de la muerte con la del Rico.
31. ¿Qué actitud tiene la Discreción hacia la muerte?
32. ¿Quiénes se salvan? ¿Quiénes van al purgatorio? ¿Quién se condena? ¿Qué le pasa al Niño? Explique por qué cada uno merece el premio o el castigo que Dios le da.
33. ¿Cómo termina la obra?

HACIA EL ANALISIS LITERARIO

1. ¿Qué función simbólica tiene cada uno de los siguientes elementos de una producción teatral en *El gran teatro del mundo*: el Autor, el director de escena, los actores, la apuntadora, el teatro, el tablado, el velo negro, los luminares, el lienzo, el papel, el vestuario, el ensayo, las apariencias, la jornada, las puertas, el salario?
2. ¿Cómo realiza Calderón la comparación entre la creación del mundo y la creación de una obra de teatro?
3. ¿En qué sentido se trata de una «fiesta» o celebración?
4. ¿Cómo utiliza Calderón la alegoría?
5. En la comedia del gran teatro, ¿quién representa la dama? ¿el gracioso? ¿Cómo utiliza Calderón la tradición literaria para producir arquetipos reconocibles?
6. ¿Cómo crea una sensación de confusión en las primeras escenas que tienen lugar antes de que el Autor ponga orden?
7. ¿Cómo usa Calderón la acumulación de términos? Dé ejemplos.

8. Explique las siguientes figuras: «mil luminosos carbunclos», «el aspid de la envidia», «mil aljófares menudos», «cítaras de pluma», «esta máquina inferior». ¿Cómo ejemplifican el estilo barroco? Dé por los menos tres ejemplos más de figuras o giros típicamente barrocos.
9. ¿Qué otras características del barroco encuentra usted en esta obra?
10. ¿Qué valor simbólico tiene la última escena en la cual los actores premiados suben a la mesa del Autor?

TEXTO Y VIDA

1. ¿En qué sentido es nuestra vida «pura apariencia»? ¿Tienen valor real y absoluto las cosas a las cuales les damos importancia, tales como los títulos, la belleza, el poder? ¿Por qué les damos tanta importancia, entonces?
2. ¿Qué dice Calderón de los bienes materiales en este auto? ¿Está usted de acuerdo con él?
3. ¿Por qué no interviene el Autor en la acción de la comedia? ¿En qué consiste la libertad para Calderón? ¿Comparte usted este concepto de la libertad?
4. ¿En qué sentido representa *El gran teatro del mundo* un rechazo del determinismo? ¿Qué tipos de determinismo influyen en el pensamiento moderno? ¿Cree usted que el hombre es libre o lo determinan factores tales como su herencia biológica y social, su educación, el medio ambiente?
5. ¿Piensa usted que es necesario compartir las creencias religiosas de Calderón para apreciar su mensaje? Explique.
6. Algunos críticos han visto una actitud retrógrada de parte de Calderón en el hecho de que el rey se salva. ¿Qué piensa usted de esta idea?
7. ¿Hay un elemento democrático en este auto?
8. ¿Cómo piensa que reaccionaría el público moderno norteamericano a este auto?
9. ¿Cómo reaccionaría el público de algún país latinoamericano?
10. ¿Qué ideas tiene usted para la escenografía de *El gran teatro del mundo*?

La España de la Ilustración

Al morir Carlos II sin hijos, se planteó el problema de la sucesión a la corona de España. Los candidatos más calificados para ocupar el trono eran el archiduque Carlos de Austria y Felipe de Anjou (1683–1746), nieto de Luis XIV de Francia. La Guerra de Sucesión (1700–1714) terminó con el triunfo del pretendiente francés, primer rey de España de la Casa de Borbón. Como resultado del Tratado de Utrecht, por el cual se puso fin a la guerra, España tuvo que ceder los Países Bajos y sus posesiones en Italia (Sicilia, Cerdeña, Milán) y entregó Gibraltar y Menorca a Inglaterra. Después de varios fracasos políticos, Felipe abdicó el poder, pero la muerte de su hijo Luis I en 1724 lo obligó a volver al trono. Durante años el país fue gobernado por Isabel de Farnesio y por José Patiño, ministro de Felipe, quien defendió los derechos de España contra Francia e Inglaterra. A pesar de su ineficacia como gobernante, Felipe hizo varias contribuciones importantes, entre ellas, el establecimiento de la Biblioteca Nacional en 1712, de la Academia de la Lengua en 1714 y de la Academia de la Historia en 1738.

Fernando VI (1712–1759) sucedió a su padre en 1746. Caracterizan su reinado y el de su hermano Carlos III las reformas administrativas asociadas con el llamado «despotismo ilustrado», cuya divisa era «todo para el pueblo, pero sin el pueblo». Según este concepto, el poder debía estar en manos de un monarca, quien, guiado por un grupo selecto de ministros, gobernaría en beneficio del pueblo pero sin la participación de éste. Al principio de su reinado, Fernando apoyó el desarrollo de la industria y de las artes y España gozó de un período de paz. Pronto, sin embargo, el rey, afligido por la muerte de su esposa en 1758, cayó en un estado de demencia, y murió. Con el ascenso al poder de Carlos III

(1716–1788), continuó el espíritu de progreso. Se llevaron a cabo reformas urbanísticas, se fomentó el desarrollo agrícola, industrial y comercial y se crearon las academias militares. En 1767 Carlos expulsó a los jesuitas, lo cual tuvo un efecto profundo en las colonias americanas.

Aunque la política de Fernando VI y Carlos III fue beneficiosa en cuanto a la cultura y la economía, fue funesta en el campo internacional. Por los Pactos de Familia (1733; 1743; 1761)—alianzas entre los monarcas de la Casa de Borbón—los intereses de España fueron subordinados a los de Francia. Aunque Fernando VI logró mantener una política de neutralidad a partir de 1748, poco después de su muerte España se involucró de nuevo en la rivalidad que existía entre Francia e Inglaterra. Además, en el Nuevo Mundo empezaban a infiltrarse las ideas emancipadoras, amenazando el dominio de España en sus colonias.

Durante el siglo XVIII, Francia ocupaba una posición de hegemonía cultural en Europa. Coincidió con el establecimiento de la monarquía borbónica en España el triunfo en Francia del espíritu de la ilustración, un movimiento cultural caracterizado por la confianza en la razón y por la creencia en la necesidad de difundir el saber. Los intelectuales franceses ponían en duda las antiguas formas de autoridad y los conceptos tradicionales de estructura social, al mismo tiempo que proponían nuevas formas de gobierno.

En 1789 estalló la revolución francesa, uno de los factores más importantes en la lucha ideológica que conduciría a la transformación de España. El conflicto en Francia produjo una polarización en España, despertando una reacción defensiva y nacionalista de parte de los tradicionalistas, y animando al mismo tiempo a las fuerzas reformadoras. El año anterior Carlos IV (1748–1819) había subido al trono de España.

Durante el reinado de Carlos IV, España perdió lo que había obtenido durante el de su padre. Sometido a la influencia de su mujer, María Luisa de Parma, y a la del favorito de ella, Manuel Godoy, Carlos declaró la guerra a la nueva República Francesa y fue derrotado. Más tarde, se alió con los franceses contra Inglaterra, perdiendo en la Batalla de Trafalgar (1805) lo mejor de su armada. En 1808 el pueblo se sublevó contra el gobierno español y en particular, contra Godoy, quien había autorizado que el ejército francés cruzara los Pirineos para dirigirse hacia Portugal. Los franceses terminaron por apoderarse de varias bases estratégicas españolas, provocando una reacción violenta de parte del pueblo. A causa de esta situación, Carlos IV abdicó en favor de su hijo Fernando VII, pero Napoleón obligó al nuevo monarca a devolverle el poder a su padre, quien a su vez se lo entregó al emperador francés. Los madrileños, humillados y airados por la presencia de tropas francesas en la capital, se sublevaron el 2 de mayo de 1808, iniciando la Guerra de la Independencia, con la cual se interrumpió la política de la ilustración.

El ambiente intelectual

En cuanto a la cultura, el siglo XVIII representa un período de transición. Los últimos reinados de los Habsburgos se asociaban con el ocaso del poder nacional y, como consecuencia, el arte *barroco—que se relacionaba con aquel período—

quedó despreciado. La poesía y el teatro barrocos se habían degenerado en pura ornamentación y, a pesar de que perduraban rasgos del *gongorismo en algunos poetas de principios de siglo, la mayoría de los nuevos escritores encontraban su inspiración en la *Ilustración francesa o en los preceptistas italianos como Ludovico Muratori (1672–1815), cuya obra *Della perfetta poesía italiana* fue el modelo más importante de la *Poética* de Ignacio Luzán, el teórico literario más influyente del siglo XVIII.

En comparación con la producción literaria del barroco, la del siglo XVIII fue escasa y de calidad mediocre. Ni la poesía, ni el drama, ni la novela se destacan por su excelencia, aunque el ensayo sí empieza a cobrar una nueva importancia en las letras. Sin embargo, el espíritu de reforma y de investigación que caracterizó los reinados de Felipe VI y Carlos III proveyó el germen que permitiría la reconstrucción de la cultura española. Las nuevas ideas que provenían de Francia y de Italia contribuyeron a una revitalización intelectual que no encontró una expresión literaria inmediata, pero que preparó el camino para el florecimiento de las artes en el siglo XIX.

Aunque se trata de una simplificación, se puede distinguir dos tendencias durante este período. La primera incluye a dos corrientes introducidas por los franceses y sus admiradores: el *enciclopedismo, conjunto de doctrinas del matemático y filósofo Jean d'Alembert y del filósofo Denis Diderot, quienes compusieron una Enciclopedia de 32 volúmenes, obra monumental que fue una de las armas más poderosas del nuevo espíritu científico; y el *neoclasicismo, movimiento que intentó restaurar el gusto de las normas artísticas de la antigüedad greco-latina. La segunda es la corriente casticista, tradicionalista, que hacía hincapié en los temas y formas que se asocian con la literatura española prebarroca. Es decir, por un lado, el intelectual español se esforzaba por integrar su país al resto de Europa; leía no sólo a los enciclopedistas franceses, sino a los pensadores ingleses como Francis Bacon, John Locke, y Adam Smith. Al mismo tiempo, se aumentaron los esfuerzos por revitalizar el espíritu nacional. El llamado conflicto entre antiguos y modernos se produjo no sólo en España, sino en otros países de Europa, en los cuales las fuerzas del progreso y las de la tradición luchaban por definir la identidad nacional en un período de rápida transición. En España, esta polarización jugaría un papel importante en la política y el arte durante todo el siglo XIX y aún en el siglo XX.

El padre Benito Jerónimo Feijóo (1674–1764) encarna el nuevo espíritu científico y crítico del siglo XVIII. Su *Teatro crítico universal* y sus *Cartas eruditas y curiosas* conforman unos trece volúmenes y contienen una inmensa cantidad de información sobre una gran variedad de temas. En la mayoría de sus ensayos ataca algún aspecto de la superstición: los milagros falsos, los mitos, los prejuicios, las creencias equívocas. También tiene artículos sobre las ciencias en los cuales habla de la astronomía, la física y las matemáticas. Un tercer grupo de artículos trata de temas filosóficos. Lo esencial de sus escritos no es la información—el padre Feijóo no fue un investigador y sus ensayos no divulgan conocimientos nuevos—sino el espíritu racional y el deseo de alcanzar la verdad. Sus libros son el resultado de extensas lecturas de fuentes españolas, francesas e inglesas.

Los ensayos de Feijóo demuestran una gran independencia de criterio, un espíritu progresista y de mucho sentido común. Insistía en que la creación artística debía de ser libre y no sujeta a reglas inflexibles. En cuanto al lenguaje, favorecía la introducción de nuevos vocablos, siempre que esto fuera necesario o conveniente, a diferencia de los puristas, que veían el uso de galicismos y anglicismos como una amenaza a la integridad del español. Defendía la educación de la mujer y, sin ser revolucionario, la reforma política. Como los monarcas del despotismo ilustrado, Feijóo sentía desdén por las opiniones del vulgo. En «Voz del pueblo» enumera situaciones en las que el pueblo se ha equivocado para mostrar que no se puede confiar en el dictamen popular. Por sus opiniones y por su afán de divulgar la verdad, Feijóo fue uno de los escritores más representativos de su época.

Moratín y el neoclasicismo

Hijo de un conocido abogado y escritor, Leandro Fernández de Moratín (1760–1828) nació en Madrid a principios del reinado de Carlos III. De niño estuvo a punto de morir de una enfermedad grave. La experiencia le dejó un carácter reservado y poco sociable. Tal vez por esta razón tanto como por el ambiente intelectual en el cual se crió, Moratín desarrolló a temprana edad afición por la lectura y empezó a experimentar con la poesía. Muy joven conoció al primer amor de su vida, Sabina Conti, hija de un conde italiano. En 1780 ella se casó con un hombre mucho mayor que ella, hecho que puede haber influido en Moratín al momento de escribir su primera comedia, *El viejo y la niña,* comenzada en 1785, aunque no representada hasta 1790. Sin embargo, hay que tomar en cuenta que el tema de la libertad de la mujer de elegir a su esposo era muy vigente en la época de Moratín e inspiró varias obras francesas y españolas.

Nicolás, el padre de Leandro, había estudiado en Valladolid. A causa de sus propias experiencias estudiantiles, decidió no mandar a su hijo a la universidad sino hacerle aprender el dibujo. Como consecuencia, Leandro fue autodidacto y, a diferencia de sus amigos que poseían diplomas universitarios, tuvo mucha dificultad en encontrar buenos empleos. Con la muerte de su padre, se encontró en la situación de apenas poder mantenerse económicamente. Sin embargo, siguió escribiendo y en 1782 ganó el segundo premio de la Academia Real por su *Lección poética.* Gracias a su amistad con el ensayista Gaspar Melchor de Jovellanos (1744–1811), uno de los intelectuales más importantes del siglo XVIII, Moratín pudo viajar a Francia en 1787 en calidad de secretario del conde de Cabarrús, viaje que constituyó una experiencia fundamental para su formación artística. De vuelta Moratín en España, siguieron las dificultades económicas y el fracaso de varios intentos de hacer representar *El viejo y la niña.* En 1791 se publicó *La mojigata,* la última de sus obras en verso; se estrenó en 1804.

En 1792 Moratín logró hacer viajes a Francia e Inglaterra, aunque sin abandonar sus esperanzas de conseguir un puesto en Madrid. Con este fin le escribió a Manuel Godoy (1767–1851), consejero de Carlos IV, sugiriéndole un plan de reforma de los teatros y proponiéndose como director del proyecto. Al no recibir una respuesta afirmativa, Moratín viajó a Italia, donde pasó tres años. En 1796, fue nombrado Secretario de la Interpretación de Lenguas. Luego, con un empleo estable y bien pagado en España, se instaló en Madrid y recomenzó sus actividades teatrales. Convirtió su zarzuela *El barón* en una comedia. En junio de 1799 se representó *El viejo y la niña* y en julio y agosto se reestrenó *La comedia nueva*. A Moratín le tocó dirigir los ensayos de esta última comedia, lo cual le permitió imponer algunas de sus nuevas ideas acerca de la preparación y representación de piezas.

En tiempos de Moratín era costumbre que los actores mismos escogieran sus papeles de acuerdo con su importancia; es decir, una actriz experimentada y conocida podía elegir hacer el papel principal femenino, aun si se trataba de un personaje mucho más joven que ella o de proporciones físicas diferentes de las de ella. Aunque varios hombres de teatro protestaban contra esta situación y contra la corrupción general del teatro en España, no fue hasta 1799 cuando el gobierno tomó medidas para resolver el problema. Moratín insistió en asignar los papeles según sus propios criterios. Además impuso más disciplina en los ensayos, haciendo que los actores obraran según sus directivas y asistieran a cuantos ensayos él juzgara necesarios. En noviembre de 1799 se sacó una real orden que apoyaba la reforma teatral, creando una junta de dirección de los teatros y nombrando a Moratín su director.

La real orden señaló el triunfo de los partidarios del teatro neoclásico, los cuales abogaban por el retorno a los modelos y formas de las literaturas griega y latina y los del teatro español del *Renacimiento. Frente a los excesos del teatro *barroco, los neoclásicos pedían la moderación y el buen gusto en la escena y el respeto por las unidades de tiempo, lugar y acción, según los cuales el argumento debía ocupar el espacio de un solo día y desarrollarse en un solo lugar; además se debían eliminar complicaciones innecesarias y suprimir todo argumento secundario. En cuanto al diálogo, los neoclásicos buscaban la naturalidad. Moratín, por ejemplo, escribía en prosa, buscando vocablos adecuados al personaje. El desenlace debía ser lógico y feliz y la lección moral se debía presentar de una manera clara e inequívoca.

El deseo de volver al buen gusto provenía en gran parte de la influencia francesa, tan fuerte en España durante el siglo XVIII. El mismo Moratín consideraba a Molière su maestro. A causa de su admiración por los franceses sus adversarios lo llamaban «el afrancesado». En su afán de rechazar el teatro barroco los reformadores prohibieron la representación de algunas de las grandes obras maestras del Siglo de Oro, entre ellas, *La vida es sueño*. Por otro lado, estas obras habían dejado de interesar al público, que no asistía en grandes números a representaciones de comedias de Calderón aun cuando éstas se permitían. Se ha sugerido que la disminución del público teatral se debió a la prohibición de ciertas comedias populares, por ejemplo, las de magia, y a los aumentos del precio de las localidades, lo cual sirvió para eliminar al espectador de clase baja—uno de los objetivos de los reformadores neoclásicos.

El nuevo cargo no resultó ser del gusto de Moratín, quien renunció inmediatamente. Aunque sus razones no quedaron completamente claras, parece que por un lado, quería más poder sobre los teatros de España y por otro, quería dedicarse a escribir obras. En 1801 completó *El sí de las niñas,* su obra más conocida. Sin embargo, las cosas no iban del todo bien. En 1803 se representó *La lugareña orgullosa,* una obra que otro dramaturgo le había plagiado, causándole a don Leandro muchos problemas y angustias.

El estreno de *El sí de las niñas*—la quinta y última obra de Moratín—se realizó el 24 de enero de 1806. Fue un éxito inmediato, aportando ingresos altos durante veintiséis días. Duró más que cualquier otra obra de la época y sólo cesaron las representaciones por causa de la Cuaresma.

Después de *El sí de las niñas,* Moratín abandonó la composición original para hacer adaptaciones de dos obras de Molière, *La escuela de los maridos* y *El médico a palos.* Las venganzas de sus adversarios y una denuncia al Santo Oficio le habían causado tantos disgustos que decidió no escribir más para la escena.

Con la invasión francesa, Moratín se puso del lado de los que veían a José Bonaparte como el regenerador de España. Su posición pro-francesa le ganó muchos enemigos y varias veces tuvo que ponerse a salvo. Seguía desempeñando su cargo de Secretario de la Interpretación de Lenguas y en 1811 se le nombró bibliotecario mayor de la Biblioteca Real. En 1812 se vio obligado a huir de Madrid con el ejército francés. Vivió casi un año en Valencia, donde estuvo encargado de la publicación del *Diario de Valencia* y también escribió unas poesías. El 3 de julio de 1813 se evacuó Valencia y Moratín se refugió en Peñíscola. Cuando trató de volver a Valencia, un general absolutista lo insultó públicamente, acusándolo de traidor. Moratín se encontraba poco después en Barcelona, donde se representó *El médico a palos.* Entonces pasó dos años en Francia, partió para Italia, volvió a Barcelona y se instaló finalmente en la casa de su amigo Manuel Silvela, en Burdeos. Allí vivió rodeado de españoles y muy al corriente de los acontecimientos de la corte española. Aun cuando se le nombró miembro de la nueva Academia Nacional en Madrid, Moratín no quiso salir de Francia. En 1825 sufrió un ataque de apoplejía y tres años más tarde murió en su país adoptivo de un cáncer en el estómago.

Sobre *El sí de las niñas*

La obra gira alrededor del derecho de una joven de elegir a su esposo en vez de tener que aceptar la elección de sus padres. La idea central es que el «sí» de una niña no vale cuando se pronuncia contra su voluntad. Doña Irene, una viuda manipuladora y egoísta, quiere casar a su hija Paquita, una niña de dieciséis años, con don Diego, un hombre de cincuenta y nueve. Los motivos de doña Irene son puramente económicos. Es de una familia respetada pero empobrecida y don Diego puede darles la seguridad financiera que ella y su hija necesitan. Aunque la joven no se atreve a oponerse al proyecto de su madre, está enamorada de don Carlos, el sobrino de su prometido. Don Diego, ignorante de los sentimientos de Paquita, se deja convencer de la conveniencia de este matrimonio. Sin embargo, al interrogar a Paquita, se da cuenta de que el consentimiento de la muchacha no ha sido dado libremente. Al descubrir la relación que existe entre ella y Carlos, sacrifica su deseo de casarse con Paquita para unir a los dos jóvenes enamorados.

Razonable, moderado, flexible, don Diego encarna el espíritu neoclásico. Aunque se permite a sí mismo creer que podrá hacer feliz a Paquita, no está dispuesto a forzar la voluntad de la joven. Aun antes de enterarse de sus amores con Carlos, insiste en que ella se exprese con franqueza, sin la intervención de su madre. Al darse cuenta de que se ha equivocado, don Diego demuestra bondad y sentido común al adaptarse a la situación. El neoclasicismo conserva un concepto optimista del hombre, pintándolo como un ser esencialmente bueno y capaz de mejorarse. A pesar de su inicial reacción negativa a la sugerencia de su criado, Simón, de que Carlos sería el esposo ideal para Paquita, don Diego llega a comprender que no es razonable que una niña se case con un hombre cuya edad triplica la de ella. Es por medio de don Diego que el dramaturgo realiza sus fines didácticos. Además de entregar al espectador un modelo digno de imitar, don Diego pronuncia varios discursos en los cuales critica el sistema de educación que les enseña a las jóvenes a disimular en vez de expresar sus opiniones de una manera honesta y directa.

En contraste con don Diego, doña Irene es egocéntrica e irrazonable. Un personaje casi caricaturesco, la madre de Paquita encarna varios vicios que Moratín desea criticar: el oportunismo que la conduce a negociar las bodas de su hija con un hombre rico pero demasiado viejo; la obsesión con el linaje que inspira sus interminables comentarios sobre la gloria pasada de su familia; la religiosidad superficial que se limita a la creencia en ritos y supersticiones sin alterar la conducta moral del individuo. (De hecho, las burlas de Moratín—que incluyen un tordo que repite oraciones estúpida y mecánicamente y monjas que llevan nombres como Circuncisión—le creó problemas con la Inquisición.) Pero si doña Irene es una mujer hipócrita y ridícula, es también el producto de una sociedad que ofrece a la viuda pobre pocas opciones para sobrevivir. Hay un elemento de frustración—aun de desesperación—en el afán de doña Irene de casar a su hija con don Diego. La crítica que Moratín le hace a la madre de doña Paquita no es ni violenta ni malhumorada. Al final de la obra, ella acepta feliz la solución que don Diego propone—ya que el matrimonio de Paquita y Carlos asegurará su futuro y el de su hija.

Los dos jóvenes son personajes esencialmente buenos cuyas circunstancias provocan un comportamiento algo imprudente. Aunque traviesa e independiente, doña Paquita realmente no es una hija rebelde. Su preocupación principal es cómo realizar sus amores con Carlos y al mismo tiempo asegurar la felicidad de su madre. A diferencia de doña Irene, Paquita se inquieta por los sentimientos de otras personas. Reconoce la bondad de don Diego y no quiere lastimarlo. Está dispuesta a obedecer a su madre aun si esto significa que debe casarse con un hombre que no quiere.

Don Carlos representa otro ideal neoclásico. Es un oficial del ejército que se dististingue por su valor. Refleja el nuevo espíritu científico, ya que estudia y enseña matemáticas. Aun antes de aparecer en escena, don Carlos se define como un hombre digno de admiración. En sus relaciones con doña Paquita, se comporta siempre con finura y delicadeza, recato y moderación. Aunque algo más resuelto que ella, Carlos expresa repetidamente su respeto y cariño por su tío y su deseo de no herirlo. Cuando cree que la situación está perdida, se resigna a la muerte para no desobedecer a don Diego.

Los criados responden a una tradición dramática que permite una relación amorosa—o, por lo menos, un flirteo—entre los sirvientes del galán y la dama. Son tipos populares que introducen un elemento humorístico a la acción. Simón es a menudo la voz del sentido común. Todos son fieles a sus amos, anteponiendo siempre los intereses de éstos a los suyos.

De acuerdo con las normas neoclásicas, *El sí de las niñas* respeta las unidades dramáticas. Para lograr que el argumento se desenvuelva en un solo sitio y al mismo tiempo incluir a personajes de diversas clases y tipos, Moratín coloca la acción en un lugar público. La unidad de acción se mantiene a pesar de los coqueteos de los criados porque el objetivo (la unión de Paquita y Carlos) y el obstáculo (el proyectado matrimonio de don Diego) nunca se pierden de vista. En cuanto al tiempo, la acción transcurre en el espacio de una sola noche. La escena va oscureciéndose durante los dos primeros actos e iluminándose en la tercera. La iluminación no sólo marca el paso del tiempo sino que refuerza las ideas centrales. La oscuridad refleja la perplejidad de los personajes en los momentos más confusos de la comedia; la luz viene cuando empieza a aclararse la situación y se anuncia la felicidad.

La estructura sencilla y eficaz de la obra, la prosa clara y natural, los personajes positivos, el elemento didáctico y el desenlace feliz hacen de *El sí de la niñas* un modelo de la dramaturgia neoclásica.

Ediciones

Moratín, Leandro Fernández de. *El sí de las niñas*. Eds. John Dowling y René Andioc. 2nd ed. Madrid: Castalia, 1982

_____. *El sí de las niñas*. Ed. José María Legido. Madrid: Burdeos, 1987

Crítica

Andioc, René. «Sobre Goya y Moratín hijo.» *Hispanic Review* 50.2 (Spring 1982):119–132

_____. *Teatro y sociedad del siglo XVIII*. Madrid: Castalia, 1987

Casalduero, Joaquín. «Forma y sentido de *El sí de las niñas*». *Nueva Revista de Filología Hispánica* 11 (1957):36–56

Dowling, John. *Leandro Fernández de Moratín*. New York: Twayne, 1969

_____. «The Inquisition Appraises *El sí de las niñas*, 1815–1819.» *Hispania*. 44 (1961):237–444

_____. «Moratín's Creation of the Comic Role for the Older Actress.» *Theater Studies* 24.1–2 (May–Nov. 1983):55–63

_____. «Words and Music: Moratín and the Musical Culture of his Age.» *Modern Languages Studies* 14.2 (Spring 1984):84–95

Lázaro Carreter, Fernando. *Moratín en su teatro*. Oviedo: Universidad de Oviedo, 1961
Moratín y la sociedad española de su tiempo. *Revista de la Universidad de Madrid* 9 (1960):567–808

Rodríguez, Alfred and Hilma Espinosa. «La edad como factor caracterizante en el don Diego de Moratín.» *Dieciocho: Hispanic Enlightenment, Aesthetics and Literary Theory* 4.2 (Fall 1981):174–178

Sánchez, Roberto. «*El sí de las niñas* o la modernidad disimulada.» *Insula*. 37.432 (Nov. 1982):3,4

Vivanco, Luis Felipe. *Moratín y la ilustración mágica*. Madrid: Taurus, 1972

El sí de las niñas

Leandro Fernández de Moratín

PERSONAS

DON DIEGO

DON CARLOS

DOÑA FRANCISCA

DOÑA IRENE

RITA

SIMÓN

CALAMOCHA

La escena es una posada[1] de Alcalá de Henares.[2]

El teatro representa una sala de paso[3] con cuatro puertas de habitaciones para huéspedes, numeradas todas. Una más grande en el foro,[4] con escalera que conduce al piso bajo de la casa. Ventana de antepecho[5] a un lado. Una mesa en medio, un banco, sillas, etc.

ACTO PRIMERO

Escena I

[DON DIEGO, SIMÓN]

DON DIEGO. [*Sale don Diego de su cuarto; Simón, que está sentado en una silla, se levanta.*] ¿No han venido todavía?

SIMÓN. No, señor.

DON DIEGO. Despacio la han tomado, por cierto.[6]

SIMÓN. Como su tía la quiere tanto, según parece, y no la ha visto desde que la llevaron a Guadalajara.[7]

DON DIEGO. Sí. Yo no digo que no la

---

[1] inn
[2] ciudad al este de Madrid
[3] de...por donde se tiene que pasar para llegar a los cuartos; galería
[4] fondo del escenario
[5] de...con una barandilla para evitar caídas

[6] **Despacio...**They're certainly taking their time.
[7] ciudad al nordeste de Madrid, capital de la provincia del mismo nombre, a orillas del río Henares

viese;[8] pero con media hora de visita y cuatro lágrimas estaba concluido.

SIMÓN. Ello[9] también ha sido extraña determinación la de estarse usted dos días enteros sin salir de la posada. Cansa el leer, cansa el dormir y, sobre todo, cansa la mugre del cuarto, las sillas desvencijadas,[10] las estampas del hijo pródigo,[11] el ruido de campanillas y cascabeles, y la conversación ronca[12] de carromateros[13] y patanes,[14] que no permiten un instante de quietud.

DON DIEGO. Ha sido conveniente el hacerlo así. Aquí me conocen todos...: el corregidor,[15] el señor abad,[16] el visitador,[17] el rector de Málaga...¡qué sé yo! Todos...Y ha sido preciso estarme quieto y no exponerme a que me hallasen por aquí.

SIMÓN. Yo no alcanzo[18] la causa de tanto retiro. Pues, ¿hay más en esto que haber acompañado usted a doña Irene hasta Guadalajara para sacar del convento a la niña y volvernos con ellas a Madrid?

DON DIEGO. Sí, hombre; algo más hay de lo que has visto.

SIMÓN. Adelante.[19]

DON DIEGO. Algo, algo...Ello tú al cabo lo has de saber y no puede tardarse mucho...Mira, Simón, por Dios te encargo que no lo digas...Tú eres hombre de bien y me has servido muchos años con fidelidad...Ya ves que hemos sacado a esa niña del convento y nos la llevamos a Madrid.

SIMÓN. Sí, señor.

DON DIEGO. Pues bien...Pero te vuelvo a encargar que a nadie lo descubras.[20]

SIMÓN. Bien está, señor. Jamás he gustado de chismes.

DON DIEGO. Ya lo sé; por eso quiero fiarme de ti. Yo, la verdad, nunca había visto a la tal doña Paquita; pero mediante la amistad con su madre he tenido frecuentes noticias de ella: he leído muchas de las cartas que escribía, he visto algunas de su tía la monja, con quien ha vivido en Guadalajara; en suma,[21] he tenido cuantos informes pudiera desear acerca de sus inclinaciones y su conducta. Ya he logrado verla, he procurado observarla en estos pocos días, y, a decir verdad, cuantos elogios hicieron de ella me parecen escasos.

SIMÓN. Sí, por cierto. Es muy linda y...

DON DIEGO. Es muy linda, muy graciosa, muy humilde...Y, sobre todo, ¡aquel candor, aquella inocencia! Vamos, es de lo que no se encuentra por ahí...Y talento...Sí señor, mucho talento...Conque, para acabar de informarte, lo que yo he pensado es...

SIMÓN. No hay que decírmelo.

---

[8]**que**...that she shouldn't see her
[9]this, it (neuter pronoun)
[10] falling apart
[11] prints showing the prodigal son (Moratín mocks the custom of decorating with scenes from the Bible. This was one of the remarks that the Inquisition objected to.)
[12]**ruda**
[13] cart drivers
[14] boors
[15] chief magistrate
[16] abbot
[17]**juez**
[18]**comprendo**
[19] Go ahead
[20]**digas, reveles**
[21]**en**...in short

DON DIEGO. ¿No? ¿Por qué?

SIMÓN. Porque ya lo adivino. Y me parece excelente idea.

DON DIEGO. ¿Qué dices?

SIMÓN. Excelente.

DON DIEGO. ¿Conque al instante has conocido[22]...?

SIMÓN. Pues, ¿no es claro?...¡Vaya!...Le digo a usted que me parece muy buena boda. Buena, buena.

DON DIEGO. Sí señor...Yo lo he mirado[23] bien y lo tengo por cosa muy acertada.[24]

SIMÓN. Seguro que sí.

DON DIEGO. Pero quiero absolutamente que no se sepa hasta que esté hecho.

SIMÓN. Y en eso hace usted bien.

DON DIEGO. Porque no todos ven las cosas de una[25] manera, y no faltaría quien murmurase y dijese que era una locura, y me...

SIMÓN. ¿Locura? ¡Buena locura!...¿Con una chica como ésa, eh?

DON DIEGO. Pues, ya ves tú, ella es una pobre...; eso sí. Porque, aquí entre los dos, la buena de[26] doña Irene se ha dado tal prisa a gastar desde que murió su marido que si no fuera por estas benditas religiosas y el canónigo de Castrojeriz,[27] que es también su cuñado, no tendría para poner un puchero a la lumbre[28]...Y muy vanidosa y muy remilgada[29] y hablando siempre de su parentela[30] y de sus difuntos, y

sacando unos cuentos allá, que...Pero esto no es del caso...Yo no he buscado dinero, que dineros tengo; he buscado modestia, recogimiento, virtud.

SIMÓN. Eso es lo principal...Y, sobre todo, lo que usted tiene ¿para quién ha de ser?

DON DIEGO. Dices bien...¿Y sabes tú lo que es una mujer aprovechada, hacendosa,[31] que sepa cuidar de la casa, economizar, estar en todo?...Siempre lidiando con amas[32] que, si una es mala, otra es peor; regalonas, entremetidas,[33] habladoras, llenas de histérico,[34] viejas, feas como demonios...No señor, vida nueva. Tendré quien me asista con amor y fidelidad, y viviremos como unos santos...Y deja que hablen y murmuren y...

SIMÓN. Pero siendo a gusto de entrambos,[35] ¿qué pueden decir?

DON DIEGO. No, yo ya sé lo que dirán; pero...Dirán que la boda es desigual, que no hay proporción en la edad, que...

SIMÓN. Vamos, que no me parece tan notable la diferencia. Siete u ocho años a lo más.

DON DIEGO. ¡Qué, hombre! ¿Qué hablas de siete u ocho años? Si ella ha cumplido dieciséis pocos meses ha.

SIMÓN. Y bien, ¿qué?

DON DIEGO. Y yo, aunque gracias a Dios estoy robusto y...Con todo eso, mis cincuenta y nueve años no hay quien me los quite.

---

[22] **has...te has dado cuenta**
[23] **pensado**
[24] **correcta, provechosa, beneficiosa**
[25] **la misma**
[26] **la...good old**
[27] **pueblo de la región de Burgos**
[28] **no...ni siquiera tendría bastante dinero para comer**

[29] finicky
[30] **parientes**
[31] **diligente**
[32] **lidiando...arguing with housekeepers**
[33] busybodies
[34] **llenas...muy nerviosas**
[35] **ambos**

SIMÓN. Pero si yo no hablo de eso.

DON DIEGO. Pues ¿de qué hablas?

SIMÓN. Decía que...Vamos, o usted no acaba de[36] explicarse, o yo lo entiendo al revés...En suma, esta doña Paquita, ¿con quién se casa?

DON DIEGO. ¿Ahora estamos ahí? Conmigo.

SIMÓN. ¿Con usted?

DON DIEGO. Conmigo.

SIMÓN. ¡Medrados quedamos![37]

DON DIEGO. ¿Qué dices?...Vamos, ¿qué?...

SIMÓN. ¡Y pensaba yo haber adivinado!

DON DIEGO. Pues ¿qué creías? ¿Para quién juzgaste que la destinaba yo?

SIMÓN. Para don Carlos, su sobrino de usted, mozo de talento, instruido, excelente soldado, amabilísimo por todas sus circunstancias...Para eso juzgué que se guardaba la tal niña.

DON DIEGO. Pues no señor.

SIMÓN. Pues bien está.

DON DIEGO. ¡Mire usted qué idea! ¡Con el otro la había de ir a casar!...No señor; que estudie sus matemáticas.

SIMÓN. Ya las estudia; o, por mejor decir, ya las enseña.

DON DIEGO. Que se haga hombre de valor, y...

SIMÓN. ¡Valor! ¿Todavía pide usted más valor a un oficial que en la última guerra, con muy pocos que se atrevieron a seguirle, tomó dos baterías,[38] clavó los cañones,[39] hizo algunos prisioneros y volvió al campo lleno de heridas y cubierto de sangre?...Pues bien satisfecho quedó usted entonces del valor de su sobrino, y yo le vi a usted más de cuatro veces llorar de alegría cuando el rey le premió con el grado de teniente coronel y una cruz de Alcántara.[40]

DON DIEGO. Sí señor, todo eso es verdad; pero no viene a cuento. Yo soy el que me caso.

SIMÓN. Si está usted bien seguro de que ella le quiere, si no le asusta la diferencia de edad, si su elección es libre...

DON DIEGO. Pues ¿no ha de serlo?...Doña Irene la escribió con anticipación sobre el particular. Hemos ido allá, me ha visto, la han informado de cuanto ha querido saber, y ha respondido que está bien, que admite gustosa el partido[41] que se la propone...Y ya ves tú con qué agrado me trata y qué expresiones me hace tan cariñosas y tan sencillas...Mira, Simón, si los matrimonios muy desiguales tienen por lo común desgraciada resulta,[42] consiste en que alguna de las partes[43] procede sin libertad, en que hay violencia, seducción, engaño, amenazas, tiranía doméstica...Pero aquí no hay nada de eso. Y ¿qué sacarían con engañarme?...Ya ves tú la religiosa[44] de Guadalajara, si es mujer de juicio; ésta de Alcalá, aunque no la conozco, sé que es una señora de excelentes prendas.[45] Mira tú si doña Irene querrá el bien de su hija. Pues todas ellas me han dado cuantas

---

[36] **acaba...logra**

[37] **Medrados...**Oh, that's just great! (sarcastic)

[38] **unidad de artillería**

[39] **inutilizó**

[40] **cruz...condecoración militar**

[41] **marido**

[42] **consecuencia**

[43] parties

[44] **monja**

[45] **cualidades**

seguridades puedo apetecer...La criada, que la ha servido en Madrid y más de cuatro años en el convento, se hace lenguas de ella,[46] y sobre todo, me ha informado de que jamás observó en esta criatura la más remota inclinación a ninguno de los pocos hombres que ha podido ver en aquel encierro. Bordar, coser, leer libros devotos, oír misa y correr por la huerta detrás de las mariposas, y echar agua en los agujeros de las hormigas, éstas han sido su ocupación y sus diversiones...¿Qué dices?

SIMÓN. Yo nada, señor.

DON DIEGO. Y no pienses tú que, a pesar de tantas seguridades, no aprovecho las ocasiones que se presentan para ir ganando su amistad y su confianza, y lograr que se explique conmigo en absoluta libertad. Bien que aún hay tiempo...Sólo que aquella doña Irene siempre la interrumpe; todo se lo habla...Y es muy buena mujer, buena...

SIMÓN. En fin, señor, yo desearé que salga como usted apetece.

DON DIEGO. Sí. Yo espero en Dios que no ha de salir mal. Aunque el novio no es muy de tu gusto...¡Y qué fuera de tiempo me recomendabas al tal sobrinito! ¿Sabes tú lo enfadado que estoy con él?

SIMÓN. Pues ¿qué ha hecho?

DON DIEGO. Una de las suyas...Y hasta pocos días ha no lo he sabido. El año pasado, ya lo viste, estuvo dos meses en Madrid...Y me costó buen dinero la tal visita...En fin, es mi sobrino, bien dado está; pero voy al asunto. Llegó el caso[47] de irse a Zaragoza a su regimiento...Ya te acuerdas de que a muy pocos días de haber salido de Madrid recibí la noticia de su llegada.

SIMÓN. Sí, señor.

DON DIEGO. Y que siguió escribiéndome, aunque algo perezoso, siempre con la data[48] de Zaragoza.

SIMÓN. Así es la verdad.

DON DIEGO. Pues el picarón no estaba allí cuando me escribía las tales cartas.

SIMÓN. ¿Qué dice usted?

DON DIEGO. Sí señor. El día tres de julio salió de mi casa, y a fines de septiembre aún no había llegado a sus pabellones[49]...¿No te parece que, para ir por la posta,[50] hizo muy buena diligencia?[51]

SIMÓN. Tal vez se pondría malo en el camino, y por no darle a usted pesadumbre...

DON DIEGO. Nada de eso...Amores del señor oficial y devaneos[52] que le traen loco...Por ahí en esas ciudades puede que...¿Quién sabe?...Si encuentra un par de ojos negros, ya es hombre perdido...No permita Dios que me le engañe alguna bribona[53] de esas que truecan[54] el honor por el matrimonio.[55]

SIMÓN. ¡Oh! No hay que temer...Y si

---

[46] se...la elogia mucho a ella

[47] momento

[48] lugar y fecha de una carta

[49] residencia militar

[50] forma de viaje que se hacía cambiando los caballos cansados por otros situados (o apostados) en el camino

[51] Nótese el doble sentido: «diligencia» significa «rapidez» y también se refiere a un carro o carroza de transportes.

[52] amoríos poco serios

[53] pícara

[54] cambian

[55] es decir, las prostitutas o mujeres ligeras

tropieza con alguna fullera[56] de amor, buenas cartas ha de tener para que le engañe.[57]

DON DIEGO. Me parece que están ahí...Sí. Gracias a Dios. Busca al mayoral[58] y dile que venga para quedar de acuerdo en la hora a que deberemos salir mañana.

SIMÓN. Bien está.

DON DIEGO. Ya te he dicho que no quiero que esto se trasluzca[59] ni...¿Estamos?

SIMÓN. No haya[60] miedo que a nadie lo cuente.

[*Simón se va por la puerta del foro. Salen por la misma las tres mujeres con mantillas y basquiñas.[61] Rita deja un pañuelo atado sobre la mesa y recoge las mantillas y las dobla.*]

Escena II

[DOÑA IRENE, DOÑA FRANCISCA, RITA, DON DIEGO]

DOÑA FRANCISCA. Ya estamos acá.

DOÑA IRENE. ¡Ay!, ¡qué escalera!

DON DIEGO. Muy bien venidas, señoras.

DOÑA IRENE. Conque usted, a lo que parece, no ha salido.

[*Se sientan doña Irene y don Diego.*]

DON DIEGO. No, señora. Luego, más tarde, daré una vueltecilla por ahí...He leído un rato. Traté de dormir; pero en esta posada no se duerme.

DOÑA FRANCISCA. Es verdad que no...¡y qué mosquitos! Mala peste en ellos. Anoche no me dejaron parar...Pero mire usted. Mire usted [*saca el pañuelo y manifiesta algunas cosas de las que indica el diálogo*] cuántas cosillas traigo: rosarios de nácar, cruces de ciprés, la regla de san Benito,[62] una pililla[63] de cristal..., mire usted qué bonita, y dos corazones de talco[64]...¡Qué sé yo cuánto viene aquí...! ¡Ay!, y una campanilla de barro bendito para los truenos[65]...¡Tantas cosas!

DOÑA IRENE. Chucherías que la han dado las madres.[66] Locas estaban con ella.[67]

DOÑA FRANCISCA. ¡Cómo me quieren todas! ¡Y mi tía, mi pobre tía, lloraba tanto...! Es ya muy viejecita.

DOÑA IRENE. Ha sentido mucho no conocer a usted.

DOÑA FRANCISCA. Sí, es verdad. Decía: ¿por qué no ha venido aquel señor?

DOÑA IRENE. El padre capellán y el rector de los Verdes[68] nos han

---

[56] **tramposa, mentirosa**
[57] **buenas**...she'll have to be pretty shrewd to trick him
[58] stagecoach driver
[59] **sepa**
[60] **tenga**
[61] **tipo de capa; la basquiña y la mantilla eran prendas típicas de la mujer de clase media**
[62] **libro que contiene las normas de la vida monástica de la orden benedictina**
[63] **recipiente pequeño**
[64] **tipo de piedra blanca**
[65] **Según la creencia popular, una campanilla que se hacía sonar para librar a la gente de los truenos.**
[66] **religiosas**
[67] **Locas**...they were crazy about her.
[68] **Los Verdes eran los alumnos de Santa Catalina, de Alcalá de Henares.**

venido acompañando hasta la puerta.

DOÑA FRANCISCA. Toma [*Vuelve a atar el pañuelo y se le da a Rita, la cual se va con él y con las mantillas al cuarto de doña Irene.*] guárdamelo

todo allí en la escusabaraja.[69] Mira, llévalo así de las puntas...Válgate Dios, ¡eh!, ¡ya se ha roto la santa Gertrudis de alcorza![70]

RITA. No importa; yo me la comeré.

Escena III

[DOÑA IRENE, DOÑA FRANCISCA, DON DIEGO]

DOÑA FRANCISCA. ¿Nos vamos adentro mamá, o nos quedamos aquí?

DOÑA IRENE. Ahora, niña, que quiero descansar un rato.

DON DIEGO. Hoy se ha dejado sentir el calor en forma.[71]

DOÑA IRENE. ¡Y qué fresco tienen aquel locutorio![72] Vaya, está hecho un cielo.[73]

DOÑA FRANCISCA. Pues con todo [*sentándose junto a doña Irene*], aquella monja tan gorda que se llama la madre Angustias bien sudaba...¡Ay!, ¡cómo sudaba la pobre mujer!

DOÑA IRENE. Mi hermana es la que está bastante delicadita. Ha padecido mucho este invierno...; pero, vaya, no sabía qué hacerse con su sobrina la buena señora...Está muy contenta de nuestra elección.

DON DIEGO. Yo celebro que sea tan a gusto de aquellas personas a quienes debe usted particulares obligaciones.

DOÑA IRENE. Sí; Trinidad está muy

contenta, y en cuanto a Circuncisión, ya lo ha visto usted. La ha costado mucho despegarse de ella;[74] pero ha conocido que siendo para su bienestar es necesario pasar por ello...Ya se acuerda usted de lo expresiva que estuvo y...

DON DIEGO. Es verdad. Sólo falta que la parte interesada[75] tenga la misma satisfacción que manifiestan cuantos la quieren bien.

DOÑA IRENE. Es hija obediente, y no se apartará jamás de lo que determine su madre.

DON DIEGO. Todo eso es cierto, pero...

DOÑA IRENE. Es de buena sangre, y ha de pensar bien, y ha de proceder con el honor que la corresponde.

DON DIEGO. Sí, ya estoy;[76] pero ¿no pudiera, sin faltar a su honor ni a su buena sangre...?

DOÑA FRANCISCA. ¿Me voy, mamá?

[*Se levanta y vuelve a sentarse.*]

DOÑA IRENE. No pudiera; no, señor. Una niña bien educada, hija de

---

[69] canasta de mimbre
[70] pasta de azúcar y almidón
[71] en...mucho
[72] sala de recepción de un convento
[73] está...it's like heaven

[74] La...It was hard for her to let her (Francisca) go.
[75] la...Es decir, Francisca
[76] comprendo

buenos padres, no puede menos de conducirse en todas ocasiones como es conveniente y debido. Un vivo retrato es la chica, ahí donde usted la ve, de su abuela que Dios perdone, doña Jerónima de Peralta...En casa tengo el cuadro, ya le habrá usted visto. Y le hicieron, según me contaba su merced, para enviársele a su tío carnal, el padre fray Serapión de San Juan Crisóstomo, electo obispo de Mechoacán.[77]

DON DIEGO. Ya.

DOÑA IRENE. Y murió en el mar el buen religioso, que fue un quebranto[78] para toda la familia...Hoy es, y todavía estamos sintiendo su muerte; particularmente mi primo don Cucufate, regidor[79] perpetuo de Zamora,[80] no puede oír hablar de su Ilustrísima sin deshacerse en lágrimas.

DOÑA FRANCISCA. Válgate Dios, qué moscas tan...

DOÑA IRENE. Pues murió en olor de santidad.[81]

DON DIEGO. Eso bueno es.

DOÑA IRENE. Sí, señor; pero como la familia ha venido tan a menos[82]...¿Qué quiere usted? Donde no hay facultades[83]...Bien que, por lo que puede tronar,[84] ya se le está escribiendo la vida. Y ¿quién sabe que el día de mañana no se imprima, con el favor de Dios?

DON DIEGO. Sí; pues ya se ve. Todo se imprime.[85]

DOÑA IRENE. Lo cierto es que el autor, que es sobrino de mi hermano político, el canónigo de Castrojeriz, no la deja de la mano, y a la hora de ésta lleva ya escritos nueve tomos en folio, que comprenden los nueve años primeros de la vida del santo obispo.

DON DIEGO. Conque ¿para cada año un tomo?

DOÑA IRENE. Sí, señor; ese plan se ha propuesto.

DON DIEGO. Y ¿de qué edad murió el venerable?

DOÑA IRENE. De ochenta y dos años, tres meses y catorce días.

DOÑA FRANCISCA. ¿Me voy, mamá?

DOÑA IRENE. Anda, vete. ¡Válgate Dios, qué prisa tienes!

DOÑA FRANCISCA. [*Se levanta y, después de hacer una graciosa cortesía a don Diego, da un beso a doña Irene y se va al cuarto de ésta.*] ¿Quiere usted que le haga una cortesía[86] a la francesa, señor don Diego?

DON DIEGO. Sí, hija mía; a ver.

DOÑA FRANCISCA. Mire usted; así.

DON DIEGO. ¡Graciosa niña! ¡Viva la Paquita, viva!

DOÑA FRANCISCA. Para usted una cortesía, y para mi mamá un beso.

---

[77] **Michoacán: estado de México, entre el océano Pacífico y la meseta central**
[78] **gran pena**
[79] **gobernador**
[80] **ciudad del noroeste de España, a orillas del Duero**
[81] **en...con fama de santo**
[82] **ha...ha tenido tan mala fortuna**
[83] **posibilidades económicas**
[84] **por...a pesar de la mala suerte que hemos tenido**
[85] **comentario irónico**
[86] curtsy

Escena IV

[DOÑA IRENE, DON DIEGO]

DOÑA IRENE. Es muy gitana[87] y muy mona, mucho.

DON DIEGO. Tiene un donaire[88] natural que arrebata.[89]

DOÑA IRENE. ¿Qué quiere usted? Criada sin artificio ni embelecos[90] de mundo, contenta de verse otra vez al lado de su madre, y mucho más de considerar tan inmediata su colocación,[91] ¿no es maravilla que cuanto hace y dice sea una gracia, y máxime[92] a los ojos de usted, que tanto se ha empeñado[93] en favorecerla?

DON DIEGO. Quisiera sólo que se explicase libremente acerca de nuestra proyectada unión, y...

DOÑA IRENE. Oiría usted lo mismo que le he dicho ya.

DON DIEGO. Sí, no lo dudo; pero el saber que la merezco alguna inclinación, oyéndoselo decir con aquella boquilla tan graciosa que tiene, sería para mí una satisfacción imponderable.[94]

DOÑA IRENE. No tenga usted sobre ese particular[95] la más leve desconfianza; pero hágase usted cargo de que a una niña no la es lícito decir con ingenuidad[96] lo que siente. Mal parecería, señor don Diego, que una doncella de vergüenza y criada como Dios manda se atreviese a decirle a un hombre: yo le quiero a usted.

DON DIEGO. Bien; si fuese un hombre a quien hallara por casualidad[97] en la calle y de buenas a primeras[98] le espetara[99] ese favor,[100] cierto que la doncella haría muy mal; pero a un hombre con quien ha de casarse dentro de pocos días ya pudiera decirle alguna cosa que...Además, que hay ciertos modos de explicarse.

DOÑA IRENE. Conmigo usa de más franqueza. A cada instante hablamos de usted, y en todo manifiesta el particular cariño que a usted le tiene...¡Con qué juicio hablaba ayer noche después que usted se fue a recoger! No sé lo que hubiera dado porque hubiese podido oírla.

DON DIEGO. Y ¿qué? ¿Hablaba de mí?

DOÑA IRENE. Y qué bien piensa acerca de lo preferible que es para una criatura de sus años un marido de cierta edad, experimentado, maduro y de conducta.[101]...

DON DIEGO. ¡Calle! ¿Eso decía?

DOÑA IRENE. No; esto se lo decía yo, y me escuchaba con una atención como si fuera una mujer de cuarenta años, lo mismo...¡Buenas cosas la dije! Y ella que tiene mucha penetración, aunque me esté mal el decirlo...Pues ¿no da lástima, señor, el ver cómo se

---

[87] graciosa, adorable
[88] gracia, gentileza
[89] conmueve, entusiasma, embriaga
[90] engaños
[91] matrimonio
[92] principalmente
[93] esforzado
[94] impagable
[95] asunto
[96] sinceridad
[97] a...that she happened to meet
[98] de...de repente
[99] dijera, diera
[100] muestra
[101] de...de buena conducta

hacen los matrimonios hoy en el día?[102] Casan a una muchacha de quince años con un arrapiezo[103] de dieciocho, a una de diecisiete con otro de veintidós; ella niña sin juicio ni experiencia, y él niño también, sin asomo de cordura[104] ni conocimiento de lo que es mundo. Pues señor—que es lo que yo digo—, ¿quién ha de gobernar la casa?, ¿quién ha de mandar a los criados?, ¿quién ha de enseñar y corregir a los hijos? Porque sucede también que estos atolondrados[105] de chicos suelen plagarse[106] de criaturas en un instante, que da compasión.

DON DIEGO. Cierto que es un dolor el ver rodeados de hijos a muchos que carecen del talento, de la experiencia y de la virtud que son necesarias para dirigir su educación.

DOÑA IRENE. Lo que sé decirle a usted es que aún no había cumplido los diecinueve cuando me casé de primeras nupcias con mi difunto don Epifanio, que esté en el cielo. Y era un hombre que, mejorando lo presente,[107] no es posible hallarle de más respeto, más caballeroso..., y al mismo tiempo más divertido y decidor.[108] Pues, para servir a usted, ya tenía los cincuenta y seis, muy largos de talle,[109] cuando se casó conmigo.

DON DIEGO. Buena edad...No era un niño, pero...

DOÑA IRENE. Pues a eso voy...Ni a mí podía convenirme en aquel entonces un boquirrubio[110] con los cascos a la jineta[111]...No señor...Y no es decir tampoco que estuviese achacoso[112] ni quebrantado de salud; nada de eso. Sanito estaba, gracias a Dios, como una manzana; ni en su vida conoció otro mal, sino una especie de alferecía[113] que le amagaba[114] de cuando en cuando. Pero luego que nos casamos dio en darle tan a menudo y tan de recio,[115] que a los siete meses me hallé viuda y encinta de una criatura que nació después, y al cabo y al fin se murió de alfombrilla.[116]

DON DIEGO. ¡Oiga!...Mire usted si dejó sucesión el bueno de don Epifanio.

DOÑA IRENE. Sí, señor; pues ¿por qué no?

DON DIEGO. Lo digo porque luego saltan con[117]...Bien que si uno hubiera de hacer caso...¿Y fue niño o niña?

DOÑA IRENE. Un niño muy hermoso. Como una plata era el angelito.

DON DIEGO. Cierto que es consuelo tener así una criatura, y...

DOÑA IRENE. ¡Ay, señor! Dan malos ratos; pero ¿qué importa? Es mucho gusto, mucho.

---

[102] hoy...hoy en día
[103] muchacho sin fortuna
[104] sin...without a bit of common sense
[105] alocados, imprudentes
[106] llenarse
[107] mejorando...present company excluded
[108] conversador agradable
[109] muchos, bastantes
[110] muchacho ingenuo
[111] con...alocado, imprudente
[112] enfermo
[113] enfermedad que produce convulsiones y pérdidas de conocimiento
[114] amenazaba
[115] de...fuerte
[116] escarlatina
[117] saltan...la gente dice que...(estos matrimonios entre hombres maduros y mujeres jóvenes no producen niños)

DON DIEGO. Yo lo creo.

DOÑA IRENE. Sí, señor.

DON DIEGO. Ya se ve que será una delicia y...

DOÑA IRENE. Pues ¿no ha de ser?

DON DIEGO. Un embeleso[118] el verlos juguetear y reír, y acariciarlos y merecer sus fiestecillas inocentes.

DOÑA IRENE. ¡Hijos de mi vida!...Veintidós he tenido en tres matrimonios que llevo hasta ahora, de los cuales sólo esta niña me ha venido a quedar; pero le aseguro a usted que...

Escena V

[SIMÓN, DOÑA IRENE, DON DIEGO]

(Sale Simón por la puerta del foro).

SIMÓN. Señor, el mayoral está esperando.

DON DIEGO. Dile que voy allá...¡Ah!, tráeme primero el sombrero y el bastón, que quisiera dar una vuelta por el campo. [*Entra Simón al cuarto de don Diego, saca un sombrero, y un bastón, se los da a su amo y al fin de la escena se va con él por la puerta del foro.*] Conque supongo que mañana tempranito saldremos.

DOÑA IRENE. No hay dificultad. A la hora que a usted le parezca.

DON DIEGO. A eso de las seis, ¿eh?

DOÑA IRENE. Muy bien.

DON DIEGO. El sol nos da de espaldas...Le diré que venga una media hora antes.

DOÑA IRENE. Sí, que hay mil chismes[119] que acomodar.[120]

Escena VI

[DOÑA IRENE, RITA]

DOÑA IRENE. ¡Válgame Dios! Ahora que me acuerdo...¡Rita!...Me le habrán dejado morir. ¡Rita!

RITA. Señora.

[*Sacará Rita unas sábanas y almohadas debajo del brazo.*]

DOÑA IRENE. ¿Qué has hecho del tordo?[121] ¿Le diste de comer?

RITA. Sí, señora. Más ha comido que un avestruz.[122] Ahí le puse en la ventana del pasillo.

DOÑA IRENE. ¿Hiciste las camas?

RITA. La de usted ya está. Voy a hacer esotras[123] antes que anochezca, porque si no, como no hay más alumbrado que el del candil,[124] y no tiene garabato,[125] me veo perdida.

DOÑA IRENE. Y aquella chica, ¿qué hace?

RITA. Está desmenuzando[126] un bizcocho para dar de cenar a don Periquito.[127]

DOÑA IRENE. ¡Qué pereza tengo de

---

[118] encanto
[119] stuff, trinkets, odds and ends
[120] take care of, arrange
[121] thrush (kind of bird)
[122] ostrich

[123] esas otras
[124] oil lamp
[125] gancho de varias puntas
[126] rompiendo en pedacitos
[127] es decir, el pájaro

escribir! [*Se levanta y se entra en su cuarto.*] Pero es preciso, que estará con mucho cuidado la pobre Circuncisión.

RITA. ¡Qué chapucerías![128] No ha dos horas, como quien dice, que

salimos de allá, y ya empiezan a ir y venir correos. ¡Qué poco me gustan a mí las mujeres gazmoñas[129] y zalameras![130]

[*Éntrase en el cuarto de doña Francisca.*]

Escena VII

[CALAMOCHA]

[*Sale por la puerta del foro con unas maletas, látigo y botas; lo deja todo sobre la mesa y se sienta en el banco.*]

CALAMOCHA. ¡Conque ha de ser el número tres! Vaya en gracia[131]...Ya, ya conozco el tal número tres. Colección de bichos más abundante no la tiene el Gabinete de Historia Natural...Miedo me da de entrar...¡Ay, ay!...¡Y qué agujetas![132] Estas sí que son agujetas...Paciencia, pobre

Calamocha, paciencia...Y gracias a que los caballitos dijeron: no podemos más, que, si no, por esta vez no veía yo el número tres ni las plagas de Faraón[133] que tiene dentro...En fin, como los animales, amanezan vivos, no será poco[134]...Reventados están...¡Oiga!...¿Seguidillitas.[135]...Y no canta mal...Vaya, aventura[136] tenemos...¡Ay, qué desvencijado estoy!

[*Canta Rita desde adentro, Calamocha se levanta desperezándose.*[137]]

Escena VIII

[RITA, CALAMOCHA]

RITA. Mejor es cerrar, no sea que nos alivien[138] de ropa, y...[*Forcejeando para echar la llave.*] Pues cierto que está bien acondicionada la llave.[139]

CALAMOCHA. ¿Gusta usted de que eche una mano, mi vida?

RITA. Gracias, mi alma.

CALAMOCHA. ¡Calle!...¡Rita!

RITA. ¡Calamocha!

CALAMOCHA. ¿Qué hallazgo es éste?

RITA. ¿Y tu amo?

CALAMOCHA. Los dos acabamos de llegar.

RITA. ¿De veras?

---

[128] phoniness
[129] **hipócritas**
[130] **muy aduladoras**
[131] **Vaya...**That's amusing
[132] jabs, stings
[133] **alusión a la historia bíblica. Dios mandó diez plagas a los egipcios, entre ellas, la de mosquitos, la de ranas, la de tábanos y la de langostas.**

[134] **como...**if the animals wake up alive, it will be no little thing
[135] **tipo de canción popular**
[136] **aventura amorosa**
[137] shaking off his laziness
[138] **alivien...roben**
[139] Of course, the key really works well. (sarcastic)

CALAMOCHA. No, que es chanza.[140] Apenas recibió la carta de doña Paquita yo no sé adónde fue, ni con quién habló, ni cómo lo dispuso; sólo sé decirte que aquella tarde salimos de Zaragoza. Hemos venido como dos centellas[141] por ese camino. Llegamos esta mañana a Guadalajara, y a las primeras diligencias nos hallamos con que los pájaros volaron ya.[142] A caballo otra vez, y vuelta a correr y a sudar y a dar chasquidos[143]...En suma, molidos[144] los rocines y nosotros a medio moler, hemos parado aquí con ánimo de salir mañana...Mi teniente se ha ido al Colegio Mayor[145] a ver a un amigo mientras se dispone algo que cenar...Ésta es la historia.

RITA. ¿Conque le tenemos aquí?

CALAMOCHA. Y enamorado más que nunca, celoso, amenazando vidas..., aventurado a quitar el hipo[146] a cuantos le disputen la posesión de su Currita[147] idolatrada.

RITA. ¿Qué dices?

CALAMOCHA. Ni más ni menos.[148]

RITA. ¡Qué gusto me das!...Ahora sí se conoce que la tiene amor.

CALAMOCHA. ¿Amor? ¡Friolera![149]...El moro Gazul fue para con él un pelele, Medoro un zascandil y Gaiferos un chiquillo de la doctrina.[150]

RITA. ¡Ay, cuando la señorita lo sepa!

CALAMOCHA. Pero acabemos. ¿Cómo te hallo aquí? ¿Con quién estás? ¿Cuándo llegaste? ¿Qué...?

RITA. Yo te lo diré. La madre de doña Paquita dio en[151] escribir cartas y más cartas diciendo que tenía concertado su casamiento en Madrid con un caballero rico, honrado, bienquisto,[152] en suma, cabal[153] y perfecto, que no había más que apetecer. Acosada[154] la señorita con tales propuestas y angustiada incesantemente con los sermones de aquella bendita monja, se vio en la necesidad de responder que estaba pronta a todo lo que la mandasen...Pero no te puedo ponderar cuánto lloró la pobrecita, qué afligida estuvo. Ni quería comer, ni podía dormir..., y al mismo tiempo era preciso disimular para que su tía no sospechara la verdad del caso. Ello es que cuando, pasado el primer susto, hubo lugar de discurrir[155] escapatorias y arbitrios, no[156] hallamos otro que el de avisar a tu amo, esperando que, si era su cariño tan verdadero y de buena ley[157] como nos había

---

[140]**broma** (sarcastic)
[141]flashes of light
[142]**los...**they flew the coop
[143]**dar...**crack the whip
[144]**exhaustos**
[145]**residencia universitaria** (Una de las universidades más antiguas de España se encuentra en Alcalá de Henares.)
[146]**quitar...**asustar, acobardar
[147]**apodo de Francisca**
[148]**exactamente.**
[149]That's putting it mildly!
[150]**Personajes de los antiguos romances y leyendas. Los tres eran conocidos por su**
gran pasión. Calamocha está diciendo que en comparación con su amo, estos tres héroes legendarios parecen un pelele (muñeco de trapos), un zascandil (hombre muy entremetido) o un chiquillo de la doctrina (muchacho que aprende las primeras letras).
[151]**dio...**tomó la manía de
[152]**estimado**
[153]**honrado**
[154]**atormentada**
[155]**imaginar**
[156]**medios** (para salir de la situación)
[157]**de...**de buenas condiciones, verdadera

ponderado,[158] no consentiría que su pobre Paquita pasara a manos de un desconocido y se perdiesen para siempre tantas caricias, tantas lágrimas y tantos suspiros estrellados en las tapias[159] del corral. Apenas partió la carta a su destino, cata[160] el coche de colleras[161] y el mayoral Gasparet con sus medias azules, y la madre y el novio que vienen por ella; recogimos a toda prisa nuestros miriñaques,[162] se atan los cofres, nos despedimos de aquellas buenas mujeres, y en dos latigazos llegamos antes de ayer a Alcalá. La detención ha sido para que la señorita visite a otra tía monja que tiene aquí, tan arrugada y tan sorda como la que dejamos allá. Ya la ha visto, ya la han besado bastante una por una todas las religiosas, y creo que mañana temprano saldremos. Por esta casualidad[163] nos...

CALAMOCHA. Sí. No digas más...Pero...¿Conque el novio está en la posada?

RITA. Ese es su cuarto [*Señalando el cuarto de don Diego, el de doña Irene y el de doña Francisca*], éste el de la madre y aquél el nuestro.

CALAMOCHA. ¿Cómo nuestro? ¿Tuyo y mío?

RITA. No, por cierto. Aquí dormiremos esta noche la señorita y yo, porque ayer, metidas las tres en ése de enfrente, ni cabíamos de pie, ni pudimos dormir un instante, ni respirar siquiera.

CALAMOCHA. Bien...Adiós. [*Recoge los trastos que puso sobre la mesa en ademán de irse.*]

RITA. Y ¿adónde?

CALAMOCHA. Yo me entiendo...Pero el novio, ¿trae consigo criados, amigos o deudos[164] que le quiten la primera zambullida[165] que le amenaza?

RITA. Un criado viene con él.

CALAMOCHA. ¡Poca cosa!...Mira, dile en caridad que se disponga, porque está de peligro. Adiós.

RITA. ¿Y volverás presto?

CALAMOCHA. Se supone. Estas cosas piden diligencia, y aunque apenas puedo moverme, es necesario que mi teniente deje la visita y venga a cuidar de su hacienda, disponer el entierro de ese hombre y...Conque ése es nuestro cuarto, ¿eh?

RITA. Sí. De la señorita y mío.

CALAMOCHA. ¡Bribona!

RITA. ¡Botarate![166] Adiós.

CALAMOCHA. Adiós, aborrecida. [*Entra con los trastos al cuarto de don Carlos.*]

Escena IX

[DOÑA FRANCISCA, RITA]

RITA. ¡Qué malo es!...Pero... ¡Válgame Dios! ¡Don Félix aquí!

Sí, la quiere, bien se conoce...[*Sale Calamocha del cuarto de don Carlos y se va por la puerta del foro.*] ¡Oh!, por más que digan, los hay muy

---

[158] **dicho, celebrado**
[159] **pared de tierra**
[160] **off goes**
[161] **coche tirado por mulas aparejadas con colleras**
[162] stuff
[163] **circunstancia imprevista o inesperada**
[164] **parientes**
[165] thrust (of the sword)
[166] **bobo, tonto**

finos,[167] y entonces ¿qué ha de hacer una?...Quererlos, no tiene remedio, quererlos...Pero qué dirá la señorita cuando le vea, que está ciega por él? ¡Pobrecita! Pues, ¿no sería una lástima que...? Ella es. [*Sale doña Francisca.*]

DOÑA FRANCISCA. ¡Ay, Rita!

RITA. ¿Qué es esto? ¿Ha llorado usted?

DOÑA FRANCISCA. Pues, ¿no he de llorar? Si vieras mi madre... Empeñada está en que he de querer mucho a ese hombre...Si ella supiera lo que sabes tú, no me mandaría cosas imposibles...Y que es tan bueno, y que es rico, y que me irá tan bien con el...Se ha enfadado tanto, y me ha llamado picarona, inobediente...¡Pobre de mí! Porque no miento ni sé fingir, por eso me llaman picarona.

RITA. Señorita, por Dios, no se aflija usted.

DOÑA FRANCISCA. Ya, como tú no la has oído...Y dice que don Diego se queja de que yo no le digo nada...Harto le digo, y bien he procurado hasta ahora mostrarme contenta delante de él, que no lo estoy por cierto, y reírme y hablar niñerías...Y todo por dar gusto a mi madre, que si no...Pero bien sabe la Virgen que no me sale del corazón.

RITA. Vaya, vamos, que no hay motivos todavía para tanta angustia...¿Quién sabe?...¿No se acuerda usted ya de aquel día de asueto[168] que tuvimos el año pasado en la casa de campo del intendente?[169]

DOÑA FRANCISCA. ¡Ay! ¿Cómo puedo olvidarlo?...Pero, ¿qué me vas a contar?

RITA. Quiero decir que aquel caballero que vimos allí con aquella cruz verde,[170] tan galán, tan fino...

DOÑA FRANCISCA. ¡Qué rodeos!...Don Félix. ¿Y qué?

RITA. Que nos fue acompañando hasta la ciudad...

DOÑA FRANCISCA. Y bien...Y luego volvió y le vi, por mi desgracia, muchas veces...mal aconsejada de ti.

RITA. ¿Por qué, señora? ¿A quién dimos escándalo? Hasta ahora nadie lo ha sospechado en el convento. El no entró jamás por las puertas, y cuando de noche hablaba con usted mediaba entre los dos una distancia tan grande, que usted la maldijo no pocas veces...Pero esto no es del caso. Lo que voy a decir es que un amante[171] como aquél no es posible que se olvide tan presto de su querida Paquita...Mire usted que todo cuanto hemos leído a hurtadillas[172] en las novelas no equivale a lo que hemos visto en él...¿Se acuerda usted de aquellas tres palmadas que se oían entre once y doce de la noche, de aquella sonora[173] punteada con tanta delicadeza y expresión?

DOÑA FRANCISCA. ¡Ay, Rita! Sí, de todo me acuerdo, y mientras viva

---

[167]**los...**there are some good ones (men) around

[168]**vacación corta**

[169]**oficial de alto rango**

[170]**insignia de la orden militar de los caballeros de Alcántara**

[171]**enamorado**

[172]on the sly (Novels were considered frivolous and harmful. Young girls of an impressionable age were discouraged from reading them.)

[173]**instrumento musical de cuerda**

conservaré la memoria...Pero está ausente..., y entretenido acaso con nuevos amores.

RITA. Eso no lo puedo yo creer.

DOÑA FRANCISCA. Es hombre al fin, y todos ellos...

RITA. ¡Qué bobería! Desengáñese usted, señorita. Con los hombres y las mujeres sucede lo mismo que con los melones de Añover.[174] Hay de todo; la dificultad está en saber escogerlos. El que se lleve chasco[175] en la elección, quéjese de su mala suerte; pero no desacredite la mercancía...Hay hombres muy embusteros,[176] muy picarones; pero no es creíble que lo sea el que ha dado pruebas tan repetidas de perseverancia y de amor. Tres meses duró el terrero[177] y la conversación a oscuras, y en todo aquel tiempo bien sabe usted que no vimos en él una acción descompuesta,[178] ni oímos de su boca una palabra indecente ni atrevida.

DOÑA FRANCISCA. Es verdad. Por eso le quise tanto, por eso le tengo tan fijo aquí..., aquí...[*Señalando el pecho.*] ¿Qué habrá dicho al ver la carta?...¡Oh! Yo bien sé lo que habrá dicho...: ¡Válgate Dios! ¡Es lástima! Cierto. ¡Pobre Paquita!...Y se acabó...No habrá dicho más...Nada más.

RITA. No, señora; no ha dicho eso.

DOÑA FRANCISCA. ¿Qué sabes tú?

RITA. Bien lo sé. Apenas haya leído la carta se habrá puesto en camino, y vendrá volando a consolar a su amiga...Pero... [*Acercándose a la puerta del cuarto de doña Irene.*]

DOÑA FRANCISCA. ¿Adónde vas?

RITA. Quiero ver si...

DOÑA FRANCISCA. Está escribiendo.

RITA. Pues ya presto habrá de dejarlo, que empieza a anochecer...Señorita, lo que la he dicho a usted es la verdad pura. Don Félix está ya en Alcalá.

DOÑA FRANCISCA. ¿Qué dices? No me engañes.

RITA. Aquél es su cuarto...Calamocha acaba de hablar conmigo.

DOÑA FRANCISCA. ¿De veras?

RITA. Sí, señora...Y le ha ido a buscar para...

DOÑA FRANCISCA. ¿Conque me quiere?...¡Ay, Rita! Mira tú si hicimos bien de avisarle...Pero, ¿ves qué fineza?[179]...¿Si vendrá bueno?...¡Correr tantas leguas sólo por verme..., porque yo se lo mando...¡Qué agradecida le debo estar!...¡Oh! Yo le prometo que no se quejará de mí. Para siempre agradecimiento y amor.

RITA. Voy a traer luces. Procuraré detenerme por allá abajo hasta que vuelvan...Veré lo que dice y qué piensa hacer, porque, hallándonos todos aquí, pudiera haber una de Satanás[180] entre la madre, la hija, el novio y el amante, y si no ensayamos bien esta contradanza, nos hemos de perder en ella.[181]

DOÑA FRANCISCA. Dices bien...Pero no; él tiene resolución y talento, y

---

[174]**pueblo de la provincia de Toledo**
[175]**se**...is disappointed
[176]deceitful
[177]courting
[178]**indecorosa**
[179]**prueba de amor**

[180]**una**...a real mess
[181]**si**...if we don't do this just right, we could get ourselves into a real jam. (The **contradanza** was an eighteenth-century dance in which eight or more people participated.)

sabrá determinar lo más conveniente...Y ¿cómo has de avisarme?...Mira que así que llegue le quiero ver.

RITA. No hay que dar cuidado. Yo le traeré por acá, y en dándome aquella tosecilla seca.[182]...¿Me entiende usted?

DOÑA FRANCISCA. Sí; bien.

RITA. Pues entonces no hay más que salir con cualquiera excusa. Yo me quedaré con la señora mayor; la hablaré de todos sus maridos y de sus concuñados[183] y del obispo que murió en el mar...Además, que si está allí don Diego...

DOÑA FRANCISCA. Bien, anda; y así que llegue...

RITA. Al instante.

DOÑA FRANCISCA. Que no se te olvide toser.

RITA. No haya miedo.

DOÑA FRANCISCA. ¡Si vieras qué consolada estoy!

RITA. Sin que usted lo jure, lo creo.

DOÑA FRANCISCA. ¿Te acuerdas cuando me decía que era imposible apartarme de su memoria, que no habría peligros que le detuvieran, ni dificultades que no atropellara por mí?

RITA. Sí; bien me acuerdo.

DOÑA FRANCISCA. ¡Ah!...Pues mira cómo me dijo la verdad.

[*Doña Francisca se va al cuarto de doña Irene. Rita, por la puerta del foro.*]

ACTO SEGUNDO

Escena I

[*Se irá oscureciendo lentamente el teatro, hasta que al principio de la escena tercera vuelva a iluminarse.*]

[DOÑA FRANCISCA]

DOÑA FRANCISCA. Nadie parece[1] aún [*Acercándose a la puerta del foro y vuelve.*]...¡Qué impaciencia tengo!...Y dice mi madre que soy una simple, que sólo pienso en jugar y reír, y que no sé lo que es amor...Sí; diecisiete años, y no cumplidos; pero ya sé lo que es querer bien, y la inquietud y las lágrimas que cuesta.

Escena II

[DOÑA IRENE, DOÑA FRANCISCA]

DOÑA IRENE. Sola y a oscuras me habéis dejado allí.

DOÑA FRANCISCA. Como estaba usted acabando su carta, mamá, por no estorbarla[2] me he venido aquí, que está mucho más fresco.

DOÑA IRENE. Pero aquella muchacha, ¿qué hace que no trae una luz? Para cualquiera cosa se está un año...Y yo que tengo un genio como una pólvora[3]...(*Se sienta.*) Sea todo por Dios...Y don Diego, ¿no ha venido?

DOÑA FRANCISCA. Me parece que no.

---

[182]**y**...and when I give you the signal with that dry little cough
[183]**hermanos de los cuñados**

[1]**aparece**
[2]**molestarla**
[3]**como**...ready to explode

DOÑA IRENE. Pues cuenta, niña, con[4] lo que te he dicho ya. Y mira que no gusto de repetir una cosa dos veces. Este caballero está sentido, y con muchísima razón...

DOÑA FRANCISCA. Bien, sí señora; ya lo sé. No me riña usted más.

DOÑA IRENE. No es esto reñirte, hija mía; esto es aconsejarte. Porque, como tú no tienes conocimiento para considerar el bien que se nos ha entrado por las puertas...Y lo atrasada[5] que me coge, que yo no sé lo que hubiera sido de tu pobre madre...Siempre cayendo y levantando..., médicos, botica...Que se dejaba pedir aquel caribe[6] de don Bruno—Dios le haya coronado de gloria—los veinte y los treinta reales[7] por cada papelillo de píldoras de coloquíntida y asafétida[8]...Mira que un casamiento como el que vas a hacer muy pocas le consiguen. Bien que a las oraciones[9] de tus tías, que son unas bienaventuradas,[10] debemos agradecer esta fortuna, y no a tus méritos ni a mi diligencia...¿Qué dices?

DOÑA FRANCISCA. Yo nada, mamá.

DOÑA IRENE. Pues nunca dices nada. ¡Válgame Dios, señor!...En hablándote de esto, no te ocurre nada que decir.

Escena III

[RITA, DOÑA IRENE, DOÑA FRANCISCA]

[*Sale RITA por la puerta del foro con luces y las pone encima de la mesa.*]

DOÑA IRENE. Vaya, mujer; yo pensé que en toda la noche no venías.

RITA. Señora, he tardado porque han tenido que ir a comprar las velas. Como el tufo del velón[11] la hace a usted tanto daño.

DOÑA IRENE. Seguro que me hace muchísimo mal, con esta jaqueca[12] que padezco...Los parches de alcanfor[13] al cabo tuve que quitármelos; si no me sirvieron de nada. Con las obleas[14] me parece que me va mejor...Mira, deja una luz ahí y llévate la otra a mi cuarto, y corre la cortina, no se me llene todo de mosquitos.

RITA. Muy bien. [*Toma una luz y hace que se va.*]

DOÑA FRANCISCA. ¿No ha venido? [*Aparte.*]

RITA. Vendrá.

DOÑA IRENE. Oyes, aquella carta que está sobre la mesa, dásela al mozo de la posada para que la lleve al instante al correo...[*Vase Rita al cuarto de doña Irene.*] Y tú, niña, ¿qué has de cenar? Porque será menester[15] recogernos[16] presto para salir mañana de madrugada.

---

[4]cuenta...presta atención a
[5]es decir, atrasada con las deudas (Doña Irene debe mucho dinero.)
[6]hombre cruel
[7]moneda de la época
[8]plantas medicinales
[9]rezos
[10]santas, benditas
[11]lámpara de aceite
[12]dolor de cabeza
[13]parches...camphor plasters
[14]hojas delgadas de masa de harina y agua que sirven para envolver un medicamento
[15]necesario
[16]acostarnos

DOÑA FRANCISCA. Como las monjas me hicieron merendar...

DOÑA IRENE. Con todo eso[17]...Siquiera[18] unas sopas del puchero[19] para el abrigo del estómago[20]...[*Sale Rita con una carta en la mano y hasta el fin de la escena hace que se va y vuelve, según lo indica el diálogo.*] Mira, has de calentar el caldo que apartamos al mediodía, y haznos un par de tazas de sopas, y tráetelas luego que estén.[21]

RITA. ¿Y nada más?

DOÑA IRENE. No; nada más...¡Ah!, y házmelas bien caldositas.[22]

RITA. Sí; ya lo sé.

DOÑA IRENE. Rita.

RITA. Otra. ¿Qué manda usted?

DOÑA IRENE. Encarga mucho al mozo que lleve la carta al instante. Pero, no señor; mejor es...No quiero que la lleve él, que son unos borrachones, que no se les puede...Has de decir a Simón que digo yo que me haga el gusto de echarla en el correo. ¿Lo entiendes?

RITA. Sí, señora.

DOÑA IRENE. ¡Ah!, mira.

RITA. Otra.

DOÑA IRENE. Bien que ahora no corre prisa...Es menester que luego me saques de ahí al tordo y colgarle por aquí, de modo que no se caiga y se me lastime...[*Se va Rita por la puerta del foro.*] ¡Qué noche tan mala me dio!...¡Pues no se estuvo el animal toda la noche de Dios rezando el Gloria Patri[23] y la oración del Santo Sudario![24]... ello por otra parte edificaba, cierto...Pero cuando se trata de dormir...

Escena IV

[DOÑA IRENE, DOÑA FRANCISCA]

DOÑA IRENE. Pues mucho será que don Diego no haya tenido algún encuentro por ahí y eso le detenga...Cierto que es un señor muy mirado,[25] muy puntual...¡Tan buen cristiano! ¡Tan atento! ¡Tan bien hablado! ¡Y con qué garbo[26] y generosidad se porta!...Ya se ve, un sujeto de bienes y de posibles[27]...¡Y qué casa tiene! Como un ascua[28] de oro la tiene...Es mucho aquello. ¡Qué ropa blanca! ¡Qué batería[29] de cocina! ¡Y qué despensa, llena de cuanto Dios crió!...Pero, tú no parece que atiendas a lo que estoy diciendo.

DOÑA FRANCISCA. Sí, señora, bien lo oigo; pero no la quería interrumpir a usted.

DOÑA IRENE. Allí estarás, hija mía, como el pez en el agua; pajaritas del aire que apetecieras las tendrías, porque, como él te quiere tanto y es un caballero tan de bien y tan temeroso de

---

[17] **Con...**Even so
[18] **Por lo menos**
[19] pot
[20] a little nourishment
[21] **luego...tan pronto como estén listas**
[22] nice and full of broth
[23] **Gloria al Padre**

[24] **Santo...**Holy Shroud (that covered Jesus when he was buried)
[25] **cumplido**
[26] **gentileza**
[27] **un...una persona con propiedad y dinero**
[28] flicker
[29] **equipo**

Dios...Pero mira, Francisquita, que me cansa de veras el que siempre que te hablo de esto hayas dado en la flor de[30] no responderme palabra...¡Pues no es cosa particular, señor![31]

DOÑA FRANCISCA. Mamá, no se enfade usted.

DOÑA IRENE. No es buen empeño de...¿Y te parece a ti que no sé yo muy bien de dónde viene todo eso?...¿No ves que conozco las locuras que se te han metido en esa cabeza de chorlito?[32]... Perdóneme Dios.

DOÑA FRANCISCA. Pero...Pues ¿qué sabe usted?

DOÑA IRENE. Me quieres engañar a mí, ¿eh? ¡Ay, hija!...He vivido mucho y tengo yo mucha trastienda[33] y mucha penetración para que tú me engañes.

DOÑA FRANCISCA. [Aparte.] ¡Perdida soy!

DOÑA IRENE. Sin contar con su madre...Como si tal madre no tuviera...Yo te aseguro que, aunque no hubiera sido con esta ocasión, de todos modos era ya necesario sacarte del convento. Aunque hubiera tenido que ir a pie y sola por ese camino, te hubiera sacado de allí...¡Mire usted qué juicio de niña éste! Que porque ha vivido un poco de tiempo entre monjas, ya se la puso en la cabeza el ser ella monja también...Ni qué entiende ella de eso, ni qué...En todos los estados[34] se sirve a Dios, Frasquita;[35] pero el complacer a su madre, asistirla, acompañarla y ser el consuelo de sus trabajos, ésa es la primera obligación de una hija obediente. Y sépalo usted, si no lo sabe.

DOÑA FRANCISCA. Es verdad, mamá...Pero yo nunca he pensado abandonarla a usted.

DOÑA IRENE. Sí; que no sé yo...

DOÑA FRANCISCA. No, señora. Créame usted. La Paquita nunca se apartará de su madre, ni la dará disgustos.

DOÑA IRENE. Mira si es cierto lo que dices.

DOÑA FRANCISCA. Sí, señora; que yo no sé mentir.

DOÑA IRENE. Pues, hija, ya sabes lo que te he dicho. Ya ves lo que pierdes, y la pesadumbre que me darás si no te portas en todo como corresponde...Cuidado con ello.

DOÑA FRANCISCA. ¡Pobre de mí! [Aparte.]

Escena V

[DON DIEGO, DOÑA IRENE, DOÑA FRANCISCA]

[Sale don Diego por la puerta del foro y deja sobre la mesa sombrero y bastón.]

DOÑA IRENE. Pues ¿cómo tan tarde?

DON DIEGO. Apenas salí, tropecé con el padre guardián de San Diego y el doctor Padilla, y hasta que me han hartado bien de chocolate y bollos no me han querido soltar...[Se sienta junto a doña Irene.] Y a todo esto, ¿cómo va?

DOÑA IRENE. Muy bien.

DON DIEGO. ¿Y doña Paquita?

---

[30] **hayas...te obstines en**
[31] **Pues...**It's really very peculiar
[32] **de poco juicio**

[33] **experiencia**
[34] states, that is, married, single, nun, etc.
[35] **Francisquita**

DOÑA IRENE. Doña Paquita, siempre acordándose de sus monjas. Ya le digo que es tiempo de mudar de bisiesto[36] y pensar sólo en dar gusto a su madre y obedecerla.

DON DIEGO. ¡Qué diantre![37] ¿Conque tanto se acuerda de...?

DOÑA IRENE. ¿Qué se admira[38] usted? Son niñas...No saben lo que quieren ni lo que aborrecen...En una edad así, tan...

DON DIEGO. No, poco a poco; eso no. Precisamente en esa edad son las pasiones algo más enérgicas y decisivas que en la nuestra, y por cuanto la razón se halla todavía imperfecta[39] y débil, los ímpetus del corazón son mucho más violentos...[*Asiendo*[40] *de una mano a doña Francisca, la hace sentar inmediata a él.*] Pero, de veras, doña Francisca, ¿se volvería usted al convento de buena gana?...La verdad.

DOÑA IRENE. Pero si ella no...

DON DIEGO. Déjela usted, señora, que ella responderá.

DOÑA FRANCISCA. Bien sabe usted lo que acabo de decirla...No permita Dios que yo la dé que sentir.[41]

DON DIEGO. Pero eso lo dice usted tan afligida y...

DOÑA IRENE. Si es natural, señor. ¿No ve usted que...?

DON DIEGO. Calle usted, por Dios, doña Irene, y no me diga usted a mí lo que es natural. Lo que es natural es que la chica esté llena de miedo y no se atreva a decir una palabra que se oponga a lo que su madre quiere que diga...Pero, si esto hubiese, por vida mía que estábamos lucidos.[42]

DOÑA FRANCISCA. No, señor; lo que dice su merced, eso digo yo. Lo mismo. Porque en todo lo que me manda la obedeceré.

DON DIEGO. ¡Mandar, hija mía!...En estas materias tan delicadas los padres que tienen juicio no mandan. Insinúan, proponen, aconsejan; eso sí, todo eso sí; ¡pero mandar!...¿Y quién ha de evitar después las resultas funestas[43] de lo que mandaron?...Pues ¡cuántas veces vemos matrimonios infelices, uniones monstruosas, verificadas solamente porque un padre tonto se metió a mandar lo que no debiera!...¡Cuántas veces una desdichada mujer halla anticipada la muerte en el encierro de un claustro, porque su madre o su tío se empeñaron en regalar a Dios lo que Dios no quería!...¡Eh! No señor, eso no va bien...Mire usted, doña Paquita, yo no soy de aquellos hombres que se disimulan los defectos. Yo sé que ni mi figura ni mi edad son para enamorar perdidamente a nadie; pero tampoco he creído imposible que una muchacha de juicio y bien criada llegase a quererme con aquel amor tranquilo y constante que tanto se parece a la amistad y es el único que puede hacer los matrimonios felices. Para conseguirlo, no he ido a buscar ninguna hija de familia, de estas que viven en una decente

---

[36] **mudar...cambiar de idea**
[37] **diablo**
[38] **sorprende**
[39] **sin desarrollarse completamente**
[40] grasping, seizing

[41] **que...**that I should give you any cause for regrets
[42] **estábamos...**we'd be really smart (sarcastic)
[43] **desastrosas**

libertad...Decente, que yo no culpo lo que no se opone al ejercicio de la virtud. Pero ¿cuál sería entre todas ellas la que no estuviese ya prevenida en favor de otro amante más apetecible que yo?...Y en Madrid, ¡figúrese usted en un Madrid!...Lleno de estas ideas, me pareció que tal vez hallaría en usted todo cuanto yo deseaba...

DOÑA IRENE. Y puede usted creer, señor don Diego, que...

DON DIEGO. Voy a acabar, señora; déjeme usted acabar. Yo me hago cargo, querida Paquita, de lo que habrán influido en una niña tan bien inclinada como usted las santas costumbres que he visto practicar en aquel inocente asilo de la devoción y la virtud; pero si, a pesar de todo esto, la imaginación acalorada, las circunstancias imprevistas, la hubiesen hecho elegir sujeto más digno, sepa usted que yo no quiero nada con violencia. Yo soy ingenuo;[44] mi corazón y mi lengua no se contradicen jamás. Esto mismo la pido a usted, Paquita: sinceridad. El cariño que a usted la tengo no la debe hacer infeliz...Su madre de usted no es capaz de querer una injusticia, y sabe que a nadie se le hace dichoso por fuerza. Si usted no halla en mí prendas que la inclinen, si siente algún otro cuidadillo[45] en su corazón, créame usted, la menor disimulación en

esto nos daría a todos muchísimo que sentir.

DOÑA IRENE. ¿Puedo hablar ya, señor?

DON DIEGO. Ella, ella debe hablar, y sin apuntador y sin intérprete.

DOÑA IRENE. Cuando yo se lo mande.

DON DIEGO. Pues ya puede usted mandárselo, porque a ella le toca responder...Con ella he de casarme, con usted no.

DOÑA IRENE. Yo creo, señor don Diego, que ni con ella ni conmigo. ¿En qué concepto nos tiene usted?...Bien dice su padrino y bien claro me lo escribió pocos días ha, cuando le di parte de este casamiento, que aunque no la ha vuelto a ver desde que la tuvo en la pila, la quiere muchísimo, y a cuantos pasan por el Burgo de Osma[46] les pregunta cómo está, y continuamente nos envía memorias con el ordinario.[47]

DON DIEGO. Y bien, señora, ¿qué escribió el padrino?...O por mejor decir, ¿qué tiene que ver nada de eso con lo que estamos hablando?

DOÑA IRENE. Sí señor que tiene que ver, sí señor. Y aunque yo lo diga, le aseguro a usted que ni un padre de Atocha[48] hubiera puesto una carta mejor que la que él me envió sobre el matrimonio de la niña...Y no es ningún catedrático, ni bachiller, ni nada de eso, sino un cualquiera, como quien dice, un hombre de capa y espada[49] con un empleíllo infeliz en el ramo del viento,[50] que apenas le da para

---

[44] sincero, sin engaño
[45] pequeña preocupación
[46] pueblo de la provincia de Soria
[47] delivery man who carries messages between villages
[48] del convento dominico anejo a la basílica de

Atocha, en Madrid
[49] un...es decir, que no tiene títulos académicos
[50] ramo...impuesto pagado por los comerciantes forasteros para poder vender en ciertas poblaciones

comer...Pero es muy ladino[51] y sabe de todo, y tiene una labia[52] y escribe que da gusto...Cuasi[53] toda la carta venía en latín, que no le parezca a usted, y muy buenos consejos que me daba en ella...Que no es posible sino que adivinase lo que nos está sucediendo.

DON DIEGO. Pero, señora, si no sucede nada, ni hay cosa que a usted la deba disgustar...

DOÑA IRENE. Pues ¿no quiere usted que me disguste, oyéndole hablar de mi hija en unos términos que...? ¡Ella otros amores ni otros cuidados!...Pues si tal hubiera...¡válgame Dios!..., la mataba a golpes, mire usted...Respóndele, una vez que[54] quiere que hables y que yo no chiste. Cuéntale los novios que dejaste en Madrid cuando tenías doce años, y los que has adquirido en el convento, al lado de aquella santa mujer. Díselo para que se tranquilice y...

DON DIEGO. Yo, señora, estoy más tranquilo que usted.

DOÑA IRENE. Respóndele.

DOÑA FRANCISCA. Yo no sé qué decir. Si ustedes se enfadan.

DON DIEGO. No, hija mía. Esto es dar alguna expresión a lo que se dice; pero enfadarnos no, por cierto. Doña Irene sabe lo que yo la estimo.

DOÑA IRENE. Sí señor que lo sé, y estoy sumamente agradecida a los favores que usted nos hace...Por eso mismo...

DON DIEGO. No se hable de agradecimiento; cuanto yo puedo decir, todo es poco...Quiero sólo que doña Paquita esté contenta.

DOÑA IRENE. ¿Pues no ha de estarlo?...Responde.

DOÑA FRANCISCA. Sí señor que lo estoy.

DON DIEGO. Y que la mudanza de estado que se la previene no la cuesta el menor sentimiento.

DOÑA IRENE. No señor; todo al contrario...Boda más a gusto de todos no se pudiera imaginar.

DON DIEGO. En esa inteligencia, puedo asegurarla que no tendrá motivos de arrepentirse después. En nuestra compañía vivirá querida y adorada, y espero que a fuerza de beneficios he de merecer su estimación y su amistad.

DOÑA FRANCISCA. Gracias, señor don Diego...¡A una huérfana, pobre, desvalida como yo...!

DON DIEGO. Pero de prendas tan estimables que la hacen a usted digna todavía de mayor fortuna.

DOÑA IRENE. Ven aquí, ven...Ven aquí, Paquita.

DOÑA FRANCISCA. Mamá. [*Se levanta doña Francisca, abraza a su madre y se acarician mutuamente.*]

DOÑA IRENE. ¿Ves lo que te quiero?

DOÑA FRANCISCA. Sí, señora.

DOÑA IRENE. ¿Y cuánto procuro tu bien, que no tengo otro pío[55] sino el de verte colocada antes que yo falte?

DOÑA FRANCISCA. Bien lo conozco.

DOÑA IRENE. ¡Hija de mi vida!...¿Has de ser buena?

DOÑA FRANCISCA. Sí, señora.

---

[51] listo, despierto
[52] modo de hablar persuasivo
[53] casi

[54] una...puesto que
[55] deseo

DOÑA IRENE. ¡Ay, que no sabes tú lo que te quiere tu madre!

DOÑA FRANCISCA. Pues ¿qué? ¿No la quiero yo a usted?

DON DIEGO. Vamos, vamos de aquí [*Se levanta don Diego y después doña Irene.*], no venga alguno y nos halle a los tres llorando como tres chiquillos.

DOÑA IRENE. Sí; dice usted bien. [*Se van los dos al cuarto de doña Irene, doña Francisca va detrás, y Rita, que sale por la puerta del foro, la hace detener.*]

Escena VI

[RITA, DOÑA FRANCISCA]

RITA. Señorita...¡Eh!, chit..., señorita.

DOÑA FRANCISCA. ¿Qué quieres?

RITA. Ya ha venido.

DOÑA FRANCISCA. ¿Cómo?

RITA. Ahora mismo acaba de llegar. Le he dado un abrazo, con licencia de usted, y ya sube por la escalera.

DOÑA FRANCISCA. ¡Ay, Dios!...Y ¿qué debo hacer?

RITA. ¡Donosa[56] pregunta!...Vaya, lo que importa es no gastar el tiempo en melindres[57] de amor...Al asunto..., y juicio. Y mire usted que en el paraje en que estamos la conversación no puede ser muy larga...Ahí está.

DOÑA FRANCISCA. Sí...El es.

RITA. Voy a cuidar de aquella gente...Valor, señorita, y resolución. [*Rita se va al cuarto de doña Irene.*]

DOÑA FRANCISCA. No, no, que yo también...Pero no lo merece.

Escena VII

[DON CARLOS, DOÑA FRANCISCA]

[*Don Carlos sale por la puerta del foro.*]

DON CARLOS. Paquita...¡Vida mía! Ya estoy aquí...¿Cómo va, hermosa, cómo va?

DOÑA FRANCISCA. Bienvenido.

DON CARLOS. ¿Cómo tan triste? ¿No merece mi llegada más alegría?

DOÑA FRANCISCA. Es verdad, pero acaban de sucederme cosas que me tienen fuera de mí...Sabe usted...Sí, bien lo sabe usted...Después de escrita aquella carta fueron por mí...Mañana a Madrid...Ahí está mi madre.

DON CARLOS. ¿En dónde?

DOÑA FRANCISCA. Ahí, en ese cuarto. [*Señalando al cuarto de doña Irene.*]

DON CARLOS. ¿Sola?

DOÑA FRANCISCA. No señor.

DON CARLOS. Estará en compañía del prometido esposo. [*Se acerca al cuarto de doña Irene, se detiene y vuelve.*] Mejor...Pero ¿no hay nadie más con ella?

DOÑA FRANCISCA. Nadie más; solos están...¿Qué piensa usted hacer?

DON CARLOS. Si me dejase llevar de

---

[56] smart (ironic)

[57] **palabras dulces, tonterías, detalles**

mi pasión y de lo que esos ojos me inspiran, una temeridad...Pero tiempo hay...El también será hombre de honor, y no es justo insultarle porque quiere bien a una mujer tan digna de ser querida...Yo no conozco a su madre de usted, ni...Vamos, ahora nada se puede hacer...Su decoro de usted merece la primera atención.

DOÑA FRANCISCA. Es mucho el empeño que tiene en que me case con él.

DON CARLOS. No importa.

DOÑA FRANCISCA. Quiere que esta boda se celebre así que lleguemos a Madrid.

DON CARLOS. ¿Cuál?...No, eso no.

DOÑA FRANCISCA. Los dos están de acuerdo, y dicen...

DON CARLOS. Bien...Dirán...Pero no puede ser.

DOÑA FRANCISCA. Mi madre no me habla continuamente de otra materia...Me amenaza, me ha llenado de temor...El insta[58] por su parte; me ofrece tantas cosas, me...

DON CARLOS. Y usted ¿qué esperanza le da?...¿Ha prometido quererle mucho?

DOÑA FRANCISCA. ¡Ingrato!...¿Pues no sabe usted que...? ¡Ingrato!

DON CARLOS. Sí; no lo ignoro, Paquita...Yo he sido el primer amor.

DOÑA FRANCISCA. Y el último.

DON CARLOS. Y antes perderé la vida que renunciar al lugar que tengo en ese corazón...Todo él es mío...¿Digo bien? [*Asiéndola de las manos.*]

DOÑA FRANCISCA. Pues ¿de quién ha de ser?

DON CARLOS. ¡Hermosa!...¡Qué dulce esperanza me anima!...Una sola palabra de esa boca me asegura[59]..., para todo me da valor...En fin, ya estoy aquí. ¿Usted me llama para que la defienda, la libre, la cumpla una obligación mil y mil veces prometida? Pues a eso mismo vengo yo...Si ustedes se van a Madrid mañana, yo voy también. Su madre de usted sabrá quién soy yo...Allí puedo contar con el favor de un anciano respetable y virtuoso, a quien más que tío debo llamar amigo y padre. No tiene otro deudo más inmediato ni más querido que yo; es hombre muy rico, y si los dones de la fortuna tuviesen para usted algún atractivo, esta circunstancia añadiría felicidades a nuestra unión.

DOÑA FRANCISCA. ¿Y qué vale para mí toda la riqueza del mundo?

DON CARLOS. Ya lo sé. La ambición no puede agitar a un alma tan inocente.

DOÑA FRANCISCA. Querer y ser querida...Ni apetezco más, ni conozco mayor fortuna.

DON CARLOS. Ni hay otra...Pero usted debe serenarse, y esperar que la suerte mude nuestra aflicción presente en durables dichas.

DOÑA FRANCISCA. ¿Y qué se ha de hacer para que a mi pobre madre no la cueste una pesadumbre?... ¡Me quiere tanto!...Si acabo de decirla que no la disgustaré ni me apartaré de su lado jamás. Que

---

[58] insiste

[59] **da seguridad**

siempre seré obediente y buena...¡Y me abrazaba con tanta ternura! Quedó tan consolada con lo poco que acerté a decirle...Yo no sé, no sé qué camino ha de hallar usted para salir de estos ahogos.

DON CARLOS. Yo le buscaré...¿No tiene usted confianza en mí?

DOÑA FRANCISCA. Pues ¿no he de tenerla?...Piensa usted que estuviera yo viva si esa esperanza no me animase? Sola y desconocida de todo el mundo, ¿qué había yo de hacer?...Si usted no hubiese venido, mis melancolías me hubieran muerto,[60] sin tener a quién volver los ojos ni poder comunicar a nadie la causa de ellas...Pero usted ha sabido proceder como caballero y amante, y acaba de darme con su venida la prueba mayor de lo mucho que me quiere. [*Se estremece*[61] *y llora.*]

DON CARLOS. ¡Qué llanto!...¡Cómo persuade!...Sí, Paquita; yo sólo basto para defenderla a usted de cuantos quieran oprimirla. A un amante favorecido, ¿quién puede oponérsele? Nada hay que temer.

DOÑA FRANCISCA. ¿Es posible?

DON CARLOS. Nada...Amor[62] ha unido nuestras almas en estrechos nudos, y sólo el brazo de la muerte bastará a dividirlas.

Escena VIII

[RITA, DON CARLOS, DOÑA FRANCISCA]

RITA. Señorita, adentro. La mamá pregunta por usted. Voy a traer la cena, y se van a recoger al instante...Y usted, señor galán, ya puede también disponer de su persona.

DON CARLOS. Sí, que no conviene anticipar sospechas...Nada tengo que añadir.

DOÑA FRANCISCA. Ni yo.

DON CARLOS. Hasta mañana...Con la luz del día veremos a ese dichoso[63] competidor.

RITA. Un caballero muy honrado, muy rico, muy prudente, con su chupa[64] larga, su camisola[65] limpia y sus sesenta años debajo del peluquín. [*Se va por la puerta del foro.*]

DOÑA FRANCISCA. Hasta mañana.

DON CARLOS. Adiós, Paquita.

DOÑA FRANCISCA. Acuéstese usted, y descanse.

DON CARLOS. ¿Descansar con celos?

DOÑA FRANCISCA. ¿De quién?

DON CARLOS. Buenas noches. Duerma usted bien, Paquita.

DOÑA FRANCISCA. ¿Dormir con amor?

DON CARLOS. Adiós, vida mía.

DOÑA FRANCISCA. Adiós. [*Entra al cuarto de doña Irene.*]

---

[60] me...me habrían matado
[61] Se...She shudders
[62] Se refiere al dios Amor, representado como un niño alado con flechas. Tiene los ojos vendados porque el amor es ciego.

[63] darn
[64] prenda exterior que cubre el cuerpo y llega casi a las rodillas
[65] camisa de mangas anchas

Escena IX

[DON CARLOS, CALAMOCHA, RITA]

DON CARLOS. ¡Quitármela!...
[*Paseándose con inquietud.*] No...Sea quien fuere, no me la quitará. Ni su madre ha de ser tan imprudente que se obstine en verificar este matrimonio repugnándolo su hija..., mediando yo...¡Sesenta años!...Precisamente será muy rico...¡El dinero!... Maldito él sea, que tantos desórdenes origina.

CALAMOCHA. Pues señor, [*Sale Calamocha por la puerta del foro.*] tenemos un medio cabrito asado, y...A lo menos parece cabrito. Tenemos una magnífica ensalada de berros,[66] sin anapelos[67] ni otra materia extraña, bien lavada, escurrida y condimentada por estas manos pecadoras, que no hay más que pedir. Pan de Meco,[68] vino de la Tercia[69]...Conque, si hemos de cenar y dormir, me parece que sería bueno...

DON CARLOS. Vamos...¿Y adónde ha de ser?

CALAMOCHA. Abajo...Allí ha mandado disponer una angosta[70] y fementida[71] mesa, que parece un banco de herrador.[72]

RITA. ¿Quién quiere sopas? [*Sale Rita por la puerta del foro con unos platos, taza, cucharas, y servilleta.*]

DON CARLOS. Buen provecho.

CALAMOCHA. Si hay alguna real moza[73] que guste de cenar cabrito, levante el dedo.

RITA. La real moza se ha comido ya media cazuela de albondigui-llas[74]..., pero lo agradece, señor militar. [*Entra al cuarto de doña Irene.*]

CALAMOCHA. Agradecida te quiero yo, niña de mis ojos.

DON CARLOS. Conque ¿vamos?

CALAMOCHA. ¡Ay, ay, ay!...[*Calamocha se encamina a la puerta del foro, y vuelve; se acerca a don Carlos y hablan aparte hasta el fin de la escena en que Calamocha se adelanta a saludar a Simón.*] ¡Eh!, chit,[75] digo...

DON CARLOS. ¿Qué?

CALAMOCHA. ¿No ve usted lo que viene por allí?

DON CARLOS. ¿Es Simón?

SIMÓN. El mismo...Pero ¿quién diablos le...?

DON CARLOS. Y ¿qué haremos?

CALAMOCHA. ¿Qué sé yo?...Sonsacarle, mentir y...¿Me da usted licencia para que...?

DON CARLOS. Sí; miente lo que quieras...¿A qué habrá venido este hombre?

---

[66] watercress
[67] **hierba venenosa que crece entre los berros**
[68] **pueblo cerca de Alcalá, conocido por su pan**
[69] **pueblo de la provincia de León, conocido por su vino**
[70] narrow
[71] wobbly
[72] **banco...horseshoer's bench**
[73] **real...muchacha guapa**
[74] meatballs
[75] hey

Escena X

[SIMÓN, DON CARLOS, CALAMOCHA]

[*Sale Simón por la puerta del foro.*]

CALAMOCHA. Simón, ¿tú por aquí?

SIMÓN. Adiós,[76] Calamocha, ¿Cómo va?

CALAMOCHA. Lindamente.

SIMÓN. Cuánto me alegro de...!

DON CARLOS. ¡Hombre! ¿Tú en Alcalá? Pues ¿qué novedad es ésta?

SIMÓN. ¡Oh, que estaba usted ahí, señorito!...¡Voto a sanes![77]

DON CARLOS. ¿Y mi tío?

SIMÓN. Tan bueno.

DON CARLOS. Pero ¿se ha quedado en Madrid o...?

SIMÓN. ¡Quién me había de decir a mí...! ¡Cosa como ella!...Tan ajeno estaba yo ahora de...Y usted de cada vez más guapo...Conque usted irá a ver al tío, ¿eh?

CALAMOCHA. Tú habrás venido con algún encargo del amo.

SIMÓN. ¡Y qué calor traje y qué polvo por ese camino! ¡Ya, ya!

CALAMOCHA. Alguna cobranza tal vez, ¿eh?

DON CARLOS. Puede ser. Como tiene mi tío ese poco de hacienda en Ajalvir[78]...¿No has venido a eso?

SIMÓN. ¡Y qué buena maula[79] le ha salido el tal administrador! Labriego más marrullero[80] y más bellaco no le hay en toda la campiña...Conque ¿usted viene ahora de Zaragoza?

DON CARLOS. Pues...Figúrate tú...

SIMÓN. ¿O va usted allá?

DON CARLOS. ¿Adónde?

SIMÓN. A Zaragoza. ¿No está allí el regimiento?

CALAMOCHA. Pero, hombre, si salimos el verano pasado de Madrid, ¿no habíamos de haber andado más de cuatro leguas?[81]

SIMÓN. ¿Qué sé yo? Algunos van por la posta, y tardan más de cuatro meses en llegar...Debe de ser un camino muy malo.

CALAMOCHA. [*Aparte, separándose de Simón.*] ¡Maldito seas tú y tu camino, y la bribona que te dio papilla![82]

DON CARLOS. Pero aún no me has dicho si mi tío está en Madrid o en Alcalá, ni a qué has venido, ni...

SIMÓN. Bien, a eso voy...Sí, señor; voy a decir a usted...Conque... Pues el amo me dijo...

Escena XI

[DON DIEGO, DON CARLOS, SIMÓN, CALAMOCHA]

DON DIEGO. No, no es menester; si hay luz aquí. Buenas noches, Rita.

[*Desde adentro. Don Carlos se turba,[83] y se aparta a un extremo del teatro.*]

DON CARLOS. ¡Mi tío!...

DON DIEGO. Simón.

---

[76] hola
[77] **Voto**...I'll be darned
[78] pueblo de la jurisdicción de Alcalá
[79] **qué**...qué mentiroso
[80] embustero, deshonesto
[81] Una legua equivale a una distancia de aproximadamente cinco kilómetros y medio.

[82] **y**...and the tart who brought you up (Common insult in the eighteenth century. It is still common to insult a person by calling into question the virtue of his/her mother.)
[83] becomes upset

[*Sale don Diego del cuarto de doña Irene encaminándose al suyo; repara en don Carlos y se acerca a él. Simón le alumbra y vuelve a dejar la luz sobre la mesa.*]

SIMÓN. Aquí estoy, señor.

DON CARLOS. ¡Todo se ha perdido!

DON DIEGO. Vamos...Pero...¿Quién es?

SIMÓN. Un amigo de usted, señor.

DON CARLOS. ¡Yo estoy muerto!

DON DIEGO. ¿Cómo un amigo?... ¿Qué?...Acerca esa luz.

DON CARLOS. Tío.

[*En ademán de besar la mano de don Diego, que le aparta de sí con enojo.*]

DON DIEGO. Quítate de ahí.

DON CARLOS. Señor.

DON DIEGO. Quítate...No sé cómo no le...¿Qué haces aquí?

DON CARLOS. Si usted se altera[84] y...

DON DIEGO. ¿Qué haces aquí?

DON CARLOS. Mi desgracia[85] me ha traído.

DON DIEGO. ¡Siempre dándome que sentir, siempre!...Pero...[*Acercándose a don Carlos.*] ¿Qué dices?... ¿De veras ha ocurrido alguna desgracia? Vamos...¿Qué te sucede...¿Por qué estás aquí?

CALAMOCHA. Porque le tiene a usted ley,[86] y le quiere bien, y...

DON DIEGO. A ti no te pregunto nada...¿Por qué has venido de Zaragoza sin que yo lo sepa?...¿Por qué te asusta el verme?...Algo has hecho; sí, alguna locura has hecho que le

habrá de costar la vida a tu pobre tío.

DON CARLOS. No, señor; que nunca olvidaré las máximas de honor y prudencia que usted me ha inspirado tantas veces.

DON DIEGO. ¿Pues a qué viniste?...¿Es desafío?[87] ¿Son deudas? ¿Es algún disgusto[88] con tus jefes?...Sácame de esta inquietud, Carlos...Hijo mío, sácame de este afán.[89]

CALAMOCHA. Si todo ello no es más que...

DON DIEGO. Ya he dicho que calles...Ven acá. [*Asiendo de una mano a don Carlos, se aparta con él a un extremo del teatro y le habla en voz baja.*] Dime qué ha sido.

DON CARLOS. Una ligereza, una falta de sumisión a usted. Venir a Madrid sin pedirle licencia primero...Bien arrepentido estoy, considerando la pesadumbre que le ha dado el verme.

DON DIEGO. ¿Y qué otra cosa hay?

DON CARLOS. Nada más, señor.

DON DIEGO. Pues ¿qué desgracia era aquélla de que me hablaste?

DON CARLOS. Ninguna. La de hallarle a usted en este paraje[90]...Y haberle disgustado tanto, cuando yo esperaba sorprenderle en Madrid, estar en su compañía algunas semanas, y volverme contento de haberle visto.

DON DIEGO. ¿No hay más?

DON CARLOS. No, señor.

DON DIEGO. Míralo bien.

DON CARLOS. No, señor...A eso venía. No hay nada más.

DON DIEGO. Pero no me digas tú a mí...Si es imposible que estas

---

[84] get upset
[85] misfortune
[86] **respeto**
[87] **pelea**

[88] displeasure, problem
[89] **inquietud**
[90] stop

escapadas se...No señor...¿Ni quién ha de permitir que un oficial se vaya cuando se le antoje y abandone de ese modo sus banderas?...Pues, si tales ejemplos se repitieran mucho, adiós disciplina militar...Vamos...Eso no puede ser.

DON CARLOS. Considere usted, tío, que estamos en tiempo de paz, que en Zaragoza no es necesario un servicio tan exacto como en otras plazas en que no se permite descanso a la guarnición...Y, en fin, puede usted creer que este viaje supone la aprobación y la licencia de mis superiores, que yo también miro por mi estimación, y que cuando me he venido, estoy seguro de que no hago falta.

DON DIEGO. Un oficial siempre hace falta a sus soldados. El rey le tiene allí para que los instruya, los proteja y les dé ejemplos de subordinación, de valor, de virtud.

DON CARLOS. Bien está; pero ya he dicho los motivos...

DON DIEGO. Todos esos motivos no valen nada...¡Porque le dio la gana de ver al tío!...Lo que quiere su tío de usted no es verle cada ocho días, sino saber que es hombre de juicio y que cumple con sus obligaciones. Eso es lo que

quiere...Pero, [*Alza la voz y se pasea inquieto.*] yo tomaré mis medidas para que estas locuras no se repitan otra vez...Lo que usted ha de hacer ahora es marcharse inmediatamente.

DON CARLOS. Señor, si...

DON DIEGO. No hay remedio...Y ha de ser al instante. Usted no ha de dormir aquí.

CALAMOCHA. Es que los caballos no están ahora para correr...Ni pueden moverse.

DON DIEGO. Pues con ellos [*A Calamocha.*] y con las maletas al mesón de afuera...Usted [*A don Carlos.*] no ha de dormir aquí...Vamos [*A Calamocha.*] tú, buena pieza, menéate. Abajo con todo. Pagar el gasto que se ha hecho, sacar los caballos y marchar...Ayúdale tú...(*A Simón.*) ¿Qué dinero tienes ahí?

SIMÓN. Tendré unas dos o tres onzas.[91] [*Saca de un bolsillo unas monedas y se las da a don Diego.*]

DON DIEGO. Dámelas acá...Vamos, ¿qué haces?...[*A Calamocha.*] ¿No he dicho que ha de ser al instante?...Volando.[92] Y tú [*A Simón.*], ve con él, ayúdale, y no te me apartes de allí hasta que se hayan ido. [*Los dos criados entran en el cuarto de don Carlos.*]

Escena XII

[DON DIEGO, DON CARLOS]

DON DIEGO. Tome usted. [*Le da el dinero.*] Con eso hay bastante para el camino...Vamos, que cuando yo

lo dispongo así, bien sé lo que me hago...¿No conoces que es todo por tu bien y que ha sido un desatino[93] el que acabas de hacer?...Y no hay que afligirse por

---

[91] **moneda de la época. Una onza equivalía a trescientos veinte reales.**

[92] Get going

[93] **locura**

eso, ni creas que es falta de cariño...Ya sabes lo que te he querido siempre; y en obrando tú según corresponde, seré tu amigo como lo he sido hasta aquí.

DON CARLOS. Ya lo sé.

DON DIEGO. Pues bien, ahora obedece lo que te mando.

DON CARLOS. Lo haré sin falta.

DON DIEGO. Al mesón de afuera. [*A los dos criados, que salen con los trastos del cuarto de don Carlos y se van por la puerta del foro.*] Allí puedes dormir mientras los caballos comen y descansan...Y no me vuelvas aquí por ningún pretexto ni entres en la ciudad...¡Cuidado! Y a eso de las tres o las cuatro, marchar. Mira que yo he de saber a la hora que sales. ¿Lo entiendes?

DON CARLOS. Sí, señor.

DON DIEGO. Mira que lo has de hacer.

DON CARLOS. Sí, señor; haré lo que usted manda.

DON DIEGO. Muy bien...Adiós. Todo te lo perdono...Vete con Dios...Y yo sabré también cuándo llegas a Zaragoza; no te parezca que estoy ignorante de lo que hiciste la vez pasada.

DON CARLOS. ¿Pues qué hice yo?

DON DIEGO. Si te digo que lo sé y que te lo perdono, ¿qué más quieres? No es tiempo ahora de tratar de eso...Vete.

DON CARLOS. Quede usted con Dios. [*Hace que se va, y vuelve.*]

DON DIEGO. Sin besar la mano a su tío, ¿eh?

DON CARLOS. No me atreví. [*Besa la mano a don Diego y se abrazan.*]

DON DIEGO. Y dame un abrazo, por si no nos volvemos a ver.

DON CARLOS. ¿Qué dice usted? No lo permita Dios.

DON DIEGO. ¿Quién sabe, hijo, mío?...¿Tienes algunas deudas? ¿Te falta algo?

DON CARLOS. No, señor; ahora no.

DON DIEGO. Mucho es, porque tú siempre tiras por largo[94]...Como cuentas con la bolsa del tío...Pues bien, yo escribiré al señor Aznar para que te dé cien doblones[95] de orden mía...Y mira cómo los gastas...¿Juegas?

DON CARLOS. No señor; en mi vida.[96]

DON DIEGO. Cuidado con eso...Conque, buen viaje. Y no te acalores; jornadas regulares[97] y nada más...¿Vas contento?

DON CARLOS. No, señor. Porque usted me quiere mucho, me llena de beneficios, y yo le pago mal.

DON DIEGO. No se hable ya de lo pasado...Adiós...

DON CARLOS. ¿Queda usted enojado conmigo?

DON DIEGO. No, por cierto...Me disgusté bastante, pero ya se acabó...No me des que sentir. [*Poniéndole ambas manos sobre los hombros.*] Portarse como hombre de bien.

DON CARLOS. No lo dude usted.

DON DIEGO. Como oficial de honor.

DON CARLOS. Así lo prometo.

DON DIEGO. Adiós, Carlos. [*Abrázanse.*]

DON CARLOS. ¡Y la dejo!...[*Aparte, al irse por la puerta del foro.*], ¡y la pierdo para siempre!

---

[94] **tiras...gastas demasiado dinero**
[95] **El doblón valía sesenta reales.**
[96] **en...nunca**
[97] orderly

Escena XIII

[DON DIEGO]

DON DIEGO. Demasiado bien se ha dispuesto[98]...Luego[99] lo sabrá enhorabuena...Pero no es lo mismo escribírselo que...Después de hecho no importa nada...Pero ¡siempre aquel respeto al tío!...Como una malva es[100]...[*Se enjuga*[101] *las lágrimas, toma la luz y se va a su cuarto. El teatro queda solo y oscuro por un breve espacio.*]

Escena XIV

[DOÑA FRANCISCA, RITA]

[*Salen del cuarto de doña Irene. Rita sacará una luz, y la pone encima de la mesa.*]

RITA. Mucho silencio hay por aquí.

DOÑA FRANCISCA. Se habrán recogido ya...Estarán rendidos.[102]

RITA. Precisamente.

DOÑA FRANCISCA. Un camino tan largo.

RITA. ¡A lo que obliga el amor, señorita!

DOÑA FRANCISCA. Sí, bien puedes decirlo: amor...Y yo, ¿qué no hiciera por él?

RITA. Y deje usted, que no ha de ser éste el último milagro. Cuando lleguemos a Madrid, entonces será ella...El pobre don Diego, ¡qué chasco[103] se va a llevar! Y, por otra parte, vea usted qué señor tan bueno, que cierto da lástima...

DOÑA FRANCISCA. Pues en eso consiste todo.[104] Si él fuese un hombre despreciable, ni mi madre hubiera admitido su pretensión, ni yo tendría que disimular mi repugnancia[105]...Pero ya es otro tiempo, Rita. Don Félix ha venido, y ya no temo a nadie. Estando mi fortuna en su mano me considero la más dichosa de las mujeres.

RITA. ¡Ay!, ahora me acuerdo...Pues poquito me lo encargó...Ya se ve; si con estos amores tengo yo también la cabeza...Voy por él. [*Encaminándose al cuarto de doña Irene.*]

DOÑA FRANCISCA. ¿A qué vas?

RITA. El tordo, que ya se me olvidaba sacarle de allí.

DOÑA FRANCISCA. Sí, tráele, no empiece a rezar como anoche...Allí quedó junto a la ventana...Y ve con cuidado, no despierte mamá.

RITA. Sí, mire usted el estrépito de caballerías[106] que anda por allá abajo.[107] Hasta que lleguemos a nuestra calle del Lobo, número siete, cuarto segundo, no hay que pensar en dormir...Y ese maldito portón que rechina[108] que...

---

[98] **Demasiado...**He's more than cooperative. (Don Diego is trying to justify his actions toward his nephew.)

[99] **pronto**

[100] **Como...Es un muchacho muy tranquilo.**

[101] **Se...**He dries

[102] **exhaustos**

[103] **sorpresa**

[104] **en...ése es el problema**

[105] displeasure

[106] **el...**racket made by horses

[107] **piso**

[108] squeaks

DOÑA FRANCISCA. Te puedes llevar la luz.

RITA. No es menester, que ya sé dónde está. [*Se va al cuarto de doña Irene.*]

Escena XV

[SIMÓN, DOÑA FRANCISCA]

DOÑA FRANCISCA. Yo pensé que estaban ustedes acostados.

SIMÓN. El amo ya habrá hecho esa diligencia; pero yo todavía no sé en dónde he de tender el rancho[109]...Y buen sueño que tengo.

DOÑA FRANCISCA. ¿Qué gente nueva ha llegado ahora?

SIMÓN. Nadie. Son unos que estaban ahí y se han ido.

DOÑA FRANCISCA. ¿Los arrieros?[110]

SIMÓN. No, señora. Un oficial y un criado suyo, que parece que se van a Zaragoza.

DOÑA FRANCISCA. ¿Quiénes dice usted que son?

SIMÓN. Un oficial de caballería y su asistente.

DOÑA FRANCISCA. ¿Y estaban aquí?

SIMÓN. Sí, señora; ahí en ese cuarto.

DOÑA FRANCISCA. No los he visto.

SIMÓN. Parece que llegaron esta tarde y...A la cuenta habrán despachado ya la comisión que traían...Conque se han ido... Buenas noches, señorita. [*Se va al cuarto de don Diego.*]

Escena XVI

[DOÑA FRANCISCA, RITA]

DOÑA FRANCISCA. ¡Dios de mi alma! ¿Qué es esto?...No puedo sostenerme...¡Desdichada! [*Se sienta en una silla inmediata a la mesa.*]

RITA. Señorita, yo vengo muerta. [*Saca la jaula del tordo y la deja encima de la mesa; abre la puerta del cuarto de don Carlos y vuelve.*]

DOÑA FRANCISCA. ¡Ay, que es cierto!...¿Tú lo sabes también?

RITA. Deje usted, que todavía no creo lo que he visto...Aquí no hay nadie...Ni maletas, ni ropa, ni... Pero ¿cómo podía engañarme? Si yo misma los he visto salir.

DOÑA FRANCISCA. ¿Y eran ellos?

RITA. Sí, señora. Los dos.

DOÑA FRANCISCA. Pero ¿se han ido a la ciudad?

RITA. Si no los he perdido de vista hasta que salieron por Puerta de Mártires[111]...Como está un paso de aquí.

DOÑA FRANCISCA. ¿Y es ese el camino de Aragón?[112]

RITA. Ese es.

DOÑA FRANCISCA. ¡Indigno!... ¡Hombre indigno!

RITA. Señorita...

DOÑA FRANCISCA. ¿En qué te ha ofendido esta infeliz?

---

[109]tender... preparar un lugar para dormir
[110]mule drivers
[111]lugar de donde parte el camino hacia Zaragoza

[112]región al nordeste de España que comprende las provincias de Zaragoza, Huesca y Teruel

RITA. Yo estoy temblando toda...Pero...Si es incomprensible...Si no alcanzo a discurrir qué motivos ha podido haber para esta novedad.

DOÑA FRANCISCA. ¿Pues no le quise más que a mi vida?...¿No me ha visto loca de amor?

RITA. Yo no sé qué decir, al considerar una acción tan infame.

DOÑA FRANCISCA. ¿Qué has de decir? Que no me ha querido nunca, ni es hombre de bien...¿Y vino para esto?...¡Para engañarme, para abandonarme así! [*Se levanta y Rita la sostiene.*]

RITA. Pensar que su venida fue con otro designio no me parece natural...Celos...¿Por qué ha de tener celos?...Y aun eso mismo debería enamorarle más...Él no es cobarde, y no hay que decir que habrá tenido miedo de su competidor.

DOÑA FRANCISCA. Te cansas en vano...Di que es un pérfido, di que es un monstruo de crueldad y todo lo has dicho.

RITA. Vamos de aquí, que puede venir alguien, y...

DOÑA FRANCISCA. Sí, vámonos... Vamos a llorar...¡Y en qué situación me deja!...Pero ¿ves qué malvado?

RITA. Sí, señora; ya lo conozco

DOÑA FRANCISCA. ¡Qué bien supo fingir!...¿Y con quién? Conmigo...¿Pues yo merecí ser engañada tan alevosamente?... ¿Mereció mi cariño este galardón?[113]...¡Dios de mi vida! ¿Cuál es mi delito, cuál es? [*Rita coge la luz y se van entrambas al cuarto de doña Francisca.*]

ACTO TERCERO

Escena I

[*Teatro oscuro. Sobre la mesa habrá un candelero con vela apagada y la jaula del tordo. Simón duerme tendido en el banco. Sale don Diego de su cuarto acabándose de poner la bata.*]

[DON DIEGO, SIMÓN, DON CARLOS, *adentro*]

DON DIEGO. Aquí, a lo menos, ya que no duerma, no me derretiré... Vaya, si alcoba como ella no se...¡Cómo ronca éste!... Guardémosle el sueño hasta que venga el día, que ya poco puede tardar...[*Simón despierta y al oír a don Diego se incorpora y se levanta.*]

¿Qué es eso? Mira no te caigas, hombre.

SIMÓN. ¿Que estaba usted ahí, señor?

DON DIEGO. Sí; aquí me he salido, porque allí no se puede parar.

SIMÓN. Pues yo, a Dios gracias, aunque la cama es algo dura, he dormido como un emperador.

DON DIEGO. ¡Mala comparación!...Di que has dormido como un pobre hombre que no tiene dinero, ni ambición, ni pesadumbres, ni remordimientos.

SIMÓN. En efecto, dice usted bien...¿Y qué hora será ya?

DON DIEGO. Poco ha que sonó el reloj de San Justo,[1] y, si no conté mal, dio las tres.

---

[113]premio

[1]iglesia catedralicia de Alcalá

SIMÓN. ¡Oh!, pues ya nuestros caballeros irán por ese camino adelante echando chispas.²

DON DIEGO. Sí; ya es regular³ que hayan salido...Me lo prometió, y espero que lo hará.

SIMÓN. ¡Pero si usted viera qué apesadumbrado le dejé, qué triste!

DON DIEGO. Ha sido preciso.

SIMÓN. Ya lo conozco.

DON DIEGO. ¿No ves qué venida tan intempestiva⁴ y...?

SIMÓN. Es verdad...Sin permiso de usted, sin avisarle, sin haber un motivo urgente...Vamos, hizo muy mal...Bien que, por otra parte, él tiene prendas⁵ suficientes para que se le perdone esta ligereza...Digo...Me parece que el castigo no pasará adelante. ¿Eh?

DON DIEGO. ¡No, qué!...No señor. Una cosa es que le haya hecho volver...Ya ves en qué circunstancias nos cogía...Te aseguro que cuando [*Suenan a lo lejos tres palmadas, y poco después se oye que puntean un instrumento.*] se fue me quedó un ansia en el corazón...¿Qué ha sonado?

SIMÓN. No sé...Gente que pasa por la calle. Serán labradores.

DON DIEGO. Calla.

SIMÓN. Vaya; música tenemos, según parece.

DON DIEGO. Sí; como lo hagan bien.

SIMÓN. ¿Y quién será el amante infeliz que se viene a gorjear⁶ a estas horas en ese callejón tan puerco?⁷...Apostaré que son amores de la moza de la posada, que parece un mico.⁸

DON DIEGO. Puede ser.

SIMÓN. Ya empiezan; oigamos.

DON CARLOS. [*Canta desde adentro al son del instrumento y en voz baja. Don Diego se adelanta un poco acercándose a la ventana.*]

Si duerme y reposa
la bella que adoro,
su paz deliciosa
no turbe mi lloro,
y en sueños corónela
de dichas Amor.

Pero si su mente
vagando delira,
si me llama ausente,
si celosa expira,
diréla mi bárbaro,
mi fiero dolor.

DON DIEGO. Buen estilo, pero canta demasiado quedo.⁹

SIMÓN. ¿Quiere usted que nos asomemos un poco a ver este ruiseñor?¹⁰

DON DIEGO. No; dejarlos...¡Pobre gente! ¡Quién sabe la importancia que darán ellos a la tal música!...[*Sale de su cuarto doña Francisca, y Rita con ella. Las dos se encaminan a la ventana. Don Diego y Simón se retiran a un lado y observan.*] No gusto yo de incomodar¹¹ a nadie.

SIMÓN. Señor...¡Eh!...Presto, aquí a un ladito.

DON DIEGO. ¿Qué quieres?

SIMÓN. Que han abierto la puerta de esa alcoba y huele a faldas que trasciende.

DON DIEGO. ¿Sí?...Retirémonos.

---

²juego de palabras; «echar chispas» significa «ir de prisa» y también «estar de mal humor».
³probable
⁴inoportuna
⁵buenas cualidades
⁶warble
⁷sucio
⁸mono de cola larga
⁹softly, low
¹⁰nightingale
¹¹molestar

Escena II

[DOÑA FRANCISCA, RITA, DON DIEGO, SIMÓN, DON CARLOS, *adentro*]

RITA. Con tiento,[12] señorita.

DOÑA FRANCISCA. ¿Siguiendo la pared, no voy bien? [*Vuelven a tocar.*]

RITA. Sí, señora...Pero vuelven a cantar...Silencio.

DOÑA FRANCISCA. No te muevas... Deja...Sepamos primero si es él.

RITA. ¿Pues no ha de ser?...La seña no puede mentir.

DOÑA FRANCISCA. Calla; ya canta.

DON CARLOS. *(Canta.)*
    Si duerme y reposa
    la bella que adoro...

DOÑA FRANCISCA. Sí, él es...[*Acércase Rita a la ventana, abre la vidriera,[13] y da tres palmadas.*] ¡Dios mío!...Ve, responde...Albricias,[14] corazón. El es.

SIMÓN. ¿Ha oído usted?

DON DIEGO. Sí.

SIMÓN. ¿Qué querrá decir esto?

DON DIEGO. Calla.

DOÑA FRANCISCA. Yo soy [*Doña Francisca se asoma a la ventana; Rita se queda detrás de ella. Los puntos suspensivos indican las interrupciones más o menos largas que deben hacerse.*]...¿Y qué había de pensar, viendo lo que usted acaba de hacer?...Pero salgamos de tantas dudas...¿Qué fuga[15] es ésta?...Rita, [*Apartándose de la ventana, y vuelve después.*] amiga, por Dios, ten cuidado; y si oyeres algún rumor, al instante avísame...¿Qué fuga es ésta? Desengáñeme usted, y sepa yo lo que debo esperar...¿Para siempre? ¡Triste de mí!...¿Qué habla usted de obligación? ¿Tiene usted otra que la de consolar a esta desdichada?...Bien está; tírela usted...Pero yo no acabo de entender...¡Ay!, don Félix, nunca le he visto a usted tan tímido...Sí; tírela usted...[*Tiran desde adentro una carta que cae por la ventana al teatro. Doña Francisca hace ademán de buscarla y, no hallándola, vuelve a asomarse.*] No, no la he cogido; pero aquí está sin duda...¿Y no he de saber yo hasta que llegue el día los motivos que tiene usted para dejarme muriendo?...No; yo quiero absolutamente que usted me diga por qué se va, qué inquietud es ésa, qué lenguaje misterioso, oscuro, desconocido para mí...Sí; yo quiero saberlo de su boca de usted. Su Paquita de usted se lo manda...¿Y cómo le parece a usted que estará el mío?...No me cabe en el pecho...Diga usted.

[*Simón se adelanta un poco, tropieza en la jaula y la deja caer.*]

RITA. Señorita, vamos de aquí...Presto, que hay gente.

DOÑA FRANCISCA. ¡Infeliz de mí!...Guíame.

RITA. Vamos. [*Al retirarse tropieza Rita con Simón. Las dos se van apresuradamente al cuarto de doña Francisca.*] ¡Ay!

DOÑA FRANCISCA. ¡Muerta voy!

---

[12] cuidado
[13] bastidor de vidrio
[14] qué alegría
[15] movimiento, huida

Escena III

[DON DIEGO, SIMÓN]

DON DIEGO. ¿Qué grito fue ése?

SIMÓN. Una de las fantasmas,[16] que al retirarse tropezó conmigo.

DON DIEGO. Acércate a la ventana, y mira si hallas en el suelo un papel...¡Buenos estamos!

SIMÓN. No encuentro nada, [*Tentando por el suelo cerca de la ventana.*] señor.

DON DIEGO. Búscale bien, que por ahí ha de estar.

SIMÓN. ¿Le tiraron desde la calle?

DON DIEGO. Sí...¿Qué amante es éste?...¡Y dieciséis años y criada en un convento! Acabó ya toda mi ilusión.

SIMÓN. Aquí está. [*Halla la carta y se la da a don Diego.*]

DON DIEGO. Vete abajo y enciende una luz...En la caballeriza o en la cocina...Por ahí habrá algún farol...Y vuelve con ella al instante. [*Vase Simón por la puerta del foro.*]

Escena IV

[DON DIEGO]

DON DIEGO. ¿Y a quién debo culpar? [*Apoyándose en el respaldo de una silla.*] ¿Es ella la delincuente, o su madre, o sus tías, o yo?...¿Sobre quién..., sobre quién ha de caer esta cólera, que por más que lo procuro no la sé reprimir?...La naturaleza la hizo tan amable a mis ojos...¡Qué esperanzas tan halagüeñas[17] concebí! ¡Qué felicidades me prometía!... ¡Celos!...¿Yo?...¡En qué edad tengo celos!...Vergüenza es...Pero esta inquietud que yo siento, esta indignación, estos deseos de venganza, ¿de qué provienen? ¿Cómo he de llamarlos?...Otra vez parece [*Advirtiendo que suena ruido en la puerta del cuarto de doña Francisca, se retira a un extremo del teatro.*] que...Sí.

Escena V

[RITA, DON DIEGO, SIMÓN]

RITA. Ya se han ido...[*Rita observa y escucha; asómase después a la ventana y busca la carta por el suelo.*] ¡Válgame Dios!...El papel estará muy bien escrito, pero el señor don Félix es un grandísimo picarón...¡Pobrecita de mi ama!... Se muere sin remedio...Nada; ni perros parecen por la calle...¡Ojalá no los hubiéramos conocido!...¿Y este maldito papel?...Pues buena la hiciéramos si no apareciese... ¿Qué dirá?...Mentiras, mentiras y todo mentira.

SIMÓN. Ya tenemos luz. [*Sale con luz. Rita se sorprende.*]

RITA. ¡Perdida soy!

DON DIEGO. ¡Rita!...¿Pues tú aquí? [*Acercándose.*]

RITA. Sí, señor, porque...

---

[16] **sustantivo femenino en la época de Moratín**

[17] rosy

DON DIEGO. ¿Qué buscas a estas horas?

RITA. Buscaba...Yo le diré a usted...Porque oímos un ruido muy grande...

SIMÓN. Sí, ¿eh?

RITA. Cierto...Un ruido y...Y mire [*Alza la jaula, que está en el suelo.*] usted; era la jaula del tordo...Pues la jaula era; no tiene duda... ¡Válgate Dios! ¿Si se habrá muerto?...No, vivo está; vaya... Algún gato habrá sido...Preciso.

SIMÓN. Sí; algún gato.

RITA. ¡Pobre animal! ¡Y qué asustadillo se conoce que está todavía!

SIMÓN. Y con mucha razón...¿No te parece, si le hubiera pillado el gato...?

RITA. Se le hubiera comido. [*Cuelga la jaula de un clavo que habrá en la pared.*]

SIMÓN. Y sin pebre[18]...Ni plumas hubiera dejado.

DON DIEGO. Tráeme esa luz.

RITA. ¡Ah! Deje usted: encenderemos ésta [*Enciende la vela que está sobre la mesa.*], que ya lo que no se ha dormido...

DON DIEGO. Y doña Paquita, ¿duerme?

RITA. Sí, señor.

SIMÓN. Pues mucho es que con el ruido del tordo...

DON DIEGO. Vamos. [*Don Diego se entra en su cuarto. Simón va con él llevándose una de las luces.*]

Escena VI

[DOÑA FRANCISCA, RITA]

DOÑA FRANCISCA. ¿Ha aparecido el papel?

RITA. No, señora.

DOÑA FRANCISCA. ¿Y estaban aquí los dos cuando tú saliste?

RITA. Yo no lo sé. Lo cierto es que el criado sacó una luz, y me hallé de repente, como por máquina, entre él y su amo, sin poder escapar ni saber qué disculpa darles. [*Se sienta.*]

DOÑA FRANCISCA. Ellos eran sin duda...Aquí estarían cuando yo hablé desde la ventana...¿Y ese papel?

RITA. Yo no le encuentro, señorita.

DOÑA FRANCISCA. Le tendrán ellos; no te canses...Si es lo único que faltaba a mi desdicha...No le busques. Ellos le tienen.

RITA. A lo menos por aquí...

DOÑA FRANCISCA. Yo estoy loca. [*Se sienta.*]

RITA. Sin haberse explicado este hombre, ni decir siquiera...

DOÑA FRANCISCA. Cuando iba a hacerlo me avisaste, y fue preciso retirarnos...Pero, sabes tú con qué temor me habló, qué agitación mostraba...Me dijo que en aquella carta vería yo los motivos justos que le precisaban a volverse; que la había escrito para dejársela a persona fiel que la pusiera en mis manos, suponiendo que el verme sería imposible...Todo engaños, Rita, de un hombre aleve que prometió lo que no pensaba cumplir...Vino, halló un competidor, y diría: pues yo,

---

[18] salsa de vinagre, pimienta, ajo y perejil

¿para qué he de molestar a nadie ni hacerme ahora defensor de una mujer?...¡Hay tantas mujeres!... Cásenla...Yo nada pierdo. Primero es mi tranquilidad que la vida de esa infeliz[19]...¡Dios mío, perdón!... ¡Perdón de haberle querido tanto!

RITA. ¡Ay! Señorita, [*Mirando hacia el cuarto de don Diego.*] que parece que salen ya.

DOÑA FRANCISCA. No importa; déjame.

RITA. Pero si don Diego la ve a usted de esa manera...

DOÑA FRANCISCA. Si todo se ha perdido ya, ¿qué puedo temer?...¿Y piensas tú que tengo alientos para levantarme?...Que vengan; nada importa.

Escena VII

[DON DIEGO, SIMÓN, DOÑA FRANCISCA, RITA]

SIMÓN. Voy enterado; no es menester más.

DON DIEGO. Mira, y haz que ensillen inmediatamente al Moro mientras tú vas allá. Si han salido, vuelves, montas a caballo, y en una buena carrera que des los alcanzas...Los dos aquí, ¿eh?...Conque vete, no se pierda tiempo. [*Después de hablar los dos inmediatos a la puerta del cuarto de don Diego se va Simón por la del foro.*]

SIMÓN. Voy allá.

DON DIEGO. Mucho se madruga,[20] doña Paquita.

DOÑA FRANCISCA. Sí, señor.

DON DIEGO. ¿Ha llamado ya doña Irene?

DOÑA FRANCISCA. No, señor...Mejor es que vayas allá, por si ha despertado y se quiere vestir. [*Rita se va al cuarto de doña Irene.*]

Escena VIII

[DON DIEGO, DOÑA FRANCISCA]

DON DIEGO. Usted no habrá dormido bien esta noche.

DOÑA FRANCISCA. No, señor. ¿Y usted?

DON DIEGO. Tampoco.

DOÑA FRANCISCA. Ha hecho demasiado calor.

DON DIEGO. ¿Está usted desazonada?[21]

DOÑA FRANCISCA. Alguna cosa.[22]

DON DIEGO. ¿Qué siente usted? [*Se sienta junto a doña Francisca.*]

DOÑA FRANCISCA. No es nada...Así un poco de...Nada...No tengo nada.

DON DIEGO. Algo será, porque la veo a usted muy abatida, llorosa, inquieta...¿Qué tiene usted, Paquita? ¿No sabe usted que la quiero tanto?

DOÑA FRANCISCA. Sí, señor.

DON DIEGO. ¿Pues por qué no hace usted más confianza de mí? ¿Piensa usted que no tendré yo mucho gusto en hallar ocasiones de complacerla?

---

[19] desdichada
[20] Mucho...Se levanta muy temprano
[21] upset
[22] un poco

DOÑA FRANCISCA. Ya lo sé.

DON DIEGO. ¿Pues cómo, sabiendo que tiene un amigo, no desahoga con él su corazón?

DOÑA FRANCISCA. Porque eso mismo me obliga a callar.

DON DIEGO. Eso quiere decir que tal vez soy yo la causa de su pesadumbre de usted.

DOÑA FRANCISCA. No, señor; usted en nada me ha ofendido...No es de usted de quien yo me debo quejar.

DON DIEGO. ¿Pues de quién, hija mía?...Venga usted acá... [*Se acerca más.*] Hablemos siquiera una vez sin rodeos ni disimulación...Dígame usted, ¿no es cierto que usted mira con algo de repugnancia este casamiento que se la propone? ¿Cuánto va que si la dejasen a usted entera libertad para la elección no se casaría conmigo?

DOÑA FRANCISCA. Ni con otro.

DON DIEGO. ¿Será posible que usted no conozca otro más amable que yo, que la quiera bien y que la corresponda como usted merece?

DOÑA FRANCISCA. No, señor, no señor.

DON DIEGO. Mírelo usted bien.

DOÑA FRANCISCA. ¿No le digo a usted que no?

DON DIEGO. ¿Y he de creer, por dicha, que conserva usted tal inclinación al retiro en que se ha criado, que prefiera la austeridad del convento a una vida más...?

DOÑA FRANCISCA. Tampoco; no, señor...Nunca he pensado así.

DON DIEGO. No tengo empeño de[23] saber más...Pero de todo lo que acabo de oír resulta una gravísima contradicción. Usted no se halla inclinada al estado religioso, según parece. Usted me asegura que no tiene queja alguna de mí, que está persuadida de lo mucho que la estimo, que no piensa casarse con otro, ni debo recelar[24] que nadie me dispute su mano...Pues ¿qué llanto es ése? ¿De dónde nace esa tristeza profunda que en tan poco tiempo ha alterado su semblante de usted en término que apenas le reconozco? ¿Son éstas las señales de quererme exclusivamente a mí, de casarse gustosa conmigo dentro de pocos días? ¿Se anuncian así la alegría y el amor?

[*Vase iluminando lentamente el teatro, suponiendo que viene la luz del día.*]

DOÑA FRANCISCA. ¿Y qué motivos le he dado a usted para tales desconfianzas?

DON DIEGO. Pues ¿qué? Si yo prescindo de[25] estas consideraciones, si apresuro las diligencias de nuestra unión, si su madre de usted sigue aprobándola y llega el caso de...

DOÑA FRANCISCA. Haré lo que mi madre me manda y me casaré con usted.

DON DIEGO. ¿Y después, Paquita?

DOÑA FRANCISCA. Después..., y mientras me dure la vida, seré mujer de bien.

DON DIEGO. Eso no lo puedo yo dudar...Pero si usted me considera como el que ha de ser hasta la muerte su compañero y su amigo, dígame usted, ¿estos títulos no me

---

[23] **No...No insisto en**
[24] **sospechar**

[25] dispense with

dan algún derecho para merecer de usted mayor confianza? ¿No he de lograr que usted me diga la causa de su dolor?...Y no para satisfacer una impertinente curiosidad, sino para emplearme todo en su consuelo, en mejorar su suerte, en hacerla dichosa, si mi conato y mis diligencias pudiesen tanto.

DOÑA FRANCISCA. ¡Dichas para mí!...Ya se acabaron.

DON DIEGO. ¿Por qué?

DOÑA FRANCISCA. Nunca diré por qué.

DON DIEGO. Pero ¡qué obstinado, qué imprudente silencio!...Cuando usted misma debe presumir que no estoy ignorante de lo que hay.

DOÑA FRANCISCA. Si usted lo ignora, señor don Diego, por Dios no finja que lo sabe; y si en efecto lo sabe usted, no me lo pregunte.

DON DIEGO. Bien está. Una vez que no hay nada que decir, que esa aflicción y esas lágrimas son voluntarias, hoy llegaremos a Madrid, y dentro de ocho días será usted mi mujer.

DOÑA FRANCISCA. Y daré gusto a mi madre.

DON DIEGO. Y vivirá usted infeliz.

DOÑA FRANCISCA. Ya lo sé.

DON DIEGO. Ve aquí los frutos de la educación. Esto es lo que se llama criar bien a una niña: enseñarla a que desmienta y oculte las pasiones más inocentes con una pérfida disimulación...Las juzgan honestas luego que las ven instruidas en el arte de callar y mentir. Se obstinan en que el temperamento, la edad ni el genio[26] no han de tener influencia

alguna en sus inclinaciones, o en que su voluntad ha de torcerse al capricho de quien las gobierna. Todo se las permite menos la sinceridad. Con tal que no digan lo que sienten, con tal que finjan aborrecer lo que más desean, con tal que se presten a pronunciar cuando se lo manden un sí perjuro, sacrílego, origen de tantos escándalos, ya están bien criadas, y se llama excelente educación la que inspira en ellas el temor, la astucia y el silencio de un esclavo.

DOÑA FRANCISCA. Es verdad...Todo eso es cierto...Eso exigen de nosotras, eso aprendemos en la escuela que se nos da...Pero el motivo de mi aflicción es mucho más grande.

DON DIEGO. Sea cual fuere, hija mía, es menester que usted se anime...Si la ve a usted su madre de esa manera, ¿qué ha de decir?...Mire usted que ya parece que se ha levantado.

DOÑA FRANCISCA. ¡Dios mío!

DON DIEGO. Sí, Paquita; conviene mucho que usted vuelva un poco sobre sí[27]...No abandonarse tanto...Confianza en Dios...Vamos, que no siempre nuestras desgracias son tan grandes como la imaginación las pinta...¡Mire usted qué desorden éste! ¡Qué agitación! ¡Qué lágrimas! Vaya, ¿me da usted palabra de presentarse así..., con cierta serenidad y...? ¿Eh?

DOÑA FRANCISCA. Y usted, señor...Bien sabe usted el genio de mi madre. Si usted no me defiende, ¿a quién he de volver los

---

[26] **cualidades naturales, carácter**

[27] **vuelva...**pull yourself together

ojos? ¿Quién tendrá compasión de esta desdichada?

DON DIEGO. Su buen amigo de usted...Yo...¿Cómo es posible que yo la abandonase..., ¡criatura!, en la situación dolorosa en que la veo? [*Asiéndola de las manos.*]

DOÑA FRANCISCA. ¿De veras?

DON DIEGO. Mal conoce usted mi corazón.

DOÑA FRANCISCA. Bien le conozco. [*Quiere arrodillarse; don Diego se lo estorba y ambos se levantan.*]

DON DIEGO. ¿Qué hace usted, niña?

DOÑA FRANCISCA. Yo no sé...¡Qué poco merece toda esa bondad una mujer tan ingrata para con usted!...No; ingrata no, infeliz...¡Ay!, ¡qué infeliz soy, señor don Diego!

DON DIEGO. Yo bien sé que usted agradece como puede el amor que la tengo...Lo demás todo ha sido...¿qué sé yo?...una equivocación mía y no otra cosa...Pero usted, ¡inocente!... usted no ha tenido la culpa.

DOÑA FRANCISCA. Vamos...¿No viene usted?

DON DIEGO. Ahora no, Paquita. Dentro de un rato iré por allá.

DOÑA FRANCISCA. Vaya usted presto. [*Encaminándose al cuarto de doña Irene. Vuelve y se despide de don Diego besándole las manos.*]

DON DIEGO. Sí; presto iré.

Escena IX

[SIMÓN, DON DIEGO]

SIMÓN. Ahí están, señor.

DON DIEGO. ¿Qué dices?

SIMÓN. Cuando yo salía de la puerta los vi a lo lejos, que iban ya de camino. Empecé a dar voces y hacer señas con el pañuelo; se detuvieron, y apenas llegué y le dije al señorito lo que usted mandaba, volvió las riendas y está abajo. Le encargué que no subiera hasta que le avisara yo, por si había gente aquí y usted no quería que le viesen.

DON DIEGO. ¿Y qué dijo cuando le diste el recado?

SIMÓN. Ni una sola palabra...Muerto viene...Ya digo, ni una palabra...A mí me ha dado compasión al verle así, tan...

DON DIEGO. No me empieces ya a interceder por él.

SIMÓN. ¿Yo, señor?

DON DIEGO. Sí; que no te entiendo yo...¡Compasión!...Es un pícaro.

SIMÓN. Como yo no sé lo que ha hecho.

DON DIEGO. Es un bribón, que me ha de quitar la vida...Ya te he dicho que no quiero intercesores.

SIMÓN. Bien está, señor. [*Se va por la puerta del foro. Don Diego se sienta manifestando inquietud y enojo.*]

DON DIEGO. Dile que suba.

Escena X

[DON CARLOS, DON DIEGO]

DON DIEGO. Venga usted acá, señorito; venga usted...¿En dónde has estado desde que no nos vemos?

DON CARLOS. En el mesón de afuera.

DON DIEGO. Y no has salido de allí en

314

toda la noche. ¿Eh?

DON CARLOS. Sí, señor; entré en la ciudad y...

DON DIEGO. ¿A qué?...Siéntese usted.

DON CARLOS. Tenía precisión[28] de hablar con un sujeto[29]...*(Se sienta.)*

DON DIEGO. ¡Precisión!

DON CARLOS. Sí, señor...Le debo muchas atenciones, y no era posible volverme a Zaragoza sin estar primero con él.

DON DIEGO. Ya. En habiendo tantas obligaciones de por medio...Pero venirle a ver a las tres de la mañana me parece mucho desacuerdo...¿Por qué no le escribiste un papel?...Mira, aquí ha de tener...Con ese papel que le hubieras enviado en mejor ocasión, no había necesidad de hacerle trasnochar[30] ni molestar a nadie.

DON CARLOS. Pues [*Dándole el papel que tiraron a la ventana. Don Carlos, luego que le reconoce, se le vuelve y se levanta en ademán de irse.*] si todo lo sabe usted, ¿para qué me llama? ¿Por qué no me permite seguir mi camino y se evitaría una contestación, de la cual ni usted ni yo quedaremos contentos?

DON DIEGO. Quiere saber su tío de usted lo que hay en esto, y quiere que usted se lo diga.

DON CARLOS. ¿Para qué saber más?

DON DIEGO. Porque yo lo quiero y lo mando. ¡Oiga!

DON CARLOS. Bien está.

DON DIEGO. Siéntate ahí...[*Se sienta don Carlos.*] ¿En dónde has conocido a esa niña?...¿Qué amor es éste? ¿Qué circunstancias han ocurrido?...¿Qué obligaciones hay entre los dos? ¿Dónde, cuándo la viste?

DON CARLOS. Volviéndome a Zaragoza el año pasado llegué a Guadalajara sin ánimo de detenerme; pero el intendente,[31] en cuya casa de campo nos apeamos,[32] se empeñó en que había de quedarme allí todo aquel día por ser cumpleaños de su parienta,[33] prometiéndome que al día siguiente me dejaría proseguir mi viaje. Entre las gentes convidadas[34] hallé a doña Paquita, a quien la señora había sacado aquel día del convento para que se esparciese[35] un poco...Yo no sé qué vi en ella, que excitó en mí una inquietud, un deseo constante, irresistible, de mirarla, de oírla, de hallarme a su lado, de hablar con ella, de hacerme agradable a sus ojos...El intendente dijo entre otras cosas..., burlándose..., que yo era muy enamorado, y le ocurrió fingir que me llamaba don Félix de Toledo, nombre que dio Calderón a algunos amantes de sus comedias. Yo sostuve esta ficción, porque desde luego[36] concebí la idea de permanecer algún tiempo en aquella ciudad, evitando que llegase a noticia de usted...Observé que doña Paquita me trató con un agrado particular, y cuando por la noche nos separamos yo quedé lleno de vanidad y de esperanzas,

---

[28] **necesidad**
[29] **persona**
[30] **pasar la noche sin dormir**
[31] **administrador económico (en el ejército)**
[32] **we stopped**
[33] **esposa**
[34] **invitadas**
[35] **se divirtiese**
[36] **desde...a partir de ese momento**

viéndome preferido a todos los concurrentes[37] de aquel día, que fueron muchos. En fin...Pero no quisiera ofender a usted refiriéndole...

DON DIEGO. Prosigue...

DON CARLOS. Supe que era hija de una señora de Madrid, viuda y pobre, pero de gente muy honrada...Fue necesario fiar de mi amigo los proyectos de amor que me obligaban a quedarme en su compañía, y él, sin aplaudirlos ni desaprobarlos, halló disculpas, las más ingeniosas, para que ninguno de su familia extrañara mi detención. Como su casa de campo está inmediata a la ciudad, fácilmente iba y venía de noche...Logré que doña Paquita leyese algunas cartas mías, y con las pocas respuestas que de ella tuve, acabé de precipitarme en una pasión que mientras viva me hará infeliz.

DON DIEGO. Vaya...Vamos; sigue adelante.

DON CARLOS. Mi asistente—que como usted sabe, es hombre travesura, y conoce el mundo— con mil artificios que a cada paso le ocurrían facilitó los muchos estorbos[38] que al principio hallábamos. La seña era dar tres palmadas, a las cuales respondían con otras tres, desde una ventanilla que daba al corral de las monjas. Hablábamos todas las noches, muy a deshora,[39] con el recato[40] y las precauciones que ya se dejan entender...Siempre fui para ella don Félix de Toledo,

oficial de un regimiento, estimado de mis jefes y hombre de honor. Nunca la dije más, ni la hablé de mis parientes ni de mis esperanzas, ni la di a entender que casándose conmigo podría aspirar a mejor fortuna; porque ni me convenía nombrarle a usted, ni quise exponerla a que las miras de interés, y no el amor, la inclinasen a favorecerme. De cada vez la hallé más fina, más hermosa, más digna de ser adorada...Cerca de tres meses me detuve allí; pero al fin era necesario separarnos, y una noche funesta me despedí, la dejé rendida a un desmayo[41] mortal, y me fui, ciego de amor, adonde mi obligación me llamaba...Sus cartas consolaron por algún tiempo mi ausencia triste y en una que recibí pocos días ha me dijo cómo su madre trataba de casarla, que primero perdería la vida que dar su mano a otro que a mí; me acordaba[42] mis juramentos, me exhortaba a cumplirlos...Monté a caballo, corrí precipitado el camino, llegué a Guadalajara, no la encontré, vine aquí...Lo demás bien lo sabe usted; no hay para qué decírselo.

DON DIEGO. ¿Y qué proyectos eran los tuyos en esta venida?

DON CARLOS. Consolarla, jurarle de nuevo un eterno amor; pasar a Madrid, verle a usted, echarme a sus pies, referirle todo lo ocurrido, y pedirle, no riquezas, ni herencias, ni protecciones, ni..., eso no..., sólo su consentimiento y su bendición para verificar un

---

[37] invitados
[38] obstáculos
[39] tarde

[40] **modestia, reserva**
[41] **tristeza**
[42] **recordaba**

enlace tan suspirado, que ella y yo fundábamos toda nuestra felicidad.

DON DIEGO. Pues ya ves, Carlos, que es tiempo de pensar muy de otra manera.

DON CARLOS. Sí, señor.

DON DIEGO. Si tú la quieres, yo la quiero también. Su madre y toda su familia aplauden este casamiento. Ella..., y sean cuales fueren[43] las promesas que a ti te hizo..., ella misma no ha media hora me ha dicho que está pronta a obedecer a su madre y darme la mano, así que...

DON CARLOS. Pero no el corazón. [*Se levanta.*]

DON DIEGO. ¿Qué dices?

DON CARLOS. No; eso no...Sería ofenderla...Usted celebrará sus bodas cuando guste; ella se portará siempre como conviene a su honestidad y a su virtud; pero yo he sido el primero, el único objeto de su cariño; lo soy y lo seré...Usted se llamará su marido, pero si alguna o muchas veces la sorprende y ve sus ojos hermosos inundados de lágrimas, por mí las vierte...No le pregunte usted jamás el motivo de sus melancolías...Yo, yo seré la causa...Los suspiros, que en vano procurará reprimir, serán finezas dirigidas a un amigo, ausente.

DON DIEGO. ¿Qué temeridad es ésta? [*Se levanta con mucho enojo, encaminándose hacia don Carlos, el cual se va retirando.*]

DON CARLOS. Ya se lo dije a usted...Era imposible que yo hablase una palabra sin ofenderle...Pero acabemos esta odiosa conversación...Viva usted feliz y no me aborrezca, que yo en nada le he querido disgustar...La prueba mayor que yo puedo darle de mi obediencia y mi respeto es la de salir de aquí inmediatamente...Pero no se me niegue a lo menos el consuelo de saber que usted me perdona.

DON DIEGO. ¿Conque, en efecto, te vas?

DON CARLOS. Al instante, señor...Y esta ausencia será bien larga.

DON DIEGO. ¿Por qué?

DON CARLOS. Porque no me conviene verla en mi vida...Si las voces que corren de una próxima guerra se llegaran a verificar...entonces...

DON DIEGO. ¿Qué quieres decir? [*Asiendo de un brazo a don Carlos le hace venir más adelante.*]

DON CARLOS. Nada...Que apetezco la guerra porque soy soldado.

DON DIEGO. ¡Carlos!...¡Qué horror!...¿Y tienes corazón para decírmelo?

DON CARLOS. Alguien viene. [*Mirando con inquietud hacia el cuarto de doña Irene, se desprende de don Diego y hace ademán de irse por la puerta del foro. Don Diego va detrás de él y quiere impedírselo.*] Tal vez será ella...Quede usted con Dios.

DON DIEGO. ¿Adónde vas?...No, señor; no has de irte.

DON CARLOS. Es preciso...Yo no he de verla...Una sola mirada nuestra pudiera causarle a usted inquietudes crueles.

DON DIEGO. Ya he dicho que no ha de ser...Entra en ese cuarto.

DON CARLOS. Pero si...

DON DIEGO. Haz lo que te mando.

[*Éntrase don Carlos en el cuarto de don Diego.*]

---

[43] **sean**...whatever they may be

Escena XI

[DOÑA IRENE, DON DIEGO]

DOÑA IRENE. Conque, señor don Diego, ¿es ya la de vámonos?... Buenos días...[*Apaga la luz que está sobre la mesa.*] ¿Reza usted?

DON DIEGO. Sí; para rezar estoy ahora.[44] [*Paseándose con inquietud.*]

DOÑA IRENE. Si usted quiere, ya pueden ir disponiendo el chocolate, y que avisen al mayoral para que enganchen[45] luego que...Pero ¿qué tiene usted, señor?...¿Hay alguna novedad?

DON DIEGO. Sí; no deja de haber novedades.

DOÑA IRENE. ¿Pues qué...? Dígalo usted, por Dios...¡Vaya, vaya!...No sabe usted lo asustada que estoy...Cualquiera cosa así, repentina, me remueve toda y me...Desde el último mal parto que tuve quedé tan sumamente delicada de los nervios...Y va ya para diecinueve años, si no son veinte; pero desde entonces, ya digo, cualquiera friolera me trastorna...Ni los baños, ni caldos de culebra,[46] ni la conserva de tamarindos,[47] nada me ha servido, de manera que...

DON DIEGO. Vamos, ahora no hablemos de malos partos ni de conservas...Hay otra cosa más importante de que tratar...¿Qué hacen esas muchachas?

DOÑA IRENE. Están recogiendo la ropa y haciendo el cofre para que todo esté a la vela[48] y no haya detención.

DON DIEGO. Muy bien. Siéntese usted...Y no hay que asustarse ni alborotarse [*Se sientan los dos.*] por nada de lo que yo diga; y cuente, no nos abandone el juicio cuando más le necesitamos...Su hija de usted está enamorada...

DOÑA IRENE. ¿Pues no lo he dicho ya mil veces? Sí señor que lo está; y bastaba que yo lo dijese para que...

DON DIEGO. ¡Este vicio maldito de interrumpir a cada paso!...Déjeme usted hablar.

DOÑA IRENE. Bien, vamos; hable usted.

DON DIEGO. Está enamorada, pero no está enamorada de mí.

DOÑA IRENE. ¿Qué dice usted?

DON DIEGO. Lo que usted oye.

DOÑA IRENE. ¿Pero quién le ha contado a usted esos disparates?

DON DIEGO. Nadie. Yo lo sé, yo lo he visto; nadie me lo ha contado, y cuando se lo digo a usted bien seguro estoy de que es verdad...Vaya, ¿qué llanto es ése?

DOÑA IRENE. ¡Pobre de mí! [*Llora.*]

DON DIEGO. ¿A qué viene eso?

DOÑA IRENE. Porque me ven sola y sin medios y porque soy una pobre viuda parece que todos me desprecian y se conjuran contra mí.

DON DIEGO. Señora doña Irene...

DOÑA IRENE. Al cabo de mis años y de mis achaques verme tratada de esta manera, como un estropajo, como una puerca cenicienta,[49] vamos al decir...¿Quién lo creyera de usted?...¡Válgame Dios!...¡Si vivieran mis tres difuntos!...Con el último difunto que me viviera,

---

[44] **para**...I'm really in the mood for praying (ironic)
[45] hitch up
[46] **Se creía que la culebra tenía grandes poderes medicinales.**
[47] **fruta que se empleaba como laxante**
[48] **a...listo**
[49] filthy

que tenía un genio como una serpiente...

DON DIEGO. Mire usted, señora, que se me acaba ya la paciencia...

DOÑA IRENE. Que lo mismo era replicarle que se ponía hecho una furia del infierno, y un día del Corpus,[50] yo no sé por qué friolera, hartó de mojicones[51] a un comisario ordenador,[52] y si no hubiera sido por dos padres del Carmen[53] que se pusieron de por medio, le estrella contra un poste en los portales de Santa Cruz.

DON DIEGO. Pero ¿es posible que no ha de atender usted a lo que voy a decirle?

DOÑA IRENE. ¡Ay!, no señor, que bien lo sé, que no tengo pelo de tonta, no señor...Usted ya no quiere a la niña, y busca pretextos para zafarse de la obligación en que está...¡Hija de mi alma y de mi corazón!

DON DIEGO. Señora doña Irene, hágame usted el gusto de oírme, de no replicarme, de no decir despropósitos,[54] y luego que usted sepa lo que hay, llore y gima y grite y diga cuanto quiera...Pero entre tanto no me apure usted el sufrimiento, por amor de Dios.

DOÑA IRENE. Diga usted lo que le dé la gana.

DON DIEGO. Que no volvamos otra vez a llorar y a...

DOÑA IRENE. No, señor; ya no lloro. [*Se enjuga las lágrimas con un pañuelo.*]

DON DIEGO. Pues hace ya cosa de un año poco más o menos que doña Paquita tiene otro amante. Se han

hablado muchas veces, se han escrito, se han prometido amor, fidelidad, constancia...y, por último, existe en ambos una pasión tan fina que las dificultades y la ausencia, lejos de disminuirla, han contribuido eficazmente a hacerla mayor. En este supuesto...

DOÑA IRENE. ¿Pero no conoce usted, señor, que todo es un chisme inventado por alguna mala lengua que no nos quiere bien?

DON DIEGO. Volvemos otra vez a lo mismo...No, señora; no es un chisme. Repito de nuevo que lo sé.

DOÑA IRENE. ¿Qué ha de saber usted, señor, ni qué traza tiene eso de verdad?...¿Conque la hija de mis entrañas, encerrada en un convento, ayunando los siete reviernes,[55] acompañada de aquellas santas religiosas!...¡Ella, que no sabe lo que es mundo, que no ha salido todavía del cascarón, como quien dice!...Bien se conoce que no sabe usted el genio que tiene Circuncisión...Pues bonita es ella para haber disimulado a su sobrina el menor desliz.[56]

DON DIEGO. Aquí no se trata de ningún desliz, señora doña Irene; se trata de una inclinación honesta, de la cual hasta ahora no habíamos tenido antecedente alguno. Su hija de usted es una niña muy honrada y no es capaz de deslizarse...Lo que digo es que la madre Circuncisión, y la Soledad, y la Candelaria, y todas las madres y usted y yo el primero nos hemos equivocado solemnemente. La muchacha se

[50] fiesta católica para conmemorar la institución de la Eucaristía
[51] puñetazos
[52] oficial militar que en las provincias debe ordenar a otros comisarios o jefes
[53] orden religiosa
[54] cosas que no tienen nada que ver con el tema
[55] los siete viernes que siguen a la Pascua
[56] deshonestidad

quiere casar con otro y no conmigo...Hemos llegado tarde; usted ha contado muy de ligero con la voluntad de su hija...Vaya, ¿para qué cansarnos? Lea usted ese papel [*Saca el papel de don Carlos y se le da. Doña Irene, sin leerle, se levanta muy agitada, se acerca a la puerta de su cuarto y llama. Levántase don Diego y procura en vano contenerla.*] y verá si tengo razón.

DOÑA IRENE. ¡Yo he de volverme loca!...¡Francisquita!...¡Virgen del Tremendal!...¡Rita! ¡Francisca!

DON DIEGO. Pero, ¿a qué es llamarlas?

DOÑA IRENE. Sí, señor; que quiero que venga y que se desengañe la pobrecita de quién es usted.

DON DIEGO. Lo echó todo a rodar...Esto le sucede a quien se fía de la prudencia de una mujer.

Escena XII

[DOÑA FRANCISCA, RITA, DOÑA IRENE, DON DIEGO]

RITA. Señora.

DOÑA FRANCISCA. ¿Me llamaba usted?

DOÑA IRENE. Sí, hija, sí; porque el señor don Diego nos trata de un modo que ya no se puede aguantar. ¿Qué amores tienes, niña? ¿A quién has dado palabra de matrimonio? ¿Qué enredos son estos?...Y tú, picarona...Pues tú también lo has de saber...Por fuerza lo sabes...¿Quién ha escrito este papel?...¿Qué dice?... [*Presentando el papel abierto a doña Francisca.*]

RITA. Su letra es. [*Aparte a doña Francisca.*]

DOÑA FRANCISCA. ¡Qué maldad!...Señor don Diego, ¿así cumple usted su palabra?

DON DIEGO. Bien sabe usted que no tengo la culpa...Venga usted aquí...[*Asiendo de una mano a doña Francisca la pone a su lado.*] No hay que temer...Y usted, señora, escuche y calle, y no me ponga en términos de hacer un desatino...

Deme usted ese papel...[*Quitándole el papel de las manos a doña Irene.*] Paquita, ya se acuerda usted de las tres palmadas de esta noche.

DOÑA FRANCISCA. Mientras viva me acordaré.

DON DIEGO. Pues éste es el papel que tiraron a la ventana...No hay que asustarse, ya lo he dicho. [*Lee*] *Bien mío: si no consigo hablar con usted, haré lo posible para que llegue a sus manos esta carta. Apenas me separé de usted, encontré en la posada al que yo llamaba mi enemigo, y al verle no sé cómo no expiré de dolor. Me mandó que saliera inmediatamente de la ciudad y fue preciso obedecerle. Yo me llamo don Carlos, no don Félix...Don Diego es mi tío. Viva usted dichosa y olvide para siempre a su infeliz amigo Carlos de Urbina.*

DOÑA IRENE. ¿Conque hay eso?

DOÑA FRANCISCA. ¡Triste de mí!

DOÑA IRENE. ¿Conque es verdad lo que decía el señor, grandísima bribona? Te has de acordar de mí. [*Se encamina hacia doña Francisca muy colérica y en ademán de querer maltratarla. Rita y don Diego procuran estorbárselo.*]

DOÑA FRANCISCA. ¡Madre!...¡Perdón!

DOÑA IRENE. No señor, que la he de matar.

DON DIEGO. ¿Qué locura es ésta?

DOÑA IRENE. He de matarla.

Escena XIII

[DON CARLOS, DON DIEGO, DOÑA IRENE, DOÑA FRANCISCA, RITA]

DON CARLOS. Eso no...[*Sale don Carlos del cuarto precipitadamente; coge de un brazo a doña Francisca, se la lleva hacia el fondo del teatro y se pone delante de ella para defenderla. Doña Irene se asusta y se retira.*] Delante de mí nadie ha de ofenderla.

DOÑA FRANCISCA. ¡Carlos!

DON CARLOS. Disimule [*Acercándose a don Diego*] usted mi atrevimiento...He visto que la insultaban, y no me he sabido contener.

DOÑA IRENE. ¿Qué es lo que sucede, Dios mío?...¿Quién es usted?...¿Qué acciones son éstas?...¿Qué escándalo...?

DON DIEGO. Aquí no hay escándalos...Ése es de quien su hija de usted está enamorada... Separarlos y matarlos viene a ser lo mismo...Carlos...No importa... Abraza a tu mujer. [*Don Carlos va a donde está doña Francisca; se abrazan y ambos se arrodillan a los pies de don Diego.*]

DOÑA IRENE. ¿Conque su sobrino de usted...?

DON DIEGO. Sí, señora, mi sobrino, que con sus palmadas y su música y su papel me ha dado la noche más terrible que he tenido en mi vida...¿Qué es esto, hijos míos, qué es esto?

DOÑA FRANCISCA. ¿Conque usted nos perdona y nos hace felices?

DON DIEGO. Sí, prendas[57] de mi alma...[*Los hace levantar con expresiones de ternura.*] Sí...

DOÑA IRENE. ¿Y es posible que usted se determine a hacer un sacrificio?...

DON DIEGO. Yo pude separarlos para siempre, y gozar tranquilamente la posesión de esta niña amable; pero mi conciencia no lo sufre...¡Carlos! ¡Paquita! ¡Qué dolorosa impresión me deja en el alma el esfuerzo que acabo de hacer!...Porque, al fin, soy hombre miserable y débil.

DON CARLOS. Si nuestro amor [*Besándole las manos.*], si nuestro agradecimiento pueden bastar a consolar a usted en tanta pérdida.

DOÑA IRENE. ¡Conque el bueno de don Carlos! Vaya que...

DON DIEGO. El y su hija de usted estaban locos de amor, mientras usted y las tías fundaban castillos en el aire y me llenaban la cabeza de ilusiones, que han desaparecido como un sueño...Esto resulta del abuso de la autoridad, de la opresión que la juventud padece; éstas son las seguridades que dan los padres y los tutores, y esto lo que se debe fiar en el sí de las niñas...Por una casualidad he sabido a tiempo el error en que estaba...¡Ay de aquéllos que los saben tarde!

DOÑA IRENE. En fin, Dios los haga

---

[57] **tesoros**

buenos, y que por muchos años se gocen...Venga usted acá, señor; venga usted, que quiero abrazarle...[*Se abrazan don Carlos y doña Irene. Doña Francisca se arrodilla y la besa la mano.*] ¡Hija, Francisquita! ¡Vaya! buena elección has tenido...Cierto que es un mozo galán...Morenillo, pero tiene un mirar de ojos muy hechicero.[58]

RITA. Sí, dígaselo usted, que no lo ha reparado la niña. Señorita, un millón de besos. [*Doña Francisca y Rita se besan, manifestando mucho contento.*]

DOÑA FRANCISCA. Pero, ¿ves qué alegría tan grande?...¡Y tú, como me quieres tanto!...Siempre, siempre serás mi amiga.

DON DIEGO. Paquita hermosa, [*Abraza a doña Francisca*] recibe los primeros abrazos de tu nuevo padre...No temo ya la soledad terrible que amenazaba a mi vejez...Vosotros [*Asiendo de las manos a doña Francisca y a don Carlos*] seréis la delicia de mi corazón, y el primer fruto de vuestro amor...Sí, hijos, aquél...No hay remedio, aquél es para mí. Y cuando le acaricie en mis brazos, podré decir: a mí me debe su existencia este niño inocente; si sus padres viven, si son felices, yo he sido la causa.

DOÑA FRANCISCA. ¡Bendita sea tanta bondad!

DON DIEGO. Hijos, bendita sea la de Dios.

FIN

---

[58] encantador

SOBRE LA LECTURA

Acto primero

1. ¿Por qué ha ido don Diego a la posada? ¿Por qué no quiere salir?
2. ¿Por qué se da cuenta el espectador desde el principio de la obra que el proyecto de don Diego es una locura?
3. ¿Qué fin dramático o didáctico sirve el malentendido entre Simón y don Diego?
4. ¿Para qué quiere casarse don Diego? ¿Qué busca en una mujer?
5. ¿Qué dice acerca de la libertad de elección?
6. ¿Cómo describe a Carlos?
7. ¿De qué se burla Moratín en la escena en que llega doña Paquita con su madre?
8. ¿Cómo explica doña Irene el aparente desinterés de su hija?
9. ¿Qué cosas hace doña Irene que fastidian a don Diego?
10. ¿Cuál es la actitud de Rita hacia doña Irene?
11. ¿Qué le dice Calamocha a Rita?
12. ¿Por qué entra Paquita llorando? ¿Qué le dice Rita que le levanta el ánimo?

Acto segundo

1. ¿Cómo sabemos que doña Irene no entiende a su hija en absoluto?
2. ¿Cómo trata de manipular a su hija? ¿Qué técnicas usa?
3. ¿En qué sentido entiende don Diego a las jóvenes mejor que doña Irene?
4. ¿Cuál es la actitud de don Diego hacia Paquita? ¡Por qué insiste en que ella hable sin que su madre la interrumpa?
5. ¿Cómo usa doña Irene la virtud como arma?
6. Compare la actitud de Rita hacia el amor con la de Paquita.
7. ¿Cómo recibe Paquita a Carlos?
8. ¿Por qué dice Carlos, «Su decoro de usted merece la primera atención»? ¿Qué revela esta afirmación acerca de su personalidad? ¿acerca de sus valores?
9. Describa la relación que existe entre Carlos y su tío y compárela con la que existe entre Paquita y su madre.
10. ¿Cómo reacciona Carlos al ver a Simón?
11. ¿Cómo recibe don Diego a su sobrino? ¿Por qué lo trata de una manera tan brusca? ¿Qué le ordena que haga?
12. ¿Qué descubren Rita y Paquita al fin del acto? Describa su reacción a esta noticia.

Acto tercero

1. ¿Cómo se entera don Diego de los amores de Paquita y Carlos? ¡Reacciona de una manera violenta? Explique.
2. ¿De qué se entera don Diego en su entrevista con Paquita? ¡Qué promete hacer para ayudar a la joven?
3. ¿Qué dice don Diego de la educación de las niñas?
4. ¿Cuándo y dónde conoció Carlos a Paquita?
5. ¿Qué quiere decir Carlos cuando le dice a su tío que apetece la guerra? ¿De qué se da cuenta don Diego en ese momento?
6. ¿Por qué esconde don Diego a su sobrino?
7. ¿Cómo reacciona doña Irene cuando don Diego le dice que Paquita está enamorada de otro hombre?
8. ¿Cómo termina la obra?

HACIA EL ANALISIS LITERARIO

1. ¿Por qué se considera *El sí de las niñas* un modelo del arte dramático neoclásico? ¿Qué elementos neoclásicos ve usted en esta obra?
2. ¿Cómo desarrolla Moratín los temas de la moderación y el sentido común?
3. ¿En qué sentido son don Diego, Paquita y Carlos personajes ejemplares? ¿Son perfectos? ¿Son convincentes? ¿Por qué? ¿Qué dice Moratín de la naturaleza humana?
4. ¿Cuál es la función dramática y didáctica de doña Irene?

5. ¿Cuál es la función de los criados?

6. ¿Cómo varía Moratín el lenguaje de acuerdo con los personajes? ¿A qué objetivo neoclásico responde esta técnica?

7. Carlos no aparece hasta el acto segundo. ¿Qué efecto dramático logra Moratín al demorar su entrada?

8. Al principio de la obra, don Diego califica a su sobrino de «enamoradizo». ¿Qué significa esto? ¿Cómo cambia el verdadero amor a don Carlos?

9. ¿Cómo usa Moratín el humor en esta obra?

10. ¿Qué dice acerca de la religión? ¿la educación? ¿el matrimonio?

11. ¿Hay algún personaje realmente malo en esta obra? ¿Cómo complica esto la situación dramática?

12. ¿Cómo usa Moratín la iluminación?

TEXTO Y VIDA

1. ¿Hasta qué punto tienen los padres el derecho de influir en la elección del esposo o esposa de sus hijos?

2. ¿Piensa usted que hoy en día los jóvenes tienen demasiada libertad? Explique su respuesta.

3. ¿Qué piensa usted de la conducta de Paquita con respecto a su madre? ¿Piensa usted que se deja dominar demasiado? ¿Cómo debería haber reaccionado?

4. ¿Qué técnicas usan los padres para controlar a sus hijos? ¿Conoce usted a alguien como doña Irene?

5. ¿Qué piensa usted del concepto del amor de Moratín? ¿Es aceptable hoy en día o no? Explique.

6. ¿Cómo reaccionaría un público moderno a *El sí de las niñas*?

El siglo XIX

Conflicto y transición

Los conflictos violentos y la confusión política caracterizan una gran parte del siglo XIX. Como ya se ha visto, en 1808 el ejército francés cruzó los Pirineos con la autorización del gobierno español, encabezado por Manuel Godoy, ministro y consejero de Carlos IV. La ocupación francesa de varias zonas estragéticas del norte provocó una reacción inmediata. La sublevación contra los franceses comenzó en Madrid el 2 de mayo de 1808 y pronto se extendió a todas partes del país. La Guerra de Independencia duró desde 1808 a 1813 y unió temporalmente al pueblo español. Fernando VII (1784–1833), hijo mayor de Carlos IV, había sido arrestado por conspirar contra Godoy. Puesto pronto en libertad, Fernando fue a Bayona, donde Napoleón lo obligó a abdicar. Entonces el emperador francés instaló a su hermano, José Bonaparte, en el trono de España. La reacción del pueblo español a esta ofensa fue violenta. El pintor Francisco de Goya (1746–1828) dejó unos apasionados testimonios de la crueldad de aquellos trastornos en *Los desastres de la guerra*, grabados ejecutados entre 1810 y 1814, y en su cuadro *Los fusilamientos del 3 de mayo*.

Los españoles combatieron heroicamente, derrotando a las fuerzas francesas en Bailén el 19 de julio de 1808 y defendiendo muchas de sus ciudades en diversas partes del país. Los franceses fueron finalmente expulsados de la península con la ayuda de las tropas del general inglés Arthur Wellesley, Duque de Wellington. Fernando VII entró en España en 1814 y ocupó el trono.

Un año antes del final de la guerra, las Cortes reunidas en Cádiz habían escrito la Constitución de 1812, de tendencia liberal. Sin embargo, el nuevo monarca declaró nula la nueva constitución y restableció el sistema absolutista. Mientras tanto, las colonias americanas se iban liberando del dominio español y el rey no fue capaz de atenuar las consecuencias del movimiento independentista.

Crecía el descontento con la monarquía. En 1820 una sublevación liberal volvió a poner en vigor la Constitución de 1812. Sin embargo, este período constitucional duró poco. En 1823 un ejército francés enviado por Luis XVIII restauró el poder real en España.

La Ley Sálica, vigente desde hacía más de cien años, prohibía que la corona pasara a una mujer. Fernando, casado con María Cristina de Borbón, promulgó la Pragmática Sanción que restablecía el derecho de las mujeres a la sucesión, lo cual provocó la protesta de su hermano Carlos, que consideraba que el nuevo dictamen lo lesionaba en sus derechos a la corona. Al morir Fernando VII en 1833, dejó al país dividido entre los que apoyaban la causa de su hermano Carlos y los que defendían las pretensiones al trono de su hija Isabel. Pronto el país se sumergió en una violenta guerra civil, la primera de las guerras carlistas.

Los partidarios de don Carlos eran tradicionalistas; creían en la validez de la Ley Sálica. Los liberales apoyaban la causa de Isabel, quien sucedió a su padre en 1833 bajo la regencia de su madre María Cristina. La primera guerra carlista procedió con una crueldad terrible. Mientras tanto, los ministros se sucedieron uno tras otro. Una de las leyes más importantes que se promulgó en este período fue la que dictó la desamortización de los bienes eclesiásticos, la cual liberó muchas propiedades que habían sido de la Iglesia y las hizo disponibles para la venta. Un número considerable de estas propiedades pasó a manos de burgueses, indicio de la naturaleza cambiante de la sociedad. La guerra terminó por fin en 1839. María Cristina renunció a la regencia y la reemplazó el general liberal Baldomero Espartero. A éste le sucedió Joaquín María López, quien adelantó la mayoría de edad de Isabel II en 1843.

Durante los años que siguieron hubo una serie de luchas entre progresistas y moderados. En 1845 estos últimos promulgaron una nueva constitución. En 1854 el general Leopoldo O'Donnell encabezó una sublevación. Se formó un gobierno de coalición y se sucedieron varios gabinetes. Una segunda guerra carlista estalló pero tuvo pocas acciones importantes y acabó en 1860. Durante esta época España intervino o intentó intervenir en algunos conflictos extranjeros—en Marruecos, en México, en la Guerra del Pacífico entre Chile y Perú. Por fin, en 1868, fueron derrotadas las tropas reales. Isabel II se refugió en Francia donde vivió hasta su muerte en 1904.

Un gobierno provisional convocó las Cortes, las cuales promulgaron la Constitución de 1869. Después de buscar laboriosamente un nuevo monarca, se escogió a don Amadeo de Saboya, cuyo breve reinado (1871–1873) desembocó en la Primera República. La elección de Amadeo I y la proclamación de la república fueron el origen de una tercera guerra carlista, la cual duró desde 1872 hasta 1876.

La nueva república duró sólo once meses, durante los cuales hubo cuatro presidentes. En 1874 se restauró la monarquía borbónica cuando Alfonso XII, hijo de Isabel II, subió al trono. El político conservador Antonio Cánovas del

Castillo fue el alma de la restauración y la fuerza inspiradora de la Constitución de 1876. En 1881 subió al poder Práxedes Mateo Sagasta, jefe del Partido Liberal, quien pactó con Cánovas la rotación de los partidos dinásticos.

En 1885 Alfonso XII murió y al año siguiente nació su hijo, Alfonso XIII. Su madre, María Cristina de Habsburgo, se encargó de la regencia. Fue uno de los períodos más dolorosos de la historia del país, ya que España perdió la Guerra con los Estados Unidos y, como consecuencia de esto, sus últimas colonias: Cuba, Puerto Rico y Filipinas.

El romanticismo español

Caracteriza al siglo XVIII el *neoclasicismo, un movimiento artístico e intelectual que predica la moderación y el buen gusto. Los neoclásicos insisten en el poder de la razón. Estiman el espíritu científico y crítico; tienen en menos el sentimentalismo. En el arte, buscan evitar los excesos y exageraciones del barroco.

La austeridad emocional del neoclasicismo provoca una reacción fuerte. A fines del siglo XVIII y a principios del XIX el *romanticismo—un movimiento que repudia toda regla clásica y adopta como ideal la libertad artística—se extiende por todas partes de Europa. El objetivo del romanticismo es despertar la sensibilidad y las emociones. El romántico no busca la verdad en la objetividad, sino en el sentimiento. Ve la emoción como lo más auténtico del ser humano. Los artistas románticos rechazan el realismo y cultivan lo fantástico. Combinan lo bello y lo feo, dándole un valor estético a lo grotesco. El poeta romántico está en un constante delirio causado por la indignación, el alcohol o la orgía. Glorifica el amor y se desespera cuando el amor fracasa, entregándose a los excesos de la carne. Se rebela contra la autoridad, contra el orden. Duda de todo, pero sus incertidumbres no lo conducen a la investigación, sino al pesimismo. Sufre de un hastío inexplicable.

En cuanto a la temática, el romántico se aparta del neoclasicismo. Exalta el amor, el patriotismo, la libertad. Busca su inspiración en lugares y tiempos remotos—en el Oriente o en la Edad Media, por ejemplo. Idealiza al rebelde, a la persona solitaria o marginada: el pirata, el delincuente, el artista, el miserable, la prostituta. La independencia de espíritu es uno de los valores más apreciados de los románticos. A menudo se da a excesos de religiosidad o a un ateísmo desafiante. Cultiva «el magnífico gesto»—el sacrificio, el reto, el suicidio.

Mientras que el neoclásico prefiere un estilo directo y mesurado, el romántico cultiva el tono altisonante. Le gusta lo ostentoso, lo grandioso, lo magnífico.

En España, las tendencias románticas empiezan a hacerse sentir alrededor de 1808, año de la invasión de las tropas de Napoleón. Había caracterizado los últimos años del siglo anterior una especie de letargo general, pero con la invasión francesa, el pueblo español se galvaniza. Uno por uno, los diversos elementos de la sociedad se unen a la lucha contra los invasores. Se inicia un período de apasionada violencia. Tanto en la política como en el arte, se destacan dos tendencias: el tradicionalismo y el liberalismo radical.

El tradicionalismo invoca el espíritu de la Reconquista. Hace hincapié en los antiguos valores españoles: la lealtad, el coraje, el honor, el respeto a la jerarquía social, la fe católica. El liberalismo predica la transformación del país. Apoya el progreso científico y social, buscando inspiración en el ejemplo de naciones europeas social y tecnológicamente más adelantadas. Estas dos fuerzas opuestas se unen ante la amenaza francesa. Ambas apelan al patriotismo, los tradicionalistas evocando la gloria pasada de una España conquistadora, los liberales incitando al pueblo al triunfo sobre la tiranía. Pero una vez terminada la guerra, la alianza se disuelve. El tradicionalismo se convierte en una fuerza reaccionaria mientras que el liberalismo produce un fervor revolucionario. Paradójicamente, estas dos tendencias opuestas dominan el arte romántico español.

Por una parte, los románticos vuelven a su propio pasado, explorando tradiciones y leyendas nacionales. Lo que le interesa al escritor romántico no es la exactitud histórica, sino lo misterioso, fantástico o exótico del ambiente medieval. Encuentra inspiración también en el teatro barroco, con sus caballeros aventureros y donjuanescos. Al mismo tiempo, al elemento progresista y reformador le atrae la imagen del hombre solitario que lucha contra fuerzas hostiles. El Cid, don Juan, los hombres de honor de Calderón, son personajes que entusiasman tanto a tradicionalistas como a liberales.

Dos de las figuras más destacadas del movimiento romántico son José de

Espronceda (1808–1842) y José Zorrilla (1817–1893). Espronceda fue el poeta romántico por excelencia. Predominan en su obra los temas predilectos de los artistas de su generación: el amor, el patriotismo, la libertad. Involucrado en intrigas políticas desde la edad de 14 años, Espronceda fue encarcelado y desterrado varias veces. Viajó por Portugal, Inglaterra y París. En Francia combatió en la Revolución de 1830 contra las fuerzas del absolutismo monárquico. Sus creencias revolucionarias y patrióticas se reflejan en sus poemas, de los cuales algunos exaltan la guerra como instrumento de la libertad, y otros expresan la indignación ante los abusos de los franceses en España. Para Espronceda, la libertad era inseparable del individualismo. Su poesía glorifica al rebelde («Canción del pirata»), al delincuente («El reo de muerte»), al que vive apartado de la sociedad («A Jarifa en una orgía»). A causa de la tremenda fuerza emocional de su poesía, se ha llamado a Espronceda el Byron español.

El amor en la poesía de Espronceda es siempre una pasión no realizada, un intento fracasado. A diferencia de los *neoplatónicos del *renacimiento, el romántico hace hincapié en el aspecto sexual del amor. Al hablar de la amada, no la ve como dama casta e inalcanzable, sino como a una mujer que se ha entregado a la pasión y ha sufrido las consecuencias. En los poemas de Espronceda, los excesos sexuales conducen a la desilusión, ya que el delito destruye la inocencia. Entonces el amante se entrega al vicio. La preocupación con su estado espiritual no conduce a la introspección o al examen psicológico, sino a un efusivo derramamiento de emociones.

Entre los poemas más conocidos de Espronceda figuran «El estudiante de Salamanca» (1836), sobre el tema de don Juan, y «El diablo mundo» (1841), en el cual el poeta llora la fuerza destructora del amor.

En la escena, el *romanticismo encontró su expresión más auténtica en las obras de José Zorrilla, el mejor representante del aspecto tradicionalista del movimiento. Hoy en día, su *Don Juan Tenorio* (1844) es todavía la obra que se monta con más frecuencia en el mundo hispánico.

Zorrilla se inspiró en temas históricos, particularmente en las tradiciones y en el folklore. Encontró sus argumentos en las leyendas medievales, en el romancero y en el teatro del *Siglo de Oro. No era la verdad histórica lo que le interesaba a Zorrilla, sino lo fantástico, lo misterioso, lo nacional. El mundo de la caballería le proporcionaba un rico caudal de argumentos en los cuales lo maravilloso y lo heroico eran elementos fundamentales. Sus protagonistas son a menudo aventureros, hombres que desafían a la sociedad. No son representaciones realistas, sino figuras grandiosas, magníficas, exageradamente buenas o malas. A veces se basan en figuras históricas—por ejemplo, el Cid o el rey don Pedro—o en mitos nacionales como el de don Juan Tenorio. Zorrilla veía en las leyendas una expresión de lo auténticamente español; fue el dramaturgo que logró nacionalizar el teatro romántico.

Aunque la religión es un elemento importante de sus obras, no se trata de la exploración de temas dogmáticos o bíblicos como en el caso de un Calderón, por ejemplo, sino de la expresión escénica de la fe popular. Caracterizan su teatro los milagros y la intervención divina. A menudo el héroe se ve a sí mismo como un hombre olvidado o abandonado de Dios. En estos casos, el amor sirve a menudo como una fuerza regeneradora, lo cual permite que se concilien la ortodoxia religiosa y la pasión desenfrenada. En *Don Juan Tenorio,* por ejemplo, el seductor depravado se salva cuando su amada doña Inés, ya muerta, le extiende la mano desde la otra vida. Mientras Espronceda creó personajes rebeldes que desafiaban las creencias religiosas, los héroes de Zorrilla encarnan los antiguos valores españoles, entre ellos, la fe católica.

Mariano José de Larra: romántico reformador

Mariano José de Larra (1809–1837) es una de las figuras más destacadas del *romanticismo español, aunque nunca se entrega a los excesos estilísticos que caracterizan a otros autores. Larra conserva mucho de la generación literaria anterior. Hereda del *neoclasicismo el gusto por lo racional y lo ordenado—tanto que se podría decir que en cuanto a la técnica, su obra es más neoclásica que romántica. En cuanto a su enfoque, también mantiene una actitud crítica que se asemeja en mucho a la de los neoclásicos. Sin embargo, por su inquietud sombría y pesimista, su estilo intensamente personal, su costumbre de pintarse como un observador solitario y enajenado, su pasión reformadora y su actitud desesperada ante el amor, se define como romántico.

Larra nació en Madrid, pero de niño se trasladó a Francia, donde recibió su educación primaria. Inició su carrera literaria a los 19 años, en 1828, con una columna periodística que publicaba bajo el nombre de «El duende satírico del día». Consistía en una serie de artículos sobre la vida y la sociedad españolas. Larra usó varios pseudónimos, de los cuales el último y más conocido es Fígaro. Se casó muy joven y tuvo tres hijos. El matrimonio fracasó, hundiendo al escritor en un profundo desaliento. La experiencia inspiró un artículo, «El casarse pronto y mal». Aumentó el pesimismo de Larra—tal vez agravado por los desdenes de una mujer, tal vez por la amargura de ver a su patria en un estado de decadencia—hasta llevarlo a una crisis personal que dio por resultado su suicidio a los veintiocho años.

Larra es conocido principalmente por sus artículos de costumbres y los político-sociales, aunque también escribió crítica literaria. En sus retratos de costumbres, ridiculiza mordazmente a la burguesía de su época. La sátira es su arma principal. Va al fondo de la psicología española, retratando con gran perspicacia diversos tipos sociales. Por medio del análisis de la mentalidad del español, ahonda en las causas de la decadencia nacional. A diferencia de los costumbristas, quienes describen usanzas tradicionales y pintorescas con la idea de conservarlas para la posteridad, Larra tiene siempre propósitos sociales, morales e ideológicos. Sensible e inteligente, se retrata como un hombre enajenado de su propia sociedad y profundamente apenado por la degeneración de su país. Al mismo tiempo, reconoce en su propia personalidad muchas de las características de las cuales se burla.

Larra fue un escritor comprometido en el sentido más moderno del término. Creía en la perfectibilidad de la sociedad y veía la literatura como un instrumento del progreso humano. Era un progresista que defendía los ideales de la reforma: la religión pura, la tolerancia, la igualdad ante la ley, la justicia y la libertad. Pero al mismo tiempo que pregonaba el progreso, le chocaban y deprimían la pobreza intelectual, la ineficiencia y la ordinariez que lo rodeaban.

Los primeros artículos de Larra son festivos y cómicos, pero pronto sus escritos van haciéndose satíricos. Describe con aguda ironía cada defecto nacional. Critica el esnobismo del afrancesado (el español que imita ciega y obsesivamente todo lo francés), el falso patriotismo que conduce al retraso nacional, la indolencia, la falta de honestidad, los malos cómicos, la burocracia aplastante, el señoritismo, la falta de modales, las pretensiones de la burguesía, el mal gusto. Retrata una España que vive alejada de las normas que rigen a los países modernos: el progreso, la libertad, la ciencia. Sus artículos revelan al moralista escéptico; recuerdan a Quevedo, cuyos artículos le servían de modelo.

En todos los ensayos de Larra, cualquiera que sea el tema, entra la angustia personal. Pero a pesar de su pesimismo, Larra fue esencialmente un humorista. Muchos de sus artículos son extraordinariamente divertidos. Aunque observa la sociedad con un ojo frío y analítico, sabe comunicar el aspecto risible de las cosas. Mientras una gran parte de la producción literaria de los románticos parece exagerada o anticuada para el lector moderno, la de Larra mantiene su frescura precisamente por la riqueza y el vigor de su estilo.

En «Vuelva usted mañana» un francés llega a España con la intención de invertir su dinero, lo cual beneficiaría al país. Pero en vez de cooperar con el extranjero, los burócratas se niegan a atender sus pedidos, deshaciéndose de él siempre con las mismas palabras: «Vuelva usted mañana». Finalmente el francés, frustrado y furioso, renuncia a su propósito. Al yuxtaponer la mentalidad española con la del extranjero eficaz, diligente y bienintencionado, Larra pone de relieve varios defectos del carácter nacional: la costumbre de conseguir bienes y servicios por medio del contacto personal; la incapacidad de reconocer que España se beneficiaría con la inversión extranjera; la resistencia al cambio; el hábito de hacer promesas y no cumplirlas o de hacer citas y no aparecer; la terquedad; la corrupción; la incompetencia; la ineficiencia de la burocracia; la falta de consideración; la carencia de lógica; la pereza general. Aunque en varios de sus ensayos Larra se burla del afrancesado, admira el espíritu progresivo de los franceses y quisiera que sus compatriotas fueran más como ellos.

Ediciones

Larra, Mariano José de. *Obras de Mariano José de Larra*. Ed. Carlos Seco Serrano. Madrid: Atlas, 1960

————. *Artículos varios*. Ed. Evaristo Correa Calderón. Madrid: Castalia, 1976

Crítica

Alborg, Juan L. *Historia de la literatura española: El romanticismo*. Madrid: Gredos, 1980

Armino, Mauro. *¿Qué ha dicho verdaderamente Larra?* Madrid: Doncel, 1973

Díez Borque, José María. «Larra: De la crítica a la autosátira.» *Insula* 38.442 (Sept. 1983):10

González Herrán, José Manuel. *La prosa romántica: Larra.* Madrid: Cincel, 1981

Kirkpatrick, Susan. *Larra: el inextricable laberinto de un romántico español.* Madrid: Gredos, 1977

Lorenzo-Rivero, Luis. *Estudios sobre Mariano José de Larra.* Madrid: J. Porrúa Turanzas, 1986

Perry, Leonard T. «The Positive Criticism in the *Artículos costumbristas* of Mariano José de Larra.» *Círculo* 9 (1980):17–25.

Vuelva usted mañana

MARIANO JOSÉ DE LARRA

Gran persona debió de ser el primero que llamó pecado mortal a la pereza; nosotros, que ya en uno de nuestros artículos anteriores estuvimos más serios de lo que nunca nos habíamos propuesto, no entraremos ahora en largas y profundas investigaciones acerca de la historia de este pecado, por más que conozcamos que hay pecados que pican[1] en historia, y que la historia de los pecados sería un tanto cuanto[2] divertida. Convengamos[3] solamente en que esta institución[4] ha cerrado y cerrará las puertas del cielo a más de un cristiano.

Estas reflexiones hacía yo casualmente no hace muchos días, cuando se presentó en mi casa un extranjero de éstos que, en buena o en mala parte[5] han de tener siempre de nuestro país una idea exagerada e hiperbólica, de éstos que, o creen que los hombres aquí son todavía los espléndidos, francos, generosos y caballerescos seres de hace dos siglos, o que son aún las tribus nómadas del otro lado del Atlante;[6] en el primer caso vienen imaginando que nuestro carácter se conserva tan intacto como nuestras ruinas; en el segundo vienen temblando por esos caminos, y preguntan si son los ladrones que los han de despojar[7] los individuos de algún cuerpo de guardia establecido precisamente para defenderlos de los azares[8] de un camino, comunes a todos los países.

Verdad es que nuestro país no es de aquéllos que se conocen a primera ni segunda vista, y si no temiéramos que nos llamasen atrevidos, lo comparáramos de buena gana a esos juegos de manos[9] sorprendentes e inescrutables para el que ignora su artificio, que estribando[10] en una grandísima bagatela,[11] suelen des-

---

[1]border on
[2]a bit
[3]Let's agree
[4]that is, laziness
[5]**en...**with good or bad intentions
[6]**las...**the nomadic tribes from the other side of the Atlas Mountains. (Larra refers to the

Berbers.)
[7]plunder
[8]hazards
[9]sleights of hand
[10]**basándose**
[11]**una...cosa muy trivial**

pués de sabidos dejar asombrado de su poca perspicacia al mismo que se devanó los sesos por buscarles causas extrañas. Muchas veces la falta de una causa determinante en las cosas nos hace creer que debe de haberlas profundas para mantenerlas al abrigo de nuestra penetración. Tal es el orgullo del hombre que más quiere declarar en alta voz que las cosas son incomprensibles cuando no las comprende él, que confesar que el ignorarlas puede depender de su torpeza.[12]

Esto no obstante, como quiera que entre nosotros mismos se hallen muchos en esta ignorancia de los verdaderos resortes[13] que nos mueven, no tendremos derecho para extrañar que los extranjeros no los puedan tan fácilmente penetrar.

Un extranjero de éstos fue el que se presentó en mi casa, provisto[14] de competentes cartas de recomendación para mi persona. Asuntos intrincados de familia, reclamaciones[15] futuras, y aun proyectos vastos concebidos en París de invertir aquí sus cuantiosos caudales en tal cual[16] especulación industrial o mercantil, eran los motivos que a nuestra patria le conducían.

Acostumbrado a la actividad en que viven nuestros vecinos, me aseguró formalmente que pensaba permanecer aquí muy poco tiempo, sobre todo si no encontraba pronto objeto seguro en que invertir su capital. Me pareció el extranjero digno de alguna consideración, trabé presto amistad[17] con él, y lleno de lástima traté de persuadirle a que se volviese a su casa cuanto antes,[18] siempre que seriamente trajese otro fin que no fuese el de pasearse.[19] Le admiró la proposición, y fue preciso explicarme más claro.

—Mirad—le dije—, M. Sans-Délai[20] (que así se llamaba); vós venís decidido a pasar quince días y a solventar en ellos vuestros asuntos.

—Ciertamente—me contestó—. Quince días, y es mucho. Mañana por la mañana buscamos un genealogista para mis asuntos de familia; por la tarde revuelve sus libros, busca mis ascendientes, y por la noche ya sé quién soy. En cuanto a mis reclamaciones, pasado mañana las presento fundadas en los datos que aquél me dé, legalizados en debida forma: y como será una cosa clara y de justicia innegable (pues sólo en este caso haré valer[21] mis derechos), al tercer día se juzga el caso y soy dueño de lo mío. En cuanto a mis especulaciones, en que pienso invertir mis caudales, al cuarto día ya habré presentado mis proposiciones. Serán buenas o malas, y admitidas o desechadas en el acto,[22] y son cinco días; en el sexto, séptimo y octavo veo lo que hay que ver en Madrid; descanso el noveno; el décimo tomo mi asiento en la diligencia,[23] si no me conviene estar más tiempo aquí, y me vuelvo a mi casa; aun me sobran, de los quince, cinco días.

Al llegar aquí M. Sans-Délai, traté de reprimir una carcajada que

---

[12] **ignorancia, estupidez**
[13] **motivos**
[14] provided, equipped
[15] claims
[16] some...or other
[17] **trabé...I made friends with him quickly**
[18] **inmediatamente, lo más pronto posible**
[19] **divertirse**
[20] Monsieur Sans-Délai = Mr. Without Delay
[21] I will enforce
[22] **en...inmediatamente**
[23] stagecoach

me andaba retozando[24] ya hacía rato en el cuerpo, y si mi educación[25] logró sofocar mi inoportuna jovialidad, no fue bastante a impedir que se asomase a mis labios una suave sonrisa de asombro y de lástima que sus planes ejecutivos me sacaban al rostro, mal de mi grado.[26]

—Permitidme, M. Sans-Délai— le dije entre socarrón y formal[27]—, permitidme que os convide a comer para el día en que llevéis quince meses de estancia en Madrid.

—¿Cómo?

—Dentro de quince meses estáis aquí todavía.

—¿Os burláis?[28]

—No por cierto.

—¿No me podré marchar cuando quiera? ¡Cierto que la idea es graciosa!

—Sabed que no estáis en vuestro país, activo y trabajador.

—¡Oh!, los españoles que han viajado por el extranjero han adquirido la costumbre de hablar siempre mal de su país por hacerse superiores a sus compatriotas.—

—Os aseguro que en los quince días con que contáis no habréis podido hablar siquiera a una sola de las personas cuya cooperación necesitáis.

—¡Hipérboles! Yo les comunicaré a todos mi actividad.

—Todos os comunicarán su inercia.

Conocí que no estaba el señor de Sans-Délai muy dispuesto a dejarse convencer sino por la experiencia, y callé por entonces, bien seguro de que no tardarían mucho los hechos en hablar por mí.

Amaneció el día siguiente, y salimos entrambos a buscar a un genealogista, lo cual sólo se pudo hacer preguntando de amigo en amigo y de conocido en conocido; encontrámosle por fin, y el buen señor, aturdido de ver nuestra precipitación[29] declaró francamente que necesitaba tomarse algún tiempo; se le instó,[30] y por mucho favor nos dijo definitivamente que nos diéramos una vuelta por allí dentro de unos días. Me sonreí y nos marchamos. Pasaron tres días; fuimos. «Vuelva usted mañana—nos respondió la criada—, porque el señor no se ha levantado todavía.» «Vuelva usted mañana—nos dijo al siguiente día—, porque el amo acaba de salir.» «Vuelva usted mañana—nos respondió el otro—, porque el amo está durmiendo la siesta.» «Vuelva usted mañana—nos respondió el lunes siguiente—, porque hoy ha ido a los toros.» ¿Qué día, a qué hora se ve a un español? Le vimos por fin, y «Vuelva usted mañana—nos dijo—, porque se me ha olvidado. Vuelva usted mañana, porque no está en limpio.»[31] A los quince días ya estuvo; pero mi amigo le había pedido una noticia del apellido Díez, y él había entendido Díaz, y la noticia no servía. Esperando nuevas pruebas,[32] nada dije a mi amigo, desesperado ya de dar jamás con sus abuelos.

Es claro que faltando este principio no tuvieron lugar las reclamaciones.

Para las proposiciones que

---

[24] tickling
[25] breeding
[26] in spite of myself
[27] **entre...**between joking and serious
[28] **Os...**Are you kidding?

[29] **aturdido...**upset to see that we were in such a hurry
[30] urged
[31] **en...claro**
[32] proofs (regarding the family tree)

acerca de varios establecimientos y empresas ultilísimas pensaba hacer había sido preciso buscar un traductor; por los mismos pasos que el genealogista nos hizo pasar el traductor; de mañana en mañana nos llevó hasta el fin del mes. Averiguamos que necesitaba dinero diariamente para comer, con la mayor urgencia; sin embargo, nunca encontraba momento oportuno para trabajar. El escribiente hizo después otro tanto con las copias, sobre[33] llenarlas de mentiras, porque un escribiente que sepa escribir no lo hay en este país.

No paró aquí; un sastre tardó veinte días en hacerle un frac, que le había mandado llevarle en veinticuatro horas; el zapatero le obligó con su tardanza a comprar botas hechas,[34] la planchadora necesitó quince días para plancharle una camisola, y el sombrerero a quien le había enviado su sombrero a variar el ala,[35] le tuvo dos días con la cabeza al aire y sin salir de casa.

Sus conocidos y amigos no le asistían a una sola cita, ni avisaban cuando faltaban, ni respondían a sus esquelas.[36] ¡Qué formalidad y qué exactitud!

—¿Qué os parece de esta tierra, M. Sans-Délai?—le dije al llegar a estas pruebas.

—Me parece que son hombres singulares[37]...

—Pues así son todos. No come-

rán por no llevar la comida a la boca.

Se presentó con todo, yendo y viniendo días, una proposición de mejoras para un ramo[38] que no citaré, quedando recomendada eficacísimamente.[39]

A los cuatro días volvimos a saber el éxito de nuestra pretensión.

—Vuelva usted mañana—nos dijo el portero—, El oficial de la mesa[40] no ha venido hoy.

«Grande causa le habrá detenido», dije yo entre mí.[41] Nos fuimos a dar un paseo, y nos encontramos, ¡qué casualidad![42] al oficial de la mesa en el Retiro,[43] ocupadísimo en dar una vuelta con su señora al hermoso sol de los inviernos claros de Madrid.

Martes era el día siguiente, y nos dijo el portero:

—Vuelva usted mañana, porque el señor oficial de la mesa no da audiencia[44] hoy.

«Grandes negocios habrán cargado sobre él»[45] dije yo. Como soy el diablo y aun he sido duende,[46] busqué ocasión de echar una ojeada por el agujero de una cerradura. Su señoría estaba echando un cigarrillo al brasero, y con una charada[47] del *Correo*[48] entre manos, que le debía de costar trabajo el acertar.

—Es imposible verle hoy—le dije a mi compañero—: su señoría[49] está, en efecto, ocupadísimo.

Nos dio audiencia el miércoles inmediato,[50] y ¡qué fatalidad!, el

---

[33] **además de**
[34] **ready-made**
[35] brim
[36] **notas**
[37] **extraños**
[38] branch (of the government)
[39] it being very well recommended
[40] **departamento**
[41] **entre...**to myself
[42] what a coincidence!

[43] the largest park in Madrid
[44] **no...**doesn't receive official visitors
[45] **Grandes...**I'll just bet he has a lot of important business! (sarcastic)
[46] Larra refers to his magazine, *El duende satírico del día.*
[47] puzzle
[48] name of a newspaper
[49] excellency
[50] following

expediente[51] había pasado a informe:[52] por desgracia, a la única persona enemiga indispensable de monsieur y su plan, porque era quien debía salir en él perjudicado.[53] Vivió el expediente dos meses en informe, y vino tan informado[54] como era de esperar. Verdad es que nosotros no habíamos podido encontrar empeño[55] para una persona muy amiga del informante. Esta persona tenía unos ojos muy hermosos, los cuales sin duda alguna le hubieran convencido en sus ratos perdidos de la justicia de nuestra causa.

Vuelto el informe, se cayó en la cuenta[56] en la sección de nuestra bendita oficina de que el tal expediente no correspondía a aquel ramo; era preciso rectificar este pequeño error; se pasó al ramo, establecimiento y mesa correspondientes, y hétenos[57] caminando después de tres meses a la cola[58] siempre de nuestro expediente, como hurón[59] que busca el conejo, y sin poderlo sacar muerto ni vivo de la huronera.[60] Fué el caso al llegar aquí que el expediente salió del primer establecimiento y nunca llegó al otro.

—De aquí se remitió con fecha tantos[61]—decían en uno.

—Aquí no ha llegado nada— decían en otro.

—¡Voto va![62]—dije yo a M. Sans-Délai—, ¿sabéis que nuestro expediente se ha quedado en el aire, como el alma de Garibay,[63] y que debe de estar ahora posado como una paloma sobre algún tejado de esta activa población?

Hubo que hacer otro. ¡Vuelta a los empeños!,[64] ¡vuelta a la prisa!, ¡qué delirio!

—Es indispensable—dijo el oficial con voz campanuda[65]—que esas cosas vayan por sus trámites[66] regulares.

Es decir, que el toque[67] estaba, como el toque del ejercicio militar, en llevar nuestro expediente tantos o cuantos años de servicio.

Por último, después de cerca de medio año de subir y bajar, y estar a la firma, o al informe, o a la aprobación, o al despacho, o debajo de la mesa, y de volver siempre mañana, salió con una notita al margen que decía: «A pesar de la justicia y utilidad del plan del exponente, negado.»

—¡Ah, ah, M. Sans-Délai!— exclamé riéndome, a carcajadas—. Este es nuestro negocio.

Pero M. Sans-Délai se daba a todos los oficinistas, que es como si dijéramos a todos los diablos.

—¿Para esto he echado yo mi viaje tan largo? ¿Después de seis meses no habré conseguido sino que me digan en todas partes diariamente: *Vuelva usted mañana*, y cuando este dichoso *mañana* llega en fin, nos dicen redondamente que no? ¿Y

---

[51] file
[52] **había...**had been sent to the department of investigation and appraisal
[53] hurt
[54] **vino...**it came back just about as appraised as you'd expect.
[55] «pull,» influence
[56] **cayó...**realized
[57] here we are
[58] **a...**on the trail
[59] ferret
[60] small, dark hole
[61] **con...**on such and such a date
[62] I swear!
[63] reference to a man whose soul was condemned to wander on earth without going either to heaven or to hell
[64] **Vuelta...**back to work!
[65] **pomposa**
[66] channels
[67] the crux of the matter

vengo a darles dinero? ¿Y vengo a hacerles favor? Preciso es que la intriga más enredada se haya fraguado[68] para oponerse a nuestras miras.[69]

—¿Intriga, M. Sans-Délai? No hay hombre capaz de seguir dos horas una intriga. La pereza es la verdadera intriga; os juro que no hay otra: esa es la gran causa oculta. Es más fácil negar las cosas que enterarse de ellas.

Al llegar aquí no quiero pasar en silencio algunas razones de las que me dieron para la anterior negativa, aunque sea una pequeña digresión.

—Ese hombre se va a perder[70]—me decía un personaje muy grave y muy patriótico.

—Esa no es una razón—le repuse—; si él se arruina, nada se habrá perdido en concederle lo que pide; él llevará el castigo de su osadía o de su ignorancia.

—¿Cómo ha de salir con su intención?

—Y suponga usted que quiere tirar su dinero y perderse; ¿no puede uno aquí morirse siquiera, sin tener un empeño para el oficial de la mesa?

—Puede perjudicar a los que hasta ahora han hecho de otra manera eso mismo que ese señor extranjero quiere hacer.

—¿A los que lo han hecho de otra manera, es decir, peor?

—Sí, pero lo han hecho.

—Sería lástima que se acabara el modo de hacer mal las cosas. ¿Conque, porque siempre se han hecho las cosas del modo peor posible, será preciso tener consideraciones con los perpetuadores del mal? Antes se debiera mirar si podrían perjudicar los antiguos al moderno.

—Así está establecido; así se ha hecho hasta aquí; así lo seguiremos haciendo.

—Por esa razón deberían darle a usted papilla todavía como cuando nació.[71]

—En fin, señor Bachiller,[72] es un extranjero.

—¿Y por qué no lo hacen los naturales del país?

—Con esas socaliñas[73] vienen a sacarnos la sangre.

—Señor mío—exclamé, sin llevar más adelante mi paciencia—, está usted en un error harto general. Usted es como muchos que tienen la diabólica manía de empezar siempre por poner obstáculos a todo lo bueno, y el que pueda, que los venza. Aquí tenemos el loco orgullo de no saber nada, de quererlo adivinar todo y no reconocer maestros. Las naciones que han tenido, ya que no el saber, deseos de él, no han encontrado otro remedio que el recurrir a los que sabían más que ellas. Un extranjero—seguí—que corre a un país que le es desconocido, para arriesgar en él sus caudales, pone en circulación un capital nuevo, contribuye a la sociedad, a quien hace un inmenso beneficio con su talento y su dinero. Si pierde, es un héroe; si gana, es muy justo que logre el premio de su trabajo, pues nos proporciona ventajas que no podíamos acarrearnos[74] solos. Este extranjero que se establece en

---

[68] forged, made
[69] **objetivo**
[70] **arruinar**
[71] **Por...**According to that reasoning, they should still be giving you the same baby formula as when you were born.
[72] A **bachiller** is someone with a secondary school education.
[73] **embustes, trampas**
[74] gain

este país no viene a sacar de él el dinero, como usted supone; necesariamente se establece y se arraiga[75] en él, y a la vuelta de[76] media docena de años, ni es extranjero ya, ni puede serlo; sus más caros intereses y su familia le ligan al nuevo país que ha adoptado; toma cariño al suelo donde ha hecho su fortuna al pueblo donde ha escogido una compañera; sus hijos son españoles, y sus nietos lo serán; en vez de extraer el dinero, ha venido a dejar un capital suyo que traía, invirtiéndolo y haciéndolo producir; ha dejado otro capital de talento, que vale por lo menos tanto como el del dinero; ha dado de comer a los pocos o muchos naturales de quien ha tenido necesariamente que valerse; ha hecho una mejora, y hasta ha contribuido al aumento de la población con su nueva familia. Convencidos de estas importantes verdades, todos los Gobiernos sabios y prudentes han llamado a sí a los extranjeros: a su grande hospitalidad ha debido siempre la Francia su alto grado de esplendor; a los extranjeros de todo el mundo que ha llamado la Rusia ha debido llegar a ser una de las primeras naciones en muchísimo menos tiempo que el que han tardado otras en llegar a ser las últimas; a los extranjeros han debido los Estados Unidos...Pero veo por sus gestos[77] de usted—concluí interrumpiéndome oportunamente a mí mismo—que es muy difícil convencer al que está persuadido de que no se debe convencer. ¡Por cierto, si usted mandara,[78] podríamos fundar en usted grandes

esperanzas! La fortuna es que hay hombres que mandan más ilustrados que usted, que desean el bien de su país, y dicen: «Hágase el milagro, y hágalo el diablo».[79] Con el Gobierno que en el día tenemos, no estamos ya en el caso de sucumbir a los ignorantes o a los malintencionados, y quizá ahora se logre que las cosas vayan mejor, aunque despacio, mal que les pese a los batuecos.[80]

Concluída esta filípica,[81] me fui en busca de mi Sans-Délai.

—Me marcho, señor Bachiller—me dijo—; en este país no hay tiempo para hacer nada; sólo me limitaré a ver lo que haya en la capital de más notable.

—¡Ay!, mi amigo—le dije—, idos en paz y no queráis acabar con vuestra poca paciencia; mirad que la mayor parte de nuestras cosas no se ven.

—¿Es posible?

—¿Nunca me habéis de creer? Acordaos de los quince días...

Un gesto de M. Sans-Délai me indicó que no le había gustado el recuerdo.

«Vuelva usted mañana—nos decían en todas partes—, porque hoy no se ve. Ponga usted un memorialito[82] para que le den a usted un permiso especial.» Era cosa de ver la cara de mi amigo al oír lo del memorialito: se le representaba en la imaginación el informe, y el empeño, y los seis meses, y...Se contentó con decir: *Soy un extranjero*. ¡Buena recomendación entre los amables compatriotas míos! Se aturdía mi amigo cada vez más, y

---

[75] **se...he establishes roots**
[76] **después de**
[77] **expresión de la cara**
[78] were in power
[79] The meaning is: It doesn't matter who does it, as long as it gets done.
[80] **tontos**
[81] **invectiva**
[82] a little (legal) brief, petition

cada vez nos comprendía menos. Días y días tardamos en ver las pocas rarezas que tenemos guardadas. Finalmente, después de medio año largo, si es que puede haber un medio año más largo que otro, se restituyó mi recomendado a su patria maldiciendo de esta tierra, y dándome la razón que yo ya antes me tenía, y llevando al extranjero noticias excelentes de nuestros batuecos, diciendo, sobre todo, que en seis meses no había podido hacer otra cosa sino volver siempre mañana, y a que a la vuelta de tanto mañana, eternamente futuro, lo mejor o más bien lo único que había podido hacer bueno había sido marcharse.

¿Tendrá razón, perezoso lector (se es que has llegado ya a esto que estoy escribiendo), tendrá razón el buen M. Sans-Délai en hablar mal de nosotros y de nuestra pereza? ¿Será cosa de que vuelva el día de mañana con gusto a visitar nuestros hogares? Dejemos esta cuestión para mañana, porque ya estarás cansado de leer hoy; si mañana u otro día no tienes, como sueles, pereza de volver a la librería, pereza de sacar tu bolsillo y pereza de abrir los ojos para ojear los pocos folletos que tengo que darte ya, te contaré cómo a mí mismo, que todo esto veo y conozco y callo mucho más, me ha sucedido muchas veces, llevado de esta influencia, hija del clima y de otras causas, perder de pereza más de una conquista amorosa; abandonar más de una pretensión empezada y las esperanzas de más de un empleo, que me hubiera sido acaso, con más actividad, poco menos que asequible; renunciar, en fin, por pereza de hacer una visita justa o necesaria, a relaciones sociales que hubieran podido valerme de mucho en el transcurso de mi vida; te confesaré que no hay negocio que no pueda hacer hoy que no deje para mañana; te referiré que me levanto a las once, y duermo siesta; que paso haciendo quinto pie de la mesa[83] de un café hablando o roncando, como buen español, las siete y las ocho horas seguidas; te añadiré que cuando cierran el café, me arrastro[84] lentamente a mi tertulia diaria (porque de pereza no tengo más que una), y[85] un cigarrito tras otro me alcanzan[86] clavado en un sitial,[87] y bostezando sin cesar, las doce o la una de la madrugada; que muchas noches no ceno de pereza, y de pereza no me acuesto; en fin, lector de mi alma, te declararé que de tantas veces como estuve en esta vida desesperado ninguna me ahorqué y siempre fue de pereza.[88] Y concluyo por hoy confesándote que ha más de tres meses que tengo, como la primera entre mis apuntaciones, el título de este artículo, que llamé *Vuelva usted mañana;* que todas las noches y muchas tardes he querido durante este tiempo escribir algo en él, y todas las noches apagaba mi luz diciéndome a mí mismo con la más pueril credulidad en mis propias resoluciones: *¡Eh, mañana lo escribiré!* Da gracias a que llegó por fin este mañana, que no es del todo malo; pero ¡ay de aquel mañana que no ha de llegar jamás!

---

[83] **haciendo...**being a permanent fixture at the café table
[84] **me...**I drag myself
[85] insert: **fumando**

[86] it gets to be twelve or one in the morning
[87] **clavado...**glued to my seat
[88] Note the irony of this remark: Larra really did commit suicide.

Nota.[89]—*Con el mayor dolor anunciamos al público de nuestros lectores que estamos ya a punto de concluir el plan reducido que en la publicación de estos cuadernos nos habíamos creado. Pero no está en nuestra mano evitarlo. Síntomas alarmantes nos anuncian que el hablador padece de la lengua: se le forma un fre-nillo que le hace hablar más pausada y menos enérgicamente que en su juventud. ¡Pobre Bachiller! Nos figuramos que morirá por su propia voluntad, y recomendamos por esto a nuestros apasionados y a sus preces[90] este pobre enfermo de aprensión, cansado ya de hablar.*

---

[89] This note appeared with "Vuelva usted mañana." Again, note the irony.

[90] prayers

SOBRE LA LECTURA

1. ¿Qué reflexiones hacía el autor cuando se presentó el señor Sans-Délai en su casa?
2. Según Larra, ¿qué idea tiene el extranjero del español?
3. ¿Por qué ha ido el señor Sans-Délai a España?
4. ¿Qué le hace pensar que terminará sus gestiones dentro de quince días?
5. ¿Cómo reacciona el autor cuando el señor francés le describe su plan?
6. ¿Qué pasa cuando trata de llevar a cabo su proyecto?
7. ¿Qué defectos nacionales describe Larra? ¿Qué ejemplos concretos da?
8. ¿Cómo critica Larra el patriotismo exagerado?
9. ¿Cómo ve Larra al extranjero?
10. ¿Sobre qué nota termina el artículo?

HACIA EL ANALISIS LITERARIO

1. ¿Cuál es el tema central de «Vuelva usted mañana»? ¿Cómo lo personaliza el autor?
2. ¿Qué efecto logra Larra al describir los defectos nacionales desde el punto de vista de un extranjero?
3. ¿En qué consiste el humor de Larra? ¿Cómo usa la hipérbole? ¿la repetición? ¿la sátira? ¿la ironía? Dé ejemplos.
4. ¿Por qué se siente Larra amargado? ¿Cómo comunica su amargura?
5. ¿Qué efecto produce el último párrafo del artículo?

TEXTO Y VIDA

1. ¿Es la burocracia tan ineficaz en los Estados Unidos como en España? Explique su respuesta.
2. Describa algún incidente que ilustre la ineficacia de la burocracia de la

universidad, del sistema de correos, del gobierno o de cualquier otra institución.

3. ¿Cuáles son las características del pueblo norteamericano? ¿Cuáles son sus defectos? Dé ejemplos.

4. Escriba un ensayo imitando a Larra y señalando alguna característica del norteamericano.

5. ¿Cómo ven los extranjeros a los norteamericanos? ¿Se justifican estas opiniones o no? Explique.

El mundo poético de Gustavo Adolfo Bécquer

Aunque algunos críticos consideran la obra de Gustavo Adolfo Bécquer (1836–1870) como la culminación del romanticismo, cronológica y artísticamente este poeta pertenece a la generación posromántica. Cuando Bécquer comienza su carrera literaria, el romanticismo ya ha pasado de moda. Si vemos en sus poemas y cuentos la misma preocupación por el amor, la misma fascinación con la magia, con el exotismo y con la Edad Media que asociamos con la literatura de principios de siglo, notamos también que la lírica de Bécquer carece del sentimentalismo exagerado y del tono rimbombante de sus antecesores.

La poesía de Bécquer es profundamente subjetiva. Por medio del deslumbramiento intuitivo el poeta intenta captar la esencia de la realidad y comunicarla en el poema. Si la obra de Bécquer revela una inclinación hacia lo sobrenatural, lo irreal, lo histórico, es que el poeta busca la pureza más allá de la rutina cotidiana y del mundo material. El propósito de Bécquer es el de revelar las realidades más hondas, auténticas y primordiales, dándoles forma en la obra de arte. La belleza, el terror, el amor son las esencias inefables que Bécquer intenta alcanzar, no por medio del análisis intelectual, sino por el arte. Toda su obra es una búsqueda de lo intangible. Anhela la esencia de la belleza y no el objeto bello. Por eso, no es la mujer de carne y hueso sino la idea de la mujer que le interesa. La que se ofrece plenamente («Yo soy ardiente, yo soy morena») le artrae menos que la que es inalcanzable («Yo soy un sueño, un imposible»).

Para Bécquer, la poesía es ese «espíritu sin nombre» que llena el mundo; el poema—y sus leyendas son poemas en prosa—es solamente un vehículo. El poema es el receptáculo que encierra las esencias poéticas que existen en el universo y en nosotros. Por lo tanto, el poeta no inventa, sino que percibe la poesía que existe a su alrededor y la expresa en su poema. Es decir, el poeta es el medio, no el creador: «Podrá no haber poetas, pero siempre / habrá poesía».

La poesía de Bécquer no es la poesía grandiosa, volcánica y retumbante de los primeros románticos. Es simple, clara, delicada, recatada en el mundo interior del poeta. Al lado de la sonoridad hueca de los románticos, el lenguaje de Bécquer parece natural, sencillo, fluido. La suya es una poesía sumamente musical. Bécquer utiliza la materia de todas las artes: luz, color, formas arquitectónicas.

Uno de los temas más importantes de Bécquer es el recuerdo, porque es por medio de la memoria como el poeta evoca esas esencias inalcanzables, intangibles y, sin embargo, fundamentales al ser humano. En las leyendas, el recuerdo personal se convierte en un recuerdo colectivo, histórico. El ambiente que Bécquer escoge para sus *Leyendas* es la Edad Media. Reproduce claustros, templos, monasterios, ruinas, palacios, siempre con un fino sentido artístico. Se trata de crear la sensación y el ambiente del pasado—las calles en sombra, las iglesias frías y oscuras, los bosques que inspiran miedo. Los cuentos de Bécquer no enfocan la acción, la aventura y la intriga, sino el misterio, la fantasía y la magia. La de Bécquer es una prosa lírica en vez de novelesca. El suyo no es un arte de ideas, un arte comprometido, sino una expresión de los sentimientos más profundos del alma humana.

A diferencia de las grandes figuras románticas que lo preceden—Larra, Espronceda, Zorrilla—Bécquer nunca ocupó puestos importantes ni en las academias ni en la política. Quedó huérfano a una edad muy tierna y empezó a escribir para ganarse la vida. La falta de dinero era una preocupación constante. Enfermizo, taciturno y soñador, Bécquer dio muestras de una sensibilidad artística cuando era todavía muy joven. Fue aprendiz de un pintor durante un tiempo y en colaboración con unos amigos publicó siete obras de teatro que tuvieron, poco éxito. En una época en que las páginas literarias constituían una parte importante de los periódicos y revistas, las leyendas y cartas de Bécquer aparecían en las mejores publicaciones de España. Llegó a ocupar el puesto de director de la *Ilustración de Madrid* y en 1864 fue nombrado censor de novelas, puesto que le dio cierta seguridad económica.

Pero en su vida personal, no logró la felicidad. Bécquer se casó con Casta Esteban, quien le dio varios hijos. Sin embargo, el matrimonio fracasó al enterarse Bécquer de la infidelidad de su mujer. Esa experiencia tuvo un efecto profundo en el poeta e inspiró algunas de sus más hermosas y amargas poesías. Bécquer murió a los treinta y cuatro años, en la pobreza. Los críticos de su época no llegaron a apreciar su obra. Hablaban de una manera condescendiente de sus influencias extranjeras y de su tono «germánico».

La belleza del lirismo de Bécquer empezó a reconocerse con el triunfo del modernismo, movimiento de fines del siglo que comenzó con el poeta nicaragüense Rubén Darío (1867–1916) y se extendió por todo el mundo de habla española. El modernismo hacía hincapié en lo delicado, lo refinado. Cultivaba la imagen rebuscada y estática. Los modernistas veían en Bécquer un precursor de su propia estética.

Las obras más conocidas de Bécquer son las *Rimas* y las *Leyendas*. Las *Rimas* fueron publicadas por algunos de sus amigos en 1871, un año después de la muerte del poeta.

Ediciones

Bécquer, Gustavo Adolfo. *Rimas, leyendas y narraciones*. Prólogo de Juan de Ontañón. México: Porrúa, 1974

———. *Rimas, leyendas y narraciones*. Garden City: Doubleday, 1961

Crítica

Alonso, Dámaso. *Poetas españoles contemporáneos.* Madrid: Gredos, 1969

Benítez, Ruben. *Bécquer tradicionalista.* Madrid: Gredos, 1971

Carpintero, Heliodoro. *Bécquer de par en par.* Madrid: Insula, 1971

Díaz, José Pedro. *Bécquer.* Buenos Aires: Centro Editor de América Latina, 1968

Estudios sobre Gustavo Adolfo Bécquer. Madrid: Consejo Superior de Investigaciones Científicas, 1972

Lapesa, Rafael. «Tres poetas ante la soledad: Bécquer, Rosalía y Machado». Eds. Sylvia Molloy, Luis Fernández Cifuentes and James E. Maraniss. *Essays on Hispanic Literature in Honor of Edmund L. King.* London: Támesis, 1983. 151–173

Mugica, Rafael. *Gustavo Adolfo Bécquer.* Madrid: Jucar, 1972

Turk, Henry Charles. *German Romanticism in Gustavo Adolfo Bécquer's Short Stories.* Lawrence, Kansas: Allen Press, 1959

Wilkins, Constance L. «El arte de hacer una leyenda». Eds. Alan M. Gordon and Evelyn Rugg. Foreword by Rafael Lapesa. *Actas del Sexto Congreso Internacional de Hispanistas celebrado en Toronto del 22 al 26 agosto de 1977.* Toronto: University of Toronto, 1980. 795–797

Rimas

GUSTAVO ADOLFO BÉCQUER

IV

No digáis que agotado[1] su tesoro,
de asuntos falta, enmudeció[2] la lira.
Podrá no haber poetas, pero siempre
habrá poesía.

Mientras las ondas de la luz al beso
palpiten encendidas;
mientras el sol las desgarradas[3] nubes
de fuego y oro vista;

mientras el aire en su regazo[4] lleve
perfumes y armonías;
mientras haya en el mundo primavera,
¡habrá poesía!

---

[1]used up
[2]became silent

[3]tattered
[4]lap

Mientras la ciencia a descubrir no alcance
las fuentes de la vida,
y en el mar o en el cielo haya un abismo
que el cálculo resista;

mientras la Humanidad, siempre avanzando,
no sepa a do[5] camina;
mientras haya un misterio para el hombre,
¡habrá poesía!

Mientras sintamos que se alegra el alma
sin que los labios rían;
mientras se llore sin que el llanto acuda[6]
a nublar la pupila;

mientras el corazón y la cabeza
batallando prosigan;
mientras haya esperanzas y recuerdos,
¡habrá poesía!

Mientras haya unos ojos que reflejen
los ojos que los miran;
mientras responda el labio suspirando
al labio que suspira;

mientras sentirse puedan en un beso
dos almas confundidas;
mientras exista una mujer hermosa,
¡habrá poesía!

V

Espíritu sin nombre,
indefinible esencia,
yo[7] vivo con la vida
sin forma de la idea.

Yo nado en el vacío,
del sol tiemblo en la hoguera,[8]
palpito entre las sombras
y floto con las nieblas.[9]

---

[5]**a...adónde**
[6]**venga**
[7]**Yo** is defined as poetry in the last stanza.

[8]**fuego**
[9]mists

Yo soy el fleco de oro[10]
de la lejana estrella;
yo soy de la alta luna
la luz tibia y serena.

Yo soy la ardiente nube
que en el ocaso[11] ondea;[12]
yo soy del astro errante
la luminosa estela.[13]

Yo soy nieve en las cumbres,[14]
soy fuego[15] en las arenas,
azul onda en los mares
y espuma en la ribera.

En el laúd[16] soy nota,
perfume en la violeta,
fugaz llama[17] en las tumbas,
y en las ruïnas hiedra.[18]
Yo canto con la alondra[19]
y zumbo[20] con la abeja,
yo imito los ruïdos
que en la alta noche suenan.

Yo atrueno en el torrente,[21]
y silbo[22] en la centella,
y ciego en el relámpago,
y rujo[23] en la tormenta.

Yo río en los alcores,[24]
susurro en la alta hierba,
suspiro en la onda pura
y lloro en la hoja seca.

Yo ondulo con los átomos
del humo que se eleva

---

[10] **el...**fringe of golden light
[11] sunset
[12] flickers
[13] trail (of a star)
[14] peaks
[15] **calor intenso**
[16] lute
[17] torch

[18] ivy
[19] lark
[20] buzz
[21] **atrueno...**thunder in the storm
[22] hiss
[23] I rumble
[24] hills

y al cielo lento sube
en espiral inmensa.

Yo, en los dorados hilos[25]
que los insectos cuelgan,
me mezco entre los árboles
en la ardorosa siesta.

Yo corro tras las ninfas[26]
que en la corriente fresca
del cristalino arroyo
desnudas juguetean.

Yo, en bosque de corales[27]
que alfombran blancas perlas,
persigo en el Océano
las náyades ligeras.[28]

Yo, en las cavernas cóncavas,
do[29] el sol nunca penetra,
mezclándome a los gnomos,[30]
contemplo sus riquezas.

Yo busco de los siglos
las ya borradas huellas,[31]
y sé de esos imperios
de que ni el nombre queda.

Yo sigo en raudo vértigo[32]
los mundos que voltean,[33]
y mi pupila abarca[34]
la creación entera.

Yo sé de esas regiones
a do un rumor nos llega,
y donde informes astros
de vida un soplo esperan.

---

[25] **dorados...**golden web
[26] Nymphs are minor goddesses who, according to Greek mythology, live in woodlands or rivers.
[27] **bosque...**coral grove
[28] **persigo...**I chase the swift naiads in the Ocean. In mythology, **Océano** was a great river that flowed around the earth. The naiads were river nymphs.

[29] **donde**
[30] Gnomes were dwarfs who lived in the bowels of the earth and guarded the earth's treasures.
[31] traces
[32] **en...**in a state of madness
[33] spin
[34] takes in, touches

Yo soy sobre el abismo
el puente que atraviesa;
yo soy la ignota[35] escala
que el cielo une a la tierra.

Yo soy el invisible
anillo que sujeta
el mundo de la forma
al mundo de la idea.

Yo, en fin, soy ese espíritu.
desconocida esencia,
perfume misterioso
de que es vaso[36] el poeta.

XI

«Yo soy ardiente, yo soy morena,
yo soy el símbolo de la pasión;
de ansia de goces mi alma está llena.
¿A mí me buscas?» «No es a ti, no.»

«Mi frente es pálida; mis trenzas,[37] de oro;
puedo brindarte[38] dichas sin fin;
yo de ternura guardo un tesoro.
¿A mí me llamas?» «No; no es a ti.»

«Yo soy un sueño, un imposible,
vano fantasma de niebla y luz;
soy incorpórea, soy intangible;
no puedo amarte.» «¡Oh, ven; ven tú!»

XII

Porque son, niña, tus ojos
verdes como el mar, te quejas;
verdes los tienen las náyades,
verdes los tuvo Minerva,[39]
y verdes son las pupilas
de las hurís[40] del profeta.

---

[35] unknown, undiscovered
[36] **uno que recibe un espíritu**
[37] tresses, braids
[38] **ofrecerte**

[39] Roman goddess of wisdom, the arts, sciences, and industry
[40] **mujer hermosa del paraíso musulmán**

El verde es gala y ornato
del bosque en la primavera.
Entre sus siete colores,
brillante el iris lo ostenta.

Las esmeraldas son verdes,
verde el color del que espera,
y las ondas del Océano,
y el laurel de los poetas.

En tu mejilla temprana
rosa de escarcha[41] cubierta,
en que el carmín[42] de los pétalos
se ve al través de las perlas.

Y, sin embargo,
sé que te quejas
porque tus ojos
crees que la afean.
Pues no lo creas;
que parecen tus pupilas,
húmedas, verdes e inquietas
tempranas hojas de almendro,[43]
que al soplo del aire tiemblan.

Es tu boca de rubíes
purpúrea[44] granada abierta,
que en el estío[45] convida[46]
a apagar la sed en ella.

Y, sin embargo,
sé que te quejas
porque tus ojos
crees que la afean.
Pues no lo creas;
que parecen, si enojada
tus pupilas centellean,[47]
las olas del mar que rompen
en las cantábricas[48] peñas.

---

[41] frost
[42] **rojo**
[43] almond tree
[44] **rojo oscuro**
[45] **verano**

[46] **invita**
[47] flash
[48] **El mar Cantábrico es parte del Atlántico. Se encuentra al norte de España.**

Es tu frente, que corona
crespo[49] el oro en ancha trenza,
nevada cumbre en que el día
su postrera luz refleja.

Y, sin embargo,
sé que te quejas
porque tus ojos
crees que la afean.
Pues no lo creas;
que entre las rubias pestañas,
junto a las sienes[50] semejan
broches de esmeralda y oro
que un blanco armiño[51] sujetan.

Porque son, niña, tus ojos
verdes como el mar, te quejas;
quizá, si negros o azules
se tornasen, lo sintieras.

XIII

Tu pupila es azul, y cuando ríes,
su claridad süave me recuerda
el trémulo fulgor[52] de la mañana
que en el mar se refleja.

Tu pupila es azul, y cuando lloras,
las transparentes lágrimas en ella
se me figuran gotas de rocío[53]
sobre una violeta.

Tu pupila es azul, y si en su fondo
como un punto de luz radia una idea,
me parece en el cielo de la tarde
¡una perdida estrella!

XXVII

Despierta, tiemblo al mirarte;
dormida, me atrevo a verte;
por eso, alma de mi alma,
yo velo[54] mientras tú duermes.

---

[49] with ringlets, curls
[50] temples
[51] ermine

[52] **resplandor, luz**
[53] dew
[54] keep watch

Despierta ríes, y al reír, tus labios
inquietos me parecen
relámpagos de grana que serpean
sobre un cielo de nieve.[55]

Dormida, los extremos de tu boca
pliega sonrisa leve.[56]
Süave como el rastro[57] luminoso
que deja un sol que muere...
«¡Duerme!»

Despierta miras, y al mirar, tus ojos
húmedos resplandecen
como la onda azul, en cuya cresta
chispeando el sol hiere.

Al través de tus párpados, dormida,
tranquilo fulgor viertes,[58]
cual[59] derrama[60] de luz templado[61] rayo
lámpara transparente...
«¡Duerme!»

Despierta hablas, y al hablar, vibrantes,
tus palabras parecen
lluvias de perlas que en dorada copa
se derrama a torrentes.

Dormida, en el murmullo de tu aliento
acompasado[62] y tenue
escucho yo un poema, que mi alma
enamorada entiende...
«¡Duerme!»
Sobre el corazón la mano
he puesto porque no suene
su latido,[63] y de la noche
turbe la calma solemne.

De tu balcón las persianas
cerré ya, porque no entre

---

[55] **relámpagos...**red lightning that flashes against a snowy horizon
[56] **los...**the corners of your mouth turn up in a slight smile
[57] trail, aura
[58] **tranquilo...**you emit a quiet radiance

[59] **como**
[60] spills out
[61] steady
[62] even
[63] **porque...**so that my heartbeat won't make a sound

el resplandor enojoso[64]
de la aurora y te despierte...
«¡Duerme!»

LIII

Volverán las oscuras golondrinas[65]
en tu balcón sus nidos a colgar,
y otra vez con el ala a sus cristales
        jugando llamarán;
pero aquéllas que el vuelo refrenaban,
tu hermosura y mi dicha al contemplar;
aquéllas que aprendieron nuestros nombres,
        ésas...¡no volverán!

Volverán las tupidas madreselvas[66]
de tu jardín las tapias[67] a escalar,[68]
y otra vez a la tarde, aun más hermosas,
        sus flores se abrirán;
pero aquellas cuajadas[69] de rocío,
cuyas gotas mirábamos temblar
y caer, como lágrimas del día...,
        ésas...¡no volverán!

Volverán del amor en tus oídos
las palabras ardientes a sonar;
tu corazón, de su profundo sueño
        tal vez despertará;
pero mudo y absorto y de rodillas,
como se adora a Dios ante su altar,
como yo te he querido..., desengáñate:
        ¡así no te querrán!

---

[64] annoying
[65] swallows (birds)
[66] **tupidas...**dense honeysuckle

[67] walls
[68] climb
[69] heavy

El Monte de las Animas[1]

GUSTAVO ADOLFO BÉCQUER

Leyenda soriana[2]

La noche de Difuntos, me despertó a no sé qué hora el doble[3] de las campanas. Su tañido[4] monótono y eterno me trajo a las mientes[5] esta tradición que oí hace poco en Soria.

Intenté dormir de nuevo. ¡Imposible! Una vez aguijoneada[6] la imaginación, es un caballo que se desboca[7] y al que no sirve tirarlo de la rienda.[8] Por pasar el rato, me decidí a escribirla, como en efecto lo hice.

A las doce de la mañana, después de almorzar bien, y con un cigarro en la boca, no le hará mucho efecto a los lectores de *El Contemporáneo*[9]. Yo la oí en el mismo lugar en que acaeció,[10] y la he escrito volviendo algunas veces la cabeza con miedo cuando sentía crujir[11] los cristales de mi balcón, estremecidos[12] por el aire frío de la noche.

Sea de ello lo que quiera, allá va, como el caballo de copas.[13]

I

—Atad los perros, haced la señal con las trompas[14] para que se reúnan los cazadores y demos la vuelta a la ciudad. La noche se acerca, es día de Todos los Santos[15] y estamos en el Monte de las Animas.

—¡Tan pronto!

—A ser otro día, no dejara yo de concluir con ese rebaño de lobos que las nieves del Moncayo han arrojado de sus madrigueras,[16] pero hoy es imposible. Dentro de poco sonará la oración en los Templarios,[17] y las ánimas de los difuntos comenzarán a tañer[18] su campana en la capilla del monte.

—¡En esa capilla ruinosa! ¡Bah! ¿Quieres asustarme?

—No, hermosa prima. Tú ignoras cuanto sucede en este país, porque aún no hace un año que has venido a él desde muy lejos. Refrena

---

[1] **El...**The Haunted Woods
[2] Soria, about 145 kilometers north of Madrid, is famous for its folk legends.
[3] toll, knell
[4] ring
[5] **me...**brought to mind
[6] excited, spurred on
[7] runs away
[8] **no...**it's no use to rein in
[9] newspaper in whch this **leyenda** appeared
[10] **pasó**
[11] creak
[12] shivering, shuddering
[13] **Sea...**Make of it what you will, here it is, an open hand. (In cards, the "queen" is a figure on horseback and "hearts" is the equivalent of **copas**.)

[14] trumpets (used by hunters)
[15] All Saints' Day. It precedes All Souls' Day (November 2), a Church holiday on which people honor the dead.
[16] **A...**If it were any other day, I'd do away with that pack of wolves that the snows on Moncayo Mountain have forced out of their lairs.
[17] monastery of the Knights Templar, a military and religious order established during the Crusades in the twelfth century. The aggressiveness of the warrior clergy provoked a strong reaction against the order, and it was finally condemned by the Church. Note that Bécquer sets his story in the Middle Ages.
[18] ring

tu yegua,[19] yo también pondré la mía al paso,[20] y mientras dure el camino te contaré esa historia.

Los pajes se reunieron en alegres y bulliciosos[21] grupos. Los condes de Borges y de Alcudiel montaron en sus magníficos caballos, y todos juntos siguieron a sus hijos Beatriz y Alonso, que precedían a la comitiva[22] a bastante distancia.

Mientras duraba el camino, Alonso narró en estos términos la prometida historia:

—Ese monte que hoy llaman de las Animas pertenecía a los Templarios, cuyo convento ves allí, a la margen del río. Los templarios eran guerreros y religiosos a la vez. Conquistada Soria a los árabes,[23] el rey los hizo venir de lejanas tierras para defender la ciudad por la parte del puente,[24] haciendo en ello notable agravio[25] a sus nobles de Castilla, que así hubieran solos sabido defenderla como solos la conquistaron. Entre los caballeros de la nueva y poderosa Orden y los hidalgos de la ciudad fermentó por algunos años, y estalló[26] al fin, un odio profundo. Los primeros tenían acotado[27] ese monte, donde reservaban caza abundante para satisfacer sus necesidades y contribuir a

sus placeres. Los segundos determinaron organizar una gran batida en el coto,[28] a pesar de las severas prohibiciones de los *clérigos con espuelas*,[29] como llamaban a sus enemigos. Cundió la voz del reto,[30] y nada fue parte a detener[31] a los unos en su manía de cazar y a los otros en su empeño de estorbarlo.[32] La proyectada expedición se llevó a cabo.[33] No se acordaron de ella las fieras. Antes la tendrían presente tantas madres como arrastraron sendos lutos por sus hijos.[34] Aquello no fue una cacería. Fue una batalla espantosa: el monte quedó sembrado[35] de cadáveres. Los lobos, a quienes se quiso exterminar, tuvieron un sangriento festín. Por último, intervino la autoridad del rey: el monte, maldita ocasión de tantas desgracias,[36] se declaró abandonado, y la capilla de los religiosos, situada en el mismo monte, y en cuyo atrio[37] se enterraron juntos amigos y enemigos, comenzó a arruinarse. Desde entonces dicen que cuando llega la noche de difuntos se oye doblar sola la campana de la capilla, y que las ánimas de los muertos, envueltas en jirones de sus sudarios,[38] corren como en una cacería fantástica por entre las breñas[39] y los zarzales.[40] Los ciervos[41]

---

[19] **Refrena...**Slow down your mare
[20] **al...**at the same pace
[21] noisy
[22] retinue, hunting party
[23] Arabs occupied parts of Spain from 711 until 1492. During this period, Christians fought the Arabs to recover the Peninsula little by little.
[24] **por...**on the side by the bridge
[25] **ofensa**
[26] broke out
[27] surveyed
[28] **una....**a hunting party within the restricted area
[29] spurs
[30] **Cundió...**News of the challenge spread
[31] **nada...**nothing could stop
[32] **poner obstáculos a ello**
[33] **se...**was carried out
[34] **Antes...**Rather, it was the many mothers who would mourn for slain sons who would remember it.
[35] covered
[36] misfortunes
[37] hall, crypt
[38] **en...**in the tatters of their shrouds
[39] brambles
[40] underbrush
[41] stags

braman[42] espantados, los lobos aú-
llan,[43] las culebras dan horrorosos sil-
bidos,[44] y al otro día se han visto im-
presas en la nieve las huellas de los
descarnados[45] pies de los esqueletos.
Por eso en Soria lo llamamos el
Monte de las Animas, y por eso he
querido salir de él antes que cierre la
noche.[46]

La relación de Alonso concluyó
justamente cuando los dos jóvenes
llegaban al extremo del puente que
da paso a la ciudad por aquel lado.
Allí esperaron al resto de la comitiva,
la cual, después de incorporársele los
dos jinetes, se perdió por entre las estrechas y oscuras calles de Soria.

II

Los servidores acababan de levantar
los manteles;[47] la alta chimenea gótica
del palacio de los condes de Alcudiel
despedía[48] un vivo resplandor, iluminando algunos grupos de damas y
caballeros que alrededor de la lumbre
conversaban familiarmente, y el
viento azotaba[49] los emplomados[50]
vidrios de las ojivas[51] del salón.[52]

Solas dos personas parecían ajenas a la conversación general: Beatriz
y Alonso. Beatriz seguía con los ojos,
y absorta en un vago pensamiento,
los caprichos de la llama. Alonso
miraba el reflejo de la hoguera chispear[53] en las azules pupilas de
Beatriz.

Ambos guardaban hacía rato un
profundo silencio.

Las dueñas[54] referían,[55] a propósito de la noche de Difuntos, cuentos temerosos, en que los espectros y

los aparecidos[56] representaban el
principal papel; y las campanas de las
iglesias de Soria doblaban a lo lejos
con un tañido monótono y triste.

—Hermosa prima—exclamó,
al fin, Alonso, rompiendo el largo
silencio en que se encontraban—,
pronto vamos a separarnos, tal vez
para siempre; las áridas llanuras de
Castilla,[57] sus costumbres toscas[58] y
guerreras, sus hábitos sencillos y pa-
triarcales, sé que no te gustan; te he
oído suspirar varias veces, acaso por
algún galán de tu lejano señorío.[59]

Beatriz hizo un gesto de fría
indiferencia: todo un carácter de
mujer se reveló en aquella desdeñosa
contracción de sus delgados labios.

—Tal vez por la pompa de la
Corte francesa,[60] donde hasta aquí
has vivido—se apresuró a añadir el
joven—. De un modo o de otro, pre-

---

[42] roar
[43] howl
[44] hisses
[45] fleshless
[46] **antes...**before night falls
[47] **Los...**The servants had just cleared the table.
[48] gave off
[49] beat against
[50] leaded glass
[51] arched windows
[52] Bécquer creates a mysterious, Gothic atmosphere through careful attention to architectural detail. The ogive is a pointed arch characteristic of Gothic architecture.

[53] crackle
[54] **señoras, mujeres casadas**
[55] **contaban**
[56] **fantasmas**
[57] The Castilian landscape is arid and inhospitable in comparison with the rich, fertile coastal areas.
[58] **rudas**
[59] **territorio del dominio de un señor feudal**
[60] reference to Provence, in the south of France, where, during the twelfth and thirteenth centuries, aristocrats led a refined life, cultivating the arts—especially poetry and music

siento que no tardaré en perderte...Al separarnos, quisiera que llevases una memoria mía...¿Te acuerdas cuando fuimos al templo a dar gracias a Dios por haberte devuelto la salud que viniste a buscar a esta tierra? El joyel que sujetaba la pluma de mi gorra cautivó tu atención. ¡Qué hermoso estaría sujetando un velo sobre tu oscura cabellera! Ya ha prendido el de una desposada;[61] mi padre se lo regaló a la que me dio el ser,[62] y ella lo llevó al altar...¿Lo quieres?

—No sé en el tuyo—contestó la hermosa—; pero en mi país una prenda recibida compromete una voluntad.[63] Sólo en un día de ceremonia debe aceptarse un presente de manos de un deudo[64]..., que aún puede ir a Roma sin volver con las manos vacías.[65]

El acento helado con que Beatriz pronunció estas palabras turbó un momento al joven, que, después de serenarse, dijo con tristeza:

—Lo sé, prima; pero hoy se celebran Todos los Santos, y el tuyo entre todos; hoy es día de ceremonias y presentes. ¿Quieres aceptar el mío?

Beatriz se mordió ligeramente los labios y extendió la mano para tomar la joya, sin añadir una palabra.

Los dos jóvenes volvieron a quedarse en silencio, y se volvió a oír la cascada voz de las viejas que hablaban de brujas y de trasgos,[66] y el zumbido del aire que hacía crujir los vidrios de las ojivas, y el triste y monótono doblar de las campanas.

Al cabo[67] de algunos minutos, el interrumpido diálogo tornó a reanudarse[68] de este modo:

—Y antes que concluya el día de Todos los Santos, en que así como el tuyo se celebra el mío,[69] y puedes, sin atar tu voluntad, dejarme un recuerdo, ¿no lo harás?—dijo él, clavando una mirada en la de su prima, que brilló como un relámpago, iluminada por un pensamiento diabólico.

—¿Por qué no?—exclamó ésta, llevándose la mano al hombro derecho como para buscar alguna cosa entre los pliegues[70] de su ancha manga de terciopelo bordado de oro, y después, con una infantil expresión de sentimiento, añadió—: ¿Te acuerdas de la banda azul que llevé hoy a la cacería, y que por no sé qué emblema de su color me dijiste que era la divisa de tu alma?[71]

—Sí.

—¡Pues...se ha perdido! Se ha perdido, y pensaba dejártela como un recuerdo.

—¡Se ha perdido! Y ¿dónde?—preguntó Alonso, incorporándose de su asiento y con una indescriptible expresión de temor y esperanza.

—No sé...En el monte acaso.

—¡En el Monte de las Animas!—murmuró, palideciendo y dejándose caer sobre el sitial—. ¡En el Monte de las Animas!—luego pro-

---

[61] bride
[62] **es decir, la madre**
[63] **compromete...**binds one's will, entails an obligation
[64] **pariente**
[65] **puede...**you can give a gift without requiring one in return
[66] **duendecillos, espíritus**
[67] **Al...Después**

[68] **comenzar**
[69] **como...**just as your saint is celebrated, so is mine. In Catholic countries, people are customarily named for saints.
[70] folds
[71] **que...**which, because of something about its color, you told me was the emblem of your soul. (Blue was traditionally associated with love and jealousy.)

siguió, con voz entrecortada[72] y sorda[73]—: Tú lo sabes, porque lo habrás oído mil veces. En la ciudad, en toda Castilla, me llaman el rey de los cazadores. No habiendo aún podido probar mis fuerzas en los combates, como mis ascendientes, he llevado a esta diversión, imagen de la guerra, todos los bríos[74] de mi juventud, todo el ardor hereditario de mi raza. La alfombra que pisan tus pies son despojos[75] de fieras[76] que he muerto por mi mano. Yo conozco sus guaridas[77] y sus costumbres, y he combatido con ellas de día y de noche, a pie y a caballo, solo y en batida, y nadie dirá que me ha visto huir el peligro en ninguna ocasión. Otra noche volaría por esa banda, y volaría gozoso como a una fiesta; y, sin embargo, esta noche..., esta noche, ¿a qué ocultártelo?, tengo miedo. ¿Oyes? Las campanas doblan, la oración ha sonado en San Juan del Duero,[78] las ánimas del monte comenzarán ahora a levantar sus amarillentos cráneos de entre las malezas que cubren sus fosas[79]... ¡Las ánimas!, cuya sola vista puede helar de horror la sangre del más valiente, tornar sus cabellos blancos o arrebatarlo[80] en el torbellino[81] de su fantástica carrera como una hoja que arrastra el viento sin que se sepa adónde.

Mientras el joven hablaba, una sonrisa imperceptible se dibujó, en los labios de Beatriz que, cuando hubo concluido, exclamó con un tono indiferente y mientras atizaba[82] el fuego del hogar, donde saltaba y crujía la leña, arrojando chispas de mil colores:

—¡Oh! Eso, de ningún modo. ¡Qué locura! ¡Ir ahora al monte por semejante friolera![83] ¡Una noche tan oscura, noche de Difuntos y cuajado[84] el camino de lobos!

Al decir esta última frase la recargó[85] de un modo tan especial, que Alonso no pudo menos de comprender toda su amarga ironía: movido como por un resorte[86] se puso de pie, se pasó la mano por la frente, como para arrancarse[87] el miedo que estaba en su cabeza y no en su corazón, y con voz firme exclamó, dirigiéndose a la hermosa, que estaba aún inclinada sobre el hogar, entreteniéndose en revolver el fuego:

—Adiós, Beatriz, adiós. Hasta pronto.

—¡Alonso, Alonso!—dijo ésta, volviéndose con rapidez; pero cuando quiso o aparentó querer detenerlo, el joven había desaparecido.

A los pocos minutos se oyó el rumor de un caballo que se alejaba al galope. La hermosa, con una radiante expresión de orgullo satisfecho que coloreó sus mejillas, prestó atento oído[88] a aquel rumor que se debilitaba, que se perdía, que se desvaneció por último.

---

[72] stuttering
[73] muted
[74] brilliance, elegance
[75] remains
[76] **animales salvajes**
[77] lairs
[78] the old monastery of the Order of Knights Templar
[79] tombs

[80] excite, stir up
[81] whirlwind
[82] stirred, poked
[83] **tontería**
[84] **lleno**
[85] imbued
[86] spring
[87] tear away
[88] **prestó...**paid close attention

Las viejas, en tanto, continuaban en sus cuentos de ánimas aparecidas; el aire zumbaba en los vidrios del balcón, y las campanas de la ciudad doblaban a lo lejos.

III

Había pasado una hora, dos, tres; la medianoche estaba a punto de sonar, cuando Beatriz se retiró a su oratorio.[89] Alonso no volvía, no volvía, y, a querer, en menos de una hora pudiera haberlo hecho.

—¡Habrá tenido miedo!—exclamó la joven, cerrando su libro de oraciones y encaminándose a su lecho, después de haber intentado inútilmente murmurar algunos de los rezos que la Iglesia consagra[90] en el día de Difuntos a los que ya no existen.

Después de haber apagado la lámpara y cruzado las dobles cortinas de seda, se durmió; se durmió con un sueño inquieto, ligero, nervioso.

Las doce sonaron en el reloj del Postigo.[91] Beatriz oyó entre sueños las vibraciones de las campanas, lentas, sordas, tristísimas, y entreabrió[92] los ojos. Creía haber oído, a par de ellas,[93] pronunciar su nombre; pero lejos, muy lejos, y por una voz ahogada y doliente. El viento gemía en los vidrios de la ventana.

—Será el viento—dijo, y poniéndose la mano sobre su corazón procuró tranquilizarse.

Pero su corazón latía cada vez con más violencia, las puertas de alerce[94] del oratorio habían crujido sobre sus goznes[95] con un chirrido[96] agudo, prolongado y estridente.

Primero unas y luego las otras más cercanas, todas las puertas que daban paso a su habitación iban sonando por su orden;[97] éstas con un ruido sordo y grave, y aquéllas con un lamento largo y crispador. Después, silencio; un silencio lleno de rumores extraños, el silencio de la medianoche; lejanos ladridos de perros, voces confusas, palabras ininteligibles; ecos de pasos que van y vienen, crujir de ropas que se arrastran, suspiros que se ahogan, respiraciones fatigosas que casi se sienten, estremecimientos[98] involuntarios que anuncian la presencia de algo que no se ve y cuya aproximación[99] se nota, no obstante, en la oscuridad.

Beatriz, inmóvil, temblorosa, adelantó la cabeza fuera de las cortinas y escuchó un momento. Oía mil ruidos diversos; se pasaba la mano por la frente, tornaba a escuchar; nada, silencio.

Veía, con esa fosforescencia de la pupila en las crisis nerviosas, como bultos que se movían en todas las direcciones, y cuando dilatándolas las fijaba en un punto, nada; oscuridad, las sombras impenetrables.

—¡Bah!—exclamó, volviendo a

---

[89] a small chapel used for individual prayer
[90] consecrates
[91] gate clock. Old Spanish homes often had fake gates or doors that held a clock.
[92] half opened
[93] **a...**together with them (the bells)
[94] larch (a heavy wood)
[95] hinges
[96] screech
[97] **por...**one after the other
[98] shivers
[99] approach

recostar[100] su hermosa cabeza sobre la almohada de raso[101] azul del lecho. ¿Soy yo tan miedosa como esas pobres gentes cuyo corazón palpita de terror bajo una armadura al oír una conseja de aparecidos?[102]

Y cerrando los ojos, intentó dormir...; pero en vano había hecho un esfuerzo sobre sí misma. Pronto volvió a incorporarse,[103] más pálida, más inquieta, más aterrada. Ya no era una ilusión: las colgaduras[104] de brocado de la puerta habían rozado al separarse, y unas pisadas lentas sonaban sobre la alfombra; el rumor de aquellas pisadas era sordo, casi imperceptible, pero continuado, y a su compás[105] se oía crujir una cosa como madera o hueso. Y se acercaban, se acercaban, y se movió el reclinatorio[106] que estaba a la orilla[107] de su lecho. Beatriz lanzó un grito agudo, y rebujándose[108] en la ropa que la cubría, escondió la cabeza y contuvo el aliento.[109]

El aire azotaba[110] los vidrios del balcón; el agua de la fuente lejana caía y caía con un rumor eterno y monótono; los ladridos de los perros se dilataban en las ráfagas de aire, y las campanas de la ciudad de Soria, unas cerca, otras distantes, doblaban tristemente por las ánimas de los difuntos.

Así pasó una hora, dos, la noche, un siglo, porque la noche aquella pareció eterna a Beatriz. Al fin, despuntó la aurora.[111] Vuelta[112] de su temor entreabrió los ojos a los primeros rayos de la luz. Después de una noche de insomnio y de terrores, ¡es tan hermosa la luz clara y blanca del día! Separó las cortinas de seda del lecho, tendió una mirada serena a su alrededor, y ya se disponía a reírse de sus temores pasados, cuando de repente un sudor frío cubrió su cuerpo, sus ojos se desencajaron[113] y una palidez mortal descoloró sus mejillas: sobre el reclinatorio había visto, sangrienta y desgarrada, la banda azul que perdiera[114] en el monte, la banda azul que fue a buscar Alonso.

Cuando sus servidores llegaron, despavoridos, a notificarle la muerte del primogénito de Alcudiel,[115] que a la mañana había aparecido devorado por los lobos entre las malezas del Monte de las Ánimas, la encontraron inmóvil, crispada, asida[116] con ambas manos a una de las columnas de ébano del lecho, desencajados los ojos, entreabierta la boca, blancos los labios, rígidos los miembros, muerta, ¡muerta de horror!

---

[100] rest
[101] clear
[102] **conseja**...ghost story
[103] sit up
[104] draperies
[105] **a**...in time with them
[106] an upright frame with a lower ledge for kneeling at prayer and an upper ledge for a prayer book; a prie-dieu
[107] edge
[108] wrapping herself

[109] **contuvo**...held her breath
[110] beat against
[111] **despuntó**...dawn broke
[112] Recovered
[113] bulged
[114] **había perdido**
[115] **primogénito**...the first-born son of the Alcudiel family. Since the first-born son inherited the family titles and land, Alonso's death is especially tragic.
[116] grasping

IV

Dicen que después de acaecido este suceso, un cazador extraviado que pasó la noche de Difuntos sin poder salir del Monte de las Animas, y que al otro día, antes de morir, pudo contar lo que viera,[117] refirió[118] cosas horribles. Entre otras, se asegura que vio a los esqueletos de los antiguos templarios y de los nobles de Soria enterrados en el atrio de la capilla levantarse al punto de la oración con un estrépito horrible y, caballeros sobre osamentas[119] de corceles,[120] perseguir como a una fiera a una mujer hermosa, pálida y desmelenada[121] que, con los pies desnudos y sangrientos, y arrojando gritos de horror, daba vueltas alrededor de la tumba de Alonso.

---

[117] **había visto**
[118] **contó, dijo**
[119] **esqueletos**

[120] **caballos**
[121] disheveled

SOBRE LA LECTURA

Rimas

1. ¿Por qué dice Bécquer que «siempre habrá poesía»? ¿En qué consiste la poesía?
2. ¿Qué ejemplos ofrece de la poesía que existe en el universo?
3. ¿Cómo expresa la idea de que la poesía transciende la razón?
4. ¿Qué oposición supone entre la ciencia y la poesía?
5. ¿Cómo describe Bécquer la poesía en la primera estrofa de «Espíritu sin nombre»?
6. ¿Qué ejemplos ofrece de la naturaleza intangible de la poesía?
7. ¿Cómo comunica el concepto de la luminosidad? ¿de la musicalidad?
8. ¿Cómo apela Bécquer a los sentidos en este poema?
9. ¿Nombra al «yo» poético en la última estrofa? ¿Por qué no?
10. ¿En qué sentido es el poeta un «vaso»?
11. ¿Cómo es la mujer que se describe en la primera estrofa de «Yo soy ardiente»? ¿Por qué no atrae al poeta?
12. ¿Cómo es la de la segunda estrofa? ¿Cómo reacciona el poeta ante ella? ¿Por qué?
13. ¿Cómo es la de la tercera estrofa? Explique la reacción del poeta.
14. En «Porque son, niña, tus ojos», ¿dónde encuentra el poeta su inspiración?
15. ¿Con qué cosas compara los ojos de la mujer?
16. En los poemas XI, XII y XIII, ¿cómo son las mujeres que describe Bécquer? ¿Son mujeres de carne y hueso? ¿Qué aspecto de la mujer le interesa al poeta?

17. En «Despierta, tiemblo al mirarte», ¿qué efecto produce la amada en el poeta cuando está despierta? ¿Por qué prefiere él que duerma?
18. En «Volverán las oscuras golondrinas», ¿cómo comunica Bécquer el aspecto cíclico del tiempo?
19. ¿Cómo comunica el aspecto efímero y fugaz del momento?
20. ¿Qué logra al yuxtaponer los dos conceptos en un mismo poema?

El Monte de las Animas

1. Según dice el autor, ¿cuándo se le ocurrió escribir este cuento?
2. ¿Quiénes son los personajes principales? Describa las características de cada uno.
3. ¿Dónde están cuando empieza el relato? ¿Qué día del año es? ¿Por qué es importante este detalle?
4. ¿Qué pasa cuando suena la oración de los Templarios?
5. ¿Quiénes eran los Templarios? ¿Por qué los llamó el rey? ¿Por qué es importante la mención de los Templarios?
6. ¿Por qué existía un conflicto entre los Templarios y los caballeros de la zona? ¿Qué pasó cuando los hidalgos entraron a la reserva de los Templarios?
7. ¿Por qué tiene Alonso tanto apuro por salir del monte?
8. Describa el ambiente que existe en el palacio de los Alcudiel. ¿Qué hacen las señoras?
9. ¿Cómo reacciona Beatriz cuando Alonso le ofrece un regalo?
10. ¿Qué le da el joven? ¿Qué valor sentimental tiene el regalo?
11. ¿Qué «pensamiento diabólico» le viene a las mientes a Beatriz? ¿Qué regalo dice que le quiere dar a su primo? ¿Por qué no puede dárselo?
12. ¿Quiere Alonso ir al monte a buscar lo que su prima ha perdido? Explique. ¿Por qué decide ir finalmente?
13. ¿Ha vuelto Alonso cuando Beatriz se retira a su oratorio?
14. ¿Por qué no duerme bien Beatriz? ¿Qué sonidos oye?
15. Qué indicios da el autor del estado de ánimo de la joven?
16. ¿Se siente mejor en la mañana? ¿Por qué?
17. ¿Qué ve de repente sobre el reclinatorio?
18. ¿Cómo encuentran a Beatriz? ¿Qué le había pasado a Alonso?
19. ¿Qué cuenta un cazador extraviado?

HACIA EL ANALISIS LITERARIO

1. ¿Qué efecto produce la repetición en «No digáis que agotado su tesoro»?
2. ¿Qué efecto logra Bécquer con la combinación de versos de seis y once sílabas en este poema? ¿En qué sentido es diferente la primera estrofa? ¿Por qué piensa usted que Bécquer emplea una combinación un poco diferente en la primera estrofa?
3. ¿En qué consiste la musicalidad de este poema?
4. En «Espíritu sin nombre», ¿por qué no identifica el poeta al «yo» poético en

la primera estrofa? ¿Cuando aclara su identidad? ¿Cómo contribuye la estructura del poema a la expresión del concepto que el poeta desea comunicar?

5. ¿Por qué emplea el diálogo en «Yo soy ardiente»?

6. ¿Qué efecto producen los cambios métricos en el poema XII? ¿Qué efecto produce la composición métrica del poema XXVII? ¿del LIII?

7. ¿Qué tipo de imágenes emplea Bécquer en ese poema y en otros que tratan de la mujer? ¿Qué dice acerca de la naturaleza de la mujer al emplear estas imágenes?

8. Compare la imagen de la mujer de Bécquer con la de Quevedo.

9. ¿Emplea Bécquer la rima o la asonancia en los poemas que se incluyen aquí? ¿Qué efecto produce?

10. Al principio de «El Monte de las Animas», ¿cómo saca al lector de su rutina familiar para introducirlo al ambiente misterioso y exótico de su cuento?

11. ¿Durante qué época histórica tiene lugar «El Monte de las Animas»? ¿Por qué sitúa Bécquer la acción en aquel período?

12. ¿Qué otros efectos emplea Bécquer para crear un ambiente de miedo? ¿Cómo aumenta el suspenso?

13. ¿En qué sentido representa Beatriz una atracción fatal? Compare a Beatriz con la imagen de la mujer que se encuentra en la poesía de Bécquer.

14. ¿Qué marca la transición del mundo externo de las dos primeras secciones del cuento al mundo puramente psicológico de la tercera? ¿Cómo hace Bécquer sentir al lector la tensión nerviosa de Beatriz?

15. ¿Qué efecto tiene el fin del cuento? ¿Por qué?

16. ¿En qué sentido es «El Monte de las Animas» de Bécquer un poema en prosa?

17. ¿Qué elementos románticos hay en las obras de Bécquer? ¿En qué se distancian de las de los románticos? Dé ejemplos específicos.

TEXTO Y VIDA

1. ¿Por qué le gustan a la gente los cuentos de horror? ¿las películas de horror? ¿Conoce usted algún autor americano o inglés que escriba cuentos de horror?

2. ¿Cuáles son los elementos de un buen cuento de horror? Narre usted uno.

3. ¿Qué piensa usted del concepto de la poesía de Bécquer?

4. ¿Qué piensa de su concepto de la mujer? ¿Es popular este concepto hoy en día? Explique.

Del *regionalismo al *naturalismo

La segunda mitad del siglo XIX presencia una explosión en cuanto a la producción novelística. En Inglaterra y en Francia, tanto como en España, hay un creciente interés por la novela de enfoque social. In 1849 Cecilia Böhl de Faber (1796–1877), escribiendo bajo el pseudónimo Fernán Caballero, publica *La gaviota*, considerada por algunos críticos como la primera novela realista. Hija de padre alemán y de madre andaluza, Böhl de Faber nació en Suiza y se educó en el extranjero. Conocía las novelas rústicas alemanas además de las obras de la francesa George Sand (1804–1876) y las de Honoré de Balzac (1799–1850), iniciador de la novela psicológica y jefe del movimiento realista. Su madre la había expuesto a las costumbres andaluzas, las cuales la autora veía siempre como una extranjera que busca lo exótico, lo pintoresco. Caracterizan sus novelas y cuentos la sencillez narrativa, el fin moralizador y, lo que es mas importante con respecto al desarrollo de la novela, la riqueza de detalles de las costumbres folklóricas y populares. El género literario que se dedica a la descripción de costumbres regionales se llama *costumbrismo. Aunque el sentimentalismo de Böhl de Faber la aproxima a los románticos, sus técnicas ya anuncian el realismo, movimiento que saca a relucir todos los elementos sociales, económicos, políticos, psicológicos y religiosos que componen la realidad del individuo.

Siguen a Cecilia Böhl de Faber otros novelistas cuya detallada reproducción del ambiente en el cual se mueven sus personajes contribuye al desarrollo del realismo español. Como ella, Juan Valera (1824–1905) y Pedro Antonio de Alarcón (1833–1891) situaron la acción de la mayoría de sus novelas en Andalucía. Hombre de una amplia cultura humanística, Valera fue diplomático y viajó por muchos países europeos. Su estilo era castizo, refinado, elegante; su espíritu, más universal que regional. Rechazó el sentimentalismo y la religiosidad exagerada, examinando con tolerancia y buen humor las obsesiones humanas. Aunque en su novela más conocida, *Pepita Jiménez* (1874), reproduce meticulosamente los valores, costumbres y actividades de la gente de un pueblo andaluz, el enfoque del autor es más psicológico que costumbrista. El protagonista, Luis de Vargas, es un joven seminarista que deja el claustro para visitar a su padre, un rico andaluz. Luis describe sus impresiones en unas cartas, técnica que recuerda el uso del *narrador no fidedigno de Cervantes y le permite al autor trazar con mucha sutileza el desarrollo psicológico del muchacho. En su calidad de forastero, Luis describe costumbres y paisajes con gran detalle. Pronto se encuentra seducido por la hermosa Pepita Jiménez, lo cual le fuerza a examinar de cerca su vocación religiosa. La lucha entre el amor humano y el divino es el conflicto central de la novela. Luis, exaltado por su deseo de alcanzar la santidad, trata de reprimir su pasión por Pepita hasta terminar por darse cuenta de que su ambición religiosa no es más que orgullo.

Romántico y revolucionario en su juventud, Pedro Antonio de Alarcón dirigió un periódico anticlerical y antimonárquico. Sin embargo, con la Restauración se volvió conservador y se hizo defensor de la tradición católica. Sus primeras obras de ficción reflejan la influencia romántica; el énfasis está en lo fantástico, lo exótico. Su obra más tardía recalca lo popular y lo nacional. La acción de *El sombrero de tres picos* (1874), su novela más conocida, tiene lugar en Andalucía. Un corregidor libertino se empeña en seducir a una bella molinera. Cuando se entera el tío Lucas, el marido de ella, toma venganza al ponerse la ropa de su rival e introducirse en su casa, donde piensa deshonrar a la corregidora. Ninguno de los dos hombres logra lo que intenta, pero la situación da lugar a muchas complicaciones cómicas. El autor delinea arquetipos andaluces cuyos valores—en particular, el honor—se llevan al extremo sin que esto conduzca a la tragedia. Más tarde Alarcón escribió novelas de tesis en las cuales defendía la moral católica.

A diferencia de Valera y Alarcón, José María de Pereda (1833–1906) se identificó rigurosamente con el movimiento regionalista. Pereda nació en Santander, y la mayoría de sus relatos ofrecen un retrato minucioso de su tierra natal, incluyendo los giros dialécticos que caracterizan el habla de sus habitantes. El regionalismo de Pereda no implica una actitud anticastellana. Desde tiempos antiguos se creía que la montaña santanderina era la cuna de la nobleza española y de los valores castellanos más auténticos. Por lo tanto, el intenso localismo de Pereda produce retratos del español en toda su tradición. Los primeros libros de Pereda, *Escenas montañesas* (1864) y *Tipos y paisajes* (1871) son cuadros de costumbres. En novelas como *Sotileza* (1884), combina el aspecto costeño y marítimo de Santander con el urbano. Fundamental a estas novelas es el contraste entre los antiguos valores tradicionales y los cambios introducidos por una sociedad que evoluciona. En *Sotileza,* el argumento gira alrededor de las relaciones entre Andrés y Sotileza, una joven que pertenecía una clase inferior. Al final, la jerarquía social se respeta rigurosamente. Sin embargo, la solución al problema del honor es muy diferente—más racional y menos sangrienta—que en los dramas de honor del *Siglo de Oro.

Benito Pérez Galdós: Creador del realismo moderno

Es a Benito Pérez Galdós (1843–1920) a quien se debe el triunfo de la novela moderna realista en España. Galdós nació en Las Palmas. A diferencia de Böhl de Faber, no tenía sus raíces literarias en el *romanticismo ya que, para mediados del siglo diecinueve, este movimiento era cosa del pasado. Aunque el tono moralizador caracteriza sus primeras *novelas de tesis, el sentimentalismo de la obra de Böhl de Faber está completamente ausente en la de Galdós. Se ha sugerido que tal vez por haber nacido en las Islas Canarias, fuera de la península ibérica, Galdós sentía un interés profundo por todo lo español.

Aunque la obra literaria de Galdós ha atraído mucha atención de la crítica, relativamente poco se sabe de su vida personal. Modesto y reservado, el autor hablaba poco de sí mismo. Asistía a numerosas tertulias, pero, más que hablar, le gustaba escuchar conversar a los otros. Tenía un oído muy agudo. El lenguaje de sus novelas es el de la calle, del café, de la casa. Sus diálogos tienen un sabor totalmente auténtico.

El padre de Galdós era militar. Su madre era hija de un antiguo secretario de la Inquisición en las Islas Canarias. Galdós estudió en una escuela inglesa y se familiarizó con la literatura de Inglaterra, país al cual viajó mas tarde. La crítica ha señalado semejanzas entre las novelas de Galdós y las de varios escritores ingleses del siglo diecinueve, en particular, las de Charles Dickens (1812–1870).

Además de literatura, Galdós estudió música y pintura. Sus ilustraciones aparecen en varias de sus novelas históricas, llamadas *Episodios nacionales.*

Al salir de las Islas Canarias, Galdós estudió leyes en Madrid. Aunque terminó la carrera, parece haber pasado más tiempo familiarizándose con la vida madrileña—especialmente los cafés y los teatros—que estudiando. En 1865 empezó a escribir para *La Nación* y, aunque el periodismo no fue su interés principal, siguió siendo una fuente de ingresos durante toda su vida. De hecho, su profesión de periodista seguramente contribuyó al desarrollo de sus dones de observación, los cuales le servían para la creación de personajes convincentes.

De joven, Galdós pensó dedicarse al teatro. En 1865 escribió una obra, *La expulsión de los moriscos,* la cual se ha perdido. Ni esta obra ni la segunda, *El hombre fuerte,* se representaron. Al final de su carrera, volvió a escribir para el teatro: *Electra* (1901), una obra que contiene una crítica fuerte de las actitudes estancadas de ciertos elementos de la aristocracia, causó un furor al estrenarse— un indicio del elevado nivel de tensión política del público. Varias de sus obras fueron éxitos en el sentido económico aunque, desde un punto de vista crítico, el teatro de Galdós tuvo una aceptación limitada. Sin embargo, se le reconoce a Galdós el mérito de haber intentado renovar el teatro español de fines de siglo, período durante el cual dominaban la escena las obras melodramáticas y sensacionalistas de José Echegaray (1813–1853).

Por muchos años se creyó que la primera novela de Galdós era *La Fontana de Oro,* escrita en 1868 después de un viaje a París. Según esta teoría, en Francia el joven español se había entusiasmado por las obras de Balzac y, a consecuencia de esto, abandonó el teatro por la novela. Sin embargo, el crítico Rodolfo Cardona ha demostrado que Galdós había leído unas quince novelas de Balzac antes de ir a Francia. Según Cardona, la primera novela de Galdós fue probablemente *La sombra,* escrita en 1865, una historia psicológica en la que el autor explora el carácter obsesivo del celoso. Cardona alega que la decisión de Galdós de escribir novelas en vez de dramas tuvo menos que ver con su viaje a Francia que con la lucha interior entre sus tendencias románticas, las cuales se manifestaban en sus tempranas obras teatrales, y las realistas, las cuales se asomaban en su narrativa.

Al volver a España después de un segundo viaje a Francia, Galdós pasó por Barcelona, donde presenció la Revolución de Septiembre. Este acontecimiento lo impresionó profundamente, aguzando su interés en los problemas nacionales. Esta pasión por lo nacional fue uno de los factores que lo condujeron a escribir novelas históricas.

Galdós fue un escritor tremendamente prolífico. Escribió setenta y siete novelas y veintidós obras de teatro. Aunque sus novelas contemporáneas retratan principalmente un ambiente burgués y urbano, Galdós no se limitó a describir una sola región de España ni un solo sector social. El mundo novelístico y dramático galdosiano abarca toda la sociedad española. Toca lo histórico, lo social, lo religioso, lo económico, lo político, lo psicológico, lo moral y lo erótico. Galdós describe una gama de ambientes sociales: la nobleza venida a menos, la burguesía pudiente, la pequeña burguesía, los trabajadores, los bohemios, los intelectuales, los funcionarios, los sirvientes, el clero. Sus personajes reflejan los problemas y preocupaciones de su tiempo y de su medio. Galdós reproduce en sus novelas la realidad total de la época que describe: actitudes, modales, valores, ropa, vivienda, hábitos, costumbres, estructura social.

Los personajes de Galdós funcionan siempre dentro de un contexto histórico. Los acontecimientos de la novela dependen de hechos reales. Se mezclan personajes ficticios con figuras históricas, tales como ministros, diputados y actores. Se describen lugares auténticos—calles, edificios, cafés, plazas. Se ha dicho que las novelas de Galdós son mapas de Madrid, con referencias a sitios específicos que se describen con una infinidad de detalles.

Los personajes de Galdós—especialmente los de sus novelas maduras—son sumamente complejos. Actúan en ellos un compendio de fuerzas psicológicas y ambientales. A menudo el mismo personaje encierra rasgos contradictorios. De tal modo, la sirvienta que se desvive por su ama puede estar actuando por motivos parcialmente egocéntricos. El prestamista desalmado puede convertirse en una figura patética al enfermarse gravemente su hijo. La santa protectora de la moralidad pública es en el fondo una mujer tiránica y cruel. El científico que trae el progreso también destruye la seguridad y la estabilidad del mundo tradicional. El intelectual que se dedica al estudio es el único en comprender las complejidades del corazón humano. Galdós se ha destacado tanto por su profunda penetración psicológica como por su astuta observación crítica de la sociedad española. Galdós y Clarín son los únicos autores españoles de la época que se pueden comparar con un Balzac, un Dickens, un Tolstoy, un Dostoyevsky.

Las novelas de Galdós pueden dividirse en dos categorías: las que tratan de momentos históricos y las que tratan de la vida contemporánea. La pasión por la historia se nota temprano en la carrera literaria de Galdós. *La Fontana de Oro* se basa en el levantamiento liberal de 1820 a 1823. Los *Episodios nacionales* tienen por objeto examinar la transformación social efectuada por los cambios y conflictos políticos de la primera parte del siglo, cuyos efectos se sentían plenamente en la época de Galdós. Los *Episodios nacionales* salieron en series. La primera serie, que consta de diez volúmenes, abarca la guerra de la independencia, empezando con la pérdida de la batalla naval de Trafalgar en 1805. La segunda, que también consta de diez volúmenes, describe el reinado de Fernando VII. La quinta serie termina con el breve reinado de Amadeo de Saboya (1870–1873), el establecimiento de la Primera República y el período de la Restauración—acontecimientos de los cuales Galdós tenía conocimientos de primera mano. Unen los *Episodios nacionales* unos cuantos personajes cuyos amores e intrigas forman el hilo narrativo.

El repetir personajes es una característica no sólo de los *Episodios nacionales* sino también de la serie llamada «novelas contemporáneas». Galdós crea una comunidad novelesca habitada por personajes que aparecen y reaparecen en diversas obras. Produce así un sentido de familiaridad en el lector, quien se encuentra a menudo con viejos amigos al comenzar una nueva novela.

Las novelas de lo que se llama «la primera época» de Galdós son *Doña Perfecta* (1876), *Gloria* (1876) y *La familia de León Roch* (1878). Las tres son denuncias del clericalismo y de la intolerancia. La más conocida, *Doña Perfecta*, retrata a una mujer—todo menos perfecta—cuya inflexible moralidad la convierte en una fuerza destructora. *Marianela,* de la misma época, trata de la miseria en las minas del norte de España. Marianela, la protagonista, es una huérfana que trabaja como sirvienta para una familia que la maltrata y la desprecia. La influencia del *naturalismo francés se hace sentir en la insistencia en lo feo, lo sucio, lo grotesco del ambiente. La joven conoce a un muchacho ciego, a quien le sirve de lázaro. Las facultades imaginativas de Marianela la hacen perderse en fantasías de amor, pero cuando el doctor Teodoro Golfín le devuelve la vista al ciego, éste se enamora de una hermosa chica de su misma clase social y abandona a Marianela, quien termina suicidándose. Aunque uno de los temas es el poder liberador de la ciencia, Galdós muestra que el progreso tiene dos caras: para progresar, hay que destruir lo bello del mundo tradicional.

La segunda fase, la de las «novelas españolas contemporáneas», se inicia en 1881, con *La desheredada.* Estas novelas pintan la vida madrileña moderna, con todos los cambios y trastornos económicos, políticos y sociales que caracterizan la época. *Fortunata y Jacinta* (1887), una de las obras más populares de esta fase, da un panorama amplísimo de la sociedad de la época. El triunfo de la burguesía comerciante produce una generación de hijos cuya vida holgada les permite dedicarse al placer. Tal es Juanito Santa Cruz, casado con la infecunda Jacinta—mujer de su misma clase—y amante de la fecunda y sensualísima Fortunata—mujer de una clase inferior. Otro triunfo de esta fase son las cuatro novelas de la serie *Torquemada* (1889, 1893, 1894, 1895) que cuentan el ascenso social del prestamista Torquemada, quien llega a convertirse en magnate, a adquirir el título de aristócrata y a servir como diputado. La fortuna de Torquemada refleja la de miles de miembros de la pequeña burguesía que logran ampliar su hacienda y entrar en la aristocracia, debido a la situación económica y política del país. Las complejas relaciones entre la nobleza empobrecida y la clase baja da fondo a *Misericordia* (1897), otra novela importante de fines de siglo. Benigna, una sirvienta que pide limosna para mantener a su ama, una aristócrata venida a menos, es, por un lado, un símbolo de la más pura caridad cristiano y, por otro, una mujer totalmente manipuladora.

Aunque Galdós se considera el novelista realista por excelencia, sus personajes a menudo son exageraciones casi caricaturescas. El realismo de Galdós consiste más en la reproducción minuciosa de un ambiente particular y en la descripción de actitudes y valores auténticos que en la creación de personajes realistas. Como Cervantes, cuya obra conocía a fondo, Galdós a menudo creó personajes obsesivos que se definen por una sola manía.

Benito Pérez Galdós fue elegido miembro de la Real Academia Española en 1887. Fue también recomendado para el Premio Nobel, aunque no lo recibió. Se ha sugerido que el comité temió ofender a las autoridades españolas al otorgar el premio a un escritor conocido por su anticlericalismo. En 1907 Galdós, que había sido activo en la política, fue elegido diputado del partido republicano.

Al fin de su vida, Galdós perdió la vista. Por razones económicas, continuó sus actividades literarias hasta su muerte, en 1920. Aunque fue el novelista más popular de su generación, Galdós murió empobrecido, víctima de socios poco escrupulosos y de la administración ineficaz de sus finanzas.

Galdós también escribió unos cuantos cuentos. Como sus novelas, éstos otorgan al lector un panorama—aunque reducido—de la sociedad española. En

«La novela en el tranvía», publicada por primera vez en la *Ilustración de Madrid* en 1871, Galdós combina sus obervaciones sobre el funcionamiento de la fantasía con descripciones de diversos arquetipos sociales. Suben al tranvía representantes de varios ambientes, quienes, por medio de sus narraciones, presentan a otros tipos de otros ambientes. Al final del cuento, el pasajero soñador ha creado todo un microcosmo de la sociedad madrileña.

El *naturalismo español

Los escritores posteriores a Galdós fueron profundamente influidos por el naturalismo literario, un movimiento inspirado por las teorías deterministas desarrolladas por médicos y científicos durante el siglo diecinueve. Según éstas, el individuo no tiene ningún control de su destino, sino que es el producto de factores hereditarios y sociológicos que determinan su vida. Los vicios individuales y sociales son, por lo tanto, el resultado de circunstancias como la miseria, el abuso, la ignorancia o el defecto biológico. La literatura naturalista tenía por objetivo la reforma de la sociedad. Se creía que al exponer los factores que conducían a la degeneración moral y física, el escritor podía fomentar el cambio. El naturalismo literario pretendía emplear métodos científicos; la novela debía basarse en datos concretos y en observaciones. A diferencia de la escuela realista, que intentaba reproducir todos los aspectos de la vida humana, la naturalista hacía hincapié en la sordidez: el crimen, la violencia doméstica, la enfermedad, la pobreza, la degeneración moral y sexual, el alcoholismo. El naturalismo encontró expresión en varios países de Europa, pero los franceses fueron los que influyeron más en la generación de escritores que siguió a la de Galdós. El portavoz del naturalismo francés, Emile Zola (1840–1902), es conocido por sus descripciones de los mineros de carbón del norte de Francia en *Nana* (1880) y *Germinal* (1885).

Aunque la influencia del naturalismo comienza a verse en varias de las novelas de Galdós, la que introdujo el movimiento formalmente en España fue Emilia de Pardo Bazán (1851–1920). En su ensayo, «La cuestión palpitante» (1882), presentó un análisis crítico de la obra de Zola. Aunque defendió sus métodos y técnicas, Pardo Bazán, una católica devota, se opuso a la teoría determinista que reducía al hombre a pura materia y por lo tanto le negaba espíritu y libre albedrío. En 1883 publicó una novela proletaria, *La tribuna,* la cual describe las condiciones en una fábrica de Tabacos de La Coruña, su ciudad natal. En otras novelas expuso la degeneración de las antiguas familias nobles de Galicia o los problemas de los gallegos que se trasladaban a Madrid. Por ser ella misma una aristócrata, la condesa de Pardo Bazán conocía a fondo el ambiente que describió en sus novelas más logradas, *Los pazos de Ulloa* (1886) y su continuación, *La madre naturaleza* (1887). Ambas retratan a la familia de Pedro Moscoso, heredero de la familia Ulloa, en toda su decadencia. La estructura social y económica del campo gallego, la relación entre clases, la explotación, el resentimiento, la violencia, la religión y el incesto son algunos de los temas que la autora exploró en estas novelas.

Tal vez el más destacado naturalista de la generación fue Clarín, pseudónimo de Leopoldo Alas (1852–1901). Fue profesor de derecho de la Universidad de Oviedo y produjo varios ensayos literarios; el más conocido es el que hizo sobre Galdós. Clarín escribió muchos cuentos y dos novelas de las cuales *La Regenta* (1884) es la más conocida. Aunque los críticos han colocado *La Regenta* dentro del movimiento naturalista, la novela realmente transciende esta categorización. Una obra de profunda penetración psicológica y de gran ironía, *La Regenta* describe la vida en una ciudad provinciana, en todos sus pormenores. Ana Ozores, esposa del Regente, siente una atracción ambigua hacia don Fermín, el Magistral de la catedral de la ciudad, quien le corresponde. Esta devoción medio espiritual, medio sensual, le permite al clérigo, un hombre ferozmente ambicioso que desea alcanzar un puesto alto dentro de la Iglesia, manipular a la Regenta, que ejerce poder por medio de la influencia que tiene sobre su esposo. La lucha entre el falso misticismo y el erotismo causa una crisis psicológica en los personajes, que terminan cediendo al deseo. El Regente, enterado del escándalo y guiado por los antiguos valores, muere absurdamente defendiendo su honor en un duelo. En *La Regenta*, Clarín presenta toda una galería de personajes, creando así un retrato completo de la ciudad. Entran factores políticos, económicos, sociales, religiosos e históricos. En cuanto a su estilo, usa muchas técnicas—el monólogo interior, los sueños, los recuerdos— que establecen a *La Regenta* como precursora de la novela del siglo XX.

Edición

Pérez Galdós, Benito. *Obras completas*. Ed. Federico Sainz de Robles. 7 vol. Madrid: Aguilar, 1968–1981

Crítica

Bly, Peter. *Vision and the Visual Arts in Galdós: A Study of the Novels and Newspaper Articles.* Liverpool: F. Cairns, 1986

Casalduero, Joaquín. *Vida y obra de Galdós (1843–1920)*. 4th ed. Madrid: Gredos, 1974

Correa, Gustavo. *Realidad, ficción y símbolo en las novelas de Pérez Galdós: ensayo de estética realista*. Madrid: Gredos: 1977

Cuadernos Hispanoamericanos (Homenaje a Galdós). 1970–1971:250–252

Gilman, Stephen. *Galdós and the Art of the European Novel, 1867–1887. Princeton: Princeton University press, 1981*

Gullón, Ricardo. Galdós, novelista moderno. 3rd ed. Madrid: Gredos, 1973

Elizalde, Ignacio. *Pérez Galdós y su novelística*. Bilbao: Universidad de Deusto, 1981

López Sanz, Mariano. Naturalismo y espiritualismo en la novelística de Galdós y Pardo Bazán. Madrid: Pliegos, 1985

Oliver, Walter. «Galdos' ‹La novela en el tranvía»: Fantasy and Art of Realistic Narration.» *Modern Language Notes* 88 (1973):249–263

Schraibman, José. «Variantes de ‹La novela en el tranvía« de Galdós.» *La Torre* 48 (1964: 149–163

La novela en el tranvía

Benito Pérez Galdós

I

Partía el coche de la extremidad del barrio de Salamanca, para atravesar todo Madrid en dirección al de Pozas. Impulsado por el egoísta deseo de tomar asiento antes que las demás personas, movidas de iguales intenciones, eché mano a la barra que sustenta la escalera de la imperial,[1] puse el pie en la plataforma y subí; pero en el mismo instante—¡oh imprevisión[2]—tropecé con otro viajero que, por el opuesto lado, entraba. Lo miro y reconozco a mi amigo el señor Dionisio Cascajares de la Vallina, persona tan inofensiva como discreta, que tuvo, en aquella crítica ocasión, la bondad de saludarme con un sincero y entusiasta apretón de manos.

Nuestro inesperado choque no había tenido consecuencias de consideración, si se exceptúa la abolladura[3] parcial de cierto sombrero de paja puesto en la extremidad de una cabeza de mujer inglesa, que tras de mi amigo intentaba subir, y que sufrió, sin duda por falta de agilidad, el rechazo de su bastón.

Nos sentamos, y sin dar a aquel percance[4] exagerada importancia, empezamos a charlar.

El señor Dionisio Cascajares de la Vallina es un médico afamado, aunque no por la profundidad de sus conocimientos patológicos, y un hombre de bien, pues jamás se dijo de él que fuera inclinado a tomar lo ajeno ni a matar a sus semejantes[5] por otros medios que por los de su peligrosa y científica profesión. Bien puede asegurarse que la amenidad de su trato y el complaciente sistema de no dar a los enfermos otro tratamiento que el que ellos quieren, son causa de la confianza que inspira a multitud de familias de todas jerarquías, mayormente cuando también es fama que en su bondad sin límites presta servicios ajenos a la ciencia, aunque siempre de índole rigurosamente honesta.

Nadie sabe como él sucesos interesantes que no pertenecen al dominio público, ni ninguno tiene en más estupendo grado la manía de preguntar, si bien este vicio, de exagerada inquisitividad, se compensa en él por la prontitud con que dice cuanto sabe, sin que los demás se tomen el trabajo de preguntárselo. Júzguese por esto si la compañía de tan hermoso ejemplar de la ligereza humana será solicitada por los curiosos y por los lenguaraces.[6]

Este hombre, amigo mío, como lo es de todo el mundo, era el que sentado iba junto a mí cuando el coche, resbalando suavemente por la calzada de hierro, bajaba la calle de Serrano, deteniéndose alguna vez para llenar los pocos asientos que quedaban ya vacíos. Ibamos tan estre-

---

[1] upper deck (of the trolley car)
[2] unexpected event
[3] bending
[4] misfortune
[5] **otros seres humanos**
[6] glib, talkative

chos,[7] que me molestaba grandemente el paquete de libros que conmigo llevaba, y ya le ponía sobre esta
rodilla, ya sobre la otra, ya, por fin,

me resolví a sentarme sobre él,
temiendo molestar a la señora inglesa, a quien cupo en suerte colocarse a mi siniestra[8] mano.

II

—¿Y usted, adónde va?—me preguntó Cascajares, mirándome por
encima de sus espejuelos[9] azules, lo
que me hacía el efecto de ser exami-
nado por cuatro ojos.

Le contesté evasivamente, y él,
deseando, sin duda, no perder aquel
rato sin hacer alguna útil investigación, insistió en sus preguntas,
diciendo:

—Y Fulanito, ¿qué hace? Y
Fulanito, ¿dónde está?—con otras
indagatorias[10]—del mismo jaez,[11] que
tampoco tuvieron respuesta cumplida.

Por último, viendo cuán inútiles
eran sus tentativas para pegar la
hebra, echó por camino más ade-
cuado a su expansivo temperamento,
y empezó a desembuchar.[12]

—¡Pobre Condesa!—dijo, ex-
presando con un movimiento de
cabeza y un visaje[13] su desinteresada[14]
compasión—. Si hubiera seguido mis
consejos, no se vería en situación tan
crítica.

—¡Ah! Es claro—contesté maquinalmente, ofreciendo también el
tributo de mi compasión a la señora
Condesa.

—Figúrese usted—prosiguió—
que se ha dejado dominar por aquel
hombre, y aquel hombre llegará a ser
el dueño de la casa. ¡Pobrecilla! Cree
que con llorar y lamentarse se reme-

dia todo, y no: urge tomar una determinación. Porque ese hombre es un
infame; le creo capaz de los mayores
crímenes.

—¡Ah! ¡Sí; es atroz!—dije yo
también, participando, irreflexiva-
mente, de su imaginación.

—Es como todos los hombres
de malos instintos y de baja condición, que, si se elevan un poco, luego
no hay quien les sufra. Bien claro
indica su rostro que de allí no puede
salir cosa buena.

—Ya lo creo; eso salta a la vista.

—Le explicaré a usted en breves palabras. La Condesa es una
mujer excelente, angelical, tan discreta como hermosa, y digna, por
todos conceptos, de mejor suerte.
Pero está casada con un hombre que
no comprende el tesoro que posee, y
pasa la vida entregado al juego[15] y a
toda clase de entretenimientos ilíci-
tos. Ella, entretanto, se aburre y llora.
¿Es extraño que trate de sofocar su
pena divirtiéndose honestamente
aquí y allí, dondequiera que suene un
piano? Es más: yo mismo se lo aconsejo, y le digo: «Señora, procure
usted distraerse, que la vida se acaba.
Al fin, el señor Conde se ha de arrepentir de sus locuras y se acabarán las
penas.» Me parece que estoy en lo
cierto.

—¡Ah! ¡Sin duda!—contesté

---

[7] crowded together
[8] izquierda
[9] anteojos, lentes
[10] preguntas
[11] tipo

[12] to tell everything
[13] grimace
[14] impartial, removed
[15] gambling

con oficiosidad, continuando en mis adentros tan indiferente como al principio a las desventuras de la Condesa.

—Pero no es eso lo peor—añadió Cascajares, golpeando el suelo con su bastón—, sino que ahora el señor Conde ha dado en la flor de estar celoso[16]...; sí, de cierto joven que se ha tomado a pechos[17] la empresa de distraer a la Condesa.

—El marido tendrá la culpa de que lo consiga.

—Todo eso sería insignificante, porque la Condesa es la misma virtud; todo eso sería insignificante, digo, si no existiera un hombre abominable, que sospecho ha de causar un desastre en aquella casa.

—¿De veras? ¿Y quién es ese hombre?—pregunté, con una chispa[18] de curiosidad.

—Un antiguo mayordomo, muy querido del Conde, y que se ha propuesto martirizar a aquella infeliz,

cuanto sensible, señora. Parece que se ha apoderado de cierto secreto que la compromete y con esta arma pretende[19]..., ¡que sé yo!...¡Es una infamia!

—Sí que lo es, y ello merece un ejemplar castigo—dije yo, descargando también el peso de mis iras sobre aquel hombre.

—Pero ella es inocente; ella es un ángel...Pero, calle; estamos en la Cibeles. Sí, ya veo, a la derecha, el Parque de Buenavista. Mande usted parar, mozo; que no soy de los que hacen la gracia de saltar cuando el coche está en marcha, para descalabrarse[20] contra los adoquines.[21] Adiós, mi amigo, adiós.

Paró el coche y bajó don Dionisio Cascajares y de la Vallina, después de darme otro apretón de manos y de causar segundo desperfecto en el sombrero de la dama inglesa, aún no repuesta del primitivo[22] susto.

III

¡Cosa singular! Siguió el ómnibus su marcha, y yo, a mi vez, seguí pensando en la incógnita[23] Condesa, en su cruel y suspicaz consorte, y sobre todo, en el hombre siniestro que, según la enérgica expresión del médico, a punto estaba de causar un desastre en aquella casa. Considera, lector, lo que es el humano pensamiento: cuando Cascajares principió a referirme aquellos sucesos, yo renegaba de su inoportunidad y pesadez; mas poco tardó mi imaginación en apoderarse de aquel mismo asunto,

para darle vueltas de arriba abajo, operación psicológica que no deja de ser estimulada por la regular marcha del coche, y el sordo y monótono rumor de sus ruedas, limando[24] el hierro de los carriles.[25]

Pero al fin dejé de pensar en lo que tan poco me interesaba, y, recorriendo con la vista el interior del coche, examiné, uno por uno, a mis compañeros de viaje. ¡Cuán distintas caras y cuán diversas expresiones. Unos, parecen no inquietarse ni lo más mínimo de los que van a su lado;

---

[16] **ha**...has a propensity to be jealous
[17] **se**...has taken it upon himself
[18] spark
[19] he's attempting to
[20] bash one's head

[21] paving stones
[22] early
[23] unknown
[24] filing down
[25] tracks

otros, pasan revista al corrillo[26] con impertinente curiosidad; unos están alegres; otros, tristes; aquel, bosteza; el de más allá, ríe, y, a pesar de la brevedad del trayecto, no hay uno que no desee terminarlo pronto; pues entre las cosas fastidiosas, ninguna aventaja a la que consiste en estar una docena de personas mirándose las caras sin decirse palabra, y contándose, recíprocamente, sus arrugas, sus lunares,[27] y éste o el otro accidente observado en el rostro o en la ropa.

Es singular aquel breve conocimiento con personas que no hemos visto y que, probablemente, no volveremos a ver. Al entrar, ya encontramos a alguien; otros, vienen después que estamos allí; unos se marchan, quedándonos nosotros, y, por último, también nos vamos. Imitación es esto de la vida humana, en que el nacer y el morir son como las entradas y salidas a que me refiero, pues van renovando sin cesar, en generaciones de viajeros, el pequeño mundo que allí dentro vive. Entran, salen,

nacen, mueren...¡Cuántos han pasado por aquí antes que nosotros! ¡Cuántos vendrán después!

Y para que la semejanza sea más completa, también hay un mundo chico de pasiones en miniatura dentro de aquel cajón. Muchos van allí que se nos antojan[28] excelentes personas, y nos agrada su aspecto, y hasta les vemos salir con disgusto.[29] Otros, por el contrario, nos revientan desde que les echamos la vista encima: les aborrecemos durante diez minutos; examinamos con cierto rencor sus caracteres frenológicos y sentimos verdadero gozo al verles salir. Y en tanto, sigue corriendo el vehículo, remedo[30] de la vida humana, siempre recibiendo y soltando, uniforme; incansable, majestuoso, insensible a lo que pasa en su interior; sin que le conmuevan, ni poco ni mucho, las mal sofocadas pasioncillas de que es mudo teatro; siempre corriendo, corriendo sobre las dos interminables paralelas de hierro, largas y resbaladizas como los siglos.

IV

Mientras pensaba en esto, el coche subía por la calle de Alcalá, hasta que me sacó del golfo de tan revueltas cavilaciones el golpe de mi paquete de libros al caer al suelo. Lo recogí al instante; mis ojos se fijaron en el pedazo de periódico que servía de envoltorio a los volúmenes, y, maquinalmente, leyeron medio renglón de lo que allí estaba impreso. De súbito

sentí vivamente picada mi curiosidad: había leído algo que me interesaba y ciertos nombres esparcidos en el pedazo de folletín[31] hirieron a un tiempo la vista y el recuerdo. Busqué el principio y no lo hallé: el papel estaba roto, y únicamente puede leer, con curiosidad primero y después con afán creciente, lo que sigue:

«Sentía la Condesa una agita-

---

[26] **pasan...**look over the assortment of people
[27] moles
[28] **se...**strike us as
[29] **hasta...**it even makes us unhappy to see them get off

[30] **imitación, copia**
[31] newspaper serial

La novela en el tranvía

ción indescriptible. La presencia de Mudarra, el insolente mayordomo, que, olvidando su bajo origen, se atreviera a poner los ojos en cosa tan alta, le causaba continua zozobra.[32] El infame la estaba espiando sin cesar, la vigilaba como se vigila a un preso. Ya no le detenía ningún respeto, ni era obstáculo a su innoble asechanza[33] la sensibilidad y delicadeza de tan excelente señora.

«Mudarra penetró a deshora en la habitación de la Condesa, que, pálida y agitada, sintiendo a la vez vergüenza y terror, no tuvo ánimo para despedirle.

—No se asuste usía,[34] señora Condesa.—dijo con forzada y siniestra sonrisa, que aumentó la turbación de la dama—; no vengo a hacer a usía daño alguno.

—¡Oh Dios mío! ¡Cuándo acabará este suplicio![35] exclamó la Condesa, dejando caer sus brazos con desaliento—. Salga usted: yo no puedo acceder a sus deseos. ¡Qué infamia! Abusar de ese modo de mi debilidad y de la indiferencia de mi esposo, único autor de tantas desgracias.

—¿Por qué tan arisca,[36] señora Condesa?—añadió el feroz mayordomo—. Si yo no tuviera el secreto de su perdición en mi mano, si yo no pudiera imponer sí señor Conde de ciertas particularidades..., pues..., referentes a aquel caballerito...Pero no abusaré, no, de estas terribles armas. Usted me comprenderá al fin, conociendo cuán desinteresado es el gran amor que ha sabido inspirarme.

«Al decir esto, Mudarra dio algunos pasos hacia la Condesa, que se alejó, con horror y repugnancia, de aquel monstruo.

«Era Mudarra un hombre como de unos cincuenta años, moreno, rechoncho y patizambo,[37] de cabellos ásperos y en orden, grande y colmilluda[38] la boca. Sus ojos, medio ocultos tras la frondosidad[39] de largas, negras y espesísimas cejas, en aquellos instantes expresaban la más bestial e impaciente concupiscencia.

—¡Ah puerco espín![40]—exclamó con ira, al ver el natural despego de la dama—. ¡Qué desdicha no ser un mozalbete almidonado![41] Tanto remilgo,[42] sabiendo que puedo informar al señor Conde...Y me creerá, no lo dude usía; el señor Conde tiene en mí tal confianza, que lo que yo digo es para él el mismo Evangelio..., pues..., y como está celoso..., si yo le presento el papelito...

—¡Infame!—exclamó la Condesa con noble arranque de indignación y dignidad—. Yo soy inocente, y mi esposo no será capaz de prestar oídos a tan viles calumnias. Y aunque fuera culpable, prefiero mil veces ser despreciada por mi marido y por todo el mundo a comprar mi tranquilidad a ese precio. Salga usted de aquí al instante.

—Yo también tengo mal genio,[43] señora Condesa—dijo el mayordomo, devorando su rabia—, yo también gasto mal genio, y cuando

---

[32] **preocupación**
[33] snare, trap
[34] **usted**
[35] **tormento, tortura**
[36] **desagradable, intratable**
[37] knock-kneed

[38] having big eyeteeth
[39] bushiness
[40] **puerco...**porcupine
[41] **mozalbete...**dapper young man
[42] primness
[43] **tengo...**I have bad moods

me amosco[44]...Puesto que usía lo toma por la tremenda,[45] vamos por la tremenda. Yo sé lo que tengo que hacer, y demasiado condescendiente he sido hasta aquí. Por última vez propongo a usía que seamos amigos, y no me ponga en el caso de hacer un disparate...Conque, señora Condesa...

«Al decir esto, Mudarra contrajo la pergaminosa[46] piel y los rígidos tendones de su rostro, haciendo una mueca,[47] parecida a una sonrisa, y dio algunos pasos como para sentarse en el sofá junto a la Condesa. Esta se levantó de un salto, gritando:

—¡No; salga usted! ¡Infame! Y no tener quien me defienda...¡Salga usted!...

«El mayordomo entonces era como una fiera a quien se escapa la presa que ha tenido un momento antes entre sus uñas. Dio un resoplido,[48] hizo un gesto de amenaza y salió despacio, con pasos muy quedos. La Condesa, trémula y sin aliento, refugiada en la extremidad del gabinete, sintió las pisadas, que, aleján-

dose, se perdían en la alfombra de la habitación inmediata, y respiró al fin cuando le consideró lejos. Cerró todas las puertas y quiso dormir; pero el sueño huía de sus ojos, aún aterrados con la imagen del monstruo.

«CAPITULO XI.—*El complot.*— Mudarra, al salir de la habitación de la Condesa, se dirigió a la suya y, dominado por fuerte inquietud nerviosa, comenzó a registrar cartas y papeles, diciendo entre dientes: «Ya no aguanto más; me las pagará todas juntas...» Después se sentó, tomó la pluma, y poniendo delante una de aquellas cartas, y examinándola bien, empezó a escribir otra, tratando de remedar la letra. Mudaba la vista, con febril ansiedad, del modelo a la copia, y, por último, después de gran trabajo, escribió, con caracteres enteramente iguales a los del modelo, la carta siguiente, cuyo sentido era de su propia cosecha: *Había prometido a usted una entrevista, y me apresuro...*»

El folletín estaba roto y no pude leer más.

V

Sin apartar la vista del paquete, me puse a pensar en la relación que existía entre las noticias sueltas que oí de boca del señor Cascajares de la Vallina y la escena leída en aquel papelucho, folletín, sin duda, traducido de alguna de esas desatinadas novelas de Ponson du Terrail o de Montepin. Será una tontería, dije para mí, pero es lo cierto que ya me inspira interés esa señora Condesa, víctima de la barbarie de un mayordomo impasible, cual no existe sino en la trastornada

cabeza de algún novelista nacido para aterrar a la gente sencilla. ¿Y qué haría el maldito para vengarse? Capaz sería de imaginar cualquier atrocidad de esas que ponen fin a un capítulo de sensación. Y el Conde, ¿qué hará? Y aquel mozalbete de quien hablaron, Cascajares, en el coche, y después Mudarra, en el folletín, ¿qué hará?, ¿quién será? ¿Qué hay entre la Condesa y ese incógnito caballerito? Algo daría por saber...

[44] **me...**I get peeved
[45] **por...**on the dramatic side
[46] parchment-like

[47] **haciendo...**making a face
[48] snort

VI

Recorrí con los ojos el interior del coche y, ¡horror!, vi una persona que me hizo estremecer de espanto. Mientras estaba yo embebido en la interesante lectura del pedazo de folletín, el tranvía se había detenido varias veces para tomar o dejar algún viajero. En una de estas ocasiones había entrado aquel hombre, cuya súbita presencia me produjo tan grande impresión. Era él, Mudarra, el mayordomo en persona, que estaba sentado frente a mí, con sus rodillas tocando las mías. En un segundo le examiné de pies a cabeza y reconocí las facciones cuya descripción había leído. No podía ser otro; hasta los más insignificantes detalles de su vestido indicaban claramente que era él. Reconocí la tez morena y lustrosa; los cabellos indomables, cuyas mechas surgían en opuestas direcciones, como las culebras de Medusa,[49] los ojos hundidos bajo la espesura de unas agrestes[50] cejas; las barbas, no menos revueltas e incultas que el pelo; los pies, torcidos hacia dentro, como los de los loros, y, en fin, la misma mirada, el mismo hombre en el aspecto, en el traje, en el respirar, en el toser, hasta en el modo de meterse la mano en el bolsillo para pagar.

De pronto le vi sacar una cartera, y observé que este objeto tenía en la cubierta una gran *M* dorada, la inicial de su apellido. La abrió, sacó una carta y miró el sobre con sonrisa de demonio, y hasta me pareció que decía entre dientes:[51]

—¡Qué bien imitada está la letra!

En efecto, era una carta pequeña, con el sobre garabateado[52] por mano femenina. El lo miró bien, recreándose en su infame, obra, hasta que observó que yo, con curiosidad indiscreta y descortés, alargaba demasiado el rostro para leer el sobrescrito. Me dirigió una mirada que me hizo el efecto de un golpe, y guardó su cartera.

El coche seguía corriendo, y en el breve tiempo necesario para que yo leyera el trozo de novela, para que pensara un poco en tan extrañas cosas, para que viera al propio Mudarra, novelesco, inverosímil, convertido en ser vivo y compañero mío en aquel viaje, había dejado atrás la calle de Alcalá, atravesaba la Puerta del Sol y entraba triunfante en la calle Mayor, abriéndose paso por entre los demás coches, haciendo correr a los carromatos[53] rezagados[54] y perezosos, y ahuyentando a los peatones, que, en el tumulto de la calle, y aturdidos por la confusión de tantos y tan diversos ruidos, no ven la mole[55] que se les viene encima sino cuando ya la tienen a muy poca distancia.

Yo seguía contemplando a aquel hombre como se contempla a un objeto de cuya existencia real no estamos muy seguros, y no quité los ojos de su repugnante facha hasta que no le vi levantarse, mandar parar el coche y salir, perdiéndose luego entre el gentío de la calle.

---

[49] **En la mitología, Atenea metamorfoseó los cabellos de Medusa en serpientes.**
[50] wild
[51] muttering
[52] scribbled
[53] covered carts
[54] straggling
[55] mass

VII

Varias personas salieron y entraron, y la decoración viviente del coche mudó por completo.

Cada vez era más viva la curiosidad que me inspiraba aquel suceso, que al principio podía considerar como forjado exclusivamente en mi cabeza por la coincidencia de varias sensaciones ocasionadas en la converseción o en la lectura, pero que, al fin, se me figuraba cosa cierta y de indudable realidad.

Cuando salió el hombre en quien creí ver al terrible mayordomo, me quedé pensando en el incidente de la carta, y me lo expliqué a mi manera, no queriendo ser, en tan delicada cuestión, menos fecundo que el novelista, autor de lo que momentos antes había leído. Mudarra, pensé, deseoso de vengarse de la Condesa, ¡oh infortunada Condesa!, finge su letra y escribe una carta a aquel caballero, con quien hubo esto y lo otro y lo de más allá. En la carta le da una cita en su propia casa; llega el joven a la hora indicada, y, poco después, el marido, a quien se ha tenido cuidado de avisar, para que coja *in fraganti*[56] a su desleal esposa: ¡oh admirable recurso del ingenio! Esto, que en la vida tiene su pro y su contra, en una novela viene como anillo al dedo.[57] La dama se desmaya, el amante se turba, el marido hace una atrocidad, y destrás de la cortina está el fatídico semblante[58] del mayordomo, que se goza en su endiablada venganza.

Yo, que he leído muchas y muy malas novelas, di aquel giro a la que, insensiblemente, iba desarrollándose en mi imaginación por las palabras de un amigo, la lectura de un trozo de papel y la vista de un desconocido.

VIII

Andando, andando, el coche seguía, y ya por causa del calor que allí dentro se sentía, ya porque el movimiento, pausado y monótono, del vehículo produce cierto mareo que degenera en sueño, lo cierto es que sentí pesados los párpados, me incliné del costado izquierdo, apoyando el codo en el paquete de libros, y cerré los ojos. En esta situación continué viendo la hilera de caras de ambos sexos que ante mí tenía, barbadas unas, limpias de pelo las otras, aquéllas riendo, éstas muy acartonadas[59] y serias. Después me parecía que, obedeciendo a la contracción de un músculo común, todas aquellas caras hacían muecas y guiños,[60] abriendo y cerrando los ojos y las bocas y mostrándome, alternativamente, una serie de dientes que variaban desde los más blancos hasta los más amarillos, afilados unos, romos[61] y gastados los otros. Aquellas ocho narices erigidas bajo diez y seis ojos de diverso color y expresión crecían o menguaban, variando de forma; las bocas se abrían en línea horizontal, produciendo mudas carcajadas, o se estiraban hacia delante formando

---

[56] **en el acto de cometer un pecado**
[57] **viene...**fits just right
[58] **rostro, cara**

[59] stiff
[60] winks
[61] blunt, dull

hocicos puntiagudos, parecidos al interesante rostro de cierto benemérito animal que tiene sobre sí el anatema de no poder ser nombrado.[62]

Por detrás de aquellas ocho caras, cuyos horrendos visajes he descrito, y al través de las ventanillas del coche, yo veía la calle, las casas y los transeúntes, todo en veloz carrera, como si el tranvía anduviera con rapidez vertiginosa. A mí, por lo menos, me parecía que marchaba más aprisa que nuestros ferrocarriles, más que los franceses, más que los ingleses, más que los norteamericanos; corría con toda la velocidad que puede suponer la imaginación, tratándose de la traslación de lo sólido.

A medida que era más intenso aquel estado letargoso, se me figuraba que iban desapareciendo las casas, las calles, Madrid entero. Por un instante creí que el tranvía corría por lo más profundo de los mares; al través de los vidrios se veían los cuerpos de cetáceos[63] enormes y los miembros[64] pegajosos de una multitud de pólipos[65] de diversos tamaños. Los peces pequeños sacudían sus colas resbaladizas contra los cristales, y algunos miraban adentro con sus grandes y dorados ojos. Crustáceos de forma desconocida, grandes moluscos, madréporas,[66] esponjas y una multitud de bivalvos, grandes y deformes, cual nunca yo los había visto, pasaban sin cesar. El coche iba tirado por no sé qué especie de nadantes monstruos, cuyos remos,

luchando con el agua, sonaban como las paletadas de una hélice,[67] tornillando la masa de agua con su infinito voltear.

Esta visión se iba extinguiendo, y después me parecía que el coche iba por los aires, volando en dirección fija y sin que lo agitaran los vientos. Al través de los cristales no se veía nada más que espacio; las nubes nos envolvían a veces; una lluvia violenta y repentina tamborileaba en la imperial; de pronto salíamos al espacio puro, inundado de sol, para volver de nuevo a penetrar en el vaporoso seno de celajes[68] inmensos, ya rojos, ya amarillos, tan pronto de ópalo como de amatista, que iban quedándose atrás en nuestra marcha. Otras veces pasábamos por un sitio del espacio en que flotaban masas resplandecientes de un finísimo polvo de oro; otras veces, aquella polvareda, que a mí se me antojaba producida por el movimiento de las ruedas triturando[69] la luz, era de plata, después verde, como harina de esmeraldas, y, por último, roja, como harina de rubíes. El coche iba arrastrado por algún volátil apocalíptico, más fuerte que el hipogrifo[70] y más atrevido que el dragón, y el rumor de las ruedas y de la fuerza motriz recordaba el zumbido[71] de las grandes aspas de un molino de viento, o más bien el de un abejorro del tamaño de un elefante. Volábamos por el espacio sin fin, sin llegar nunca, y entretanto la tierra se quedaba abajo, a muchas leguas de nues-

---

[62] **es decir, el puerco**
[63] **mamíferos que habitan el mar tales como la ballena y el delfín**
[64] fins
[65] **moluscos**
[66] coral
[67] propeller

[68] **nubes**
[69] crushing
[70] **animal mitológico, mitad caballo y mitad grifo. (El grifo es otro animal fabuloso; de medio cuerpo arriba es águila y de medio abajo, león.)**
[71] buzz

tros pies; y en la tierra, España, Madrid, el barrio de Salamanca, Cascajares, la Condesa, el Conde, Mudarra, el incógnito galán, todos ellos.

IX

No tardé en dormirme profundamente; y entonces el coche cesó de andar, cesó de volar y desapareció para mí la sensación de que iba en tal coche, no quedando más que el ruido monótono y profundo de las ruedas, que no nos abandona jamás en nuestras pesadillas dentro de un tren o en el camarote de un vapor. Me dormí...¡Oh infortunada Condesa! La vi tan claramente como estoy viendo en este instante el papel en que escribo; la vi sentada junto a un velador, la mano en la mejilla, triste y meditabunda como una estatua de la melancolía. A sus pies estaba acurrucado[72] un perrillo, que me pareció tan triste como su interesante ama.

Entonces pude examinar a mis anchas[73] a la mujer que yo consideraba como la desventura en persona. Era de alta estatura, rubia, con grandes y expresivos ojos, nariz fina y casi, casi grande, de forma muy correcta y perfectamente engendrada por las dos curvas de sus hermosas y azuladas cejas. Estaba peinada sin afectación, y en esto, como en su traje, se comprendía que no pensaba salir aquella noche. ¡Tremenda, mil veces tremenda noche! Yo observaba con creciente ansiedad la hermosa figura que tanto deseaba conocer, y me pareció que podía leer sus ideas en aquella noble frente, donde la costumbre de la reconcentración mental había trazado unas cuantas líneas imperceptibles, que el tiempo convertiría pronto en arrugas.

X

De repente se abre la puerta, dando paso a un hombre. La Condesa dio un grito de sorpresa y se levantó muy agitada.

—¿Qué es esto?—dijo—. Rafael...¡Usted! ¡Qué atrevimiento! ¿Cómo ha entrado usted aquí?

—Señora—contestó el que había entrado, joven de muy buen porte[74]—. ¿No me esperaba usted? He recibido una carta suya...

—¡Una carta mía!—exclamó más agitada la Condesa—. Yo no he escrito carta ninguna. ¿Y para qué había de escribirla?

—Señora, vea usted—repuso el joven, sacando la carta y mostrándosela—; es su letra, su misma letra.

—¡Dios mío! ¡Qué infernal maquinación![75]—dijo la dama con desesperación—. Yo no he escrito esa carta. ¡Ah! Es un lazo que me tienden...

—Señora, cálmese usted...Yo siento mucho...

—Sí; lo comprendo todo...Ese hombre infame. Ya sospecho cuál habrá sido su idea. Salga usted al instante...Pero ya es tarde; ya siento la voz de mi marido.

---

[72] crouching
[73] **a**...at my leisure

[74] bearing
[75] trick, manoeuvre

En efecto, una voz atronadora se sintió en la habitación inmediata, y al poco rato entró el Conde, que fingió sorpresa de ver al galán, y después, riendo con cierta afectación, le dijo:

—¡Oh Rafael!, usted por aquí...Cuánto tiempo...Venía usted a acompañar a Antonia...Con eso nos acompañará a tomar el té.

La Condesa y su esposo cambiaron una mirada siniestra. El joven, en su perplejidad, apenas acertó a devolver al Conde su saludo. Vi que entraron y salieron varios criados; vi que trajeron un servicio de té y desaparecieron después, dejando solos a los tres personajes. Iba a pasar algo terrible.

Se sentaron; la Condesa estaba pálida como una muerta; el Conde afectaba una hilaridad aturdida, semejante a la embriaguez, y el joven callaba, contestándole sólo con monosílabos. Sirvió el té y el Conde alargó a Rafael una de las tazas, no una cualquiera, sino una determinada. La Condesa miró aquella taza con tal expresión de espanto, que pareció echar en ella todo su espíritu. Bebieron en silencio, acompañando la poción con muchas variedades de las sabrosas pastas *Huntley and Palmers* y otras menudencias[76] propias de tal clase de cena. Después, el Conde volvió a reír con la desaforada y ruidosa expansión que le era peculiar aquella noche, y dijo:

—¡Cómo nos aburrimos! Usted, Rafael, ¡no dice una palabra! Antonia, toca algo. Hace tanto tiempo que

no te oímos...Mira, aquella pieza de Gortzchach que se titula *Morte*[77]; la tocabas admirablemente. Vamos, ponte al piano.

La Condesa quiso hablar; pero le era imposible articular palabra. Su marido la miró de tal modo, que la infeliz cedió ante la terrible expresión de sus ojos, como la paloma fascinada por el boa constrictor. Se levantó, dirigiéndose al piano, y ya allí, el Conde debió de decirla[77] algo que la aterró más, acabando de ponerla bajo su infernal dominio. Sonó el piano, heridas a la vez multitud de cuerdas, y corriendo de las graves a las agudas, las manos de la Condesa despertaron en un segundo los centenares de sonidos que dormían mudos en el fondo de la caja. Al principio, la música era una confusa reunión de sones que aturdía en vez de agradar; pero luego se serenó aquella tempestad, y un canto fúnebre y temeroso, como el *Dies irae*,[78] surgió de tal desorden. Yo creía escuchar el son triste de un coro de cartujos,[79] acompañado con el bronco mugido de los fagots.[80] Se sentían después ayes lastimeros como nos figuramos han de ser los que exhalan las ánimas condenadas en el Purgatorio a pedir incesantemente un perdón que ha de llegar muy tarde.

Volvían luego los arpegios prolongados y ruidosos y las notas se encabritaban unas sobre otras, como disputándose cuál ha de llegar primero. Se hacían y deshacían los acordes como se forma y desbarata la espuma de las olas. La armonía fluc-

---

[76] trifles
[77] **Muerte**
[78] **día de la cólera (primeras palabras y título de una secuencia del misal que se canta por**

los difuntos)
[79] Carthusian monks
[80] bassoons

tuaba y hervía en un oleaje sin fin, alejándose hasta perderse y volviendo más fuerte, en grandes y atropellados remolinos.[81]

Yo continuaba extasiado oyendo aquella música imponente y majestuosa; no podía ver el semblante de la Condesa, sentada de espaldas a mí; pero me la figuraba en tal estado de aturdimiento y pavor, que llegué a pensar que el piano se tocaba solo.

El joven estaba detrás de ella, y el Conde a su derecha, apoyado en el piano. De vez en cuando ella levantaba la vista para mirarle; pero debía de encontrar expresión muy horrenda en los ojos de su consorte, porque tornaba a bajar los suyos y seguía tocando. De repente, el piano cesó de sonar y la Condesa dio un grito.

En aquel instante sentí un fuertísimo golpe en un hombro, me sacudió violentamente y desperté.

XI

Había cambiado de postura[82] en la agitación de mi sueño y me había dejado caer sobre la venerable inglesa que a mi lado iba.

—¡Aaah! Usted, *sleeping*..., molestar...*mí*—dijo con avinagrado mohín,[83] mientras rechazaba mi paquete de libros, que había caído sobre sus rodillas.

—Señora..., es verdad...; me dormí—contesté, turbado, al ver que todos los viajeros se reían de aquella escena.

—¡Oooh!...Yo soy...*going*..., *to* decir al *coachman* usted molestar...*mí*. Usted, caballero...*very shocking*—añadió la inglesa en su jerga[84] ininteligible—. ¡Oooh! Usted creer...*my body* es...su cama *ford*. Usted...*to sleep*. ¡Oooh!, *gentleman, you are a stupid ass*.

Al decir esto, la hija de la Gran Bretaña, que era de sí bastante amoratada[85] estaba lo mismo que un tomate. Se creyera que la sangre, agolpada a sus carrillos y a su nariz, iba a brotar por sus candentes poros,

y me mostraba cuatro dientes puntiagudos y muy blancos, como si me quisiera roer.[86] Le pedí mil perdones por mi sueño descortés, recogí mi paquete y pasé revista a las nuevas caras que dentro del coche había. Figúrate, ¡oh cachazudo[87] y benévolo lector!, cuál sería mi sorpresa cuando vi, frente a mí, ¿a quién creerás?: al joven de la escena soñada, al mismo don Rafael en persona. Me restregué los ojos para convencerme de que no dormía, y, en efecto, despierto estaba, y tan despierto como ahora.

Era él, él mismo, y conversaba con otro que a su lado iba. Puse atención y escuché con toda mi alma.

—Pero ¿tú no sospechaste nada?—le decía el otro.

—Algo, sí; pero callé. Ella parecía difunta: tal era su terror. Su marido la mandó tocar el piano, y ella no se atrevió a resistir. Tocó, como siempre, de una manera admirable, y oyéndola llegué a olvidarme de la peligrosa situación en que nos

---

[81] devastating whirlwinds
[82] position
[83] grimace, pout
[84] gibberish

[85] purplish
[86] chew up
[87] easygoing

encontrábamos. A pesar de los esfuerzos que ella hacía para aparecer serena, llegó un momento en que le fue imposible fingir más. Sus brazos se aflojaran, y resbalando de las teclas, echó la cabeza atrás y dio un grito. Entonces su marido sacó un puñal, y dando un paso hacia ella, exclamó con furia: «¡Toca o te mato al instante!» Al ver aquello, hirvió mi sangre toda; quise echarme sobre aquel miserable; pero sentí en mi cuerpo una sensación que no puedo pintarte; creí que, repentinamente, se había encendido una hoguera en mi estómago; fuego corría por mis venas; las sienes me latieron, y caí al suelo, sin sentido.

—¿Y antes, no conociste los síntomas del envenenamiento?—le preguntó el otro.

—Notaba cierta desazón,[88] y sospeché vagamente; pero nada más. El veneno estaba bien preparado, porque hizo el efecto tarde y no me mató, aunque sí me ha dejado una enfermedad para toda la vida.

—Y después que perdiste el sentido, ¿que pasó?

Rafael iba a contestar, y yo le escuchaba como si de sus palabras pendiera un secreto de vida o muerte, cuando el coche paró.

—¡Ah!, ya estamos en los Consejos. Bajemos—dijo Rafael.

¡Qué contrariedad! Se marchaban y yo no sabía el fin de la historia.

—Caballero, caballero, una palabra—dije al verlos salir.

El joven se detuvo y me miró.

—¿Y la Condesa? ¿Qué fue de la Condesa?—pregunté con mucho afán.

Una carcajada general fue la única respuesta. Los dos jóvenes, riéndose también, salieron sin contestarme palabra. El único ser vivo que conservó su serenidad de esfinge en la cómica escena fue la inglesa, que, llena de indignación al ver mis extravagancias, se volvió a los demás viajeros, diciendo:

—¡Ooooh! *A lunatic fellow!*

XII

El coche seguía, y a mí me abrasaba la curiosidad por saber qué había sido de la desdichada Condesa. ¿La mató su marido? Yo me hacía cargo de las intenciones de aquel malvado. Ansioso de gozarse en su venganza, como todas las almas crueles, quería que su mujer presenciase, sin dejar de tocar, la agonía de aquel incauto[89] joven, llevado allí por una vil celada[90] de Mudarra.

Mas era imposible que la dama continuara haciendo desesperados esfuerzos para mantener su serenidad, sabiendo que Rafael había bebido el veneno. ¡Trágica y espeluznante[91] escena!, pensaba yo, cada vez más convencido de la realidad de aquel suceso; ¡y luego dirán que estas cosas sólo se ven en las novelas!

Al pasar por delante de Palacio, el coche se detuvo y entró una mujer que traía un perrillo en sus brazos. Al instante reconocí al perro que había visto recostado a los pies de la Condesa; era el mismo, la misma lana,

---

[88] discomfort, indisposition
[89] unsuspecting

[90] ambush, trap
[91] hair-raising

blanca y fina; la misma mancha negra sobre una de sus orejas. La suerte quiso que aquella mujer se sentara a mi lado. No pudiendo yo resistir la curiosidad, le pregunté:

—¿Es de usted ese perro tan bonito?

—¿Pues de quién ha de ser? ¿Le gusta a usted?

Cogí una de las orejas del inteligente animal para hacerle una caricia; pero él, insensible a mis demostraciones de cariño, ladró, dio un salto y puso sus patas sobre las rodillas de la inglesa, que me volvió a enseñar sus dos dientes, como queriéndome, roer, y exclamó:

—¡Oooh! Usted...*insupportable*.

—¿Y dónde ha adquirido usted ese perro?—pregunté, sin hacer caso de la nueva explosión colérica de la mujer británica—. ¿Se puede saber?

—Era de mi señorita.

—¿Y qué fue de su señorita?— dije, con la mayor ansiedad.

—¡Ah! ¿Usted la conocía?— repuso la mujer—Era muy buena, ¿verdad?

—¡Oh!, excelente...Pero ¿me explicará usted en qué paró todo aquello?

—¿De modo que usted está enterado? ¿Usted tiene noticias...?

—Sí, señora...He sabido todo lo que ha pasado, hasta aquello del té..., pues. Y, diga usted, ¿murió la señora?

—¡Ah! Sí, señor; está en la gloria.

—¿Y cómo fue eso? ¿La asesinaron o fue a consecuencia del susto?

—¡Qué asesinato ni qué susto!—dijo con expresión burlona—. Usted no está enterado. Fue que aquella noche había comido no sé qué, pues..., y le hizo daño...Le dio un desmayo que le duró hasta el amanecer.

«¡Bah!—pensé yo—. Esta no sabe una palabra del incidente del piano y del veneno, o no quiere darse por entendida.»[92]

Después dije en voz alta.

—¿Conque fue de indigestión?

—Sí, señor. Yo le había dicho aquella noche: «Señora, no coma usted esos mariscos»; pero no me hizo caso.

—Conque mariscos, ¿eh?—dije con incredulidad—. ¡Si sabré yo lo que ha ocurrido!

—¿No lo cree usted?

—Sí..., sí—repuse, aparentando creerlo—. ¿Y el Conde?

—¿Qué Conde?

—Su marido, el esposo de la señora Condesa, el que sacó el puñal cuando tocaba el piano.

La mujer me miró un instante, y después soltó la risa en mis propias barbas.

—¿Se ríe usted?...¡Bah! ¿Piensa usted que no estoy perfectamente enterado? Ya comprendo; usted no quiere contar los hechos como realmente son. Ya se ve; ¡como en eso hay causa criminal!...

—Es que ha hablado usted de un Conde y de una Condesa.

—¿No era el ama de ese perro la señora Condesa, a quien el mayordomo Mudarra...?

La mujer volvió a soltar la risa con tal estrépito,[93] que me desconcerté, diciendo para mi capote:[94] «Esta debe de ser cómplice de Mudarra, y, naturalmente, ocultará

---

[92] **darse**...let on that she knows
[93] racket, uproar

[94] **para**...to myself

todo lo que pueda.»

—Usted está loco—añadió la desconocida.

—*Lunatic, lunatic*...Mi...*suffocated*...*Oooh! My God!*

—Sí; yo lo sé todo; vamos, no me lo oculte usted. Dígame de qué murió la señora Condesa.

—¿Qué Condesa ni qué ocho cuartos,[95] hombre de Dios?—dijo la mujer, volviéndose a reír.

—¡Si creerá usted que me engaña a mí con sus risitas!—contesté—. La Condesa ha muerto envenenada o asesinada; no me queda la menor duda.

XIII

Llegó el coche al barrio de Pozas, y yo, al término de mi viaje. Salimos todos: la inglesa me echó una mirada que indicaba su regocijo por verse libre de mí, y cada cual se dirigió a su destino. Yo seguí a la mujer del perro, aturdiéndola a preguntas, hasta que entró en su casa, riendo siempre de mi empeño en averiguar vidas ajenas. Al verme solo en la calle, recordé el objeto de mi viaje, y me dirigí a la casa donde debía entregar aquellos libros. Los devolví a la persona que me los había prestado para leerlos, y me puse a pasear frente al Buen Suceso, esperando a que saliese de nuevo el coche para regresar al otro extremo de Madrid.

No podía apartar de la imaginación a la infortunada Condesa, y cada vez me confirmaba más en mi idea de que la mujer con quien últimamente hablé había querido engañarme, ocultando la verdad de la misteriosa tragedia.

XIV

Iba anocheciendo ya cuando el coche se disponía a partir. Entré, y lo primero que mis ojos vieron fue a la señora inglesa, sentada donde antes estuvo. Cuando me vio subir y tomar sitio a su lado, la expresión de su rostro no es definible; se puso otra vez como la grana, exclamando:

—¡Oooh!...Usted..., *mi* quejarse al *coachman*...Usted reventar *mi fort it.*

Tan preocupado estaba yo con mis confusiones, que, sin hacerme cargo de lo que la inglesa me decía en su híbrido y trabajoso lenguaje, le contesté:

—Señora, no hay duda de que la Condesa murió envenenada o asesinada. Usted no tiene ni idea de la ferocidad de aquel hombre.

Seguía el coche, y de trecho en trecho se detenía para recoger pasajeros. Cerca del Palacio Real entraron tres, tomando asiento enfrente de mí. Uno de ellos era un hombre alto, seco y huesudo, con muy severos ojos y un hablar campanudo que imponía respeto.

No hacía diez minutos que estaban allí, cuando este hombre se volvió a los otros dos, y dijo:

—¡Pobrecilla! ¡Cómo se lamentaba en sus últimos instantes! La bala le entró por encima de la clavícula derecha y después bajó hasta el corazón.

—¿Cómo?—exclamé yo, repen-

---

[95] **Qué**...What do you mean, Countess?

tinamente, dirigiéndome a ellos—. ¿Conque fue de un tiro? ¿No murió de una puñalada?

Los tres me miraron con sorpresa.

—De un tiro, sí, señor—dijo con cierto desabrimiento el alto, seco y huesudo.

—Y aquella mujer sostenía que había muerto de una indigestión—dije, interesándome cada vez más en aquel asunto—. Cuente usted, ¿y cómo fue?

—¿Y a usted, qué le importa?—dijo el otro, con muy avinagrado gesto.[96]

—Tengo mucho interés por conocer el fin de esa horrorosa tragedia. ¿No es verdad que parece cosa de novela?

—¡Qué novela ni qué niño muerto![97] ¿Usted está loco, o quiere burlarse de nosotros?

—Caballerito, cuidado con las bromas—dijo el alto y seco.

—¿Creen ustedes que no estoy enterado? Lo sé todo; he presenciado varias escenas de ese horrendo crimen. Pero dicen ustedes que la Condesa murió de un pistoletazo.

—Válganos Dios; nosotros no hemos hablado de Condesa, sino de mi perra, a quien cazando disparamos inadvertidamente un tiro. Si usted quiere bromear puede buscarme en otro sitio, y ya le contestaré como merece.

—Ya, ya comprendo; ahora hay empeño en ocultar la verdad—dije, juzgando que aquellos hombres querían desorientarme en mis pesquisas,[98] convirtiendo en perra a la desdichada Condesa.

Ya preparaba el otro su contestación, sin duda más enérgica de lo que el caso requería, cuando la inglesa se llevó el dedo a la sien, como para indicarles que yo no regía bien de la cabeza. Se calmaron con esto y no dijeron una palabra más en todo el viaje, que terminó para ellos en la Puerta del Sol. Sin duda me habían tenido miedo.

XV

Tan dominado yo continuaba por aquella preocupación, que en vano quería serenar mi espíritu, razonando conmigo mismo los verdaderos términos de tan embrollada cuestión. Pero cada vez eran mayores mis confusiones, y la imagen de la pobre señora no se apartaba de mi imaginación. En todos los semblantes que iban suce-diéndose dentro del coche creía ver algo que contribuyera a explicar el enigma. Yo sentía una sobreexcitación cerebral espantosa, y sin duda el trastorno interior debía de pintarse en mi rostro, porque todos me miraban como se mira una cosa que no se ve todos los días.

XVI

Faltaba aún algún incidente que había de turbar más mi cabeza en aquel viaje fatal. Al pasar por la calle de Alcalá, entró un caballero con su señora; él quedó junto a mí. Era un hombre que parecía afectado de una

---

[96] facial expression
[97] **Qué...**What the heck do you mean, a novel?

[98] **investigaciones**

fuerte y reciente impresión, y hasta creí que alguna vez se llevó el pañuelo a los ojos para enjugar las invisibles lágrimas que, sin duda, corrían bajo el cristal verde obscuro de sus descomunales[99] antiparras.[100]

Al poco rato de estar allí, aquel hombre dijo, en voz baja, a la que parecía ser su mujer:

—Pues hay sospechas de que ha habido envenenamiento; no lo dudes. Me lo acaba de decir don Mateo. ¡Desdichada mujer!

—¡Qué horror! Ya me lo figuraba también—contestó su consorte—. De aquellos cafres,[101] ¿qué se podía esperar?

—Juro no dejar piedra sobre piedra hasta averiguarlo.

Entonces yo, que era todo oídos, exclamé, también en voz baja:

—Sí, señor; ha habido envenenamiento. Me consta.

—¿Cómo? ¿Usted sabe? ¿Usted también la conocía?—me dijo vivamente el de las antiparras verdes, volviéndose hacia mí.

—Sí, señor; y no dude usted que la muerte ha sido violenta, por más que quieran hacernos creer que fue una indigestión.

—Lo mismo digo yo. ¡Qué excelente mujer era! Pero...¿cómo sabe usted...?

—Lo sé, lo sé—repuse, muy satisfecho de que aquél no me tuviera por loco.

—Luego usted irá a declarar al Juzgado; porque ya se está formando la sumaria.[102]

—Me alegro; para que castiguen a esos bribones. Iré a declarar, iré a declarar; sí, señor.

A tal extremo había llegado mi obcecación, que concluí por penetrarme de aquel suceso, mitad soñado, mitad leído, y lo creí como ahora creo que es pluma esto con que escribo.

—Pues sí, señor; es preciso aclarar este enigma para que se castigue a los autores del crimen. Yo declararé fue envenenada con una taza de té, lo mismo que el joven.

—Oye, Petronila—dijo a su esposa el de las antiparras—, con una taza de té.

—Sí; estoy asombrada—contestó la dama—. Cuidado con lo que fueron a inventar esos hombres.

—Sí, señor; con una taza de té. La Condesa tocaba el piano...

—¿Qué Condesa?—preguntó aquel hombre interrumpiéndome.

—La Condesa, la envenenada.

—Si no se trata de ninguna Condesa, hombre de Dios.

—Vamos; usted también es de los empeñados en ocultarlo.

—¡Bah, bah!; si en esto no ha habido ninguna Condesa ni Duquesa, sino simplemente la lavandera de mi casa, mujer del guardagujas[103] del Norte.

—¿Lavandera, eh?—dije en tono de picardía—. Si también me querrá usted hacer tragar que es una lavandera.

El hombre aquel y su esposa me miraron con expresión burlona, y después se dijeron en voz baja algunas palabras. Por un gesto que vi hacer a la señora comprendí que había adquirido el profundo convencimiento de que yo estaba borracho. Me llené de resignación ante aquella

---

[99] **enormes**
[100] **anteojos, lentes**
[101] **salvajes**

[102] indictment
[103] switchman

ofensa, y callé, contentándome con despreciar en silencio, cual conviene a las grandes almas, tan irreverente suposición. Cada vez era mayor mi zozobra; la Condesa no se apartaba ni un instante de mi pensamiento, y había llegado a interesarme tanto por su siniestro fin como si todo aquello no fuera elaboración enfermiza de mi propia fantasía, impresionada por sucesivas visiones y diálogos. En fin, para que se comprenda a qué extremos llegó mi locura, voy a referir el último incidente de aquel viaje; voy a decir con qué extravagancia puse término a aquel doloroso pugilato[104] de mi entendimiento, empeñado en fuerte lucha con un ejército de sombras.

XVII

Entraba el coche por la calle de Serrano, cuando por la ventanilla que frente a mí tenía miré a la calle, débilmente iluminada por la escasa luz de los faroles, y vi pasar a un hombre. Di un grito de sorpresa y exclamé desatinado:

—Ahí va, es él, el feroz Mudarra, el autor principal de tantas infamias.

Mandé parar el coche y salí, mejor dicho, salté a la puerta, tropezando con los pies y las piernas de los viajeros; bajé a la calle y corrí tras aquel hombre, gritando:

—¡A ése, a ése! ¡Al asesino!

Júzguese cuál sería el efecto producido por estas voces en aquel pacífico barrio.

Aquel hombre, el mismo exactamente que yo había visto en el coche por la tarde, fue detenido. Yo no cesaba de gritar:

—¡Es el que preparó el veneno para la Condesa, el que asesinó a la Condesa!

Hubo un momento de indescriptible confusión. Afirmó él que yo estaba loco; pero que quieras que no, los dos fuimos conducidos a la Prevención.[105] Después perdí por completo la noción de lo que pasaba. No recuerdo lo que hice aquella noche en el sitio donde me encerraron. El recuerdo más vivo que conservo después de tan curioso lance fue el de haber despertado del profundo letargo en que caí, verdadera borrachera moral producida no sé por qué, por uno de esos pasajeros fenómenos de enajenación que la ciencia estudia con gran cuidado como precursores de la locura definitiva.

Como es de suponer, aquello no tuvo consecuencias, porque el antipático personaje que yo bauticé con el nombre de Mudarra es un honrado comerciante de ultramarinos[106] que jamás había envenenado a Condesa alguna. Pero aún por mucho tiempo después persistía yo en mi engaño, y solía exclamar:

—Infortunada Condesa; por más que digan, yo siempre sigo en mis trece.[107] Nadie me persuadirá de que no acabaste tus días a manos de tu iracundo esposo.

---

[104]thrashing, battering
[105]jail

[106]imported foods
[107]**sigo...**I always stick to my guns

XVIII

Ha sido preciso que transcurran algunos meses para que las sombras vuelvan al ignorado sitio de donde surgieron, volviéndome loco, y torne la realidad a dominar en mi cabeza. Me río siempre que recuerdo aquel viaje, y toda la consideración que antes me inspiraba la soñada víctima la dedico ahora, ¿a quién creeréis?, a mi compañera de viaje de aquella angustiosa expedición, a la irascible inglesa, a quien disloqué un pie en el momento de salir atropelladamente del coche para perseguir al supuesto mayordomo.

SOBRE LA LECTURA

1. ¿Cómo describe el narrador a Dionisio Cascajares? ¿Qué significa «jamás se dijo de él que fuera inclinado...a matar a sus semejantes por otros medios que por los de su peligrosa y científica profesión»? ¿Cuál parece ser la opinión del narrador de los médicos?
2. ¿Qué le pasa a la mujer inglesa?
3. ¿Qué tipo de persona es el doctor Cascajares? ¿Cuál es su característica más sobresaliente?
4. ¿Qué le contó al narrador acerca de la Condesa?
5. ¿Cómo reaccionó el narrador al principio? ¿Qué actitud revelan sus respuestas?
6. ¿Cuándo empieza a operar la imaginación del narrador?
7. ¿En qué sentido es un viaje en tranvía un «remedo de la vida humana»? ¿Por qué estimula un viaje en tranvía la imaginación?
8. ¿Qué pasa cuando el narrador lee el folletín? ¿Cómo se desenvuelve la historia de la Condesa?
9. ¿Cómo queda el narrador después de terminar de leer el folletín?
10. Según el narrador, ¿quién sube al tranvía entonces? ¿Qué nueva información se le agrega a la historia de la Condesa en este episodio?
11. ¿Cómo se explica el narrador la actuación de «Mudarra»?
12. Describa el sueño marítimo y aéreo del narrador. ¿Cómo se introducen los elementos de la historia de la Condesa en este sueño?
13. ¿Cómo se desenvuelve la narración por medio del sueño?
14. ¿Sobre quién se cae el narrador mientras duerme? ¿Cómo reacciona ella?
15. ¿A quién cree el narrador ver después? ¿Qué le dice el joven a su compañero?
16. ¿Cómo reaccionan los dos viajeros cuando el narrador les pregunta sobre la Condesa?
17. ¿En qué piensa él mientras sigue el tranvía? ¿Por quién toma a la mujer que lleva el perrillo? ¿Qué le dice ella? ¿Cómo explica el narrador el hecho de que la mujer le diga que no está hablando de ninguna condesa?
18. ¿Qué le dice a la inglesa al volver a subir al tranvía?
19. ¿Cómo interpreta la conversación que tiene lugar entre los tres pasajeros que suben al tranvía? ¿Qué les dice? ¿Cómo reaccionan ellos?

20. ¿Qué le dice el nuevo pasajero a su esposa? ¿Qué piensa el narrador de esto? ¿Cómo termina «la novela del tranvía»?

HACIA EL ANALISIS LITERARIO

1. ¿Cómo utiliza Galdós la ironía en su descripción de Dionisio Cascajares? ¿Qué otros ejemplos de la ironía encuentra usted en este cuento?
2. ¿Cómo contribuye la inglesa a la unidad del cuento? ¿Qué otras funciones tiene este personaje?
3. ¿Cómo desarrolla Galdós el tema de la imaginación? ¿Cuándo empezamos a sospechar que éste es el verdadero tema del cuento? ¿Cuándo nos damos cuenta de que casi toda la historia de la Condesa es una invención del narrador? ¿Cómo usa el autor expresiones tales como «me parecía», «pensaba» y «creía» para crear un ambiente de ambigüedad? ¿Qué está diciendo Galdós acerca de la imaginación humana?
4. ¿Qué tipos de personajes aparecen en este cuento? Tomando «La novela del tranvía» como ejemplo, explique por qué se ha dicho que muchas de las obras de Galdós constituyen un microcosmo de la sociedad madrileña.
5. ¿Qué elementos realistas emplea Galdós en este cuento? ¿Qué elementos no realistas emplea?
6. ¿Cuáles son los diversos métodos que usa el narrador para construir la historia de la Condesa? ¿Qué está diciendo Galdós acerca del proceso creador? ¿sobre el arte?
7. ¿Cuál es la actitud de Galdós para el narrador?
8. ¿Cómo usa el humor?

TEXTO Y VIDA

1. ¿Bajo qué circunstancias inventa la gente historias sobre las vidas ajenas? Dé un ejemplo de una situación en la cual una persona, basándose en unos pocos datos, inventa una historia y se convence de su autenticidad.
2. ¿Cree usted que un viaje en autobús o en tren es «un remedo de la vida humana»? ¿Por qué? Cuando usted viaja en autobús o en tren, ¿trata de adivinar la identidad de los otros pasajeros? Dé algún ejemplo.
3. ¿Cómo reacciona el narrador cuando otros pasajeros le dicen que está loco? ¿Por qué es difícil que una persona reconozca que algunas de las cosas en las cuales cree no son más que figmentos de su imaginación?
4. Continúe la historia de la Condesa. ¿Cómo habrá terminado?
5. Escriba su propia «novela del tranvía».

La generación del '98

La crisis intelectual de fines del siglo XIX

Ya en los umbrales del siglo veinte España se encuentra en plena crisis nacional. A consecuencia de la Guerra con los Estados Unidos, la cual estalla en 1898, España pierde Cuba, Puerto Rico, las Filipinas y Guam—los últimos restos de su antiguo imperio. La derrota militar y la pérdida de las colonias dan ímpetu a una reevaluación de las características nacionales que habían contribuido a la decadencia de España. Los intelectuales que emprenden el análisis de la situación actual y de sus causas históricas responden a una preocupación patriótica por el futuro de España. Nace un nuevo interés en los grandes arquetipos literarios españoles—don Quijote, don Juan, Calisto y Melibea—los cuales se analizan con fines de comprender los rasgos dominantes de la personalidad española. Es José Martínez Ruiz (1873–1967), quien escribe bajo pseudónimo Azorín, el que bautiza a esta generación de escritores como la *generación del '98, identificándola así con la intensa introspección colectiva que la guerra precipita. En su ensayo «La generación del '98» (1913), Azorín insiste, sin embargo, en que no se trata de una ruptura con las tendencias literarias de la generación anterior, sino «una continuación lógica, coherente, de la crítica política y social que desde mucho antes de las guerras coloniales venía ejerciéndose», y que el desastre colonial avivó.

Contribuyen al malestar general los desarrollos filosóficos y científicos que están ocurriendo en Europa. La religión tradicional empieza a perder influencia. Ya la *iluminación francesa había establecido una fuerte corriente racionalista y atea en la filosofía europea. A principios del siglo XIX, la especulación ontológica racionalista del filósofo alemán Georg Wilhelm Friedrich Hegel (1770–1831)

revoluciona la ciencia de la lógica y abre paso a nuevas ideas sobre la naturaleza de la fe. Pensadores posteriores tales como el filósofo y teólogo danés Søren Kierkegaard (1813–1855) señalan que aun cuando se practica, la religión ha dejado de ser una fuerza vital para los europeos de su época. Para Kierkegaard, la fe requiere que el creyente dé un «salto», descartando la lógica y creyendo a pesar de ella. Por su parte, el alemán Arthur Schopenhauer (1788–1860) pinta un universo en el cual nada tiene un valor absoluto y Friedrich Wilhelm Nietzsche (1844–1900) afirma que el individuo es el único árbitro de la moralidad.

Los adelantos en las ciencias y en la tecnología parecen indicar que por medio del uso de la razón el hombre es capaz de resolver todos los problemas solo, sin la ayuda de Dios. El siglo diecinueve es un período de grandes inventos: el primer submarino (1801), el barco de vapor (1803), el tren de vapor (1814), el estetoscopio (1816), la tela impermeable (1823), la fotografía (1827), el telégrafo electromagnético (1833), el telégrafo eléctrico (1837), el reloj eléctrico (1839), la leche evaporada (1847), el mechero de gas (1850), la máquina de coser (1851), el teléfono (1876), el fonógrafo (1877), el micrófono (1878), la sacarina (1879), la luz eléctrica (1880), la máquina fotográfica Kodak (1888), el automóvil (1893), el cinematógrafo (1894), la radiotelegrafía (1895), la cámara cinematográfica (1895). El mundo cambia a un ritmo vertiginoso. El primer ferrocarril que lleva pasajeros se inaugura en 1825 y pronto los rieles atraviesan toda Europa, facilitando la comunicación y achicando el mundo. El tren también revitaliza la ciudad. El metro de París se inaugura en 1898.

La ciencia se convierte en un nuevo dios. Los adelantos y descubrimientos en todas las ciencias—la medicina, la física, la astronomía, la biología, la química—crean la impresión de que no hay límites al potencial humano. El eletromagnetismo, la genética, el hipnotismo, el psicoanálisis son sólo algunos de los campos que se abren durante el siglo XIX. Una lista completa de adelantos científicos realizados durante este período sería interminable, pero mencionemos algunos ejemplos: En 1846 von Mohl identifica el protoplasma y W. T. Morton usa el éter como anestésico. La pasteurización se inventa en 1864 y el mismo Louis Pasteur descubre una vacuna contra la rabia en 1885. La cirugía antiséptica se usa por primera vez en 1865. Charcot publica su estudio monumental sobre el sistema nervioso en 1873. En 1877 Giovanni V. Schiaparelli observa por primera vez los canales del planeta Marte. Becquerel descubre la radioactividad en 1898 y Marie Curie y Louis Pasteur, el radio y el polonio en 1898.

Algunos adelantos científicos tienen importantes consecuencias filosóficas y teológicas, ya que parecen indicar que el desarrollo del ser humano se debe a procesos naturales y no a un plan divino. Por ejemplo, la teoría de la evolución propuesta por Charles Darwin (1809–1882) en 1859 implica que el ser humano, lejos de ser una imagen del divino Creador, no es más que el resultado de un largo proceso de accidentes de la selección natural. Más tarde, las teorías de Sigmund Freud (1856–1939) sugieren que el misterio de la personalidad se encuentra en la formación del individuo.

Las ciencias políticas y económicas también contribuyen a una reevaluación de la condición humana. Karl Marx (1818–1883), escribiendo a mediados del siglo diecinueve, propone que la sociedad clasista—que era la única que había conocido Europa—no era el producto del orden natural y divino, sino de una serie de desarrollos históricos que habían producido injusticias, las cuales se podrían corregir al reordenar la economía, poniendo los medios de producción en manos del proletariado.

Miguel de Unamuno: la lucha eterna

En España, donde la tradición católica tiene raíces fuertísimas, estas nuevas ideas producen una gran tensión filosófica. La contradicción entre el cerebralismo—que proviene de la fe en la razón—y las creencias católicas conduce a una intensa introspección. Además de preguntarse por el porvenir de su país, el intelectual se preocupa por su fin personal. Las ciencias no ofrecen ninguna prueba absoluta de la existencia de Dios; al contrario, la fe religiosa parece ser un fenómeno totalmente antirracional. Sin embargo, el aspecto espiritual del hombre pide que haya alguna realidad más allá de lo material.

Miguel de Unamuno (1864–1936) articula la paradoja a la que se enfrenta su generación. Nacido en Bilbao, Unamuno fue profesor de griego e historia de la lengua de la Universidad de Salamanca, además de ser su rector por un corto tiempo. Poseía una cultura muy amplia; conocía lenguas y literaturas antiguas y modernas, filología, filosofía. Estaba imbuido en las corrientes filosóficas de su tiempo. Leía a Kant, a Hegel, a Kierkegaard, a Ibsen. Fue activista político, orador, poeta, ensayista, novelista y dramaturgo. Pasó toda su vida adulta en Salamanca, donde vivió con su familia.

La preocupación por el futuro de España que compartía con otros pensadores de la época condujo a Unamuno a analizar la situación de su patria. *En torno al casticismo,* su primer libro, es un esfuerzo por definir lo eterno y universal del espíritu español. En este volumen aparece el concepto de la *intrahistoria, uno de los fundamentos del pensamiento unamuniano. La intrahistoria transciende la historia, la cual es puramente cronológica e incidental, y busca lo esencial y perdurable de la vida humana. En *En torno al casticismo,* Unamuno insiste en la necesidad de que España se integre intelectual y espiritualmente al resto de Europa. En *La vida de don Quijote y Sancho* se aparta de esta idea. Desilusionado con el culto de la razón, Unamuno realza la independencia y el voluntarismo de don Quijote, a quien considera la encarnación del espíritu español. Para Unamuno, don Quijote es el individualista que rechaza la lógica para dejarse guiar por su visión personal, su fe.

La fe es el problema central de toda la obra de Unamuno. Para él, el anhelo del individuo de Dios y de la inmortalidad es tan fundamental como el aspecto científico-racional. Y, sin embargo, reconoce que el hombre moderno ya no puede creer con la fe incontestable de generaciones anteriores. Los fundamentos religiosos se han puesto en duda. El individuo tiene que preguntarse, si Dios no existe, ¿entonces, qué? ¿Qué será de mí después de la muerte? Si no hay un plan divino, ¿qué será de la raza humana? La finalidad es uno de los temas constantes de la generación del '98.

Unamuno distingue dos aspectos del hombre que son contradictorios y al mismo tiempo interdependientes. Por un lado, el hombre es *homo sapiens,* es decir, un ser que desea saber. La sed de conocimiento es fundamental a su naturaleza. El hombre quiere explicar todo lo que concierne a su propia existencia, pero este impulso de explicar las cosas racionalmente lo conduce a un callejón sin salida, porque las preguntas más básicas del hombre—¿Qué soy? ¿Por qué vivo? ¿Para qué vivo? ¿Qué me pasará después de mi muerte?—no las puede contestar con certidumbre.

El *homo sapiens*—el ser racional—está en conflicto con lo que Unamuno llama «el hombre de carne y hueso», es decir, según explica en *Del sentimiento trágico de la vida,* «el que nace, sufre y muere—sobre todo muere—el que come y bebe y juega y duerme y piensa y quiere, el hombre que ve y a quien se oye, el hermano, el verdadero hermano». El hombre de carne y hueso es el aspecto de todo hombre o mujer que anhela la inmortalidad; el hombre de carne y hueso no *explica* racionalmente la existencia de Dios, sino que *siente* la necesidad de Dios, *desea* a Dios porque ansía prolongar su propia existencia más allá de la vida, y sólo si hay un Dios puede creer en su propia inmortalidad. Para Unamuno, la fe llega a ser una afirmación del individuo.

Y sin embargo, ningún hombre racional puede creer ciegamente, porque la voz de la razón nunca se apaga. El *homo sapiens*—la parte de nosotros que busca la certidumbre—no se deja convencer del todo. La tragedia de nuestra existencia es precisamente que ni la razón ni el afán de creer nos dejan descansar: «¿Pero podemos contener ese instinto que lleva al hombre a querer conocer y sobre todo a querer conocer aquello que a vivir, y a vivir siempre, conduzca?...Vivir es una cosa y conocer otra, y como veremos, acaso hay entre ellas una tal oposición que podamos decir que todo lo vital es antirracional, no ya sólo irracional, y todo lo racional, antivital. Y ésta es la base del sentimiento trágico de la vida».

La vida es antirracional porque las realidades más profundas de la existencia—la fe, el amor, la pena, la muerte—no se pueden explicar racionalmente. La razón es antivital porque destruye. Es decir, para analizar cualquier fenómeno, es necesario controlarlo, pararlo, someterlo a la observación. Al examinar una mariposa, el biólogo la amortigua y la coloca bajo la lente de su microscopio. Pero entonces la mariposa ya no es un ser vibrante y vital, porque la vida es movimiento, cambio, crecimiento. La vida también es contradicción. Unamuno dice que si él se contradice a sí mismo, es porque la vida en sí es paradójica.

Estas dos fuerzas contradictorias están siempre en lucha: «El más trágico problema de la filosofía es el de conciliar las necesidades intelectuales con las necesidades afectivas y con las volitivas». *(Del sentimiento)* Para Unamuno, la razón no conduce a la verdad más que el sentimiento o la intuición. La ciencia puede revelar ciertas verdades superficiales, pero no descubre las realidades más profundas y angustiosas del alma, o sea, las que atormentan al hombre de carne y hueso. Estas las descubre el sentimiento: «El hombre, dicen, es un animal racional. No sé por qué no se haya dicho que es un animal afectivo o sentimental. Y acaso lo que de los demás animales le diferencia sea más el sentimiento y no la razón». Es decir, el sentimiento tanto como la razón, define al hombre.

La razón no conduce al escepticismo ateo, sino a la lucha interior. «No es, en rigor, que la razón nos lleve al escepticismo absoluto, ¡no! La razón no me lleva ni puede llevarme a dudar de que exista; adonde la razón me lleva es al escepticismo vital; mejor aún, a la negación vital; no ya a dudar, sino a negar que mi conciencia sobreviva a mi muerte. El escepticismo vital viene del choque entre la razón y el deseo». *(Del sentimiento)* Esta lucha no es destructora, sino sana y natural. «Y de este choque, de este abrazón entre la desesperación y el escepticismo, nace la santa, la dulce, la salvadora incertidumbre, nuestro supremo consuelo». Es sólo al aceptar que la guerra perpetua entre la fe y la razón es inevitable cuando el individuo encuentra alguna semblanza de paz interior.

Para Unamuno, la fe no es estática sino dinámica. Una fe que se acepte pasivamente, sin examen y sin lucha, es inauténtica. En su ensayo, «La fe», afirma que la fe es sumamente individual y personal; cada persona tiene que reinventarla para sí misma continuamente:

—¿Qué cosa es fe?
—Creer lo que no vimos.
¿Creer lo que no vimos? ¡Creer lo que no vimos, no!, sino crear lo que no vemos. Crear lo que no vemos, sí, crearlo, y vivirlo, y consumirlo, y

volverlo a crear y consumirlo de nuevo, viviéndolo otra vez, para otra vez crearlo...y así en incesante tormento vital. Esto es fe viva...

La incertidumbre que lleva al individuo a dialogar constantemente consigo mismo lo lleva también a buscar otras soluciones, además de la religiosa, al problema de la inmortalidad. El arte le ofrece la posibilidad de prolongar su presencia en la tierra después de su muerte, ya que la creación artística a veces tiene una vida más larga que la de su creador. La producción extremadamente prolífica de Unamuno se debe en parte al deseo del autor de dejar algo duradero en el mundo. Su práctica de convertirse en personaje de su propia obra de ficción también refleja su deseo de superar la finalidad de la muerte.

Otra manera de extender la existencia del espíritu individual es por medio de la procreación. La maternidad se convierte en una obsesión en los personajes femeninos de Unamuno, imbuyéndolas de una tremenda energía. Mientras que los personajes masculinos sufren, meditan o filosofan, los femeninos luchan ferozmente por tener hijos y criarlos. Para Unamuno, el varón es víctima de su intelecto. La lucha interior lo debilita y, finalmente, lo destruye. Todos los protagonistas masculinos de Unamuno terminan muriéndose al final de la obra. La mujer, en cambio, se guía más por las fuerzas vitales que por el cerebro. La mujer estéril, uno de los arquetipos unamunianos más poderosos, es capaz de cualquier cosa para satisfacer su sed de maternidad. En «Dos madres», Raquel manipula todo y a todos hasta conseguir un niño. Y su víctima Berta, tan delicada y femenina, demuestra una energía inesperada al darse cuenta de que su rival piensa quitarle a su hija.

La aversión de Unamuno a todo tipo de categorización—tanto artística como científica—lo conduce a rechazar el género literario tradicional. En la introducción a *Niebla*, afirma que la obra no es una novela sino un *nivola*, término que explica en el relato: «*navilo...nebulo*, no, no, *nivola*, eso, ¡*nivola*! Así nadie tendrá derecho a decir que deroga las leyes de su género...Invento el género e inventar un género no es más que darle un nombre nuevo, y le doy las leyes que me place». Asimismo, en «Dos madres», Unamuno se independendiza de las reglas literarias, combinando los elementos del relato con los de la obra teatral.

Unamuno se ha reconocido como uno de los pensadores más influyentes del siglo, no sólo en España, sino también en Europa y en América. Algunos críticos lo han llamado un «pre-existencialista», ya que articula muchas de las mismas inquietudes de los escritores existencialistas franceses y alemanes de los años 30, 40 y 50. Sin embargo, su independencia de criterio, su originalidad, su intensidad emocional y su estilo sumamente personal hacen de Miguel de Unamuno un artista único e inclasificable—lo cual coincide perfectamente con su concepto de la vida y de la literatura.

Otras voces del '98

La del '98 fue una de las generaciones literarias más fecundas de la historia moderna. Azorín, una de sus figuras centrales, inició su carrera en Valencia, donde aun antes de terminar sus estudios de derecho, empezó a escribir ensayos que se publicaban en los periódicos. Como en todos los escritores de su generación, se ve en Azorín una fascinación con la España tradicional y, al mismo tiempo, un deseo de integrar su país intelectualmente al resto de Europa.

Se ha asociado a Azorín con el *impresionismo, un estilo de arte que se cultivó a fines del siglo XIX y que consistía en expresar la impresión que creaba una escena más que su realidad. Los pintores impresionistas trataban de reproducir los efectos de la luz y los colores para comunicar la esencia de la imagen por medio de la sensación más que por el intelecto. Asimismo, caracteriza al arte de Azorín la descripción detallada que produce una impresión general, la cual conduce, finalmente, a la observación filosófica.

El tiempo es uno de los temas fundamentales de Azorín. Como otros de su generación, insistió en lo esencial y duradero de la existencia humana frente a los cambios impuestos por la historia. Vio en la repetición de los quehaceres domésticos, los ritos de amor de los jóvenes, los juegos infantiles y otras actividades que se mantienen casi idénticas generación tras generación, una afirmación del espíritu nacional y humano.

Gran amigo de Azorín, Pío Baroja (1872–1956) fue una de las figuras máximas de la generación del '98, aunque él, sumamente independiente e individualista, negó la existencia de esta generación. El novelista más sobresaliente de principios de siglo, Baroja nació en San Sebastián, y en varias de sus obras exalta los paisajes y el pueblo vascos. En otras, describe la vida cotidiana del bajo pueblo de Madrid, el clima intelectual de la universidad española o las actividades de anarquistas y otros grupos políticos.

En contraste con el lirismo de Azorín, el estilo de Baroja es llano y directo, incluso agresivo. A menudo Baroja es irónico o sarcástico. Lo caracteriza la irreverencia hacia todas las instituciones sociales: la Iglesia, la universidad, la medicina, la familia. Ataca a la burguesía y expresa una gran simpatía por el proletariado. De hecho, es uno de los primeros escritores en describir en detalle la vida del golfo sin hundirse en los excesos del *naturalismo. Al mismo tiempo, expone el oportunismo, la explotación mutua y la crueldad que existen en la clase baja. Insiste en la necesidad de desarrollar las ciencias en España, aunque pinta a los científicos como deshumanizados y fraudulentos. A pesar de encontrar cosas que admirar en el extranjero, se burla de los franceses y de los sudamericanos. Muestra su desprecio por el semitismo en sus burlas de judíos y andaluces. También muestra su desdén por la ignorancia, superstición y mezquindad del campesino español sin idealizar al habitante de la ciudad.

Si la obra de Baroja está llena de contradicciones, es porque el autor ve la paradoja como la esencia de la vida. Como Unamuno, Baroja expresa el dilema existencial del hombre moderno que, dándose cuenta de la imperfección de todo sistema social, científico o religioso, se encuentra sin dirección ni propósito. Pero, mientras que Unamuno lucha, intentando agarrarse de la creencia en la inmortalidad, Baroja se indigna y se rebela, entregándose a veces al cinismo y al más profundo pesimismo.

El gallego Ramón del Valle Inclán (1866–1936), nacido Ramón Valle y

Peña, fue una de las figuras más originales de la generación del '98. Dramaturgo, novelista y poeta, Valle Inclán desarrolló lo popular y regional al mismo tiempo que lo refinado y arcaico.

En sus cuatro *Sonatas* (de Primavera, 1904; Estío, 1903; Otoño, 1901; e Invierno, 1905) narra las memorias del ficticio marqués de Bradomín, encarnación de valores anticuados y de sensualismo refinado. Las cuatro etapas de su vida—juventud, madurez, decadencia y vejez—corresponden a las cuatro estaciones del año. Se ha llamado a las *Sonatas* la culminación del modernismo en España. Es cierto que se destacan en ellas el gusto por lo decorativo, el erotismo, el exotismo y el decadentismo que caracterizan la obra de Rubén Darío (1867–1916), iniciador del movimiento modernista. Sin embargo, caracterizan las *Sonatas* un intenso cinismo. El marqués de Bradomín encierra lo bello y lo exótico, pero al mismo tiempo simboliza la decadencia de una generación apegada a ritos y a valores vacíos. La religión se ha reducido a lo ornamental. Sirve para realzar el goce del pecado. A través de las memorias de su personaje, Valle Inclán, como otros escritores de su generación, examina la degeneración de España y analiza—con sutileza y humor—a un pueblo que carece de orientación y de futuro.

En su introducción a la edición de 1961, Ramón Sender señala que esta falta de sentido del futuro es precisamente lo que distingue las *Sonatas*. A diferencia de los héroes legendarios tradicionales, el marqués no se enamora nunca, aunque narra numerosos encuentros eróticos. Escribe Sender que para Bradomín, el amor es «sexo, retórica y olvido. Sobre todo olvido. Parece como si tuviera prisa en hacer pasar las mujeres que ama al museo de sus recuerdos para darles un lugar en lo único que tiene Bradomín: un pasado». Si Valle Inclán buscó su inspiración en lo legendario y arcaico, no fue seguramente con el propósito de idealizar el pasado.

En las obras de esta fase, Valle Inclán cultivó el lenguaje poético y el juego visual, a veces empleando combinaciones ingeniosas de claroscuro, a veces utilizando imágenes típicas del romanticismo. También utilizó la superstición y el terror con fines estéticos, creando así un arte que apela a los sentidos y a las sensaciones.

A partir de 1919, Valle Inclán empezó a cultivar un nuevo estilo: el del **esperpento*. Si en las *Sonatas* había buscado lo lírico, lo rítmico, lo delicado, en los esperpentos sustituyó todo eso por lo satírico y grotesco. Los personajes de los esperpentos—obras de teatro o novelas—son ruines, feos, perversos, caricaturescos, gesticulantes. A menudo el autor se refiere a ellos como marionetas o fantoches. El lenguaje de estas obras es disonante, cortado; combina lo absurdamente culto y lo callejero, lo rebuscado y lo regional. Aparecen palabras hispanoamericanas, gallegas, madrileñas. La novela *Tirano Banderas* (1926) está situada en Latinoamérica e incorpora regionalismos de diversos países de América.

El esperpento responde a otro intento de explorar la realidad española, de comprender la aparente degeneración de la raza. En la obra teatral *Luces de Bohemia* (1924), el personaje Max Latino, escritor e intelectual, se embarca en una peregrinación nocturna por las calles de Madrid. Observa cada elemento de la sociedad madrileña: pobres, anarquistas, poetas, filósofos, burócratas, policías, políticos, vecinos. Por todos lados encuentra el abuso, el oportunismo, la mentira, la indiferencia, la crueldad. Max mismo define el esperpento: «Los héroes clásicos reflejados en los espejos cóncavos dan el Esperpento. El sentido trágico de la vida española sólo puede darse con una estética sistemáticamente deformada...España es una deformación grotesca de la civilización europea...Las imágenes más bellas en un espejo cóncavo son absurdas...» En esta cita, concilia lo que parecen ser dos estilos diferentes: el de las *Sonatas* y el de los esperpentos. Los dos representan un esfuerzo por examinar la realidad española por medio de un espejo que exagera las características que definen la personalidad colectiva.

Edición

Unamuno, Miguel de. «Dos madres». *Tres novelas ejemplares y un prólogo.* Madrid: Espasa-Calpe, 1964

———. *Obras completas.* Ed. Manuel García Blanco. Madrid: A. Aguado, 1958–1964.

Crítica

Azorín. *La generación del '98.* Salamanca-Madrid: Anaya, 1961

Benítez, Hernán. *El drama religioso de Unamuno.* Buenos Aires: Universidad de Buenos Aires, 1949

Blanco Aquinaga, Carlos. *Unamuno, teórico del lenguaje.* México: Colegio de México, 1954

———. «Interioridad y exterioridad en Unamuno». *Nueva Revista de Filología Hispánica* 7 (1953):686–701

Cacho Viu, Vicente. «Unamuno y Ortega.» *Revista de Occidente* 65 (Oct. 1986):79–98

Edery, Moisés. *El sentimiento filosófico de Unamuno.* Madrid: Fundación Universidad Española, 1977

Feal Deibe, Carlos. *Unamuno: El otro y don Juan.* Madrid: Planeta, 1976

Garagorri, Paulino. «Actualidad e inactualidad de Unamuno.» *Revista de Occidente* 65 (Oct. 1986):99–113

Greenfield, Sumner M. «La generación de 1898 ante España». *República de las Letras* 9 (1984):32–34

Marías, Julián. *Miguel de Unamuno.* Madrid: Espasa-Calpe, 1960 Revised edition. Cambridge, Mass.:1966

Miguel de Unamuno (1864–1936). Ed. Jack Schmidely. Rouen: Université de Rouen, 1985

Morón Arroyo, Ciriaco. «Las ideas estéticas de Unamuno». *Letras de Deusto* 7.14 (1977): 5–22

Ortega y Gasset, Eduardo. *Monodiálogos de don Miguel de Unamuno.* New York: Ibérica, 1958

Predmore, Richard L. "Flesh and Spirit in the Works of Unamuno," 70 (1955):587–605

Regalado García, Antonio. *El siervo y el señor.* Madrid: Gredos, 1968

Roberts, Gemma. *Unamuno: Afinidades y coincidencias kierkegaardianas.* Boulder, Co.: Society of Spanish and Spanish American Studies, 1986

Sánchez Barbudo, Antonio. *Estudios sobre Unamuno y Machado.* Madrid: Guadarrama, 1959

Sender, Ramón. *Unamuno, Valle Inclán, Baroja y Santayana: Ensayos críticos.* México, D. F. Andrea: 1955

Zubizarreta, Armando F. *Unamuno en su «nivola».* Madrid: Taurus, 1960

Dos madres

Miguel de Unamuno

I

¡Cómo le pesaba Raquel al pobre don Juan![1] La viuda aquélla, con la tormenta de no tener hijos en el corazón del alma, se le había agarrado[2] y le retenía en la vida que queda, no en la que pasa. Y en don Juan había muerto, con el deseo, la voluntad. Los ojos y las manos de Raquel apaciguaban[3] y adormecían[4] todos sus apetitos. Y aquel hogar solitario, constituido fuera de la ley, era como en un monasterio la celda de una pareja enamorada.

¿Enamorada? ¿Estaba él, don Juan, enamorado de Raquel? No, sino absorto por ella, sumergido en ella, perdido en la mujer y en su viudez. Porque Raquel era, pensaba don Juan, ante todo y sobre todo, la viuda y la viuda sin hijos; Raquel parecía haber nacido viuda. Su amor era un amor furioso, con sabor a muerte, que buscaba dentro de su hombre, tan dentro de él que de él se salía,

algo de más allá de la vida. Y don Juan se sentía arrastrado[5] por ella a más dentro de la tierra. «¡Esta mujer me matará!», solía decirse, y al decírselo pensaba en lo dulce que sería el descanso inacabable, arropado[6] en tierra, después de haber sido muerto por una viuda como aquélla.

Hacía tiempo que Raquel venía empujando a su don Juan al matrimonio, a que se casase; pero no con ella, como había querido hacerlo el pobre hombre.

RAQUEL. ¿Casarte conmigo? ¡Pero eso, mi gatito, no tiene sentido!... ¿Para qué? ¿A qué conduce que nos casemos según la Iglesia y el Derecho Civil? El matrimonio se instituyó, según nos enseñaron en el Catecismo, para casar, dar gracia[7] a los casados y que críen hijos para el cielo. ¿Casarnos? ¡Bien casados estamos! ¿Darnos

---

[1] What a burden Raquel was to poor Juan. Raquel is based on the Biblical character Rachel, wife of Jacob, who was unable to have children. (Genesis, 29–30)
[2] **se**...had grabbed onto him
[3] **calmaban**
[4] numbed
[5] dragged
[6] **cubierto**
[7] contentment

gracia? ¡Ay, michino![8]—y al decirlo le pasaba por sobre la nariz los cinco finísimos y ahusados[9] dedos de su diestra[10]—, ni a ti ni a mí nos dan ya gracia con bendiciones. ¡Criar hijos para el cielo..., criar hijos para el cielo!

Al decir esto se le quebraba la voz y temblaban en sus pestañas líquidas perlas en que se reflejaba la negrura insondable[11] de las niñas[12] de sus ojos.

DON JUAN. Pero ya te he dicho, Quelina, que nos queda un recurso, y es casarnos como Dios y los hombres mandan...

RAQUEL. ¿Tú invocando a Dios, michino?

DON JUAN. Casarnos así, según la ley, y adoptar un hijo...

RAQUEL. ¡Adoptar un hijo!... ¡Adoptar un hijo!...¡Sólo te faltaba decir que del Hospicio![13]...

DON JUAN. ¡Oh, no! Aquel sobrinillo tuyo, por ejemplo...

RAQUEL. Ya te he dicho, Juan, que no hables de eso..., que no vuelvas a hablar de eso...Mi hermana, visto que tenemos fortuna...

DON JUAN. Dices bien, tenemos...

RAQUEL. ¡Claro que digo bien! ¿O es que crees que yo no sé que tu fortuna, como tú todo, no es sino mía, enteramente mía?

DON JUAN. ¡Enteramente tuyos, Quelina!

RAQUEL. Mi hermana nos entregaría cualquiera de sus hijos, lo sé; nos lo entregaría de grado. Y como

nada me costaría obtenerlo, nunca podría tenerlo por propio. ¡Oh, no poder parir![14] ¡No poder parir! ¡Y morirse en el parto!

DON JUAN. Pero no te pongas así, querida.

RAQUEL. Eres tú, Juan, eres tú el que no debes seguir así...Un hijo adoptado, adoptivo, es siempre un hospiciano. Hazte padre, Juan, hazte padre, ya que no has podido hacerme madre. Si me hubieras hecho madre, nos habríamos casado; entonces sí...¿Por qué bajas así la cabeza? ¿De qué te avergüenzas?

DON JUAN. Me vas a hacer llorar, Raquel, y yo...

RAQUEL. Sí, ya sé que tú no tienes la culpa, como no la tuvo mi marido, aquel...

DON JUAN. Ahora eso...

RAQUEL. ¡Bien! Pero tú puedes darme un hijo. ¿Cómo? Engendrándolo en otra mujer, hijo tuyo, y entregándomelo luego. ¡Y quiéralo ella o no lo quiera, que lo quiero yo y basta!

DON JUAN. Pero cómo quieres que yo quiera a otra mujer...

RAQUEL. ¿Quererla? ¿Qué es eso de quererla? ¿Quién te ha hablado de querer a otra mujer? Harto sé que hoy ya tú no puedes, aunque quieras, querer a otra mujer. ¡Ni yo lo consentiría! Pero ¡no se trata de quererla; se trata de empreñarla![15] ¿Lo quieres más claro? Se trata de hacerla madre. Hazla madre y luego dame el hijo,

---

[8] **gatito**
[9] tapered
[10] **mano derecha**
[11] unfathomable

[12] pupils
[13] orphan asylum
[14] give birth
[15] get her pregnant

quiéralo ella, o no.

DON JUAN. La que se prestara a eso sería una...

RAQUEL. ¿Con *nuestra* fortuna?

DON JUAN. ¿Y a qué mujer le propongo eso?

RAQUEL. Proponerle qué?

DON JUAN. Eso...

RAQUEL. Lo que has de proponerle es el matrimonio...

DON JUAN. ¡Raquel!

RAQUEL. ¡Sí, Juan, sí! ¡El matrimonio! Tienes que casarte, y yo te buscaré la mujer; una mujer que ofrezca probabilidades de éxito...Y que sea bien parecida[16] ¿eh?

Al decir esto se reía con una risa que sonaba a llanto.

RAQUEL. Será tu mujer, y de tu mujer, ¡claro está!, no podré tener celos...

DON JUAN. Pero ella los tendrá de ti...

RAQUEL. ¡Natural! Y ello ayudará a nuestra obra. Os casaréis, os darán gracia, mucha gracia, muchísima gracia, y criaréis por lo menos un hijo...para mí. Y yo le llevaré al cielo.

DON JUAN. No blasfemes...

RAQUEL. ¿Sabes tú lo que es el cielo? ¿Sabes lo que es el infierno? ¿Sabes dónde está el infierno?

DON JUAN. En el centro de la tierra, dicen.

RAQUEL. O en el centro de un vientre[17] estéril acaso...

DON JUAN. ¡Raquel!...¡Raquel!...

RAQUEL. Y ven, ven acá...

Le hizo sentarse sobre las firmes piernas de ella, se lo apechugó[18] como a un niño, y, acercándole al oído los labios resecos, le dijo como en un susurro:[19]

RAQUEL. Te tengo ya buscada mujer...Tengo ya buscada la que ha de ser madre de nuestro hijo...Nadie buscó con más cuidado una nodriza[20] que yo esa madre...

DON JUAN. ¿Y quién es?

RAQUEL. La señorita Berta Lapeira...Pero ¿por qué tiemblas? ¡Si hasta creía que te gustaría! ¿Qué? ¿No te gusta? ¿Por qué palideces? ¿Por qué lloras así? Anda, llora, llora, hijo mío...¡Pobre don Juan!

DON JUAN. Pero Berta...

RAQUEL. ¡Berta, encantada! ¡Y no por *nuestra* fortuna, no! Berta está enamorada de ti, ¡perdidamente enamorada de ti!...Y Berta, que tiene un heroico corazón de virgen enamorada, aceptará el papel de redimirte, de redimirte de mí, que soy, según ella, tu condenación y tu infierno. ¡Lo sé! ¡Lo sé! Sé cuánto te compadece[21] Berta..., Sé el horror que le inspiro...Sé lo que dice de mí...

DON JUAN. Pero ¿y sus padres...?

RAQUEL. ¡Oh! Sus padres, sus cristianísimos padres, son unos padres muy razonables...Y conocen la importancia de *tu* fortuna...

DON JUAN. Nuestra fortuna...

RAQUEL. Ellos, como todos los demás, creen que es tuya...¿Y no es acaso legalmente tuya?

---

[16] **bien...bonita**
[17] womb
[18] **se...**held him against her breast
[19] whisper
[20] wet nurse
[21] **te...**feels sorry for you

DON JUAN. Sí; pero...

RAQUEL. Sí, hasta eso lo tenemos que arreglar bien. Ellos no saben cómo tú eres mío, michino, y cómo es mío, mío sólo, todo lo tuyo. Y no saben cómo será mío el hijo que tengas de su hija...Porque lo tendrás, ¿eh, michino? ¿Lo tendrás?

Y aquí las palabras le cosquillea-ban[22] en el fondo del oído al pobre don Juan, produciéndole casi vértigo.

RAQUEL. ¿Lo tendrás, Juan, lo tendrás?

DON JUAN. Me vas a matar, Raquel...

RAQUEL. Quién sabe...Pero antes dame el hijo...¿Lo oyes? Ahí está la angelical Berta Lapeira. ¡Angelical! ¡Ja..., ja..., ja!...

DON JUAN. ¡Y tú, demoníaca!—gritó el hombre, poniéndose en pie y costándole tenerse así.

RAQUEL. El demonio también es un ángel, michino...

DON JUAN. Pero un ángel caído...

RAQUEL. Haz, pues caer a Berta; ¡hazla caer!...

DON JUAN. Me matas, Quelina, me matas...

RAQUEL. ¿Y no estoy yo peor que muerta?...

Terminado esto, Raquel tuvo que acostarse. Y cuando más tarde, al ir don Juan a hacerlo junto a ella, al juntar sus labios con los de su dueña y señora, los encontró secos y ardientes como arena de desierto.

RAQUEL. Ahora sueña con Berta y no conmigo ¡O no, no! ¡Sueña con nuestro hijo!

El pobre don Juan no pudo soñar.

II

¿Cómo se le había ocurrido a Raquel proponerle para esposa legítima a Berta Lapeira? ¿Cómo había descu-bierto, no que Berta estuviese enamo-rada de él, de don Juan, sino que él, en sueños, estando dormido, cuando perdía aquella voluntad que no era suya, sino de Raquel, soñaba en que la angelical criatura viniese en su ayuda a redimirle? Y si en esto había un germen de amor futuro, ¿buscaba Raquel extinguirlo haciéndole que se casase con ella para hacer madre a la viuda estéril?

Don Juan conocía a Berta desde la infancia. Eran relaciones de fami-lia. Los padres de don Juan, huér-fano[23] y solo desde muy joven, habían sido grandes amigos de don Pedro Lapeira y de su señora. Estos se habían siempre interesado por aquél, y se habían dolido como nadie de sus devaneos[24] y de sus enredos con aven-tureras de ocasión.[25] De tal modo, que cuando el pobre náufrago[26] de los amores—que no del amor— recaló[27] en el puerto de la viuda esté-ril, se alegraron como de una ventura del hijo de sus amigos, sin sospechar que aquel puerto era un puerto de tormentas.

Porque, contra lo que creía don

---

[22] tickled
[23] orphan
[24] **locuras**

[25] **aventureras...**cheap girls looking for thrills
[26] shipwreck victim
[27] **encontró refugio**

Juan, el sesudo[28] matrimonio Lapeira estimaba que aquella relación era ya a modo de un matrimonio; que don Juan necesitaba de una voluntad que supliera a la que le faltaba, y que si llegaban a tener hijos, el de sus amigos estaba salvado. Y de esto hablaban con frecuencia en sus comentarios domésticos, en la mesa, a la tragicomedia de la ciudad, sin recatarse[29] delante de su hija, la angelical Berta, que de tal modo fue interesándose por don Juan.

Pero Berta, cuando oía a sus padres lamentarse de que Raquel no fuese hecha madre por don Juan y que luego se anudase para siempre y ante toda ley divina y humana—mejor teocrática y democrática—aquel enlace[30] de aventura, sentía dentro de sí el deseo de que no fuera eso, y soñaba luego, a solas, con poder llegar a ser el ángel redentor de aquel náufrago de los amores y el que le sacase del puerto de las tormentas.

¿Cómo es que don Juan y Berta habían tenido el mismo sueño? Alguna vez, al encontrarse sus miradas, al darse las manos, en las no raras visitas que don Juan hacía a casa de los señores Lapeira, había nacido aquel sueño. Y hasta había sucedido tal vez, no hacía mucho, que fue Berta quien recibió al compañero de juegos de su infancia y que los padres tardaron algo en llegar.

Don Juan previó el peligro, y dominado por la voluntad de Raquel, que era la suya, fue espaciando cada vez más sus visitas a aquella casa. Cuyos dueños adivinaron la causa de aquella abstención. «¡Cómo le tiene dominado! ¡Le aísla de todo el mundo!», se dijeron los padres. Y a la hija, a la angelical Berta, un angelito caído le susurró en el silencio de la noche y del sueño al oído del corazón: «Te teme...»

Y ahora era Raquel, Raquel misma, la que le empujaba al regazo[31] de Berta. ¿Al regazo?

El pobre don Juan echaba de menos el piélago encrespado[32] de sus pasados amores de paso,[33] presintiendo que Raquel le llevaba a la muerte. Pero ¡si él no tenía ningún apetito de paternidad!...¿Para qué iba a dejar en el mundo otro como él?

Mas ¡qué iba a hacer!...

Y volvió, empujado y guiado por Raquel, a frecuentar la casa Lapeira. Con lo que se les ensanchó el alma[34] a la hija y a sus padres. Y más cuando adivinaron sus intenciones. Empezando a compadecerse como nunca de la fascinación bajo que vivía. Y lo comentaban don Pedro y doña Marta.

DON PEDRO. ¡Pobre chico! ¡Cómo se ve que sufre!...

DOÑA MARTA. Y no es para menos,[35] Pedro, no es para menos...

DON PEDRO. Nuestra Tomasa,[36] ¿te recuerdas?, hablaría de un bebedizo[37]...

DOÑA MARTA. Sí, tenía gracia[38] lo del

---

[28] **juicioso, razonable**
[29] hiding anything
[30] **unión**
[31] lap
[32] **el**...the choppy waters
[33] passing, short-lived

[34] **se**...he unburdened himself, talked freely
[35] **no**...no wonder
[36] **la antigua sirvienta de doña Marta y don Pedro**
[37] **poción mágica**
[38] **tenía**...that was amusing

bebedizo...Si la pobre se hubiese mirado a un espejo...

DON PEDRO. Y si hubiese visto cómo le habían dejado sus nueve partos, y el tener que trabajar tan duro...Y si hubiese sido capaz de ver bien a la otra...

DOÑA MARTA. Así sois los hombres...Unos puercos todos...

DON PEDRO. ¿Todos?

DOÑA MARTA. Perdona, Pedro, ¡tú...no! ¡Tú...

DON PEDRO. Pero, después de todo, se comprende el bebedizo de la viudita ésa...

DOÑA MARTA. ¡Ah, picarón! Conque...

DON PEDRO. Tengo ojos en la cara, Marta, y los ojos siempre son jóvenes...

DOÑA MARTA. Más que nosotros.

DON PEDRO. ¿Y qué será de este chico ahora?

DOÑA MARTA. Dejémosle venir, Pedro...Porque yo le veo venir.

DON PEDRO. ¡Yo! ¿Y ella?

DOÑA MARTA. A ella ya iré preparándola yo, por si acaso.

DON PEDRO. Y esa relación...

DOÑA MARTA. ¿Pero no ves, hombre de Dios, que lo que busca es romperla? ¿No lo conoces?

DON PEDRO. Sin duda...Pero esa ruptura tendrá que costarle algún sacrificio...

DOÑA MARTA. Y aunque así sea. Tiene mucho, mucho, y aunque sacrifique algo...

DON PEDRO. Es verdad...

DOÑA MARTA. Tenemos que redimirle, Pedro. Nos lo piden sus padres...

DON PEDRO. Y hay que hacer que nos lo pida también nuestra hija.

La cual estaba, por su parte, ansiando la redención de don Juan. ¿La de don Juan, o la suya propia? Y se decía: «Arrancarle ese hombre y ver cómo es el hombre de ella, el hombre que ha hecho ella, el que se le ha rendido en cuerpo y alma...¡Lo que le habrá enseñado!...¡Lo que sabrá mi pobre Juan!...Y él me hará como ella...»

De quien estaba Berta perdidamente enamorada era de Raquel, Raquel era su ídolo.

III

El pobre Juan, ya sin don,[39] temblaba entre las dos mujeres, entre su ángel y su demonio redentores. Detrás de sí tenía a Raquel, y delante a Berta, y ambas le empujaban. ¿Hacia dónde? El presentía que hacia su perdición. Se había de perder en ellas. Entre una y otra le estaban desgarrando.[40] Se sentía como aquel niño que ante Salomón se disputaban las dos madres, sólo que no sabía cuál de ellas, si Raquel o Berta, le quería entero para la otra y cuál quería partirlo a muerte. Los ojos azules y claros de Berta, la doncella, como un mar sin fondo y sin orillas, le llamaban al abismo, y detrás de él, o mejor en torno de él, envolviéndole, los ojos negros y tenebrosos de Raquel, la viuda, como una noche sin fondo y sin estrellas, empu-

[39] that is, the flesh-and-blood man, without any social trappings

[40] tearing apart

jábanle al mismo abismo.

BERTA. Pero ¿qué te pasa, Juan? Desahógate[41] de una vez conmigo. ¿No soy tu amiga de la niñez, casi tu hermana?

DON JUAN. Hermana...Hermana...

BERTA. Qué, ¿no te gusta eso de hermana?...

DON JUAN. No la tuve; apenas si conocí a mi madre...No puedo decir que he conocido mujer...

BERTA. Que no, ¿eh? Vamos...

DON JUAN. Mujeres..., sí. ¡Pero mujer, lo que se dice mujer, no!

BERTA. ¿Y la viuda ésa, Raquel?...

Berta se sorprendió de que le hubiese salido esto sin violencia alguna, sin que le temblara la voz, y de que Juan se lo oyera con absoluta tranquilidad.

DON JUAN. Esa mujer, Berta, me ha salvado; me ha salvado de las mujeres.

BERTA. Te creo. Pero ahora...

DON JUAN. Ahora sí, ahora necesito salvarme de ella.

Y al decir esto sintió Juan que la mirada de los tenebrosos ojos viudos le empujaban con más violencia.

BERTA. ¿Y puedo yo servirte de algo en eso?...

DON JUAN. ¡Oh, Berta, Berta!...

BERTA. Vamos, sí. Tú, por lo visto, quieres que sea yo quien me declare...

DON JUAN. ¡Pero, Berta...!

BERTA. ¿Cuándo te vas a sentir hombre, Juan? ¿Cuándo has de tener voluntad propia?

DON JUAN. Pues bien, sí, ¿quieres salvarme?

BERTA. ¿Cómo?

DON JUAN. ¡Casándote conmigo!

BERTA. ¡Acabáramos![42] ¿Quieres, pues, casarte conmigo?

DON JUAN. ¡Claro!

BERTA. ¿Claro? ¡Oscuro! ¿Quieres casarte conmigo?

DON JUAN. ¡Sí!

BERTA. ¿De propia voluntad?

Juan tembló al percatar[43] tinieblas en el fondo de los ojos azules y claros de la doncella. «¿Habrá adivinado la verdad?», se dijo, y estuvo por arredrarse,[44] pero los ojos negros de la viuda le empujaron diciéndole: «Digas lo que dijeres,[45] tú no puedes mentir.»

DON JUAN. ¡De propia voluntad!

BERTA. ¿Pero la tienes, Juan?

DON JUAN. Es para tenerla para lo que quiero hacerte mi mujer.

BERTA. Y entonces...

DON JUAN. Entonces, ¿qué?

BERTA. ¿Vas a dejar antes a esa otra?

DON JUAN. ¡Berta..., Berta!...

BERTA. Bien. No hablemos más de ello, si quieres. Porque todo esto quiere decir que, sintiéndote impotente para desprenderte[46] de esa mujer, quieres que sea yo quien te desprenda de ella. ¿No es así?

DON JUAN. Sí, así es—y bajó la cabeza.

BERTA. Y que te dé una voluntad de que careces.

DON JUAN. Así es...

BERTA. Y que luche con la voluntad de ella.

---

[41] Let yourself go, open up
[42] Let's get this straight!
[43] **notar, percibir**

[44] take it back
[45] **Digas...**Say what you will
[45] get free from, get loose of

DON JUAN. Así es...

BERTA. ¡Pues así será!

DON JUAN. ¡Oh, Berta...Berta!...

BERTA. Estate quieto.[46] Mírame y no me toques. Pueden de un momento a otro aparecer mis padres.

DON JUAN. ¿Y ellos, Berta?

BERTA. ¿Pero eres tan simple, Juan, como para no ver que esto lo teníamos previsto y tratado de ello?...

DON JUAN. Entonces...

BERTA. Que acudiremos todos a salvarte.

IV

El arreglo de la boda con Berta emponzoñó[47] los cimientos[48] todos del alma del pobre Juan. Los padres de Berta, los señores Lapeira, ponían un gran empeño en dejar bien asegurado y a cubierto de toda contingencia el porvenir económico de su hija, y acaso pensaban en el suyo propio. No era, como algunos creían, hija única, sino que tenían un hijo que de muy joven se había ido a América y del que no se volvió a hablar, y menos en su casa. Los señores Lapeira pretendían que Juan dotase a Berta antes de tomarla por mujer, y se resistían, por su parte, a darle a su futuro yerno cuenta[49] del estado de su fortuna. Y Juan se resistía, a su vez, a ese dotamiento, alegando que luego de casado haría un testamento en que dejase heredera universal de sus bienes a su mujer, después de haber entregado un pequeño caudal—y en esto sus futuros suegros estaban de acuerdo—a Raquel.

No era Raquel un obstáculo ni para los señores Lapeira ni para su hija. Se avenían[50] a vivir en buenas relaciones con ella, como con una amiga inteligente y que había sido en cierto modo una salvadora de Juan, seguros padres e hija de que ésta sabría ganar con suavidad y maña el corazón de su marido por entero y que al cabo Raquel misma contribuiría a la felicidad del nuevo matrimonio. ¡Con tal de que se le asegurase la vida y la consideración de las gentes decentes y de bien!...No era, después de todo, ni una aventurera vulgar ni una que se hubiese nunca vendido al mejor postor.[51] Su enredo con Juan fue obra de pura pasión, de compasión acaso—pensaban y querían pensar los señores Lapeira.

Pero lo grave del conflicto, lo que ni los padres de la angelical Berta ni nadie en la ciudad—¡y eso que se pretendía conocer a la viuda!—podía presumir, era que Raquel había hecho firmar a Juan una escritura por la cual los bienes inmuebles[52] todos de éste aparecían comprados por aquélla, y todos los otros valores que poseía estaban a nombre de ella. El pobre Juan no aparecía ya sino como su administrador y apoderado.[53] Y esto supo la astuta mujer

---

[46] **Estate...**Be still
[47] poisoned
[48] foundations
[49] **y...**and, as for them, they resisted giving their future son-in-law an account
[50] **Se...**They agreed; they reconciled themselves
[51] **mejor...**highest bidder
[52] **bienes...**real estate
[53] proxy

mantenerlo secreto. Y a la vez conocía mejor que nadie el estado de la fortuna de los señores Lapeira.

RAQUEL. Mira, Juan. Dentro de poco, tal vez antes de que os caséis, y en todo caso poco después de vuestra boda, la pequeña fortuna de los padres de Berta, la de tu futura esposa..., esposa, ¿eh?, no mujer, ¡esposa!, la de tu futura esposa, será mía..., es decir, nuestra...

DON JUAN. ¿Nuestra?

RAQUEL. Sí. Será para el hijo que tengamos, si es que tu esposa nos lo da...Y si no...

DON JUAN. Me estás matando, Quelina...

RAQUEL. Cállate, michino. Ya le tengo echada la garra[54] a esa fortuna. Voy a comprar créditos e hipotecas[55]...¡Oh, sí; después de todo, esa Raquel es una buena persona, toda una señora, y ha salvado al que ha de ser el marido de nuestra hija y el salvador de nuestra situación y el amparo de nuestra vejez! ¡Y lo será, vaya si lo será! ¿Por qué no?

DON JUAN. ¡Raquel! ¡Raquel!

RAQUEL. No gimas así, Juan, que pareces un cordero al que están degollando.[56]

DON JUAN. ¡Y así es!...

RAQUEL. ¡No, no es así! ¡Yo voy a hacerte hombre; yo voy a hacerte padre!

DON JUAN. ¿Tú?

RAQUEL. ¡Sí, yo, Juan! ¡Yo, Raquel!

Juan se sintió como en agonía.

DON JUAN. Pero dime, Quelina, dime—y al decirlo le lloraba la voz—, ¿por qué te enamoraste de mí? ¿Por qué me arrebataste?[57] ¿Por qué me has sorbido el tuétano[58] de la voluntad? ¿Por qué me has dejado como un pelele?[59] ¿Por qué no me dejaste en la vida que llevaba?...

RAQUEL. ¡A estas horas estarías, después de arruinado, muerto de miseria y de podredumbre![60]

DON JUAN. ¡Mejor, Raquel, mejor! Muerto, sí; muerto de miseria y de podredumbre. ¿No es esto miseria? ¿No es podredumbre? ¿Es que soy mío?...¿Es que soy yo?...¿Por qué me has robado el cuerpo y el alma?

El pobre don Juan se ahogaba en sollozos.

Volvió a cojerle Raquel como otras veces maternalmente, le sentó sobre sus piernas, le abrazó, le apechugó a su seno estéril, contra sus pechos, henchidos[61] de roja sangre que no logró hacerse blanca leche, y hundiendo su cabeza sobre la cabeza del hombre, cubriéndole los oídos con su desgreñada[62] cabellera suelta, lloró entre hipos[63] sobre él. Y le decía:

RAQUEL. ¡Hijo mío, hijo mío, hijo mío!...No te robé yo; me robaste tú el alma, tú, tú. Y me robaste el cuerpo...¡Hijo mío..., hijo mío..., hijo mío!...Te vi perdido, perdido, perdido. Te vi buscando lo que no se encuentra...Y yo buscaba un

---

[54] **le...**I have my hands on
[55] mortgages
[56] slitting its throat
[57] **me...**snatched me away
[58] **sorbido...**sucked the marrow
[59] rag doll
[60] rot
[61] swollen
[62] disheveled
[63] hiccoughs

hijo...Y creía encontrarlo en ti. Y creía que me darías el hijo por el que me muero...Y ahora quiero que me lo des...

DON JUAN. Pero, Quelina, no será tuyo.

RAQUEL. Sí, será mío, mío, mío...Como lo eres tú...¿No soy tu mujer?

DON JUAN. Sí; tú eres mi mujer...

RAQUEL. Y ella será tu esposa. ¡Esposa!, así dicen los zapateros: «Mi esposa!» Y yo seré tu madre y la madre de vuestro hijo..., de mi hijo...

DON JUAN. ¿Y si no le tenemos?

RAQUEL. ¡Calla, Juan, calla! ¿Si no le tenéis? ¿Si no nos lo da?...Soy capaz de...

DON JUAN. Calla, Raquel, que la

ronquera[64] de tu voz me da miedo.

RAQUEL. ¡Sí, y de casarte luego con otra!

DON JUAN. ¿Y si consiste en mí?...

Raquel le echó de sí con gesto brusco, se puso en pie como herida, miró a Juan con una mirada de taladro;[65] pero al punto,[66] pasado el sablazo[67] de hielo de su pecho, abrió los brazos a su hombre, gritándole:

RAQUEL. ¡No, ven; ven, Juan, ven!...¡Hijo mío! ¡Hijo mío! ¿Para qué quiero más hijo que tú?...¿No eres mi hijo?

Y tuvo que acostarle, calenturiento y desvanecido.[68]

V

No. Raquel no consintió en asistir a la boda, como Berta y sus padres habían querido, ni tuvo que fingir enfermedad para ello, pues de veras estaba enferma.

RAQUEL. No creí, Juan, que llegaran a tanto. Conocía su fatuidad[69] y su presunción, la de la niña y la de sus papás; pero no los creía capaces de disponerse a afrontar así las conveniencias sociales. Cierto es que nuestras relaciones no han sido nunca escandalosas, que no nos hemos presentado en público haciendo alarde[70] de ellas; pero son algo bien conocido de la ciudad toda. Y al empeñarse en

que me convidaras a la boda no pretendían sino hacer más patente el triunfo de su hija...¡Imbéciles! ¿Y ella? ¿Tu esposa?

DON JUAN. Por Dios, Raquel. Mira que...

RAQUEL. ¿Qué? ¿Qué tal? ¿Qué tal sus abrazos? ¿Le has enseñado algo de lo que aprendiste de aquellas mujeres? ¡Porque de lo que yo te he enseñado no puedes enseñarle nada! ¿Qué tal *tu* esposa? Tú..., tú no eres de ella...

DON JUAN. No, ni soy mío...

RAQUEL. Tú eres mío, mío, mío, michino, mío...Y ahora ya sabes vuestra obligación. A tener juicio,

---

[64] hoarseness, huskiness
[65] drill
[66] **al...inmediatamente después**
[67] stroke

[68] faint
[69] conceit
[70] **haciendo...making a display**

pues. Y ven lo menos que puedas por esta nuestra casa.

DON JUAN. Pero, Raquel...

RAQUEL. No hay Raquel que valga. Ahora te debes a tu esposa. ¡Atiéndela!

DON JUAN. Pero si es ella la que me aconseja que venga de vez en cuando a verte...

RAQUEL. Lo sabía. ¡Mentecata![71] Y hasta se pone a imitarme, ¿no es eso?

DON JUAN. Sí, te imita en cuanto puede: en el vestir, en el peinado, en los ademanes,[72] en el aire[73]...

RAQUEL. Sí; cuando vinisteis a verme la primera vez, en aquella visita de ceremonia casi, observé que me estudiaba...

DON JUAN. Y dice que debemos intimar[74] más, ya que vivimos tan cerca, tan cerquita, casi al lado...

RAQUEL. Es su táctica para sustituirme. Quiere que nos veas a menudo juntas, que compares...

DON JUAN. Yo creo otra cosa...

RAQUEL. ¿Qué?

DON JUAN. Que está prendada[75] de ti, que la subyugas[76]...

Raquel dobló al suelo la cara, que se le puso de repente intensamente pálida, y se llevó las manos al pecho, atravesado por una estocada[77] de ahogo. Y dijo:

RAQUEL. Lo que hace falta es que todo ello fructifique...

Como Juan se le acercara en busca del beso de despedida—beso húmedo y largo y de toda la boca otras veces—, la viuda le rechazó, diciéndole:

RAQUEL. No, ¡ahora, ya no! Ni quiero que se lo lleves a ella, ni quiero quitárselo.

DON JUAN. ¿Celos?

RAQUEL. ¿Celos? ¡Mentecato! Pero ¿crees, michino, que puedo sentir celos de tu esposa?...¿De tu esposa? Y yo, ¿tu mujer?...¡Para casar y dar gracias a los casados y que críen hijos para el cielo! ¡Para el cielo y para mí!

DON JUAN. Que eres mi cielo.

RAQUEL. Otras veces dices que tu infierno...

DON JUAN. Es verdad.

RAQUEL. Pero ven, ven acá, hijo mío; toma...

Le cogió la cabeza entre las manos, le dio un beso seco y ardiente sobre la frente, y le dijo en despedida:

RAQUEL. Ahora vete y cumple bien con ella. Y cumplid bien los dos conmigo. Si no, ya lo sabes: soy capaz...

VI

Y era verdad que Berta estudiaba en Raquel la manera de ganarse a su marido, y a la vez la manera de ganarse a sí misma, de ser ella, de ser mujer. Y así se dejaba absorber por la dueña de Juan y se iba descubriendo

---

[71] **Tonta**
[72] manners
[73] **apariencia, aspecto**
[74] see each other, socialize

[75] taken, smitten
[76] subjugate
[77] stab

a sí misma al través de la otra. Al fin, un día no pudo resistir, y en ocasión en que las dos, Raquel y Berta, le habían mandado a su Juan a una partida de caza con los amigos, fue la esposa a ver a la viuda.

BERTA. Le chocará verme por aquí, así sola...

RAQUEL. No, no me choca...Y hasta esperaba su visita...

BERTA. ¿Esperarla?

RAQUEL. La esperaba, sí. Después de todo, algo me parece haber hecho por su esposo, por nuestro buen Juan, y acaso el matrimonio...

BERTA. Sí, yo sé que si usted, con su amistad, no le hubiese salvado de las mujeres...

RAQUEL. ¡Bah! De las mujeres...

BERTA. Y he sabido apreciar también su generosidad...

RAQUEL. ¿Generosidad? ¿Por qué? ¡Ah, sí, ya caigo! ¡Pues no, no! ¿Cómo iba a ligarle a mi suerte? Porque, en efecto, él quiso casarse conmigo...

BERTA. Lo suponía...

RAQUEL. Pero como estábamos a prueba[78] y la bendición del párroco, aunque nos hubiese casado, no habría hecho que criásemos hijos para el cielo...¿Por qué se ruboriza así, Berta? ¿No ha venido a que hablemos con el corazón desnudo en la mano?...

BERTA. ¡Sí, sí, Raquel! ¡Hábleme así!

RAQUEL. No podía sacrificarle así a mi egoísmo. ¡Lo que yo no he logrado, que lo logre él!

BERTA. ¡Oh, gracias, gracias!

RAQUEL. ¿Gracias? ¡Gracias, no! ¡Lo he hecho por él!

BERTA. Pues por haberlo hecho por él..., ¡gracias!

RAQUEL. ¡Ah!

BERTA. ¿Le choca?

RAQUEL. No, no me choca; pero ya irá usted aprendiendo...

BERTA. ¿A qué? ¿A fingir?

RAQUEL. ¡No; a ser sincera!

BERTA. ¿Cree que no lo soy?

RAQUEL. Hay fingimientos muy sinceros. Y el matrimonio es una escuela de ellos.

BERTA. ¿Cómo...?

RAQUEL. ¡Fui casada!

BERTA. ¡Ah, sí; es cierto que es usted viuda!

RAQUEL. Viuda...Viuda...Siempre lo fui. Creo que nací viuda...Mi verdadero marido se me murió antes de yo nacer...Pero ¡dejémonos de locuras y desvaríos! ¿Y cómo lleva a Juan?

BERTA. Los hombres...

RAQUEL. ¡No, el hombre, el hombre! Cuando me dijo que yo le había salvado a nuestro Juan de las mujeres, me encogí de hombros. Y ahora le digo, Berta, que tiene que atender al hombre, a su hombre. Y buscar al hombre en él...

BERTA. De eso trato; pero...

RAQUEL. Pero ¿qué?

BERTA. Que no le encuentro la voluntad...

RAQUEL. ¿Y viene usted a buscarla aquí acaso?

BERTA. ¡Oh, no, no! Pero...

RAQUEL. Con esos peros no irá usted a ninguna parte...

BERTA. ¿Y adónde he de ir?

RAQUEL. ¿Adónde? ¿Quiere usted que le diga a dónde?

---

[78] **a**...on trial

Berta, intensamente pálida, vaciló, mientras los ojos de Raquel, acerados[79] hendían[80] el silencio. Y al cabo:

BERTA. Sí. ¿A dónde?
RAQUEL. ¡A ser madre! Esa es su obligación. ¡Ya que yo no he podido serlo, séalo usted!

Hubo otro silencio opresor, que rompió Berta exclamando:

BERTA. ¡Y lo seré!
RAQUEL. ¡Gracias a Dios! ¿No le pregunté si venía acá a buscar la voluntad de Juan? ¡Pues la voluntad de Juan, de nuestro hombre, es ésa, es hacerse padre!
BERTA. ¿La suya?
RAQUEL. Sí, la suya. !La suya, porque es la mía!
BERTA. Ahora más que nunca admiro su generosidad.
RAQUEL. ¿Generosidad? No, no...Y cuenten siempre con mi firme amistad, que aún puede serles útil.
BERTA. No lo dudo...

Y al despedirla, acompañándola hasta la puerta, le dijo:

RAQUEL. ¡Ah! Diga usted a sus padres que tengo que ir a verlos.
BERTA. ¿A mis padres?
RAQUEL. Sí, cuestión de negocios...Para consolarme de mi viudez me dedico a negocios, a empresas financieras...

Y después de cerrar la puerta, murmuró: «Pobre esposa!»

VII

Cuando, por fin, una mañana de otoño le anunció Berta a su marido que iba a hacerle padre, sintió éste sobre la carne de su alma torturada el doloroso roce[81] de las dos cadenas que le tenían preso. Y empezó a sentir la pesadumbre de su voluntad muerta. Llegaba el gran combate. ¿Iba a ser suyo, de verdad, aquel hijo? ¿Iba a ser él padre? ¿Qué es ser padre?

Berta, por su parte, se sentía como trasportada. ¡Había vencido a Raquel! Pero a la vez sentía que tal victoria era un vencimiento. Recordaba palabras de la viuda y su mirada de esfinge al pronunciarlas.

Cuando Juan llevó la buena nueva a Raquel, palideció ésta intensísimamente, le faltó el respiro, se le encendió luego el rostro, se le oyó anhelar, le brotaron gotas de sudor, tuvo que sentarse, y, al cabo, con voz de ensueño, murmuró:

RAQUEL. ¡Al fin te tengo, Juan!

Y le cogió y le apretó a su cuerpo, palpitante, frenéticamente, y le besó en los ojos y en la boca, y le apartaba de sí para tenerle a corto trecho,[82] con las palmas de la mano en las mejillas de él, mirándole a los ojos, mirándose en las niñas de ellos, pequeñita, y luego volvía a besarle. Miraba con ahinco[83] su propio retrato minúsculo, en los ojos de él, y luego, como loca, murmurando con voz ronca: «¡Déjame que me bese!», le

---

[79] steely
[80] cracked, split
[81] rubbing together
[82] a...at a short distance
[83] earnestness

cubrió los ojos de besos. Y Juan creía enloquecer.

RAQUEL. Y ahora, ahora ya puedes venir más que antes...Ahora ya no la necesitas tanto...

DON JUAN. Pues, sin embargo, es ahora cuando más me quiere junto a sí...

RAQUEL. Es posible...Sí, sí, ahora se está haciendo...Es verdad...Tienes que envolver en cariño al pobrecito...Pero pronto se cansará ella de ti..., le estorbarás[84]...

Y así fue. En los primeros meses, Berta le quería junto a sí y sentirse mimada. Se pasaba las horas muertas con su mano sobre la mano de su Juan, mirándole a los ojos. Y sin querer, le hablaba de Raquel.

BERTA. ¿Qué dice de esto?

DON JUAN. Tuvo un gran alegrón al saberlo...

BERTA. ¿Lo crees?

DON JUAN. ¡Pues no he de creerlo!...

BERTA. ¡Yo no! Esa mujer es un demonio..., un demonio que te tiene fascinado.

DON JUAN. ¿Y a ti no?

BERTA. ¿Qué bebedizo te ha dado, Juan?

DON JUAN. Ya salió aquello...

BERTA. Pero ahora serás mío, sólo mío...

«¡Mío! ¡Mío!—pensó Juan—. ¡Así dicen las dos!»

BERTA. Tenemos que ir a verla.

DON JUAN. ¿Ahora?

BERTA. Ahora, sí, ahora. ¿Por qué no?

DON JUAN. ¿A verla, o a que te vea?

BERTA. ¡A verla que me vea! ¡A ver cómo me ve!

Y Berta hacía que su Juan la pasease, y colgada de su brazo, buscando las miradas de las gentes. Pero meses después, cuando le costaba ya moverse con soltura, ocurrió lo que Raquel había anticipado, y fue que ya su marido le estomagaba[85] y que buscaba la soledad. Entró en el período de mareos, bascas[86] y vómitos, y alguna vez le decía a su Juan: «¿Qué haces, hombre; qué haces ahí? Anda, vete a tomar el fresco y déjame en paz...¡Qué lástima que no paséis estas cosas vosotros los hombres!...¡Quítate de ahí, hombre; quítate de ahí, que me mareas!...¿No te estarás quieto? ¿No dejarás en paz esa silla? ¡Y no, no, no me sobes![87] ¡Vete, vete y tarda en volver, que voy a acostarme! Anda, vete, vete a verla y comentad mi pasión...Ya sé, ya sé que quisiste casarte con ella, y sé por qué no te quiso por marido...»

DON JUAN. ¡Qué cosas estás diciendo, Berta!...

BERTA. Pero si me lo ha dicho ella, ella misma, que al fin es una mujer, una mujer como yo...

DON JUAN. ¡Como tú..., no!

BERTA. ¡No, como yo, no! Ella no ha pasado por lo que estoy pasando...Y los hombres sois todos unos cochinos...Anda, vete, vete a verla...Vete a ver a tu viuda...

Y cuando Juan iba de su casa a casa de Raquel y le contaba todo lo que la esposa le había dicho, la viuda casi enloquecía de placer. Y se repetía

---

[84] le...you'll get in her way
[85] annoyed
[86] **nauseas**
[87] cuddle

lo de los besos en los ojos. Y le retenía consigo. Alguna vez le retuvo toda la noche, y al amanecer, abriéndole la puerta para que se deslizase[88] afuera, le decía tras del último beso: «Ahora que no te espera, vete y consuélala con buenas palabras...Y dile que no la olvido y que espero...»

VIII

Juan se paseaba por la habitación como enajenado.[89] Sentía pesar el vacío sobre su cabeza y su corazón. Los gemidos y quejumbres de Berta le llegaban como de otro mundo. No veía al señor, Lapeira, a su suegro, sentado en un rincón oscuro, a la espera del nieto. Y como el pobre Juan creía soñar, no se sorprendió al ver que la puerta se abría y entraba por ella...¡Raquel!

—¿Usted?...—exclamó don Pedro, poniéndose en pie.

RAQUEL. ¡Yo, sí, yo! Vengo por si puedo servir de algo...

DON PEDRO. ¿Usted, servir usted? ¿Y en este trance?[90]

RAQUEL. Sí, para ir a buscar algo o a alguien...¡Qué sé yo!...No olvide, don Pedro, que soy viuda...

DON PEDRO. Viuda, sí; pero...

RAQUEL. ¡No hay pero! ¡Y aquí estoy!

DON PEDRO. Bueno; voy a decírselo a mi mujer.

Y luego se oyó la conversación de Raquel y doña Marta.

DOÑA MARTA. Pero, por Dios señora...

RAQUEL. ¡Qué!, ¿no soy una buena amiga de la casa?

DOÑA MARTA. Sí, sí; pero que no lo sepa..., que no le oiga...

RAQUEL. Y si me oye, ¿qué?

DOÑA MARTA. Por Dios, señora, más bajo..., que no le oiga...; más bajo...

En aquel momento se oyó un grito desgarrador.[91] Doña Marta corrió al lado de su hija, y Raquel se quedó escuchando el silencio que siguió al grito. Luego se sentó. Y al sentir, al poco, que pasaba Juan a su lado, le detuvo, cogiéndole de un brazo, y le interrogó con un «¿qué?» de ansia.

DON JUAN. Una niña...

RAQUEL. ¡Se llamará Raquel!

Y desapareció la viuda.

IX

En la entrevista que Juan tuvo con sus suegros, los abuelos de la nueva mujercita que llegaba al mundo, le sorprendió el que al insinuar él, lleno de temores y con los ojos de la viuda taladrándole desde la espalda el corazón, que se la llamara Raquel a su hija, los señores Lapeira no opusieron objeción alguna. Parecían abrumados.[92] ¿Qué había pasado allí?

DOÑA MARTA. Sí, sí, le debemos tanto a esa señora, tanto..., y, después

---

[88] he could slip
[89] in a trance, "out of it"
[90] **momento crítico**

[91] lacerating, soul-ripping
[92] crushed, weary

de todo, para ti ha sido como una madre...

DON JUAN. Sí, es verdad...

DOÑA MARTA. Y aún creo más, y es que debe pedírsele que sea madrina de la niña.

DON PEDRO. Tanto más, cuanto que eso saldrá al paso a odiosas habladurías de las gentes...[93]

DON JUAN. No dirán más bien...

DON PEDRO. No; hay que afrontar la murmuración pública. Y más cuando va extraviada.[94] ¿O es que en esto no puedes presentarte en la calle con la cabeza alta?

DON JUAN. ¡Sin duda!

DON PEDRO. Bástele, pues, a cada cual su conciencia.

Y miró don Pedro a su mujer, como quien ha dicho una cosa profunda que le realza a los ojos de la que mejor le debe conocer.

Y más grande fue la sorpresa—que se le elevó a terror—del pobre Juan cuando oyó que, al proponerle todo aquello, lo del nombre y lo del madrinazgo, a la madre de la niña, a Berta, ésta contestó tristemente: «¡Sea como queráis!» Verdad es que la pobre, a consecuencia de grandes pérdidas de sangre, estaba como trasportada a un mundo de ensueño, con incesante zumbido[95] de cabeza y viéndolo todo como envuelto en niebla.

Al poco, Raquel, la madrina, se instalaba casi en la casa y empezaba a disponerlo todo. La vio la nueva madre acercársele, y la vio como a un fantasma del otro mundo. Le brillaban los ojos a la viuda con un nuevo fulgor. Se arrimó a la recién parida y

le dio un beso, que, aunque casi silencioso, llenó con su rumor toda la estancia. Berta sentía agonizar en sueños un sueño de agonía. Y oyó la voz de la viuda, firme y segura como de ama, que decía:

RAQUEL. Y ahora, Berta, hay que buscar nodriza. Porque no me parece que en el estado en que se queda sea prudente querer criar a la niña. Correrían peligro las dos vidas...

Los ojos de Berta se llenaron de lágrimas.

RAQUEL. Sí, lo comprendo, es muy natural. Sé lo que es una madre; pero la prudencia ante todo...Hay que guardarse para otras ocasiones...

BERTA. Pero, Raquel, aunque muriese...

RAQUEL. ¿Quién? ¿La niña? ¿Mi Quelina? No, no...

Y fue y tomó a la criatura y empezó a fajarla,[96] y luego la besaba con un frenesí tal, que la pobre nueva madre sentía derretírsele[97] el corazón en el pecho. Y no pudiendo resistir la pesadilla, gimió:

BERTA. Basta, basta, Raquel, basta. No vaya a molestarle. Lo que la pobrecita necesita es sueño..., dormir...

Y entonces Raquel se puso a mecer y a abrazar a la criaturita, cantándole extrañas canciones en una lengua desconocida de Berta y de los suyos, así como de Juan. ¿Qué le can-

---

[93] **Tanto...**Especially, since when people start their hateful gossiping about this...

[94] **va...**it's misleading

[95] buzzing

[96] swaddle

[97] melt

taba? Y se hizo un silencio espeso en torno de aquellas canciones de cuna que parecían venir de un mundo lejano, muy lejano, perdido en la bruma de los ensueños. Y Juan, oyén-dolas, sentía sueño, pero sueño de morir, y un terror loco le llenaba el corazón vacío. ¿Qué era todo aquello? ¿Qué significaba todo aquello? ¿Qué significaba su vida?

X

Más adelante, cuando Berta fue repo-niéndose y empezó a despertarse del doloroso ensueño del parto y se vio separada de su hijita, de su Quelina, por Raquel y por la nodriza que Raquel buscó y que la obedecía en todo, se apercibió a la lucha. Al fin vio claro en la sima[98] en que cayera;[99] al fin vio a quién y a qué había sido sa-crificada. Es decir, no vio todo, no podía ver todo. Había en la viuda abismos a que ella, Berta, no lograba llegar. Ni lo intentaba, pues sólo el asomarse a ellos le daba vértigo. Y luego aquellas canciones de cuna en lengua extraña.

BERTA. Pero ¿qué es eso que le canta?
RAQUEL. ¡Oh, recuerdos de mi infancia!...
BERTA. ¿Cómo?
RAQUEL. No quieras saber más, Berta. ¿Para qué?

¡No; ella, Berta, no podía que-rer saber más! ¡Sabía ya demasiado! ¡Ojalá no supiera tanto! ¡Ojalá no se hubiera dejado tentar de la serpiente a probar de la fruta del árbol de la ciencia del bien y del mal![100] Y sus padres, sus buenos padres, parecían como huidos de la casa. Había que lle-varles la nietecita a que la vieran. ¡Y era la nodriza quien se la llevaba!...

Lo que sintió entonces Berta fue encendérsele en el pecho una devora-dora compasión de su hombre, de su pobre Juan. Le tomaba en sus brazos flacos como para ampararle de algún enemigo oculto, de algún terrible peligro, y apoyando su cabeza sudo-rosa y desgreñada sobre el hombro de su marido, lloraba, lloraba, lloraba, mientras su pecho, agitado por con-vulsos sollozos, latía sobre el pecho acongojado del pobre don Juan. Y como una de estas veces la esposa madre gimiese «¡Hijo mío! ¡Hijo mío...! ¡Hijo mío...!», se quedó luego como muerta de terror al ver la con-goja de muerte que crispó,[101] enjalbe-gándola,[102] la cara de su Juan.

BERTA. ¿Qué te pasa, hijo mío? ¿Qué tienes?
DON JUAN. Calla, Quelina, calla, que me estás matando...
BERTA. Pero si estás conmigo, Juan, conmigo, con tu Berta...
DON JUAN. No sé dónde estoy...
BERTA. ¿Pero qué tienes, hijo...?

---

[98] abyss
[99] **había caído**
[100] Refers to the Tree of Knowledge in the Biblical story of Adam and Eve. God forbade Eve to eat the fruit of the Tree, but Eve allowed herself to be tempted to try it by the serpent. Because the fruit gave Eve the ability to recognize good and evil, mankind (Eve's descendants) have had to suffer ever since. Insight into the true nature of life and sexual experience have given Raquel a craving for immortality that is extremely painful and that only a child can calm.
[101] caused to twitch
[102] turning it white

DON JUAN. No digas eso..., no digas eso..., no digas eso...

Berta adivinó todo el tormento de su hombre. Y se propuso irlo ganando, ahijándolo, rescatándoselo. Aunque para ello hubiese que abandonar y que entregar a la hija. Quería su hombre. ¡Su hombre!

Y él, el hombre, Juan, iba sintiéndose por su parte hombre, hombre más que padre. Sentía que para Raquel no fue más que un instrumento, un medio. ¿Un medio de qué? ¿De satisfacer una furiosa hambre de maternidad? ¿O no más bien una extraña venganza, una venganza de otros mundos? Aquellas extrañas canciones de cuna que en lengua desconocida cantaba Raquel a Quelina, no a su ahijada, sino a su hija—su hija, sí, la de la viuda—, ¿hablaban de una dulce venganza, de una venganza suave y adormecedora como un veneno que hace dormirse? ¡Y cómo le miraba ahora Raquel a él, a su Juan! ¡Y le buscaba menos que antes!

Pero cuando le buscaba y le encontraba eran los antiguos encuentros, sólo que más sombríos y más frenéticos.

RAQUEL. Y ahora—le dijo una vez— dedícate más a tu Berta, a tu esposa, entrégate más a ella. Es menester que le des un hijo, que ella lo merece, porque ésta, mi Quelina, ésta es mía, mía, mía. Y tú lo sabes. Esta se debe a mí, me la debo a mí misma. Poco me faltó para hacerle a tu Berta, a nuestra Berta, parir sobre mis rodillas, como nos contaban en la Historia Sagrada.[103] ¡Entrégate ahora a ella, hijo mío!

DON JUAN. Que me matas, Raquel.

RAQUEL. Mira, Juan, son ya muchas las veces que me vas saliendo con esa cantilena,[104] y estoy segura de que se la habrás colocado también a ella, a tu esposa, alguna vez. Si quieres, pues, matarte, mátate; pero no nos vengas a culparnos de ello. Pero yo creo que debes vivir, porque le haces todavía mucha falta a tu Berta en el mundo.

Y como Juan forcejease[105] entonces por desprenderse de los brazos recios[106] de Raquel, ésta le dijo abrazándole:

RAQUEL. Sí, ya lo he visto...; ¡que nos vea!

Entró Berta.

RAQUEL. *Te* he visto, Berta—y recalcó el *te*—; *te* he visto que venías.

Y poniendo su mano, como un yugo, sobre el cuello de Juan, de quien se apartó un poco entonces, prosiguió:

RAQUEL. Pero te equivocas. Estaba ganándote a tu marido, ganándolo para ti. Estaba diciéndole que se te entregue y que se te entregue sin reservas. Te lo cedo. Pues que a mí me ha hecho ya madre, que te

---

[103]From the King James version of the Bible, Genesis 30:30. "And she (Rachel) said, 'Behold my maid Bilha. Go in unto her; and she shall bear upon my knees that I may also have children by her.'" In the Bible story, Rachel, being barren, brought Jacob her maid to be his concubine. In this way, she hoped to produce children whom she might raise as her own.

[104]same old song

[105]struggled

[106]**fuertes**

haga madre a ti. Y que puedas llamarle a boca llena ¡hijo! Si es que con esto de llamarle hijo no le estamos matando, como él dice. Ya sabrás la historia de las dos madres que se presentaron a Salomón reclamando un mismo niño. Aquí está el niño, el...¡don Juan de antaño![107] No quiero que lo partamos en dos, que sería matarle como él dice. Tómalo todo entero.

BERTA. Es decir, que tú...

RAQUEL. ¡Yo soy aquí la madre de verdad, yo!

Entonces Berta, fuera de sí, cogió a su marido, que se dejaba hacer, del brazo, arrancándolo de bajo el yugo de Raquel, se lo presentó a ésta y le gritó:

BERTA. ¡Pues bien, no! La madre soy yo, yo, yo...Y le quiero entero, le quiero más entero que tú, Tómalo y acaba de matarlo. ¡Pero dame a

mi hija, devuélveme a mi hija!

RAQUEL. ¡Qué hija?

BERTA. A..., a..., a...

Le quemaban los labios el nombre.

RAQUEL. ¡A mi Quelina? ¡Que es yo misma, yo...! ¿Que me entregue yo? ¿Que te entregue a mi Quelina, mi Raquel, para que hagas de ella otra como tú, otra Berta Lapeira, otra como vosotras las honradas esposas? ¡Ah!, también yo fui esposa; sí, esposa; también yo sé...

BERTA. ¿Y qué culpa tengo yo de que ni tu marido ni luego Juan pudiesen contigo lo que éste conmigo ha podido, lo que he podido yo con él?

RAQUEL. ¿Y tú, Juan, tú, *hi-jo mí-o*, te vas a repartir? ¿O estás para tu esposa entero?

Juan huyó de las dos.

XI

Juan huyó de las dos, y algo más. ¿Cómo fue ello? Sólo se supo que, habiendo salido de excursión hacia la sierra, en automóvil, lo volvieron a su casa moribundo y se murió en ella sin recobrar el conocimiento. Ni el *chauffeur*, ni el amigo que le acompañaba superion explicar bien lo ocurrido. Al bordear un barranco le vieron desaparecer del carruaje[108]—no sabían decir si porque cayó o porque se tirara—, le vieron rodar por el precipicio, y cuando luego le recogieron estaba destrozado. Tenía partida la cabeza y el cuerpo todo magullado.[109]

¡Qué mirada la que Raquel y Berta se cruzaron sobre el cuerpo blanco y quieto de su Juan!

BERTA. Ahora lo de la niña, lo de mi hija, está claro...

RAQUEL. Claro. ¿Y de qué va a vivir? ¿Quién la va a mantener? ¿Quién la va a educar? ¿Y cómo? Y tú, ¿de qué vas a vivir? ¿Y de qué van a vivir tus padres?

BERTA. ¿Y la fortuna de Juan?

RAQUEL. ¡Juan no deja fortuna alguna...! ¡Todo lo que hay aquí es mío! ¿Y si no lo sabías, ya lo sabes!

---

[107] long ago
[108] **vehículo**

[109] bruised and battered

BERTA. ¡Ladrona! ¡Ladrona! ¡Ladrona!

RAQUEL. Esas son palabras, y no sabes quién le ha robado a quién. Acaso la ladrona eres tú...; las ladronas sois vosotras, las de tu condición. Y no quiero que hagáis de mi Quelina, de mi hija, una ladrona como vosotras...Y ahora piénsalo bien con tus padres. Piensa si os conviene vivir como mendigos o en paz con la ladrona.

BERTA. ¿En paz?

RAQUEL. ¡A los ojos del mundo, en paz!

Berta tuvo largas conversaciones con sus padres, los señores Lapeira, y los tres, con un abogado de mucha nota y reputación, se informaron del testamento de don Juan, en que aparecía no tener nada propio; del estado de su fortuna, toda ella en poder de Raquel, y al cabo aceptaron el compromiso.[110] Los sostendría Raquel, a la que había, a cambio, que ceder la niña.

El único consuelo era que Berta volvería a ser madre y que Raquel consignaría un capitalito a nombre del hijo o hija póstuma del pobre don Juan. Pero ¿cómo se criaría esta desdichada criatura?

RAQUEL. Si te vuelves a casar—le dijo Raquel a Berta—te dotaré.[111] Piénsalo. No se está bien de viuda.

---

[110]arrangement

[111]**te**...I'll give you a dowry

SOBRE LA LECTURA

1. ¿Cuál era la gran preocupación de Raquel?
2. ¿Cuál era su relación con don Juan? ¿Por qué no quería casarse con él?
3. ¿Por qué quería que don Juan se casara con Berta? ¿Cómo reaccionó él a este plan?
4. ¿Por qué no aceptó Raquel adoptar a un niño?
5. ¿Cómo pensaba usar el dinero para manipular a la familia de Berta?
6. ¿Qué relación tenía don Juan con los Lapeira? ¿Qué pensaban ellos de sus amores con Raquel?
7. ¿Qué sentía Berta por don Juan? ¿Cómo veían sus padres la posibilidad de un matrimonio entre Berta y él?
8. ¿Por qué se sentía don Juan como el niño de la historia bíblica de Salomón?
9. ¿Qué arreglos financieros quedaron en hacer Juan y sus futuros suegros?
10. ¿Qué había hecho Raquel para asegurar su propio poder económico?
11. ¿Por qué se sentía don Juan sin voluntad?
12. Explique la fascinación que Berta tenía por Raquel.
13. ¿Qué le dijo Raquel a Berta para que ésta se conformara a su plan?
14. ¿Cómo reaccionó Raquel al saber que Berta iba a ser madre?
15. ¿Por qué insistió en que la niña se llamara Raquel? ¿Por qué no se opuso nadie?
16. ¿Qué sugirió doña Marta que le dio a Raquel aun más poder sobre la niña?
17. ¿Por qué casi se instaló Raquel en la casa de Berta? ¿En qué cosas insistió?

18. ¿Por qué sufría tanto don Juan?
19. ¿Cómo cambió la actitud de Berta después de que ella empezó a sentirse más fuerte? ¿Por qué?
20. ¿Cómo terminó don Juan? ¿Y Berta?

HACIA EL ANALISIS LITERARIO

1. ¿Cómo expresa Unamuno su inquietud respecto a la inmortalidad en «Dos madres»?
2. ¿Cómo hace fuertes a los personajes femeninos su anhelo de maternidad?
3. ¿Cuáles son las diferencias fundamentales que existen entre los personajes femeninos y los masculinos?
4. ¿Cómo combina Unamuno los géneros literarios en «Dos madres»? ¿Qué efecto logra?
5. ¿Qué presagios anuncian la muerte de don Juan?
6. ¿Por qué es inevitable esta muerte?

TEXTO Y VIDA

1. ¿Son justificables las medidas que toma Raquel para asegurar su inmortalidad o no?
2. ¿Qué otras soluciones a su problema habría podido explorar?
3. Hoy en día, si una pareja no puede tener niños, ¿qué medidas puede tomar?
4. ¿Cómo usa Raquel a Berta? ¿Cree usted que debe ser legal la práctica de pagarle a otra mujer por empreñarse y dar a luz a un bebé si la madre no lo puede hacer? ¿Por qué?
5. ¿Qué piensa usted de las ideas de Raquel acerca de la adopción?
6. ¿Qué piensa usted de las ideas de Unamuno acerca de la fe? ¿Siente usted la misma confusión que él?
7. ¿Qué piensa usted de la caracterización de Unamuno del hombre y de la mujer?

Antonio Machado: «La vieja angustia...»

Antonio Machado (1875–1939) es la voz poética de la generación del '98, además de uno de los escritores más logrados de la Europa de su época. Machado nació en Sevilla en 1875, hijo de una familia intelectual y acomodada. Su abuelo fundó una importante revista científica y su padre llegó a ser una autoridad reconocida en la música y el folklore de Andalucía. Antonio fue el segundo de cuatro hijos. Manuel, su hermano mayor, sería un poeta importante en el movimiento modernista y José, uno de sus hermanos menores, se destacaría como pintor.

En 1883 el abuelo aceptó un puesto universitario en Madrid, y toda la familia se trasladó a la capital. Los tres hijos mayores se inscribieron en el Instituto Libre de Enseñanza, una escuela progresiva que se mantenía independiente de la Iglesia y del Estado y alentaba a los estudiantes a examinar las grandes cuestiones filosóficas, científicas y sociales. El Instituto tuvo una influencia significativa en la formación de Antonio, a pesar de que el joven terminó su educación en escuelas católicas.

Machado publicó *Soledades*, su primer libro de poesía, en 1902, a los veintisiete años. Dos años después, publicó su poesía en *Helios*, la revista del poeta contemporáneo Juan Ramón Jiménez (1881–1958). Durante esta época Antonio y Manuel experimentaron con el teatro, aunque sin grandes éxitos. En Madrid la familia sufrió varios golpes de la fortuna. La muerte del padre y la del abuelo dejaron a los Machado en una mala situación financiera. Después de llevar una vida bohemia por un tiempo, Antonio aceptó un puesto de profesor en Soria, donde vivió por cinco años, se casó, enviudó y escribió algunos de sus poemas más bellos.

En 1912 apareció *Campos de Castilla*, su segunda colección importante. Este mismo año dejó Soria para trasladarse a Baeza, en Andalucía, donde enseñó y vivió hasta radicarse en Segovia en 1919. En los años que siguieron, Machado publicó dos colecciones más: *Nuevas canciones* (1924) y *De un cancionero apócrifo* (1926). *Juan de Mairena*, una serie de reflexiones, observaciones y comentarios sobre diversos temas filosóficos, empezó a salir en trozos en 1934 y se publicó como libro dos años después. Al estallar la Guerra Civil, Machado empezó a publicar artículos sobre el conflicto en *Hora de España*. Dos años después de su muerte, se representó en Madrid *El hombre que murió en la guerra*, una obra teatral que había compuesto con su hermano Manuel.

Sobre *Soledades* y *Campos de Castilla*

La generación de Machado vivió en una época en la cual la religión, con su promesa de la vida eterna, perdía influencia entre los intelectuales españoles. Escritores tales como Unamuno y Baroja expresan—de maneras muy distintas—la angustia del individuo que se enfrenta a la nada. Caracteriza las *Soledades* (1899–1907) y, de hecho, toda la obra de Machado, una intensa preocupación con el tiempo, la cual nace de la conciencia de la naturaleza material de la existencia humana. Machado estudió con el filósofo francés Henri Bergson (1859–1941), que tuvo una influencia considerable en su obra. El sistema de Bergson se basa en la idea de que la conciencia, liberada del espacio y de la noción cronológica del tiempo, alcanza el conocimiento por medio de la intuición.

Para Machado, los temas de la muerte y el tiempo son inseparables. Sin el consuelo del otro mundo, la muerte del cuerpo significa la muerte del individuo. El hombre, angustiado por la inevitable desaparición de su ser, busca maneras de ocultarse su propia muerte. Al apartarnos del sendero de la vida y contemplar nuestra existencia, no podemos dejar de darnos cuenta de que «Ya nuestra vida es tiempo» (*Soledades* XXXV)—un número finito de días que van pasando hasta que se acaben. El trabajo y las otras actividades diarias nos mantienen ocupados, permitiéndonos no pensar en nuestro destino. La religión y a menudo los sistemas filosóficos también ofrecen escapatorias. Estas son las «desesperantes posturas que tomamos» (*Soledades* XXXV) para no ver la realidad, aun sabiendo en el fondo de nuestro ser que Ella—la Muerte—no dejará de venir.

La preocupación por el tiempo conduce al poeta a perderse en el ensueño, en el recuerdo, lo cual le permite encontrar en sí mismo las esencias primarias que se encubren con el corre-corre de la vida diaria. Por medio de la memoria revive la primera melancolía, esa angustia primordial que tiñe el alma humana. Las escenas que el poeta evoca son a menudo las de todos los días, las que se ven en cualquier pueblo, las que se repiten desde el principio de la civilización—o antes: la mula que le da vuelta a la noria; los niños que cantan; el agua que gotea. Son escenas que encierran una noción de repetición y de aburrimiento, que evocan el hastío de la existencia humana. No son estáticas. Siempre hay movimiento—frecuentemente repetitivo y fastidioso—porque el movimiento y la fluidez son lo más eterno de la vida. A veces hay un movimiento violento y desconcertante, como en la descripción de una tempestad estival (*Soledades* LXII), el cual evoca un sentimiento de confusión y contradicción que refleja el espíritu confuso y contradictorio del poeta.

El ensueño le sirve al escritor para penetrar en su propia alma; por medio del ensueño descubre los «caminos laberínticos» y «sendas tortuosas» (*Soledades* XXII) de su propio ser. En una sección de *Soledades* que se llama «Galerías», Machado explica que «Sólo el poeta puede / mirar lo que está lejos / dentro del alma...» El alma es una inmensa galería que el poeta explora por medio de la memoria; por lo tanto, el recuerdo es fundamental a la labor poética porque le permite al artista descubrir las esencias de la vida humana.

Para alcanzar sus recuerdos, el poeta se aparta de la ciudad, de la sociedad. Busca la soledad. Conversa consigo mismo, con su otro yo. A menudo sus poemas incorporan diálogos entre el poeta y otra voz que es una extensión de la primera: el poeta platica con una fontana, con una tarde de abril, con la noche o con un ser que no se identifica.

El recuerdo no es sólo personal, sino colectivo. «Las coplas plebeyas» (*Soledades* XLVI), las canciones de cuna, los romances antiguos representan un recuerdo que transciende el yo y se convierte en algo universal. La angustia y el hastío del poeta son los de todo hombre. Todos llevamos dentro una congoja apremiante, pero es al poeta a quien le toca articularla.

Si el recuerdo es una proyección hacia el pasado, la esperanza es una proyección hacia el futuro. Imágenes de la mañana, la primavera, el niño evocan la esperanza, ese elemento fundamental del corazón humano que hace posible que el hombre siga viviendo, aun cuando sabe en el fondo de su alma que el camino de la vida no conduce a ninguna parte.

La falta de finalidad es un tema central de la generación del '98. Con la disminución del prestigio de la religión, el hombre, privado del consuelo del otro mundo, se pregunta: ¿A qué lleva la vida? ¿Adónde voy? En muchos de sus poemas Machado retrata al hombre como un caminante sin camino, es decir, sin dirección. En uno, es un «perro olvidado que no tiene / huella ni olfato...» (*Soledades* LXXVII); no sólo carece de dirección sino que no hay nada que lo guíe. En otro, la humanidad es como una mula que—los ojos vendados—le da vuelta a una noria, símbolo de la vida, siempre pensando que llega a alguna parte aunque en realidad no hace más que trazar el mismo camino una y otra vez. Pero por suerte, la humanidad no se da cuenta de que el progreso no es más que una ilusión, porque si supiera que todas sus luchas y penas no conducen a nada, la vida sería insoportable. Para Machado, el hombre no tiene destino; no tiene un camino determinado. La vida se hace al vivirla. Dice en su *De un cancionero apócrifo*: «Caminante, no hay camino / se hace el camino al andar».

Además del camino, Machado emplea otros símbolos, muchos de ellos tomados directamente de la tradición literaria. Abundan imágenes del agua. La fuente que murmura y canta coplas de tiempos inmemoriales representa la fuerza vital que transciende al individuo y abarca todo lo vivo. El hombre, deseoso de vivir—de experimentar la alegría, la pasión y todo lo demás que trae la vida—se describe como «sediento». El río, con sus aguas que fluyen, se asocia con la mortalidad. Como el poeta medieval Jorge Manrique, que inspiró profundamente a Machado, éste representa la vida como un río que corre inexorablemente al mar, que es el morir. Pero mientras que Manrique encuentra consuelo en la inmensidad del mar, que para él guarda la promesa de la eternidad, Machado encuentra sólo el dolor primordial que experimenta el hombre al enfrentarse a su propia mortalidad. También evocan esta pena primaria las numerosas imágenes de agua estancada; la «noria soñolienta» (*Soledades* XIII) que saca aguas de la profundidad de la tierra encierra una melancolía que es al mismo tiempo personal e *intrahistórica. Otra metáfora que nos recuerda el hastío de la vida es la de la lluvia: las gotas que caen con una monotonía fastidiosa y cansadora.

Caracteriza a la generación del '98 una profunda preocupación por el destino de España. Machado, aunque se ocupó del problema algo más tarde que sus contemporáneos, no es una excepción. Uno de los temas principales de *Campos de Castilla* es la identidad española. El poeta explora el paisaje de Castilla, especialmente el de la zona de Soria, y el carácter del español. Pinta un retrato negativo del campo castellano y del hombre que lo habita. En «A orillas del Duero» describe un paisaje sombrío y hostil. Compara la degeneración actual con la gloria pasada: «Castilla miserable, ayer dominadora». El campesino español que retrata Machado es avaro y destructor: «incendia los pinares / y su despojo aguarda como botín de guerra» («Por tierras de España»). Se entrega a todos los vicios: «Abunda el hombre malo del campo y de la aldea, / capaz de insanos vicios y crímenes bestiales, / que bajo el pardo sayo esconde un alma fea, / esclava de los siete pecados capitales» («Por tierras de España»). Es un hijo de Caín que se pudre de envidia del hombre bueno y no descansa hasta destruirlo.

Abundan las referencias bíblicas en la poesía de Machado. El tema de Caín es central a «Tierras de Alvargonzález», un *romance que cuenta la historia de un campesino cuyos dos hijos mayores, celosos del amor que le tiene al hijo menor, matan al padre y arrojan el cuerpo a la Laguna Negra. Los asesinos trabajan las tierras de su padre, pero no logran que produzca nada. Al volver el hijo menor de América, empieza a cultivar la tierra, la cual se vuelve productiva. Los hijos patricidas se ahogan misteriosamente en la Laguna Negra.

En este romance Machado reitera la idea de que reinan la codicia y el odio en el campo castellano. Busca la esencia de España y del español en la leyenda de la tierra maldita que no produce porque en las venas de la gente corre la sangre de Caín. Central al poema es el símbolo del lar, que representa la unidad y el calor familiares. Ninguno de los dos hermanos mayores puede encender la leña. Sólo el hijo menor, que no comparte las características perversas de sus hermanos, es capaz de prender la hoguera «que alumbra toda la casa».

Machado escribió varias colecciones de «Proverbios y cantares», las cuales incorporó en sus libros de poesía. En estos poemitas desarrolla diversos temas metafísicos y filosóficos. Dios es una preocupación central, pero las tendencias escépticas del poeta lo llevan a un concepto poco ortodoxo de lo divino. Algunos de sus proverbios reflejan la angustia de un hombre que lucha por creer, pero que no logra vencer la duda. El Dios que describe Machado no existe independientemente del creyente; es un Dios que el individuo tiene que despertar dentro de sí mismo.

Sobre *Juan de Mairena*

Juan de Mairena, escrito cuando Machado tenía casi sesenta años y publicado en 1936, es un libro de una estructura indefinible, sin principio ni fin, en que el autor aplica su escepticismo a una variedad de conceptos filosóficos. Juan de Mairena, el personaje central que le da unidad a la obra, es oficialmente un profesor de educación física; sin embargo, da cursos de retórica. Como se trata de la educación libre y de un curso sin estructura, Mairena introduce cualquier tema, saltando de una materia a otra pero manteniendo siempre cierta unidad en cada sección. El escepticismo del personaje lo conduce a poner en duda la lógica tradicional. Ataca a los pragmatistas que han hecho un dios de lo útil. Admira a Jesús, pero lo ve como un rebelde contra el Dios bíblico y contra el *aristotelismo, que convierte todo en abstracción. Mairena hace hincapié en el aspecto humano de Cristo: «Cierto que el Cristo se dejaba adorar, pero en el fondo le hacía poca gracia. Le estorbaba la divinidad—por eso quiso nacer y vivir entre los hombres—y si vuelve no debemos recordársela». Las ideas cuidadosamente articuladas y poco ortodoxas de Mairena, su ironía y sus ocasionales malos humores lo hacen un personaje estrafalario pero simpático y bastante convincente.

El estilo de la prosa tanto como de la poesía de Machado, tiende a ser llano y directo, estando a menudo la fuerza de la imagen en su misma sencillez. En *Juan de Mairena* Machado ataca la pedantería, explicando que el lenguaje claro resulta del pensamiento claro. A menudo usa términos totalmente pedestres para explicar ideas muy complejas.

Aunque *Juan de Mairena* es una obra fundamental para la comprensión del pensamiento de Machado, la crítica le ha prestado menos atención que a su poesía. Hoy en día, recordamos a Antonio Machado como el que, con Unamuno y Juan Ramón Jiménez, renovó la poesía española de principios del siglo XX.

Ediciones

Machado, Antonio. *Obras: Poesía y prosa.* Ed. Aurora de Albornoz y Guillermo de Torre. Buenos Aires: Losada, 1964

———. *Antología poética, biografía.* Ed. José Cano. Barcelona: Bruguera, 1982

Crítica

Bibliografía machadiana: Bibliografía para un centenario. Comp. Gutiérrez. Manuel Carrión. Madrid: Biblioteca Nacional, 1976

Cerezo Galán, P. *Palabra en el tiempo: Poesía y filosofía de Antonio Machado.* Madrid: Gredos, 1976

Curso en homenaje a Antonio Machado. Ed. Eugenio Bustos. Salamanca: Universidad de Salamanca, 1977

Delgado, Jaime. *Vida y poesía en Antonio Machado.* Salamanca: Alamo, 1975

Estudios sobre Antonio Machado. Ed. José Ángeles. Barcelona: Ariel, 1977

Fernández, Angel Raimundo. «Sobre teoría poética en Antonio Machado: De la imagen y los símbolos». *Estudios sobre literatura y arte dedicados al profesor Emilio Orozco Díaz.* Ed. Andrés Soria. Granada: Universidad de Granada, 1979. 159–166

Jiménez, José Olivio. *La presencia de Antonio Machado en la poesía española de posguerra.* Lincoln, Nebraska: Society of Spanish and Spanish-American Studies, 1983

Lapesa, Rafael. «Amor y muerte en tres poemas de Antonio Machado (1903–1907)». *Homenaje a Antonio Sánchez Barbudo: Ensayos de literatura española.* Ed. Benito Brancaforte, Edward Mulvihill, y Roberto G. Sánchez. Madison: University of Wisconsin, 1981. 81–87

Predmore, Michael P. "The Vision of an Imprisoned and Moribund Society in the *Soledades, galerías y otros poemas* of Antonio Machado." *Ideologies and Literatures* 2.8 (1978):12–29

————. «Un nuevo enfoque sobre la evolución de la poesía de Antonio Machado». *Homenaje a Antonio Sánchez Barbudo: Ensayos de literatura española.* Ed. Benito Brancaforte, Edward Mulvihill, y Roberto G. Sánchez. Madison: University of Wisconsin, 1981. 89–106

————. *Una España joven en la poesía de Antonio Machado.* Madrid: Insula, 1981

Sánchez-Barbudo, Antonio. *El pensamiento de Antonio Machado.* Madrid: Guadarrama, 1974

Sobejano, Gonzalo. «La verdad en la poesía de Antonio Machado: De la rima al proverbio». *Journal of Spanish Studies: Twentieth Century* 4:47–73

Trueblood, Alan S. «Posturas constantes en la expresión poética de Antonio Machado.» *Actas del Sexto Congreso Internacional de Hispanistas celebrado en Toronto del 22 al 26 agosto de 1977.* Ed. Alan M. Gordon, Evelyn Rugg. Foreword Rafael Lapesa. Toronto: University of Toronto, 1980. 745–747.

Valverde, José M. *Antonio Machado.* Madrid: Siglo XXI de España, 1975

Wilcox, John C. «The Rhetoric of Existential Anguish in a Poem (LXXVII) by Antonio Machado.» *Hispanic Review* 53.2 (Spring 1985):163–180

Ynduráin, Domingo. *Ideas recurrentes en Antonio Machado (1898–1907).* Madrid: Turner, 1975

Soledades

Antonio Machado

XIII

Hacia un ocaso radiante
caminaba el sol de estío,
y era, entre nubes de fuego, una trompeta gigante,
tras los álamos[1] verdes y las márgenes del río.
Dentro de un olmo[2] sonaba la sempiterna tijera[3]
de la cigarra[4] cantora, el monorritmo jovial,
entre metal y madera,
que es la canción estival.
En una huerta sombría
giraban los cangilones[5] de la noria[6] soñolienta.
Bajo las ramas oscuras el son del agua se oía.
Era una tarde de julio, luminosa y polvorienta.
Yo iba haciendo mi camino,
absorto en el solitario crepúsculo campesino.
Y pensaba: «¡Hermosa tarde, nota de la lira inmensa
toda desdén y armonía;[7]
hermosa tarde, tú curas la pobre melancolía
de este rincón vanidoso, oscuro rincón que piensa![8]
Pasaba el agua rizada[9] bajo los ojos del puente.
Lejos la ciudad dormía
como cubierta de un mago fanal[10] de oro transparente.
Bajo los arcos de piedra el agua clara corría.
Los últimos arreboles[11] coronaban las colinas
manchadas de olivos[12] grises y de negruzcas encinas.[13]
Yo caminaba cansado,
sintiendo la vieja angustia que hace el corazón pesado.

---

[1] Machado frequently uses tree metaphors. In «Las encinas» he associates the poplar with springtime and the flow of water, making it a symbol of life.

[2] In «Las encinas» Machado associates the elm with the passing of time. The elm is the old friend who has watched us grow from child to adult. In «A un olmo seco» he makes the old elm a symbol of rebirth, for although the tree has been struck by lightning and has rotted, with springtime, a few green leaves sprout on its old branches.

[3] buzz, gossip

[4] cicada

[5] buckets

[6] chain pump (for a well)

[7] Machado's lines recall the paltonic concept of the harmony of nature and all living things. But in Machado's poem, nature is indifferent to man's anguish.

[8] **este...la mente humana**

[9] rippling

[10] glass cover

[11] **nubes rosadas**

[12] Machado associates olive trees with Andalusia, with the work of the peasant, and with the continuity of rural life.

[13] In «Las encinas» the poet describes the evergreen oak as, like the Spanish peasant, humble and strong, colorless and impassive, firm and unchanging.

El agua en sombra pasaba tan melancólicamente,
bajo los arcos del puente,
como si al pasar dijera:
    «Apenas desamarrada
la pobre barca, viajero, del árbol de la ribera,
se canta: no somos nada.
Donde acaba el pobre río la inmensa mar nos espera».
    Bajo los ojos del puente pasaba el agua sombría.
(Yo pensaba: ¡el alma mía!)
    Y me detuve un momento,
en la tarde, a meditar...
¿Qué es esta gota en el viento
que grita al mar: soy el mar?
    Vibraba el aire asordado
por los élitros[14] cantores que hacen el campo sonoro,
cual[15] si estuviera sembrado
de campanitas de oro.
    En el azul fulguraba[16]
un lucero diamantino.
Cálido viento soplaba,
alborotando el camino.
    Yo, en la tarde polvorienta,
hacia la ciudad volvía.
Sonaban los cangilones de la noria soñolienta.
Bajo las ramas oscuras caer el agua se oía.

XXXV

    Al borde del sendero un día nos sentamos.
Ya nuestra vida es tiempo, y nuestra sola cuita
son las desesperantes posturas que tomamos
para aguardar...Mas Ella no faltará a la cita.

XLVI
La noria

La tarde caía
triste y polvorienta.
El agua cantaba
su copla plebeya
en los cangilones
de la noria lenta.
    Soñaba la mula
¡pobre mula vieja!
al compás de sombra

que en el agua suena.
    La tarde caía
triste y polvorienta.
    Yo no sé qué noble,
divino poeta
unió a la amargura
de la eterna rueda
    la dulce armonía
del agua que sueña

---

[14] forewings of a beetle
[15] **como**

[16] was flashing

425

y vendó sus ojos
¡pobre mula vieja!
    Mas sé que fue un noble,

divino poeta,
corazón maduro
de sombra y de ciencia.[17]

Galerías
Introducción

Leyendo un claro día
mis bien amados versos,
he visto en el profundo
espejo de mis sueños
    que una verdad divina
temblando está de miedo
y es una flor que quiere
echar su aroma al viento.
    El alma del poeta
se orienta hacia el misterio.
Sólo el poeta puede
mirar lo que está lejos
dentro del alma, en turbio
y mago sol envuelto.
    En esas galerías
sin fondo, del recuerdo,
donde las pobres gentes
colgaron cual trofeo
el traje de una fiesta
apolillado[18] y viejo,
allí el poeta sabe

el laborar eterno
mirar de las doradas
abejas de los sueños.
    Poetas, con el alma
atenta al hondo cielo,
en la cruel batalla
o en el tranquilo huerto,
la nueva miel labramos
con los dolores viejos,
la veste[19] blanca y pura
pacientemente hacemos,
y bajo el sol bruñimos
el fuerte arnés de hierro.
    El alma que no sueña,
el enemigo espejo,
proyecta nuestra imagen
con un perfil grotesco.
    Sentimos una ola
de sangre, en nuestro pecho,
que pasa...y sonreímos,
y a laborar volvemos.

---

[17] God, the divine poet, has mercifully given mankind hope as well as anguish.

[18] moth-eaten
[19] clothing

Campos de Castilla

Antonio Machado

«LA TIERRA DE ALVARGONZALEZ»

Al poeta Juan Ramón Jiménez.

I

Siendo mozo[1] Alvargonzález,
dueño de mediana hacienda,[2]
que en otras tierras se dice[3]
bienestar y aquí opulencia,
en la feria de Berlanga[4]
prendóse[5] de una doncella,
y la tomó por mujer
al año de conocerla.

Muy ricas las bodas fueron,
y quien las vio las recuerda;
sonadas las tornabodas[6]
que hizo Alvar en su aldea;
hubo gaitas,[7] tamboriles,[8]
flauta, bandurria[9] y vihuela,[10]
fuegos a la valenciana[11]
y danza a la aragonesa.[12]

II

Feliz vivió Alvargonzález
en el amor de su tierra.
Naciéronle[13] tres varones,
que en el campo son riqueza,

y, ya crecidos, los puso,
uno a cultivar la huerta,
otro a cuidar los merinos,[14]
y dio el menor a la Iglesia.[15]

III

Mucha sangre de Caín
tiene la gente labriega,
y en el hogar campesino
armó la envidia pelea.[16]

Casáronse los mayores;
tuvo Alvargonzález nueras

que le trajeron cizaña[17]
antes que nietos le dieran.

La codicia de los campos
ve tras la muerte la herencia;
no goza de lo que tiene
por ansia de lo que espera.

---

[1]**joven**
[2]**mediana...**a fair-sized estate
[3]That is, what in other areas would be considered comfort, here is considered opulence because people are so poor.
[4]A hamlet in the area of Soria
[5]he was smitten
[6]**sonadas...**everyone talked about the celebration
[7]bagpipes
[8]drums
[9]type of lute
[10]guitar-like instrument
[11]**fuegos...**spectacular fireworks
[12]the **jota,** a dance typical of Zaragoza, performed with castanets
[13]**Le nacieron**
[14]**ovejas**
[15]It was the custom for the youngest son to become a priest in order to avoid the father's dividing his estate between so many sons.
[16]**armó...**there was fighting due to envy
[17]**discordia**

El menor, que a los latines[18]
prefería las doncellas
hermosas y no gustaba
de vestir por la cabeza,[19]

colgó la sotana[20] un día
y partió a lejanas tierras.
La madre lloró, y el padre
diole[21] bendición y herencia.

IV

Alvargonzález ya tiene
la adusta frente arrugada,[22]
por la barba le platea
la sombra azul de la cara.

iba triste y pensativo
por la alameda[25] dorada;
anduvo largo camino
y llegó a una fuente clara.

Una mañana de otoño
salió solo de su casa;
no llevaba sus lebreles,[23]
agudos canes[24] de caza;

Echóse en la tierra; puso
sobre una piedra la manta,
y a la vera[26] de la fuente
durmió al arrullo[27] del agua.

El sueño

I

Y Alvargonzález veía,
como Jacob,[28] una escala
que iba de la tierra al cielo,
y oyó una voz que le hablaba.

Mas las hadas hilanderas,
entre las vedijas blancas
y vellones de oro, han puesto
un mechón de negra lana.[29]

II

Tres niños están jugando[30]
a la puerta de su casa;
entre los mayores brinca
un cuervo de negras alas.[31]
La mujer vigila, cose
y, a ratos, sonríe y canta.
—Hijos, ¿qué hacéis? —les

pregunta.
Ellos se miran y callan.
—Subid al monte, hijos míos
y antes que la noche caiga,
con un brazado de estepas[32]
hacedme una buena llama.

---

[18] **estudios religiosos**
[19] **no...**he didn't like to get dressed as a woman does, pulling his clothes on over his head
[20] **colgó...**he hung up his habit (he abandoned the priesthood)
[21] **le dio**
[22] wrinkled
[23] whippets
[24] **perros**
[25] tree-lined walk
[26] edge

[27] gurgle
[28] In the Bible, the patriarch Jacob sees a ladder that extends from earth to heaven.
[29] The fairies have spun a tuft of black wool into the golden ladder. This is another evil omen.
[30] In his dream, Alvargonzález remembers his three sons as children.
[31] The crow is a traditional symbol of evil.
[32] **un...**an armful of twigs

III

Sobre el lar[33] de Alvargonzález
está la leña apilada;
el mayor quiere encenderla,
pero no brota[34] la llama.
—Padre, la hoguera no prende,
está la estepa mojada.

Su hermano viene a ayudarle

y arroja astillas[35] y ramas
sobre los troncos de roble;
pero el rescoldo[36] se apaga.
Acude el menor, y enciende,
bajo la negra campana
de la cocina, una hoguera
que alumbra toda la casa.

IV

Alvargonzález levanta
en brazos al más pequeño
y en sus rodillas lo sienta:
—Tus manos hacen el fuego;
aunque el último naciste
tú eres en mi amor primero.[37]

Los dos mayores se alejan
por los rincones del sueño.[38]
Entre los dos fugitivos
reluce un hacha de hierro.[39]

Aquella tarde

I

Sobre los campos desnudos,
la luna llena manchada
de un arrebol purpurino,[40]
enorme globo, asomaba.

Los hijos de Alvargonzález
silenciosos caminaban,
y han visto al padre dormido
junto de la fuente clara.

II

Tiene el padre entre las cejas
un ceño que le aborrasca[41]
el rostro, un tachón[42] sombrío
como la huella de un hacha.

Soñando está con sus hijos,
que sus hijos lo apuñalan;
y cuando despierta mira
que es cierto lo que soñaba.

III

A la vera de la fuente
quedó Alvargonzález muerto.

Tiene cuatro puñaladas
entre el costado y el pecho,

---

[33] hearth
[34] come forth
[35] small pieces of wood
[36] ember
[37] Alvargonzález favors the youngest son, just as Jacob favored Joseph and God favored Abel.

[38] The older brothers fade out of the dream.
[39] The ax shining between the two boys is another evil omen.
[40] **la luna...**the full moon is smudged by a blood-red cloud
[41] disturbs
[42] slash

por donde la sangre brota,
más un hachazo en el cuello.
Cuenta la hazaña del campo
el agua clara corriendo,
mientras los dos asesinos
huyen hacia los hayedos.[43]
Hasta la Laguna Negra,

bajo las fuentes del Duero,[44]
llevan el muerto, dejando
detrás un rastro[45] sangriento;
y en la laguna sin fondo,
que guarda bien los secretos,
con una piedra amarrada
a los pies, tumba le dieron.

IV

Se encontró junto a la fuente
la manta[46] de Alvargonzález,
y, camino del hayedo,
se vio un reguero[47] de sangre.
Nadie de la aldea ha osado
a la laguna acercarse,

y el sondarla[48] inútil fuera,
que es la laguna insondable.
Un buhonero,[49] que cruzaba
aquellas tierras errante,
fue en Dauria acusado, preso
y muerto en garrote infame.[50]

V

Pasados algunos meses,
la madre murió de pena.
Los que muerta la encontraron

dicen que las manos yertas[51]
sobre su rostro tenía,
oculto el rostro con ellas.

VI

Los hijos de Alvargonzález
ya tienen majada[52] y huerta,
campos de trigo y centeno[53]
y prados de fina hierba;

en el olmo viejo, hendido[54]
por el rayo, la colmena,[55]
dos yuntas[56] para el arado,[57]
un mastín[58] y mil ovejas.

Otros días

I

Ya están las zarzas[59] floridas
y los ciruelos[60] blanquean;
ya las abejas doradas

liban para sus colmenas,
y en los nidos, que coronan
las torres de las iglesias,

---

[43] beech groves
[44] The Duero River flows through the Soria in north central Spain, into Portugal, and to the Atlantic.
[45] trail
[46] cloak
[47] stream
[48] sound it, fathom it
[49] peddler
[50] The **garrote** was a device used for executing the lowborn. It consisted of an iron collar of which the screws were tightened until the victim was dead.
[51] stiff, motionless
[52] sheepfold
[53] rye
[54] split
[55] honeycomb
[56] yokes (oxen)
[57] plowing
[58] Great Dane
[59] blackberry bush
[60] plum trees

asoman los garabatos
ganchudos[61] de las cigüeñas.[62]
Ya los olmos del camino
y chopos[63] de las riberas
de los arroyos, que buscan
al padre Duero, verdean.

El cielo está azul, los montes
sin nieve son de violeta.
La tierra de Alvargonzález
se colmará de riqueza;[64]
muerto está quien la ha labrado,
mas no le cubre la tierra.[65]

II

La hermosa tierra de España
adusta, fina y guerrera
Castilla, de largos ríos,
tiene un puñado de sierras

entre Soria y Burgos como
reductos[66] de fortaleza,
como yelmos crestonados,
y Urbión[67] es una cimera.[68]

III

Los hijos de Alvargonzález,
por una empinada[69] senda,
para tomar el camino
de Salduero a Covaleda,[70]
cabalgan en pardas mulas
bajo el pinar[71] de Vinuesa.
Van en busca de ganado
con que volver a su aldea,
y por tierras de pinares
larga jornada comienzan.
Van Duero arriba, dejando
atrás los arcos de piedra

del puente y el caserío
de la ociosa y opulenta
villa de indianos.[72] El río,
al fondo del valle, suena,
y de las cabalgaduras[73]
los cascos[74] baten las piedras.
A la otra orilla del Duero
canta una voz lastimera:[75]
«La tierra de Alvargonzález
se colmará de riqueza,
y el que la tierra ha labrado
no duerme bajo la tierra.»

IV

Llegados son a un paraje[76]
en donde el pinar se espesa,
y el mayor, que abre la marcha,
su parda mula espolea,[77]

diciendo: Démonos prisa;
porque son más de dos leguas
de pinar y hay que apurarlas
antes que la noche venga.

---

[61] **garabatos...**the hooked necks
[62] cranes
[63] black poplars
[64] The land will flourish because it was sown by the father.
[65] It is a rural tradition that the soul of an unburied dead person cannot find peace.
[66] redoubts
[67] A mountain range to the north of Soria. In this section, Machado evokes Castile's warrior past. The Urbión is like the crest of a helmet.
[68] crest
[69] steep

[70] villages along the Duero
[71] pine grove
[72] settlement of **indianos,** Spaniards who return to Spain after making their fortune in the New World
[73] mounts
[74] hooves
[75] The murder of Alvargonzález has become a legend about which ballads are sung. The "sad voice" of the people will function as the brothers' conscience.
[76] spot
[77] spurs on

Dos hijos del campo, hechos
a quebradas y asperezas,
porque recuerdan un día
la tarde en el monte tiemblan.
Allá en lo espeso del bosque

otra vez la copla suena:
«La tierra de Alvargonzález
se colmará de riqueza,
y el que la tierra ha labrado
no duerme bajo la tierra.»

V

Desde Salduero el camino
va al hilo de[78] la ribera;
a ambas márgenes del río
el pinar crece y se eleva,
y las rocas se aborrascan,
al par que el valle se estrecha.
Los fuertes pinos del bosque
con sus copas gigantescas
y sus desnudas raíces
amarradas a las piedras;
los de troncos plateados
cuyas frondas azulean,
pinos jóvenes; los viejos,
cubiertos de blanca lepra,[79]
musgos[80] y líquenes[81] canos
que el grueso tronco rodean,
colman el valle y se pierden
rebasando[82] ambas laderas.
Juan, el mayor, dice: —Hermano,
si Blas Antonio apacienta
cerca de Urbión su vacada,
largo camino nos queda.
—Cuanto hacia Urbión alarguemos
se puede acortar de vuelta,

tomando por el atajo,[83]
hacia la Laguna Negra,
y bajando por el puerto
de Santa Inés a Vinuesa.
—Mala tierra y peor camino.
Te juro que no quisiera
verlos otra vez. Cerremos
los tratos[84] en Covaleda;
hagamos noche[85] y, al alba,
volvámonos a la aldea
por este valle, que, a veces,
quien piensa atajar rodea.
Cerca del río cabalgan
los hermanos, y contemplan
cómo el bosque centenario,
al par que[86] avanzan, aumenta,
y la roqueda[87] del monte
el horizonte les cierra.
El agua, que va saltando,
parece que canta o cuenta:
«La tierra de Alvargonzález
se colmará de riqueza.
y el que la tierra ha labrado
no duerme bajo la tierra.»

Castigo

I

Aunque la codicia tiene
redil[88] que encierre la oveja,

trojes[89] que guarden el trigo,
bolsas para la moneda,

---

[78] va...skirts
[79] The poet compares the scales of the diseased trees to those of a human disease.
[80] moss
[81] lichens
[82] overflowing
[83] short cut

[84] **Cerremos**...Let's close the deal
[85] **hagamos**...let's spend the night
[86] **al**...as
[87] rockiness
[88] sheepfold
[89] granaries

y garras,[90] no tiene manos
que sepan labrar la tierra.

Así, a un año de abundancia
siguió un año de pobreza.

II

En los sembrados crecieron
las amapolas[91] sangrientas;[92]
pudrió el tizón[93] las espigas
de trigales y de avenas;[94]
hielos tardíos mataron
en flor la fruta en la huerta,

y una mala hechicería
hizo enfermar las ovejas.
A los dos Alvargonzález
maldijo Dios en sus tierras,
y al año pobre siguieron
largos años de miseria.

III

Es una noche de invierno.
Cae la nieve en remolinos.[95]
Los Alvargonzález velan
un fuego casi extinguido.
El pensamiento amarrado
tienen a un recuerdo mismo,
y en las ascuas mortecinas
del hogar los ojos fijos.
No tienen leña ni sueño.
Larga es la noche y el frío
arrecia.[96] Un candil humea
en el muro ennegrecido.
El aire agita la llama,
que pone un fulgor rojizo
sobre las dos pensativas

testas[97] de los asesinos.
El mayor de Alvargonzález,
lanzando un ronco suspiro,
rompe el silencio, exclamando:
—Hermano, ¡qué mal hicimos!
El viento la puerta bate,
hace temblar el postigo,[98]
y suena en la chimenea
con hueco y largo bramido.
Después el silencio vuelve,
y a intervalos el pabilo[99]
del candil chisporrotea[100]
en el aire aterecido.[101]
El segundón dijo:—¡Hermano,
demos lo viejo al olvido!

El viajero[102]

I

Es una noche de invierno.
Azota[103] el viento las ramas
de los álamos. La nieve
ha puesto la tierra blanca.
Bajo la nevada, un hombre
por el camino cabalga;

va cubierto hasta los ojos,
embozado en negra capa,
Entrado en la aldea, busca
de Alvargonzález la casa,
y ante su puerta llegado
sin echar pie a tierra,[104] llama.

---

[90] claws
[91] poppies
[92] blood-red
[93] wheat smut
[94] oats
[95] swirls
[96] grows worse
[97] **cabezas**

[98] wicket (small door within a larger one)
[99] wick
[100] sputters
[101] stiff with cold
[102] This section recalls the Biblical story of the return of the Prodigal Son.
[103] Whips
[104] **sin...**without dismounting

II

Los dos hermanos oyeron
una aldabada[105] a la puerta,
y de una cabalgadura
los cascos sobre las piedras.
Ambos los ojos alzaron

llenos de espanto y sorpresa.
—¿Quién es? Responda —gritaron.
—Miguel —respondieron fuera.
Era la voz del viajero
que partió a lejanas tierras.

III

Abierto el portón, entróse
a caballo el caballero
y echó pie a tierra. Venía
todo de nieve cubierto.
En brazos de sus hermanos

lloró algún rato en silencio.
Después dio el caballo al uno,
al otro, capa y sombrero,
y en la estancia campesina
buscó el arrimo[106] del fuego.

IV

El menor de los hermanos,
que niño y aventurero
fue más allá de los mares
y hoy torna indiano opulento,
vestía con negro traje
de peludo terciopelo,
ajustado a la cintura
por ancho cinto de cuero.
Gruesa cadena formaba
un bucle de oro en su pecho.
Era un hombre alto y robusto,
con ojos grandes y negros
llenos de melancolía;
la tez de color moreno,

y sobre la frente comba[107]
enmarañados[108] cabellos;
el hijo que saca porte[109]
señor de padre labriego,
a quien fortuna le debe
amor, poder y dinero.
De los tres Alvargonzález
era Miguel el más bello;
porque al mayor afeaba
el muy poblado entrecejo
bajo la frente mezquina,
y al segundo, los inquietos
ojos que mirar no saben
de frente, torvos y fieros.

V

Los tres hermanos contemplan
el triste hogar en silencio;
y con la noche cerrada
arrecia el frío y el viento.
—Hermanos, ¿no tenéis leña?
—dice Miguel.
                —No tenemos

—responde el mayor.
                —Un hombre,[110]
milagrosamente, ha abierto
la gruesa puerta cerrada
con doble barra de hierro.
El hombre que ha entrado tiene
el rostro del padre muerto.

---

[105] knock with a door knocker
[106] closeness
[107] curved, bulging
[108] tangled
[109] **saca**...is honorable

[110] In this passage the spirit of the father appears with wood for the fire, symbolizing the return of the household to its natural state.

Un halo de luz dorada
orla sus blancos cabellos.

Lleva un haz[111] de leña al hombro
y empuña[112] un hacha de hierro.

El indiano

I

De aquellos campos malditos.
Miguel a sus dos hermanos
compró una parte, que mucho
caudal[113] de América trajo,
y aun en tierra mala, el oro
luce mejor que enterrado,
y más en mano de pobres
que oculto en orza[114] de barro.

Diose a trabajar la tierra
con fe y tesón[115] el indiano,
y a laborar los mayores
sus pegujales[116] tornaron.
Ya con macizas[117] espigas,
preñadas de rubios granos,
a los campos de Miguel

tornó el fecundo verano;
y ya de aldea en aldea
se cuenta como un milagro,
que los asesinos tienen
la maldición en sus campos.

Ya el pueblo canta una copla
que narra el crimen pasado:
«A la orilla de la fuente
lo asesinaron.
¡Qué mala muerte le dieron
los hijos malos!
En la laguna sin fondo
al padre muerto arrojaron.
No duerme bajo la tierra
el que la tierra ha labrado.»

II

Miguel, con sus dos lebreles
y armado de su escopeta,
hacia el azul de los montes,
en una tarde serena,
caminaba entre los verdes
chopos de la carretera,

y oyó una voz que cantaba:
«No tiene tumba en la tierra.
Entre los pinos del valle
del Revinuesa,
al padre muerto llevaron
hasta la Laguna Negra.»

La casa

I

La casa de Alvargonzález
era una casona vieja,
con cuatro estrechas ventanas,
separada de la aldea

cien pasos y entre dos olmos
que, gigantes centinelas,[118]
sombra le dan en verano,
y en el otoño hojas secas.

---

[111] bundle
[112] grips
[113] **tesoro**
[114] crock

[115] tenacity
[116] small holdings
[117] hefty, sturdy
[118] sentinels, guards

Es casa de labradores,
gente aunque rica plebeya,
donde el hogar humeante
con sus escaños[119] de piedra
se ve sin entrar, si tiene
abierta al campo la puerta.

Al arrimo del rescoldo
del hogar borbollonean[120]
dos pucherillos[121] de barro,
que a dos familias sustentan.

A diestra[122] mano, la cuadra[123]
y el corral; a la siniestra,[124]
huerto y abejar[125] y, al fondo,
una gastada escalera,
que va a las habitaciones
partidas en dos viviendas.

Los Alvargonzález moran[126]
con sus mujeres en ellas.
A ambas parejas que hubieron,
sin que lograrse pudieran,
dos hijos, sobrado espacio
les da la casa paterna.[127]

En una estancia que tiene
luz al huerto, hay una mesa
con gruesa tabla de roble,
dos sillones de vaqueta[128]
colgado en el muro, un negro
ábaco de enormes cuentas,
y unas espuelas mohosas[129]
sobre un arcón[130] de madera.

Era una estancia olvidada
donde hoy Miguel se aposenta.
Y era allí donde los padres

veían en primavera
el huerto en flor, y en el cielo
de mayo, azul, la cigüeña
—cuando las rosas se abren
y los zarzales blanquean—
que enseñaba a sus hijuelos
a usar de las alas lentas.[131]

Y en las noches del verano,
cuando la calor desvela,
desde la ventana al dulce
ruiseñor cantar oyeran.

Fue allí donde Alvargonzález,
del orgullo de su huerta
y del amor de los suyos,
sacó sueños de grandeza.

Cuando en brazos de la madre
vio la figura risueña
del primer hijo, bruñida
de rubio sol la cabeza,
del niño que levantaba
las codiciosas, pequeñas
manos a las rojas guindas[132]
y a las moradas ciruelas,
o aquella tarde de otoño
dorada, plácida y buena,
él pensó que ser podría
feliz el hombre en la tierra.

Hoy canta el pueblo una copla
que va de aldea en aldea:
«¡Oh, casa de Alvargonzález,
qué malos días te esperan;
casa de los asesinos,
que nadie llame a tu puerta!»

---

[119]benches
[120]bubble
[121]pots
[122]**derecha**
[123]flower bed
[124]**izquierda**
[125]bee hives
[126]**viven**
[127]**sin...**without producing children, the two

sons had more than enough room in their father's house. The Alvargonzález women are barren just as the fields are barren.
[128]leather
[129]moldy
[130]large chest
[131]**a...**how to fly
[132]cherries

II

Es una tarde de otoño.
En la alameda dorada
no quedan ya ruiseñores;
enmudeció la cigarra.

Las últimas golondrinas,
que no emprendieron la marcha,
morirán, y las cigüeñas
de sus nidos de retamas,[133]
en torres y campanarios,[134]
huyeron.
        Sobre la casa
de Alvargonzález, los olmos
sus hojas que el viento arranca
van dejando. Todavía
las tres redondas acacias,
en el atrio de la iglesia
conservan verdes sus ramas,
y las castañas de Indias[135]
a intervalos se desgajan[136]
cubiertas de sus erizos;[137]
tiene el rosal rosas grana[138]
otra vez, y en las praderas
brilla la alegre otoñada.

En laderas y en alcores,
en ribazos[139] y en cañadas[140]
el verde nuevo y la hierba,
aún del estío[141] quemada,
alternan; los serrijones[142]

pelados, las lomas calvas,
se coronan de plomizas
nubes apelotonadas;[143]
y bajo el pinar gigante,
entre las marchitas zarzas
y amarillentos helechos,[144]
corren las crecidas aguas
a engrosar el padre río
por canchales[145] barrancas.[146]

Abunda en la tierra un gris
de plomo y azul de plata,
con manchas de roja herrumbre,[147]
todo envuelto en luz violada.

¡Oh tierras de Alvargonzález,
en el corazón de España,
tierras pobres, tierras tristes,
tan tristes que tienen alma!

Páramo[148] que cruza el lobo
aullando[149] a la luna clara
de bosque a bosque, baldíos
llenos de peñas rodadas,
donde roída de buitres
brilla una osamenta[150] blanca;
pobres campos solitarios
sin caminos ni posadas,
¡oh pobres campos malditos,
pobres campos de mi patria!

---

[133] Spanish broom
[134] bell towers
[135] **castañas...**horse chestnuts
[136] break off
[137] thistles
[138] **rojas**
[139] slopes
[140] gullies
[141] **verano**

[142] **pequeñas cadenas de montañas**
[143] snarled up
[144] ferns
[145] rocky ground
[146] ravines
[147] iron colored
[148] barren plain
[149] howling
[150] **esqueleto**

La tierra

I

Una mañana de otoño,
cuando la tierra se labra,
Juan y el indiano aparejan[151]

las dos yuntas de la casa.
Martín se quedó en el huerto
arrancando hierbas malas.

II

Una mañana de otoño,
cuando los campos se aran,
sobre un otero,[152] que tiene
el cielo de la mañana
por fondo, la parda yunta
de Juan lentamente avanza.

Cardos,[153] lampazos[154] y
abrojos,[155] avena loca y cizaña
llenan la tierra maldita,
tenaz[156] a pico[157] y a escarda.[158]

Del corvo arado de roble
la hundida reja trabaja
con vano esfuerzo; parece
que al par que hiende[159] la entraña
del campo y hace camino
se cierra otra vez la zanja.

«Cuando el asesino labre
será su labor pesada;
antes que un surco[160] en la tierra,
tendrá una arruga en su cara.»

III

Martín, que estaba en la huerta
cavando, sobre su azada
quedó apoyado un momento;
frío sudor le bañaba
el rostro.
        Por el Oriente,
la luna llena manchada

de un arrebol purpurino,
lucía tras de la tapia
del huerto.[161]
        Martín tenía
la sangre de horror helada.
La azada que hundió en la tierra
teñida de sangre estaba.

IV

En la tierra en que ha nacido
supo afincar[162] el indiano;
por mujer a una doncella
rica y hermosa ha tomado.

La hacienda de Alvargonzález
ya es suya, que sus hermanos
todo lo vendieron: casa,
huerto, colmenar y campo.

---

[151] hitch up
[152] hillside
[153] thistles
[154] burdocks
[155] thorns
[156] resistant
[157] pick
[158] hoe
[159] **al**...at the same time as it splits
[160] trench, furrow
[161] The same moon shines as on the night of the crime.
[162] **supo**...he learned to invest (in the land)

Los asesinos

I

Juan y Martín, los mayores
de Alvargonzález, un día
pesada marcha emprendieron
con el alba, Duero arriba.

La estrella de la mañana
en el alto azul ardía.
Se iba tiñendo de rosa
la espesa y blanca neblina
de los valles y barrancos,
y algunas nubes plomizas
a Urbión, donde el Duero nace,
como un turbante[163] ponían.

Se acercaban a la fuente.

El agua clara corría,
sonando cual si contara
una vieja historia, dicha
mil veces y que tuviera
mil veces que repetirla.

Agua que corre en el campo
dice en su monotonía:
Yo sé el crimen, ¿no es un crimen
cerca del agua, la vida?

Al pasar los dos hermanos
relataba el agua limpia:
«A la vera de la fuente
Alvargonzález dormía.»

II

—Anoche, cuando volvía
a casa —Juan a su hermano
dijo—, a la luz de la luna
era la huerta un milagro.

Lejos, entre los rosales,
divisé un hombre inclinado
hacia la tierra; brillaba
una hoz de plata en su mano.[164]

Después irguióse y, volviendo
el rostro, dio algunos pasos
por el huerto, sin mirarme,
y a poco lo vi encorvado[165]
otra vez sobre la tierra.
Tenía el cabello blanco.
La luna llena brillaba,
y era la huerta un milagro.

III

Pasado habían el puerto
de Santa Inés, ya mediada
la tarde, una tarde triste

de noviembre, fría y parda.
Hacia la Laguna Negra
silenciosos caminaban.

IV

Cuando la tarde caía,
entre las vetustas hayas[166]

y los pinos centenarios
un rojo sol se filtraba.

---

[163] turban
[164] Juan's vision of his father working the land serves as a silent accusation. The men, obsessed with their own guilt, become mentally unbalanced and feel a compulsion to return to the scene of the crime.
[165] stooped
[166] **vetustas…**ancient beech trees

Era un paraje de bosque
y peñas aborrascadas;
aquí bocas que bostezan
o monstruos de fieras garras;
allí una informe joroba,[167]
allá una grotesca panza,

torvos[168] hocicos[169] de fieras
y dentaduras melladas,[170]
rocas y rocas, y troncos
y troncos, ramas y ramas.
En el hondón del barranco
la noche, el miedo y el agua.

V

Un lobo[171] surgió, sus ojos
lucían como dos ascuas.
Era la noche, una noche
húmeda, oscura y cerrada.

Los dos hermanos quisieron
volver. La selva ululaba.
Cien ojos fieros ardían
en la selva, a sus espaldas.

Llegaron los asesinos
hasta la Laguna Negra,
agua transparente y muda
que enorme muro de piedra,

donde los buitres[172] anidan
y el eco duerme, rodea;
agua clara donde beben
las águilas de la sierra,
donde el jabalí[173] del monte
y el ciervo y el corzo abrevan;
agua pura y silenciosa
que copia[174] cosas eternas;
agua impasible que guarda
en su seno las estrellas.
¡Padre!, gritaron; al fondo
de la laguna serena
cayeron, y el eco ¡padre!
repitió de peña en peña.

PROVERBIOS Y CANTARES

VI

De lo que llaman los hombres
virtud, justicia y bondad,
una mitad es envidia,
y la otra no es caridad.

XV

Cantad conmigo en coro: Saber, nada sabemos,
de arcano[175] mar vinimos, a ignota[176] mar iremos...
Y entre los dos misterios está el enigma grave;
tres arcas cierra una desconocida llave.

---

[167]**informe...**shapeless hump
[168]grim
[169]snouts
[170]dented, uneven
[171]The wolf is a traditional symbol of cruelty and evil.

[172]vultures
[173]wild boar
[174]**refleja**
[175]**secreto**
[176]**desconocida**

La luz nada ilumina y el sabio nada enseña.
¿Qué dice la palabra? ¿Qué el agua de la peña?

XXIX

Caminante, son tus huellas
el camino, y nada más;
caminante, no hay camino,
se hace camino al andar.
Al andar se hace camino,
y al volver la vista atrás
se ve la senda que nunca
se ha de volver a pisar.
Caminante, no hay camino,
sino estelas en la mar.

XLV

Morir...¿Caer como gota
de mar en el mar inmenso?
¿O ser lo que nunca he sido:
uno, sin sombra y sin sueño,
un solitario que avanza
sin camino y sin espejo?

XLVI

Anoche soñé que oía
a Dios, gritándome: ¡Alerta!
Luego era Dios quien dormía,
y yo gritaba: ¡Despierta!

PARABOLAS

Profesión de fe

Dios no es el mar, está en el mar; riela[177]
como luna en el agua, o aparece
como una blanca vela;
en el mar se desierta o se adormece.
Creó la mar, y nace
de la mar cual la nube y la tormenta;
es el Criador y la criatura lo hace;
su aliento es alma, y por el alma alienta.
Yo he de hacerte, mi Dios, cual tú me hiciste
y para darte el alma que me diste
en mí te he de crear. Que el puro río
de caridad, que fluye eternamente,
fluya en mi corazón. Seca, Dios mío,
de una fe sin amor la turbia fuente!

---

[177] he twinkles

Juan de Mairena

Los pragmatistas—decía Juan de Mairena—piensan que, a última hora, podemos aceptar como verdadero cuanto se recomienda por su utilidad; aquello que sería conveniente creer, porque, creído, nos ayudaría a vivir. Claro es que los pragmatistas no son tan brutos como podríais deducir, sin más, de esta definición. Ellos son, en el fondo, filósofos escépticos que no creen en una verdad absoluta. Creen, con Protágoras, que el hombre es la medida de todas las cosas, y con los nominalistas, en la irrealidad de lo universal. Esto asentado, ya no parece tan ramplón[178] que se nos recomiende elegir, entre las verdades relativas al individuo humano, aquéllas que menos pueden dañarle o que menos conspiran contra su existencia. Los pragmatistas, sin embargo, no han reparado en que lo que ellos hacen es invitarnos a elegir una fe, una creencia, y que el racionalismo que ellos combaten es ya un producto de la elección que aconsejan, el más acreditado hasta la fecha. No fue la razón sino la fe en la razón lo que mató en Grecia la fe en los dioses. En verdad, el hombre ha hecho de esta creencia en la razón el distintivo de su especie.

---

[178] coarse

SOBRE LA LECTURA

Soledades

1. En el poema XIII, ¿en qué estación del año y en qué momento del día tiene lugar la acción?
2. ¿Qué ambiente existe en este poema? ¿Qué movimientos repetitivos describe el poeta?
3. ¿Qué hacía el poeta? ¿Cómo se relaciona con el resto de la naturaleza?
4. ¿Cómo describe el río y el puente? ¿Y la ciudad?
5. ¿En qué estado de ánimo está el poeta?
6. ¿En qué le hace pensar el río? ¿Qué representa el mar?
7. ¿Qué ruidos oye al dirigirse hacia la ciudad?
8. ¿Cuál es el tema del poema XXXV?
9. En el poema XLVI, ¿qué tipo de ambiente crea el poeta? ¿Cómo lo crea?
10. ¿Cómo describe la noria?
11. ¿Qué hacía la mula? ¿Por qué tenía los ojos vendados?
12. ¿Quién es el «noble, divino poeta»? ¿Tuvo razón o no al vendarle los ojos?
13. En la «Introducción» a «Galerías» ¿qué dice el poeta un día mientras estaba leyendo sus versos?
14. ¿A qué verdad divina se refiere?
15. ¿Qué significa «el alma del poeta / se orienta hacia el misterio»?
16. ¿Qué explora el poeta? ¿Qué son las galerías?
17. ¿Cómo comunica Machado la idea de que el poeta es alguien que labora?

18. ¿Qué es la «nueva miel» que labran los poetas? ¿Cón qué materia trabajan?
19. ¿Qué le pasa al alma que no sueña?
20. ¿Qué hace el poeta al sentir la antigua angustia?

Campos de Castilla

1. ¿Es rica o pobre la zona que describe el poeta? ¿Cómo lo sabemos?
2. Describa las bodas de Alvargonzález.
3. ¿Cuántos hijos tuvo Alvargonzález? ¿Por qué se consideran riqueza los hijos varones en el campo?
4. ¿A qué oficios se dedicaron los hijos?
5. ¿Qué ambiente existía en la casa? ¿Qué deseaban los dos hijos mayores?
6. ¿Qué hizo el hijo menor?
7. Describa la escala que apareció en el sueño de Alvargonzález.
8. Cuente el episodio de la leña. ¿Qué significa este sueño?
9. Describa la cara del padre mientras dormía. ¿Cuál es el significado del «tachón sombrío»?
10. ¿Cómo mataron los dos hijos mayores a su padre? ¿Qué hicieron con su cuerpo?
11. ¿A quién le echaron la culpa por el crimen?
12. ¿Cómo murió la madre? ¿Cómo sabemos que había adivinado la verdad?
13. ¿Rejuvenecieron o no las tierras de Alvargonzález la primavera después de la muerte del padre? ¿Por qué?
14. ¿Qué sintieron los hermanos mayores al cabalgar Duero arriba?
15. ¿Siguió floreciendo el campo? Explique lo que pasó.
16. ¿Qué efecto produjo en los hermanos su sentido de culpabilidad?
17. ¿Quién llegó a la casa una noche de invierno? Describa al viajero.
18. Contraste a Miguel con sus hermanos.
19. ¿Cómo pasaron las tierras a ser de Miguel? ¿Florecieron o no?
20. Describa la casa de Alvargonzález. ¿Por qué era bastante grande para las dos familias?
21. ¿Dónde se aposentaba Miguel? ¿Qué pasaba allí antes?
22. ¿Por qué es tan trágica la imagen del joven Alvargonzález, que «pensó que ser podría / feliz el hombre en la tierra» con su esposa y su primer hijo?
23. ¿Qué indicios hay de la dificultad de la labor de los hermanos mayores? ¿Por qué les era tan difícil trabajar la tierra?
24. ¿Por qué se le heló la sangre de horror a Martín al ver «la luna llena manchada / de un arrebol purpurino»?
25. ¿Qué visión tuvo Juan? ¿Qué indica esta visión?
26. ¿Cómo terminaron los dos hermanos mayores?

Proverbios y cantares, Parábolas

1. ¿Qué dice Machado de la virtud, la justicia y la bondad?
2. ¿Qué dice del conocimiento humano?

3. ¿Qué significa «caminante, no hay camino / se hace camino al andar»? ¿Qué está diciendo Machado del destino?

4. ¿Qué concepto tiene el poeta de la muerte?

5. ¿Qué concepto tiene de Dios?

Juan de Mairena

1. Según Machado, ¿qué piensan los pragmatistas?

2. ¿Por qué es ésta una creencia «conveniente»?

3. ¿Por qué dice Machado que en el fondo, los pragmatistas son «filósofos escépticos»?

4. ¿Qué tienen de convincente sus argumentos?

5. Según Machado, ¿cuál es el peligro del pragmatismo?

HACIA EL ANALISIS LITERARIO

Soledades

1. ¿Cómo crea el poeta un ambiente de hastío y cansancio en el poema XIII? ¿Por qué es esencial este ambiente a la idea central del poema?

2. ¿Qué representan los diversos árboles? ¿Por qué es el árbol un símbolo importante?

3. Explique el simbolismo del agua: la noria, el río, la gota, el mar.

4. ¿Qué representan «los ojos del puente»?

5. ¿Qué es «la lira inmensa» a la cual se refiere el poeta?

6. ¿Por qué es la naturaleza «toda desdén y armonía»? ¿En qué sentido constituye una cura de la melancolía del poeta?

7. ¿Por qué llama el poeta la mente humana un «rincón vanidoso, oscuro rincón que piensa»?

8. ¿Qué ideas le traen a la mente las cosas que ve mientras camina?

9. ¿En qué sentido es la vida «una gota en el viento»? ¿Por qué grita «soy el mar»?

10. ¿Qué efecto tiene la estructura circular del poema?

11. ¿Qué actitud hacia la vida expresa el poeta en el poema XXXV?

12. ¿Qué efecto produce el no nombrar la muerte?

13. ¿Cuál es el tema central de «La noria»?

14. ¿Qué representa la «copla plebeya»? ¿Por qué es central esta imagen al desarrollo del tema?

15. ¿Qué efecto logra el poeta al representar la humanidad como una mula?

16. Compare la «Introducción» a Galerías con los poemas de Bécquer sobre la naturaleza de la poesía. ¿En qué sentido tiene la poesía una existencia independiente del poeta? ¿Cuál es la función del poeta?

La tierra de Alvargonzález

1. ¿Qué forma poética emplea el autor para «la tierra de Alvargonzález»? ¿Por qué?

2. ¿Cómo le comunica al lector el paso del tiempo?
3. ¿Cuál es la función de las coplas que canta el pueblo acerca del crimen?
4. ¿Cómo utiliza el poeta los malos agüeros?
5. ¿Qué otras supersticiones juegan un papel en este romance?
6. ¿Cómo refleja la tierra el carácter de los personajes? ¿Dónde más vemos la esterilidad de Juan y Martín?
7. En «Los asesinos», ¿cómo crea el poeta un ambiente de miedo? Explique la función de las «peñas aborrascadas» que crean la imagen de «monstruos de fieras garras»? ¿Cómo refleja el paisaje el estado psicológico de los asesinos?
8. Explique la función del lobo, de los buitres, de las águilas, del jabalí y de otros animales.
9. ¿Cómo usa Machado la imagen de la luna?
10. ¿Qué función tienen las imágenes del agua (la fuente, el río, etc.)?
11. Analice la importancia del símbolo del lar.
12. ¿Qué alusiones bíblicas emplea Machado?
13. ¿Qué sueños y visiones describe el poeta? ¿Cuál es su función? ¿Qué logra el poeta al mezclar lo real y lo sobrenatural?
14. ¿Son los personajes individuos o arquetipos? Explique.
15. ¿Qué otros elementos contribuyen al aspecto mítico del poema?
16. ¿Qué dice el poeta de los campos de Castilla en «La tierra de Alvargonzález»?

Proverbios y cantares y Juan de Mairena

1. ¿Como contribuye la concisión de los proverbios y cantares a su poder?
2. ¿Por qué llama Machado a estos poemitas «proverbios y cantares»? ¿Cuál es la importancia de la alusión bíblica?
3. ¿Qué actitudes revela el poeta en estos trozos?
4. ¿Cómo despista Machado al lector al principio de la selección de *Juan de Mairena*?
5. ¿Qué significa «No fue la razón sino la fe en la razón lo que mató en Grecia la fe en los dioses»? ¿Cuál es la actitud del autor hacia la razón?

TEXTO Y VIDA

1. ¿Ha sentido usted la melancolía a la cual se refiere Machado? ¿En qué condiciones? ¿A qué se debe?
2. ¿Qué piensa usted del concepto de Machado de la vida y de la muerte?
3. ¿Qué piensa de su concepto de Dios?
4. ¿Comparte usted las ideas del autor sobre la falta de finalidad de la vida? ¿Por qué? ¿Existe un camino para cada individuo o «se hace camino al andar»?
5. Compare las ideas de Machado sobre la finalidad y la muerte con las de Unamuno.
6. ¿Por qué le causan estas ideas tanta angustia al individuo?
7. Cuando Machado dice «Saber, nada sabemos», ¿a qué tipo de conocimientos se refiere? ¿Cree usted que el hombre es capaz de penetrar en los grandes misterios de la existencia? ¿Por qué?

8. ¿Comparte usted el concepto de Machado de la función del poeta? En su opinión, ¿cuál es el propósito de la poesía?

9. ¿En qué se diferencia la imagen del campesino que se encuentra en «La tierra de Alvargonzález» de la que tradicionalmente presenta la poesía? ¿Cuál es más realista?

10. ¿Qué opina usted de la crítica que Machado les hace a los pragmatistas? ¿Cree usted que los norteamericanos tienden a ser demasiado pragmáticos? Explique.

La España contemporánea

Primeras décadas del siglo XX

Las primeras décadas del siglo XX se vieron oscurecidas por incesantes protestas, huelgas, asesinatos y cambios de gobierno. Hubo una breve tregua en la confusión política del reinado de Alfonso XIII cuando, en 1907, Antonio Maura (1853–1925), jefe del Partido Conservador, tomó las riendas del gobierno y logró establecer cierta estabilidad. Esta duró poco, sin embargo. Maura dimitió en 1910 y el caos volvió a reinar. Cuando estalló la Primera Guerra Mundial, España declaró su neutralidad. A pesar de esto, el país no se mantuvo libre de violencia, ya que el desorden doméstico seguía aumentando.

El 13 de septiembre de 1923, Miguel Primo de Rivera (1870–1930), capitán general de Barcelona, dirigió un golpe de estado y se puso al frente de un Directorio Militar, el cual fue sustituido después por un Directorio Civil. Asumiendo poderes dictatoriales, restableció el orden y puso fin a los trastornos políticos. Asimismo, desarrolló un ambicioso plan de obras públicas que dio a España un excelente sistema de carreteras y ferrocarriles.

Los intelectuales y miembros de los viejos partidos políticos se oponían al gobierno de Primo de Rivera, quien cayó en 1930. En abril del año siguiente, las elecciones municipales dieron el triunfo a los candidatos republicanos. En seguida se declaró la Segunda República bajo la presidencia de Niceto Alcalá Zamora (1877–1949), un liberal moderado que intentó instituir reformas progresistas. La oposición al gobierno de Alcalá Zamora era extensa; venía tanto de la izquierda extrema como de los elementos más conservadores. En 1932 se sofocó una sublevación derechista, pero en 1933 la derecha ganó las elecciones. Cataluña y Asturias se alzaron en rebelión. En 1936 subió al poder el Frente

Popular, una coalición izquierdista compuesta de republicanos, socialistas, comunistas y sindicalistas.

El general Francisco Franco (1892–1975), al frente del ejército de Canarias y Marruecos, encabezó una rebelión contra el gobierno republicano a la cual se juntaron diversos elementos de orientación conservadora—monarquistas, carlistas, clérigos, terratenientes, industrialistas y la Falange, una agrupación política fascista organizada por José Antonio Primo de Rivera (1903–1936), hijo del antiguo dictador. La rebelión de Franco precipitó la Guerra Civil Española, la cual duró tres años, desde 1936 hasta 1939, y fue uno de los conflictos más sangrientos de la historia de España. Las fuerzas de Franco recibieron ayuda de Alemania y de Italia, mientras que las fuerzas republicanas no recibieron el apoyo militar de ningún gobierno nacional, con la excepción de la Unión Soviética, que en esos momentos era incapaz de hacer grandes contribuciones a la causa. La Brigada Internacional, una coalición de voluntarios de diversos países, se organizó para combatir junto al ejército republicano, pero la falta de organización y la escasez de fondos y armas hicieron imposible que alcanzaran el triunfo. En enero de 1939 Barcelona cayó ante Franco y en marzo cayó Madrid, poniendo fin a la guerra. Francisco Franco tomó las riendas del poder, imponiendo una dictadura que duraría casi cuarenta años.

José Ortega y Gasset: Espectador de su tiempo

La introspección individual y nacional que había caracterizado a la generación del '98 siguió durante las primeras décadas del siglo actual. El ensayista más influyente de la primera mitad del siglo XX, José Ortega y Gasset (1883–1956), articuló las preocupaciones filosóficas y culturales de su generación, aunque muchas de sus conclusiones se consideraban—y se consideran aún—bastante controvertible.

Ortega nació en Madrid. Su padre era un conocido novelista y periodista liberal y su madre era pariente de algunos de los políticos más importantes del país. Ortega estudió con los jesuitas en Málaga; más tarde se licenció y se doctoró en Filosofía y Letras de la Universidad de Madrid. Dados sus contactos familiares, le fue relativamente fácil forjarse un lugar en la vida cultural de su país. A los veintiún años empezó a escribir para *Los Lunes del Imparcial*, un suplemento literario dirigido por su padre.

Al terminar sus estudios universitarios, viajó a Alemania, donde amplió sus conocimientos en las Universidades de Leipzig, Berlín y Marburgo. En esta última trabajó con el filósofo Hermann Cohen (1842–1918), conocido por sus comentarios sobre Kant y fundador de la escuela neokantiana de Marburgo, la cual se interesaba principalmente en la aplicación de las teorías de Kant a las ciencias físicas.

Al volver a España en 1910, Ortega obtuvo la cátedra de metafísica de la Universidad de Madrid e inició una carrera de prolífica producción literaria, publicando en diarios y revistas como *El Sol, España* y la *Revista de Occidente*, ésta última fundada por él en 1923. En 1914 publicó *Meditaciones del Quijote*, tratado en el cual examina el realismo cervantino como una expresión de las circunstancias históricas del autor. En este libro Ortega ya empezaba a desarrollar el concepto que formaría una de las bases de su filosofía, el cual articuló en la conocida frase «yo soy yo y mis circunstancias». Según la teoría de Ortega, el hombre existe siempre dentro de su momento histórico y por lo tanto su creación arranca siempre de la experiencia. El «realismo» de su obra no consiste, por lo tanto, en la reproducción de la realidad objetiva, sino en la autenticidad con la cual el autor expresa la realidad psicológica de su momento histórico.

Los ensayos que Ortega escribió entre 1916 y 1934 forman los ocho volúmenes de *El espectador*. El título de la colección define la posición de Ortega en cuanto a su papel como escritor: el de observador de la sociedad. Tal actitud no implica indiferencia, sino participación activa. En «Verdad y perspectiva» (1916) escribe: «...la vida española nos obliga, queramos o no, a la acción política. El inmediato porvenir, tiempo de sociales hervores, nos forzará a ella con mayor violencia. Precisamente por eso yo necesito acotar una parte de mí mismo para la contemplación...» Es decir, el espectador se aparta de la política temporalmente con el propósito de ver «la vida según fluye ante él». Se dirige a un público de lectores «a quienes interesen la cosas aparte de sus consecuencias, cualesquiera que ellas sean, morales inclusive». En el ambiente conflictivo de la primera mitad del siglo XX, Ortega veía la necesidad de colocarse por encima del partidismo para observar más claramente la realidad de la vida española. De hecho, en su ensayo «No ser hombre de partido» (1930) que aparece en la colección *Ideas y creencias*, Ortega critica la tendencia de principios de siglo de exigir que todos adopten una posición partidista.

Al comienzo de la Guerra Civil Ortega se trasladó a Francia y luego a Buenos Aires, donde ya ocupaba un lugar importante en la vida cultural. En 1916 Ortega había viajado a Argentina y pronto se convirtió en una de las influencias más importantes en la juventud intelectual de Hispanoamérica, posición que mantuvo durante varias décadas.

En 1945 Ortega volvió a España, donde vivió hasta su muerte en 1955.

La temática de Ortega

Los ensayos de Ortega abarcan una variedad de temas: la mujer, el amor, las artes visuales, la literatura, la música, la razón y las ciencias, la naturaleza del conocimiento, la política, la democratización de la sociedad, Castilla, la identidad española, el compromiso individual. Una lista completa sería casi interminable.

Ortega compartió con los escritores de la generación anterior una profunda preocupación por la patria. Muchos de sus ensayos tratan de la crisis moderna española o de la historia de España. En *España invertebrada* (1921) Ortega explica la confusión y anarquía que caracterizan la política española por el hecho de que España, a diferencia de Francia, por ejemplo, no logró dar una estructura sólida a su estado. Mientras que en otros países europeos se estableció una *élite* dirigente durante la Edad Media, en España los intereses regionales y particulares rara vez se subordinaron completamente a una política determinada por una minoría selecta, capaz de dar al pueblo una misión colectiva. En *La rebelión de las masas* (1930), Ortega critica la tendencia hacia la democratización que ha dado por resultado el imperio de las masas y, por lo tanto, el triunfo de la mediocridad. Ortega no aboga a favor de una jerarquía estancada basada en el antiguo sistema de clases sociales. Al contrario, cree que en cualquier grupo o clase se producen ciertos individuos que forman una minoría selecta. El problema es que las masas se han rebelado contra esta élite, rehusando aceptar sus criterios y dirección.

En el campo de la filosofía, Ortega toma como punto de partida las ideas de Kant, las cuales desarrolla de una manera muy personal. En términos resumidos, Kant rechazó la creencia de que nuestras ideas, para ser verdad, tienen que conformarse con una realidad independiente del conocimiento humano; propuso en cambio que el ser humano puede conocer la realidad objetiva sólo en la medida en que ésta se conforma con la estructura de la mente. Por lo tanto, podemos conocer los objetos o fenómenos que nos son alcanzables por medio de la experiencia, pero las realidades que existen más allá de nuestra experiencia no pueden ser conocidas. En su *Crítica de la razón pura* (1781), Kant muestra que los tres problemas de la metafísica—Dios, libertad e inmortalidad—son científicamente insolubles. Sin embargo, Kant arguye que la ley moral presupone la existencia de Dios, la libertad y la inmortalidad, aun si esta noción no puede justificarse por la razón.

El papel de la razón es una de las principales preocupaciones filosóficas de Ortega. En *El tema de nuestro tiempo* (1923) explica que la razón pura existe en términos de absolutos—conceptos invariables que funcionan dentro de un vacío, divorciados de la realidad humana—y por lo tanto la razón pura no lleva al hombre a la verdad. De hecho, la realidad es inconocible a causa de los límites de la mente y por el hecho de que cada individuo ve la realidad desde su propia perspectiva. Sin embargo, el hombre europeo cree en la razón con una fe que transciende la razón misma, lo cual produce «la burlesca contradicción de la cultura europea actual: al tiempo que pretende ser la única racional, la única fundada en razones, no es ya vivida, sentida por su racionalidad, sino que se adopta místicamente». Es decir, la fe en la razón ya no responde al aspecto intelectual del hombre, sino a su lado espiritual, vital—a la necesidad que *siente* y *experimenta* el individuo de transcenderse y conocer la verdad.

Frente a la razón pura, Ortega propone la razón vital—la razón puesta al servicio de la vida. Y ya que la vida es movimiento y transformación, la razón tendría que adquirir movilidad. Según esta teoría, la razón no conduce al individuo a «la» verdad, sino que, con el espíritu, lo acerca a «su» verdad, la cual será siempre un resultado de su perspectiva histórica, cultural y personal. Pero el punto de vista de un individuo no sería menos verídico por ser parcial: «Cada individuo es un punto de vista esencial. Yuxtaponiendo las visiones parciales de todos se lograría tejer la verdad omnímoda y absoluta...Dios no es racionalista. Su punto de vista es el de cada uno de nosotros; nuestra verdad parcial es también verdad para Dios». Mientras que la razón pura conduce a la abstracción y a la deshumanización, la razón vital toma en cuenta la realidad concreta y vivida de cada ser humano.

En sus ensayos sobre el arte, Ortega emplea el mismo concepto perspectivista. En *La deshumanización del arte* (1925) Ortega defiende las nuevas corrientes artísticas e intenta un análisis sociológico de la reacción del público al arte nuevo. Señala que todas las artes—la nueva música, la nueva pintura, la nueva poesía, el nuevo teatro—han sido impopulares porque son, en esencia, antipopulares—es decir, no reflejan los valores y metas de las masas. Mientras que el romanticismo había sido «primogénito de la democracia», articulando los objetivos del hombre común, el arte de principios de siglo puede ser entendido sólo por una minoría. Por consiguiente, el arte nuevo obliga a la masa, que «durante siglo y medio...ha pretendido ser toda la sociedad...a reconocerse como lo que es, como 'sólo pueblo', como mero ingrediente, entre otros, de la estructura social, inerte materia del proceso histórico, factor secundario del cosmos espiritual». El arte nuevo es el producto de la reacción contra los movimientos artísticos del siglo XIX. Es, por lo tanto, un producto de las circunstancias, como lo es el negativismo con el cual ha sido recibido.

Sobre «Democracia morbosa» y «Corazón y cabeza»

«Democracia morbosa» apareció en 1917 en el segundo volumen de *El espectador*. En este ensayo Ortega introduce un concepto que desarrollará más tarde en *La rebelión de las masas* y otros ensayos: el de los efectos dañinos de la democratización excesiva. Según Ortega, en España la democracia ha degenerado en un plebeyismo que enaltece «todo lo bajo y ruin». Ortega defiende la democracia política porque garantiza los derechos civiles y la justicia legal. El triunfo de la democracia política ha puesto fin a los privilegios inmerecidos de las clases altas, haciendo posible una profunda modificación de la sociedad. Pero, según Ortega, el hombre común, al verse igual ante la ley al hombre selecto empieza a creer que sus gustos y juicios valen tanto como los de éste. Empieza a resentir la superioridad del hombre selecto, porque es un indicio de que no somos todos iguales en cuanto al talento y la sensibilidad. Entonces, el hombre común insiste en imponer sus propios criterios en todos los aspectos de la vida. Y cuando la democracia se extiende a los modales, a la moda, al arte, el resultado es un descenso deplorable en el nivel cultural del pueblo.

«Corazón y cabeza» apareció originalmente en *La Nación* de Buenos Aires en julio de 1927. El artículo constituye un ataque contra el positivismo, que deifica la razón, la ciencia empírica y el materialismo. Ortega rechaza la idea de que el progreso consiste únicamente en adelantos tecnológicos. Señala que desde el renacimiento el hombre europeo cultiva sus facultades intelectuales, descuidando su lado sentimental. Pero el ser humano, dice Ortega, es mucho más que su cerebro. De hecho, la idea nace de la voluntad y de la emoción, es decir, de la realidad vital del individuo. La realidad de cada uno, producto de sus emociones y su experiencia, es única y personal. Por consiguiente, la comunicación auténtica entre las personas es casi imposible, excepto a un nivel muy superficial.

Ortega se conoce relativamente poco en Europa, aunque algunas de sus ideas filosóficas acerca de la voluntad y la razón anticipan en muchos sentidos las de pensadores franceses que alcanzaron renombre durante los años 30, 40 y 50, tales como Jean-Paul Sartre (1905–1980). En los Estados Unidos, Ortega ha gozado de un prestigio considerable. Sus ensayos se estudian en los cursos de ciencias políticas de muchas universidades de los Estados Unidos, donde *La rebelión de las masas* es probablemente su obra más conocida.

Edición

Ortega y Gasset, José. *Obras completas*. 12 vols. Madrid: Alianza Editorial, 1983

Crítica

Abellán, José Luis. *Ortega y Gasset en la filosofía española*. Madrid: Tecnos, 1966

Alluntis, Félix. *The Vital and Historical Reason of José Ortega y Gasset*. Franciscan Studies XV. 1955

Ayala, Francisco. «Ortega y Gasset, crítico literario». *Revista de Occidente* 140 (1974):214–235

Bayón, Julio. *Razón vital y dialéctica en Ortega*. Madrid: Revista de Occidente, 1974

Borel, Jean-Paul. *Introducción a Ortega y Gasset*. Trad. Laureano Pérez de la Torre. Madrid: Guadarrama, 1969

Cepeda Calzada, Pablo. *Las ideas políticas de Ortega y Gasset*. Valladolid: Universidad de Valladolid, 1968

Díaz, Janet. *The Major Themes of Existentialism in the Work of José Ortega y Gasset*. Chapel Hill: University of North Carolina Press, 1970

Donoso, Antón. *The Influence of José Ortega y Gasset in Latin America*. São Paulo: Filosofía, 1974

Ferrater Mora, José. *José Ortega y Gasset: An Outline of His Philosophy*. New Haven: Yale University Press, 1963

Garagorri, Paulino. *Introducción a Ortega*. Madrid: Alianza Editorial, 1970

García Astrada, Arturo. *El pensamiento de Ortega y Gasset*. Buenos Aires; Troquel, 1961

Holmes, Oliver W. *Human Reality and the Social World: Ortega's Philosophy of History*. Amherst: University of Massachusetts Press, 1975

Johnson, Roberta. "Ortega and the Novel of His Generation," *Ensayistas* 4.6–7 (1979):51–63

Lafuente Ferrari, Enrique. *Ortega y las artes visuales*. Madrid: Revista de Occidente, 1970

Maravall, José Antonio. *Ortega en nuestra situación*. Madrid: Taurus, 1959

Marías, Julián. «La retracción a España del europeo Ortega». *Revista de Occidente* 140 (1974):181–195

Marichal, Juan. «La singularidad estética de Ortega». *La voluntad de estilo*. Madrid: Revista de Occidente, 1971. 207–219

Morón Arroyo, Ciríaco. *El sistema de Ortega y Gasset*. Madrid: Alcalá, 1968

Ortega hoy: Estudio, ensayos, y bibliografía sobre la vida y la obra de José Ortega y Gasset. Ed. Manuel Durán. Xalapa, México: Universidad Veracruzana, 1985

Ouimette, Víctor. *José Ortega y Gasset*. Boston: Twayne, 1982

Walgrave, Jan Henricus. *La filosofía de Ortega y Gasset*. Trad. Luis G. Daal. Madrid: Revista de Occidente, 1965

Democracia morbosa[1]

José Ortega y Gasset

Las cosas buenas que por el mundo acontecen obtienen en España sólo un pálido reflejo. En cambio, las malas repercuten con increíble eficacia y adquieren entre nosotros mayor intensidad que en parte alguna.

En los últimos tiempos ha padecido Europa un grave descenso de la cortesía, y coetáneamente hemos llegado en España al imperio indiviso de la descortesía. Nuestra raza valetudinaria[2] se siente halagada[3] cuando alguien la invita a adoptar una postura plebeya, de la misma suerte[4] que el cuerpo enfermo agradece que se le permita tenderse a su sabor.[5] El plebeyismo, triunfante en todo el mundo, tiraniza en España. Y como toda tiranía es insufrible, conviene que vayamos preparando la revolución contra el plebeyismo, el más insufrible de los tiranos.

Tenemos que agradecer el adviento[6] de tan enojosa monarquía al triunfo de la democracia. Al amparo de esta noble idea se ha deslizado en la conciencia pública la perversa afirmación de todo lo bajo y ruin.

¡Cuántas veces acontece esto! La bondad de una cosa arrebata[7] a los hombres y, puestos a su servicio, olvidan fácilmente que hay otras muchas cosas buenas con quienes es forzoso compaginar[8] aquélla, so[9] pena de convertirla en una cosa pésima y funesta. La democracia, como democracia, es decir, estricta y exclusivamente como norma del derecho político, parece una cosa óptima. Pero la democracia exasperada y fuera de sí, la democracia en religión o en arte, la democracia en el pensamiento y en el gesto, la democracia en el corazón y en la costumbre es el más peligroso morbo que puede padecer una sociedad.

Cuanto más reducida sea la esfera de acción propia a una idea, más perturbadora será su influencia si se pretende proyectarla sobre la totalidad de la vida. Imagínese lo que sería un vegetariano en frenesí que aspire a mirar el mundo desde lo alto de su vegetarianismo culinario: en arte censuraría cuanto no fuese el paisaje hortelano,[10] en economía nacional sería eminentemente agrícola; en religión no admitiría sino las arcaicas divinidades cereales; en indumentaria[11] sólo vacilaría entre el cáñamo[12], el lino[13] y el esparto[14], y como filósofo se obstinaría en propagar una botánica trascendental. Pero no parece menos absurdo el hombre que, como tantos hoy, se llega a nosotros y nos dice: «¡Yo, ante todo, soy demócrata!»

---

[1] enferma
[2] enfermiza, débil
[3] flattered
[4] manera
[5] gusto
[6] llegada
[7] embriaga, emborracha
[8] ajustar

[9] bajo
[10] en el cual se cultivan legumbres o frutas
[11] vestido, trajes
[12] hemp
[13] flax
[14] esparto grass (natural fiber used for making baskets or bags and clothes)

En tales ocasiones suelo recordar el cuento de aquel monaguillo[15] que no sabía su papel y a cuanto decía el oficiante, según la liturgia, respondía: «¡Bendito y alabado sea el Santísimo Sacramento!» Hasta que, harto de la insistencia, el sacerdote se volvió y le dijo: «¡Hijo mío, eso es muy bueno, pero no viene al caso!»[16]

No es lícito ser ante todo demócrata, porque el plano a que la idea democrática se refiere no es un primer plano, no es un «ante todo». La política es un orden instrumental y adjetivo de la vida, una de las muchas cosas que necesitamos atender y perfeccionar para que nuestra vida personal sufra menos fracasos y logre más fácil expansión. Podrá la política, en algún momento agudo, significar la brecha donde debemos movilizar nuestras mejores energías, a fin de conquistar o asegurar un vital aumento, pero nunca puede ser normal esa situación.

Es uno de los puntos en que más resueltamente urge corregir al siglo XIX. Ha padecido éste una grave perversión en el instinto ordenador de la perspectiva, que le condujo a situar en el plano último y definitivo de su preocupación lo que por naturaleza sólo penúltimo y previo puede ser. La perfección de la técnica es la perfección de los medios externos que favorecen la vitalidad. Nada más discreto, pues, que ocuparse de las mejoras técnicas. Pero hacer de ello la empresa decisiva de nuestra existencia, dedicarle los más delicados y constantes esfuerzos nuestros es evidentemente una aberración. Lo propio[17]

acontece con la política que intenta la articulación de la sociedad—como la técnica de la naturaleza—a fin de que quede al individuo un margen cada vez más amplio donde dilatar su poder personal.

Como la democracia es una pura forma jurídica, incapaz de proporcionarnos orientación alguna para todas aquellas funciones vitales que no son derecho público, es decir, para casi toda nuestra vida, al hacer de ella principio integral de la existencia se engendran las mayores extravagancias. Por lo pronto, la contradicción del sentimiento mismo que motivó la democracia. Nace ésta como noble deseo de salvar a la plebe de su baja condición. Pues bien, el demócrata ha acabado por simpatizar con la plebe, precisamente en cuanto plebe, con sus costumbres, con sus maneras, con su giro intelectual. La forma extrema de esto puede hallarse en el credo socialista—¡porque se trata, naturalmente, de un credo religioso!—, donde hay un artículo que declara la cabeza del proletario única apta para la verdadera ciencia y la debida moral. En el orden de los hábitos, puedo decir que mi vida ha coincidido con el proceso de conquista de las clases superiores por los modales chulescos.[18] Lo cual indica que no ha elegido uno la mejor época para nacer. Porque antes de entregarse los círculos selectos a los ademanes y léxico del Avapiés,[19] claro es que ha adoptado más profundas y graves características de la plebe.

Toda interpretación *soi-disant*[20] democrática de un orden vital que no

---

[15] altar boy
[16] **no...it's irrelevant**
[17] **mismo**

[18] **de clase baja**
[19] **barrio de Madrid**
[20] so-called

sea el derecho público es fatalmente plebeyismo.

En el triunfo del movimiento democrático contra la legislación de privilegios, la constitución de castas, et., ha intervenido no poco esta perversión moral que llamo plebeyismo; pero más fuerte que ella ha sido el noble motivo de romper la desigualdad jurídica. En el antiguo régimen son los derechos quienes hacen desiguales a los hombres, prejuzgando su situación antes de que nazcan. Con razón hemos negado a esos derechos el título de derechos y dando a la palabra un sentido peyorativo los llamamos privilegios. El nervio saludable de la democracia es, pues, la nivelación de privilegios, no propiamente de derechos. Nótese que los «derechos del hombre» tienen un contenido negativo, son la barbacana[21] que la nueva organización social, más rigurosamente jurídica que las anteriores, presenta a la posible reviviscencia[22] del privilegio. A los «derechos del hombre» ya conocidos y conquistados habrá que acumular otros y otros, hasta que desaparezcan los últimos restos de mitología política. Porque los privilegios que, como digo, no son derechos, consisten en perduraciones residuales de tabúes religiosos.

Sin embargo, no acertamos a prever que los futuros «derechos del hombre», cuya invención y triunfo ponemos en manos de las próximas generaciones, tengan tan vasto alcance y modifiquen la faz de la sociedad tanto como los ya logrados o en vías de lograrse. De modo que si hay empeño[23] en reducir el significado de la democracia a esta obra niveladora de privilegios, puede decirse que han pasado sus horas gloriosas.

Si, en efecto, la organización jurídica de la sociedad se quedara en ese estadio negativo y polémico, meramente destructor de la organización «religiosa» de la sociedad; si no mira el hombre su obra de democracia tan sólo como el primer esfuerzo de la justicia, aquél en que abrimos un ancho margen de equidad dentro del cual crear una nueva estructura social justa—que sea justa, pero que sea estructura—, los temperamentos de delicada moralidad maldecirán la democracia y volverán sus corazones al pretérito, organizado, es cierto, por la superstición; mas, al fin y al cabo, organizado. Vivir es esencialmente, y antes que toda otra cosa, estructura: una pésima estructura es mejor que ninguna.

Y si antes decía que no es lícito ser «ante todo» demócrata, añado ahora que tampoco es lícito ser «sólo demócrata». El amigo de la justicia no puede detenerse en la nivelación de privilegios, en asegurar igualdad de derechos para lo que en todos los hombres hay de igualdad. Siente la misma urgencia por legislar, por legitimar lo que hay de desigualdad entre los hombres.

Aquí tenemos el criterio para discernir dónde el sentimiento democrático degenera en plebeyismo. Quien se irrita al ver tratados desigualmente a los iguales, pero no se inmuta al ver tratados igualmente a

---

[21] **muro que sirve para la defensa**
[22] revival

[23] **insistencia**

los desiguales, no es demócrata, es plebeyo.

La época en que la democracia era un sentimiento saludable y de impulso ascendente, pasó. Lo que hoy se llama democracia es una degeneración de los corazones.

A Nietzsche debemos el descubrimiento del mecanismo que funciona en la conciencia pública degenerada: le llamó *ressentiment*.[24] Cuando un hombre se siente a sí mismo inferior por carecer de ciertas calidades—inteligencia o valor o elegancia—procura indirectamente afirmarse ante su propia vista negando la excelencia de esas cualidades. Como ha indicado finamente un glosador de Nietzsche, no se trata del caso de la zorra y las uvas.[25] La zorra sigue estimando como lo mejor la madurez en el fruto y se contenta con negar esa estimable condición a las uvas demasiado altas. El «resentido» va más allá: odia la madurez y prefiere lo agraz.[26] Es la total inversión de los valores: lo superior, precisamente por serlo, padece una *capitis diminutio*,[27] y en su lugar triunfa lo inferior.

El hombre del pueblo suele o solía tener una sana capacidad admirativa. Cuando veía pasar una duquesa en su carroza se extasiaba, y le era grato cavar[28] la tierra de un planeta donde se ven, por veces, tan lindos espectáculos transeúntes.[29] Admira y goza el lujo, la prestancia,[30]

la belleza, como admiramos los oros y los rubíes con que solemniza su ocaso el sol moribundo. ¿Quién es capaz de envidiar el áureo[31] lujo del atardecer? El hombre del pueblo no se despreciaba a sí mismo: se sabía distinto y menor que la clase noble; pero no mordía su pecho el venenoso «resentimiento». En los comienzos de la Revolución francesa una carbonera decía a una marquesa: «Señora, ahora las cosas van a andar al revés: yo iré en silla de manos y la señora llevará el carbón.» Un abogadete[32] «resentido» de los que hostigaban[33] al pueblo hacia la revolución hubiera corregido: «No, ciudadana: ahora vamos a ser todos carboneros.»

Vivimos rodeados de gentes que no se estiman a sí mismas y casi siempre con razón. Quisieran los tales que a toda prisa fuese decretada la igualdad entre los hombres; la igualdad ante la ley no les basta: ambicionan la declaración de que todos los hombres somos iguales en talento, sensibilidad, delicadeza y altura cordial. Cada día que tarda en realizarse esta irrealizable nivelación es una cruel jornada para esas criaturas «resentidas», que se saben fatalmente condenadas a formar la plebe moral e intelectual de nuestra especie. Cuando se quedan solas les llegan del propio corazón bocanadas[34] de desdén para sí mismas. Es inútil que por medio de astucias inferiores consigan hacer papeles vistosos en la sociedad. El aparente

---

[24] **resentimiento**
[25] Reference to Aesop's fable of the fox and the grapes. The fox, unable to reach some grapes that he wanted, decided that they were probably sour anyway.
[26] sour
[27] decapitation, head—bashing

[28] dig
[29] passing
[30] **elegancia**
[31] **parecido al oro**
[32] quibbler
[33] plagued
[34] puffs, gusts

triunfo social envenena más su interior, revelándoles el desequilibrio inestable de su vida, a toda hora amenazada de un justiciero derrumbamiento. Aparecen ante sus propios ojos como falsificadores de sí mismos, como monederos falsos de trágica especie, donde la moneda defraudada es la persona misma defraudadora.

Este estado de espíritu, empapado de ácidos corrosivos, se manifiesta tanto más en aquellos oficios donde la ficción de las cualidades ausentes es menos posible. ¿Hay nada tan triste como un escritor, un profe-

sor o un político sin talento, sin finura sensitiva, sin prócer[35] carácter? ¿Cómo han de mirar esos hombres, mordidos por el íntimo fracaso, a cuanto cruza ante ellos irradiando perfección y sana estima de sí mismos?

Periodistas, profesores y políticos sin talento componen, por tal razón, el Estado Mayor de la envidia, que, como dice Quevedo, va tan flaca y amarilla porque muerde y no come. Lo que hoy llamamos «opinión pública» y «democracia» no es en gran parte sino la purulenta secreción de esas almas rencorosas.

Corazón y cabeza

José Ortega y Gasset

En el último siglo se ha ampliado gigantescamente la periferia de la vida. Se ha ampliado y se ha perfeccionado: sabemos muchas más cosas, poseemos una técnica prodigiosa, material y social. El repertorio de hechos, de noticias sobre el mundo que maneja la mente del hombre medio ha crecido fabulosamente. Cierto, cierto. Es que la cultura ha progresado, se dice. Falso, falso. Eso no es la cultura, es sólo una dimensión de la cultura, es la cultura intelectual. Y mientras se progresaba tanto en ésta, mientras se acumulaban ciencias, noticias, saberes sobre el mundo y se pulía la técnica con que

dominamos la materia, se desatendía por completo el cultivo de otras zonas del ser humano que no son intelecto, cabeza; sobre todo, se dejaba a la deriva[1] el corazón, flotando sin disciplina ni pulimento[2] sobre la haz[3] de la vida. Así, al progreso intelectual ha acompañado un retroceso sentimental; a la cultura de la cabeza, una incultura cordial. El hecho mismo de que la palabra «cultura» se entienda sólo referida a la inteligencia denuncia el error cometido. Porque es de advertir que esta palabra, tan manejada por los alemanes en la última escritura, fue usada primeramente por un español, Luis Vives,[4] quien la

---

[35] lofty, worthy

[1] a...adrift
[2] special care
[3] **superficie**

[4] **Juan Luis Vives (1492–1540), humanista y filósofo español; amigo de Erasmo y preceptor de la hija de Enrique VIII de Inglaterra**

escogió para significar con preferencia cultivo del corazón, *cultura animi*. El detalle es tanto más de estimar cuanto que en la época de Vives, en el Renacimiento, dominaba plenamente el intelectualismo: todo lo bueno se esperaba de la cabeza. Hoy, en cambio, comenzamos a entrever que esto no es verdad, que en un sentido muy concreto y rigoroso las raíces de la cabeza están en el corazón. Por esto es sumamente grave el desequilibrio que hoy padece el hombre europeo entre su progreso de inteligencia y su retraso de educación sentimental. Mientras no se logre una nivelación de ambas potencias y el agudo pensar quede asegurado, garantizado por un fino sentir, la cultura estará en peligro de muerte. El malestar que ya por todas partes se percibe procede, de ese morboso desequilibrio, y es curioso recordar que hace un siglo Augusto Comte[5] notaba ya de ese malestar los síntomas primeros y, certero, los diagnosticaba como desarreglo del corazón, postulando urgentemente para curarlo lo que llamaba una «organización o sistematización de los sentimientos».

Es motivo de sorpresa advertir la persistencia con que el hombre ha creído que el núcleo decisivo de su ser era su pensamiento. ¿Es esto cierto?

Si alguien nos obligase a quedarnos sólo con el único y esencial centro de nuestra persona, ¿nos quedaríamos con nuestro entendimiento? Cualquier corte que hagamos en la historia nos presentará, en efecto, al hombre agarrado[6] a su intelecto como a la raíz de sí mismo. Si preguntamos a la vetustísima[7] sabiduría de la India, hallaremos frases como ésta de los Vedas:[8] «El hombre es sus ideas. La acción sigue dócil al pensamiento como la rueda del carro sigue a la pezuña[9] del buey.» Si, dando un salto superlativo, caemos en el siglo XVI, oíremos a Descartes[10] que repite una y otra vez: *Que suis-je? Je ne suis qu'une chose qui pense.*[11] El hombre, una caña pensativa, va a decir poco después, barrocamente, Pascal.[12]

Y la razón que se da para ello es siempre la misma. Todo lo que haya en nosotros que no sea conocimiento supone a éste y le es posterior. Los sentimientos, los amores y los odios, el querer o no querer, suponen el previo conocimiento del objeto. ¿Cómo amar lo ignoto? ¿Cómo desearlo? *Ignoti nulla cupido.*[13] *Nil volitum quin praecognitum.*[14]

La razón es de tanto peso, que amenaza con aplastar sin remisión al que intente sostener lo contrario. ¿Quién se atreve a afirmar, sin caer

---

[5] **Auguste Comte (1798–1857), filósofo francés, creador de la escuela positivista y de la ciencia sociológica**
[6] grasping
[7] **muy antigua**
[8] cuatro libros sagrados de la India, escritos en sánscrito
[9] hoof
[10] **René Descartes (1596–1650), filósofo, matemático y físico francés. Elaboró la teoría de la duda metódica para llegar al conocimiento de su propia existencia. Se conoce como el creador del racionalismo moderno.**

[11] **Que...¿Qué soy? Soy sólo una cosa que piensa.**
[12] **Blaise Pascal (1623–1662), matemático, físico y filósofo francés. En sus *Cartas provinciales* (1656–1657) toma el partido de los jansenistas en la polémica entre éstos y los jesuitas.**
[13] **Ignoti...No se desea lo que no se conoce. Aforismo de Ovidio (*Arte de amar*, III, 397)**
[14] **Nil...Nada se quiere que no se conozca de antes**

en lo absurdo, la posibilidad de amar algo que nunca hemos visto y de que no tenemos noticia alguna? Por consiguiente, la cabeza precede al corazón: éste es un poder secundario que sigue a aquélla como aditamento[15] que va a su rastra.[16]

Sin embargo, sin embargo... Para simplificar el problema, sin perjuicio grave, reduzcamos el conocimiento a una de sus formas más elementales: el ver. Lo que en este orden valga para el ver valdrá con mayor fuerza para los modos más complejos del conocimiento: concepto, idea, teoría. No en balde[17] casi todos los vocablos que expresan funciones intelectuales consisten en metáforas de la visión: idea significa aspecto y vista; teoría es contemplación.

Pues bien: yo me pregunto: ¿amamos lo que amamos porque lo hemos visto antes, o en algún serio sentido cabe decir que vemos lo que vemos porque antes de verlo lo amábamos ya?

La cuestión es decisiva para resolver qué es lo primario en la persona humana.

En cualquier paisaje, en cualquier recinto[18] donde abramos los ojos, el número de cosas visibles es prácticamene infinito, mas nosotros sólo podemos ver en cada instante un número muy reducido de ellas. El rayo visual tiene que fijarse sobre un pequeño grupo de ellas y desviarse[19] de las restantes, abandonarlas. Dicho de otra manera: no podemos ver una cosa sin dejar de ver las otras, sin cegarnos transitoriamente para ellas.

El ver esto implica el desver[20] aquello, como el oír un sonido el desoír los demás. Es instructivo para muchos fines haber caído en la cuenta de esta paradoja: que en la visión colabora normalmente, necesariamente, una cierta dosis de ceguera. Para ver no basta que exista de un lado el aparato ocular, de otro el objeto visible situado siempre entre otros muchos que también lo son: es preciso que llevemos la pupila hacia ese objeto y la retiremos de los otros. Para ver, en suma, es preciso fijarse. Pero fijarse es precisamente buscar el objeto de antemano, y es como un preverlo antes de verlo. A lo que parece, la visión supone una previsión, que no es obra ni de la pupila ni del objeto, sino de una facultad previa encargada de dirigir los ojos, de explorar con ellos el contorno: es la atención. Sin un mínimum de atención no veríamos nada. Pero la atención no es otra cosa que una preferencia anticipada, preexistente en nosotros, por ciertos objetos. Llevad al mismo paisaje un cazador, un pintor y un labrador: los ojos de cada uno verán ingredientes distintos de la campiña: en rigor, tres paisajes diferentes. Y no se diga que el cazador prefiere su paisaje venatorio[21] después de haber visto los del pintor y el labrador. No: éstos no los ha visto, no los verá nunca en rigor. Desde un principio, siempre que se halló en el campo fue fijándose casi exclusivamente en los elementos del paraje que importan para la caza.

De suerte que aun en una ope-

---

[15] addition, accessory
[16] **a**...dragging behind
[17] **vano**
[18] **lugar**

[19] turn away
[20] **no ver**
[21] hunting

ración de conocimiento tan elemental como ver, que por fuerza ha de ser muy semejante en todos los hombres, vamos dirigidos por un sistema previo de intereses, de afliciones, que nos hace atender a unas cosas y desatender a otras.

Cabe oponer a esto la advertencia de que a veces es la fuerza del objeto mismo quien se impone a nuestra atención. Si ahora, de pronto, cerca de aquí disparasen un cañonazo, nuestra atención, de buen o mal grado, abandonaría los temas psicológicos que tratamos e iría a fijarse en el estruendo que naturalmente oiríamos. No hay duda: esto acontecería, pero fuera un error explicarlo por el mero hecho físico del estruendo. Si un sonido muy fuerte provocase sin más ni más la audición, no acaecería que los que habitan junto a una catarata son sordos para ella y, en cambio, cuando el enorme ruido súbitamente cesa, oyen lo que físicamente es menos, lo que físicamente es nada, a saber: el silencio. Para el que vive junto al torrente, su rumor habitual, por grande que sea, pierde interés vital, y por eso no se le atiende y por eso no se le oye. Aquel cañonazo de nuestro ejemplo se impondría a nosotros por razones parecidas que este silencio, las cuales se pueden resumir en una: por su novedad. Al hombre le interesa la novedad, en virtud de mil conveniencias vitales, y suele estar siempre pronto a percibirla. Lejos, pues, de ser objeción a nuestra tesis, la advertencia viene a confirmarla. Oímos lo nuevo—cañonazo o silencio—porque tenemos de antemano alerta en nosotros la atención a la novedad.

Todo ver es, pues, un mirar; todo oír, un escuchar, y, en general,

toda nuestra facultad de conocer es un foco luminoso, una linterna que alguien, puesto tras ella, dirige a uno y otro cuadrante del universo, repartiendo sobre la inmensa y pasiva faz del cosmos aquí la luz y allá la sombra. No somos, pues, en última instancia, conocimiento, puesto que éste depende de un sistema de preferencias que más profundo y anterior existe en nosotros. Una parte de ese sistema de preferencias nos es común a todos los hombres, y gracias a ello reconocemos la comunidad de nuestra especie y en alguna medida conseguimos entendernos; pero sobre esa base común, cada raza y cada época y cada individuo ponen su modulación particular del preferir, y esto es lo que nos separa, nos diferencia y nos individualiza, lo que hace que sea imposible al individuo comunicar enteramente con otro. Sólo coincidimos en lo más externo y trivial; conforme se trata de más finas materias, de las más nuestras, que más nos importan, la incomprensión crece, de suerte que las zonas más delicadas y más últimas de nuestro ser permanecen fatalmente herméticas para el prójimo. A veces, como la fiera prisionera, damos saltos en nuestra prisión—que es nuestro ser mismo, con ansia de evadirnos y transmigrar al alma amiga o al alma amada—; pero un destino, tal vez inquebrantable, nos lo impide. Las almas, como astros mudos, ruedan las unas sobre las otras, pero siempre las unas fuera de las otras condenadas a perpetua soledad radical. Al menos, poco puede estimarse a la persona que no ha descendido alguna vez a ese fondo último de sí misma, donde se encuentra irremediablemente solo.

SOBRE LA LECTURA

Democracia morbosa

1. ¿Por qué es el plebeyismo un tirano?
2. ¿Bajo qué circunstancias es la democracia «una cosa óptima»? Según Ortega, ¿cómo han abusado los españoles de la democracia?
3. ¿Por qué dice Ortega que no es lícito ser «ante todo demócrata»?
4. ¿En qué sentido es la democracia una técnica en vez de un fin?
5. ¿Por qué es la democracia jurídica una fuerza positiva?
6. ¿Cómo ha llegado a ser la democracia un elemento destructor?
7. ¿Por qué no se puede ser «sólo demócrata»?
8. ¿Por qué resiente el hombre común a la minoría selecta? ¿A qué fenómeno conduce este resentimiento?

Corazón y cabeza

1. ¿Qué efectos han tenido en la cultura los adelantos tecnológicos y científicos?
2. ¿Qué aspecto del ser humano se ha descuidado?
3. ¿Qué significa realmente la palabra «cultura»?
4. ¿Qué tendencia traza Ortega en el pensamiento indo-europeo?
5. ¿Cómo intenta probar que «las raíces de la cabeza están en el corazón»?
6. ¿Qué demuestra el ejemplo del cañonazo?
7. ¿Qué permite la comunicación entre los hombres?
8. ¿Por qué dice Ortega que a un nivel profundo, la comunicación es imposible?

HACIA EL ANALISIS LITERARIO

1. Juzgando por los dos ensayos que se incluyen aquí, ¿en qué sentido es Ortega un espectador de su sociedad? ¿Es un espectador indiferente? Explique.
2. ¿En qué sentido es la obra de Ortega un producto de las circunstancias del autor?
3. En «Democracia morbosa», ¿cuál es el propósito del ejemplo del vegetariano? ¿del ejemplo del monaguillo? ¿Cómo usa Ortega estos ejemplos para convencer a su lector de la validez de sus argumentos?
4. ¿Cuál es el propósito de citar la fábula del zorro y las uvas?
5. ¿Cómo despista al lector en el primer párrafo de «Corazón y cabeza»?
6. ¿Cuál es la actitud de Ortega hacia el siglo XIX? ¿Cómo se comunica esta actitud al lector en los dos ensayos?
7. ¿Cómo usa Ortega la lógica para construir sus argumentos?
8. ¿Qué efecto produce al emplear palabras y frases en idiomas extranjeros?
9. ¿Por qué cita a personajes históricos?
10. ¿Qué otras técnicas retóricas usa Ortega?

TEXTO Y VIDA

1. ¿Comparte usted las opiniones de Ortega sobre la democracia? Explique.
2. En Los Estados Unidos, ¿dominan los gustos de la masa en cuanto a la moda? ¿a la comida? ¿a la programación televisual? ¿a la música? ¿al cine? ¿a otros aspectos de la vida? Explique.
3. En *La rebelión de las masas* Ortega cita a Los Estados Unidos como un ejemplo de un país en que la democracia ha conducido no sólo a la mediocridad sino al primitivismo. ¿Se puede justificar este punto de vista? ¿Qué opina usted de la actitud de Ortega?
4. ¿Hay una minoría selecta en Los Estados Unidos? ¿Cuál es su papel?
5. ¿Está usted de acuerdo con Ortega en cuanto a la primacía del intelecto en el concepto ordinario de la cultura occidental? ¿Por qué (no)?
6. ¿Ha habido reacciones contra la tecnología durante las últimas dos o tres décadas? Explique. ¿Está el hombre de fines del siglo XX más receloso de la tecnología que el hombre de principios de siglo? ¿Por qué?
7. ¿Qué es «la educación sentimental»? ¿Piensa usted que es importante cultivar tanto el corazón como la cabeza? ¿Por qué?
8. ¿Cómo se puede desarrollar las sensibilidades del individuo? ¿Cuál debe ser el papel de las escuelas en cuanto a este aspecto de la educación?
9. ¿Comparte usted las opiniones de Ortega sobre la imposibilidad de la verdadera comunicación? ¿Por qué (no)?
10. ¿Qué consecuencias de la falta de comunicación ha observado usted en la sociedad? ¿Se puede hacer algo para aliviar este problema o es un elemento inevitable de la existencia humana?

La generación del '27

La segunda y tercera décadas del siglo XX son un período de intensa renovación artística, no sólo en España sino en otros países de Europa. Caracterizan sus primeros momentos una actitud de rebelión ante el arte tradicional. Surgen varios «ismos», movimientos contradictorios y poco duraderos, pero que señalan una nueva orientación artística.

El «futurismo», fundado por el italiano Filippo Tommaso Marinetti (1876–1944) en 1909, predicaba un nuevo iconoclastismo, exigiendo la destrucción del arte del pasado y glorificando la guerra como instrumento de higiene espiritual. El «dadaismo»—escuela de arte iniciada en Zurich por el escritor rumano Tristan Tzara (1896–1963) en 1916—buscaba suprimir la relación entre el pensamiento y la expresión, creando imágenes desconectadas y aparentemente sin sentido. Uno de los primeros dadaístas fue el pintor y escritor francés André Breton (1896–1966), autor del Manifiesto del surrealismo (1924), quien fundó el «surrealismo» o «superrealismo»—movimiento que intentaba sobrepasar lo real, buscando la verdad más allá de la realidad material, en la imaginación y lo irracional.

El caos que predomina en el arte refleja un mundo que se hunde en la confusión y la violencia. La Primera Guerra Mundial estalla en 1914. La Revolución Rusa y los movimientos comunistas que emergen en varios países derrumban la base social establecida. Y sin embargo, tanto en Europa como en los Estados Unidos, la posguerra es un período en que la frivolidad distingue las costumbres y el arte. Al lado de la rebelión y el nihilismo, el optimismo y la ligereza caracterizan no sólo la literatura y la pintura, sino la ropa, los peinados y los bailes del período.

Las diversas corrientes poéticas que aparecen en Europa estimulan una renovación poética en España y en Hispanoamérica. En 1919 se inicia el «ultraísmo» con la publicación de un manifiesto firmado por un pequeño grupo de poetas que exigían una ruptura con las tradiciones líricas del pasado. Los ultraístas deseaban crear una nueva poesía que aboliera el sentimentalismo, la ornamentación inútil y aún los nexos gramaticales y lógicos. Utilizaban una ortografía no convencional y suprimían las mayúsculas y la puntuación. A menudo buscaban su inspiración en la ciencia y empleaban un vocabulario científico y antipoético.

En 1918, el poeta chileno Vicente Huidobro (1893–1948) viajó a España, donde se encontró con los incipientes ultraístas y se declaró el fundador, con el francés Pierre Reverdy (1889–1960), del creacionismo, cuyo lema era «crear un poema como la naturaleza crea un árbol». La poética de Huidobro tiene por base la idea de que el poeta es totalmente libre para crear, independientemente de cualquier preocupación moral o social. Encierra esta idea el último verso de su *Arte poética:* «El poeta es un pequeño Dios». Según Huidobro, la imagen creada por el poeta debía ser autónoma, sin referencias obligatorias al mundo real y material. Huidobro pedía la supresión de toda ornamentación innecesaria porque «el adjetivo, cuando no da vida, mata».

Entre 1920 y 1925 los libros de Huidobro gozaron de gran éxito entre los nuevos poetas. También publicó sus composiciones en varias revistas y en 1921 pronunció una conferencia sobre «Estética moderna». Sin embargo, el movimiento tuvo poco alcance en España. A parte de las de Huidobro mismo, las únicas obras creacionistas de autores españoles que se estudian hoy en día son las de Juan Larrea (1895–1982) y Gerardo Diego (1897–1987).

Los diversos movimientos de principios de siglo estimulan a los poetas de la próxima generación, aunque éstos, en vez de disociarse del pasado, incorporan a las nuevas formas muchos elementos de la larga tradición lírica española. Combinando aspectos del simbolismo francés y de la «poesía pura» de los ultraístas y creacionistas con temas y metros tomados de la lírica española tradicional, estos escritores producen una nueva poesía distintamente española. La herencia popular, así como la culta, les sirve de inspiración. Las formas folklóricas—el *romance, el *cante jondo, la *seguidilla—y las obras de autores españoles antiguos les suministran un material con el cual moldean una poesía original e innovadora. Se le ha dado a este grupo el nombre de «generación del '27» porque en 1927, tricentenario de la muerte del poeta Luis de Góngora, se inició una revalorización de la obra estética del fundador del culteranismo.

Góngora llegó a ser una inspiración para la joven generación poética, que vio en el refinamiento de su estilo, la delicadeza de sus imágenes y la riqueza de su vocabulario una alternativa a la visión caótica de sus predecesores.

Entre los poetas más destacados de esta generación habría que mencionar a Jorge Guillén (1893–1984), a Pedro Salinas (1891–1951) y a Rafael Alberti (1902–1984). La crítica ha considerado a Guillén como el más oscuro y el más puramente intelectual de los tres, aunque su obra no está desprovista de realidad y emoción. La poesía de Guillén es difícil por ser tan concentrada, tan privada de elementos extraños. Su libro más conocido es *Cántico*, publicado en 1928, 1936, 1945 y 1950, cada vez con nuevos poemas. Su segundo libro, *Clamor*, se publicó en dos partes: *Maremágnum* (1957) y *Que van a dar en el mar* (1960). Esta obra refleja el ambiente de la posguerra: aunque contiene algunos poemas nostálgicos y placenteros, predominan los temas de la destrucción y el dolor.

Pedro Salinas, autor de poesías líricas, libros de crítica literaria, novelas y obras de teatro, fue una de las personalidades más amplias de su generación. La poesía de Salinas da una impresión de sencillez y espontaneidad que desmiente su cuidadosa estructuración. Su tono es a veces juguetón y confidencial. A menudo sus poemas narran episodios aparentemente insignificantes de la vida diaria, los cuales adquieren un significado profundo y sugestivo dentro del contexto. El amor es el tema predominante de su obra poética. Salinas veía el mundo externo como caótico y variable. Su obra refleja el deseo de transformar el desorden exterior en una realidad interior fija e inalterable por medio de la poesía. En los detalles comunes y corrientes de la vida encuentra orden y belleza. El amor adquiere un valor casi místico, permitiéndole al poeta superar el caos y alcanzar la felicidad.

Al estallar la Guerra Civil, Salinas se trasladó a Estados Unidos, donde enseñó en Wellesley College y más tarde en Johns Hopkins University. Los poemas que escribió después de 1936 reflejan la intensa soledad del hombre moderno.

Entre las obras y colecciones poéticas más conocidas de Pedro Salinas figuran *Presagios* (1923), *Seguro azar* (1929), *Fábula y signo* (1931), *La voz a ti debida* (1933), *El contemplado* (1946) y *Todo más claro y otros poemas* (1949). En 1925, el poeta publicó una versión en español moderno del *Poema del Mio Cid*, fragmentos de la cual aparecen en este libro (páginas 8–29).

Rafael Alberti, como su contemporáneo Federico García Lorca, buscó inspiración en la poesía popular de Andalucía. Sin embargo, la obra de Alberti es más culta, menos espontánea que la de Lorca. Como las imitaciones de canciones populares que se componían durante el renacimiento, los poemas andaluces de Alberti reflejan una tendencia a seleccionar y purificar. Alberti experimentó con el neogongorismo, el ultraísmo y el surrealismo. Fue también poeta comunista del proletariado, humorista cinematográfico y dramaturgo. Sus últimos libros de poesía revelan un aspecto más íntimo y espiritual de su personalidad. Entre sus colecciones poéticas se cuentan *Marinero en tierra* (1925), *La amante, canciones* (1926), *El alba del alhelí* (1927), *Sobre los ángeles* (1927), y *Cal y Canto* (1929). Alberti emigró a la Argentina durante la Guerra Civil. Volvió a España en 1977.

Federico García Lorca: Casticismo e innovación

De esta generación, el poeta más conocido y universalmente apreciado es Federico García Lorca (1898–1936), quien se distingue, no sólo por la musicalidad de sus versos y la plasticidad de sus *imágenes, sino también por su empleo innovador del romance tradicional. En su búsqueda de la belleza pura, García Lorca recuerda a poetas franceses tales como Paul Verlaine (1844–1896) y el nicaragüense Rubén Darío (1867–1916), iniciador del modernismo. Pero en su temática y su métrica, es un continuador de la tradición castiza. «Si alguna vez se dio en España un poeta español de veras, fue el auspicioso día en que Lorca se reveló como tal,» escribe el crítico Arturo Berenguer. «Español desde el fondo a la forma de su verso; español en todo: en la tradición, en el rasgo, en la alcurnia». De hecho, García Lorca es el escritor de su generación, que mejor supo lograr la síntesis entre temas, actitudes y valores tradicionalmente españoles y la sensibilidad contemporánea europea.

García Lorca nació en el pueblo de Fuentevaqueros, provincia de Granada. Su padre era un labrador acomodado, dueño de tierras, y Federico creció rodeado de tradiciones y leyendas andaluzas. A los diez años inició el estudio de la música, una de las grandes pasiones de su vida. En 1909 su familia se trasladó a Granada, ciudad rica en leyendas moras y gitanas, donde Federico comenzó sus estudios de bachillerato. En 1914 ingresó a la universidad en esta misma ciudad. Seguía estudiando piano y guitarra y entabló amistad con algunos pintores granadinos. Empezó a escribir poesía alrededor de 1915. Dos años más tarde, conoció al célebre compositor español Manuel de Falla (1876–1946), quien estimuló su interés por la música. Desde 1919 hasta 1928 vivió en la Residencia de Estudiantes de Madrid, donde conoció a muchos artistas importantes, entre ellos el pintor Salvador Dalí (1904–1989) y el director de cine Luis Buñuel (1900–1983).

García Lorca publicó su primer libro, *Impresiones y paisajes,* en 1918. En 1919 compuso su primera obra de teatro, *El maleficio de la mariposa,* la cual se estrenó al año siguiente. Durante los años que siguieron, García Lorca se desarrolló no sólo como poeta y dramaturgo, sino también como dibujante y pintor. En 1932 fundó La Barraca, un grupo de teatro experimental cuyo objetivo era llevar obras del Siglo de Oro a diversas partes de España, incluso a las regiones más remotas.

En 1925 García Lorca terminó su obra *Mariana Pineda,* basada en la historia de la mártir liberal que fue ahorcada en el cadalso por sus conspiraciones contra el rey Fernando VII, cuyo reinado nefasto dejó por herencia las guerras civiles del siglo XIX. Más que por su contenido político, la obra es interesante por su tono popular, el cual la coloca dentro del marco de la poesía tradicional andaluza. *Mariana Pineda* es más poesía que teatro; en ella García Lorca utiliza la métrica de la antigua balada: el romance. Poco después de escribirse, se organizó una lectura de *Mariana Pineda* en casa del pintor Salvador Dalí, amigo del poeta, pero, aunque la obra dejó huellas en la comunidad artística e intelectual, fracasó en el teatro.

Federico García Lorca, *Almuerzo*, Spanish Institute, 1927.

En 1926 el poeta pronuncia una conferencia sobre «La imagen poética de don Luis de Góngora» y al año siguiente escribe *Soledad* en homenaje a Góngora. En enero de 1929 termina su obra *Amor de don Perlimplín*. Ese mismo año viaja a Nueva York, donde se encuentra con muchos amigos españoles y conoce a algunos intelectuales norteamericanos importantes. Da conferencias en Columbia University y en Vassar College y escribe gran parte de su obra *La zapatera prodigiosa*. Su estancia en Nueva York lo afecta profundamente. En *Poeta en Nueva York* describe diversos aspectos de la vida norteamericana, en particular, la angustia del negro de Harlem.

En marzo de 1933 se estrena *Bodas de sangre*, una de las obras más originales y más conocidas de García Lorca. En este drama, que trata de la pasión desenfrenada dentro de un ambiente andaluz, el autor combina técnicas surrealistas con temas tradicionales. En 1934 termina su obra *Yerma*, la cual trata de la maternidad frustrada. En *Yerma* también, el autor utiliza lo típicamente andaluz—supersticiones, canciones, ritos, costumbres—para crear una especie de arcaísmo regional a través del cual explora sentimientos humanos universales.

La breve vida de Federico García Lorca termina el 19 de julio de 1936, cuando cae víctima de la violencia de la Guerra Civil, que en esos momentos recién está empezando. Soldados de las fuerzas nacionalistas lo detienen y lo llevan a Viznar, donde lo fusilan, poniendo fin a una de las carreras literarias más brillantes del siglo. Un mes antes, el 19 de junio, García Lorca había terminado su obra más conocida, *La casa de Bernarda Alba,* que trata de la obsesión con el honor del labrador español y de la reprimida pasión femenina. Por ambos lados del Atlántico, su muerte causó una gran perturbación en el mundo intelectual. Se había perdido uno de los espíritus creativos más prometedores de Europa.

Romancero gitano y *Llanto por Ignacio Sánchez Mejías*

En 1924 García Lorca comienza su *Romancero gitano,* una colección de dieciocho poemas que, aunque tienen el tema gitano, logran traspasar los límites del marco contextual para expresar una profunda angustia existencial. Dice Berenguer: «Lo genial del *Romancero gitano* radica en que dice algo cierto del dolor universal y en que ese dolor se plasma dentro del más puro de los moldes populares». Aunque se inspira en lo regional y gitano, el poeta jamás se pierde en lo puramente folklórico. Al contrario, el sufrimiento y la enajenación de un grupo particular llegan a ser una expresión de la condición humana.

Dominan en el *Romancero gitano* dos temas que penetran toda la obra de García Lorca: el sexo y la muerte. En «Romance de la luna, luna», poema que forma parte del *Cancionero gitano,* la luna, que trae la locura y la muerte, es una gitana seductora adornada de joyas baratas. Con sus vueltas y giros insinuadores la sensualísima luna encanta al niño gitano y finalmente se lo lleva de la mano. El poema expresa la fascinación del hombre con la muerte al mismo tiempo que nos hace sentir la angustia terrible de los que sufren la pérdida de un ser amado. En «La monja gitana» se contraponen dos fuerzas opuestas: la castidad y la pasión. La religiosa que borda tranquilamente en el convento de repente siente la llamada de su reprimida sexualidad. Por sus ojos «galopan dos caballistas»; su mirada se aparta del bordado «y al mirar nubes y montes / en las yertas lejanías / se quiebra su corazón / de azúcar y yerbaluisa». Por un momento la monja se entrega a sus fantasías, pero luego se resigna y vuelve a su labor.

En agosto de 1933, muere de una cogida de toro un gran amigo del poeta, el torero Ignacio Sánchez Mejías. Esta desgracia inspira algunos de los versos más bellos y conmovedores de García Lorca, *Llanto por Ignacio Sánchez Mejías.* En un homenaje al torero caído, el poeta examina su propia pena ante la muerte de su amigo. Describe cinco etapas: la primera trata de la conmoción del poeta; el tiempo parece detenerse en el momento terrible—las cinco de la tarde—en que comienza la corrida. El poeta comunica su impresión de que el tiempo se congela por medio de la repetición de la hora que nunca avanza. El verso «A las cinco de la tarde» truena como una horrible campanada a través de la primera parte del *Llanto.* En la segunda parte, el poeta se niega a aceptar la muerte de su amigo. El grito angustiado, «¡Que no quiero verla!» expresa el rechazo de una realidad demasiado dolorosa para enfrentarsela a ella. En la tercera parte, sin embargo, el poeta mira el cuerpo inerte de su amigo y, aunque no sin resistirse, finalmente se resigna. En la cuarta, el poeta promete salvar a Ignacio Sánchez Mejías del olvido al cantar su gloria, dándole la inmortalidad por medio de su poesía. Es interesante notar que algunos estudios científicos recientes sobre la reacción del individuo ante la muerte de un ser querido delinean casi las mismas etapas que García Lorca describe en su poema.

Edición

García Lorca, Federico. *Obras completas*. Ed. Arturo Hoyo. Prólogo de Jorge Guillén. Epílogo de Vicente Aleixandre. Madrid: Aguilar, 1965

———. *Poesía*. Ed. Miguel García Posada. Madrid: Akal, 1980–1982

Crítica

Adams, Mildred. *García Lorca: Playwright and Poet*. New York: Braziller, 1977

Barba, Paloma. *Vida y obra de Federico García Lorca: Biografía*. Madrid: Sociedad General Española de Librería, 1976

Beltrán, Luis. *La arquitectura del humo: una reconstitución del «Romancero gitano» de Federico García Lorca*. London: Tamesis, 1986

Berenguer, Arturo. *Las máscaras de Federico García Lorca*. Buenos Aires: Editorial Universitario de Buenos Aires, 1969

Ciplijauskaité, Biruté. «El verso ajeno en el poema.» *Hispania* 69.4 (Dec. 1986):784–787

Durán, Manuel. «Lorca y las vanguardias». *Hispania* 69.4 (Dec. 1986):764–770

Eisenberg, Daniel. *Poeta en Nueva York: Historia y problemas de un texto de Lorca*. Tr. Carlos Pujol. Barcelona: Ariel, 1976

Herrero, Javier. «La luna vino a la fragua: Lorca's Mythic Forge.» Eds. José Manuel López de Abiada and Augusta López Bernasocchi. *De los romances-villancico a la poesía de Claudio Rodríguez: 22 ensayos sobre las literaturas española e hispanoamericana en homenaje a Gustav Siebenmann*. N.p.:José Esteban, 1984. 175–197

Higginbotham, Virginia. *The Comic Spirit of Federico García Lorca*. Austin: University of Texas Press, 1976

Loughran, David. *Federico García Lorca: The Poetry of Limits*. London: Tamesis, 1978

Marín, Diego. «Algunos problemas interpretativos del *Romancero gitano*». Ed. Gilbert Paolini. *La Chispa, 81: Selected Proceedings*. New Orleans: Tulane University, 1981. 199–207

McInnis, Judy B. «The Psychological Map of García Lorca's Aesthetics: Granada as Universal Image,» *Comparatist* 8 (May 1984):33–42

Ortega, José. «La visión infantil en la poesía de García Lorca.» *Monographic Review/Revista Monográfica* 1 (1985):28–41

Predmore, Richard. *Lorca's New York Poetry*. Raleigh-Durham, N.C.: Duke University Press, 1980

Sobejano, Gonzalo. «Medio verso de Lorca: ¡También se muere el mar!«» *Insula* 41.478 (Sept. 1986):3,14

Stanton, Edward F. *The Tragic Myth: Lorca and «Cante jondo»*. Lexington: University Press of Kentucky, 1978

Romancero[1] *gitano*

Federico García Lorca

I
ROMANCE[2] DE LA LUNA, LUNA

A Conchita García Lorca

La luna vino a la fragua[3]
con su polisón[4] de nardos.[5]
El niño la mira mira.
El niño la está mirando.[6]
En el aire conmovido
mueve la luna sus brazos
y enseña, lúbrica y pura,
sus senos de duro estaño.[7]

—Huye luna, luna, luna.
Si vinieran los gitanos,
harían con tu corazón
collares y anillos blancos.[8]

—Niño, déjame que baile.
Cuando vengan los gitanos,
te encontrarán sobre el yunque[9]

con los ojillos cerrados.
—Huye luna, luna, luna,
que ya siento sus caballos.

—Niño, déjame, no pises
mi blancor almidonado.[10]

El jinete[11] se acercaba
tocando el tambor del llano.[12]
Dentro de la fragua[13] el niño,
tiene los ojos cerrados

Por el olivar[14] venían,
bronce[15] y sueño,[16] los gitanos.
Las cabezas levantadas
y los ojos entornados.[17]

¡Cómo canta la zumaya,[18]
ay cómo canta en el árbol!
Por el cielo va la luna
con un niño de la mano.

Dentro de la fragua[19] lloran,
dando gritos, los gitanos.
El aire la vela, vela.[20]
El aire la está velando.

---

[1] **colección de romances**
[2] **balada**
[3] forge (the workshop of a blacksmith)
[4] bustle (of a dress)
[5] spikenards, aromatic flowers of the lily family. The moon is an Andalusian gypsy, and here the poet evokes her sensual perfume.
[6] Repetition characterizes many folk and children's songs. By means of repetition, the poet produces a lyrical quality and stresses the popular roots of the romance.
[7] tin. The moon is not only as white as tin, she is as hard and unfeeling as metal.
[8] Gypsy ornaments are typically made of tin.
[9] anvil
[10] **mi...**my starched whiteness
[11] horseman, rider
[12] **el...**his tambourine
[13] forge
[14] olive grove
[15] **Bronce** refers to the gypsies' skin color.
[16] dream-like
[17] image of the proud, dark gypies who ride in an arrogant pose with their chins raised and their eyes narrowed.
[18] owl (symbol of death)
[19] forge
[20] is watching

LA MONJA GITANA

A José Moreno Villa

Silencio de cal[21] y mirto.[22]
Malvas[23] en las hierbas finas.
La monja borda alhelíes[24]
sobre una tela pajiza.[25]
Vuelan en la araña[26] gris,
siete pájaros del prisma.[27]
La iglesia gruñe[28] a lo lejos
como un oso panza[29] arriba.
¡Qué bien borda! ¡Con qué gracia!
Sobre la tela pajiza,
ella quisiera bordar
flores de su fantasía.
¡Qué girasol![30] ¡Qué magnolia
de lentejuelas[31] y cintas!
¡Qué azafranes[32] y qué lunas,
en el mantel de la misa!
Cinco toronjas se endulzan
en la cercana cocina.

Las cinco llagas de Cristo
cortadas en Almería.[33]
Por los ojos de la monja
galopan dos caballistas.
Un rumor último y sordo
le despega la camisa.
y al mirar nubes y montes
en las yertas[34] lejanías
se quiebra su corazón
de azúcar y yerbaluisa.[35]
¡Oh!, qué llanura empinada[36]
con veinte soles arriba.
¡Qué ríos puestos de pie
vislumbra[37] su fantasía!
Pero sigue con sus flores,
mientras que de pie, en la brisa,
la luz juega el ajedrez[38]
alto de la celosía.

Llanto por Ignacio Sánchez Mejías

FEDERICO GARCÍA LORCA

1
LA COGIDA Y LA MUERTE

A las cinco de la tarde.
Eran las cinco en punto de la tarde.
Un niño trajo la blanca sábana[1]
a las cinco de la tarde.

Una espuerta[2] de cal[3] ya prevenida
a las cinco de la tarde.
Lo demás era muerte y solo muerte
a las cinco de la tarde.

---

[21] limestone
[22] myrtle
[23] mallows
[24] gillyflowers
[25] straw-colored
[26] **tipo de planta**
[27] **de diversos colores**
[28] grumbles, growls
[29] belly
[30] sunflower
[31] sequins
[32] saffron flowers
[33] The grapefruits, which are from Almería, a

city known for its agricultural products, recall the five wounds that Christ received on the Cross.
[34] stiff, rigid
[35] lemon verbena (used for tea)
[36] lofty
[37] glimpse
[38] The light shining through the slatted shutter (**celosía**) forms a chess-board pattern.

[1] to cover the body
[2] basket
[3] lime (used to dry blood)

El viento se llevó los algodones
a las cinco de la tarde.
Y el óxido[4] sembró cristal y níquel[5]
a las cinco de la tarde.
Ya luchan la paloma y el leopardo[6]
a las cinco de la tarde.
Y un muslo[7] con un asta[8] desolada[9]
a las cinco de la tarde.
Comenzaron los sones del bordón[10]
a las cinco de la tarde.
Las campanas de arsénico y el humo
a las cinco de la tarde.
En las esquinas grupos de silencio[11]
a las cinco de la tarde.
¡Y el toro solo corazón arriba![12]
a las cinco de la tarde.
Cuando el sudor de nieve[13] fue llegando
a las cinco de la tarde,
cuando la plaza se cubrió de yodo[14]
a las cinco de la tarde,
la muerte puso huevos en la herida[15]
a las cinco de la tarde.
A las cinco de la tarde.
A las cinco en punto de la tarde.

Un ataúd con ruedas es la cama
a las cinco de la tarde.
Huesos y flautas suenan en su oído
a las cinco de la tarde.
El toro ya mugía por su frente
a las cinco de la tarde.
El cuarto se irisaba[16] de agonía
a las cinco de la tarde.
A lo lejos ya viene la gangrena[17]
a las cinco de la tarde.
Trompa de lirio[18] por las verdes
   ingles[19]
a las cinco de la tarde.
Las heridas quemaban como soles
a las cinco de la tarde,
y el gentío rompía las ventanas
a las cinco de la tarde.
A las cinco de la tarde.
¡Ay qué terribles cinco de la tarde!
¡Eran las cinco en todos los relojes!
¡Eran las cinco en sombra de la
   tarde!

2
LA SANGRE DERRAMADA

¡Que no quiero verla!

Dile a la luna[20] que venga,
que no quiero ver la sangre
de Ignacio sobre la arena.

¡Que no quiero verla!

La luna de par en par.[21]
Caballo[22] de nubes quietas,

---

[4] rust
[5] image of the drying blood that shines like crystal and nickel in the sunlight
[6] The dove represents peace; the leopard, savage violence. In the struggle between them, the dove is easily destroyed.
[7] thigh
[8] *Asta* **podría referirse al cuerno del toro o a la espada del torero. La línea es ambigua.**
[9] **destruida**
[10] bass strings (of a guitar)
[11] On the corners, groups of people form but, in a state of shock over Sánchez Mejías' death, they do not talk.
[12] **Y**...And only the bull was happy!

[13] **sudor**...icy sweat
[14] iodine
[15] **la**...death infected the wound. (The image is of an insect infesting the wound with larvae.)
[16] became iridescent
[17] Gangrene is beginning to spread throughout the body.
[18] Because of its shape, the lily is a symbol of the masculine sex organ.
[19] groins
[20] The poet calls for night to come so that its darkness will prevent him from seeing Ignacio's body.
[21] **de**...wide open
[22] Refers to the form of the clouds.

y la plaza gris del sueño
con sauces[23] en las barreras.[24]

¡Que no quiero verla!
Que mi recuerdo se quema.
¡Avisad a los jazmines
con su blancura pequeña!

¡Que no quiero verla!

La vaca del viejo mundo
pasaba su triste lengua
sobre un hocico[25] de sangres
derramadas en la arena,
y los toros de Guisando,[26]
casi muerte y casi piedra,
mugieron como dos siglos
hartos de pisar la tierra.
No.
¡Que no quiero verla!

Por las gradas sube Ignacio
con toda su muerte a cuestas.[27]
Buscaba el amanecer,
y el amanecer no era.[28]
Busca su perfil seguro,
y el sueño lo desorienta.
Buscaba su hermoso cuerpo
y encontró su sangre abierta.

¡No me digáis que la vea!
No quiero sentir el chorro[29]
cada vez con menos fuerza;
ese chorro que ilumina
los tendidos[30] y se vuelca[31]
sobre la pana[32] y el cuero
de muchedumbre sedienta.[33]
¡Quién me grita que me asome!
¡No me digáis que la vea!

No se cerraron sus ojos
cuando vio los cuernos cerca,[34]
pero las madres terribles[35]
levantaron la cabeza.
Y a través de las ganaderías,
hubo un aire de voces secretas
que gritaban a toros celestes,[36]
mayorales[37] pálida niebla.
No hubo príncipe en Sevilla
que comparársele pueda,
ni espada como su espada,
ni corazón tan de veras.
Como un río de leones
su maravillosa fuerza,[38]
y como un torso de mármol
su dibujada[39] prudencia.
Aire de Roma andaluza
le doraba la cabeza
donde su risa era un nardo[40]

---

[23] willows (symbol of weeping)
[24] barriers around the bullring
[25] muzzle
[26] a town in Spain where important ancient Iberian sculptures were found. The figures include stone bulls. The poet evokes the image of ancient, long-dead bulls to make the point that violence has always plagued the world. The bulls and the cows (their mothers) are tired of violence.
[27] Ignacio climbs the steps to heaven lugging death on his back. The idea is that death is a terrible burden for him.
[28] That is, there will be no more dawns for him because he is dead.
[29] spurt
[30] stands
[31] **se**...is spilled

[32] corduroy
[33] **muchedumbre**...bloodthirsty crowd
[34] Ignacio was so brave that he looked death (the bull's horns) right in the face without blinking.
[35] The furious mothers of all the bulls Ignacio has killed raise their heads in interest when Ignacio is killed.
[36] The heavenly bulls (that is, bulls that are in heaven because they were killed) whisper to other bulls that at last their tormentor is dead.
[37] foremen (of a ranch)
[38] That is, Ignacio was not as strong as only one lion; he was as strong as a river of lions.
[39] excellent, outstanding
[40] balm

de sal[41] y de inteligencia.
¡Qué gran torero en la plaza![42]
¡Qué gran serrano en la sierra!
¡Qué blando con las espigas![43]
¡Qué duro con las espuelas![44]
¡Qué tierno[45] con el rocío![46]
¡Qué deslumbrante[47] en la feria!
¡Qué tremendo con las últimas
banderillas de tiniebla![48]

    Pero ya duerme sin fin.
Ya los musgos[49] y la hierba
abren con dedos seguros
la flor de su calavera.[50]
Y su sangre ya viene cantando:
cantando por marismas[51] y praderas,[52]
resbalando[53] por cuernos ateridos,[54]
vacilando sin alma por la niebla,

tropezando con miles de pezuñas[55]
como una larga, oscura, triste lengua,
para formar un charco de agonía
junto al Guadalquivir[56] de las estrellas.
¡Oh blanco muro de España!
¡Oh negro toro de pena!
¡Oh sangre dura de Ignacio!
¡Oh ruiseñor[57] de sus venas!
No.
¡Que no quiero verla!
Que no hay cáliz que la contenga,[58]
que no hay golondrinas[59] que se la
   beban,
no hay escarcha[60] de luz que la enfríe
no hay canto ni diluvio de azucenas,[61]
no hay cristal que la cubra de plata.
No.
¡¡Yo no quiero verla!!

3
CUERPO PRESENTE

La piedra[62] es una frente donde los sueños gimen
sin tener agua curva ni cipreses[63] helados.
La piedra es una espalda para llevar al tiempo
con árboles de lágrimas y cintas y planetas.

---

[41] wit
[42] The next lines are patterned after the traditional Spanish *elegy in which the deceased is shown to have been a man among men (the strongest of the strong, the bravest of the brave, etc.) The most famous such elegy is the *Coplas por la muerte de su padre* by Jorge Manrique, (1440—1478), from which the following lines are taken:
    ¡Qué amigo de sus amigos!
    ¡Qué señor para criados
    ¡Y parientes!
    ¡Qué enemigo de enemigos!
    ¡Qué maestre de esforzados
    ¡Y valientes!
    ¡Qué seso para discretos!
    ¡Qué gracia para donosos!
    ¡Qué razón!
    ¡Cuán benigno a los sujetos,
    Y a los bravos y dañosos
    Un león
[43] ears of grain
[44] spurs
[45] soft, tender
[46] dew
[47] dazzling
[48] **sombras**
[49] moss
[50] The poet emphasizes the destructive nature of death by creating images that illustrate the decomposition of the body.
[51] marshes
[52] fields
[53] sliding
[54] stiff from the cold
[55] hoofs
[56] river that passes through Córdoba and Seville
[57] nightingale (symbol of lamentations)
[58] There is no chalice that can contain (his blood). For the poet, Ignacio's blood flows and flows and cannot be contained.
[59] swallows (birds)
[60] frost
[61] lilies
[62] Refers to the tombstone; the point is that stone is eternal and unfeeling.
[63] The cypress tree is a traditional symbol of death.

Yo he visto lluvias grises correr hacia las olas
levantando sus tiernos brazos acribillados,[64]
para no ser cazadas por la piedra tendida
que desata[65] sus miembros sin empapar[66] la sangre.

Porque la piedra coge simientes[67] y nublados,
esqueletos de alondras[68] y lobos de penumbra;[69]
pero no da sonidos, ni cristales, ni fuego,
sino plazas y plazas y otras plazas sin muros.[70]

Ya está sobre la piedra Ignacio el bien nacido.
Ya se acabó;[71] ¿qué pasa? Contemplad su figura:
la muerte le ha cubierto de pálidos azufres[72]
y le ha puesto cabeza de oscuro minotauro.[73]

Ya se acabó. La lluvia penetra por su boca.
El aire como loco deja su pecho hundido,
y el Amor, empapado con lágrimas de nieve,
se calienta en la cumbre de las ganaderías.

¿Qué dicen? Un silencio con hedores[74] reposa.
Estamos con un cuerpo presente que se esfuma,
con una forma clara que tuvo ruiseñores
y la vemos llenarse de agujeros sin fondo.[75]

¿Quién arruga el sudario?[76] ¡No es verdad lo que dice!
Aquí no canta nadie, ni llora en el rincón,
ni pica las espuelas, ni espanta la serpiente:
aquí no quiero más que los ojos redondos[77]
para ver ese cuerpo sin posible descanso.

Yo quiero ver aquí los hombres de voz dura.
Los que doman[78] caballos y dominan los ríos:
los hombres que les suena el esqueleto y cantan
con una boca llena de sol y pedernales.[79]

---

[64] riddled with holes
[65] separates, disconnects
[66] soaking
[67] seeds
[68] larks
[69] **sombra**
[70] The poet represents eternity as endless bullrings.
[71] **Ya...**It's all over.
[72] sulfur

[73] Mythological being, half man and half bull. The idea is that Ignacio has joined his enemy in death. He is one with his executioner, for we all must die.
[74] stench
[75] Image of physical decomposition.
[76] shroud
[77] unblinking
[78] tame
[79] flint

Aquí quiero yo verlos. Delante de la piedra.[80]
Delante de este cuerpo con las riendas[81] quebradas.
Yo quiero que me enseñen dónde está la salida
para este capitán atado por la muerte.[82]

Yo quiero que me enseñen un llanto como un río[83]
que tenga dulces nieblas y profundas orillas,
para llevar el cuerpo de Ignacio y que se pierda
sin escuchar el doble resuello[84] de los toros.

Que se pierda en la plaza redonda de la luna[85]
que finge cuando niña doliente res inmóvil;
que se pierda en la noche sin canto de los peces
y en la maleza blanca del humo congelado.

No quiero que le tapen la cara con pañuelos
para que se acostumbre con la muerte que lleva.
Vete, Ignacio: No sientas[86] el caliente bramido.
Duerme, vuela, reposa: ¡También se muere el mar![87]

4
ALMA AUSENTE

No te conoce el toro ni la higuera,[88]
ni caballos ni hormigas de tu casa.
No te conoce el niño ni la tarde
porque te has muerto para siempre.[89]

No te conoce el lomo[90] de la piedra,
ni el raso[91] negro donde te destrozas.[92]
No te conoce tu recuerdo mudo
porque te has muerto para siempre.

---

[80] The poet calls all "real" men to Ignacio's tomb to pay homage to the man who was the best among them.

[81] reins

[82] Ignacio was a hero, a "captain," and should exit regally.

[83] The poet calls for a theatrical exit for his friend—a river of crying.

[84] snorting

[85] The poet represents the moon as a giant bullring.

[86] **No oigas**

[87] The poet, now resigned to the death of his friend, reminds Ignacio that all things die, including those things that we think of as eternal, for example, the sea. Recall that the sea is a traditional symbol of death. Thus, death itself will die.

[88] fig tree

[89] The idea is that after death, the individual is lost in oblivion. Neither the child (who is new on earth) nor the afternoon will recognize Ignacio after a while.

[90] back

[91] satin

[92] **destruyes**

El otoño vendrá con caracolas,[93]
uva de niebla y montes agrupados,
pero nadie querrá mirar tus ojos
porque te has muerto para siempre.

Porque te has muerto para siempre,
como todos los muertos de la Tierra,
como todos los muertos que se olvidan
en un montón de perros apagados.[94]

No te conoce nadie. No. Pero yo te canto.
Yo canto para luego tu perfil y tu gracia.
La madurez insigne[95] de tu conocimiento.
Tu apetencia de muerte y el gusto de su boca.
La tristeza que tuvo tu valiente alegría.

Tardará mucho tiempo en nacer, si es que nace,
un andaluz tan claro, tan rico de aventura.
Yo canto su elegancia con palabras que gimen
y recuerdo una brisa triste por los olivos.

---

[93] conches (marine animals)　　　　　　　　[95] **famoso**
[94] **silenciosos, sin ladrar**

SOBRE LA LECTURA

1. Dé un resumen de la acción de «Romance de la luna, luna».
2. ¿Cómo está vestida la luna?
3. ¿Qué hace para atraer al niño?
4. ¿Quién le dice que huya? ¿Cómo responde ella?
5. Describa a los gitanos que se acercan.
6. ¿Cómo reaccionan al encontrar muerto al niño? ¿Qué hace la luna?
7. ¿Qué hace la monja gitana? Describa su bordado.
8. ¿Qué representan los «dos caballistas»?
9. ¿Qué hace después de entregarse un momento a sus fantasías?
10. En la primera estrofa de «La cogida y la muerte» del *Llanto por Ignacio Sánchez Mejías*, ¿qué indicios hay de que el torero ha muerto en el ruedo?
11. ¿Cómo se representa poéticamente la sangre? ¿la violencia del momento? ¿la cogida misma? ¿la música fúnebre? ¿las campanas que anuncian la muerte de Ignacio? ¿la reacción del público?
12. ¿Cómo representa el poeta la infección que causa la muerte? ¿Qué imágenes sugieren que la infección se extiende a todo el cuerpo?
13. ¿Cuál es el tema de «La sangre derramada»?
14. ¿Cómo expresa el poeta la idea de que la violencia siempre ha existido?

15. ¿Por qué gradas sube Ignacio? ¿Qué significa «con toda su muerte a cuestas»?

16. ¿Por qué no encuentra Ignacio el amanecer? ¿Por qué no encuentra su propio perfil? ¿su propio cuerpo?

17. ¿Cuál es la diferencia entre la actitud del poeta y la del público?

18. ¿Cómo expresa el poeta la valentía de su amigo? ¿Por qué se sienten aliviados los toros?

19. ¿Qué calidades le atribuye el poeta a su amigo en la estrofa que empieza «No hubo príncipe en Sevilla»?

20. ¿En qué estrofas de la segunda parte vemos la tensión entre el intelecto y las emociones?

21. ¿Cómo cambian la perspectiva y el tono en «Cuerpo presente»?

22. ¿Cómo representa el poeta la eternidad?

23. ¿Por qué dice «Aquí no canta nadie, ni llora en el rincón»? ¿Todavía se niega a ver el cuerpo de su amigo?

24. ¿En qué versos se ve la resignación del poeta?

25. ¿Quiénes son «los hombres de voz dura»? ¿Por qué los llama el poeta?

26. ¿Cómo expresa la idea de que un gran héroe merece salir del mundo con pompa?

27. ¿Qué consuelo encuentra el poeta en las palabras «¡También se muere el mar!»?

28. En «Alma ausente», ¿por qué dice el poeta que ya ni el toro ni los caballos ni las hormigas de su propia casa conocen a Ignacio?

29. ¿Qué otros ejemplos da el poeta del olvido?

30. ¿Cómo piensa el poeta salvar a su amigo del olvido eterno?

HACIA EL ANALISIS LITERARIO

1. ¿Cuántas voces hay en «Romance de la luna, luna»? ¿Qué efecto produce el diálogo entre la luna y el niño?

2. ¿En qué se ve la sensualidad de la luna? ¿Por qué la describe el poeta así? ¿En qué se ve su frialdad e indiferencia?

3. ¿Qué efecto logra el poeta por medio de la repetición?

4. ¿Qué forma métrica usa el poeta en este poema? ¿Por qué cree usted que escogió este metro?

5. ¿Cómo hace el poeta que el lector sienta el paso del tiempo en «Romance de la luna, luna»?

6. ¿Qué ambiente crea en este poema? ¿Qué imágenes contribuyen al ambiente? ¿Cuál es la importancia de la zumaya?

7. ¿Cuál es la importancia del hecho de que la monja que describe García Lorca sea gitana?

8. Aun antes de que se apoder de ella la fantasía, el poeta nos hace ver que se trata de una mujer extremadamente sensual. ¿Qué elementos del poema sugieren este aspecto de la monja?

9. ¿Qué efecto logra el poeta al describir el recuerdo de la pasión como «dos caballistas» que «galopan por sus ojos»?

10. ¿Qué efecto logra con la repetición del verso «A las cinco de la tarde» en «La cogida y la muerte»?

11. ¿Cómo crea un ambiente de muerte y de horror en esta parte del poema?

12. ¿En «La cogida y la muerte», ¿es la descripción subjetiva u objetiva? ¿Por qué?

13. ¿Cómo cambia la voz poética en «La sangre derramada»?

14. ¿Es el tema del poema la muerte de Ignacio o la reacción del poeta? Explique.

15. ¿Cómo desarrolla García Lorca el tema de la muerte dentro del contexto de la corrida?

16. ¿Cómo usa el poeta los símbolos en el *Llanto*?

17. ¿Cuál usa más, metáforas o imágenes que sencillamente sugieren un sentimiento o ambiente? Explique.

18. ¿Qué elementos surrealistas hay en los poemas de García Lorca? ¿Cómo combina lo tradicional con lo contemporáneo?

TEXTO Y VIDA

1. ¿Cómo expone García Lorca sentimientos universales a través de imágenes muy regionales?

2. ¿Por qué piensa usted que el ser humano siente una fascinación por la muerte? Compare la actitud del español hacia la muerte con la del norteamericano.

3. ¿Cómo difiere la monja gitana de la imagen tradicional de la religiosa? ¿Cuál es más realista?

4. ¿Son realistas las emociones que describe el poeta en su *Llanto por la muerte de Ignacio Sánchez Mejías*? ¿Ha perdido usted a algún amigo o pariente o ha experimentado alguna catástrofe? Compare la reacción del poeta a la muerte de su amigo con alguna experiencia personal que usted ha tenido.

4. ¿Son realistas las imágenes de García Lorca? ¿Cómo alcanza el poeta una realidad más auténtica que la visible y concreta?

5. Según el concepto que expresa García Lorca en la última parte del *Llanto*, ¿cuál es la función del arte? ¿Está usted de acuerdo con él?

6. ¿Ha visto usted una corrida de toros? ¿Le gustó o no? ¿Por qué? ¿Cómo se explica la fascinación que tienen muchos españoles por los toros?

Irracionalismo e individualismo: La poesía de Vicente Aleixandre

Vicente Aleixandre (1898–1984), premio Nobel en literatura en 1977, ha sido uno de los poetas españoles más influyentes del siglo XX. Su larga carrera empezó con la publicación de *Ambito* (1928) y se extendió a la década de los 70, cuando salió su *Antología total* (1975).

Aleixandre nació en Sevilla. A los once años se trasladó a Madrid y a los dieciséis entró en la Escuela Superior de Comercio, donde estudió derecho e intendencia mercantil. El curso que le gustó más fue el de literatura española y empezó a leer vorazmente en la Biblioteca Nacional. Le llamaron la atención especialmente las novelas de Galdós. Durante el verano de 1917, un amigo, Dámaso Alonso (1898–), el que sería también gran poeta además de crítico y filólogo, le regaló un libro de Rubén Darío. El poeta y crítico Carlos Bousoño (1923–) describe el momento así: «Fue el gran descubrimiento de la poesía, el abrirse un escenario de maravilla, la súbita contemplación de una luz límpida, distinta y embriagadora.» Entusiasmado por estas primeras lecturas poéticas, Aleixandre comenzó a devorar a Machado y a Juan Ramón Jiménez, y a escribir sus primeras composiciones originales.

En 1920 Aleixandre entró como profesor ayudante en la Escuela de Intendentes Mercantiles de Madrid, donde dictó lecciones de Legislación Mercantil durante dos años. Entonces trabajó para una compañía ferroviaria y escribió varios artículos sobre ferrocarriles. En su tiempo libre escribía versos, un secreto que ni sus amigos más íntimos sabían. Al mismo tiempo leía a poetas franceses de fin de siglo o a españoles del Siglo de Oro o del siglo XIX. Le encantaban Góngora, San Juan de la Cruz y Bécquer, quien ejercería una gran influencia en su obra.

En 1925 una crisis dio un nuevo rumbo a su vida: una enfermedad le obligó a abandonar el trabajo y retirarse al campo, donde redactó *Ambito,* su primer libro de poemas. Con la publicación de algunas de sus composiciones en la *Revista de Occidente,* comenzó a darse a conocer. Colaboró en revistas poéticas tales como *Litoral, Carmen, Mediodía* y *Verso y Prosa.*

Entre 1928 y 1929 Aleixandre compuso su segunda colección, *Pasión de la tierra,* la cual no fue publicada sino en 1935. Durante este período la pasión por Góngora que Aleixandre compartía con otros poetas de la generación del '27 había disminuido. Empezaba a crecer su interés por Lope y Quevedo. También leía al poeta francés Rimbaud y al novelista inglés James Joyce. Pero las lecturas que tal vez influyeron más en su obra fueron las de Sigmund Freud, sin las cuales, según el poeta, «*Pasión de la tierra* no hubiera tomado la forma que tomó».

Entre 1930 y 1931 escribió su tercer libro, *Espadas como labios.* Al año siguiente se enfermó gravemente. La convalecencia le permitió dedicarse a las lecturas de los románticos alemanes y a la poesía de Shakespeare, Keats, Shelley y Wordsworth. De vuelta en Madrid en 1933, entró en un período de intensa creatividad. Escribió *La destrucción o el amor,* el cual recibió el Primer Premio Nacional de Literatura en diciembre de ese mismo año, aunque no fue publicado hasta 1935. Aleixandre ya había escrito muchas de las poesías de su colección *Mundo a solas* (1950) cuando estalló la Guerra Civil.

Durante los años de la guerra, Aleixandre se enfermó de nuevo. Sin embargo, su fama crecía rápidamente y muchos poetas jóvenes empezaban a verlo como mentor. En 1941 escribió *Nacimiento último* y en 1944 publicó *Sombra del paraíso.* Para entonces su influencia ya se había extendido a Hispanoamérica. En 1945 empezó *Historia del corazón,* la colección que muchos críticos consideran su obra maestra. No la completó hasta 1954. En 1949 fue elegido miembro de la Real Academia Española.

Durante las décadas de los 50 y 60 siguió su intensa labor creativa. Las obras de este período incluyen: *Poemas paradisíacos* (1952); *Los encuentros* (1958); *Poemas amorosos* (1960); *Picasso* (1961); *Antigua casa madrileña* (1961), que formará parte de *En un vasto dominio* (1962); *Retratos con nombre* (1965); además de varias antologías.

La estilística de Aleixandre

En su prólogo a las *Obras completas* de Vicente Aleixandre, Carlos Bousoño escribe: «Vicente Aleixandre fue... sumamente afortunado al nacer español en 1898, pues tuvo así, no sólo la oportunidad de llevar a plenitud todas sus facultades, sino la de ser, junto a otros dos poetas de su generación hispánica (Machado y Lorca), un hito final en el que llegan a un clímax dos procesos, vinculados entre sí, que venían hinchando su lomo, como una ola, desde el Romanticismo. Estos dos procesos son el irracionalismo y el individualismo.» No se trata del irracionalismo del poeta romántico que «se enfrentaba irracionalmente...con la materia verbal heredada de la tradición», según Bousoño, sino de un nuevo concepto del lenguaje, el cual permitía asociaciones ilógicas, a veces sugeridas por el subconsciente, por medio de las cuales se producen metáforas, imágenes y combinaciones léxicas sumamente originales. En cuanto al individualismo, se trata de un deseo consciente del artista de producir algo diferente de los demás. En el caso de Aleixandre, el resultado es una poesía intensamente personal que nace de una visión del mundo original y coherente.

Numerosos críticos han señalado una evolución en la poesía de Aleixandre. Para Bousoño, las colecciones que preceden a *Historia del corazón* tienen por idea rectora «la concepción de lo elemental como la única realidad afectiva del mundo», mientras que las obras mas tardías enfocan «la vida humana como historia». Estas dos orientaciones nacen de una base común: «la solidaridad amorosa del poeta, del hombre, con todo lo creado».

Gabriel Celaya señala dos polos. El primero consiste en lo caótico, lo libre, lo elemental, lo mítico. Lo caracterizan la asociación libre, la imaginería onírica, la rebeldía. El otro polo enfoca lo concreto e histórico. Celaya distingue cuatro etapas en la poesía de Aleixandre: en los primeros poemas, predominan los elementos míticos; entre 1928 y 1936, crecen en importancia lo caótico y lo grotesco; entre 1936 y 1945, caracterizan sus obras lo culto y decorativo; en sus últimos poemas, el poeta se convierte en un ser histórico y se identifica con el público.

Otros críticos creen que la poesía de Aleixandre no se divide en etapas distintas, sino que evoluciona lentamente. Kessel Schwartz escribe que en sus obras más tempranas, Aleixandre «construye una lógica primitiva de cualidades sensoriales». La unidad de la naturaleza es el tema central. La naturaleza se concibe como una fuerza cósmica a la vez creadora y destructora, con la cual el hombre, para sobrevivir, necesita mantener una estrecha relación. El amor, inseparable de la naturaleza, da vida y muerte; conduce al hombre a la luz y a la oscuridad. Aleixandre a menudo emplea un simbolismo basado en animales que encarnan fuerzas primordiales. En estos poemas tempranos, predomina lo psicológico en lugar de lo lógico. La influencia de Freud y del surrealismo es evidente. Schwartz explica que en sus poemas más tardíos, Aleixandre se pone cada vez más consciente del hombre en su contexto temporal y espacial. Distingue la cultura de la naturaleza y enfoca la solidaridad que existe entre todos los hombres y mujeres. Los temas del amor y de la muerte adquieren una dimensión más amplia, ya que el amor al prójimo se profundiza al darse cuenta el individuo de la inevitabilidad de la muerte de todos.

Aleixandre mismo se ha negado a definir su poesía, ya que, para él, la poesía es algo inexplicable. Rechaza la idea de limitar al poeta. Tampoco se conforma con reducir la poesía a la mera palabra, ya que la poesía lleva al intelecto a una dimensión en que las palabras adquieren nuevos sentidos y pierden los acostumbrados. La palabra en sí no es poética; adquiere un valor poético al convertirse en un instrumento de creación. A pesar de la complejidad de sus composiciones, Aleixandre subraya que, especialmente en sus obras más tardías, no intenta escribir de una manera complicada. Para él la poesía es propagación, comunicación. En sus primeros poemas domina la naturaleza; el hombre es casi marginal. Más tarde, el hombre se convierte en la figura central que actúa en una escena creada por la naturaleza. Pero el amor es siempre la fuerza que une el individuo, no sólo a su prójimo, sino al universo.

Ocho poemas de Aleixandre

Las largas y serias enfermedades de Aleixandre hicieron al poeta intensamente consciente de la muerte, al mismo tiempo que lo forzaron a retirarse del mundo externo. El sueño y la fantasía le proveyeron de un refugio del dolor. Según Kessel Schwartz, su poesía revela una lucha entre el deseo de recrear una realidad propia por medio de imágenes que nacen en el subconsciente y el de controlar el mundo del subconsciente. La intensificación del elemento fantástico y la influencia de Freud contribuyen a las ricas imágenes del poeta.

La vida y la muerte son inseparables en la poesía de Aleixandre; por lo tanto, el amor—fuente de la vida e instrumento de la procreación—es inseparable de la muerte. El deseo se describe a menudo como una fuerza ciega, impersonal y aniquiladora, pero de la anonadación del individuo que resulta de su entrega completa durante el acto sexual—real o simbólico—renace la vida. A menudo se trata de un erotismo frustrado, tal vez intensificado por las enfermedades y convalescencias que forzaron al poeta a retirarse de la sociedad.

En sus composiciones tempranas, la lucha entre las fuerzas generadoras y destructoras se expresa por medio de imágenes naturales, en particular, el mar. El poeta vivió en Málaga durante su niñez y la costa andaluza dejó huellas profundas en su poesía. En «Mar y noche», el mar—el elemento masculino—se describe como un monstruo terrible con boca y dientes, que muge y clama por la noche, a la cual desea devorar. Luchando por levantarse del lecho a que está clavado, mueve su torso y sus miembros, enseñando sus músculos de agua.

Mientras tanto, la noche—el elemento femenino—procede, graciosa y bella, hacia la luz de la aurora.

En «Circuito», el poeta usa la forma antigua y poética—la mar— transformando así el mar en un elemento femenino. Mientras que en «Mar y noche» no hay figuras humanas, en «Circuito», la fuerza masculina se encarna en un «yo» poético que suspira por las sirenas vírgenes de la mar y de las playas. No se trata de una mujer específica; por las venas del poeta no circulan «nombres» sino imágenes de mujeres núbiles. No sabe si el deseo que lleva en su cuerpo es productivo o destructivo; no sabe si la tierra es verde—el color de la vida y la regeneración, o roja—el color de la sangre; pero siente una profunda nostalgia erótica.

«La selva y el mar» es uno de los poemas más complejos de Aleixandre. Aparece en *La destrucción o el amor*, cuyo título encierra el concepto del amor como fuerza aniquiladora. Aleixandre no emplea la conjunción «o» con el sentido de «o una cosa o la otra», sino para indicar que «el amor» es otro nombre de «la destrucción». Si el acto sexual es una entrega temporal, la entrega total es la muerte, la cual resulta en la fusión del individuo con la tierra y con el cosmos. En «La selva y el mar», los animales representan las fuerzas elementales de la naturaleza. La bestia—el tigre, el león, el elefante—mata, pero el acto de matar es un acto de amar. Los instrumentos de la muerte son también instrumentos del amor. El simbolismo fálico de los «colmillos» y «espadas o dientes» es fácilmente reconocible. La fiera procede ciegamente, por instinto—«todo lo ignora / menos el amor»—y realiza el supremo acto erótico al momento de aniquilar a su víctima. La ternura y el dolor se funden: «Acariciar la fosca melena / mientras se siente la poderosa garra en la tierra...» El animal desea no sólo devorar al otro, sino ser devorado por el otro; su anhelo de la muerte refleja su ávida sed de fusión con el cosmos. La fauna de Aleixandre incluye todo tipo de animal— tigres, cobras, águilas, insectos—los cuales se unen a la flora y a los cielos para representar la totalidad del universo, un universo que existe independiente del hombre.

Si *La destrucción o el amor* recrea un Jardín de Edén del período anterior a la aparición del hombre, en *Sombra del paraíso* aparece el hombre puro y primitivo que el poeta maduro, cansado ya de la corrupción de la civilización, recuerda con nostalgia. En «Los besos» Aleixandre reproduce el instante de fusión con la amada y con el cosmos. En el abandono total o la «muerte» que es el beso, encuentra la eternidad del momento, el «mundo dorado» del paraíso perdido.

En *Nacimiento último*, Aleixandre humaniza su enfoque. El título de la colección se refiere a la transición de la vida a la muerte. El poeta sigue considerando la vida y la muerte dos aspectos de una misma realidad, pero ahora coloca al hombre más cerca del centro de su universo poético. En «Sin amor» el poeta llora el fin de la vida porque significa el fin del amor, pero en otros poemas canta la muerte como una liberación y una continuación. En «El muerto», por ejemplo, el cuerpo enterrado nutre un árbol que con inmensa energía empuja hacia la luz—símbolo de la vida—afirmando así la interdependencia de la vida y la muerte.

En *Historia del corazón* el hombre pasa finalmente a primer plano. La naturaleza, aunque no desaparece, ocupa un lugar secundario; sirve de escenario para el drama de la existencia humana. El tema central de *Historia del corazón* es la solidaridad que existe entre los hombres, la cual se manifiesta de diversas maneras: por medio del amor; de la compasión por el que sufre; de la indignación ante la injusticia. La imaginería que emplea Aleixandre en esta colección es más sencilla que la de sus libros anteriores. Su lenguaje es más directo. En los poemas de la tercera parte de *Historia del corazón,* de la cual «El alma» forma una parte, el poeta reafirma que el amor es la única verdadera realidad humana. En el acto de amor, las almas se funden. El cuerpo de la amada es un alma en forma tangible; al conocer el amante el cuerpo de su amada, el alma se hace «reconocible». El amor se asocia con la luz, porque amor es vida y vida es luz.

De *Historia del corazón* en adelante, el hombre se convierte en un ser social e histórico. No desaparece el concepto de la fusión cósmica que domina las primeras obras del poeta; sin embargo, el contexto llega a ser un aspecto importante de la materia cósmica. *En un vasto dominio* y *Retratos con nombre* contienen poemas dedicados a destacadas figuras artísticas y literarias de todas las épocas: Fray Luis de León, Lope de Vega, Max Aub, Gabriel Celaya. Estos son personajes que viven o vivieron en la historia pero que transcienden su momento histórico. También contiene retratos de figuras arquetípicas—por ejemplo, «Un ladrón»—de las figuras más olvidadas de la sociedad y así despiertan la compasión del lector. Lo que da cohesión a la materia caótica del cosmos es siempre la fuerza unificadora del amor.

Ediciones

Aleixandre, Vicente. *Obras completas.* Prólogo de Carlos Bousoño. Madrid: Aguilar, 1968

———. *Antología total.* Barcelona: Seix Barral, 1975

Crítica

Alonso, Dámaso. *Ensayos sobre poesía española.* Buenos Aires: Revista de Occidente, 1946

———. «Poemas inéditos de Vicente Aleixandre». *Insula* 40.458–459 (Jan.–Feb. 1985): 1, 16

Bleiberg, Germán. «Vicente Aleixandre y sus poemas difíciles». *Insula* 5 (Feb. 1950):–

Bousoño, Carlos. *La poesía de Vicente Aleixandre.* Madrid: Gredos, 1968

———. «El influjo de Aleixandre desde 1935 hasta hoy». *Boletín de la Real Academia Española* 65.234 (Jan.–Apr. 1985):49–59

———. «Grandeza y evolución en Aleixandre». *Insula* 40.458–459 (Feb. 1985):1, 18–19

Bradford, Carole E. "From Vicente Aleixandre to Claudio Rodríguez: Love as a Return to the Cosmos." *Hispanic Journal* 4.1 (Fall 1982):97–104

Cano, José Luis. «El amor en la poesía de Vicente Aleixandre». *Corcel* (1944):5–6

———. «Málaga en Vicente Aleixandre». *Papeles de Son Armadans* XI.32–33 (1958):51–80

Celaya, Gabriel. «Notas para una 'Cantata en Aleixandre'». *Papeles de Son Armadans* XI.32–33 (1958):375–385

Colinas, Antonio. *Conocer Vicente Aleixandre y su obra*. Barcelona: Dopesa, 1977

García Nieto, José, Carlos Bousoño, Luis Rosales, Gerardo Diego y Dámaso Alonso. «Homenaje a Vicente Aleixandre». *Boletín de la Real Academia Española* 65.234 (Jan.–Apr. 1985):43–70

Jiménez, José Olivio. «Vicente Aleixandre desde el otro costado». *Insula* 40.458–459 (Jan.–Feb. 1985):9–10

Ley, Charles David. *Spanish Poetry since 1939*. Washington, D. C.: The Catholic University Press, 1962

Luis, Leopoldo de. *Vida y obra de Vicente Aleixandre*. Madrid: Espasa-Calpe, 1978

Salinas, Pedro. *Literatura española del siglo XX*. México: Antigua Librería Robredo, 1949

Schwartz, Kessel. *Vicente Aleixandre*. New York: Twayne, 1970

Torrente Ballester, Gonzalo. *Literatura española contemporánea*. Madrid: Afrodisio Aguado, 1949

Zardoya, Concha. *Poesía española contemporánea*. Madrid: Guadarrama, 1961

Ocho poemas

VICENTE ALEIXANDRE

Mar y noche

El mar bituminoso[1] aplasta sombras
contra sí mismo. Oquedades[2] de
   azules
profundos quedan quietas al arco de
   las ondas.
Voluta[3] ancha de acero quedaría
de súbito forjada si el instante
siguiente no derribase[4] la alta
   fábrica.[5]
Tumultos, cataclismos y volúmenes
irrumpen de lo alto a la ancha base,
que se deshace ronca,
tragadora de sí y del tiempo, contra
   el aire
mural, torpe[6] al empuje.

Bajo cielos altísimos y negros
muge[7]—clamor—la honda
boca, y pide noche.
Boca—mar—toda ella, pide noche;
noche extensa, bien prieta[8] y grande,
para sus fauces[9] hórridas, y enseña
todos sus blancos dientes de espuma.
Una pirámide linguada[10]
de masa torva y fría
se alza, pide,
se hunde luego en la cóncava
   garganta
y tiembla abajo, presta[11] otra
vez a levantarse, voraz de la alta
   noche

---

[1] bituminous, like asphalt
[2] hollows
[3] spiral
[4] hurled down
[5] fabrication, creation
[6] heavy, slow

[7] bellow, roar
[8] **negra**
[9] cavity at the back of the mouth, leading to the pharynx
[10] **lánguida**
[11] **lista**

que rueda por los cielos
—redonda, pura, oscura, ajena—
dulce en la serenidad del espacio.
      Se debaten las fuerzas inútiles
  abajo.
Torso y miembros.[12] Las duras
contracciones enseñan
músculos emergidos, redondos
  bultos,
álgidos despidos.[13]
Parece atado al hondo
abismo el mar, en cruz,[14] mirando
al cielo alto, por desasirse,[15]

violento, rugiente,[16] clavado al lecho.
      Mientras la noche rueda[17]
en paz, graciosa, bella,
en ligado desliz,[18] sin rayar nada
el espacio, capaz de órbita y comba[19]
firmes, hasta hundirse en la dulce
claridad ya lechosa,
mullida[20] grama donde
cesar, reluciente de roces[21] secretos,
pulida, brilladora,
maestra en superficie.

de *Ambito*

Circuito

Nostalgia de la mar.
Sirenas[22] de la mar que por las playas
quedan de noche cuando al mar se
  marcha.
Llanto, llanto, dureza de la luna,
insensible a las flechas desnudadas.
Quiero tu amor, amor, sirenas
  vírgenes
que ensartan[23] en sus dedos las
  gargantas,

que bordean el mundo con sus besos,
secos al sol que borra labios
  húmedos.
Yo no quiero la sangre ni su espejo,
ignoro si la tierra es verde o roja,
si la roca ha flotado sobre el agua.
Por mis venas no nombre, no agonía,
sino cabellos núbiles circulan.

de *Espadas como labios*

La selva y el mar

Allá por las remotas
luces o aceros aún no usados,
tigres del tamaño del odio,
leones como un corazón hirsuto,
sangre como la tristeza aplacada,[24]
se baten como la hiena amarilla que toma la forma del poniente[25] insaciable.
      Oh la blancura súbita,
las ojeras violáceas de unos ojos marchitos,
cuando las fieras muestran sus espadas o dientes
como latidos de un corazón que casi todo lo ignora,
menos el amor,

---

[12] limbs
[13] **álgidos**...frigid discharges
[14] **en**...crosswise
[15] let go
[16] roaring
[17] drags on
[18] **en**...in a tight slide

[19] **curva**
[20] fluffy
[21] rubbing
[22] mermaids
[23] string (beads)
[24] placated, satisfied
[25] west wind

al descubierto en los cuellos allá donde la arteria golpea,
donde no se sabe si es el amor o el odio
lo que reluce en los blancos colmillos.

Acariciar la fosca[26] melena
mientras se siente la poderosa garra en la tierra,
mientras las raíces de los árboles, temblorosas,
sienten las uñas profundas
como un amor que así invade.

Mirar esos ojos que sólo de noche fulgen,[27]
donde todavía un cervatillo[28] ya devorado
luce su diminuta imagen de oro nocturno,
un adiós que centellea de póstuma ternura.

El tigre, el león cazador, el elefante que en sus colmillos lleva algún suave
    collar,
la cobra que se parece al amor más ardiente,
el águila que acaricia a la roca como los sesos duros,
el pequeño escorpión que con sus pinzas sólo aspira a oprimir un instante la
    vida,
la menguada[29] presencia de un cuerpo de hombre que jamás podrá ser
    confundido con una selva,
ese piso feliz por el que viborillas perspicaces hacen su nido en la axila del
    musgo,[30]
mientras la pulcra coccinela[31]
se evade de una hoja de magnolia sedosa...
Todo suena cuando el rumor del bosque siempre virgen
se levanta como dos alas de oro,
élitros,[32] bronce o caracol rotundo,
frente a un mar que jamás confundirá sus espumas con las ramillas tiernas.

La espera sosegada,
esa esperanza siempre verde,
pájaro, paraíso, fasto[33] de plumas no tocadas,
inventa los ramajes más altos,
donde los colmillos de música,
donde las garras poderosas, el amor que se clava,
la sangre ardiente que brota[34] de la herida,
no alcanzará, por más que el surtidor[35] se prolongue,
por más que los pechos entreabiertos en tierra
proyecten su dolor o su avidez a los cielos azules.

Pájaro de la dicha,
azul pájaro o pluma

---

[26] thick
[27] **brillan**
[28] little fawn
[29] **disminuida**
[30] moss

[31] **un insecto pequeño, de color rojo**
[32] shard (of beetle)
[33] display
[34] spurts
[35] spout, jet, stream

sobre un sordo rumor de fieras solitarias,
del amor o castigo contra los troncos estériles,
frente al mar remotísimo que como la luz se retira.

de *La destrucción o el amor*

Los besos

Sólo eres tú, continua,
graciosa, quien se entrega,
quien hoy me llama. Toma,
toma el calor, la dicha,
la cerrazón de bocas
selladas. Dulcemente
vivimos. Muere, ríndete.
Sólo los besos reinan:
sol tibio y amarillo,
riente, delicado,
que aquí muere, en las bocas
felices, entre nubes

rompientes, entre azules
dichosos, donde brillan
los besos, las delicias
de la tarde, la cima
de este ponente loco,
quietísimo, que vibra
y muere.—Muere, sorbe
la vida.—Besa.—Beso.
¡Oh mundo así dorado!

de *Sombra del paraíso*

Sin amor

Fin de una vida, fin de un amor. La noche aguarda.
Oh noche dura, silenciosa, inminente.
Oh soledad de un cuerpo que no ama a nadie.
Con un puño se arranca sombra, sólo sombra del pecho.
Aquí hubo sangre, aquí en este hueco inmenso latió una vida;
aquí en esta húmeda soledad hubo voces, dulces voces llamando.
¿Recuerdas? Hubo un aliento que ascendía, exhalaba
un hombre y daba lumbre, lumbre y vida a una boca.
Hubo una queja, un grito, una súplica hermosa,
hubo en el pecho el mismo viento dulce que allí en los labios
modeló luego el aliento de un beso.
    Tienta, tienta, mano, esta madera fría
y torpe de una tabla sin venas.
Recorre esa forma sorda. Ya la noche amenaza.
Un sudario sin vida de tiniebla uniforme
te helará, larga tabla sin pesar que aún insiste.

de *Nacimiento último*

El muerto

Bajo la tierra el día
oscurece. Ave rara,
ave arriba en el árbol que cantas para un muerto.
Bajo la tierra duermo
como otra raíz de ese árbol que a solas en mí nutro.
No pesas, árbol poderoso y terrible que emerges a los aires,

que de mi pecho naces con un verdor urgente
para asomar y abrirse en rientes ramajes
donde un ave ahora canta, vivaz sobre mi pecho.

Hermosa vida clara de un árbol sostenido
sobre la tierra misma que un hombre ha sido un día.
Cuerpo cabal que aún vive, no duerme, nunca duerme.
Hoy vela en árbol lúcido que un sol traspasa ardiendo.

No soy memoria, amigos, ni olvido. Alegre subo,
ligero, rumoroso por un tronco a la vida
Amigos, olvidadme. Mi copa canta siempre,
ligera, en el espacio, bajo un cielo continuo.

de *Nacimiento último*

El alma

El día ha amanecido,
Anoche te he tenido en mis brazos.
Qué misterioso es el color de la carne.
Anoche, más suave que nunca:
Carne casi soñada.
Lo mismo que si el alma al fin fuera tangible.
Alma mía, tus bordes,
tu casi luz, tu tibieza conforma...
Repasaba tu pecho, tu garganta,
tu cintura: lo terso,
lo misterioso, lo maravillosamente expresado.
Tocaba despacio, despacísimo, lento,
el inoíble rumor del alma pura, del alma manifestada.
Esa noche, abarcable; cada día, cada minuto, abarcable.
El alma con su olor a azucena.
Oh, no: con su sima,[36]
con su irrupción misteriosa de bulto vivo.
El alma por donde navegar no es preciso
porque a mi lado extendida, arribada, se muestra
como una inmensa flor; oh, no: como un cuerpo maravillosamente investido.

Ondas de alma..., alma reconocible.
Mirando, tentando su brillo conforme,
su limitado brillo que mi mano somete,
creo,
creo, amor mío, realidad, mi destino,
alma olorosa, espíritu que se realiza,
maravilloso misterio que lentamente se teje,
hasta hacerse ya como un cuerpo,
comunicación que bajo mis ojos miro formarse,

---

[36] chasm, abyss

organizarse,
y conformemente brillar,
trasminar,[37]
transcender,
en su dibujo bellísimo,
en su sola verdad de cuerpo advenido;[38]
oh dulce realidad que yo aprieto, con mi mano, que por una manifestada
    suavidad se desliza.
Así, amada mía,
cuando desnuda te rozo,
cuando muy lento, despacísimo, regaladamente te toco.
En la maravillosa noche de nuestro amor.
Con luz, para mirarte.
Con bella luz porque es para ti.
Para engolfarme en mi dicha.
Para olerte, adorarte,
para, ceñida, trastornarme con tu emancipación.
Para amasarte con estos brazos que sin cansancio se ahorman.[39]
Para sentir contra mi pecho todos los brillos,
contagiándome de ti,
que, alma, como una niña sonríes
cuando te digo: «Alma mía...»

de *Historia del corazón*

Un ladrón

También tú te has cansado. La mano aún está viva.
Sus yemas[40] tienen gastada la piel: tantas
cajas fuertes, claves de arca,[41] cerraduras rozaron.
Los ojos deslumbrados mil veces por el soplete[42] fúlgido
turbios están, quizá quemados, y descansan, oscuros.
La frente, casi surcada[43] de arruguillas finas;
fruncido el ceño para siempre: usado.
Y el pelo gris oculta pensamientos,
recuerdos, ay, proyectos. El día ardió y él vela.
Una vida son horas, trabajos: pies ligeros.
Un viento: en él, papeles; billetes que ahí pasaron.
La soledad repleta de vida no es tristeza.
Volviendo el cuerpo, intenta dormir. El día amanece.

de *Retratos con nombre*

---

[37] **penetrar**
[38] **real, presente**
[39] mold, shape
[40] fingertips

[41] coffers
[42] blowtorch
[43] furrowed

SOBRE LA LECTURA

Mar y noche

1. ¿Qué colores y tonos dominan la descripción del mar en «Mar y noche»? ¿Cómo contrastan con la descripción de la noche?
2. ¿Cómo personifica el poeta al mar?
3. ¿En qué estado se encuentra el mar? ¿Qué desea hacer?
4. ¿Qué metáforas usa el poeta para describir la violencia del mar?
5. ¿Logra el mar devorar la noche o no? ¿Cómo termina el poema?

Circuito

1. ¿Cómo cambia la imagen acuática en «Circuito»?
2. ¿Qué tipo de nostalgia describe el «yo» poético?
3. ¿Cómo describe el poeta la luna? ¿Cómo contrasta la dureza de la luna con el estado del «yo» poético?
4. ¿Cómo expresa el dolor que siente?
5. ¿Ama a una mujer específica o describe un anhelo vago y general?

La selva y el mar

1. ¿Cómo comunica el poeta la idea de la selva virgen?
2. ¿Cómo describe las fuerzas elementales de la naturaleza?
3. ¿Cómo describe la urgencia amorosa de los animales?
4. ¿Por qué se confunden el amor y el odio?
5. ¿Cómo expresa el poeta la fuerza destructora del amor?
6. ¿Qué animales menciona el poeta? ¿Cuál es la función poética de cada uno?
7. ¿Qué efecto produce la yuxtaposición de diminutivos («cervatillo») e imágenes horríficas?
8. ¿Qué relación existe entre la selva y el mar?
9. ¿A qué «esperanza siempre verde» se refiere el poeta en la penúltima estrofa?
10. ¿Con qué imagen termina el poema?
11. ¿Cómo usa la interacción de elementos para comunicar la idea de la fusión cósmica?

Los besos

1. ¿Cómo describe el poeta la fusión de almas en «Los besos»?
2. ¿Por qué compara el beso a la muerte?
3. ¿Cómo comunica la fusión del individuo con el cosmos?
4. ¿A qué «mundo dorado» se refiere?

Sin amor, El muerto

1. En «Sin amor», ¿cómo comunica el poeta la idea de que el amor es la esencia de la vida?

2. ¿Cómo describe la muerte? ¿Cómo comunica la soledad?
3. ¿Cómo usa los tiempos verbales para contrastar la vida y la muerte?
4. ¿Qué es la «madera fría»? ¿Cómo usa el poeta las sensaciones táctiles para evocar la muerte?
5. ¿Por qué «aún insiste» la larga tabla? ¿Es la muerte un fin absoluto o no?
6. Compare la actitud del poeta hacia la muerte en «Sin amor» y «El muerto».
7. En «El muerto», ¿en qué sentido constituye la muerte una continuación?
8. ¿Cómo expresa el poeta la tremenda fuerza del árbol y de la vida misma?
9. ¿Qué es el «cuerpo cabal» que «nunca duerme»? ¿Qué logra el poeta con esta imagen?
10. ¿Cómo expresa la fusión entre el hombre y el árbol? ¿Por qué les dice a sus amigos que lo olviden?

El alma

1. ¿Qué relación existe entre el cuerpo y el alma de la amada?
2. ¿Cómo expresa el poeta la tangibilidad del alma?
3. ¿En qué sentido revela el amor la realidad?
4. ¿Es importante para el poeta el aspecto físico del amor? ¿Por qué?
5. ¿En qué sentido «se contagia» el amante de la amada?

Un ladrón

1. ¿Cómo sugiere el poeta las actividades del ladrón?
2. ¿Cómo sugiere que constituyen un trabajo como cualquier otro?
3. ¿Cómo comunica el cansancio físico y psicológico del ladrón?
4. ¿Por qué despierta el ladrón la compasión del lector?
5. ¿Por qué se titula este poema «Un ladrón» en vez de «El ladrón»?

HACIA EL ANALISIS LITERARIO

1. Compare las imágenes de los poemas tempranos de Aleixandre con las de sus composiciones más tardías.
2. ¿Cómo usa la metáfora para crear imágenes fantásticas en sus poemas tempranos?
3. ¿Qué significa «tigres del tamaño del odio»? ¿«leones como un corazón hirsuto»? Dé algunos ejemplos más de asociaciones inesperadas. ¿Qué trata de comunicar el poeta con estas combinaciones ilógicas?
4. ¿Cómo evoluciona el lenguaje poético de Aleixandre? Dé ejemplos.
5. ¿En qué poemas se nota la influencia freudiana?
6. ¿Cómo cambia el enfoque del poeta a través de los años? Dé ejemplos.
7. ¿Cómo usa la luz y la oscuridad?
8. ¿Cómo usa el color?
9. ¿Qué temas, imágenes y técnicas dan cohesión a su obra?
10. ¿Cómo enriquece su visión el darles un contexto a sus personajes? ¿Cómo cambia su concepto del amor?

TEXTO Y VIDA

1. ¿Qué opina usted del concepto de la fusión cósmica?
2. ¿Comparte usted el concepto de Aleixandre del amor? Explique.
3. ¿Cómo influyeron las enfermedades de Aleixandre en su desarrollo artístico? ¿Piensa usted que las crisis de esta naturaleza sirven a menudo para intensificar las sensibilidades creadoras de una persona? Explique su respuesta.
4. ¿Cuáles son las imágenes de Aleixandre que usted halla más poderosas? ¿Por qué?
5. ¿Prefiere usted la poesía realista o no realista? ¿Por qué?
6. ¿Ve usted alguna relación entre la imaginería de Aleixandre y la de los pintores de su generación?

España bajo Franco

En 1937 Franco organizó la Falange Española Tradicionalista y las Juntas de Ofensiva Nacional Sindicalistas, una combinación de la antigua Falange Española y las fuerzas carlistas. El 31 de enero de 1938 los insurgentes crearon un gobierno ministerial, poniendo a Franco a la cabeza. Al rey Alfonso XIII se le restauraron los derechos civiles que había perdido en 1931.

Los Estados Unidos, Gran Bretaña y Francia reconocieron el gobierno de Franco en 1939. Poco después, España declaró su apoyo a Alemania y se retiró de la Liga de Naciones. Cuando estalló la Segunda Guerra Mundial, España declaró su neutralidad, aunque después de la caída de Francia en 1940, estableció una política de no beligerancia que le permitía apoyar al Eje sin intervenir militarmente en la guerra. A pesar de esto, cuando Alemania atacó a la Unión Soviética en junio de 1941, la Falange Española mandó a una división a combatir contra los rusos. En 1943, después de la invasión del Norte de Africa por los Aliados, España volvió a su política de neutralidad. Con el colapso del Eje y el triunfo de los Aliados en el Pacífico, rompió relaciones con Alemania y el Japón.

Al final de la guerra, cuando se formaron las Naciones Unidas, la nueva organización internacional votó por excluir a España.

Franco había pasado de primer ministro a caudillo con poder absoluto. Durante los primeros años de su dictadura, se eliminó la oposición política, se abolieron los sindicatos laborales, se suspendió la constitución y se restauraron los privilegios de la Iglesia y de la aristocracia. Miles de adversarios de Franco fueron encarcelados o ejecutados. A causa de estos abusos, en 1946 las Naciones Unidas negaron a participación a España en todas sus agencias especializadas.

A causa de la censura estricta, se produjo un vacío en las letras españolas. Muchos intelectuales salieron de España para radicarse en otros países. Algunos se establecieron en Francia. Otros fueron a Latinoamérica o a Los Estados Unidos. En el extranjero, el intelectual español encontraba acogida en las universidades, donde enseñaba literatura u otra materia y seguía su labor. En

México un grupo de emigrados fundó la revista *España peregrina*, dedicada a los españoles que vivían en el destierro. «España peregrina» llegó a ser el nombre por el cual era conocido este grupo de escritores.

En 1947 la Ley de Sucesión volvió a establecer el principio de la monarquía, aunque el país siguió sin rey hasta la muerte del caudillo. El generalísimo Franco fue nombrado jefe de estado vitalicio, con el derecho de seleccionar un candidato para el trono si así lo deseaba. También se creó un consejo con el poder de nombrar un rey en el caso de que Franco muriera o quedara incapacitado para gobernar.

La guerra había agotado la hacienda nacional. La escasez de comida y de bienes esenciales convirtieron la vida en una lucha continua para miles de personas. Durante la primera década después de la Guerra Civil, España hizo un gran esfuerzo por aumentar su producción. Se crearon varios programas para combatir los efectos de las inundaciones y sequías que plagaban las pocas tierras arables. Un factor que contribuyó al retraso económico de España fue el aislamiento que le impusieron los otros países europeos. La situación económica española empeoró a fines de los años 40 a causa de una serie de sequías. Las Naciones Unidas votaron por rescindir su decisión de 1946, permitiendo que sus agencias ayudaran a España.

A pesar de la ley que prohibía las huelgas, se organizó un paro general en Barcelona en marzo de 1951 y pronto las manifestaciones de resistencia a la dictadura se extendieron a las provincias vascas. Aunque la economía mejoró durante los primeros años de los 50, a mediados de la década la inflación había empezado a subir, provocando protestas de parte de estudiantes y obreros. En 1957, a fin de reducir el descontento popular, se redujo la representación falangista en el gobierno y se aumentó la de los sectores comerciales y laborales. Sin embargo, en marzo del año siguiente hubo una serie de huelgas iniciada por los mineros del carbón. Para calmar la situación, las Cortes votaron por otorgar a los obreros el derecho de negociar su salario y sus condiciones de trabajo directamente con los empresarios. En 1958 firmas españolas recibieron préstamos de $24.5 millones de los Estados Unidos para comprar maquinaria americana que serviría para desarrollar plantas eléctricas en el noroeste de España. El gobierno tomó varias medidas para estabilizar la economía y para fines de la década se había controlado la inflación y conseguido el equilibrio comercial.

En cuanto a las relaciones internacionales, la década de los 50 trajo algunos adelantos diplomáticos y una importante pérdida colonial. A pesar de las protestas de sus aliados de la OTAN, Los Estados Unidos entraron en una alianza con España que condujo a un acuerdo firmado en 1953, por medio del cual se ampliaron las bases aéreas y navales americanas en la Península Ibérica y el gobierno de Franco recibió $226 millones para el desarrollo económico y militar. Ese mismo año España firmó un concordato con la Santa Sede y entró en la UNESCO. En diciembre de 1955, fue admitida a las Naciones Unidas. Su candidatura fue apoyada por los países hispanoamericanos que sentían un vínculo cultural con la madre patria y por las naciones democráticas que veían a Franco como un baluarte contra el comunismo.

En 1957, tropas marroquíes ocuparon el territorio español de Ifni, provocando una reacción de las fuerzas españolas. Al año siguiente, por medio de la intercesión de los Estados Unidos, se puso fin a la disputa y España concedió independencia al protectorado de Marruecos, salvo las plazas de Ceuta y Melilla. En 1968 Guinea Ecuatorial ganó su independencia y al año siguiente se devolvió Ifni a Marruecos.

Durante los años 60 España intentó reforzar sus vínculos con Europa y modernizar su economía. Sin embargo, después de una serie de huelgas, Franco tomó nuevas medidas represivas, suspendiendo ciertos derechos civiles y prohibiendo que adversarios del gobierno entraran en zonas de turbulencia social. En 1962 España pidió ingresar a la Comunidad Económica Europea, lo cual no consiguió hasta 1986, más de una década después de la muerte de Franco. A pesar de estos reveses, los 60 fueron un período de crecimiento económico. En 1964, 1969 y 1972 se iniciaron planes de desarrollo y en 1965 se firmó un pacto comercial con Cuba. La industria y los servicios reemplazaron la agricultura como la fuente de ingresos más importante. El turismo europeo y americano fue uno de los factores que contribuyó más a la revitalización de la economía española.

Durante los años 60 el gobierno dio varios pasos moderados hacia la liberalización. Se relajó la censura y se legalizó la asociación política, con ciertas restricciones. Se autorizó la elección de dos representantes de cada provincia a las Cortes. Se autorizó la libertad religiosa para los no católicos.

El aislamiento político y económico de España disminuyó durante esta época. Aunque la tensión que existía entre España y Gran Bretaña a causa de Gibraltar—que España consideraba y sigue considerando territorio suyo—produjo varios incidentes, las relaciones entre las dos naciones no se interrumpieron excepto temporalmente.

En 1963 los Estados Unidos negociaron una extensión del tratado para sus bases militares, el cual volvió a renovarse en 1968. Un nuevo acuerdo se firmó en 1970.

La oposición a Franco creció durante los últimos años de su régimen. La economía empezaba a perder su dinamismo. Disminuyó el turismo y aumentaron el desempleo, la inflación y la deuda externa. Aunque se firmaron acuerdos comerciales con varios países de Latinoamérica y del bloque comunista, no se logró equilibrar la economía. A pesar de su ilegalidad, se organizaron numerosos paros. Tanto la extrema derecha como la oposición de izquierda recurrieron a la violencia. Los separatistas vascos y catalanes plantaron bombas y realizaron otros actos de terrorismo. En las universidades, los estudiantes organizaron huelgas y manifestaciones para protestar contra el alza de los precios y la opresión franquista.

El gobierno reaccionó con fuerza, autorizando que se disparara a los rebeldes y exigiendo la pena de muerte para cualquier persona hallada culpable de matar a un policía. Al mismo tiempo el gobierno inició algunas reformas. Sin embargo, la liberalización no empezó a hacer efecto hasta después de la muerte de Franco, ocurrida el 20 de noviembre de 1975.

«España peregrina»: Francisco Ayala

Francisco Ayala es uno de los escritores más destacados de lo que se ha llamado la «generación perdida» de la posguerra. El mayor de once hijos, Ayala nació en Granada en 1906. De niño, quería dedicarse a la pintura. A los diecisiete años emprendió los estudios de derecho en Madrid y al mismo tiempo comenzó su carrera literaria. En 1925, cuando tenía apenas diecinueve años, publicó su primera novela, *Tragicomedia de un hombre sin espíritu*. Empezó a colaborar en revistas influyentes, tales como la *Revista de Occidente*, publicada por José Ortega y Gasset. Después de graduarse de licenciado y más tarde de doctor en derecho, obtuvo una cátedra universitaria de derecho político. En 1930 publicó una colección de relatos titulada *Cazador en el alba y otras imaginaciones*.

Interrumpió esta cadena de éxitos académicos y literarios el estallido de la guerra. Como muchos otros académicos y artistas, Ayala salió de España. Se estableció en Argentina, donde vivió desde 1939 hasta 1950. Allí enseñó sociología y publicó libros sobre este campo. También escribió ensayos, estudios literarios y dos volúmenes de narraciones. Publicó el relato «El hechizado» en 1944, después de catorce años de no escribir ficción. «El hechizado» fue alabado por muchos críticos y escritores argentinos, entre ellos, Jorge Luis Borges. En 1949 Ayala publicó *Los usurpadores,* una colección de breves narraciones que incluye «El hechizado»; ese mismo año también apareció *La cabeza del cordero,* otra colección de relatos. Durante su estadía en la Argentina, viajó por varios países y en 1950, se mudó a Puerto Rico, donde vivió hasta 1958. En Puerto Rico, organizó la Escuela de Estudios Generales y dirigió la prensa universitaria. En 1953 fundó la revista *La Torre* y en 1955 publicó *Historia de macacos,* una nueva colección de cuentos.

La residencia de Ayala en Los Estados Unidos comienza en 1958, cuando se traslada a Nueva York. También en 1958 publica *Muertes de perro,* que muchos críticos consideran su mejor novela, además de un tratado sobre la educación, *La crisis actual de la enseñanza.* Durante los años que siguen, enseña en diversas universidades americanas: Rutgers, Bryn Mawr, Nueva York, Chicago, CUNY (City University of New York), Illinois. En 1960 vuelve a España por primera vez después de la guerra. En 1962 sale *El fondo del vaso,* continuación de *Muertes de perro;* en 1963, *El as de bastos,* una colección de cuentos; y en 1965, *El rapto,* una adaptación moderna de un episodio de *Don Quijote.* Durante todo este período, sigue publicando ensayos sobre temas sociológicos y literarios. En 1977 recibe un doctorado honorífico de la Northwestern University.

Los catorce años que separan *Cazador en el alba* de «El hechizado» no son un período estéril. Ayala sigue trabajando, publicando tratados y ensayos, aunque no obras de ficción. Sin embargo, durante este tiempo el autor madura, su concepto de la literatura y de la vida va concretizándose. Con la publicación de «El hechizado», Ayala se distingue como un narrador de primera categoría.

«El hechizado» se incorporará después a *Los usurpadores,* una colección de seis narraciones en las cuales el autor utiliza algunos episodios de la historia de España para explorar la sociedad española actual. En su *Tratado de sociología,*

Ayala escribe, «La Historia es un conocer en función del presente, un saber para la práctica». Es decir, para Ayala el examen del pasado no ofrece ningún escape del presente; al contrario, constituye una confrontación con el presente. Ayala encuentra en la historia hartos ejemplos de la tendencia del hombre hacia la discordia, la violencia, el abuso del poder–defectos demasiado visibles en los períodos de la guerra y de la posguerra. Escribe en su prólogo apócrifo a *Los usurpadores:* «Los excesos de nuestra época y las personales vivencias del autor justifican que perciba y subraye lo demoníaco, engañoso y vano de los afanes dominadores, y que vea la salud del espíritu en la santa resignación». Ayala retrata un mundo en el cual la ambición conduce al abuso y a la perversión. La tesis de Ayala está comprendida en el título: «el poder ejercido por el hombre sobre su prójimo», explica Ayala en su prólogo, «es siempre una usurpación».

En *Los usurpadores*, emerge una visión cínica y grotesca del hombre. En la sociedad, reinan la corrupción y la podredumbre. El rey—símbolo del poder y de la autoridad—es en *Los usurpadores* casi siempre un enfermo, un loco, un impotente o, si no, un tirano perverso. Sin embargo, el hecho de escribir «ejemplos» revela una actitud no del todo negativa por parte del autor. La profesora Estelle Irizarry escribe en su estudio sobre Francisco Ayala: "The writing of exemplary fiction implies an essential faith in man and in his ability to recognize and eventually correct his errors". La profesora Irizarry señala que a diferencia del moralista que predica un sermón, Ayala se retira de su narración, dejando al lector analizar el texto por su cuenta y llegar a sus propias conclusiones morales. Por la naturaleza abierta y ambigua de sus «ejemplos» históricos, Ayala los califica de novelas y no de cuentos, ya que para el autor el cuento tiene un significado transparente y una estructura cerrada.

La primera gran novela de Ayala es *Muertes de perro*. Como en sus obras de ficción anteriores, el autor examina el abuso del poder, ya no dentro del marco histórico, sino en el contexto de una dictadura indeterminada de Latinoamérica. Pinedo, el narrador, es un inválido muy lúcido e inteligente que critica a los demás con una perspicacia admirable. Sin embargo, poco a poco el lector se da cuenta de que Pinedo, por más que trate de disimularlo, no es menos corrupto que los que describe. Se trata de un mundo putrefacto, sin valores. La imagen del hombre que nos pinta Ayala es monstruosa; las pasiones llevan al individuo inexorablemente a destruirse, a buscar la «muerte de perro» que le corresponde.

Ayala completa el relato en *El fondo del vaso*. Los personajes y el ambiente moral son los mismos que en la novela anterior. Esta vez narra José Lino Ruiz, un personaje secundario de la primera novela. La estructura, bastante innovadora aunque no sin antecedentes, combina la narración en primera persona con recortes de periódicos y el monólogo interior. Como en otras obras de Ayala, reinan la mentira, la hipocresía, la falta de sinceridad. Esta novela—como todas las obras del autor — representa un esfuerzo por examinar la sociedad, por profundizar, por llegar «al fondo del vaso» con el propósito de exponer la podredumbre y la esperanza de inspirar una revitalización moral.

«El hechizado» gira alrededor de la figura de Carlos II, monarca física y mentalmente inválido, cuyo reinado desastroso conduce a la Guerra de Sucesión a principios del siglo XVIII. El tema, que el autor define en su prólogo, es «el

Estado, como estructura de un poder vacío». El protagonista, el Indio González Lobo, sale del Perú, atraviesa el Atlántico y se dirige a la Corte, impulsado por el deseo de presentar una petición de no se sabe qué naturaleza. En Madrid se halla ante la burocracia aplastante de la monarquía. Después de interminables trámites e innumerables esperas en antesalas de burócratas que nunca se ocupan de su solicitud, por fin logra la anhelada entrevista con el rey, valiéndose del único sistema efectivo dentro de ese hervidero de empleados y postulantes: el contacto personal. Su intermediario es una enana—tan deforme y grotesca como la monarquía misma—que lo lleva ante un soberano que resulta ser totalmente demente, un residuo decadente de una dinastía moribunda. «El hechizado» nos deja con numerosas preguntas; por ejemplo, ¿quién es el hechizado—el rey trastornado o el postulante obsesivo que persiste en buscar una manera de presentar su petición?

El narrador de «El hechizado» es un erudito que resume las memorias de González Lobo y que comenta continuamente sobre su estilo pesado, con su descripción minuciosa de detalles inútiles, su vocabulario arcaico y su escasez de información personal. Al narrar los incontables trámites del Indio, el narrador comete los mismos errores estilísticos que él. El tedio de la narración refleja el del proceso de postular en la Corte. La técnica narrativa que emplea Ayala le permite saltar constantemente del pasado al presente, subrayando las semejanzas que existen entre la burocracia de la Corte de Carlos II y la de la España actual.

Edición

Ayala, Francisco. *Obras narrativas completas*. Madrid: Aguilar, 1969

————. *Recuerdos y olvidos*. Autobiografía. Madrid: Alianza Tres, 1982

Crítica

Alvarez Sanagustín, Alberto. *Semiología y narración: el discurso literario de Francisco Ayala*. Oviedo: Universidad de Oviedo, 1981

Bieder, Maryellen. *Narrative Perspective in the post–Civil War Novels of Francisco Ayala*. Chapel Hill: University of North Carolina Press, 1979

Díaz, Janet W. "Spanish Civil War and Exile in the Novels of Aub, Ayala, and Sender." Ed. Hans-Bernhard Moeller. *Latin America and the Literature of Exile*. Heidelberg: Winter, 1983. 207–231

Ellis, Keith. *El arte narrativo de Francisco Ayala*. Madrid: Gredos, 1964

Hiriart, Francisco. *Conversaciones con Francisco Ayala*. Madrid: Espasa-Calpe, 1982

Irizarry, Estelle. *Francisco Ayala*. Boston: Twayne, 1977

————. *Teoría y creación literaria en Francisco Ayala*. Madrid: Gredos, 1971

Mermall, Thomas. «El texto icónico: La alegoría de la realidad del otro en los relatos de Francisco Ayala». *Hispanic Review* 51.1 (Winter 1983):43–61

Salado, Ana. «Francisco Ayala: El pasado como literatura». *Insula* 38.442 (Sept. 1983):4

El hechizado[1]

FRANCISCO AYALA

Después de haber pretendido[2] inútilmente en la Corte, el Indio González Lobo—que llegara[3] a España hacia fines de 1679 en la flota de galeones con cuya carga[4] de oro se celebraron las bodas del rey—hubo de retirarse a vivir en la ciudad de Mérida, donde tenía casa una hermana de su padre. Nunca más salió ya de Mérida González Lobo. Acogido con regocijo[5] por su tía doña Luisa Alvarez, que había quedado sola al enviudar poco antes, la sirvió en la administración de una pequeña hacienda, de la que, pasados los años, vendría a ser heredero. Ahí consumió, pues, el resto de su vida. Pasaba el tiempo entre las labranzas y sus devociones, y, por las noches, escribía. Escribió, junto a otros muchos papeles, una larga relación de su viaje, donde, a la vuelta de mil prolijidades[6] cuenta cómo llegó a presencia del Hechizado. A este escrito se refiere la presente noticia.

No se trata del borrador[7] de un memorial,[8] ni cosa semejante; no parece destinado a fundar o apoyar petición ninguna. Diríase[9] más bien que es un relato del desengaño de sus pretensiones. Lo compuso, sin duda, para distraer las veladas[10] de una vejez toda vuelta hacia el pasado, confinada entre los muros del recuerdo, a una edad en que ya no podían despertar emoción, ni siquiera curiosidad, los ecos—que, por lo demás, llegarían a su oído muy amortiguados[11]—de la guerra civil donde, muerto el desventurado Carlos, se estaba disputando por entonces su corona.[12]

Alguna vez habrá de publicarse el notable manuscrito; yo daría aquí íntegro su texto si no fuera tan extenso como es, y tan desigual[13] en sus partes: está sobrecargado[14] de datos enojosos[15] sobre el comercio de Indias, con apreciaciones críticas que quizás puedan interesar hoy a historiadores y economistas; otorga unas proporciones desmesuradas a un parangón[16]—por otra parte, fuera de propósito—entre los cultivos del Perú y el estado de la agricultura en Andalucía y Extremadura; abunda en detalles triviales; se detiene en increíbles minucias y se complace en considerar lo más nimio,[17] mientras deja a

---

[1] bewitched
[2] **tratado de conseguir (algo)**
[3] **había llegado**
[4] shipment
[5] **alegría, gozo**
[6] **mil...a great deal of tediousness**
[7] rough draft
[8] written (legal) statement
[9] **Se diría**
[10] wakeful nights
[11] muffled
[12] **Carlos II (1661–1700). Enfermizo y abúlico, Carlos cedió ante la influencia exterior y su** reinado fue desastroso para España. Antes de morir designó por sucesor a Felipe de Anjou, así desatando la Guerra de Sucesión, la cual terminó con la introducción de la dinastía borbónica. Nótese el paralelo entre el momento histórico descrito en el relato y el que Ayala vivía al volver a escribir ficción, después de la Guerra Civil.
[13] uneven
[14] overladen
[15] tiresome
[16] **comparación**
[17] insignificante

veces pasar por alto, en una descuidada alusión, la atrocidad de que le ha llegado noticia o la grandeza admirable. En todo caso, no parecería discreto dar a la imprenta un escrito tan disforme sin retocarlo algo, y aliviarlo de tantas impertinentes excrecencias[18] como en él vienen a hacer penosa e ingrata la lectura.

Es digno de advertir que, concluida ésta a costa de no poco esfuerzo, queda en el lector la sensación de que algo le hubiera sido escamoteado;[19] y ello, a pesar de tanto y tan insistido detalle. Otras personas que conocen el texto han corroborado esa impresión mía; y hasta un amigo a quien proporcioné los datos acerca del manuscrito, interesándolo en su estudio, después de darme gracias, añadía en su carta: «Más de una vez, al pasar una hoja y levantar la cabeza, he creído ver al fondo, en la penumbra[20] del Archivo, la mirada negrísima de González Lobo disimulando su burla en el parpadeo[21] de sus ojos entreabiertos.» Lo cierto es que el escrito resulta desconcertante en demasía,[22] y está cuajado[23] de problemas. Por ejemplo: ¿a qué intención obedece?, ¿para qué fue escrito?—Puede aceptarse que no tuviera otro fin sino divertir la soledad de un anciano reducido al solo pasto de los recuerdos. Pero ¿cómo explicar que, al cabo de tantas vueltas, no se diga en él en qué consistía a punto fijo la pretensión de gracia que su autor llevó a la Corte, ni cuál era su fundamento?

Más aún: supuesto que este fundamento no podía venirle sino en méritos de su padre, resulta asombroso el hecho de que no lo mencione siquiera una vez en el curso de su relación. Cabe la conjetura de que González Lobo fuera huérfano[24] desde muy temprana edad y, siendo así, no tuviera gran cosa que recordar de él; pero es lo cierto que hasta su nombre omite—mientras, en cambio, nos abruma con observaciones sobre el clima y la flora, nos cansa inventariando las riquezas reunidas en la iglesia catedral de Sigüenza...Sea como quiera, las noticias anteriores al viaje que respecto de sí mismo consigna son sumarias en extremo, y siempre aportadas por vía incidental. Sabemos del clérigo por cuyas manos recibiera sacramentos y castigos, con ocasión de un episodio aducido[25] para escarmiento[26] de la juventud: pues cuenta que, exasperado el buen fraile ante la obstinación con que su pupilo oponía un callar terco a sus reprimendas, arrojó los libros al suelo y, haciéndole la cruz, lo dejó a solas con Plutarco y Virgilio. Todo esto, referido en disculpa, o mejor, como lamentación moralizante por las deficiencias de estilo que sin duda habían de afear su prosa.

Pero no es esa la única cosa inexplicable en un relato tan recargado de explicaciones ociosas.[27] Junto a problema de tanto bulto,[28] se descubren otros más sutiles. Lo trabajoso y dilatado del viaje, la demora creciente de sus etapas conforme iba acercán-

---

[18] **tumores (aquí, información superflua que disminuye el valor del documento)**
[19] **robado**
[20] **sombra**
[21] blinking
[22] **en...demasiado**

[23] **muy lleno**
[24] orphan
[25] **presentado**
[26] **para...para servir de ejemplo moral**
[27] **aburridas**
[28] **de...tan grande, tan notable**

dose a la Corte (sólo en Sevilla permaneció el Indio González más de tres años, sin que sus memorias ofrezcan justificación de tan prolongada permanencia en una ciudad donde nada hubiera debido retenerle), contrasta, creando un pequeño enigma, con la prontitud en desistir de sus pretensiones y retirarse de Madrid, no bien hubo visto al rey. Y, como éste, otros muchos.

El relato se abre con el comienzo del viaje, para concluir con la visita al rey Carlos II en una cámara de Palacio. «Su Majestad quiso mostrarme benevolencia—son sus últimas frases—, y me dio a besar la mano; pero antes de que alcanzara a tomársela saltó a ella un curioso monito que alrededor andaba jugando, y distrajo su Real atención en demanda de caricias. Entonces entendí yo la oportunidad, y me retiré en respetuoso silencio.»

Silenciosa es también la escena inicial del manuscrito, en que el Indio González se despide de su madre. No hay explicaciones, ni lágrimas. Vemos las dos figuras destacándose[29] contra el cielo, sobre un paisaje de cumbres andinas,[30] en las horas del amanecer. González ha tenido que hacer un largo trayecto para llegar despuntando el día; y ahora, madre e hijo caminan sin hablarse, el uno junto al otro, hacia la iglesia, poco más grande, poco menos pobre que las viviendas. Juntos oyen la misa. Una vez oída, González vuelve a emprender[31] el descenso por las sendas cordilleranas...

Poco más adelante, lo encontraremos en medio del ajetreo[32] del puerto. Ahí su figura menuda apenas se distingue en la confusión bulliciosa, entre las idas y venidas que se enmarañan[33] alrededor suyo. Está parado, aguardando, entretenido en mirar la preparación de la flota, frente al océano que rebrilla[34] y enceguece. A su lado, en el suelo, tiene un pequeño cofre. Todo gira alrededor de su paciente espera; marineros, funcionarios, cargadores, soldados; gritos, órdenes, golpes. Dos horas lleva quieto en el mismo sitio el Indio González Lobo, y otras dos o tres pasarán todavía antes de que las patas innumerables de la primera galera comiencen a moverse a compás,[35] arrastrando su panza sobre el agua espesa del puerto. Luego, embarcará con su cofre.—Del dilatado[36] viaje, sólo esta sucinta referencia contienen sus memorias: *La travesía*[37] *fue feliz.*

Pero, a falta de incidentes que consignar, y quizás por efecto de expectativas inquietantes que no llegaron a cumplirse, llena folios y folios a propósito de los inconvenientes, riesgos y daños de los muchos filibusteros[38] que infestan los mares, y de los remedios que podrían ponerse en evitación del quebranto que por causa de ellos sufren los intereses de la Corona. Quien lo lea, no pensará que escribe un viajero, sino un político, tal vez un arbitrista: son lucubraciones mejor o peor fundadas, y de

[29] standing out, sharply visible
[30] **cumbres....**Andean mountaintops
[31] undertake
[32] **agitación**
[33] **se...causan confusión**
[34] **brilla mucho**
[35] **a...**rhythmically
[36] drawn out, very long
[37] crossing
[38] **piratas**

cuya originalidad habría mucho que decir. En ellas se pierde; se disuelve en generalidades. Y ya no volvemos a encontrarlo hasta Sevilla.

En Sevilla lo vemos resurgir de entre un laberinto de consideraciones morales, económicas y administrativas, siguiendo a un negro que le lleva al hombro su cofre y que, a través de un laberinto de callejuelas, lo guía en busca de posada. Ha dejado atrás el navío de donde desembarcara.[39] Todavía queda ahí, contoneándose[40] en el río; ahí pueden verse, bien cercanos, sus palos empavesados,[41] Pero entre González Lobo, que ahora sigue al negro con su cofre, y la embarcación que le trajo de América, se encuentra la Aduana. En todo el escrito no hay una sola expresión vehemente, un ademán de impaciencia o una inflexión quejumbrosa: nada turba el curso impasible del relato. Pero quien ha llegado a familiarizarse con su estilo, y tiene bien pulsada esa prosa, y aprendió a sentir el latido disimulado bajo la retórica entonces en uso, puede descubrir en sus consideraciones sobre un mejor arreglo del comercio de Indias y acerca de algunas normas de buen gobierno cuya implantación acaso fuera recomendable, todo el cansancio de interminables tramitaciones,[42] capaces de exasperar a quien no tuviera tan fino temple.[43]

Excedería a la intención de estos apuntes, destinados a dar noticia del curioso manuscrito, el ofrecer un resumen completo de su contenido. Día llegará en que pueda editarse con el cuidado erudito a que es acreedor,[44] anotado en debida forma, y precedido de un estudio filológico donde se discutan y diluciden[45] las muchas cuestiones que su estilo suscita.[46] Pues ya a primera vista se advierte que, tanto la prosa como las ideas de su autor, son anacrónicas para su fecha; y hasta creo que podrían distinguirse en ellas ocurrencias, giros y reacciones correspondientes a dos, y quién sabe si a más estratos; en suma, a las actitudes y maneras de diversas generaciones, incluso anteriores a la suya propia—lo que sería por demás explicable dadas las circunstancias personales de González Lobo. Al mismo tiempo, y tal como suele ocurrir, esa mezcla arroja resultados que recuerdan la sensibilidad actual.

Tal estudio se encuentra por hacer; y sin su guía no parece aconsejable la publicación de semejante libro, que necesitaría también ir precedido de un cuadro geográfico-cronológico donde quedara trazado el itinerario del viaje—tarea ésta no liviana, si se considera cuánta es la confusión y el desorden con que en sus páginas se entreveran[47] los datos, se alteran las fechas, se vuelve sobre lo andado, se mezcla lo visto con lo oído, lo remoto con lo presente, el acontecimiento con el juicio, y la opinión propia con la ajena.

De momento, quiero limitarme a anticipar esta noticia bibliográfica,

---

[39] **había desembarcado**
[40] rocking
[41] **llevando banderas**
[42] paper work, red tape
[43] **carácter**

[44] **a...que merece**
[45] **aclaren**
[46] brings up, brings into question
[47] **se...are mixed in**

llamando de nuevo la atención sobre el problema central que la obra plantea: a saber, cuál sea el verdadero propósito de un viaje cuyas motivaciones quedan muy oscuras, si no oscurecidas a caso hecho, y en qué relación puede hallarse aquel propósito con la ulterior redacción de la memoria. Confieso que, preocupado con ello, he barajado[48] varias hipótesis, pronto desechadas,[49] no obstante, como insatisfactorias. Después de darle muchas vueltas, me pareció demasiado fantástico y muy mal fundado el supuesto de que el Indio González Lobo ocultara una identidad por la que se sintiera llamado a algún alto destino, como descendiente, por ejemplo, de quién sabe qué estirpe nobilísima. En el fondo, esto no aclararía apenas nada. También se me ocurrió pensar si su obra no sería una mera invención literaria, calculada con todo esmero[50] en su aparente desaliño para simbolizar el desigual e imprevisible curso de la vida humana, moralizando implícitamente sobre la vanidad de todos los afanes en que se consume la existencia. Durante algunas semanas me aferré[51] con entusiasmo a esta interpretación, por la que el protagonista podía incluso ser un personaje imaginario; pero a fin de cuentas tuve que resignarme a desecharla: es seguro que la conciencia literaria de la época hubiera dado cauce muy distinto a semejante idea.

Mas[52] no es ahora la ocasión de extenderse en cuestiones tales, sino tan solo de reseñar el manuscrito y adelantar una apuntación ligera de su contenido.

Hay un pasaje, un largo, interminable pasaje, en que González Lobo aparece perdido en la maraña[53] de la Corte. Describe con encarnizado[54] rigor su recorrer el dédalo[55] de pasillos y antesalas,[56] donde la esperanza se pierde y se le ven las vueltas al tiempo; se ensaña[57] en consignar cada una de sus gestiones, sin pasar por alto[58] una sola pisada. Hojas y más hojas están llenas de enojosas referencias y detalles que nada importan, y que es difícil conjeturar a qué vienen. Hojas y más hojas están llenas de párrafos por el estilo de éste: «Pasé adelante, esta vez sin tropiezo, gracias a ser bien conocido ya del jefe de la conserjería; pero al pie de la gran escalera que arranca del zaguán—se está refiriendo al Palacio del Consejo de Indias, donde tuvieron lugar muchas de sus gestiones—, encontré cambiada la guardia: tuve, pues, que explicar ahí todo mi asunto como en días anteriores, y aguardar que subiera un paje en averiguación de si me sería permitido el acceso. Mientras esperaba, me entretuve en mirar quiénes recorrían las escaleras, arriba y abajo: caballeros y clérigos, que se saludaban entre sí, que se paraban a conversar, o que avanzaban entre reverencias. No poco tiempo tardó en volver mi buen

---

[48] **shuffled**
[49] **descartadas**
[50] **cuidado**
[51] I held onto
[52] **Pero**
[53] **confusión**

[54] **vivo, encendido**
[55] **laberinto**
[56] **salas de espera**
[57] **se...he takes a perverse pleasure**
[58] **pasar...leaving out, overlooking**

paje con el recado de que sería recibido por el quinto oficial de la tercera Secretaría, competente para escuchar mi asunto. Subí tras de un ordenanza,[59] y tomé asiento en la antesala del señor oficial. Era la misma antesala donde hube de aguardar el primer día, y me senté en el mismo banco donde ya entonces había esperado más de hora y media. Tampoco esta vez prometía ser breve la espera; corría el tiempo; vi abrirse y cerrarse la puerta veces infinitas, y varias de ellas salir y entrar al propio oficial quinto, que pasaba por mi lado sin dar señales de haberme visto, ceñudo[60] y con la vista levantada. Acerquéme,[61] en fin, cansado de aguardar, al ordenanza de la puerta para recordarle mi caso. El buen hombre me recomendó paciencia; pero, porque[62] no la acabara de perder, quiso hacerme pasar de allí a poco, y me dejó en el despacho mismo del señor oficial, que no tardaría mucho en volver a su mesa. Mientras venía o no, estaba yo pensando si recordaría mi asunto, y si acaso no volvería a remitirme con él, como la vez pasada, a la Secretaría de otra Sección del Real Consejo. Había sobre la mesa un montón de legajos,[63] y las paredes de la pieza estaban cubiertas de estanterías, llenas también de carpetas.[64] En el testero[65] de la sala, sobre el respaldo del sillón del señor oficial, se veía un grande y no muy buen retrato del difunto rey don Felipe IV.[66] En una silla, junto a la mesa, otro montón de legajos esperaba su turno. Abierto, lleno de espesa tinta, el tintero de estaño aguardaba también al señor oficial quinto de Secretaría...Pero aquella mañana ya no me fue posible conversar con él, porque entró al fin muy alborotado en busca de un expediente, y me rogó con toda cortesía que tuviera a bien excusarle, que tenía que despachar con Su Señoría,[67] y que no era libre de escucharme en aquel momento.»

Incansablemente, diluye su historia el Indio González en pormenores[68] semejantes, sin perdonar día ni hora, hasta el extremo de que, con frecuencia, repite por dos, tres, y aun más veces, en casi iguales términos, el relato de gestiones idénticas, de manera tal que sólo en la fecha se distinguen; y cuando el lector cree haber llegado al cabo de una jornada penosísima, ve abrirse ante su fatiga otra análoga, que deberá recorrer también paso a paso, y sin más resultado que alcanzar la siguiente. Bien hubiera podido el autor excusar el trabajo, y dispensar de él a sus lectores, con solo haber consignado, si tanto importaba a su intención, el número de visitas que tuvo que rendir a tal o cual oficina, y en qué fechas. ¿Por qué no lo hizo así? ¿Le procuraba acaso algún raro placer el desarrollo del manus-

---

[59] empleado subalterno
[60] frowning
[61] Me acerqué
[62] para que
[63] grupo de papeles, documentos
[64] folders
[65] parte anterior
[66] Padre de Carlos II. Felipe entregó el poder al Conde-duque de Olivares, quien perdió

cuanto quedaba de la antigua gloria española. Felipe, así como su hijo, es símbolo de la incompetencia y de la ineficiencia. Su corte era conocida por los abusos de los privados, la burocracia excesiva, la intriga y la corrupción.
[67] Su...His lordship
[68] detalles

crito bajo su pluma con un informe crecimiento de tumor, sentir cómo aumentaba su volumen amenazando cubrir con la longitud del relato la medida del tiempo efectivo a que se extiende? ¿Qué necesidad teníamos, si no, de saber que eran cuarenta y seis los escalones de la escalera del palacio del Santo Oficio, y cuántas ventanas se alineaban en cada una de sus fachadas?

Quien está cumpliendo con probidad la tarea que se impuso a sí propio: recorrer entero el manuscrito, de arriba abajo, línea por línea y sin omitir un punto, experimenta, no ya un alivio sino emoción verdadera, cuando, sobre la marcha, su curso inicia un giro que nada parecía anunciar y que promete perspectivas nuevas a una atención ya casi rendida al tedio. «Al otro día, domingo, me fui a confesar con el doctor Curtius», ha leído sin transición ninguna. La frase salta desde la lectura maquinal, como un relumbre[69] en la apagada, gris arena...Pero si el tierno temblor que irradia[70] esa palabra, *confesión*, alentó un momento la esperanza de que el relato se abriera en vibraciones íntimas, es sólo para comprobar cómo, al contrario, la costra de sus retorcidas premiosidades[71] se autoriza ahora con el secreto del sacramento. Pródigo siempre en detalles, el autor sigue guardando silencio sobre lo principal. Hemos cambiado de escenario, pero no de actitud. Vemos avanzar la figura menuda de González Lobo, que sube, despacio, por el centro de la amplísima escalinata,[72] hacia el pór-

tico de la iglesia; la vemos detenerse un momento, a un costado, para sacar una moneda de su escarcela[73] y socorrer a un mendigo. Más aun: se nos hace saber con exactitud ociosa que se trata de un viejo paralítico y ciego, cuyos miembros se muestran agarrotados[74] en duros vendajes sin forma. Y todavía añade González una larga digresión, lamentándose de no poseer medios bastantes para aliviar la miseria de los demás pobres instalados, como una orla[75] de podredumbre, a lo largo de las gradas...

Por fin, la figura del Indio se pierde en la oquedad[76] del atrio. Ha levantado la pesada cortina; ha entrado en la nave, se ha inclinado hasta el suelo ante el altar mayor. Luego se acerca al confesionario. En su proximidad, aguarda, arrodillado, a que le llegue el turno. ¿Cuántas veces han pasado por entre las yemas de sus dedos las cuentas de su rosario, cuando, por último, una mano blanca y gorda le hace señas desde lo oscuro para que se acerque al Sagrado Tribunal?—González Lobo consigna ese gesto fugaz de la mano blanqueando en la sombra; ha retenido igualmente a lo largo de los años la impresión de ingrata dureza que causaron en su oído las inflexiones teutónicas del confesor y, pasado el tiempo, se complace en consignarla también. Pero eso es todo. «Le besé la mano, y me fui a oír la santa misa junto a una columna.»

Desconcierta—desconcierta e irrita un poco—ver cómo, tras una reserva tan cerrada, se extiende luego

---

[69] **luz muy brillante**
[70] **despide rayos de luz**
[71] **la**...his perverse insistence
[72] stairway

[73] money pouch
[74] bound
[75] fringe
[76] hollowness

a ponderar la solemnidad de la misa: la pureza desgarradora[77] de las voces juveniles que, desde el coro, contestaban, «como si, abiertos los cielos, cantasen ángeles la gloria del Resucitado» a los graves latines del altar. Eso, las frases y cantos litúrgicos, el brillo de la plata y del oro, la multitud de las luces, y las densas volutas de incienso ascendiendo por delante del retablo, entre columnatas torneadas y cubiertas de yedra, hacia las quebradas cupulillas, todo eso, no era entonces novedad mayor que hoy, ni ocasión de particular noticia. Con dificultad nos convenceríamos de que el autor no se ha detenido en ello para disimular la omisión de lo que personalmente le concierne, para llenar mediante ese recurso el hiato entre su confesión—donde sin duda alguna hubo de ingerirse[78] un tema profano—y la visita que a la mañana siguiente hizo, invocando el nombre del doctor Curtius, a la Residencia de la Compañía de Jesús. «Tiré de la campanilla—dice, cuando nos ha llevado ante la puerta—, y la oí sonar más cerca y más fuerte de lo que esperaba.»

Es, de nuevo, la referencia escueta[79] de un hecho nimio. Pero tras ella quiere adivinar el lector, enervado ya, una escena cargada de tensión: vuelve a representarse la figura, cetrina[80] y enjuta, de González Lobo, que se acerca a la puerta de la Residencia con su habitual parsimonia, con su triste, lentísimo continente impasible; que, en llegando a ella, levanta despacio la mano hasta el pomo del llamador.[81] Pero esa mano, fina, larga, pausada, lo agarra y tira de él con una contracción violenta, y vuelve a soltarlo en seguida. Ahora, mientras el pomo oscila ante sus ojos indiferentes, él observa que la campanilla estaba demasiado cerca y que ha sonado demasiado fuerte.

Pero, en verdad, no dice nada de esto. Dice: «Tiré de la campanilla, y la oí sonar más cerca y más fuerte de lo que esperaba. Apenas apagado su estrépito,[82] pude escuchar los pasos del portero, que venía a abrirme, y que, enterado de mi nombre, me hizo pasar sin demora.» En compañía suya, entra el lector a una sala, donde aguardará González, parado junto a la mesa. No hay en la sala sino esa mesita, puesta en el centro, un par de sillas, y un mueble adosado a la pared, con un gran crucifijo, encima. La espera es larga. Su resultado, éste: «No me fue dado ver al Inquisidor General en persona. Pero, en nombre suyo, fui remitido a casa de la baronesa de Berlips, la misma señora conocida del vulgo[83] por el apodo de *La Perdiz*, quien, a mi llegada, tendría información cumplida de mi caso, según me aseguraron. Mas pronto pude comprobar—añade—que no sería cosa llana entrar a su presencia. El poder de los magnates se mide por el número de los pretendientes que tocan a sus puertas, y ahí, todo el patio de la casa era antesala.»

De un salto, nos transporta el relato desde la Residencia jesuítica—tan silenciosa que un campanillazo

---

[77] heart-rending
[78] **introducirse**
[79] **claro, sin adorno**
[80] **melancólica**

[81] **pomo...**handle of the door knocker
[82] clatter
[83] **gente común**

puede caer en su vestíbulo como una piedra en un pozo—hasta un viejo palacio, en cuyo patio se aglomera, bullicioso, un hervidero[84] de postulantes,[85] afanados[86] en el tráfico de influencias, solicitud de exenciones, compra de empleos, demanda de gracia o gestión de privilegios. «Me aposté en un codo de la galería y, mientras duraba mi antesala, divertíame[87] en considerar tanta variedad de aspectos y condiciones como allí concurrían, cuando un soldado, poniéndome a mano en el hombro, me preguntó de dónde era venido y a qué. Antes de que pudiera responderle nada, se me adelantó a pedir excusas por su curiosidad, pues que lo dilatado de la espera convidaba a entretener de alguna manera el tiempo, y el recuerdo de la patria es siempre materia de grata plática. Él, por su parte, me dijo ser natural de Flandes, y que prestaba servicio al presente en las guardias del Real Palacio, con la esperanza de obtener para más adelante un puesto de jardinero en sus dependencias; que esta esperanza se fundaba y sostenía en el valimento[88] de su mujer, que era enana[89] del rey y que tenía dada ya más de una muestra de su tino[90] para obtener pequeñas mercedes. Se me ocurrió entonces, mientras lo estaba oyendo, si acaso no sería aquél buen atajo para llegar más pronto al fin de mis deseos; y así, le manifesté como éstos no eran otros sino el de besar los pies a Su Majestad; pero que, foras-

tero en la Corte y sin amigos, no hallaba medio de arribar a su Real persona. Mi ocurrencia—agrega—se acreditó feliz, pues, acercándoseme a la oreja, y después de haber ponderado largamente el extremo de su simpatía hacia mi desamparo y su deseo de servirme, vino a concluir que tal vez su mentada[91] mujer—que lo era, según me tenía dicho, la enana doña Antoñita Núñez, de la Cámara del Rey—pudiera disponer el modo de introducirme a su alta presencia; y que sin duda querría hacerlo, supuesto que yo me la supiese congraciar[92] y moviera su voluntad con el regalo del cintillo que se veía en mi dedo meñique.»[93]

Las páginas que siguen a continuación son, a mi juicio, las de mayor interés literario que contiene el manuscrito. No tanto por su estilo, que mantiene invariablemente todos sus caracteres: una caída arcaizante, a veces precipitación chapucera,[94] siempre esa manera elusiva donde tan pronto cree uno identificar los circunloquios de la prosa oficialesca, tan pronto los sobretendidos de quien escribe para propio solaz, sin consideración a posibles lectores; no tanto por el estilo, digo, como por la composición, en que González Lobo parece haberse esmerado. El relato se remansa[95] aquí, pierde su habitual sequedad, y hasta parece retozar con destellos[96] de insólito buen humor. Se complace González en describir el aspecto y maneras de doña Antoñita,

---

[84] swarm
[85] petitioners
[86] toiling
[87] **me divertía**
[88] **favor, protección (en la corte)**
[89] dwarf
[90] knack, know-how

[91] renowned
[92] win over
[93] **dedo**...little finger
[94] bungling
[95] **se**...**se tranquiliza**
[96] flashes, sparks

sus movimientos, sus ademanes, gestos, mohínes y sonrisas, sus palabras y silencios, a lo largo de la curiosa negociación.

Si estas páginas no excedieran ya los límites de lo prudente, reproduciría el pasaje íntegro. Pero la discreción me obliga a limitarme a una muestra de su temperamento. «En esto—escribe—, dejó caer el pañuelo y esperó, mirándome, a que lo alzara. Al bajarme para levantarlo vi reír sus ojillos a la altura de mi cabeza. Cogió el pañuelo que yo le entregaba, y lo estrujó entre los diminutos dedos de una mano adornada ya con mi cintillo. Diome[97] las gracias, y sonó su risa como una chirimía:[98] sus ojos se perdieron y, ahora, apagado su rebrillo, la enorme frente era dura y fría como piedra.»

Sin duda, estamos ante un renovado alarde de minuciosidad; pero ¿no se advierte ahí una inflexión divertida, que, en escritor tan apático, parece efecto de la alegría de quien, por fin, inesperadamente, ha descubierto la salida del laberinto donde andaba perdido y se dispone a franquearla sin apuro? Han desaparecido sus perplejidades, y acaso disfruta en detenerse en el mismo lugar de que antes tanto deseaba escaparse.

De aquí en adelante el relato pierde su acostumbrada pesadumbre y, como si replicase al ritmo de su corazón, se acelera sin descomponer el paso. Lleva sobre sí la carga del abrumador viaje, y en los incontables folios que encierran sus peripecias,[99] desde aquella remota misa en las cumbres andinas hasta este momento en que va a comparecer ante Su Majestad Católica, parecen incluidas todas las experiencias de una vida.

Y ya tenemos al Indio González Lobo en compañía de la enana doña Antoñita camino del Alcázar. A su lado siempre, atraviesa patios, cancelas, portales, guardias, corredores, antecámaras. Quedó atrás la Plaza de Armas, donde evolucionaba un escuadrón de caballería; quedó atrás la suave escalinata de mármol; quedó atrás la ancha galería, abierta a la derecha sobre un patio, y adornada a la izquierda la pared con el cuadro de una batalla famosa, que no se detuvo a mirar, pero del que le quedó en los ojos la apretada multitud de las compañías de un tercio que, desde una perspectiva bien dispuesta, se dirigían, escalonadas en retorcidas filas, hacia la alta, cerrada, defendida ciudadela...Y ahora la enorme puerta cuyas dos hojas de roble se abrieron ante ellos en llegando a lo alto de la escalera, había vuelto a cerrarse a sus espaldas. Las alfombras acallaban sus pasos, imponiéndoles circunspección, y los espejos adelantaban su visita hacia el interior de desoladas estancias sumidas en penumbra.

La mano de doña Antoñita trepó[100] hasta la cerradura de una lustrosa puerta, y sus dedos blandos se adhirieron al reluciente metal de la empuñadura,[101] haciéndola girar sin ruido. Entonces, de improviso, González Lobo se encontró ante el Rey.

«Su Majestad—nos dice—estaba sentado en un grandísimo sillón, sobre un estrado, y apoyaba los pies en un cojín de seda color tabaco,

---

[97] **Me dio**
[98] **flauta**
[99] **cambios de fortuna**

[100] climbed
[101] knob

puesto encima de un escabel.[102] A su lado, reposaba un perrillo blanco.» Describe—y es asombroso que en tan breve espacio pudiera apercibirse así de todo, y guardarlo en el recuerdo—desde sus piernas flacas y colgantes hasta el lacio, descolorido cabello. Nos informa de cómo el encaje de Malinas[103] que adornaba su pecho estaba humedecido por las babas infatigables que fluían de sus labios; nos hace saber que eran de plata las hebillas de sus zapatos, que su ropa era de terciopelo negro. «El rico hábito de que Su Majestad estaba vestido—escribe González—despedía un fuerte hedor a orines; luego he sabido la incontinencia que le aqueja.»[104] Con igual simplicidad imperturbable sigue puntualizando a lo largo de tres folios todos los detalles que retuvo su increíble memoria acerca de la cámara, y del modo como estaba alhajada. Respecto de la visita misma, que debiera haber sido, precisamente, lo memorable para él, sólo consigna estas palabras; con las que, por cierto, pone término a su dilatado manuscrito: «Viendo en la puerta a un desconocido, se sobresaltó el canecillo,[105] y su Majestad pareció inquietarse. Pero al divisar luego la cabeza de su Enana, que se me adelantaba y me precedía, recuperó su actitud de sosiego. Doña Antoñita se le acercó al oído, y le habló algunas palabras. Su Majestad quiso mostrarme benevolencia, y me dio a besar la mano; pero antes de que alcanzara a tomársela saltó a ella un curioso monito que alrededor andaba jugando, y distrajo su Real atención en demanda de caricias. Entonces entendí yo la oportunidad, y me retiré en respetuoso silencio.»

---

[102] footstool
[103] Mechlin, a Flemish city, now in Northern Belgium, known for its lace.

[104] **afligía**
[105] **perrito**

SOBRE LA LECTURA

1. ¿Cuándo fue González Lobo a España? ¿Por qué fue a la Corte?
2. ¿Logró conseguir lo que quería o no?
3. ¿Qué hizo después? ¿Cómo pasaba el tiempo? ¿Cómo sabemos que el describir su experiencia se convirtió en una obsesión para González Lobo?
4. ¿Es el documento que el narrador describe un memorial? ¿Qué es?
5. Describa el estado de ánimo de González Lobo en el momento de escribir sus memorias. ¿Le importaba lo que estaba pasando en España en aquel momento?
6. ¿Cómo describe el narrador el texto de González Lobo?
7. ¿Por qué es desconcertante este texto? ¿Qué problemas presenta?
8. ¿Por qué sorprende el hecho de que no mencione a su padre?
9. ¿Qué cosas describe en gran detalle?
10. ¿Cómo describe González Lobo su audiencia con el rey?
11. ¿Desde dónde llegó González Lobo a España? ¿Por qué es importante este detalle? ¿Cómo describe González Lobo la salida de su país?
12. ¿Quién describe su llegada al puerto, él o el narrador?

13. ¿Cómo describe el Indio su travesía? ¿Por qué le dedica tan pocas palabras?

14. ¿Qué actitud piensa ver el narrador detrás de sus descripciones y comentarios interminables?

15. ¿Qué dice de la prosa y las ideas de González Lobo? ¿Qué problemas tendrá el erudito que estudie el texto?

16. ¿Qué pregunta se hace el narrador sobre el postulante? ¿Logra contestarla?

17. Describa la escena en el Consejo de Indias. ¿Logra ver al oficial?

18. ¿Se repite esta experiencia? ¿Por qué cree el narrador que el antiguo postulante describe tantas escenas idénticas?

19. ¿Por qué insiste el narrador en la palabra *confesión,* la cual aparece en la próxima parte del texto? ¿Cómo interpreta él el hecho de que el Indio haya ido a misa?

20. ¿Cómo llega a entrar a la casa de la baronesa de Berlips? ¿Cómo describe el patio de su casa?

21. ¿Dónde conoce a la enana del rey? ¿Por qué resulta ser un contacto importante?

22. ¿Cómo cambia la prosa de González Lobo al llegar a esta parte de su narración?

23. ¿Logra la enana hacer que González Lobo vea al rey?

24. ¿Qué sucede en esta entrevista?

HACIA EL ANALISIS LITERARIO

1. ¿Por qué empieza Ayala por decirle al lector que González Lobo ha «pretendido inútilmente en la Corte»?

2. ¿Por qué se retiró González Lobo a Mérida para nunca más salir? ¿Por qué comienza Ayala con el fin de la historia de González Lobo? Explique la cronología de este relato.

3. ¿Cuál es la importancia de la mención de la flota «con cuya carga de oro se celebraron las bodas del rey»? ¿Qué nos da a entender con respecto a la pompa de la Corte? ¿Por qué es irónica esta alusión al lujo de las bodas reales?

4. ¿Cuántos narradores tiene este relato? ¿Cuánto de lo que se nos cuenta acerca de González Lobo es verdad y cuánto es conjetura de parte del narrador? ¿Qué revela el relato acerca del narrador? Describa la estructura de esta narración.

5. ¿A qué confusiones se presta esta técnica narrativa? ¿Cuál puede ser el propósito del autor al crear este ambiente confuso?

6. ¿Por qué coloca Ayala a su narrador en el presente?

7. ¿En qué momento se remansa el relato? ¿Por qué?

8. ¿Por qué piensa usted que el autor no define la naturaleza de la solicitud de González Lobo? ¿Cuál es el foco del relato, la petición misma o el proceso de postular?

9. ¿Es González Lobo una víctima del sistema o un perpetuador de la burocracia?

10. Explique la importancia del siguiente pasaje: «Lo compuso, sin duda, para

distraer las veladas de una vejez toda vuelta hacia el pasado, confinada entre los muros del recuerdo, a una edad en que ya no podían despertar emoción, ni siquiera curiosidad, los ecos—que, por lo demás, llegarían a su oído muy amortiguados—de una guerra civil donde, muerto el desventurado Carlos, se estaba disputando por entonces su corona.»

11. ¿Por qué describe el autor la audiencia de González Lobo con el rey dos veces? ¿Cómo crea una imagen grotesca del rey? ¿Qué representa el rey?

12. ¿Qué importancia tiene el hecho de que la prosa del Indio encierre «actitudes y maneras de diversas generaciones»? ¿Qué insinúa Ayala sobre el tiempo y la historia?

13. ¿Por qué insiste el narrador en lo tedioso del estilo del Indio? ¿en la irritación que siente al leer el texto?

14. ¿Qué significa el título de la narración? ¿Quién es «el hechizado»?

15. ¿Qué semejanzas ve usted entre este relato y el artículo de Mariano José de Larra, «Vuelva usted mañana»? En cuanto al estilo y el tono, ¿qué diferencias hay?

TEXTO Y VIDA

1. ¿Qué piensa usted del concepto de Ayala de la historia?
2. Cite un incidente histórico y explique cómo contribuye a la comprensión de la sociedad moderna.
3. Compare la burocracia norteamericana con la que describe Ayala.

El *tremendismo de Camilo José Cela

Camilo José Cela (1916–) es uno de los novelistas más importantes de la generación que sigue a la del '98. Cela nació en 1916, en Iria-Flavia, un pueblo de Galicia. Su madre, Camilia Emmanuela Trulock y Bertorini, era de origen inglés e italiano. Su padre, un funcionario de la aduana, era de una familia con raíces profundas en Galicia, región rica en folklore y muy amada por el autor. En 1925, la familia se trasladó a Madrid. Delicado de salud, en 1934 Cela entró en un sanatorio para curarse de la tuberculosis. Al salir, ingresó a la facultad de medicina de la Universidad Central de Madrid. Al año siguiente, publicó sus primeros poemas en un diario argentino. En 1936 completó una colección de poemas, la cual no se publicó hasta 1945. Durante la Guerra Civil, Cela combatió con los nacionalistas y fue herido. Mucha de su obra es una reacción a lo que el autor consideraba el error de haber apoyado a los franquistas. En 1939, Cela comenzó a estudiar derecho en Madrid, abandonando la facultad tres años más tarde sin haber sacado su grado.

En 1940 Cela empezó a escribir el libro que lo convertiría en la voz novelística más importante de su generación: *La familia de Pascual Duarte*, publicado en 1942. La novela creó una sensación no sólo en España sino en toda Europa. En España, fue condenada por las autoridades a causa de sus fuertes descripciones de algunos aspectos desagradables de la vida española. Una segunda edición fue confiscada por el gobierno español, pero el libro se tradujo a casi todos los idiomas europeos.

En 1941 habían aparecido algunos cuentos de Cela en una revista literaria; este mismo año volvió a entrar en el sanatorio. Las estadías de Cela en clínicas tuvieron un efecto importante en su desarrollo artístico. Por un lado, le proporcionaron el tiempo necesario para leer. Cela llegó a conocer a fondo la literatura española debido a que mientras estaba enfermo devoró toda la vasta colección de la Biblioteca de Autores Españoles. Le gustaba en especial la novela picaresca, la cual influyó en su propia creación artística. Por otro lado, sus experiencias en el sanatorio inspiraron su obra *Pabellón de reposo* (1944), una colección de historias acerca de tuberculosos.

A partir de la aparición de *Pascual Duarte*, la actividad literaria de Cela es muy intensa. En 1944, el mismo año en que se casó, apareció su versión de *Lazarillo de Tormes: Nuevas andanzas y desventuras de Lazarillo de Tormes*. En 1945, aparecieron *Esas nubes que pasan* y *Mesa revuelta;* en 1947, *El bonito crimen del carabinero y otras invenciones,* una colección de cuentos; en 1948, *Viaje a Alcarria,* sus impresiones de una región de las provincias de Guadalajara y Cuenca, la cual había recorrido a pie un par de años antes; en 1949, *El gallego y su cuadrilla y otros apuntes carpentoventónicos,* pequeños retratos de las zonas áridas de España.

En 1951 apareció *La colmena,* la segunda de sus novelas importantes, en la Argentina, ya que la censura española había prohibido su publicación en España. Después de un viaje a la Argentina y Chile, Cela terminó su *Mrs. Caldwell habla con su hijo,* (1953) una novela que consta de una serie de cartas de una señora a su hijo muerto. En 1953 hizo un segundo viaje a Sudamérica. Las experiencias de los dos viajes se describen en *La rueda de los ocios.* Mientras estaba en Caracas, el gobierno de Venezuela le encargó una novela sobre este país y Cela escribió *La Catira.*

El gusto por los viajes y por el vagabundeo condujo a Cela a explorar a pie muchas regiones de España, alejándose de los lugares turísticos para conocer a la gente que habita los pequeños pueblos y aldeas. Cela siente una profunda simpatía por estas personas, en las cuales encuentra una gran dignidad humana. Ha escrito varios libros de viajes, llenos de datos interesantes y de humor. Entre ellos, se debe mencionar *Judíos, moros, cristianos* (1956), el cual describe sus recorridos por el valle del Duero, a Segovia y a Avila, a Medina del Campo y a Olmedo y finalmente a la Sierra de Gredos.

En 1956 Cela empezó a publicar una revista literaria, *Papeles de Son Armadáns,* en la cual colaboraron los escritores más conocidos de España, además de muchos intelectuales extranjeros. Se publicaron números especiales dedicados a Picasso, Joan Miró y Gaudí, entre otros. En 1957 Cela entró en la Real Academia Española.

Cela siguió publicando intensamente hasta los años setenta. Sus obras más recientes incluyen libros de viajes, por ejemplo, *Viaje al Pirineo de Lérida* y *Páginas de geografía errabunda* así como colecciones de cuentos, entre ellos, *Once cuentos del fútbol* (1963) y *Cuentos para leer después del baño* (1974). En 1964 viajó a Los Estados Unidos, donde recibió un doctorado honorífico de la Universidad de Syracuse.

En 1966 volvió a viajar a Los Estados Unidos. Publicó sus impresiones perspicaces y veces poco lisonjeras en *USA y yo* (1967). Sus obras más recientes son *Mazurca para dos muertos* (1983) y *Cristo vs. Arizona* (1988).

Después de tantos años, la novela más conocida y estudiada de Camilo José Cela sigue siendo *La familia de Pascual Duarte*. Contada autobiográficamente, la novela narra las memorias de un criminal, Pascual Duarte, que ha sido condenado a muerte. Pascual es un hombre pobre, ignorante y frustrado que recurre a la violencia cuando ya no aguanta la angustia que siente. Aunque Pascual tiene un lado tierno que se ve, por ejemplo, en el cariño que le guarda a su hermana, la brutalidad y la superstición que lo rodean marcan profundamente su carácter cuando aún es muy joven. De niño se da cuenta de que su madre, una mujer grosera, insensible, violenta y cruel, no lo quiere. Su padre, un contrabandista que acaba en la cárcel, es tan bestial como su madre. Incapaz de controlar sus impulsos, Pascual comienza su sangrienta carrera matando su perra y después, un caballo. Más tarde, mata al amante de su mujer y luego, a su propia madre. Este último acto de violencia es una especie de autoaniquilación simbólica por medio de la cual el criminal destruye a la fuerza vital que creó su propia vida miserable.

Estructuralmente, la novela es muy compleja. Precede a la acción una nota en la cual Cela pretende haber encontrado las memorias de Pascual en una farmacia en Alendralejo y afirma haberlas reproducido en su forma original. Sigue una carta de Pascual a don Joaquín Barrera López, amigo de don Jesús González de la Riva, la última víctima del asesino, en la cual Pascual dice que le manda este documento con la esperanza de que sus experiencias sirvan para iluminar a alguien. El haber escrito sus memorias representa un acto de arrepentimiento de parte de Pascual Duarte.

Por medio de esta estructura, la cual recuerda la de la gran novela picaresca *Guzmán de Alfarache,* de Mateo Alemán, Cela presenta a un narrador no fidedigno cuyas afirmaciones hay que examinar con cuidado. Al principio de su narración, Pascual afirma, «Yo, señor, no soy malo». A través de la novela, se presenta como una víctima de las circunstancias. En el episodio en el cual describe por qué mató a su perra, explica su violencia por el hecho de que «seguía mirándome, fija, como si no me hubiera visto nunca, como si fuese a culparme de algo. . .» Pronto el lector se da cuenta de que Pascual, un hombre inseguro e impulsivo, intenta justificar sus actos destructivos imputando al otro o a las circunstancias. Convierte su propio sentido de inferioridad y de culpabilidad en una acusación hecha de parte de la perra, contra la cual él tiene que reaccionar. Al salir de la cárcel por primera vez, se queja de que las autoridades «me dejaron indefenso ante todo lo malo. . .Y creyendo que me hacían un favor me hundieron para siempre.» La idea de matar a su madre «avanza, fatal, incansable, pero lenta, despaciosa, regular como el pulso». En la mente de Pascual, ya un hombre de más de cincuenta años al escribir sus memorias, siempre la culpa la ha tenido otro—alguna persona o algún sentimiento que se ha apoderado de él. Habla de la fatalidad de su «mala estrella»; afirma que «no nos es dado escoger, sino que ya—y aun antes de nacer—estamos destinados unos a un lado y otros a otro».

Pero ¿podemos creerle a Pascual? La novela de Cela plantea preguntas difíciles: No hay duda de que Pascual Duarte sea una víctima de un ambiente atroz, del abandono emocional de la madre, de la pobreza y una naturaleza impulsiva y violenta. Pero, ¿hasta qué punto es el hombre capaz de superar las dificultades? ¿Hasta qué punto es responsable de sus actos? ¿Hasta qué punto es irónica la afirmación del asesino Pascual Duarte, «Yo, señor, no soy malo»?

La crítica literaria ha llamado a Cela el iniciador del tremendismo, un movimiento que hace hincapié en lo violento, lo grosero, lo asqueroso. Las referencias en *La familia de Pascual Duarte* a funciones biológicas, las descripciones gráficas de actos brutales y el pesimismo que llena toda la obra son características que se asocian con el tremendismo. Cela mismo ha rechazado la apelación de tremendista, alegando que la violencia y el pesimismo se encuentran en la literatura española desde muy temprana época.

Se encuentra en muchos de los cuentos de Cela el mismo tipo de personaje arrebatado y autodestructivo que en *La familia de Pascual Duarte*. En «Don Homobono y los grillos», el «hombre bueno» del título encubre sus instintos violentos con palabras bonitas y humanitarias hasta el momento en que el grillo empieza a fastidiarlo demasiado. Entonces, se entrega a sus impulsos destructivos. En «La eterna canción» luchan en el protagonista dos fuerzas contradictorias: el deseo de estar cómodo y el de destruirse. En este cuento, Cela hace algunas de las mismas preguntas que en *La familia de Pascual Duarte*. ¿Está loco don Guillermo o es sencillamente un caso extremo de tendencias que se encuentran en toda persona normal? ¿En qué consiste la locura? ¿Cuál es la diferencia entre la locura y la excentricidad? ¿Hasta qué punto es la locura una invención de la psiquiatría?

En ambos cuentos, Cela retrata al hombre como un ser controlado por elementos externos a su intelecto, pareciendo sugerir que la «cáscara» exterior creada por las tendencias civilizadoras de la sociedad oculta fuerzas feas y poderosas de las cuales el hombre no puede librarse.

Edición

Cela, Camilo José. *Obra completa.* Barcelona: Destino, 1962–1986, more to come

Crítica

«Camilo José Cela.» *Review of Contemporary Fiction.* Special issue dedicated to Cela. 4.3 (Fall 1984)

Foster, David William. *Forms of the Novel in the Work of Camilo José Cela.* Columbia: University of Missouri Press, 1967

Giménez Frontín, J. L. *Camilo José Cela: texto y contexto.* Barcelona: Montecinos, 1985

González, Bernardo Antonio. *Parábolas de identidad: realidad y estrategia narrativa en tres novelas de posguerra.* Potomac, Md.: Scripta Humanística, 1985

Gullón, Germán. «Contexto ideológico y forma narrativa en *La familia de Pascual Duarte:* En busca de una perspectiva lectorial.» *Hispania* 68.1 (Mar. 1985):1–8

Ilie, Paul. *La novelística de Camilo José Cela.* Madrid: Gredos, 1971

Marcone, Rose Marie. "Implications of the Autobiographical Form in *La familia de Pascual Duarte.*." *Language Quarterly* 24.1–2 (Fall–Winter 1985):13–15

Perricone, Catherine R. "The Function of Simile in Cela's *La familia de Pascual Duarte.*" *Language Quarterly* 24.3–4 (Spring–Summer 1986):33–37

Rosenberg, John R. «El autobiógrafo encerrado: Pascual Duarte y su transcriptor». *Explicación de textos literarios* 14.2 (1985–1986):63–72

Salgas, Jean-Pierre. «Diálogo con Cela.» *La Quinzaine Littéraire* 441 (June 1–15 1985): 11–12

Don Homobono y los grillos[1]

CAMILO JOSÉ CELA

Don Homobono vivía en la vieja ciudad de sus abuelos. Era un filósofo rural, verdaderamente lo que se llama un filósofo rural; se le notaba en el pantalón, de pana,[2] que no era color de aceituna, como los vulgares pantalones de pana del alcalde o del jefe de la estación, sino color de conejo de raza,[3] de un gris perla de ensueño,[4] tornasolado[5] con las irisaciones[6] más bellas por aquellos sitios donde el roce[7] de tantas jornadas había dejado su huella indeleble.

Don Homobono era amante de las flores, de los prados, de los pájaros del cielo, de los insectos que el Señor crió para que se metieran por los agujeritos[8] del suelo y por entre las grietas[9] de las piedras.

Cuando algún mozuelo volvía hacia las casas con un nido en la mano, o con algún grillo metido en una lata, o con un par de saltamontes[10] en el bolsillo de la blusa, huía siempre de don Homobono, que, indefectiblemente, ordenaba volver la libertad al prisionero.

—¿Te gustaría que hicieran eso contigo?—les decía.

El argumento no tenía vuelta de hoja.[11] A ninguna criatura[12] le gustaría que hicieran con ella la mitad de las cosas que ella hace con los grillos. Sin embargo, don Homobono, como queriendo dar mayor fuerza a su razonamiento, añadía entre condescendiente y orgulloso:

—Pues ya ves. Si la madre Naturaleza quiere. . .

Don Homobono se quedaba como cortado. Era que se solazaba[13] con la idea de lo que iba a decir.

—Pues si la madre Naturaleza quiere, hace lo mismo contigo.

Don Homobono sonreía satisfecho. El chiquillo lo miraba absorto.

---

[1] crickets
[2] corduroy
[3] **de**...thoroughbred, purebred
[4] **de**...like a dream
[5] shiny
[6] iridescence
[7] rubbing
[8] little holes
[9] cracks
[10] grasshoppers
[11] **El**...With that argument, the subject was closed.
[12] **niño**
[13] **entretenía**

«Verdaderamente, don Homobono tiene razón—pensaba—. Lo mejor será soltar el grillo. ¡Mira que si a la madre Naturaleza se le ocurre!... No, más vale no pensar en ello.»

El grillo caía al suelo, levantaba al aire sus cortas antenas y corría a esconderse debajo de la primera mata.

* * *

Las noches de agosto son lentas y pesadas como losas,[14] aun en aquella ciudad, estación veraniega.[15]

Don Homobono, completamente desvelado,[16] estaba nervioso.

¡Ese grillo!

El grillo, como si no fuera con él, seguía con su monótona canción, con aquella triste salmodia[17] con la que ya llevaba tres horas largas.

—¡Cri, cri!..., ¡cri, cri!..., ¡cri, cri!...

Don Homobono, el filósofo rural de los pantalones de pana, estaba desazonado.[18] Verdaderamente, la cosa no era para menos. El grillo seguía con su ¡cri, cri! desesperadamente; con su ¡cri, cri!, que contestaba al ¡cri, cri! del grillo de la huerta, al ¡cri, cri! del grillo de la carretera, al ¡cri, cri! del grillo del vecino prado, al ¡cri, cri!...¡No, imposible! ¡No se puede seguir así!

Don Homobono se levantó como una furia del Averno.[19] Encendió la luz...Allí, en el medio de la habitación, estaba el grillo gritando estúpidamente ¡cri, cri!, ¡cri, cri!, como si eso fuera muy divertido.

Al principio pareció como no darse cuenta. Después se paró, dijo un poco más bajito su ¡cri, cri!, dio unos cortos pasitos...

Don Homobono, con la imagen del crimen reflejada en su faz, con la mirada ardiente, el ademán retador y una zapatilla en la mano, se olvidó de sus prédicas y...

El grillo, despanzurrado[20] parecía uno de esos trozos de medianoche[21] que quedan tristes y abandonados en el suelo después de los bautizos.

La eterna canción

CAMILO JOSÉ CELA·

I

¿Usted cree que estoy loco? No; yo le podría asegurar que no lo estoy, pero no lo hago. ¿Para qué? ¿Para darle ocasión a exclamar, como todos los que lo oyeran; «¡Bah!, como todos..., ¡creyéndose cuerdo! ¡La eterna canción!»? No, amigo mío; no puedo, no quiero proporcionarle esa satisfacción...Es demasiado cómodo venir de visita y sacar la consecuencia de que

---

[14] stones
[15] del verano
[16] sin poder dormir
[17] canción monótona
[18] molesto, enfadado

[19] **lago de Italia, cerca de Nápoles, que se creía ser la entrada de los infiernos**
[20] smashed
[21] **sándwich de jamón**

todos los locos aseguran que no lo están...Yo no estoy, se lo podría asegurar, repito, pero no lo hago; quiero dejarle con su duda. ¡Quién sabe si mi postura[1] puede inclinarle a usted a creer en mi perfecta salud mental!

Don Guillermo no estaba loco. Estaba encerrado en un manicomio, pero yo pondría una mano en el fuego[2] por su cordura. No estaba loco, pero—bien mirado—no le hubiera faltado motivo para estarlo...¿Qué tiene que ver que se haya creído, durante una época de su vida, Rabindranath?[3] ¿Es que no andan muchos Rabindranath, y muchos Nelson[4] y muchos Goethe[5] y mu-

chísimos Napoleones sueltos por la calle? A don Guillermo lo metió la ciencia en el sanatorio..., esa ciencia que interpreta los sueños, que dice que el hombre normal no existe, que llama nosocomios[6] a las casas de orates[7]..., esa ciencia abstraída, que huye de lo humano, que no explica que un hombre pueda aburrirse de ser durante cincuenta años seguidos el mismo y se le ocurra de pronto variar y sentirse otro hombre, un hombre diferente y aun opuesto, con barba donde no la había, con otros lentes y otro acento, y otra vestimenta, y hasta otras ideas, si fuera preciso...

II

Desde aquel día visitaba con relativa frecuencia—casi todos los jueves y algún que otro domingo—a don Guillermo. Él me recibía siempre afable, siempre deferente. Don Guillermo era lo que se dice un gran señor, y tenía todo el empaque,[8] toda la majestuosidad, toda la campesina prestancia[9] de un viejo conde, cristiano y medieval. Era alto, moreno, de carnes enjutas,[10] y sombrío y oscuro mirar...Vestía invariablemente de negro y en la blanca camisa—que lavaba y repasaba todas las noches, cuando nadie le veía—se arreglaba cuidadosamente la negra corbata de nudo, sobre la que se posaba, siempre

a la misma altura, una pequeña insignia de plata que representaba una calavera y dos tibias,[11] apoyadas sobre dos GG: Guillermo Gartner.

Se mostraba cortésmente interesado por mis cosas, pero le molestaba mi interés por las suyas, de las que rehuía hablar. Me costaba un gran trabajo el sonsacarle, y algunas veces, cuando parecía que lo conseguía, se me paraba de golpe, me miraba—con una sonrisa de conmiseración que me irritaba—de arriba abajo, se metía las manos en los bolsillos y me decía:

—¿Sabe que es usted muy pillo[12]?

---

[1] actitud
[2] pondría...juraría
[3] Rabindranath Thakur, llamado Tagore, poeta indio, cuya obra, de inspiración mística, fue traducida al castellano por Juan Ramón Jiménez
[4] Horacio Nelson (1758–1805), almirante inglés que ganó la batalla de Trafalgar, donde murió
[5] Johann Wolfgang Goethe (1749–1832), uno

de los escritores alemanes más conocidos. Se considera la cumbre de la literatura de su país. Escribió poesía, dramas y novelas.
[6] hospitales
[7] locos
[8] aspecto
[9] excelencia, compostura
[10] delgadas
[11] hueso mayor de la pierna
[12] listo

Y se reía a grandes carcajadas, después de las cuales era inútil tratar de hacer recaer la conversación sobre el tema desechado.[13]

III

En el manicomio lo trataban con consideración, porque, desde que había entrado—e iba ya para catorce años—, no había armado ni un solo escándalo. Entraba y salía al jardín o a la galería siempre que se le ocurría, se sentaba en el borde del pilón[14] a mirar a los peces, inspeccionaba— siempre silbando viejos compases[15] italianos—la cocina, o el lavadero, o el laboratorio...Los otros locos lo respetaban, y los empleados de la casa— excepto los tres médicos—no creían en su locura.

IV

Los días eran eternos, y don Guillermo, un día que estábamos hablando del otro mundo, me confesó que si no se había tirado a ahogar— no por desesperación, sino por cansancio—era porque las temperaturas extremas le molestaban.

—Me da grima[16] figurarme— decía—medio acostado, medio flotando en el fondo del pilón, con la camiseta empapada en agua fría...; a lo mejor se me quedaban los ojos abiertos y el polvito del agua se me metería dentro y los irritaría todos...¿A usted no le estremece[17] un ahogado? Pero no para ahí lo peor; figúrese usted que de repente le toca a uno el turno, comparece,[18] y como uno es un suicida, lo envían al infierno a tostarse...; el agua de la camiseta, del pelo, de los zapatos, empieza a cocer y uno a dar saltos, saltos, hasta que el agua se evapora y uno la echa de menos, porque empiezan a gastarse los jugos de la piel...

V

Al jueves siguiente, no bien hube pasado de la puerta, salió el portero de su cuchitril,[19] como un caracol de su concha, y me dijo:

—¿A dónde va usted? A don Guillermo le enterraron el sábado pasado. ¿Pero no se había enterado usted? El viernes por la mañana apareció ahogado en el fondo del pilón...El pobre tenía sus grandes ojos azules muy abiertos; el polvillo del agua se los había irritado como si se los hubieran frotado con arena...Estaba medio desnudo..., daba grima verlo, al pobre, con toda la camiseta empapada en agua fría...

---

[13] **abandonado, renunciado**
[14] **recipiente de piedra para el agua**
[15] **ritmos**
[16] **Me...Me desagrada**

[17] **A**...Doesn't (a drowned person) give you the creeps?
[18] **se presenta**
[19] hole, corner

SOBRE LA LECTURA

1. ¿Cómo era don Homobono?
2. ¿Qué cosas amaba?
3. ¿Cómo reaccionaba cuando veía a un niño maltratar un insecto?
4. ¿Qué decía para hacer que el niño soltara su preso?
5. ¿Qué hizo una noche cuando un grillo lo molestaba? ¿Por qué?
6. ¿Dónde tiene lugar «La eterna canción»? ¿Por qué estaba allí don Guillermo?
7. ¿Creía el narrador que don Guillermo estaba loco? ¿Qué dice de la locura?
8. ¿Por qué dice el autor que don Guillermo era «un gran señor»? ¿Qué importancia tiene esto?
9. ¿Cómo era su insignia?
10. ¿Le gustaba hablar de sus cosas?
11. ¿Qué actitud tenían para con él los otros locos y los empleados? ¿Por qué?
12. ¿Por qué decía don Guillermo que no se había tirado a ahogar?
13. Cuando volvió el autor, ¿que le dijo el portero?
14. Describa la última escena.

HACIA UN ANALISIS LITERARIO

1. En «Don Homobono y los grillos», ¿por qué insiste el autor en el aspecto físico del pantalón de don Homobono?
2. ¿Qué significa el nombre del protagonista? ¿Por qué es irónico su nombre?
3. ¿Cómo demuestra el autor aun en las relaciones de don Homobono con los chicos del pueblo que hay un elemento de maldad por debajo de la capa de bondad?
4. ¿Por qué mata don Homobono el grillo? ¿Cuál es la idea central del cuento?
5. ¿Qué metáfora utiliza el autor para describir el estado del grillo después de que don Homobono lo despanzurra? ¿Qué reacción produce en el lector?
6. En «La eterna canción», ¿por qué insiste don Guillermo en no negar su locura? Desde un punto de vista artístico, ¿qué efecto produce el primer párrafo?
7. ¿Cuál es la función del narrador en este cuento?
8. ¿Cómo logra el autor meter en duda la línea que existe entre la locura y la cordura?
9. ¿Qué simboliza la insignia de don Guillermo? ¿Qué anuncia la descripción de la insignia?
10. ¿Qué efecto produce la descripción de don Guillermo del ahogado? ¿Qué efecto produce la repetición de este párrafo al final?
11. ¿Por qué se llama el cuento «La eterna canción»?

TEXTO Y VIDA

1. ¿Qué concepto tiene Cela de la naturaleza humana? ¿Está usted de acuerdo con él?

2. ¿Hasta qué punto influyen en una persona la herencia y el medioambiente? ¿Hasta qué punto es uno libre y responsable de sus actos?

3. ¿Por qué piensa usted que a don Guillermo no le gusta hablar de sus cosas?

4. ¿Qué piensa usted de las ideas de Cela acerca de la locura? ¿Está o no está loco don Guillermo?

5. ¿Por qué piensa usted que don Guillermo se suicida? ¿Por qué es tan común el suicidio en nuestra sociedad? ¿Qué se puede hacer para reducir el número de suicidios?

6. ¿Piensa usted que la psiquiatría ha inventado enfermedades que realmente no existen? ¿Por qué le damos tanta importancia a la psiquiatría en nuestra sociedad?

Carmen Laforet y la prosa femenina de la posguerra

La narrativa de los años 40 y 50, influida por la Guerra Civil y la posterior represión, da una importancia desmedida a lo atroz, lo grotesco, lo brutal de la existencia humana. A los nuevos escritores les interesa el aspecto psicológico del hombre; exploran las perversiones, las obsesiones. También les interesa el hombre como ser social. A menudo pintan una sociedad hipócrita y desprovista de valores, donde el individuo se pierde o se retira a su propio mundo interior.

Si antes de la primera mitad del siglo XX España produjo pocas escritoras importantes, a partir de la Guerra Civil la prosa femenina ocupa un lugar significativo en las letras nacionales. En 1944 apareció *Nada* de Carmen Laforet, la primera novela que describe las consecuencias de la Guerra Civil. *Nada* ganó el Premio Nadal y el Premio Fastenrath de la Real Academia Española—dos prestigiosos premios literarios—y atrajo muchísima atención crítica.

Carmen Laforet nació en Barcelona en 1921. Cuando era muy pequeña, su familia se trasladó a Las Palmas, Gran Canaria, donde tienen lugar algunas de sus obras. Cuando terminó la Guerra Civil in 1939, Laforet, que tenía entonces dieciocho años, volvió a Barcelona a la casa de su abuela a estudiar Filosofía y Letras. Empezó a escribir cuentos y artículos para periódicos en 1940. Dos años después, se matriculó en la facultad de derecho de la Universidad de Madrid.

Laforet se casó en 1946 con el editor y periodista Manuel Cerezales, con quien tuvo cinco hijos y de quien se separó en 1970. En 1951 empezó a escribir una columna, «Puntos de vista de una mujer», para el periódico *Destino*. Ese mismo año experimentó una crisis de fe y comenzó a dedicar mucho tiempo a las actividades religiosas. Narra esta parte de su vida en otra novela, *La mujer nueva*. En 1952 se publicaron su segunda novela, *La isla y los demonios,* y una colección de cuentos titulada *La muerta*. Dos años más tarde apareció *La llamada,* una colección de novelitas. Su tercera novela, *La mujer nueva,* salió en 1955 y ganó el Premio Menorca y el Premio Nacional de Literatura. En 1963 salió una cuarta novela, *La insolación,* que Laforet había anunciado como la primera de una trilogía. Sin embargo, las dos novelas restantes nunca aparecieron. En 1965 Carmen Laforet viajó a los Estados Unidos, invitada por el Departamento de Estado. En 1967 publicó *Paralelo 35,* libro basado en su viaje. Por un período breve, escribió una columna para el periódico *ABC*. En 1975 se trasladó a Roma. Desde entonces, ha vuelto varias veces a los Estados Unidos para dar conferencias en varias universidades. Su último viaje fue en 1988.

Desde la publicación de *La insolación*, su actividad literaria ha menguado, limitándose a algunos artículos periodísticos. Sin embargo, Carmen Laforet es una figura importante no sólo por su arte, sino por ser la primera mujer en destacarse en la literatura en la época de la posguerra.

De carácter autobiográfico, *Nada* relata las experiencias de Andrea, una joven estudiante que llega de Canarias a Barcelona después de la guerra. Como muchas obras de novelistas masculinos de la misma época—por ejemplo, las de Camilo José Cela—*Nada* se desarrolla en un ambiente sórdido, entre gente anormal o, por lo menos, desequilibrada. Tanto en la casa de sus familiares como en la universidad, Andrea se encuentra con personas que han perdido la fe en el futuro, que no creen en nada. Al lado de la escasez material, se encuentra la pobreza espiritual. En las despensas y en las tiendas, no hay nada. En las almas, tampoco hay nada. Los personajes de Laforet son a menudo artistas que no pueden realizarse estéticamente por los obstáculos económicos, la falta de público, la desilusión moral. Sin embargo, estos personajes no son ni trágicos ni poéticos. Por la mayor parte, viven engañándose a sí mismos y atormentando a los demás. La novela expone el vacío moral de una generación que ha sido destruida espiritualmente por la guerra.

La fuerza de la novela está no sólo en las descripciones de la Barcelona de la posguerra—con sus calles y cafés y edificios—sino en el retrato de la adolescente que toma conciencia de sí misma y del mundo que la rodea. Contada en primera persona por una narradora ya mayor que la protagonista de dieciocho años, la historia trata de ese momento en el desarrollo de una persona en el que ésta se forma una idea de su propia identidad. La narradora madura reproduce por el filtro de la memoria el mundo extraño y caótico de la casa de su abuela—pero el centro de la narración es siempre Andrea: su percepción de los parientes, sus reacciones, sus opiniones. A la vez que describe el período de la posguerra, la novela examina el proceso por el cual el ser humano se convierte en adulto. Andrea observa la hipocresía, el auto-engaño y la vacuidad de sus familiares, y todo esto lo rechaza. Es la joven Laforet que en el momento de empezar a desarrollar su sensibilidad artística examina y juzga al artista convertido en embustero. Su salida de la casa de la abuela es el escape de un mundo cuyos valores tergiversados ella encuentra repugnantes.

En el cuento «El regreso» se encuentra el mismo tipo de personaje que en *Nada*. Julián prefiere hundirse en la locura al enfrentar la responsabilidad. El manicomio es un refugio del mundo duro e indiferente en el cual un hombre necesita luchar para sobrevivir y donde aun si lucha con todas sus fuerzas, puede fracasar. En el manicomio Julián se siente seguro y cómodo. Mientras está enfermo, otros se encargan de su esposa y de sus hijos. La vida sigue sin complicaciones—o, por lo menos, sin complicaciones por las cuales él tiene que preocuparse—y Julián no necesita enfrentarse al horrible espectro del fracaso. El recuerdo de su familia—y de su fracaso como padre y como sostén de la familia—lo llena de angustia. No es sorprendente que la monja que le recuerda de su esposa sea la única del manicomio que no le gusta.

Laforet inició la emancipación literaria de la mujer española. Poco después de la publicación de *Nada*, apareció en 1947 *Cinco sobras en torno a un costurero,* de Eulalia Galvarriato (1905–) novela fina y tierna que evita la sordidez que caracteriza a la narrativa de la época. Galvarriato ha publicado cuentos en diversas revistas y en 1953 salió su novela *Raíces bajo el agua.* También de esta generación literaria—aunque mayor que Carmen Laforet—es Dolores Medio (1917–), cuya *Nina* ganó el Premio Concha Espina en 1945. Su novela *Nosotros los Rivero* explora los efectos de la herencia y del medio ambiente en el ser humano; ganó el Premio Nadal en 1952. En 1967, *Andrés,* su colección de cuentos sobre la miseria del niño pobre, ganó el Premio Sésamo.

La siguiente generación produjo novelistas más experimentales, entre ellas, Elena Quiroga (1921–) autora de *La sangre* (1952), *Algo pasa en la calle* (1954) y *La enferma* (1955) y Carmen Martín Gaite (1925–), autora de *El balneario,* que ganó el Premio Café Gijón en 1954, *Entre visillos,* que ganó el Premio Nadal en 1957 y *El cuarto de atrás* (1978). Mercedes Salisachs nació en 1916 pero no empezó a recibir atención de los críticos hasta los años cincuenta—y aun así su acogida en el extranjero fue más calurosa que en España. Su novela *Una mujer llega al pueblo* (1956) ha sido traducida a siete idiomas y varias de sus otras novelas han aparecido en ediciones francesas. Hoy en día la obra de Salisachs y la novelística femenina en general han empezado a despertar el interés de los críticos de ambos lados del Atlántico.

Ediciones

Laforet, Carmen. *Nada.* Barcelona: Destino, 1945

———. *Novelas I.* Barcelona: Planeta, 1957

Crítica

Collins, Marcha S. "Carmen Laforet's *Nada:* Fictional Form and the Search for Identity." *Symposium* 38.4 (Winter 1984–1985):298–310

El Saffar, Ruth. "Structural and Thematic Tactics of Suppression in Carmen Laforet's *Nada.*" *Symposium* 28 (1974):119–129

Feal Deibe, Carlos. «*Nada* de Carmen Laforet: La iniciación de una adolescente». Eds. Mary Ann Beck, Lisa E. Davis, José Hernández, Gary D. Keller, and Isabel C. Tarán. *The Analysis of Hispanic Texts: Current Trends in Methodology.* Jamaica, New York: Bilingual Press, 1976. 221–241

Illanes Adaro, Graciela. *La novelística de Carmen Laforet.* Madrid: Gredos, 1971

Johnson, Roberta. *Carmen Laforet.* Boston: Twayne, 1981

Ordóñez, Elizabeth. "*Nada:* Initiation into Bougeois Patriarchy." Eds. Lisa E. Davis and Isabel C. Tarán. *The Analysis of Hispanic Texts: Current Trends in Methodology.* Second York College Colloquium. Jamaica, New York: Bilingual Press, 1976. 61–78

Villegas, Juan. «*Nada* de Carmen Laforet o la infantilización de la aventura legendaria». *La estructura mítica del héroe.* Barcelona: Planeta, 1973

El regreso

CARMEN LAFORET

Era una mala idea, pensó Julián, mientras aplastaba[1] la frente contra los cristales[2] y sentía su frío húmedo refrescarle hasta los huesos, tan bien dibujados debajo de su piel transparente. Era una mala idea esta de mandarle a casa la Nochebuena. Y, además, mandarle a casa para siempre, ya completamente curado. Julián era un hombre largo, enfundado[3] en un decente abrigo negro. Era un hombre rubio, con los ojos y los pómulos[4] salientes, como destacando[5] en su flacura. Sin embargo, ahora Julián tenía muy buen aspecto. Su mujer se hacía cruces[6] sobre su buen aspecto cada vez que lo veía. Hubo tiempos en que Julián fue sólo un puñado de venas azules, piernas como larguísimos palillos y unas manos grandes y sarmentosas.[7] Fue eso, dos años atrás, cuando lo ingresaron en aquella casa de la que, aunque parezca extraño, no tenía ganas de salir.

—Muy impaciente, ¿eh?...Ya pronto vendrán a buscarle. El tren de las cuatro está a punto de llegar. Luego podrán ustedes tomar el de las cinco y media...Y esta noche, en casa, a celebrar la Nochebuena...Me gustaría, Julián, que no se olvidase de llevar a su familia a la misa del Gallo[8] como acción de gracias...Si esta Casa no estuviese tan alejada...Sería muy

hermoso tenerlos a todos esta noche aquí...Sus niños son muy lindos, Julián. Hay uno, sobre todo el más pequeñito, que parece un Niño Jesús, o un San Juanito, con esos bucles rizados[9] y esos ojos azules. Creo que haría un buen monaguillo[10] porque tiene cara de listo...

Julián escuchaba la charla de la monja muy embebido.[11] A esta Sor María de la Asunción, que era gorda y chiquita, con una cara risueña y unos carrillos[12] como manzanas, Julián la quería mucho. No la había sentido llegar, metido en sus reflexiones, ya preparado para la marcha, instalado ya en aquella enorme y fría sala de visitas...No la había sentido llegar, porque bien sabe Dios que estas mujeres con todo su volumen de faldas y tocas[13] caminan ligeras y silenciosas, como barcos de vela. Luego se había llevado una alegría al verla. La última alegría que podía tener en aquella temporada de su vida. Se le llenaron los ojos de lágrimas, porque siempre había tenido una gran propensión al sentimentalismo, pero en aquella temporada era ya casi una enfermedad.

—Sor María de la Asunción...Yo, esta misa del Gallo, quisiera oírla aquí, con ustedes. Yo creo que podía quedarme aquí hasta ma-

---

[1] he pressed
[2] ventanas
[3] stuffed
[4] cheekbones
[5] standing out
[6] se...hacía demostraciones de sorpresa
[7] gnarled
[8] misa...Christmas Eve mass
[9] bucles...ringlets
[10] altar boy
[11] absorto
[12] parte carnosa justo debajo de la mejilla
[13] headdress

ñana...Ya es bastante estar con mi familia el día de Navidad...Y en cierto modo ustedes también son mi familia. Yo...Yo soy un hombre agradecido.

—Pero; ¡criatura[14]...! Vamos, vamos, no diga disparates. Su mujer vendrá a recogerle ahora mismo. En cuanto esté otra vez entre los suyos, y trabajando, olvidará todo esto, le parecerá un sueño...

Luego se marchó ella también, sor María de la Asunción, y Julián quedó solo otra vez con aquel rato amargo que estaba pasando, porque le daba pena dejar el manicomio. Aquel sitio de muerte y desesperación, que para él, Julián, había sido un buen refugio, una buena salvación...Y hasta en los últimos meses, cuando ya a su alrededor todos lo sentían curado, una casa de dicha. ¡Con decir que hasta le habían dejado conducir...! Y no fue cosa de broma. Había llevado a la propia Superiora y a sor María de la Asunción a la ciudad a hacer compras. Ya sabía él, Julián, que necesitaban mucho valor aquellas mujeres para ponerse confiadamente en manos de un loco...o un ex loco furioso, pero él no iba a defraudarlas.[15] El coche funcionó a la perfección bajo el mando de sus manos expertas. Ni los baches[16] de la carretera sintieron las señoras. Al volver, le felicitaron, y él se sintió enrojecer de orgullo.

—Julián...

Ahora estaba delante de él sor Rosa, la que tenía los ojos redondos y la boca redonda también. El a sor Rosa no la quería tanto; se puede decir que no la quería nada. Le recordaba siempre algo desagradable en su vida. No sabía qué. Le contaron que los primeros días de estar allí se ganó más de una camisa de fuerza[17] por intentar agredirla.[18] Sor Rosa parecía eternamente asustada de Julián. Ahora, de repente, al verla, comprendió a quién se parecía. Se parecía a la pobre Herminia, su mujer, a la que él, Julián, quería mucho. En la vida hay cosas incomprensibles. Sor Rosa se parecía a Herminia. Y, sin embargo, o quizá a causa de esto, él, Julián, no tragaba[19] a sor Rosa.

—Julián...Hay una conferencia[20] para usted. ¿Quiere venir al teléfono? La madre me ha dicho que se ponga usted mismo.

La «Madre» era la mismísima Superiora. Todos la llamaban así. Era un honor para Julián ir al teléfono.

Llamaba Herminia, con una voz temblorosa allí, al final de los hilos,[21] pidiéndole que él mismo cogiera el tren si no le importaba.

—Es que tu madre se puso algo mala...No, nada de cuidado; su ataque de hígado de siempre...Pero no me atreví a dejarla sola con los niños. No he podido telefonear antes por eso...por no dejarla sola con el dolor...

Julián no pensó más en su familia, a pesar de que tenía el teléfono en la mano. Pensó solamente que tenía ocasión de quedarse aquella noche, que ayudaría a encender las luces del gran Belén,[22] que cenaría la cena maravillosa de Nochebuena, que can-

---

[14] **niño**
[15] **desilusionarlas**
[16] **potholes**
[17] **camisa...**straitjacket
[18] **atacar**

[19] **aguantaba, toleraba**
[20] **llamada telefónica**
[21] **wires**
[22] **Nacimiento**

taría a coro los villancicos. Para Julián todo aquello significaba mucho.

—A lo mejor no voy hasta mañana...No te asustes. No, no es por nada; pero, ya que no vienes, me gustaría ayudar a las madres en algo; tienen mucho trajín[23] en estas fiestas...

Sí, para la comida sí estaré... Sí, estaré en casa el día de Navidad.

La hermana Rosa estaba a su lado contemplándolo, con sus ojos redondos, con su boca redonda. Era lo único poco grato, lo único que se alegraba de dejar para siempre... Julián bajó los ojos y solicitó humildemente hablar con la «Madre», a la que tenía que pedir un favor especial.

* * *

Al día siguiente, un tren iba acercando a Julián, entre un gris aguanieve navideño, a la ciudad. Iba él encajonado[24] en un vagón de tercera[25] entre pavos y pollos y los dueños de estos animales, que parecían rebosar[26] optimismo. Como única fortuna, Julián tenía aquella mañana su pobre maleta y aquel buen abrigo teñido de negro, que le daba un agradable calor. Según se iban acercando a la ciudad, según le daba en las narices su olor, y le chocaba en los ojos la tristeza de los enormes barrios de fábricas y casas obreras, Julián empezó a tener remordimientos de haber disfrutado tanto la noche anterior, de haber comido tanto y cosas tan buenas, de haber cantado con aquella voz que, durante la guerra, había aliviado tantas horas de aburrimiento y de tristeza a sus compañeros de trinchera.[27]

Julián no tenía derecho a tan caliente y cómoda Nochebuena, porque hacía bastantes años que en su casa esas fiestas carecían de significado. La pobre Herminia habría llevado, eso sí, unos turrones[28] indefinibles, hechos de pasta de batata pintada de colores, y los niños habrían pasado media hora masticándolos ansiosamente después de la comida de todos los días. Por lo menos eso pasó en su casa la última Nochebuena que él había estado allí. Ya entonces él llevaba muchos meses sin trabajo. Era cuando la escasez de gasolina. Siempre había sido el suyo un oficio bueno; pero aquel año se puso fatal. Herminia fregaba escaleras. Fregaba montones de escaleras todos los días, de manera que la pobre sólo sabía hablar de las escaleras que la tenían obsesionada y de la comida que no encontraba. Herminia estaba embarazada otra vez en aquella época, y su apetito era algo terrible. Era una mujer flaca, alta y rubia como el mismo Julián, con un carácter bondadoso y unas gafas gruesas, a pesar de su juventud... Julián no podía con su propia comida cuando la veía devorar la sopa acuosa[29] y los boniatos.[30] Sopa acuosa y boniatos era la comida diaria, obsesionante, de la mañana y de la noche en casa de Julián durante todo el invierno aquel. Desayuno no había sino para los niños. Herminia miraba ávida la leche azulada que, muy caliente, se bebían ellos antes de ir a la escuela...Julián, que antes había sido un hombre tragón[31] al decir de su

---

[23] **faena, ocupación**
[24] **metido**
[25] **de...de tercera clase**
[26] **abundar de**
[27] trench

[28] nougat candy
[29] **con mucha agua**
[30] sweet potatoes
[31] **glotón**

familia, dejó de comer por completo...Pero fue mucho peor para todos, porque la cabeza empezó a flaquearle[32] y se volvió agresivo. Un día, después de que ya llevaba varios con el convencimiento de que su casa humilde era un garaje y aquellos catres que se apretaban en las habitaciones eran autos magníficos, estuvo a punto de matar a Herminia y a su madre, y lo sacaron de casa con camisa de fuerza y...Todo eso había pasado hacía tiempo. Poco tiempo relativamente. Ahora volvía curado. Estaba curado desde hacía varios meses. Pero las monjas habían tenido compasión de él y habían permitido que se quedara un poco más, un poco más...hasta aquellas Navidades. De pronto se daba cuenta de lo cobarde que había sido al procurar esto. El camino hasta su casa era brillante de escaparates, reluciente de pastelería. En una de aquellas pastelerías se detuvo a comprar una tarta. Tenía algún dinero y lo gastó en eso. Casi le repugnaba el dulce de tanto que había tomado aquellos días; pero a su familia no le ocurriría lo mismo.

Subió las escaleras de su casa con trabajo, la maleta en una mano, el dulce en la otra. Estaba muy alta su casa. Ahora, de repente, tenía ganas de llegar, de abrazar a su madre, aquella vieja siempre risueña, siempre ocultando sus achaques[33] mientras podía aguantar los dolores.

Había cuatro puertas descascarilladas,[34] antiguamente pintadas de verde. Una de ellas era la suya. Llamó.

Se vio envuelto en gritos de chiquillos, en los flacos brazos de Herminia. También en un vaho de cocina caliente. De buen guiso.[35]

—¡Papá...! ¡Tenemos pavo...!

Eso era lo primero que le decían. Miró a su mujer. Miró a su madre, muy envejecida, muy pálida aún a consecuencia del último arrechucho,[36] pero abrigada con una toquilla de lana nueva. El comedorcito lucía la pompa de una cesta repleta de dulces, chucherías[37] y lazos.[38]

—¿Ha...ha tocado la lotería?

—No, Julián...Cuando tú te marchaste, vinieron unas señoras... De Beneficencia, ya sabes tú... Nos han protegido mucho; me han dado trabajo; te van a buscar trabajo a ti también, en un garaje...

¿En un garaje...? Claro, era difícil tomar a un ex loco como chófer. De mecánico tal vez. Julián volvió a mirar a su madre y la encontró con los ojos llorosos. Pero risueña. Risueña como siempre.

De golpe le caían otra vez sobre los hombros las responsabilidades, angustias. A toda aquella familia que se agrupaba a su alrededor venía él, Julián, a salvarla de las garras de la Beneficencia. A hacerla pasar hambre otra vez, seguramente, a...

—Pero, Julián, ¿no te alegras? ...Estamos todos juntos otra vez, todos reunidos en el día de Navidad...¡Y qué Navidad! ¡Mira!

Otra vez, con la mano, le señalaban la cesta de los regalos, las caras golosas y entusiasmadas de los niños. A él. Aquel hombre flaco, con su

---

[32] **debilitársele**
[33] **enfermedades**
[34] with the paint chipped
[35] **De**...A well-seasoned dish.

[36] **indisposición**
[37] **adornos baratos**
[38] **adornos de cinta**

abrigo negro y sus ojos saltones, que estaba tan triste. Que era como si aquel día de Navidad hubiera salido otra vez de la infancia para poder ver, con toda crueldad, otra vez, debajo de aquellos regalos, la vida de siempre.

SOBRE EL TEXTO

1. ¿Dónde está Julián cuando empieza el cuento?
2. ¿A quién espera? ¿Adónde lo va a llevar esta persona?
3. ¿Cómo ha cambiado desde que entró allí?
4. ¿Quiere Julián volver a casa? ¿En qué se ve su nerviosidad?
5. ¿Qué siente Julián por sor María de la Asunción?
6. ¿Cómo trata de convencerla que lo deje quedarse un día más?
7. ¿Por qué le gusta a Julián el manicomio?
8. ¿Qué le dejaron las monjas hacer para mostrarle que tenían confianza en él?
9. ¿Cuál de las monjas no le gusta a Julián? ¿A quién se parece ella?
10. ¿Qué le dice Herminia por teléfono?
11. ¿En qué piensa Julián mientras habla su esposa?
12. Al tomar el tren para su casa, ¿por qué se siente culpable de haber comido tanto la noche anterior?
13. ¿Qué acontecimientos precedieron el enloquecimiento de Julián? ¿Quién mantenía a la familia cuando él estaba sin trabajo?
14. ¿Qué hizo cuando se volvió loco?
15. ¿Por qué le es tan importante comprar la tarta para su familia?
16. ¿Qué sorpresa lo espera en casa? ¿Quiénes se han ocupado de su familia?
17. ¿Por qué no se siente feliz al ver lo bien que está su familia ahora?

HACIA EL ANALISIS LITERARIO

1. Carmen Laforet logra decirnos mucho acerca del estado mental de Julián con muy pocas palabras. ¿Qué técnicas utiliza?
2. ¿Por qué es un personaje clave sor Rosa? ¿Con quién la confunde Julián inconscientemente? ¿Por qué la ataca? ¿Qué revelan sus sentimientos para con sor Rosa con respecto a su familia?
3. ¿Qué representa para él sor María de la Asunción?
4. ¿Cómo expresa la autora la oposición que existe entre el mundo del manicomio y el mundo de afuera? ¿Qué representa el manicomio para Julián? ¿Qué representa la familia?
5. ¿Cómo utiliza la autora el tema de la comida? ¿Por qué es revelador el hecho de que Julián haya sido «tragón»?
6. ¿Qué profesión tenía Julián? ¿En qué momentos claves aparece el tema del auto? ¿Qué significa para Julián el hecho de tener que trabajar de mecánico al salir del manicomio?
7. Al fin del cuento, ¿qué efecto logra la autora al yuxtaponer la alegría de la familia de Julián con la desesperación de él?

TEXTO Y VIDA

1. En su opinión, ¿qué le va a pasar a Julián ahora?
2. ¿Por qué se vuelve loco Julián? ¿Piensa usted que en Los Estados Unidos la persona que se encuentre de repente sin trabajo se sienta tan desesperada como Julián? Explique.
3. Además de la locura, ¿cuáles pueden ser las consecuencias de sentirse un fracaso?
4. ¿Hasta qué punto es la locura un refugio o un «escape»?

Imágenes de Castilla la Vieja: Miguel Delibes

Si Antonio Machado es el poeta que capta mejor la esencia de los campos castellanos, Miguel Delibes (1920–) es el prosista de Castilla por excelencia. A diferencia de muchos otros autores que han escrito sobre Castilla la Vieja, Delibes, siendo de Valladolid, conoce la región a fondo. Aunque algunos de sus libros tratan de las zonas urbanas, los más conocidos describen las rurales. Algunos escritores han visto en los edificios viejos y derrumbados monumentos a la historia de España. Para ellos, el tiempo añade una pátina que realza la belleza de las viejas piedras. Las costumbres de los aldeanos son pintorescas. Delibes, en contraste, retrata Castilla la Vieja de una manera precisa y realista, sin idealizarla, sin ocultar la dura realidad.

Delibes nació en 1920, cuatro años después de Camilo José Cela y un año antes de Carmen Laforet. Su primera novela, *La sombra del ciprés es alargada*, publicada cuando el autor tenía veintiocho años, refleja el mismo pesimismo que caracteriza la obra de otros autores de la generación de posguerra. El ciprés es símbolo de la muerte; su sombra alargada se extiende sobre la vida del protagonista, Pedro, cuya preocupación por la muerte y cuyo temor de perder a los que ama se convierten en obsesión. *La sombra del ciprés es alargada* ganó el premio Nadal en 1948. Al año siguiente apareció la segunda novela de Delibes, *Aún es de día*, que ya anuncia un cambio de perspectiva de parte del autor. En *Aún es de día* el protagonista, Sebastián, mantiene una actitud positiva aun cuando las circunstancias no se prestan al optimismo. Se ha sugerido que este cambio se debe en parte a la reacción de Delibes a la crítica de su primera novela. A pesar de las diferencias, *La sombra del ciprés es alargada* y *Aún es de día* tienen algunas cosas en común: la solución religiosa; el tono moralista y filosófico; un estilo pesado, con frases largas y excesivamente intrincadas. A causa de estas semejanzas, la crítica ha tendido a ver estas dos novelas como componentes de la «primera fase» de la producción literaria de Delibes.

En 1950 Delibes escribió *El camino* durante sus vacaciones de verano. La novela fue un éxito inmediato. Más corto y sencillo que sus obras anteriores, *El camino* cuenta la vida de Daniel, un niño de once años que abandona su aldea para estudiar en la ciudad. Durante su última noche en casa, recuerda a la gente y los incidentes que han formado su mundo. A través de los recuerdos de Daniel, Delibes proporciona al lector una galería de personajes cuyas historias sirven para crear un cuadro rico e interesante de la vida rural. Volverá a emplear esta estructura en varias de sus otras novelas.

En 1953 salió *Mi idolatrado hijo Sisí*, novela que el autor comenzó en 1951 y que algunos críticos consideran su obra más ambiciosa. Delibes ha dicho en varias ocasiones que escribió *Sisí* para combatir el maltusianismo. En su *Ensayo sobre el principio de la población*, el economista inglés Tomás Roberto Malthus (1766–1834) aconseja que, debido al aumento constante de la población, los matrimonios limiten el número de hijos para evitar un empobrecimiento progresivo de las clases humildes producido por la escasez de comida y materias primas. Delibes, católico ortodoxo de una familia numerosa y padre de siete hijos, rechaza esta teoría. En *Sisí*, Cecilio Rubes es un hombre egoísta y fatuo que no desea tener hijos. Después de unos siete años de matrimonio, en un momento de abatimiento, se da cuenta de la vacuidad de su vida y le exige un hijo a su esposa. Al nacer Sisí, Cecilio decide no tener más hijos para poder darle todo a éste. Consentido y malcriado, Sisí crece sin tener que compartir nada con nadie. Al estallar la Guerra Civil se encuentra de repente en campamento en una zona rural y allí, en contacto con la naturaleza, sufre una crisis moral. Sisí se enamora de una joven de una familia numerosa y religiosa y va a la iglesia a confesarse. Pero antes de poder gozar de los frutos de su conversión, Sisí muere trágicamente en la guerra. Su padre, incapaz de aceptar la situación, le pide otro hijo a su esposa y después, a su amante. Pero es demasiado tarde. Desesperado, Cecilio se suicida.

Los años cincuenta son una década de intensa producción literaria para Delibes. En 1954 publica *La partida*, una colección de cuentos. En 1955 sale *Diario de un cazador*, una serie de anécdotas e incidentes por medio de los cuales Delibes desarrolla a su protagonista, Lorenzo. El autor ve a Lorenzo como un español arquetípico. Soñador y perezoso, aunque también noble, justo y fiel a sus amigos, Lorenzo, como Delibes, es un cazador entusiasta para quien su deporte favorito toma precedencia sobre cualquier otra actividad. En *Diario de un emigrante* (1958) reaparece el mismo protagonista, ahora casado. El segundo diario es más estructurado que el primero, aunque también consta de breves cuadros y retratos.

En 1955 Delibes viajó a Sudamérica y al año siguiente publicó *Un novelista descubre América*. En 1958 fue nombrado director de *El Norte de Castilla*, un periódico de Valladolid para el cual trabajaba desde 1941. Durante los años siguientes hizo viajes a varios países europeos y publicó libros sobre sus experiencias. En 1964 viajó a Los Estados Unidos, donde enseñó en la Universidad de Maryland y dio conferencias en diversos lugares. En 1966 salió *USA y yo*, un libro divertido, muy personal y algo ambivalente. Delibes, un castellano de una zona rural, se siente francamente deslumbrado por la grandeza de la megalópoli. Lo dejan atónito los edificios gigantescos, los puentes enormes, la tecnología y la mecanización. Las casas individuales con sus patios y jardines, los aparatos que se encuentran en las cocinas americanas—la trituradora, por ejemplo—y los cementerios de automóviles, entre mil otras cosas le llaman la atención. Al estadounidense lo encuentra cordial, responsable, industrioso, pragmático, dedicado a su comunidad y relativamente libre de prejuicios sociales.

En el capítulo sobre los viejos describe a las abuelas norteamericanas, a las cuales encuentra sorprendentemente independientes y enérgicas. Al mismo tiempo, se siente amenazado por el poder de la tecnología, la cual ve como una fuerza potencialmente destructiva, y echa de menos el verdor del campo. A pesar de sus virtudes, los americanos le parecen poco efusivos y algo torpes. Y en la independencia de la mujer madura norteamericana ve una expresión de la falta de unidad familiar, ya que en los Estados Unidos, donde predomina la «familia nuclear», la abuela no ocupa el mismo lugar especial que en Europa, donde muchas veces ayuda a criar a sus nietos.

En 1962 salió *Las ratas,* una de las obras más conocidas de Delibes. Al igual que varias de sus novelas, consta de una serie de anécdotas. La figura central es Nini, un niño que vive con su padre, el tío Ratero, el que caza ratas y las vende para sobrevivir. La novela revela la situación trágica de los pueblos empobrecidos del campo castellano, donde el clima cruel y las tierras cansadas mantienen a la gente en una eterna lucha por sobrevivir. Muchos habitantes han salido del pueblo descrito en *Las ratas;* abundan las casas abandonadas. Otros viven en cuevas que comparten con las ratas que son su alimento principal. A pesar de algunos pasajes cómicos o satíricos, el libro pinta un cuadro deprimente.

Viejas historias de Castilla la Vieja (1964) es una serie de viñetas sobre la vida castellana rural, tres de las cuales se incluyen aquí. En la primera, Isidoro, el narrador, recuerda su salida del pueblo hace cuarenta y ocho años. Al llegar a la capital para estudiar, el joven tiene vergüenza de ser del campo porque los muchachos se burlan de él. Pero más tarde, se da cuenta de que «ser de pueblo (es) un don de Dios» porque existe entre la gente del pueblo una sencillez y una autenticidad de las cuales carece la gente de la ciudad. En el pueblo encuentra una estabilidad que no se halla en la metrópoli. En el último capítulo, describe su vuelta al pueblo y su temor, al acercarse y ver que el camino se había pavimentado, de que todo hubiera cambiado. Pero no, la misma gente—y sus hijos y nietos—hace las mismas cosas que antes, y es como si nunca se hubiera ido. Los otros capítulos describen diversos aspectos de la vida del pueblo (por ejemplo, la religión, el cultivo, los ritos asociados con el amor y el matrimonio) y diversos personajes (la mártir, el cura, el renegado). Con una suave ironía, Delibes describe las preocupaciones y supersticiones de esta gente sencilla y directa. A pesar de que se trata de una zona geográfica muy específica, las fuerzas que motivan los personajes de Delibes son universales. A través de sus recuerdos del pueblo, el autor busca lo más fundamental y auténtico del ser humano.

Con *Cinco horas con Mario* (1966), Delibes parece entrar en una nueva etapa. Aunque *Cinco horas con Mario* recoge muchas de las técnicas de obras anteriores en cuanto al uso del lenguaje y del diálogo, esta novela se distancia de sus predecesoras en varios aspectos. No se compone de *anécdotas y viñetas, sino de un largo *monólogo interior en el cual Carmen, la viuda de Mario, articula sus pensamientos mientras vela el cuerpo de su marido. A veces se dirige al difunto Mario. A veces pelea con él como si estuviera vivo. En *Cinco horas con Mario* el *objetivismo de las novelas anteriores se reemplaza por un *subjetivismo completo. En vez de descripción, la novela nos ofrece penetración psicológica. En vez de la idealización de la familia, nos presenta un retrato negativo de la esposa y madre—aunque puede ser que Delibes vea las actitudes de esta mujer egoísta, frívola y socialmente ambiciosa como más características de su clase (la burguesía) que de su sexo. Carmen es el primer personaje femenino que ocupa un lugar central en una novela de Delibes.

Delibes es un escritor comprometido pero no dogmático. Retrata la sociedad que conoce con la esperanza de exponer y corregir injusticias. El odio y la violencia son constantes, aun en las novelas más recientes de Delibes, *Las guerras de nuestros antepasados* (1973) y *Los santos inocentes* (1983). Pero aún más importante que el tema de la sociedad contemporánea—ya sea rural, ya sea urbana—es la búsqueda de la autenticidad individual.

Ediciones

Delibes, Miguel. *Obra completa.* Barcelona: Destino, 1975

_____. *Viejas historias de Castilla la Vieja.* Barcelona: Destino, 1981

Crítica

Alvar, Manuel. *El mundo novelesco de Miguel Delibes.* Madrid: Gredos, 1987

_____. «Lengua y habla en las novelas de Miguel Delibes». *Bulletin Hispanique* 85.3–4 (1983):299–323

Bartolomé Pons, Esther. *Miguel Delibes y su guerra constante.* Barcelona: V. Ponanco, 1979

Departamento de Lengua y Literatura, Ciencias de la Información. *Estudios sobre Miguel Delibes.* Madrid: Editorial de la Universidad Complutense, 1983

García Domínguez, Ramón. *Miguel Delibes, un hombre, un paisaje, una pasión.* Barcelona: Destino, 1985

González, Bernardo Antonio. *Parábolas de identidad: realidad y estrategia narrativa en tres novelistas de posguerra.* Potomac, Md.: Scripta Humanística, 1985

Gullón, Agnes. *La novela experimental de Miguel Delibes.* Madrid: Taurus, 1980

Pauk, Edgar. *Miguel Delibes, desarrollo de un escritor (1947–1974).* Madrid: Gredos, 1975

Pérez, Janet. «Delibes y el interlocutor ausente». Eds. Luis T. González del Valle and Catherine Nickel. *Selected Proceedings of the Mid-America Conference on Hispanic Literature.* Lincoln, Nebraska: Society of Spanish and Spanish-American Studies, 1986. 81–92

Rey, Alfonso. *La originalidad novelística de Delibes.* Santiago de Compostela: Universidad de Santiago de Campostela, 1975

Sánchez Pérez, F. Javier. *El hombre amenazado: hombre y sociedad en la novelística de Miguel Delibes.* Salamanca: Universidad de Salamanca, 1984

Viejas historias de Castilla la Vieja

Miguel Delibes

La Sisinia, mártir de la pureza

Mi pueblo, visto de perfil, desde el camino que conduce a Molacegos del Trigo, flanqueado por los postes de la luz que bajan del páramo, queda casi oculto por la Cotarra[1] de las Maricas. La Cotarra de las Maricas es una lomilla[2] de suave ondulación que, sin embargo, no parece tan suave a los agosteros[3] que durante el verano acarrean[4] los haces[5] de trigo hasta las eras.[6] Pues bien, a la espalda de la Cotarra de las Maricas, a cien metros escasos del camino de Molacegos del Trigo, fue apuñalada la joven Sisinia, de veintidós años, hija del Telesforo y la Herculana, una noche de julio allá por el año nueve.[7] El asesino era un forastero que se trajo don Benjamín de tierras de Ávila para hacer el agosto[8] y que, según dijeron luego, no andaba bien de la cabeza. Lo cierto es que, ya noche cerrada, el muchacho atajó[9] a la Sisinia y se lo pidió[10] y, como la chica se lo negara, él trató de forzarla, y, como la chica se resistiera, él tiró de navaja y la cosió a puñaladas.[11] Al día siguiente, en el lugar donde la tierra calcárea[12] estaba empapada de sangre, don Justo del

Espíritu Santo[13] levantó una cruz de palo e improvisó una ceremonia en la que se congregó todo el pueblo con trajes domingueros[14] y los niños y las niñas vestidos de Primera Comunión. Don Justo del Espíritu Santo asistió revestido[15] y, con voz tomada por la emoción, habló de la mártir Sisinia y de lo grato[16] que era al Altísimo[17] el sacrificio de la pureza. Al final, le brillaban los ojos y dijo que no descansaría hasta ver a la mártir Sisinia en las listas sagradas del Santoral.[18]

Un mes más tarde brotaron[19] en torno de la cruz de palo unas florecitas amarillas y don Justo del Espíritu Santo atribuyó el hecho a inspiración divina y cuando el Antonio le hizo ver que eran las quitameriendas[20] que aparecen en las eras cuando finaliza el verano, se irritó con él y le llamó ateo y renegado.[21] Y con estas cosas, el lugar empezó a atraer a las gentes y todo el que necesitaba algo se llegaba a la cruz de palo y se lo pedía a la Sisinia, llamándola de tú[22] y con la mayor confianza.[23] En el pueblo se consideraba un don especial esto de contar en lo alto con una intercesora natural

---

[1] slope
[2] hill
[3] harvesters
[4] haul
[5] sheaves
[6] threshing floors
[7] **el...**1909
[8] **hacer...**harvest the wheat
[9] waylaid
[10] **se...**he asked her to go to bed with him
[11] **la...**he stabbed her
[12] limy

[13] **el cura del pueblo**
[14] **con...**in their Sunday best
[15] **con su hábito de cura**
[16] **agradable**
[17] **Dios**
[18] **lista oficial de santos**
[19] sprouted
[20] meadow saffron flowers
[21] **uno que abandona la religión cristiana**
[22] **Se trata de tú a Dios y a los santos.**
[23] **familiaridad**

de Rolliza del Arroyo, hija del Telesforo y de la Herculana. Y por el día, los vecinos le llevaban flores y por las noches le encendían candelitas de aceite metidas en fanales[24] para que el matacabras[25] no apagase la llama. Y lo cierto es que cada primavera las florecillas del campo familiares en la región—las margaritas, las malvas,[26] las campanillas,[27] los sonidos,[28] las amapolas[29]—se apretaban en torno a la cruz como buscando amparo y don Justo del Espíritu Santo se obstinaba en buscar un significado a cada una, y así decía que las margaritas, que eran blancas, simbolizaban la pureza de la Sisinia, las amapolas, que eran rojas, simbolizaban el sacrificio cruento[30] de la Sisinia, las malvas, que eran malvas, simbolizaban la muerte de la Sisinia,[31] pero al llegar a los sonidos, que eran amarillos, el cura siempre se atascaba,[32] hasta que una vez, sin duda inspirado por la mártir, don Justo del Espíritu Santo afirmó que los sonidos, que eran amarillos, simbolizaban el oro a que la Sisinia renunció antes que permitir ser mancillada.[33] En el pueblo dudábamos mucho que el gañán[34] abulense[35] le ofreciese oro a la Sisinia e incluso estábamos persuadidos de que el muchacho era un pobre perturbado[36] que no tenía donde caerse muerto,[37] pero don Justo del Espíritu Santo puso tanta unción[38] en sus palabras, un ardor tan violento y tan desusado,[39] que la cosa se admitió sin la menor objeción. Aquel mismo año, aprovechando las solemnidades de la Cuaresma,[40] don Justo del Espíritu Santo creó una Junta[41] pro Beatificación de la mártir Sisinia, a la que se adhirió todo el pueblo a excepción de don Armando y el tío Tadeo, y empezó a editar una hojita[42] en la que se especificaban los milagros y las gracias dispensadas por la muchacha a sus favorecedores.

A LA SOMBRA DE LOS ENAMORADOS

Al pie del cerro que decimos el Pintao[1]—único en mi pueblo que admite cultivos[2] y que ofrece junto a yermos[3] y perdidos[4] redondas parcelas de cereal y los pocos majuelos[5] que perviven[6] en el término[7]—se alzan los chopos[8] que desde remotos tiempos se conocen con el nombre de los Enamorados. Y no cabe duda, digan lo que quieran los botánicos, que los árboles en cuestión son macho y hembra. Y están siempre juntos, como

---

[24] bell jars
[25] **viento frío**
[26] mallows
[27] bellflowers
[28] type of wildflower
[29] poppies
[30] bloody
[31] **El color malva es un violeta pálido que a veces se asocia con la muerte.**
[32] got stuck
[33] disgraced
[34] farmhand
[35] **de Avila**
[36] **loco**

[37] **no...no tenía un centavo**
[38] **fervor**
[39] **poco usual**
[40] Lent
[41] **Comité**
[42] newsletter
[1] **Pintado** (speckled)
[2] **admite...se puede cultivar**
[3] barren lands
[4] eroded lands
[5] white hawthorn plants
[6] survive
[7] town lands
[8] poplars

enlazados, ella—el chopo hembra—más llena, de formas redondeadas, recostándose dulcemente en el hombro de él—el chopo macho—desafiante y viril. Allí, al pie de esos chopos, fue donde la exhalación[9] fulminó[10] a la mula ciega de Padre el año de los nublados. Y allí, al pie de esos chopos, es donde se han forjado las bodas de mi pueblo en las cinco últimas generaciones. En mi pueblo, cuando un mozo se dirige a una moza con intención de matrimonio, basta con que la siente a la sombra de los chopos para que ella diga «sí» o «no». Esta tradición ha terminado con las declaraciones amorosas que en mi pueblo, que es pueblo de tímidos, constituían un arduo problema. Bien es verdad que, a veces, de la sombra de los Enamorados sale una criatura,[11] pero ello no entorpece[12] la marcha de las cosas, pues don Justo del Espíritu Santo nunca se negó a celebrar un bautizo y una boda al mismo tiempo. En mi pueblo, digan lo que digan las malas lenguas,[13] se conserva un concepto serio de la dignidad, y el sentido de la responsabilidad está muy aguzado.[14] Según decía mi tía Marcelina, en sus noventa y dos años de vida no conoció un mozo que, a sabiendas,[15] dejara en mi pueblo colgada una barriga.[16] Pocos pueblos, creo yo, podrán competir con esta estadística.

Cuando yo hablé—y es un decir[17]—con la Rosa Mari, la muchacha que desde niña me recomendara[18] la tía Marcelina, visité con frecuencia los Enamorados. Fue una tontería, porque la Rosa Mari jamás me gustó del todo.[19] Pero la Rosa Mari era una chiquilla limpia y hacendosa[20] que a la tía Marcelina la llenaba el ojo.[21] La tía Marcelina me decía: «Has de buscar una mujer de su casa».[22] Y luego, como quien no quiere la cosa, añadía: «Ve, ahí tienes a la Rosa Mari. El día que seas mozo[23] debes casarte con ella». De este modo, desde chico me sentí comprometido y al empezar a pollear[24] me sentí en la obligación de pasear a la Rosa Mari.

Y como nunca tuve demasiada imaginación, el primer día que salimos la llevé a los Enamorados. Para mi fortuna la sombra de los chopos estaba aquel día ocupada por el Corpus y la Lucía, y la Rosa Mari no tuvo oportunidad de decirme «sí» o «no». Al otro día que lo intenté, el Agapito me ganó también por la mano y en vista de ello seguimos hasta el majuelo del tío Saturio, donde al decir del Antonio solía encamar[25] el matacán.[26] Esto del matacán tiene también su importancia, pues en el pueblo llegaron a decir que en él se encarnaba el demonio, aunque yo siempre lo puse en duda. Sea como quiera, cada vez que conducía a la

---

[9] **relámpago**
[10] **mató**
[11] **bebé**
[12] **obstruye**
[13] **gossips**
[14] **agudo**
[15] **a...sabiéndolo**
[16] **dejara...abandonara en mi pueblo a una chica embarazada**
[17] manner of speaking

[18] **había recomendado**
[19] **del...completamente**
[20] industrious
[21] **la...le gustaba mucho**
[22] **mujer...homebody**
[23] **El...When you're a young man**
[24] **salir con chicas**
[25] **esconderse**
[26] hare

Rosa Mari a la sombra de los Enamorados alguien se me había anticipado de forma que, pese a mis propósitos, nunca llegué a adquirir con ella un verdadero compromiso. Ahora pienso si no sería la mártir. Sisinia la que velaba[27] por mí desde las alturas, porque aunque la Rosa Mari era una buena chica, y hacendosa y hogareña[28] como la tía Marcelina deseaba, apenas sabía despegar los labios,[29] y entre eso y que yo no soy hablador nos pasábamos la tarde dándonos palmetazos para ahuyentar[30] los tába-

nos[31] y los mosquitos. Por eso cuando decidí marchar del pueblo, el recuerdo de la Rosa Mari no me frenó, siquiera pienso algunas veces que si yo no me casé allá, cuando amasé una punta de pesos, se debiera antes que nada al recuerdo de la Rosa Mari. Por más que tampoco esto sea cierto,[32] que si yo no me casé allá es porque desde que salí del pueblo tan sólo me preocupé de afanar[33] y amontonar[34] plata para que, a la postre,[35] el diablo se la lleve.

LA MESA DE LOS MUERTOS

A mí, como ya he dicho, siempre me intrigaron las deformidades geológicas y recuerdo que la vez que le pregunté al profesor Bedate por el fenómeno de las Piedras Negras, se puso a hablarme de la época glacial, del ternario y del cuaternario y me dejó como estaba.[1] Es lo mismo que cuando yo le pregunté al Topo, el profesor de Matemáticas, qué era pi y él me contestó que «tres, catorce, dieciséis», como si eso fuera una respuesta. Cuando yo acudí al Topo o al profesor Bedate, lo que quería es que me respondieran en cristiano,[2] pero está visto que los que saben mucho son pozos cerrados[3] y se mueven siempre entre abstracciones. Por eso

me libré muy mucho de consultar[4] a nadie por el fenómeno de la Mesa de los Muertos, el extraño teso[5] que se alzaba a medio camino entre mi pueblo y Villalube del Pan. Era una pequeña meseta sin acceso viable, pues sus vertientes, aunque no más altas de seis metros, son sumamente escarpadas.[6] Arriba, la tierra, fuerte y arcillosa,[7] era lisa[8] como la palma de la mano y tan sólo en su lado norte se alzaba, como una pirámide truncada, una especie de hito[9] funerario de tierra apelmazada.[10] En mi pueblo existía una tradición supersticiosa según la cual el que arara[11] aquella tierra cogería cantos[12] en lugar de mies[13] y moriría tan pronto empezara

---

[27] was watching out
[28] domestic
[29] **despegar...abrir la boca, hablar**
[30] shoo away
[31] horseflies
[32] **Por...**No matter that this was not true either
[33] **trabajar mucho**
[34] **acumular**
[35] **a...al final**
[1] **como...sin explicarme nada**
[2] **palabras directas y sencillas**

[3] **pozos...**"closed books" (lit. closed wells)
[4] **me...dejé completamente de preguntarle**
[5] hilltop
[6] **inclinadas**
[7] clayey
[8] smooth
[9] mound
[10] packed
[11] plowed
[12] stones
[13] grain

a granar[14] el trigo de los bajos.[15] No obstante, allá por el año seis, cuando yo era aún muy chico, el tío Tadeo le dijo a don Armando, que era librepensador y hacía las veces de[16] alcalde, que si le autorizaba a labrar la Mesa de los Muertos. Don Armando se echó a reír y dijo que ya era hora de que en el pueblo surgiera un hombre y que no sólo podía labrar la Mesa sino que la Mesa era suya. El tío Tadeo hizo una exploración y al concluir el verano se puso a trabajar en una especie de pluma[17] para izar[18] las caballerías[19] a la meseta. Para octubre concluyó su ingenio[20] y tan pronto se presentó el tempero,[21] armó la pluma en el morro y subió las caballerías entre el asombro de todos. La mujer del tío Tadeo, la señora Esperanza, se pasaba los días llorando y, a medida que transcurría el tiempo, se acentuaban sus temores y no podía dormir ni con la tila[22] de Fuentetoba que, al decir de la tía Marcelina, era tan eficaz contra el insomnio que al Gasparín, cuando anduvo en la mili,[23] le tuvieron una semana en el calabozo[24] sólo porque tomó media taza de aquella tila y se quedó dormido en la garita,[25] cuando hacía de centinela. El caso es que, al comenzar la granazón,[26] todos en el pueblo, antes de salir al campo a escardar,[27] se pasaban por la casa del tío Tadeo y le preguntaban a la Esperanza: «¿Cómo anda el Tadeo?». Y ella respondía de malos modos, porque por aquellas fechas estaba ya fuera de sí.[28] Sin embargo, una cosa chocaba en el pueblo, a saber, que don Justo del Espíritu Santo no se pronunciase ni a favor ni en contra de la decisión del tío Tadeo y tan sólo una vez dijo desde el púlpito que no por rodear nuestras tierras de unas murallas tan inexpugnables[29] como las de Ávila[30] sería mayor la cosecha ya que el grano lo enviaba Dios.

El Olimpio y la Macaria creyeron entender que don Justo del Espíritu Santo aludía con ello veladamente[31] a las escarpaduras[32] de la Mesa de los Muertos, pero don Justo del Espíritu Santo no dio nunca más explicaciones. No obstante, el trigo creció, verdegueó,[33] encañó,[34] granó y se secó, sin que el tío Tadeo se resintiera de su buena salud y cuando llegó la hora de segar[35] y el tío Tadeo cargó la pluma con los haces, no faltaba al pie de la Mesa de los Muertos ni el Pechines, el sacristán. Y resultó que las espigas del tío Tadeo eran dobles que las de las tierras bajas, y al año siguiente volvió a sembrar y volvió a recoger espigas como puños, y al siguiente, y al otro, y al otro, y esto,

---

[14] ripen
[15] lowlands
[16] **hacía**...acted as
[17] derrick
[18] hoist
[19] **caballos**
[20] **aparato**
[21] sowing period
[22] linden tea
[23] **cuando**...when he was in the army
[24] **cárcel**
[25] sentry box
[26] seeding
[27] weed
[28] **fuera**...beside herself
[29] **impregnables**
[30] **ciudad de Castilla la Vieja que está rodeada de murallas. Avila es la patria de Santa Teresa de Jesús.**
[31] **de una manera oculta, indirecta**
[32] rugged slopes
[33] grew green
[34] turned white
[35] reap

que puede ser normal en otro país, es cosa rara en nuestra comarca, que es tierra de año y vez,[36] y al sembrado, como ya es sabido, sucede el barbecho[37] por aquello de que la tierra tiene también sus exigencias y de cuando en cuando tiene que descansar.

---

[36] **de**...that is seeded every other year

[37] fallow

SOBRE LA LECTURA

La Sisinia, mártir de la pureza

1. ¿Qué es la Cotarra de las Maricas?
2. ¿Qué ocurrió allí?
3. ¿Quién era el criminal?
4. ¿Qué pasó un mes después del crimen? ¿Cómo reaccionó don Justo?
5. ¿Qué observación hizo Antonio? ¿Qué le pareció a don Justo?
6. ¿Cuál era la ilusión del pueblo?
7. ¿Qué significado les daba don Justo a las flores que crecían en torno a la cruz? ¿Aceptaba toda la gente esta explicación?
8. ¿Qué hacía la gente, que muestra que ya consideraba a Sisinia una santa?
9. ¿Qué hizo don Justo para llevar adelante su proyecto de canonizar a Sisinia?

A la sombra de los Enamorados

1. ¿Qué eran los Enamorados? ¿Cómo los caracteriza el autor?
2. ¿Qué función social tenían?
3. ¿Qué pasaba a veces? ¿Cómo era la actitud de la gente con repecto a los niños concebidos fuera del matrimonio? ¿Qué decía la tía Marcelina?
4. ¿Quién era Rosa Mari?
5. ¿Le gustaba a Isidoro?
6. ¿Por qué se comprometió con ella?
7. ¿Qué pasó cuando la llevó a los Enamorados?
8. ¿Qué hacían cuando salían?
9. Cuando Isidoro decidió irse del pueblo, ¿pensó en Rosa Mari?
10. ¿Volvió alguna vez por ella?

La Mesa de los Muertos

1. ¿Qué le preguntó Isidoro al profesor Bedate? ¿Qué dice de las explicaciones de los profesores?
2. ¿Qué era la Mesa de los Muertos?
3. ¿Qué superstición existía en el pueblo?
4. ¿Qué quería hacer el tío Tadeo?

5. ¿Quién era don Armando? ¿Le dio permiso al tío Tadeo o no?
6. ¿Por qué lloraba la señora Esperanza?
7. ¿Cómo reaccionó don Justo ante la decisión del tío Tadeo? ¿Por qué se sorprendió la gente del pueblo?
8. ¿Se realizó el temor de los del pueblo? ¿Creció o no el trigo del tío Tadeo?
9. ¿Qué pasó al año siguiente?
10. ¿Por qué era tan sorprendente esto?

HACIA EL ANALISIS LITERARIO

1. ¿Qué tono caracteriza estas selecciones? ¿De dónde se deriva el humor?
2. Algunos de los nombres que emplea Delibes tienen un aspecto cómico o irónico (don Justo del Espíritu Santo, la Cotarra de las Maricas). Explique el significado de éstos y otros nombres y su importancia dentro del contexto.
3. ¿Qué tipo de mentalidad representa don Justo? ¿Qué demuestra la reacción del cura a las observaciones de Antonio acerca de las flores que crecían en torno a la cruz de Sisinia? ¿el hecho de que «nunca se negó a celebrar un bautizo y una boda al mismo tiempo»? ¿Qué demuestra el hecho de que «no se pronunciase ni a favor ni en contra de la decisión del tío Tadeo»?
4. ¿Qué arquetipos aparecen en estas tres selecciones?
5. ¿Quién es el narrador? ¿Qué tipo de lenguaje emplea? ¿Cuál es su actitud hacia la gente que describe? ¿Qué revela el texto acerca de su personalidad?
6. ¿Cuál es el enfoque de «La Sisinia, mártir de la pureza»? ¿Se concentra el autor en la brutalidad del crimen? ¿en la pena de los padres de Sisinia? ¿en la psicología del asesino? ¿Qué otro enfoque habría podido darle a esta historia? ¿Por qué no lo hizo?
7. *Viejas historias de Castilla la Vieja* consiste en una serie de viñetas y anécdotas. ¿Es eficaz esta estructura para describir la vida rural? ¿Tiene ventajas sobre la novela tradicional? Explique.

TEXTO Y VIDA

1. ¿Son los personajes de Delibes típicos sólo de Castilla la Vieja o caracterizan el ambiente rural en general?
2. ¿Hasta qué punto son universales—es decir, representativos no sólo del campo sino de cualquier ambiente?
3. ¿En qué episodios muestra Delibes que el campesino es más realista y aun más tolerante que el burgués? ¿En qué episodios muestra las supersticiones y los prejuicios de los campesinos? ¿Piensa usted que las observaciones de Delibes son válidas?
4. ¿Qué estereotipos del campesino existen en Los Estados Unidos?
5. En su opinión, ¿es más sana la vida del campo que la de la ciudad?

El teatro de la posguerra

Las condiciones económicas y la censura que hicieron que tantos españoles talentosos emigraran después de la Guerra Civil dejaron al país prácticamente desprovisto de teatro. Dos de los dramaturgos que siguieron escribiendo para la escena en el período de la posguerra son Alejandro Casona (1903–1965) y Antonio Buero Vallejo (1916–). Frente a la violencia y brutalidad que habían experimentado en la guerra, estos dos escritores adoptaron posiciones muy diferentes.

Hijo de maestros de escuela, Casona también se dedicó a la pedagogía y fue nombrado Director de Primera Enseñanza. En 1932 se formó el Teatro de Misiones Pedagógicas, dirigido por Casona, que tenía por objetivo el llevar escenas de obras clásicas a las zonas más remotas de España. En 1934 escribió su primera obra, *La sirena varada*. La siguieron varias piezas más, siendo la más conocida *Nuestra Natacha* (1936), pero con la guerra la carrera de Casona quedó interrumpida. Como muchos de sus contemporáneos, Casona salió de España y se estableció en Buenos Aires, donde se estrenó *La dama del alba*, una de sus obras más conocidas, en 1944.

Casona buscó una manera de enfrentarse al caos por medio de la poesía. Una de las características de sus obras es la combinación de realidad y fantasía. En *La dama del alba*, la muerte aparece en la figura alegórica de una bella peregrina que llega a la casa de una familia campesina de Asturias. La dama trata de convencer a los personajes que «cada momento tiene su verdad». Es decir, la muerte también tiene su lugar en el esquema general de las cosas humanas. Casona encontró un consuelo en la naturaleza cíclica de la vida, en el hecho de que la muerte no significa un fin, ya que la vida continúa en la forma de futuras generaciones. Si lloramos la muerte, explica la dama, es por la misma razón que el bebé llora al nacer: por el temor de no saber lo que nos espera. Para crear un ambiente poético en el que la vida transciende la muerte, Casona empleó muchos refranes y canciones infantiles que han pasado de una generación a otra.

Buero Vallejo combatió con las fuerzas republicanas y, a diferencia de Casona, no emigró. Después de la guerra se dedicó a la pintura, pero en los años que siguieron comenzó a escribir obras y guiones para el cine. En 1946 compuso su primera obra, *En la ardiente oscuridad*, y al año siguiente, *Historia de una escalera*. En 1949 escribió una obra en un acto, *Palabras en la arena*, que ganó el premio de la Asociación de los Amigos de los Quinteros. Aunque ha publicado muchas obras desde entonces, las dos primeras siguen siendo las más populares.

En la ardiente oscuridad tiene lugar en un centro de enseñanza para los ciegos. Allí, los estudiantes y el director, todos ciegos, llevan una vida idílica. Los jóvenes estudian, practican deportes, se enamoran. Convencidos que son iguales a los que ven, se refieren a sí mismos como «invidentes» en vez de «ciegos». Cambia esta situación abruptamente cuando aparece un nuevo alumno, Ignacio, que no se conforma con aceptar el engaño en que los otros viven. Alega que si no reconocen su propia ceguera, no podrán jamás entender la realidad de su propia existencia. La presencia de Ignacio destruye la tranquilidad del centro. Los estudiantes empiezan a sentirse inseguros de sí mismos. Pronto se dividen en facciones: los que apoyan a Ignacio y los que se resisten. Al final, Ignacio aparece muerto en el campo de deportes, pero ha cambiado el centro, ya que ha contagiado a todos los estudiantes con el deseo de «ver» las cosas como son. Aunque Buero afirma que sus obras son más filosóficas que políticas, *En la ardiente oscuridad* tenía implicaciones obvias para una España maniatada por la censura. Igual que el director del centro, un dictador paternalista mantenía al país en la oscuridad. Muchos ciudadanos, cansados de la guerra, se conformaban. Las fuerzas más conservadoras reaccionaban violentamente contra cualquier amenaza al *statu quo*. Pero siempre había una minoría que se negaba a pactar con los demás.

En *Historia de una escalera* Buero explora la personalidad española y plantea el problema del futuro de España. El viejo edificio de departamentos en el cual tiene lugar la acción es un microcosmo del pueblo español. Domina la escena una escalera que simbólicamente no llega a ninguna parte, como las vidas de los habitantes. Fernando, el soñador, habla de estudiar, de aprender un oficio, de escribir, de cambiar el rumbo de su vida, pero no actúa. Urbano, un muchacho serio y trabajador, participa en las reuniones de un sindicato, pero le faltan visión e iniciativa. Ambos jóvenes se casan con chicas del edificio. En los años que siguen, crecen los resentimientos, los celos, la frustración. La pregunta que Buero nos hace es la siguiente: ¿Hasta qué punto son los personajes responsables de su fracaso y hasta qué punto son víctimas de una sociedad en la que faltan oportunidades y medios?

En el tercer acto, el hijo de Fernando y la hija de Urbano, ya adolescentes, hacen planes para el futuro. Sus palabras son idénticas a las de sus padres en el primer acto. ¿Podrán liberarse de la miseria y la sordidez que los rodea o será su vida una repetición de la de sus padres? Buero no contesta la pregunta, pero le da al espectador amplia materia para la reflexión.

Las obras de Buero Vallejo no son dramas de tesis. El autor no ofrece soluciones hechas, no toma una posición política. Aunque muchos críticos lo han visto como un enemigo de Franco—y como se ha visto, algunas de sus piezas se prestan a esta interpretación—los problemas que plantea Buero son de alcance universal. El realismo de sus obras es más psicológico que social. Se ha dicho que Buero es un dramaturgo tremendamente pesimista, pero en realidad, más que pesimistas u optimistas, sus obras son provocadoras. Nos incitan a pensar.

José Ruibal y el *teatro subterráneo

Durante los años 60 surgió un grupo de dramaturgos que—paradójicamente—encontraron en la censura el ímpetu para la creación de un nuevo tipo de teatro. José Ruibal (1925–) fue uno de los líderes del «teatro subterráneo», un movimiento que nació de la necesidad del escritor de expresarse a pesar de las restricciones del gobierno. Puesto que la censura impedía que los dramaturgos antifranquistas llevaran sus obras al público, Ruibal creó un tipo de pieza breve que apenas requería escenario o decoración. Estas obras de «café-teatro» se representaban en cafés «subterráneos», los cuales eran centros de agitación antigubernamental. Si llegaba la policía, los actores sencillamente se sentaban, sin dejar vestigio alguno de sus actividades teatrales.

Durante esta época, Ruibal también escribía obras más largas. Para burlar a los censores, a menudo colocaba la acción en un país que no fuera España o en un período que no fuera el presente. Sin embargo, su preocupación principal era claramente la situación actual de su patria. Empleando *imágenes y lenguaje muy imaginativos, Ruibal explora los temas de la libertad, la autoridad, la educación y la represión. Analiza la burocracia española y la psicología del poder. Ruibal ha defendido en broma la censura de Franco, alegando que gracias a los constreñimientos impuestos por el dictador, él y otros dramaturgos tuvieron que estirar su imaginación al límite, inventando nuevas técnicas que contribuyeron a una revitalización del teatro español.

A pesar de la naturaleza seria de sus obras, Ruibal emplea mucho humor. Pero la reacción que sus piezas provocan es una risa nerviosa que sacude al espectador, haciéndolo consciente de los defectos de su sistema de valores. Esta es precisamente la reacción que el dramaturgo busca. Ruibal no se propone escribir *para* el público, sino *contra* el público. «Escribir contra el público no quiere decir disparar contra él por sarcasmo», aclara Ruibal. «Un autor que se arriesga a escribir contra el público—contra la rutina y la pereza mental de su tiempo—no pretende degradar, sino que intenta contribuir a elevar a ese público, a medida que él también se eleva» (Introducción a *La máquina de pedir*, 1970).

Un estudiante serio del *Siglo de Oro, Ruibal incorpora muchas de las técnicas de dramaturgos como Calderón de la Barca. Al igual que sus predecesores, le fascina la psicología humana, en particular, la tendencia del individuo a torcer la realidad de acuerdo con sus propios objetivos.

José Ruibal nació en 1925 en Pontevedra, Galicia, «tierra de buen humor y carente de leyes sensatas», según dice el dramaturgo (*Teatro sobre teatro*, 1975). Durante su juventud, colaboró en varias revistas literarias. Entre 1948 y 1951 vivió en Madrid, trabajando como periodista. Su posición antifranquista le causó problemas con el régimen y en 1951 partió para Latinoamérica, donde trabajó como periodista en Buenos Aires y en Montevideo. En 1956 empezó a escribir para el teatro. Entre sus primeras obras dramáticas figuran *La ciencia de birlibirloque* (1956), *Los mendigos* (1957), *La secretaria* (1960) y *El bacalao* (1960); las tres últimas se cuentan entre las obras breves más conocidas del dramaturgo. Antes de volver a España, Ruibal viajó por Europa. De vuelta en Madrid, siguió trabajando como periodista hasta perder su puesto por razones políticas.

A causa de la represión que existía bajo Franco, los talentos de Ruibal fueron reconocidos en el extranjero antes que en España. En 1968 *Los mendigos* se tradujo al inglés y se representó en Pennsylvania. Al año siguiente, el gobierno español impidió que se representara esta misma obra en España. Intentos subsecuentes de montar *Los mendigos* en su país también fracasaron. En 1969 el Directorio General de Cultura Popular encargó una obra para el Teatro Nacional. Ruibal compuso *La máquina de pedir* pero, a causa de cambios en la administración, la obra no se representó. Sin embargo, el 2 de mayo de ese mismo año se montaron *Los mutantes* y *La secretaria* en el café-teatro Lady Pepa en Madrid. El 27 de mayo, *El rabo* y *Los ojos* se estrenaron en el Instituto Internacional de Madrid. También en 1969, Ruibal recibió un premio por la versión inglesa de *El asno* de la revista *Modern International Drama* y meses después, la obra se representó en Nueva York. José Ruibal ya era reconocido como una fuerza importante en el teatro español.

Una de las obras más exitosas de Ruibal es *El hombre y la mosca*. En este estudio sutil de la represión y la libertad, Ruibal explora la mentalidad del déspota y las condiciones que hacen posible que una dictadura triunfe y se mantenga en el poder. La obra se representó en la Universidad del Estado de Nueva York, en Binghamton, y más tarde, en *off Broadway*.

Desde la muerte de Franco, Ruibal sigue escribiendo para el teatro y para la televisión. Sus obras se representan con frecuencia en España y en Estados Unidos. En 1987, Ruibal hizo un viaje a Polonia, donde se representaron varias de sus obras. Ese mismo año compuso *El patio de Yocasta* para la celebración del bicentenario de Georgetown University, en Washington, D. C. Ruibal también escribe para varios periódicos y ha publicado numerosos ensayos sobre la teoría dramática.

Sobre *Los ojos*

Los ojos es una obra que puede entenderse de varias maneras. Al nivel más literal, es un comentario punzante sobre la familia española. El padre altivo y despótico nunca aparece en escena. Sin embargo, es él quien controla la acción. La madre funciona enteramente en términos de las exigencias del padre y tiene terror de no cumplir con ellas. Una esposa perfecta, ella se preocupa constantemente por el bienestar de su marido. Pero está exhausta y frustrada. Su vida es una «pesadilla»; se siente «desgraciada» y se queja de estar pudriéndose en casa. La situación es tan deshumanizante que la ha convertido en una máquina—un tocadiscos—cuya voz (el disco) es indistinguible de la de ella. Sus acciones son maquinales; arregla y aun come sin pensar. Sin embargo, por debajo del orden perfecto que mantiene la madre, hay caos.

Aunque la madre vigila constantemente al niño, su relación carece de amor. El celo de ella no es una expresión de cariño, sino un deber. Sus ojos son instrumentos de opresión. Ella no es más que un agente de la tiranía impuesta por el padre y por una sociedad que controla las actitudes y el comportamiento del individuo. A pesar de sus esfuerzos por parecer una madre tierna y amorosa, se le escapan las expresiones de resentimiento cuando se olvida de sí misma; entonces, términos tales como «marrano» y «asesino» reemplazan las palabras de amor.

La tensión aumenta hasta estallar en violencia. El rencor del niño es evidente para la madre, quien intenta contenerlo aumentando la vigilancia y el control. Pero la repetida mención de armas sugiere que el furor del hijo ha llegado a tal punto que el estallido ya no puede evitarse.

La familia de *Los ojos* es una metáfora de la dictadura. El padre invisible y todopoderoso es el déspota que dirige la vida de su pueblo; la madre, el sistema (policía, ministros, consejeros) que lo sostiene y controla a las masas, representadas por el hijo. Omnividente y omnisciente, ella intenta imponer el orden por medio de la vigilancia; censura sus lecturas y aun sus sueños. Castiga al niño por hacer demasiadas preguntas, igual como el estado castiga al individuo.

A medida que se intensifica el descontento, el tirano—que habla por su representante, la madre—trata de sofocar el levantamiento popular al prometer mejoras materiales («Vamos a regalarte un proyector de cine».) Pero las promesas sólo sirven para encolerizar al pueblo. Las masas han aprendido a usar la violencia de la cual el tirano mismo se vale para mantener el poder. El déspota tiene miedo de que el pueblo siga su ejemplo. Absurdamente, quiere que la gente juegue «pacíficamente» con las armas que él mismo le ha dado. Pero el pueblo, plagado por la censura, la brutalidad y la injusticia, toma venganza. Irónicamente, no ataca directamente al dictador, sino a su emisario, (la madre) quien, en un sentido, es tan víctima como él.

Ediciones

Ruibal, Jose. *El hombre y la mosca*. Contains critical studies by Ramón Chao, Gerald Gillespie, Miguel Romero, Fernando Lázaro Carreter, Angel Berenguer, Magda Castellví de Moor, and Bárbara Mujica. Madrid: Espiral, 1968.

————. *La máquina de pedir; El asno; La ciencia del birlibirloque*. Preface George E. Wellwarth. (Madrid: Siglo XXI, 1970)

————. *Teatro sobre teatro*. Madrid: Cátedra, 1975

Crítica

Castellví de Moor, Magda. «Esquematización y objetivación simbólica en el teatro de Ruibal». *Journal of Spanish Studies Twentieth Century* 3 (Spring 1975):45–46

————. «*El hombre y la mosca:* Parodia de un auto calderoniano». Eds. Harold Boudreau and Luis T. González-del-Valle. *Studies in Honor of Sumner M. Greenfield*. Lincoln, Nebraska: Society of Spanish and Spanish American Studies, 1985. 67–79

Cramsie, Hilde F. *Teatro y censura en la España franquista; Sastre, Muñiz y Ruibal*. New York: Lang, 1984

González Reigosa, Carlos y Víctor Valembois. «Entrevista con José Ruibal». *Insula* 382 (1971):4

Núñez, Antonio. «Encuentro con José Ruibal». *Insula* 281 (Apr. 1970):4

Phillips, Elda María. *Idea, signo y mito: El teatro de José Ruibal*. Madrid: Orígenes, 1984

Rodríguez Padrón, Jorge. «José Ruibal: Un heterodoxo». *Insula* 358 (Sept. 1976):15

Wellwarth, George. "José Ruibal: Dramatic Symbolist." *Estreno* 1 (1975):32–35

————. *Spanish Underground Drama*, Pennsylvania State University Press, University Park, 1972

Los ojos

JOSÉ RUIBAL

Luz matinal. Habitación de niño, pulcra[1] y arregladísima.[2] Juguetes y libros de cuentos colocados muy ordenadamente en estanques[3] y repisas.[4] Bicicletas y coches de distintos tamaños colocados en batería.[5] Patines. Balones y pelotas de colores. Globos. Muñecos y animales de trapo,[6] terciopelo y plástico. Un buró[7] de colores donde estudia y trabaja el NIÑO. Un tocadiscos abierto. Un puñal[8] clavado en un lugar visible. Un biombo[9] detrás del cual se supone que hay una cama para el NIÑO. Pero nada de esto es esencial. Basta saber que están ahí.

(MADRE *entra con un aspirador*[10] *y un disco. Corre*[11] *la cortina y entra el sol. Enchufa*[12] *el aspirador y coloca el disco. Mecánicamente sigue el ritmo de la conversación del disco, acompañando su voz con algunas expresiones de su cara, pero sin abrir la boca. Incansablemente arregla lo ya arreglado, limpia lo ya limpio.*)

DISCO. «Despiértate, bichito[13] mío, despiértate. . .¡Es horrible cómo has dejado el cuarto! Dentro de nada está aquí el coche del colegio y tendrás que salir pitando.[14] Anda, rico,[15] levántate. Papá no quiere que salgas sin desayunar. (*Toma unos cuadernos del buró.*) ¿Y eso? ¡No has hecho los deberes! Papá quiere que comas mucho para que seas un fuertote. Así nadie se meterá contigo.[16] ¡A veces eres un bruto con tus compañeros! Eso me disgusta,[17] ya lo sabes. Quiero que te respeten, pero que seas bueno y generoso. Levántate, cariño. ¡El desayuno se está enfriando! No te olvides de tomar el zumo[18] de naranja. Necesitas vitaminas. ¡Cómo! ¿Otra vez has roto el osito? (*Coge el oso, le da un beso y le cose la tripa.*[19]) ¡Pobre osito lindo! ¡Eres un animal! Despiértate, bichito mío, despiértate. Los juguetes no son para romper, ¡tontísimo! No debes seguir haciendo disparates. No importa que te ocultes para hacer el mal: mis ojos te ven en todas partes, son ojos de madre. Pero tienes suerte. Si tu padre supiera todos los disparates que haces en un solo día, ¡qué sé yo qué te haría! Te he preparado un desayuno riquísimo. ¿Adivinas

---

[1] **limpia**
[2] **ordenadísima**
[3] **receptáculos**
[4] **estantes**
[5] **en...en una fila**
[6] **tela**
[7] **escritorio**
[8] **una daga**
[9] screen
[10] vacuum cleaner
[11] **abre**
[12] She plugs in
[13] **amorcito**
[14] **corriendo**
[15] **mi vida, mi amor**
[16] **nadie...**no one will mess around with you
[17] **no me gusta**
[18] **jugo**
[19] insides

qué te he puesto en el pan tostado?

(Se queda escuchando una respuesta que no llega.)

Pero no hagas lo que todos los días: comer el pan y dejar lo otro. ¡Eso es comer como los perros! Ya estás en edad de comprender lo que debe o no debe hacerse. Prométeme que no lo vas a hacer más. Pero sin ocultaciones, porque al final mis ojos todo lo ven. Eres un niño monísimo.[20] Papá y yo estamos muy orgullosos de ti. ¡Da asco[21] como has puesto el cuarto! Cuando salimos te dejé arropado.[22] ¿Por qué te levantaste? Sabes que te lo tengo prohibido. Y sabes que siempre me entero.[23] A mis ojos no se les escapa nada. Para mis ojos, las paredes son transparentes. Cualquier día, al regresar del teatro o del cine, te encontramos muerto. Y todo por tu estupidez. Por hacer diabluras. Por revolverlo todo[24] y poner el cuarto hecho un asco. ¡Pero despiertate, amor mío! Ya sabes lo que dice papá: quien no sea ordenado de pequeño, de mayor será un desastre. Eso te espera, pese a mis consejos. El orden es un hábito, una costumbre que se mezcla con la sangre. ¡Pichoncito,[25] arriba! ¡Vete a desayunar!»

MADRE. *(Escucha un ruido de coche en la calle.)* Sí, es el coche. *(Suena un claxon.[26])* Ya está ahí, dormiloncete.[27] ¡Sal pitando! Otra vez sin desayunar. ¡Si tu padre se entera! Voy a prepararte un bocadillo para que lo comas durante el viaje. Sal corriendo, querido.

(Sale la MADRE *y deja el aspirador en marcha. El* NIÑO *sale apresuradamente, coge sus cosas del buró, las mete de un manotazo[28] en la cartera, vuelve a destripar[29] el oso y saca un revólver de juguete, hace unos disparos hacia la puerta y vuelve a meter el revólver en el oso. Apaga el aspirador y sale arreglándose la ropa.* MADRE *entra con un bocadillo.)*

¿Para qué disparas? Las armas son para jugar pacíficamente. No a lo bestia. ¡Ay, si lo sabe tu padre! Toma el bocadillo, querido.

(Comprende que ya no está.)

¡Pero si ya se ha ido! Todos los días igual. ¡Qué pesadilla!

(Lloriqueando.) ¡Oh, qué desgraciada soy! *(Se sienta en el buró. Sin darse cuenta va comiendo el bocadillo.[30] Cuando termina, se calma. Ve el oso destripado de nuevo.)*

¡Qué horror! Otra vez te ha roto ese bruto.

(Coge el oso con ternura.)

Te coseré muy fuerte. ¿Quieres su bocadillo? *(Lo busca.)* Está riquísimo.

(Se da cuenta de que se lo ha comido ella. Como atragantándose.[31])

¡Por eso estoy engordando como una idiota!

(Gime. Oscuro. MADRE, *vestida para*

---

[20] **adorable**
[21] **Da...**It's disgusting
[22] **cubierto, abrigado**
[23] **me...**I find out
[24] **revolverlo...**messing everything up
[25] **amorcito**
[26] **bocina**
[27] sleepyhead
[28] **golpe**
[29] **sacar las tripas de**
[30] **sándwich**
[31] choking

salir de noche, arregla constantemente cosas.) Ya sabes, sé bueno. Te he dejado ahí el vaso de agua con azúcar. Duérmete pronto y sueña cosas hermosas y buenas. Ya sabes que yo también veo tus sueños. A veces no me gusta lo que sueñas, son groserías.[32] Papá y yo vamos al teatro. Hasta mañana, cariño. No te muevas, que estás muy bien arropadito. Hijo, no debes darle tanto la lata[33] a tu padre cuando vuelve del trabajo. Él necesita descansar. Hoy estaba tan cansado que se quedó dormido mientras veía el programa deportivo. ¡Con lo que a él le gusta el programa deportivo! Pero se durmió. Seguramente también se dormirá en el teatro. Pero a mí hay que sacarme de casa, si no me pudriré[34] aquí, entre estas paredes de cristal. Tu padre es buenísimo. Eres cruel con él, le acuchillas[35] a preguntas. Luego, claro, él se aburre y te dice a todo que sí, o a todo que no. Y soy yo quien paga las consecuencias. Tu padre dice que yo te maleduco.[36] No sabe que estoy todo el santo día con mis ojos fijos en ti.

(Como si lo tuviera delante.)

«Hijo, haz esto..., hijo, hazme esto otro..., no te metas el dedo en la nariz, marrano[37]..., cariño átate los zapatos...; ¡no juegues con las armas como un asesino!...; amor, no te olvides del bocadillo..., bestia, no rompas los libros..., has sido buenísimo, toma para lo que tú quieras comprarte...; cochino, límpiate los zapatos al entrar en casa...; cuidado con las chicas, son peligrosas...» Bueno, que sueñes con los angelitos. Y no te levantes. A ver cómo cumples por una vez tu palabra. Dejo todo arreglado, ya veremos mañana. Mis ojos todo lo descubren. Si te levantas, esta vez se lo digo a papá, aunque se disguste. No voy a tragármelo[38] yo todo. Pero papá es un santo. Y necesita todo nuestro cariño. Cariño y tranquilidad, le dijo el médico. Si quieres ser un hijo modelo, ofrécele tu buen comportamiento. Te será fácil: basta que no le acoses[39] cuando regresa del trabajo. Al llegar le das un besito, le dices que le quieres y te vienes al cuarto a estudiar. Así dormirá tranquilo mientras mira la televisión. Le distrae muchísimo el programa deportivo. De este modo, además de ser un buen hijo, serás un excelente estudiante. Estaremos muy orgullosos de ti. La gente cree que ya lo estamos, pero la gente no ve las cosas desagradables que ven mis ojos. No debes escaparte a la salida del colegio, sino venir para casa a estudiar. Aquí también puedes divertirte, no te falta de nada. Vamos a regalarte un proyector de cine. Así no tendrás necesidad de escaparte para ver una película. ¡No me gusta que vuelvas a ir con chicas al cine. Por ahora eres un mocoso.[40] Tu padre

---

[32] **cosas feas, de mal gusto**
[33] **darle...molestar tanto**
[34] I will rot
[35] **le...you stab him, cut him up (with)**
[36] spoil

[37] **cerdo, puerco**
[38] swallow it
[39] **ataques**
[40] little kid

545

está muy preocupado. Teme que hieras a alguna con tu nuevo rifle. Sé bueno. Papá se lo merece todo. Ahora está cansado y, sin embargo, sale. Lo hace por mí. Claro, yo no me voy a pudrir en esta casa. Sigue mis indicaciones y ya verás qué fácil es ser bueno. Hasta mañana, niñito lindo.

(Apaga la luz y sale. Después de un rato de silencio, el HIJO *se levanta a oscuras, tropieza[41] y tira algo que cae ruidosamente al suelo. Asustado, vuelve a la cama. El sol se filtra por las cortinas. Entra la* MADRE *con los discos. Duda cuál poner. Se decide por uno.)*

DISCO. Cariño, la hora de levantarse.

(Al ver los objetos tirados por el suelo.)
¡Oh, no! ¡Esto es demasiado! ¡Mis ojos estallan![42] Creí que te habías corregido. ¡Estúpido de niño! ¡Ay, si tu padre se entera de esto! Seguro que te echa de casa.

(Comienza a arreglar con energía.)
Lo estoy viendo: te levantaste a fumar. Te he visto. Hace dos días encontré cigarrillos en tus bolsillos. No dije nada porque pensé que a lo mejor no eran tuyos. Ya sabes que mis ojos todo lo descubren. No hay rendija[43] de este cuarto que mis ojos no escudriñen.[44]

(Coge una foto de una revista.)
¡Qué asco, una mujer desnuda! Estás perdido. Eres un vicioso.[45] Un degenerado. Te he visto con una chica por la calle. Ya sé quién es. ¡Bonita fresca la niña! Prométeme que serás bueno. Yo

te quiero, ya lo sabes. Y tu padre también.

(Ve, por primera vez, el cuchillo clavado.)
¡Socorro, un cuchillo espantoso! ¡Esto es un arma de delincuentes! ¡Se lo diré a tu padre.

(Va a salir, pero da vuelta.)
Se disgustaría muchísimo. No está bien, por eso todavía no ha salido para el trabajo. Irá más tarde. No sé si me habrá oído chillar. No quisiera disgustarle. Está afeitándose. Levántate, querido, y desayunas con nosotros.

(Termina de arreglar.)
Tienes que prometerme no volver a hacer de tu cuarto una cuadra.[46] Ven, dame un beso y vamos a ver a papá.»

(Sale el NIÑO *a medio vestir. Coge el cuchillo y va hacia su* MADRE. *Ella se queda paralizada. Quiere gritar, pero no encuentra su voz; el* HIJO, *brutalmente, le apuñala[47] los ojos. La* MADRE *se derrumba.[48])*

MADRE. ¡Mis ojos! ¡Mis ojos! ¡Ay, mis ojos!

(Después de un silencio, en actitud para ella inexplicable.)
Pero..., ¿qué le dije? Sí. Le dije..., le dije que tenía que ser bueno..., bueno..., bueno...

HIJO. Ten cuidado, mamá. Arrópate bien, mamá. Come tu bocadillo, mamá. Tus ojos ya no lo verán todo..., todo..., todo...

OSCURO

---

[41] stumbles
[42] explotan
[43] abertura muy estrecha
[44] examinen cuidadosamente
[45] alguien que tiene vicios
[46] establo
[47] stab
[48] cae

SOBRE LA LECTURA

1. ¿Qué hace la madre al principio de la obra? ¿Qué revelan sus acciones acerca de su personalidad?
2. ¿Por qué habla el disco en vez de ella? ¿Qué cosas le dice al niño?
3. ¿Qué le ha hecho el niño al oso?
4. ¿Por qué es opresiva la vigilancia de la madre?
5. ¿Cómo se contradice la madre? ¿Cómo revela su frustración?
6. ¿Qué hace el niño al salir de la casa? ¿Cómo reacciona la madre?
7. ¿Por qué come ella el bocadillo? ¿Por qué le habla al osito?
8. ¿Por qué insiste la madre en salir al cine?
9. ¿Qué dice ella del padre? ¿Cuál es su actitud hacia él?
10. ¿Cuál parece ser la relación que existe entre el padre y el hijo? ¿Por qué no quiere la madre que el niño moleste al padre?
11. ¿Cómo nos damos cuenta de que el niño empieza a rebelarse? ¿Qué cosas hace para irritar a la madre? ¿Cómo reacciona ella al ver que ha tirado sus cosas por el suelo? ¿que tiene fotos de una mujer desnuda?
12. ¿Qué ve la madre de repente que la asusta? ¿Qué amenaza hacer?
13. ¿Cómo cambia su voz de repente? ¿Qué indica esta repentina dulzura?
14. ¿Cómo termina la obra?

HACIA EL ANALISIS LITERARIO

1. Describa el escenario. ¿Por qué es importante la decoración? ¿Qué objetos anuncian el desenlace de la obra? ¿Por qué dice el autor «Pero nada de esto es esencial. Basta saber que están ahí.»?
2. ¿Qué efecto logra Ruibal con la repetición? ¿Cómo representa la deshumanización del individuo y del estado? ¿Cómo demuestra la tensión que existe entre las fuerzas deshumanizantes y el ser humano?
3. ¿Cómo hace sentir al espectador que pasa el tiempo? ¿Por qué es importante el transcurso del tiempo?
4. ¿Qué significa la oposición que existe en la obra entre el orden y el desorden?
5. El padre nunca aparece en la obra y sin embargo, su presencia se hace sentir en cada momento. ¿Cómo se hace sentir? ¿Cómo afecta su presencia a la madre y al hijo?
6. El hijo sólo habla al final y sin embargo, el espectador se da cuenta de lo que está pensando. ¿Por qué? ¿Qué indicios hay de la frustración y de la rebelión del hijo? ¿Cómo contribuye la decoración a la comprensión del personaje? ¿Cómo se prefigura el estallido final?
7. Se ha dicho que en el teatro, los silencios son tan importantes como las palabras. ¿Qué efecto produce el silencio del padre y del hijo?
8. ¿Qué términos usa la madre para referirse al hijo? ¿Qué indica el cambio abrupto de expresiones de afecto a insultos?
9. ¿Por qué es irónico el comentario de la madre que «las armas son para jugar pacíficamente»? ¿Qué otros ejemplos de la *ironía hay en esta obra?

10. En la introducción se mencionan dos posibles interpretaciones de esta obra. ¿Hay otras?
11. ¿Por qué se puede entender esta obra a varios niveles?

TEXTO Y VIDA

1. ¿A usted le parecen familiares las cosas que la madre le dice a su hijo? ¿Por qué nos pone tan incómodos esta obra? Ruibal cuenta que en una representación de *Los ojos* una señora se puso muy nerviosa, comenzó a llorar y finalmente se levantó y se fue. ¿Cómo se explica la reacción de la espectadora?
2. ¿Es *Los ojos* un buen ejemplo de una obra escrita contra el público? ¿Por qué?
3. ¿Existe en la sociedad norteamericana la misma deshumanización que Ruibal describe? ¿Se siente usted a veces como una máquina? ¿Hace las cosas maquinalmente? ¿Repite la misma rutina todos los días? ¿Qué situaciones o qué instituciones le hacen sentirse así?
4. ¿Qué problemas que se describen en esta obra son comunes también en los Estados Unidos?
5. ¿Qué alternativas existen a la situación que describe Ruibal?
6. ¿Qué ideas tiene usted para la escenografía y la representación de *Los ojos*? Con otros estudiantes, represente la obra para la clase.

Alfonso Sastre y la revitalización del teatro nacional

Alfonso Sastre (1926–) tenía diez años cuando estalló la Guerra Civil y era un adolescente durante los años que siguieron al conflicto. Se desarrolló profesionalmente durante los años de la dictadura de Franco, cuando la censura era muy severa. Como la de muchos otros artistas de su generación, su obra fue una reacción al absolutismo político que duró hasta 1975, cuando Franco murió.

Sastre fue uno de los pocos dramaturgos que intentaron crear un teatro políticamente comprometido después de la guerra. Durante toda su vida ha luchado por reformar las instituciones políticas y teatrales de España. En 1945, antes de terminar sus estudios universitarios, ayudó a fundar Arte Nuevo, un grupo teatral experimental que ofrecería una alternativa a las obras superficiales que se representaban en los teatros de la época. El grupo representó las primeras obras de Sastre, *Uranio 235* (1946) y *Ha sonado la muerte* (1946), esta última escrita con Medardo Fraile. En 1948 montó otra nueva obra de Sastre, *Cargamento de sueños*. Experimentó con nuevas técnicas y estilos y aunque duró apenas dos años, proporcionó a los participantes un buen entrenamiento para el futuro.

En 1948, Sastre llegó a ser el primer crítico de teatro de *La hora*, una revista estudiantil, iniciando así su carrera de ensayista. En muchos de sus artículos trató cuestiones políticas, por ejemplo, la relación entre el arte y la política.

En 1950, Sastre y José María de Quinto, también de Arte Nuevo, fundaron el Teatro de Agitación Social (TAS), un grupo que intentó introducir en España a importantes dramaturgos extranjeros como Arthur Miller, Bertolt Brecht y Eugene O'Neill. Los líderes publicaron un manifiesto que proclamaba su deseo de hacer que el público pensara en los asuntos políticos y sociales que afectaban al país. Las autoridades censuraron al grupo inmediatamente. En 1951 Sastre propuso su obra *Prólogo patético* (1950) para el Teatro Nacional María Guerrero, pero fue rechazada. Por fin, en 1953, un grupo estudiantil montó *Escuadra hacia la muerte* (1953) en el María Guerrero. La reacción del público fue entusiasta y aunque las autoridades prohibieron las representaciones al cabo de tres días, la fama de Sastre crecía. Ese mismo año, el joven dramaturgo completó sus estudios universitarios y terminó *El pan de todos*, que había empezado el año anterior. Durante este período, Sastre escribió prolíficamente—no sólo teatro, sino también ensayos y reseñas.

Durante sus años universitarios, Sastre sufrió una crisis religiosa. Por una parte, era partidario de la actitud relativista que permitía que uno cuestionara y revaluara su doctrina constantemente. Por otra, sentía la necesidad de alguna doctrina que reemplazara la fe de su niñez. Por su énfasis en la transformación y, al mismo tiempo, en el purismo moral, el marxismo le parecía cada vez más atractivo. Además, el marxismo ofrecía una base para el teatro de agitación.

Durante estos años, Sastre fue influido por el concepto de *engagement*, o comprometimiento artístico, del filósofo francés Jean-Paul Sartre (1905–1980). Según Sartre, el artista debía poner su arte al servicio de una causa o ideología. En 1951 Sastre se opuso a un festival de teatro católico porque creía que sería un instrumento de propaganda religiosa. Es decir, le atraía el concepto de un teatro ideológico, pero sólo cuando promovía sus propios ideales políticos y no cuando promovía el catolicismo. Consciente de esta contradicción, Sastre vaciló. La necesidad de mantener una actitud abierta y al mismo tiempo promover un sistema político le creó un problema, porque entendió que si un artista intenta sólo avanzar su propia ideología, tendrá, por fuerza, que cerrar los ojos a otras.

Durante este período, Sastre continuó considerándose cristiano, aunque no católico. Para él, el cristianismo significaba la pureza moral que contrastaba con la corrupción de la sociedad. Después de 1953, la religión dejó de preocuparle tanto y más tarde, Sastre se volvió ateo. Sin embargo, la lucha religiosa dejó huellas en su obra. En sus dramas más maduros no ofrece soluciones fijas, sino que intenta hacer que el espectador se enfrente a las contradicciones inherentes a la vida. No propone una ideología rigurosa, sino que plantea problemas.

Durante toda la década de los 50, Sastre estuvo muy activo. Datan de esta época *El cubo de basura* (1951), *Escuadra hacia la muerte* (1953), *La mordaza* (1954), *La sangre de Dios* (1957), *El pan de todos* (1957); *Medea* (1958) y *Asalto nocturno* (1959). Se representaron varias de sus obras, aunque otras fueron prohibidas. En 1955 se casó con Genoveva Forest, psicóloga y activista social. Al año siguiente, después del nacimiento de su primer hijo, fue encarcelado por sus actividades políticas. En 1956 publicó *Drama y sociedad*, una colección de ensayos sobre la naturaleza del teatro, la mayor parte de los cuales había aparecido ya en periódicos y revistas. Ese mismo año recibió una beca de la UNESCO.

En 1957, *El pan de todos* se representó en Barcelona. Algunos críticos interpretaron la obra como una afirmación antirrevolucionaria. La respuesta de

Sastre fue inmediata: él mismo prohibió que la obra siguiera representándose. Durante esta época, Sastre preparó varios guiones para el cine. Uno, *Carmen*, fue censurado dos veces antes de que el dramaturgo consiguiera permiso para que se representara. En 1958 escribió su primera y única novela, *El paralelo 38*.

A fines de la década, Sastre se interesó en las teorías del dramaturgo alemán Bertolt Brecht (1898–1956). La idea de Brecht era comprometer al público intelectualmente, pero no emocionalmente. Atraía a Sastre el concepto que tenía Brecht del teatro como instrumento de cambio social, aunque al principio, le molestó la distancia que Brecht creaba entre espectador y espectáculo. Más tarde, empezó a modificar su opinión y trató de aplicar las teorías de Brecht a sus propias obras, atacando al público con juegos de luces, sonidos y efectos escénicos. *Asalto nocturno* es la primera obra de Sastre que emplea estas técnicas.

En 1960 Sastre y Quinto formaron el Grupo Realista con el objetivo de llevar obras políticamente provocadoras a la escena española y de explorar el realismo en las artes. Aunque este grupo también fue censurado, tuvo algunos éxitos. En 1961 representó tres obras, *Vestire gli ignudi* del italiano Luigi Pirandello (1867–1936), *El tintero* de Carlos Muñiz (1927–) y *En la red*, de Sastre. De hecho, la introducción de obras extranjeras fue una de las contribuciones más importantes de este grupo y de TAS, su predecesor.

En 1964, Sastre, un partidario entusiasta de Fidel Castro, participó en un Festival de Teatro Latinoamericano en Cuba. Intentó visitar a Los Estados Unidos, donde tenía invitaciones de varias universidades, pero se le negó la visa. Volvió a La Habana en 1968 para asistir a un congreso cultural. Desde 1970 Sastre ha sido menos productivo, aunque sus obras son populares entre los jóvenes europeos y latinoamericanos. En 1974, Sastre y su esposa fueron encarcelados por sus actividades políticas. Genoveva fue acusada de estar involucrada con los terroristas vascos y de haber participado en el asesinato del Primer Almirante Luis Carrero Blanco en 1973. Sastre fue encarcelado también porque según la ley española entonces vigente, el marido era legalmente responsable de cualquier crimen de la esposa.

Con los cambios políticos iniciados por el gobierno democrático que se estableció en España después de la muerte de Franco, la posición de Sastre como portavoz de la oposición ha disminuido en importancia. Sin embargo, Sastre sigue escribiendo y viajando. En 1988 hizo una gira por los Estados Unidos, dando conferencias y participando en el Simposio sobre el Teatro del Siglo de Oro que tuvo lugar en la Universidad de Texas, El Paso y en el festival ahual del Teatro Chamizal.

Sobre *Las cintas magnéticas*

El tema de *Las cintas magnéticas* (1971), que el autor califica de «cuento de terror antiguo para una radio de nuestro tiempo», es la censura. El desafío para el dramaturgo es cómo tratar el problema del silencio en un guión preparado específicamente para la radio, un medio de difusión que depende del sonido. En una nota que precede a la obra, Sastre pregunta: «El personaje amordazado, mudo o narcotizado (‹afásico› o, literalmente, ‹afónico›)... ¿puede ser un personaje ‹radiofónico›»? El autor soluciona el dilema ingeniosamente por medio del uso de cintas magnéticas, las cuales hablan por el periodista que se encuentra incapacitado para expresarse.

Sastre coloca su obra en los laboratorios del doctor Schneider, un torturador que mantiene a González, un periodista puertorriqueño que escribía para un diario norteamericano, en estado de afasia. A pesar de estar drogado y maniatado, González logra llamar la atención a algunas cintas magnéticas en que narra sus experiencias en Viet Nam.

En las grabaciones, González describe cómo la guerra transforma literalmente a los hombres en bestias. Revela que los soldados americanos, muchos de ellos provenientes de pueblos pequeños del medio-oeste o de la Nueva Inglaterra, no entienden por qué combaten ni siquiera dónde están, pero enfrentados con la brutalidad de la guerra, se convierten en lobos que atacan ferozmente. Las autoridades norteamericanas intentan callar a González, quien representa un riesgo para la maquinaria propagandística oficial. Esta, representada por la voz de Julius Karsten, glorifica la metamorfosis del soldado, ensalzando la violencia con llamadas a la gloria y al patriotismo y falsificando la realidad horrorosa de la guerra. La obra recuerda la situación que existía especialmente al principio de la intervención norteamericana, cuando los datos que se publicaban creaban una impresión errónea de la situación en Viet Nam.

Al evocar un contexto extranjero, Sastre universaliza el tema de la censura. Pero al colocar la acción del argumento principal en Madrid, la última escena recuerda a su público que el pueblo español vive todavía en el terrible silencio impuesto por una dictadura cuyos medios deshumanizantes convierten a los hombres en bestias. La obra termina a medianoche, en esa medianoche oscura e interminable creada por la censura.

Ediciones

Sastre, Alfonso. *Obras completas.* Madrid: Aguilar, 1966–

————. *El escenario diabólico.* Barcelona: Los libros de la Frontera, 1973

Crítica

Anderson, Farris. *Alfonso Sastre.* New York: Twayne, 1971

————. "The New Theater of Alfonso Sastre." *Hispania* 60 (Dec., 1982):840–847

Bryan, T. Avril. *Censorship and Social Conflict in the Spanish Theater: The Case of Alfonso Sastre.* Washington, D. C.: University Press of America, 1982

Cramsie, Hilde F. *Teatro y censura en la España franquista: Sastre, Muñiz y Ruibal.* New York: Lang, 1984

Donahue, Frances. *Alfonso Sastre, dramaturgo y preceptista.* Buenos Aires: Plus Ultra, 1973

Forys, Marsha. *Antonio Buero Vallejo and Alfonso Sastre: An Annotated Bibliography.* Metuchen, New Jersey: Scarecrow Press, 1988

La España contemporánea

Naald, Anje C. van der. *Alfonso Sastre, dramaturgo de la revolución.* Long Island City, New York: Las Américas, 1973

Pasquariello, Anthony. "Alfonso Sastre, Dramatist in Search of a Stage." *Theater Annual* 22 (1965–1966):16–23

Pronko, Leonard C. "The 'Revolutionary Theater' of Alfonso Sastre," *Tulane Drama Review* 5 (Dec. 1960):111–132

Schwartz, Kessel. "Tragedy and the Criticism of Alfonso Sastre." *Symposium* 21 (Winter 1967):338–346

Las cintas magnéticas

ALFONSO SASTRE

(Van sonando lentas, solemnes, las doce campanadas de la medianoche en un viejo reloj. Golpes quedos[1] en una puerta.)

SRTA. HERNANDEZ. Doctor, doctor.

DOCTOR. Hummm.

SRTA. HERNANDEZ. Es el señor González. Ya está aquí.

DOCTOR. No sé a quién se refiere.

SRTA. HERNANDEZ. Al periodista que quiso verle ayer.

DOCTOR. Ah sí, ah sí.

SRTA. HERNANDEZ. Usted le está esperando a esta hora..., al menos teóricamente. ¿No se acuerda, doctor?

DOCTOR. Ya, ya: perfectamente; sí.

SRTA. HERNÁNDEZ. Una hora extraña, sin embargo. *(Suena viento fuera y rumor de lluvia. Un trueno.)* También al señor González se lo pareció: «una hora extraña», dijo.

DOCTOR. ¿Extraña por qué? *(Se oyen chillidos[2] como de ratas torturadas.)*

¿Qué pasa ahí? ¿Qué gritos son esos? *(Con terror.)*

SRTA. HERNANDEZ. Es en el laboratorio, doctor. Los bichos están nerviosos con la tormenta. Particularmente los murciélagos.[3]

(Empiezan a sonar de nuevo las doce campanadas.)

DOCTOR. ¿Qué es eso? ¿Otra vez la medianoche?

SRTA. HERNANDEZ. Es el otro reloj. El de la torre. Va un minuto atrasado.

DOCTOR. Perdóneme, señorita Hernández. En realidad es que me estoy despertando lentamente. *(Con lúgubre humor.)* «Una vez, en una melancólica medianoche..., mientras débil y cansado cavilaba..., mientras cabeceaba[4] casi adormecido..., ¡ah sí!..., claramente me acuerdo de que fue en el yerto[5] diciembre...y de

---

[1] soft
[2] screeching
[3] bats

[4] nodded
[5] **rígido, helado**

que cada una de las moribundas ascuas[6] labraba su espectro en el suelo...y de que yo, ansiosamente, anhelaba la mañana... ¡Cuando de pronto se oyó un golpecito como de alguien que llamaba quedamente a la puerta de mi habitación! Debe de ser el viento que llama a mi puerta—murmuré adormilado—, el viento y nada más que el viento... El viento...»[7] *(Cambio brusco de tono.)* ¿Parece tan agitado como ayer?

SRTA. HERNANDEZ. ¿El viento?

DOCTOR. *(Ríe.)* No, mujer...El extraño visitante nocturno. Su voz sonaba agitada, según usted misma me dijo; ¿no se acuerda?

SRTA. HERNANDEZ. Era..., ¿no se lo dije?..., una voz que parecía moribunda. Alguien que pide socorro... Alguien que..., no sé cómo decirle.

DOCTOR. Siga.

SRTA. HERNANDEZ. Alguien que se está ahogando y pide auxilio.

DOCTOR. ¿Y hoy?

SRTA. HERNANDEZ. ¿Hoy qué?

DOCTOR. ¿Su aspecto corresponde a esa voz tan dramática?

SRTA. HERNANDEZ. Hoy...parece tranquilo. Incluso demasiado.

DOCTOR. ¿Como si el peligro hubiera pasado ya?

SRTA. HERNANDEZ. Más bien...como si ya no pudiera experimentar peligro alguno; y usted perdone la expresión, si le parece muy literaria.

DOCTOR. «Como si ya no pudiera experimentar peligro alguno.» ¿Por qué? ¿Se refiere a algo concretamente?

SRTA. HERNANDEZ. Me refiero a que... Perdóneme, doctor. Atribúyalo, como usted suele decir, a mi fantasía; usted ya me conoce...*Me refiero a que parece que ese hombre hubiera muerto.* Ayer todavía experimentaba angustia. Hoy ya no: sus centros vitales parecen haberse apagado o extinguido...O quizá se encuentre bajo los efectos de una droga.

DOCTOR. *(Ríe.)* Veamos, veamos. Hágalo pasar. *(Empiezan a sonar de nuevo, pero distintas, doce campanadas.)* ¿Otra vez las doce, señorita Hernández?

SRTA. HERNANDEZ. *(Ríe)* Ahora es el reloj del vestíbulo. Va tres minutos atrasado, doctor Schneider.

(Siguen sonando, lentas, las campanadas. Y, estridentes, los chillidos de los animales en el laboratorio. Puerta que se abre y se cierra con un ruido crispante.[8] Pausa.)

DOCTOR. ¿El señor González? *(Silencio.)* Siéntese, por favor. *(Silencio.)* Usted me dirá, señor González. *(Silencio.)* ¡Señor! ¡Señor! ¿Se siente enfermo? *(Un ronquido[9] leve y prolongado.)* ¡Señorita Hernández! ¡Venga, por favor! *(Pausa.)* Este hombre está enfermo, señorita Hernández.

---

[6] embers
[7] Traducción del poema «The Raven», del escritor norteamericano Edgar Allan Poe (1809–1849), conocido por su espíritu morboso y sus cuentos de horror.
[8] creaking
[9] rasping noise

SRTA. HERNANDEZ. Sí, señor.

DOCTOR. Y éste es un Instituto de Biología; no una clínica de urgencia.[10]

SRTA. HERNANDEZ. En efecto, doctor. *(Lejanos chillidos de las ratas.)* ¿Qué le parece? ¿Una crisis cardíaca?

DOCTOR. Acérqueme el fonendo.[11]

(Pausa. Ahora hay un espantable silencio. Se escuchan, ampliados y resonantes, anormales rumores de respiración y latidos cardíacos recogidos por el fonendoscopio.)

SRTA. HERNANDEZ. ¿Preparo un inyectable?[12]

DOCTOR. Sí. Timopatina,[13] por favor. Oh, es horrible lo que hay dentro de este cuerpo. Un verdadero caos orgánico. *(Ruido de líquidos y contracciones: es como si se oyeran monstruosamente los ruidos del intracuerpo.)* Este hombre se está muriendo de terror. Mire, mire: estas pupilas horriblemente dilatadas. *(Un trueno. Las ratas chillan aterrorizadas.)* Qué horror. Es como una tormenta celular y mire qué rigidez periférica: extraño, verdaderamente extraño. Cinco centímetros cúbicos, en vena. *(Pausa.)*

SRTA. HERNANDEZ. Mire, mire, doctor.

DOCTOR. Sí.

SRTA. HERNANDEZ. Parece que reacciona un poco.

DOCTOR. Temperatura.

SRTA. HERNANDEZ. 35,8.

DOCTOR. Está...*helado de terror.* Puede decirse que *se le ha helado la sangre en las venas.* Ssssh...escuche.

(Se escucha como un ronquido, como una especie de estertor,[14] hasta que se destacan unas vocales pero confusamente: A-I-A-A-E-I-A.)

SRTA. HERNANDEZ. ¿Qué dice, doctor?

DOCTOR. Escuche, escuche.

ESTERTOR. A-I-A-A-E-I-A.

DOCTOR. Apenas si se distingue la vocalización. Está repitiendo algo.

ESTERTOR. A-I-A-A-E-I-A.

DOCTOR. Anote, señorita Hernández: A-I-A-A-E-I-A.

ESTERTOR. *(Penosamente.)* La ita ma-ne-ica.

DOCTOR. ¿Está anotando?

SRTA. HERNANDEZ. Sí, doctor.

DOCTOR. ¿Y tiene alguna idea?

SRTA. HERNANDEZ. No, doctor.

DOCTOR. Mire su maletín: ahí podemos encontrar alguna pista.[15] Estamos ante una grave crisis de afasia[16] y no podemos contar con sus explicaciones.

SRTA. HERNANDEZ. ¿Es correcto hacer una cosa así, doctor?

DOCTOR. ¿Abrirle el maletín? ¿Usted sabe el nombre completo de este señor, su domicilio, su lugar de trabajo?

SRTA. HERNANDEZ. Sólo sé que se llama González y que es periodista, doctor.

---

[10] emergency
[11] estetoscopio especial para audición biauricular
[12] shot
[13] medicina que sirve para cubrir el interior del estómago; el doctor sospecha timpanitis, hinchazón del vientre por acumulación de gases.
[14] death rattle
[15] clue
[16] pérdida de palabra

DOCTOR. Poca cosa, teniendo en cuenta la cantidad de españoles que se llaman González y que no pocos de ellos son periodistas.

ESTERTOR. La-ia-ane-ica.

DOCTOR. Esperemos que su maletín sea más elocuente que el señor González, y tomaremos las medidas oportunas. Use la palanquita.[17] Yo asumo toda la responsabilidad.

SRTA. HERNANDEZ. No está cerrado con llave. Mire.

DOCTOR. Perfecto. Así evitamos la fractura, ya que no podemos prescindir de la nocturnidad...

SRTA. HERNANDEZ. Oh, oh.

DOCTOR. ¿Qué es?

SRTA. HERNANDEZ. Mire: eso es todo.

DOCTOR. Unas cintas.

SRTA. HERNANDEZ. ¡Es lo que estaba tratando de decirnos, doctor!

DOCTOR. ¿El?

SRTA. HERNANDEZ. Sí. «Las-cintas-mag-néti-cas.»

ESTERTOR. La-ia-ane-ica.

DOCTOR. ¡Es cierto! Qué curioso.

SRTA. HERNANDEZ. ¿Le parece curioso? ¿En qué sentido?

DOCTOR. Se ve que nuestro visitante conoce su debilidad..., digamos «locutora»[18]—su tendencia a caer en estados afásicos—y toma sus precauciones. Es...*(ríe)* su forma de conservar la voz. *(Ríe más.)*

(Trueno y chillidos lejanos.)

SRTA. HERNANDEZ. Doctor. *(El doctor ríe aún.)* Sin que yo quiera decir nada contra su ingenio, doctor, no me parece el momento más oportuno...

(Silencio. Empiezan a sonar, lentamente, doce campanadas.)

DOCTOR. ¿Y ese reloj?

(Pausa. Siguen las campanadas.)

SRTA. HERNANDEZ. —*(Con aprensión.)* No..., no hay más relojes en la casa.

(Pausa. Campanadas hasta su fin.)

DOCTOR. A no ser que hayan instalado otro.

SRTA. HERNANDEZ. Puede ser. *(Silencio.)* O que haya empezado otra vez la medianoche.

DOCTOR.—*(Irónico.)* Cosa muy verosímil, por cierto.

SRTA. HERNANDEZ. Hay otras más inverosímiles, doctor.

DOCTOR. Sigamos.

SRTA. HERNANDEZ. Vea: el paciente ha caído como en una especie de sopor. ¿Le parece una reacción normal?

DOCTOR. Sí..., dentro de lo que cabe: un sueño reparador. ¿Cuántas hay?

SRTA. HERNANDEZ. Cuántas qué?

DOCTOR. Las cintas magnéticas.

SRTA. HERNANDEZ. Ah, sí. Son cuatro.

DOCTOR. ¿Llevan alguna indicación?

SRTA. HERNANDEZ. ¿Llevan simplemente unas letras. A, B, C...y D.

DOCTOR. ¿Y?

SRTA. HERNANDEZ. Nada más.

DOCTOR. ¿A qué espera?

SRTA. HERNANDEZ. ¿Diga?

DOCTOR. Que a qué espera para

---

[17] crowbar

[18] speech

ponerlas, señorita Hernández.

SRTA. HERNANDEZ. ¿Empezando por la número A?

DOCTOR. Con arreglo a una lógica...

SRTA. HERNANDEZ. ...Aristotélica...

DOCTOR. ¡Cierto! Olvidaba que es usted graduada en letras. En cualquier caso, ponga la A, en efecto. ¿No le importa que encienda la pipa? Nuestro paciente duerme ahora con una cierta placidez. Se relaja...y su pulso es, casi diríamos, normal... Adelante, adelante, señorita. ¿Es ya la medianoche?

(Empiezan a sonar de nuevo las doce campanadas. Después, silencio y...)

La cinta A (*Grabación*)[19]

(Luego de varios ruidos muy confusos empieza a oírse una voz. Es una grabación inhábil[20] y la voz es tensa y como nerviosa.)

VOZ GONZALEZ. Me llamo Juan Antonio González Smith. Nacido en Mayagüez, Puerto Rico, 1926. Corresponsal de un periódico de Albuquerque, New Mexico. Vengo del Sudeste asiático, de Indochina, y he podido evitar, por medio de ciertas peripecias,[21] volver a los Estados Unidos. Me persiguen. Tengo a los agentes de la CIA detrás de mis huellas.[22] Hago esta grabación por si, antes de comunicar la terrible información de que soy portador, fuera asesinado. Escuchen, escuchen mi mensaje...Oigan las cintas B, C y D en ese orden, por favor. La primera fue grabada el 30 de abril pasado en las selvas del Vietnam del Sur, el día 30 de abril, repito. Tengo en cartera[23] los demás datos y todas las precisiones necesarias. Fue una grabación muy azarosa.[24] No existen testimonios gráficos de la escena en cuestión—aunque era plenilunio[25] y ello permitió hacer algunas fotografías—..., porque el fotógrafo, mi compañero Joe Morley, que las obtuvo, fue... —¡sí, por favor, les ruego que crean mis palabras!—*fue devorado esa misma noche* y yo, aterrorizado, no pude recuperar su cámara. ¡Eso es todo, por ahora, ciudadanos del mundo! ¡Escuchen en el nombre de Dios Todopoderoso! *(Cesa la grabación. Pausa.)*

DOCTOR. ¿No hay nada más?

SRTA. HERNANDEZ.—*(Después de una pausa en que se escucha el ruido de la cinta que pasa, muda.)* No. En esta cinta no.

DOCTOR. ¡Pase a la cinta B!

SRTA. HERNANDEZ. Sí, doctor. En seguida.

---

[19] recording
[20] clumsy
[21] **cambios de fortuna**
[22] **detrás...on my heels**

[23] **en...preparados**
[24] **arriesgada**
[25] **luna llena**

La cinta B

(Ruidos mecánicos y de la selva. Un rumor leve—casi un susurro[26] —de voces humanas, a continuación de un prolongado lamento y de un silencio largo.)

HOMBRE 1.—*(En voz baja.)* ¿Te pasa algo? *(Pausa.)*

HOMBRE 2. No. ¿Por qué lo dices? *(Pausa.)*

HOMBRE 1. Porque te quejas. *(Pausa.)*

HOMBRE 2. No. *(Pausa.)* ¿Qué hay por aquella parte?

HOMBRE 1. Nada.

HOMBRE 2. Oigo rumores, tú.

HOMBRE 1. No, no es nada, tú, no es nada.

HOMBRE 2. Y algo se mueve, tú.

HOMBRE 1. No, tú, no es nada. *(Silencio. Castañeteo[27] de dientes.)* Tiemblas una barbaridad, eh, tú.

HOMBRE 2. Pero siento calor: un calor estupendo.

HOMBRE 1. Yo también tengo sudores, Jimmy. En confianza: sudo a mares.[28]

HOMBRE 2. Y yo, de sentir algo, siento—¿cómo diría?—agradables dolores: eso es. *(Se queja.)* ¡Ay!

HOMBRE 1. No te comprendo, hijo; y al intentarlo me duele la cabeza. *(Silencio. Rumores de la selva.)*

HOMBRE 2. Qué solo está uno aquí. ¿Cómo se llama esto?

HOMBRE 1. Esto se llama No-sé-qué. Bitenam[29] o cosa parecida.

HOMBRE 2. Muy lejos de Oklahoma, en todo caso.

HOMBRE 1. Oh, eso sí: yo soy de Massachusetts. *(Pausa.)*

HOMBRE 2. ¿Hay alguien por ahí?

HOMBRE 1. Es el puertorriqueño que viene de Albuquerque y el fotógrafo de la revista No-sé-cuántos.[30] Están dormidos como cerdos ahí, en el cañaveral.[31]

HOMBRE 2. ¿Roncan los tíos?[32]

HOMBRE 1. Sí, por lo que parece.

HOMBRE 2. Entonces, era eso. *(Pausa)* ¿Lo tuyo cómo ha sido?

HOMBRE 1. ¿Cómo lo mío? ¿Qué?

HOMBRE 2. El cambio de tu cara en estos días: ¿te estás haciendo un hombre o qué?

HOMBRE 1. ¿Tanto he cambiado, tú?

HOMBRE 2. En cuestión de la cara y de las manos, sí.

HOMBRE 1. Las cosas de la guerra: que no se cuida uno. ¿Quién se lava los dientes, aquí en la selva? ¿Quién se corta las uñas? *(Un lamento.)* ¿Lo ves cómo sufres, hombre? ¿Qué soldado[33] eres tú?

HOMBRE 2. Es aquí en la cabeza y por la parte de la mandíbula. Pero sufro como un soldado—¿qué te crees?—y tengo muy buen hambre y me comería una vaca cruda; así que no te me acerques, por si acaso.

HOMBRE 1. A mí me sucedió en la luna pasada: unas sensaciones así, como si se te hundiera la frente; y en la mandíbula como si te salieran dientes muy poderosos.

HOMBRE 2. Debe ser cosa de esta

---

[26] whisper
[27] chattering
[28] **a...muchísimo**
[29] **Viet Nam (Los soldados ni siquiera saben exactamente cómo se llama el lugar.)**

[30] Whatever-its-name-is
[31] reed field
[32] guys
[33] **Qué...**What kind of a soldier

selva. (*Pausa.*)

HOMBRE 1. —(*Aullido.*)[34]

HOMBRE 2. ¿Qué decías?

HOMBRE 1. —(*Aullido.*)

HOMBRE 2. No te entiendo muy bien.

HOMBRE 1. —(*Aullido más fuerte y prolongado.*)

HOMBRE 2. ¿Eh? Ehhh... (*Su «¿Eh?» se transforma también en un aullido.*)

HOMBRE 1. —(*Aullido triunfal, como si por fin se sintiera comprendido.*)

HOMBRE 2. —(*Aullido más fuerte.*)

HOMBRE 1. —(*Aullido horrible. Gritos.*)

GRITOS. ¡Socorro! ¡Socorro!

(*Aullidos y gritos humanos en la agonía. Después un terrible silencio y la voz de* GONZALEZ.)

GONZALEZ. —(*Muy bajo.*) Grabo el epílogo de esta cinta dentro de un retrete,[35] en el Cuartel General de Saigón. No me atrevo a hablar con nadie de lo que he visto pero tengo que hacerlo. El campamento Cero Dos donde se han dado estos extraños casos de lincantropía[36] se halla cerca de una pequeña aldea llamada Mi-Lai.[37] Los últimos gritos que se escuchan son de mi compañero Joe Morley, el fotógrafo. Mientras yo, haciéndome el dormido,[38] grababa la conversación de los

soldados, él llegó a sacar unas fotografías de los monstruos; pero éstos se abalanzaron sobre él[39] y lo devoraron como fieras. Mientras lo despedazaban,[40] yo pude escapar. Doy fe[41] de la autenticidad de este testimonio. González Smith, corresponsal del «Telegraf» de Albuquerque en el Sudeste asiático.

(*Un «clic» y silencio. Pausa. Alguien marca un número de siete cifras en un teléfono.*)

SRTA. HERNANDEZ. ¿A estas horas, doctor?

DOCTOR. —(*Después de una pausa.*) Con el médico de guardia, por favor..., a no ser que don Juan José se halle despierto. Gracias. (*Pausa.*) ¿Es usted, Ivárs? Discúlpeme lo intempestivo[42] de la hora. Soy Schneider. Necesito su ayuda sanitaria[43] para esta noche. ¿Entiende? Estoy en el Instituto. Sí, lo antes posible. Gracias. (*Cuelga.*) Vamos escuchando la cinta C, señorita Hernández, mientras nuestro amigo sigue disfrutando del mejor de los mundos posibles... ¡Beatus ille![44]

(*Empieza a sonar la...*)

---

[34] Howl

[35] bathroom

[36] **enfermedad en que el paciente cree estar convertido en lobo**

[37] Site of a highly publicized case in which unarmed civilians were massacred by American troops in 1968. In 1971, Lt. William L. Calley (1943–) was charged with responsibility for the crime and found guilty by a military jury.

[38] pretending to be asleep

[39] **se**...fell upon him

[40] tore him to pieces

[41] **Doy**...I swear

[42] inoportuno

[43] **relativa a la salud o sanidad**

[44] *Beatus*...Dichoso aquél (Así empieza el primer verso del segundo épodo del poeta latino Horacio. [siglo VII a.C.]

Cinta C

VOZ GONZALEZ. —(*Alegre.*) ¡Vamos en un jeep del ejército hacia el Campamento Cero Dos! Afortunadamente el coronel Hamilton ha sido abierto y comprensivo... Me temía (*ríe*) la camisa de fuerza[45] o algo peor; y, en lugar de eso, he aquí una comisión investigadora de la que yo mismo formo parte. Es una mañana lluviosa y el jeep se abre paso[46] penosamente, casi sumergido en el fango;[47] pero eso no importa. Mis compañeros de comisión son el teniente Green, a cuyas órdenes vamos, y el doctor Wallace, jefe de los servicios psiquiátricos a nivel de División expedicionaria. Teniente Green, ¿usted podría adelantarnos alguna opinión personal sobre este extraño asunto?

T. GREEN. —(*Risa.*) ¡He de decirle sinceramente que no creo ni una sola palabra de su historia! Cumplo órdenes superiores y eso es todo.

VOZ GONZALEZ. ¿Estima usted desacertada[48] la decisión del coronel Hamilton de enviar esta comisión al lugar del suceso?

T. GREEN. Nunca discuto las órdenes de mis superiores, señor González.

VOZ GONZALEZ. ¿Admite usted, al menos, que el fotógrafo Joe Morley murió de manera extraña y en circunstancias no menos extrañas?

T. GREEN. No, señor; no lo admito.

VOZ GONZALEZ. En su opinión, ¿es normal morir devorado de ese modo..., diríamos tan salvaje?

T. GREEN. En esta guerra, todo lo que sea morir me parece perfectamente normal, señor González. En cuanto a Joe Morley es evidente que murió devorado por una bestia hambrienta, pero no conozco tanta zoología ni tampoco tan a fondo este país, como para determinar su especie. También es posible que haya sido una hazaña de los enanos rojos.[49]

VOZ GONZALEZ. Muchas gracias por sus palabras, teniente Green. (*Corte Y:*) Doctor Wallace, ¿lleva alguna hipótesis previa como especialista científico de esta comisión?

DR. WALLACE. No quisiera ofenderlo con mis palabras, señor González.

VOZ GONZALEZ. ¡Hable, hable sin miedo, doctor Wallace! Los periodistas tenemos la piel muy dura: es necesario para nuestra supervivencia.[50]

DR. WALLACE. He aquí, entonces, mi punto de vista: temo por su salud mental.

VOZ GONZALEZ. —(*Ríe con humor.*) ¡Yo también, doctor Wallace!, pero explíqueme, por favor, su punto de vista.

DR. WALLACE. Hablaría de...de...de...percepción delirante de la realidad, por parte de usted, en un momento determinado. ¿Es usted alcohólico, señor González?

VOZ GONZALEZ. Diríamos que tomo algún whisky al atardecer; ¡en el

---

[45] **camisa...**straitjacket
[46] **se...**forces its way ahead
[47] mud

[48] **incorrecta**
[49] **vietnamitas**
[50] survival

caso de que lo encuentre, por supuesto! ¿Piensa que veo animalitos y otras cosas? Ja. Ja. Ja.

DR. WALLACE. Podría tratarse también de una psicosis endógena[51] o, lo que es más seguro, de una mera neurosis de guerra, en las que a veces aparecen signos delirantes de carácter «zoológico»: el enemigo es un lobo, diríamos en términos un poco filosóficos.

VOZ GONZALEZ. Se trata en este caso de soldados cuyo uniforme llevo yo también, aunque mi arma sea una máquina de escribir.

DR. WALLACE. ¿De escribir horrores?

VOZ GONZALEZ. Sólo los que veo, doctor Wallace.

DR. WALLACE. En casos más desarrollados reaparece, rezumando[52] sangre, la vieja consigna: «homo homini lupus».[53] Esa generalización se convierte en un fenómeno delirante cuando... (*Un extraño rumor mecánico.*) ¿Qué es eso? ¿Qué es eso? ¡Es algo que vuela sobre nosotros, algo que vuela...! ¡Como un horrible insecto que...!

T. GREEN. ¡Es un helicóptero de los nuestros, doctor Wallace! Un aparato que está cubriendo viaje.

DR. WALLACE. Gracias, gracias, teniente Green. (*Cambio de voz.*) Pues, como le iba diciendo, estas neurosis de guerra..., en mi opinión...

VOZ GONZALEZ. ¡Gracias, gracias, doctor Wallace! Eso es todo, por ahora. Me temo que no sea lo más conveniente que sigamos hablando en este momento. (*Disparos de armas automáticas. Gritos. Silencio largo. Por fin:*) Estamos en el campamento Cero Dos y hablamos con el coronel Anderson, bajo cuyo mando se hallan estas instalaciones militares. Coronel Anderson, ¿sabía usted que en algunos ambientes de Saigón este heroico campamento empieza a conocerse con el nombre de «Campamento de los Lobos»? ¿A qué puede deberse este curioso nombre?

ANDERSON. —(*Aúlla.*) ¿Eh? Ah, ahhh...aaaah. ¡Caaa...rajo de caaa...brones de la capital![54]

VOZ GONZALEZ. ...Ello se debe a que corren rumores de que, entre los soldados de estas unidades se están dando ciertos casos de bestialismo, no explicables por las vicisitudes normales de la guerra.

ANDERSON. —(*Aúlla.*) Ene...migos de la patria americana. Ajjjj... (*Aúlla.*)

VOZ GONZALEZ. Cálmese, por favor, coronel Anderson. Quería hacerle una pregunta, si usted me lo permite: he podido observar, a través de sus elocuentes palabras, que se halla usted afectado por un cierto...digamos, por un cierto tartamudeo.[55] ¿Esta dolencia es— ejem—congénita, o ha sido adquirida durante la campaña? (ANDERSON *aúlla y su aullido se prolonga hasta convertirse en una risa histérica.*) ¡Corto! ¡Corto! (*Clic y silencio, hasta que:*) Una hora

---

[51] que nace de su interior; personal

[52] botando

[53] *Homo...* El hombre es un lobo para el hombre (del dramaturgo latino Plauto [¿254?–184 a.C.])

[54] Damn bastards from the capital!

[55] stuttering

después me dirijo al capitán
Williams. Capitán Williams, ¿a qué
atribuye la crisis del coronel
Anderson? ¿Quizás exceso de
trabajo?

CAP. WILLIAMS. —(*Voz ronca y
animal.*) Sí...evidentemente haber
mucho trabajo. Limpieza de la
zona. Enanos rojos. Lucha por la
democracia en este país.

VOZ GONZALEZ. ¿Ha terminado ya la
limpieza de esta zona?

CAP. WILLIAMS. Ayer hemos limpiado
la aldea de Mi-Lay.

VOZ GONZALEZ. ¿Encontraron mucha
resistencia?

CAP. WILLIAMS. No les dio tiempo,
¡je, je, je! Mañana seguiremos la
operación con nuestros bravos
soldados cuya acometividad[56]
aumenta de día en día.

VOZ GONZALEZ. Nos dicen que los
soldados Jimmy O'Neill y Tom
Patterson, de la 4.ª Compañía, se
hallan el la enfermería desde hace
dos semanas, sometidos a cierto
tratamiento.

CAP. WILLIAMS. —(*Bruscamente.*) No
hay comentarios sobre este
asunto.

VOZ GONZALEZ. Existen testimonios
de que en este campamento se
están produciendo algunas
extrañas enfermedades y de que el
fenómeno tiene carácter
epidémico. ¿Qué podría decirnos
sobre ello?

CAP. WILLIAMS. Sobre ello, no hay
comentarios.

VOZ GONZALEZ. ¿Mañana, al
amanecer, podríamos visitar a los
soldados de esta unidad en sus
tiendas[57] y barracones?[58]

CAP. WILLIAMS. No...no...no creo que
haya inconveniente, salvo los
tinglados[59] que contienen secretos
militares.

VOZ GONZALEZ. ¿A qué tinglados se
refiere? ¿También al gran
barracón de la Cruz Roja?

CAP. WILLIAMS. Tam...también al
barracón de la Cruz Roja.

VOZ GONZALEZ. ¿Se trata, pues, de
algunas enfermedades...secretas?

CAP. WILLIAMS. No hay comentarios
sobre este asunto.

VOZ GONZALEZ. ¿De qué se trata?
¿Sífilis? ¿Drogas?

CAP. WILLIAMS. —(*Con un ligero
aullido.*) Sin comentarios, le he
dicho, periodista de
los...demonios. (*Aúlla.*)

VOZ GONZALEZ. —(*Precipitadamente.*)
Gracias por su gentil información,
capitán Williams. (*Clic y silencio.
Hasta que volvemos a oír, pero ahora
en un susurro, la voz de* GONZALEZ
que sigue su grabación.) Ahora es
casi la medianoche y me
encuentro en las proximidades del
gran barracón marcado en sus
paredes y en su techo con unas
enormas cruces rojas. No he
podido acercarme a sus paredes
porque está custodiado por una
fuerte guardia armada de
ametralladoras,[60] apostadas en sus
cuatro esquinas. Cosa extraña... El
silencio es en estos momentos
total, lo que no es frecuente en
estos parajes[61]... Es...un silencio
que parece preludiar algún
fenómeno que fuera a producirse.
Escuchen, escuchen. (*Un tiempo de

---

[56] **ferocidad, propensión a atacar**
[57] tents
[58] barracks

[59] sheds, barracks
[60] machine guns
[61] **lugares**

absoluto silencio en la grabación, y al fin:) No me atrevo a aproximarme más al barracón porque esta noche hay luna llena y el campo está enormemente iluminado. Me hallo todavía bajo una funesta impresión, aparte el lamentable caso del coronel Anderson, que ha sido hospitalizado en Saigón bajo estrecha vigilancia, según me dicen. Me refiero a una triste y, más que triste, espeluznante[62] noticia que ha llegado esta noche al campamento y que he podido interceptar mediante un pequeño soborno[63] de droga al oficial de cifra: El coronel Hamilton, que ordenó esta investigación, ha sido mortalmente herido en el cuello cuando descansaba en su pabellón del Cuartel General, en Saigón. Se habla en el despacho de una terrible mordedura, lo que me hace pensar que se confirma el carácter epidémico de la dolencia en cuestión. ¿Eh? ¿Qué es eso? ¡Escuchen! ¡Escuchen! (*Se oyen aullidos lejanos, de lobos. La voz de* GONZÁLEZ *se hace temerosa.*) ¡Los aullidos proceden del interior del barracón de la Cruz Roja...! Los centinelas parecen nerviosos..., se agitan bajo esta luna gigantesca; se remueven alrededor de las ametralladoras... ¿Eh? Parece que algo responde a los aullidos del barracón... ¿O si no qué es eso? (*Aullidos más lejanos y otros responden como ecos.*) ¡Sí..., sí..., es una respuesta..., una respuesta desde el campamento! ¡Debe...debe estar produciéndose una horrenda metamorfosis en las tiendas del Cero Dos! ¡El campamento empieza a ser un clamor bestial! (*Horrendos y generales aullidos.*) ¡Esto es horrible! ¡Paraje maldito! ¡Algo..., algo espantoso sucede...; un salto atrás, hacia el vacío, hacia la noche de los tiempos...en busca del mono primigenio y del hermano lobo que aúlla su sed de sangre...en un medio prehumano! ¡Socorro! ¡Por el amor de Dios..., socorro!» (*Clic. Silencio. Ahora es la voz pausada del doctor* SCHNEIDER *lo que se oye.*)

DOCTOR. —Señorita Hernández.

SRTA. HERNANDEZ. —¿Doctor?

DOCTOR. —Vamos a la última cinta. Es una novela muy interesante.

SRTA. HERNANDEZ. —¿Le parece una novela, doctor?

DOCTOR. —He dicho «muy interesante», y eso quiere decir que, en mi opinión, la fábula tiene algo que ver con la realidad. Siga. (*Pausa.*)

Cinta D

VOZ GONZALEZ. —Lo siguiente no es una grabación al final de una operación de limpieza, a los pocos días de ocurrir lo grabado en la cinta C, entre los efectos personales de un muerto: el famoso escritor y Premio Nobel Julius Karsten. La paso a esta cinta D sin corregir ni manipular nada de ella: ni su contenido ni sus características técnicas. ¡oigan la voz póstuma de Julius Karsten,

---

[62] hair-raising

[63] bribe

de quien se dijo oficialmente, como ustedes recordarán, que había desaparecido durante la batalla!

KARSTEN. —«Amiga Rosie y queridos radioyentes: Continúo con mis cartas desde el Sureste asiático. Esta madrugada, al formar las tropas para empezar esta expedición, reinaba un humor excelente y una gran camaradería. Nuestros muchachos rebosaban[64] salud y yo me decía: he aquí un pueblo que no sólo marcha hacia su propio y afortunado porvenir, sino que lucha desinteresadamente por el futuro de toda la humanidad, dando de sí lo mejor que tiene: su alegría y su juventud: su vida... Dulces son—me decía yo, viéndolos—las manos de nuestros bombarderos cuando catapultan su mortífera carga sobre estas tierras salvajes. El objetivo de esta operación de limpieza es ocupar con nuestra infantería ciertos territorios cuya situación no podemos revelar, querida Rosie, por razones estratégicas. El terreno ha sido ya previamente «preparado» por nuestra aviación y nuestra artillería, de tal modo que las tierras que ahora cruzamos ofrecen un aspecto ciertamente curioso y pintoresco: calcinadas, parecen como tierras lunares, ennegrecidas por la apropiada química de nuestros aparatos y despojadas de toda vegetación que pueda servir de alimento y escondrijo[65] a nuestros salvajes enemigos. La expedición avanza con ciertas dificultades, sin embargo; pero nuestros alegres muchachos cantan sus bellas canciones familiares. (*Ruidos a modo de canciones folklóricas. Voces, palabrotas:*[66] *coño, joder... ¿Quién se ha tirado un pedo?*[67] *Clic. Pausa. Sigue la grabación.*) Recibo mucha correspondencia en el sentido de que estas «Cartas a Rosie» son del agrado de muchos de ustedes y he de agradecerles muy efusivamente esa complacencia. Yo cumplo simplemente mi tarea de vivir la guerra para ustedes, que disfrutan, en sus hogares, las delicias de la paz americana: aquí, sin embargo, ¡sangre, sudor y lágrimas!, sudores y trabajos con los que nuestros hombres salvaguardan esa paz de que ustedes, bajo el manto real de la democracia americana, disfrutan. (*Clic. Pausa. Sigue más emotivamente.*) Estamos aproximándonos, según información directa del teniente Pearsons, a la aldea A, objetivo de la primera fase de esta operación... Algo así como un estremecimiento[68] eléctrico recorre la columna ante la inminencia de la entrada en contacto con el enemigo. El Espíritu de la Ordenanza[69] se apodera de todos estos corazones rebosantes de vida. ¡Relampaguean los ojos de nuestros muchachos ante la

---

[64] were exuding
[65] hiding place
[66] **palabras obscenas**

[67] fart
[68] shock
[69] order, system of command

certidumbre de la sangre! ¡Se olfatea el aire, casi animalmente, ante la posibilidad de una emboscada[70] de los enanos rojos! Hay—¿por qué negarlo?—como una cierta angustia en el aire. ¡Un hálito[71] mortal dilata las ventanas de la nariz del soldado, y su pupila penetra entre las sombras...radiografiando los negros espectros de la muerta vegetación...por si en sus rugosidades[72] se hallara la gusanera[73] asesina! ¡De pronto circula, como una corriente eléctrica, la orden de despliegue![74] ¡Cuerpos a tierra en las proximidades de la aldea que, por cierto, parece deshabitada! Pero el soldado sabe de las falacias del silencio... ¡Nada más desértico—¡ni un paisaje lunar!—, nada más desértico que un campo de batalla antes de que el combate se desencadene! ¡Los hombres se pegan a la tierra como larvas, bajo una sombra o aprovechando el más ligero accidente del terreno! ¡No hay nadie, no hay nadie, cuando de pronto el campo se puebla de vida, explosiones y horrenda destrucción! (*Voz muy baja.*) Este es, precisamente, el delicado momento en que *todavía no hay nadie*...ni nosotros mismos... (*Susurra.*) ¡Nadie..., nadie! Estoy tendido bajo el esqueleto de un arbusto... Nuestros hombres se han transfigurado en silentes reptiles, de delicadísimo reptar,[75] de ondulados y rítmicos movimientos, aprovechando cualquier escabrosidad[76] de esta tierra quemada...avanzan a mi lado, rebasando[77] mi posición... Su respiración es un resuello[78] casi animal; es como...—¿escuchan?—como una respiración perruna, nuncio[79]y anuncio de asalto... ¡Oh la belleza de estos reptiles, raza de dragones, casi alados en los momentos cruciales del asalto a la bayoneta! ¡Oh la heroica metamorfosis de Apolo[80] en el lobo estepario,[81] en el perro guardián de los tesoros de la patria; en los canes cerberos[82] de nuestra democrática opulencia! Ahaah...¡de pronto un despegue[83] de feroces gacelas! (*Tiros en ráfagas.*[84] *Gritos. Interjecciones.*) ¡Querida Rosie, queridos radioyentes! ¡La lucha ha comenzado! ¡Nuestros soldados se transfiguran en el asalto! ¡Sus manos son—¿cómo decirlo?—garras, garras de acero; sus dientes se afilan, prestos a morder el turbio corazón del enemigo! ¡Oh, qué espectáculo, Dios mío! ¡Qué magnífico espectáculo! ¡Velludos[85] en su espléndida virilidad, atacan nuestros chicos! ¡Vaqueros de nuestras granjas—

---

[70] ambush
[71] breath, vapor
[72] ruggedness
[73] worm pit
[74] fan out
[75] crawling
[76] roughness
[77] going beyond
[78] hard breathing

[79] harbinger
[80] **En la mitología griega y romana, Dios del día y del Sol.**
[81] of the barren plains
[82] Cerberuses, three-headed dogs who, in mythology, were the guardians of hell
[83] surge
[84] bursts
[85] **cubiertos de pelo**

oh, padres de Oklahoma, Arkansas, Nuevo México, estad orgullosos de vuestros hijos—, fundidores,[86] mineros, agricultores! ¡Negros de América, soldados! ¡Puertorriqueños defensores de la libertad frente a la horda! ¡Sus mandíbulas se afirman en el ataque; sus frentes se deprimen facilitando el avance raudo,[87] incontenible! ¡América! ¡América! (*Aullidos. Aullidos. Horrendo fragor*[88] *de ametralladoras y otras armas automáticas. Lamentos. Ayes.*) ¡Espectáculo enorme, señoras y señores! ¡Enanos amarillos que se debaten en el fango, en los horrores de su último estertor de alimañas[89] sin nombre! ¡Moribundos salen de sus ocuras madrigueras![90] ¡Viejas arpías[91] con sus cachorros[92] rojos agarrados a sus mamas exagües,[93] expiran, blasfemando de su creador! (*Grito de angustia.*) ¿Pero qué ocurre? ¿Contraatacan?» (*Silencio. Siguen disparos y el pase de una cinta no grabada.*)

(*Pausa silenciosa hasta un clic. Aún pausa.*)

Extraño desenlace

DOCTOR. ¿Eso es todo?

SRTA. HERNANDEZ. Sí, doctor. Eso es todo.

DOCTOR. Deme esas cintas, por favor.

(*Truenos lejanos. Chillidos animales.*)

SRTA. HERNANDEZ. ¿Qué le parece lo que ha oído?

DOCTOR. Interesante. (*Estilo formalista, profesional.*) Querido colega, ¿trajo con usted el conveniente equipo sanitario?

DOCTOR 2.° (*Voz con resonancias cósmicas.*) Sí.

DOCTOR. Entonces actúen a la mayor brevedad. El paciente va a despertar, dado lo benigo de la dosis calmante administrada.

DOCTOR 2.° Enfermeros: ar.

ENFERMEROS. (*Voz lúgubre.*) A la orden, mi coronel.

DOCTOR 2.° (*Doctoral, receta.*) Camisa de fuerza. Mordaza.[94] Ambulancia. Celda. Incomunicación.

ENFERMEROS. Sí, señor.

DOCTOR 2.° Adelante: ar. Un dos, un dos.

(*Empieza como un lamento que acaba convirtiéndose en una sirena: ¿de una ambulancia? ¿De un coche policial? ¿De una fábrica? Y de pronto: silencio. Al fin.*)

DOCTOR. ¿Su opinión, doctor?

DOCTOR 2.° Se trata de un delirio. Caso grave, sin duda.

DOCTOR. Yo pensaría más—querido colega—en una manipulación

---

[86] foundrymen
[87] **rápido**
[88] din, crash
[89] **animalitos**
[90] burrows

[91] shrews
[92] pups
[93] **mama...**bloodless breasts
[94] gag

mercantil: el señor González habría escrito un drama para la radio... El señor González habría montado toda esta tremebunda historia para lanzar su obrita teatral.

DOCTOR 2.° Usted habla de una locura benigna. Por el contrario, en mi opinión se trata sin duda de un loco peligroso. (*Trueno. Chillidos.*) De ahí que haya tomado mis precauciones, amordazándolo y maniatándolo.[95] Ejem. (*Discursivo.*) Estos delirios de carácter zoológico tienen una vieja tradición que se une en la noche de los tiempos. Se diría que, a través de ellos, el hombre se recuerda a sí mismo en cuanto a especie surgida, precisamente, de la noche zoológica. Es, además, una nostalgia de los felices tiempos míticos en que la posibilidad de una metamorfosis no era meramente un sueño... Los «blancos muslos de Leda»[96] estarían a nuestro alcance con este pequeño trámite de convertirnos, como Zeus, en cisnes...

SRTA. HERNANDEZ. Perdón, doctores: ¡Vean, vean lo que dice el diario «Madrid» de hoy! «Torrejón de Ardoz, 14. En unas eras[97] de esta localidad, ha aparecido el cadáver de la joven Consuelo García Sánchez, cuyo cuerpo ha sido parcialmente devorado. Se descarta la idea de que haya sido atacado por un lobo, dado que no se conoce tal animal en esta región desde tiempos inmemoriales. Se piensa que una fiera pudo haberse escapado de un circo que actúa en Alcalá de Henares.» (*Silencio.*) ¿Rechazan ustedes la hipótesis de una epidemia, señores? (*Pausa penosa. La voz de la señorita* HERNANDEZ *se hace más insegura.*) La...la contaminación podría estar llegando a Europa a través de las bases militares; es...(*nerviosa*) ¡es un decir[98]...! ¡Los datos...! ¡Entiendo que...! ¿Por qué me miran así? Yo no estoy loca o, por lo menos, no lo estaba hasta esta medianoche. Quizás...quizás estoy un poco fatigada, eso sí. Estos turnos de noche no me sientan[99] muy bien y, además, hoy está la tormenta...y las ratas y los murciélagos que chillan como demonios. ¿Qué les pasa? ¡Tienen..., tienen terror! ¡Adivinan lo que está sucediendo: los lobos que están naciendo de los hombres y que proliferan como una amenaza, bajo el paño de los uniformes, bajo las bellas telas con que nos vestimos en este mundo extraño, extraño, extraño! ¡Extraño, sí! ¡Extraño! ¡Ay! (*Un alarido.*)[100] ¡Doctor Schneider! ¿Qué le pasa? ¡Doctor Ivárs, tengan piedad de mí! ¡Sus rostros se vuelven peludos y terribles! ¡Sus manos se curvan como garras! ¡Sus bocas se convierten en espantables morros[101] de animales feroces, carniceros![102] ¿Por qué caminan ahora a cuatro patas?

---

[95] **atándole las manos**
[96] **En la mitología, Leda era esposa de Tíndaro. La amaba Zeus, quien tomó la forma de cisne para seducirla.**
[97] **jardines**

[98] **rumor**
[99] **no...don't agree with me**
[100] scream
[101] snouts
[102] meat-eating

¿Por qué me rodean? ¿Qué buscan, qué buscan? ¿Es a mí? ¿Qué quieren de mí? ¡Socorro! ¿Por qué me desgarran la ropa, me desnudan? ¿Por qué, por qué me desnudan? ¿Por qué pelean y se desgarran entre ustedes, doctores? ¡Doctor, doctor! ¡Yo no soy más que una chica que trabaja con usted desde hace cuatro años! Yo puedo hacerle cuatro copias de un informe, yo puedo llamar al Director General y pedirle una entrevista, yo puedo llamar a los laboratorios! ¡Yo puedo hablar con los proveedores de ranas y murciélagos! ¡Pero...yo...! (*Grita hasta que su grito es sofocado por una mordaza. Efectos «sonoros» sobre este amordazamiento. Silencio, al fin.*)

DOCTOR. Qué desagradable, ¿verdad?

DOCTOR 2.º Una crisis histérica.

DOCTOR. ¿La ha atado bien a la butaca?

DOCTOR 2.º Sí.

DOCTOR. ¿Y la mordaza?

DOCTOR 2.º Oh, estas mordazas no fallan, después de tantos años de experiencia.

DOCTOR. Así pues, por lo menos, tendremos silencio, ¿no es así, colega?

DOCTOR 2.º Exactamente. Un delicioso y reconfortable silencio; bastantes gritos oímos en la clínica. (*Pausa.*) ¿Quiere un cigarro?

DOCTOR. Sí, por favor. (*Pausa.*) Sírvase un whisky o una ginebra: aquí tiene hielo y todo lo necesario.

DOCTOR 2.º Gracias.

(*En este momento empieza un silencio total que no debe durar menos de medio minuto y que, en opinión del autor, debería durar aproximadamente dos minutos. Al cabo de los cuales una voz nueva dice a los oyentes.*)

VOZ NUEVA. Este silencio está dedicado a las censuras de todos los países y quisiera haber expresado, silenciosamente, algo de todo lo que no se dice en este perro mundo. Gracias.

(*Empiezan a sonar de nuevo las doce campanadas de la medianoche.*)

SRTA. HERNANDEZ. —(*Voz soñolienta.*) Oh, ¿qué hora será ya?

DOCTOR. —(*Amable.*) Es medianoche, como siempre, señorita Hernández.

SRTA. HERNANDEZ. ¡Es verdad! ¡Qué pregunta la mía! ¿Cómo va a ser otra cosa que medianoche?

DOCTOR. No tiene importancia: está muy fatigada por el exceso de trabajo, ¿verdad?

SRTA. HERNANDEZ. —(*Suspira.*) ¿Mañana a la misma hora, doctor?

DOCTOR. Sí, sí, claro; es decir, a las doce, desde luego.

SRTA. HERNANDEZ. Entendido, doctor. Hasta mañana a medianoche: que descanse.

DOCTOR. Hasta mañana, Humm... (*Silencio. La tormenta lejana. Los chillidos de los animales.*) «Una vez, en una melancólica medianoche... mientras débil y cansado cavilaba..., mientras cabeceaba casi adormecido y ansiosamente anhelaba la mañana..., ¡de pronto se oyó un golpecito como de alguien que llamaba quedamente a la puerta de mi habitación! Debe de ser el viento que llama a mi puerta—murmuré adormilado...—.

(Terminan de sonar, solemnes, las doce campanadas. Entonces, en el silencio, se oyen unos golpes quedos sobre la puerta, como al principio de la obra.)

VOZ NUEVA. Pero ahora nadie, nadie responde...Y en este definitivo silencio termina este cuento de antiguo terror escrito, en la mortal primavera de 1971, para una radio de nuestro tiempo.

SOBRE LA LECTURA

1. ¿Por qué es extraña la hora de la visita de González? ¿Cómo llama el dramaturgo nuestra atención a la hora?
2. Describa el ambiente del laboratorio. ¿Qué poema recita el doctor?
3. ¿Por qué no puede hablar González? ¿Por qué dice la Srta. Hernández que González parece no poder experimentar ningún peligro? Describa su estado físico.
4. ¿Quién es González? ¿Qué información contiene la primera cinta magnética?
5. ¿Qué revela la segunda cinta acerca de los soldados americanos que pelean en Viet Nam? ¿Cómo se transforman estos soldados?
6. ¿Qué le pasó a Joe Morley?
7. ¿A quién llama el doctor Schneider?
8. En la cinta C, ¿cómo reaccionan los oficiales del ejército americano a los comentarios de González?
9. ¿Qué revela la entrevista con el coronel Anderson? ¿Cómo explica la situación el capitán Williams?
10. ¿Qué ha pasado en el barracón de la Cruz Roja?
11. Describa la reacción del doctor Schneider a la cinta C. ¿Qué nos hace sospechar esta reacción?
12. ¿Por qué grabó González la voz póstuma de Julius Karsten? ¿Cómo describe Karsten el ataque de los soldados americanos? ¿Cómo termina? ¿Qué le pasa a Karsten?
13. ¿Qué le hace Schneider a González? ¿Cómo explican los doctores la historia de González?
14. ¿Qué noticia anuncia la Srta. Hernández? ¿Qué le hacen los doctores?
15. ¿Cómo termina la obra?

HACIA EL ANALISIS LITERARIO

1. ¿Cómo crea Sastre un ambiente de horror? ¿Por qué es esencial al desarrollo de su tema?
2. ¿Por qué no cambia nunca la hora?
3. ¿Qué simboliza González? ¿Por qué es «un verdadero caos orgánico»?

Explique la importancia de los comentarios de Schneider y su enfermera acerca de González.

4. ¿Cuál es la función dramática y temática de las cintas magnéticas?

5. ¿En qué sentido es el soldado norteamericano un lobo? ¿Cómo logra Sastre darle un significado literal a la metáfora en sus descripciones de la guerra?

6. ¿Qué efecto produce la mención de Mi-Lai?

7. ¿Por qué sitúa Sastre la acción en Viet Nam? ¿Cómo critica al gobierno americano?

8. ¿Cuál es la función de Karsten?

9. ¿Cómo usa Sastre la mitología en sus descripciones de la guerra?

10. ¿Cuál es el papel del silencio en esta obra? ¿Qué efecto producen los minutos de silencio que introduce el autor al final de la obra?

11. ¿Por qué le da un nombre extranjero al doctor?

12. ¿Cuál es la importancia de la noticia que la enfermera le da a Schneider?

13. ¿Quiénes son los doctores? ¿Qué representan?

14. ¿Hay un elemento de humor en esta obra? Explique.

15. ¿Cuál es la importancia de la estructura circular de la obra?

TEXTO Y VIDA

1. ¿Piensa usted que la censura existe en Los Estados Unidos? Explique.

2. ¿Qué papel tuvo la reacción del público en el retiro de las tropas americanas de Viet Nam? ¿Qué indica esto acerca de la censura?

3. ¿Se justifica o no la crítica de Sastre de Los Estados Unidos? ¿Por qué?

4. ¿Hay ocasiones en que se justifica la censura? ¿Se puede llevar demasiado lejos la libertad de expresión? Explique su respuesta.

5. ¿Cómo se forma la opinión pública? ¿Cree usted que la prensa es tan importante como otros medios de difusión? Explique.

6. ¿Cómo reaccionaría el público a la obra de Sastre? ¿Cree que el público norteamericano reaccionaría de la misma manera que el español?

7. ¿Qué le parece a usted la imagen que Sastre pinta de la guerra?

8. ¿Es la Srta. Hernández la víctima del doctor Schneider o es tan culpable como él? ¿Por qué?

Ana María Matute: Soledad y enajenación

Cinco años menor que Carmen Laforet, Ana María Matute (1926–) es una de las autoras más destacadas de la siguiente generación. A diferencia de Laforet, Matute es una escritora prolífica cuya producción se ha mantenido constante a través de los años. Ha escrito novelas, relatos, viñetas y cuentos infantiles. En 1948 salió *Los Abel,* novela que fue finalista del Premio Nadal. En 1953 publicó *Fiesta al Noroeste,* una breve novela que ganó el Premio Café Gijón y atrajo mucha atención crítica. Fue traducida a varios idiomas—el francés, el italiano, el sueco, el noruego, el danés—y también apareció en una edición escolar en los Estados

Unidos. Con la publicación de estas dos obras, la joven autora se convirtió en una figura literaria internacional.

Pero la carrera de Ana María Matute empezó mucho antes. Su primera novela, *Pequeño teatro*, apareció en 1954, si bien la había escrito de adolescente, a la edad de diecisiete años. La compuso en un pueblo vasco en el cual veraneaba, escribiendo a mano en un cuaderno cuadriculado que servía para los ejercicios de matemáticas, materia que Ana María odiaba y por causa de la cual no pudo sacar el bachillerato. Según la biografía de Rosa Roma, la joven autora sentía un placer especial al llenar de cuentos propios los cuadernos que tantos problemas le habían dado. Ana María le mostró su novela a un amigo, Oriol Oliva, quien la animó a concursar en un premio de literatura. Tímida e insegura, ella se puso en contacto con el director de la editorial Destino, quien se la compró por la cantidad de tres mil pesetas, hecho que asombró no sólo a Matute sino también a su padre. Como muchas de sus obras más maduras, *Pequeño teatro* expone la hipocresía, la falta de caridad, la insensatez y la vanidad de la gente.

Muy joven, Ana María Matute decidió dedicarse por entero a la literatura. En 1941 abandonó los estudios formales y comenzó a tomar cursos de música y de pintura. Dos años más tarde, dejó los cursos para dedicarse exclusivamente a escribir. Se casó en 1952 con el poeta Ramón Eugenio de Goicoechea y en enero de 1954 nació su hijo Juan Pablo. Ese mismo año, ganó el Premio Planeta por su novela *Pequeño teatro*. Ana María Matute era reconocida como una escritora importante y se había establecido como una de las voces literarias más fuertes de la posguerra.

Durante los años 50 y 60 apareció un libro de Matute casi todos los años: *En esta tierra* (1955); *Los niños tontos* (1956); *El tiempo* (1956); *Los hijos muertos* (1958), novela que ganó el Premio de la Crítica, además del Premio Nacional de Literatura; *Primera memoria* (1960), con la cual la autora ganó el Premio Nadal; *A la mitad del camino, El arrepentido, Tres y un sueño, Historias de la Artámila, Libro de juegos para los niños de los otros* (1961); *El río* (1963); *Los soldados lloran de noche* (1964), ganador del Premio Fastenrath de la Real Academia Española; *Algunos muchachos* (1968); *La trampa* (1969); *Olvidado rey Gudú* (1971); y *La torre vigía* (1971). Si se toma en cuenta que además de estas obras, la autora ha publicado numerosos cuentos infantiles, se ve claramente que Ana María Matute es una escritora para quien la creación literaria ha sido la fuerza motivadora de su vida.

Muchos críticos concuerdan en que la obra maestra de Matute son las tres novelas de la trilogía *Los mercaderes*—*Primera memoria, Los soldados lloran de noche,* y *La trampa*—aunque no todos están convencidos de que ellas constituyan realmente un conjunto unitario. En términos generales, las tres novelas tratan de la Guerra Civil, uno de los temas más importantes de Matute. El hilo unificador, sin embargo, es la lucha entre el bien y el mal; se trata de un mundo dominado por el materialismo y la traición, en el cual tanto los niños como los adultos se guían por el interés propio.

El niño ocupa un lugar central en la ficción de Ana María Matute. A la autora le fascinan las relaciones que se forman entre los niños y entre el niño y los otros miembros de su familia. A pesar del lirismo de su prosa, Matute no idealiza la niñez. Sus personajes infantiles son marginados y solitarios, muchachos que—o por su pobreza o por algún defecto o por el simple hecho de ser niños—se sienten enajenados de una sociedad que los rechaza o, en el mejor de los casos, les muestra una fría indiferencia.

Y sin embargo, el niño necesita al otro; necesita al compañero. Su búsqueda de la amistad—y los obtáculos que le impone la sociedad—son temas constantes de Matute. La clase social, las realidades económicas y tantos otros factores se oponen al desarrollo de una ternura sencilla y natural entre los seres humanos. Bien pronto los niños que pueblan los cuentos y novelas de Matute pierden su inocencia. Siendo niños, son incapaces de cambiar la injusticia, pero la observan y la viven en carne propia—y sufren. Quedan traumatizados por la experiencia. El mundo es un maestro brutal. Ante la sinrazón y la falsedad que los rodean, se retiran, se interiorizan. Terminan construyendo un carapacho protector. Por fuera proyectan la misma imagen dura e insensible que sus mayores; por dentro, se afligen, se mortifican.

En «Fausto», una niña—una de esas incontables niñas anónimas que pueblan las ciudades—traba amistad con un gato feo, mugriento, enfermizo. Lo llama «Fausto». A pesar de las dificultades y de la oposición de su abuelo, la niña siente un compromiso para con Fausto. En un mundo confuso e indiferente, el animal llena un vacío; corresponde a su necesidad de amar y de cuidar a alguien. A un nivel subconsciente, simboliza al abuelo, un viejo que seguramente le tiene cariño a la niña pero a quien la desgracia, la pobreza y la enfermedad han convertido en un ser incapaz de mostrar amor. Poco a poco la niña comienza a comprender que no hay lugar para Fausto—ni para su abuelo—en el mundo. Comienza a darse cuenta de que sólo los fuertes triunfan; la injusticia es una parte integral de la vida y no hay nada que ella pueda hacer para cambiar la situación. Tampoco vale la pena que se ponga melodramática o sentimental. Conviene más bien que haga frente a la realidad. Sin embargo, el acto con el cual el cuento culmina no es de aceptación, sino de frustración, de rebelión y aun de venganza.

Los sentimientos de aislamiento y extrañeza que caracterizan la ficción de Ana María Matute provienen tal vez de la niñez de la autora. Una rama de su familia era catalana, la otra, castellana. Sus padres pasaban seis meses en Madrid y seis meses en Barcelona. A pesar de amplios contactos con las dos ciudades, Ana María siempre sentía que no pertenecía a ninguna de ellas; siempre se sentía una extranjera. La segunda de cinco hermanos, Ana María era una niña enfermiza que casi se murió a los cuatro años. Separada de los otros niños por su salud delicada, jugaba con muñecas y escuchaba las historias de la cocinera de su casa y de la de otros. Sólo en el campo, donde pasaba los veranos, se sentía libre. Esta niña de ojos grandes que miraba el mundo con asombro y tristeza, es la que reaparece después en tantos relatos de Ana María Matute.

Edición

Matute, Ana María. *Obra completa.* Barcelona: Destino, 1971

Crítica

Boring, Phyllis Z. "Adolescent Friendship in Two Contemporary Spanish Novels." *Hispanófila.* 60(1977):53–57

Díaz, Janet. *Ana María Matute.* New York: Twayne, 1971

Doyle, Michael Scott. «Entrevista con Ana María Matute: ‹Recuperar otra vez cierta inocencia› ». *Anales de la Literatura Española Contemporánea* 10.1–3 (1985):237–247

Jones, Margaret E. W. *The Literary World of Ana María Matute.* Lexington: University Press of Kentucky, 1970

Roma, Rosa. *Ana María Matute.* Madrid: EPESA, 1971

Schyfter, Sara E. "The Fragmented Family in the Novels of Contemporary Spanish Women." *Perspectives on Contemporary Literature.* 3, i (1977):23–29

Valis, Noël. «La literatura infantil de Ana María Matute.» *Cuadernos Hispanoamericanos* 389 (1982):407–415

Fausto

Ana Maria Matute

Para mi hermanita María Pilar.

La niña tenía nueve años y coleccionaba pedacitos de espejo roto. Iba buscando siempre entre los desperdicios[1] y las hierbas de los solares[2] y en cuanto algo brillaba lo cogía y lo guardaba en aquel bolsillo con visera[3] y botón que llevaba a un lado del vestido. Alguna vez se cortaba los dedos, pero no lloraba nunca, y volvía a su tarea.

Estaba siempre muy ocupada buscando estrellas caídas: cascotes[4] verdes de botella, pedacitos de hojalata,[5] alfileres. El hombre sin piernas que vendía piedras para mechero[6] y cigarrillos sueltos lo sabía, y por eso a veces le guardaba el papel de plata que forraba[7] el interior de las cajetillas. Luego, la niña pegaba todo aquello en la pared de su barraca[8] al lado de la ventana. Así, al llegar la noche, cuando encendían luz en la taberna de enfrente, toda su colección se ponía a chispear[9] con tantas tonalidades que la niña creyó conocer más colores que nadie.

La niña tenía el cuerpo flaco, con las piernas y los brazos llenos de arañazos.[10] Iba despeinada, pero con una cinta roja alrededor de la cabeza. Tenía un solo par de zapatos, demasiado grandes, y, a veces, al correr,

---

[1] **basura**
[2] empty lots
[3] flap
[4] **pedazos rotos**
[5] tin
[6] **encendedor**
[7] lined
[8] hut, shed
[9] sparkle
[10] scratches

perdía uno. Vivía con el abuelo, en una sola habitación con un hornillo, la ventana y los jergones[11] para dormir.

El abuelo, amarillo y rugoso[12] como un limón exprimido,[13] siempre estaba protestando por aquellos cascotes brillantes que ella traía a casa, y decía que iba a tirarlos de nuevo al solar. Pero, alguna vez, cuando era ya oscuro y les llegaba el resplandor de la taberna encendida, se quedaba mirándolos. Seguramente pensaba que eran preciosos.

Ahora, hacía muchos días que el viejo estaba enfermo, con un catarro muy fuerte, sin poder salir a la calle. No podían ir con el organillo, y se pasaban las horas lamentándose de su mala suerte.

Todos los de la calle tenían lástima de ellos. Pero cada uno tenía sus preocupaciones, y hasta sus enfermos. Aun así, algunos días, una mujer que vivía allí al lado entraba y les barría el suelo o les encendía el hornillo. Era buena, aunque gritara demasiado y dijera que no comprendía aquella colección de vidrios y papeles pegada a la pared. «¡Cuánta basura!», decía.

Una vez llegaron tres señoras de parte de San Antonio, y les dieron cincuenta pesetas y un frasco de jarabe[14] para la tos. Una de ellas se fijó en los tesoros de la niña y creyó que eran para adornar las paredes, tan desnudas. Al día siguiente les enviaron un crucifijo para que presidiera su jergón. Allí se quedó la cruz, en la pared, frente a todos los chispazos de espejo roto. A la niña la inquietaba mucho, sobre todo cuando se bebía a escondidas el jarabe del abuelo, que sabía a menta y era dulcecito. También alguna mosca trepaba[15] pared arriba, medio atontada de frío, porque estaban en el mes de enero.

Una mañana en que la niña iba buscando estrellas, como siempre, vio dos cachitos[16] que relumbraban junto a la tapia[17] del solar. Eran los ojos de un gato, como espejos partidos. Se trataba de un gato muy feo y muy flaco, que se puso a mayar como un recién nacido. La niña se agachó[18] y vio que estaba herido en una pata. Seguramente era una pedrada, y se había quedado cojo. Tenía la piel rojiza y apolillada,[19] temblaba mucho. La niña lo cogió y se lo llevó debajo del brazo.

El abuelo, al verlo, se enfadó mucho.

—¡Fuera con eso!—dijo, como siempre que ella traía algo nuevo.

La niña buscó una maderita y entablilló[20] cuidadosamente la pata del gato. Le puso vinagre en la herida y le hizo cosquillas en el cogote.[21] Luego pensó ponerle un nombre.

Recordó que a veces pasaba frente a una casa muy grande que había tres manzanas[22] más arriba. Ella solía acercarse despacio a los barrotes de la verja.[23] Saltaba al jardín y tre-

---

[11] straw mattress
[12] wrinkled
[13] squeezed
[14] syrup
[15] climbed
[16] bits
[17] **pared**

[18] **se**...bent down
[19] flea-bitten
[20] splinted
[21] **cuello**
[22] **cuadras**
[23] **reja**

paba a una de las ventanas bajas para poder mirar el interior de las habitaciones. Eso la llenaba de admiración,[24] como cuando llegaba la luz de la taberna hasta sus estrellas falsas. Pero no podía lograr nunca su propósito con tranquilidad, porque había un perro enorme, llamado Fausto, que venía corriendo y ladrando de tal modo que ella debía salir huyendo si no quería ver sangrar sus tobillos.[25] Acordándose de aquel enemigo, se le ocurrió bautizar al gato con el mismo nombre.

—Te llamarás Fausto, gatito—le dijo. Y sin saber por qué, se sentía confusamente vengada de tanto ladrido y persecución. ¡Si ella sólo quería mirar, si sólo quería que le llegaran los resplandores ajenos hasta sus trocitos de vidrio roto! Nadie lo comprendería nunca, como nadie comprendía su cariño hacia Fausto, tan feo y tan poca cosa.

Desde aquel día el gato no se separó de la niña. Ella lo llevaba siempre, enfermizo y tristón, bajo su brazo. Lo cuidaba mucho, y además le buscaba de comer. El gato solía temblar. A veces, parecía que tosía.

Con el invierno, los días se hacían más duros. El viejo empezó a odiar a Fausto y a decir que en cuanto pudiera levantarse lo mataría. Los maullidos de Fausto le traían loco.

—¡Es que hay que fastidiarse!—decía el buen hombre, con voz afónica[26]—. Otros animales andan de allá para acá buscándose su comida, y uno puede tenerlos. ¡Pero eso! ¡Eso es lo más inútil y zángano[27] que he visto! No se atreve a nada, y, como tú lo tienes tan mal acostumbrado que le traes los bocados a la boca y lo llevas siempre en brazos, está hecho un enteco.[28]

Apretándolo bajo su brazo, la niña lo miraba compasivamente. No era un animal vulgar,[29] no era como los otros. Siempre tenía frío y había sido arrojado a un mundo más fuerte que él. ¿Qué culpa de haber nacido demasiado débil? ¿Qué culpa de haber nacido?

—La verdad es que es asqueroso[30]—dijo aquella buena mujer vecina, cuando entró a ayudarles—. Tiene el pellejo hecho una criba[31] y se le cuentan las costillas. Yo creo que está tísico.[32]

—¡Anda[33] tísico!—dijo la niña—. ¡Como si fuera un hombre!

Una mañana, al fin, el abuelo se levantó carraspeando[34] y salieron otra vez a alquilar el organillo.

Echaron a andar por aquellas calles estrechas y un poco azules, donde el aire estaba lleno de humo de fritos. El abuelo iba renegando[35] por el gato.

—¡Échalo, échalo!—iba diciendo—. No has de volver a casa con él, así que tú verás...

—Pues no—murmuraba la niña entre dientes, con dolor—. Es tan bueno como tú o como yo.

Iban muy despacio. El abuelo se había quedado muy débil y empujaba

---

[24] sorpresa, asombro
[25] ankles
[26] sin sonido
[27] holgazán, perezoso
[28] enfermizo, flaco
[29] común

[30] disgusting
[31] sieve (full of holes)
[32] tuberculoso
[33] Qué absurdo
[34] ronco
[35] diciendo injurias, insultos

el organillo con dificultad. Eso era malo. «El negocio está en ir muy rápido», decía el viejo. A ese paso, ni siquiera amortizarían[36] el alquiler del organillo. Se paraban en una esquina y el viejo, con la colilla del cigarrillo en la boca, empezaba a dar vueltas a la manivela.[37] La gente pasaba con prisa, indiferente. Un sol pálido empezaba a calarlos.[38]

—Anda y suelta a ese bicho— advirtió el viejo, amenazador.

La niña comprendió, al fin, que Fausto había perdido la partida.[39] Lo acarició con melancolía y lo dejó en el suelo. Luego, corrió a la otra acera, pasando su platillo de aluminio con una súplica aprendida, sin mirar atrás.

Ahora, tocaban una musiquilla que todo el mundo sabía y a casi nadie gustaba. La niña tenía ganas de llorar y también de llenarse la boca de azúcar. Iba pensando: «Llenarme la boca de cuadraditos de azúcar blanco y duro, muchos cuadraditos de azúcar blanco. Y mascar, mascar. Que haga por dentro ruido, así: cru, cru, cru. Y hasta parecer que se llenan de azúcar las orejas». Un suspiro hondo le llenó el pecho. Alguien le dio unos céntimos, y empezó a hacer ruido con ellos.

Después, se alejaron de allí. Empujaba el abuelo el organillo hacia otra calle, todo lo de prisa que podía. La niña le siguió. Ya no hubiera habido en el mundo azúcar suficiente para ella. No pudo remediarlo: miró hacia atrás.

Allí venía Fausto. La seguía, naturalmente. Le niña empezó a hacer más ruido, más fuerte, con el platillo y los céntimos. Los ojos de Fausto eran dos caramelos[40] de menta. «Si no se da cuenta el abuelo, Fausto vendrá, vendrá.» De pronto se acordó de que los gatos no se pierden nunca. Tuvo unas ganas grandes de reírse y de saltar, pero no lo hizo. La niña sabía que no es bueno hacer grandes demostraciones, excepto durante el trabajo.

Ahora se habían parado otra vez. Las orejas del abuelo, grandes y transparentes, aparecían por encima de la bufanda. Las notas que agujereaban[41] el espacio eran estridentes, feas. Sin querer, le suspendían a uno la respiración. La niña se mordió los dedos. Acababa de sentir en sus piernas el roce suave de Fausto. Miró tímidamente al suelo: Fausto, temblando, mayaba débilmente. Lo apartó con el pie, pero el gato no se alejaba. Entonces, con sigilo, ella sacó el pie del zapato. Fausto empezó a juguetear con los cordones. La niña se apartó de él.

El abuelo ya enfilaba[42] hacia otra calle. El sol doraba ahora el borde de la acera. Entraron en una calle estrecha. El viejo sopló en sus nudillos[43] y empezó a tocar.

No se había dado cuenta de que allí había un hombre con un acordeón. Era un cojo, joven, con las cejas juntas. Le gritó que se callara, que estaba él primero allí. El viejo, que se había quedado algo sordo con el último catarro, no le oía o no le quería oír. Entonces, el del acordeón se

---

[36] **recuperarían**
[37] handle
[38] **penetrarlos**
[39] match
[40] hard candies
[41] pierced
[42] **seguía**
[43] knuckles

acercó, jurando. Era alto y robusto. La niña se quedó quieta, mirándole.

El viejo y el del acordeón se pelearon.

—La calle es de todos—defendía el viejo. Los pies le dolían, y aún tenía las piernas débiles y temblorosas. Quizás aún tenía fiebre, no se sentía fuerte, y encima[44] venían a echarle de allí, como a un perro.

Pero lo cierto es que el del acordeón había llegado primero. Estaba ya allí cuando el abuelo entró en la calle con su organillo destemplado[45] y chillón.[46] Tenía razón el cojo.

El abuelo no tuvo más remedio que empujar el organillo hacia otro lugar. De pronto empezaron a caerle lágrimas por la nariz. Era ya muy viejo, muchísimo, pensó la niña. La calle no era de todos, la calle no era de nadie, se dijo. Sintió de nuevo grandes deseos de comer azúcar, tanto azúcar que no pudiera respirar.

De pronto el abuelo se sonó[47] con fuerza y se volvió hacia ella:

—¿Por qué andas coja?[48]

La niña se miró los pies. Sólo tenía un zapato.

—¿Dónde está el otro?

Ella se encogió de hombros. Pero al abuelo le parecía muy importante encontrarlo. A veces se ponía tozudo[49] como un borracho o un niño pequeño. Volvieron atrás, buscándolo.

En la esquina aún estaba Fausto, frotándose[50] contra el zapato y mayando suavemente.

Entonces el viejo tuvo un arranque[51] de rabia. Se acercó al gato y le dio una soberbia patada. La niña se tapó los oídos, pero los ojos no los pudo cerrar aunque quisiera, y vio cómo Fausto iba a parar muy lejos.

«Lo ha matado», pensó la niña. Se alejaron de prisa. La niña le ayudaba ahora a empujar el organillo, con todas sus fuerzas. Ni siquiera lloraba.

Pero el viejo estaba nervioso, destrozado. De repente se paró, y empezó a gritar diciendo que ya era muy viejo, que ya no podía más. «¡No puedo con esa música, no puedo con ella!», decía. Y se tapaba las orejas con las manos.

Luego se calmó. Se quedó quieto, respirando suave. Miró a la niña y dijo:

—Anda, vamos a entrar aquí.

Era una taberna muy pequeña, con los cristales[52] empañados[53] y llenos de letras rojas y blancas. En el mostrador había bocadillos resecos[54] y el grifo[55] de la pila[56] goteaba: tic, tic, tic.

La luz, muy amarilla, estaba ya encendida, porque el sol iba escondiéndose detrás de las nubes y la calle se quedaba a oscuras.

Se sentaron a una mesa. El abuelo pidió un porrón[57] de vino. Todos en la taberna hablaban a un tiempo. El viejo compró pan y queso, y la niña lo comió de prisa, hasta que sus mejillas ardieron. Luego, la niña apoyó la cara en la mesa. Era un vela-

---

[44] **por encima de todo**
[45] out of tune
[46] screechy
[47] blew his nose
[48] lame, limping
[49] stubborn
[50] rubbing

[51] fit
[52] **ventanas**
[53] steamed up
[54] dried out
[55] faucet
[56] sink
[57] jug

dor de mármol agrietado[58] y le helaba la piel. ¡Qué pena tenía por Fausto! Pero, ya, aquella pena se estaba confundiendo con una rabia cosquilleante. En aquel momento la puerta chirrió,[59] y entró el cojo del acordeón. Allí parecían conocerle todos. El los vio y se acercó a su mesa.

—Hola, abuelo—dijo. Tenía la voz más amable. El viejo no le respondió y echó un buen trago.

El hombre cojo acercó una silla y se sentó a su lado. Sacó tabaco y le ofreció. Entonces el abuelo se frotó la nuca,[60] aceptó y se pusieron a liar sus pitillos[61] en silencio.

El cojo arrancó[62] a hablar, en un tono casi bajo, deferente. La niña levantó la cabeza y escuchó:

—Yo no tengo nada contra usted, abuelo—decía el del acordeón—. Pero a cada uno lo que es de uno. Yo estaba allí primero. Donde esté yo, no puede haber otro al mismo tiempo, ¿no?, ¿no es cierto? Ahora, fuera de allí, pues tan amigos, ¿estamos?[63]

El viejo asintió con la cabeza. Luego balbuceó:[64]

—Es que soy algo duro de oído y no hace mucho que voy con el organillo. Porque es que, ¿sabe usted?, antes, cuando vivía mi hija, la madre de esta pequeña...

El del acordeón le atajó,[65] sacudiendo las manos en el aire, como si dijera: «No sigas, no sigas: conozco la historia». Y empezó a dar consejos: iban demasiado lentos. Si pudieran

correr un poco más, y abarcar[66] más recorridos[67]... Incluso sacó un trocito de lápiz y, en el mismo mármol, empezó a dibujar un plano de calles con el itinerario que debía seguir.

Alguien empujó un vaso, que se hizo añicos contra el suelo. La niña saltó de la silla y se puso a recoger los vidrios rotos. «¡Chiquita, que te vas a cortar!», le dijeron. Pero ella no hizo caso. El abuelo y el hombre del acordeón estaban enfrascados[68] en sus planos y no la miraban. Cuidadosamente, ella colocó los pedazos de vidrio en su bolsillo, mientras el recuerdo de Fausto la calaba tanto, tanto, que un ahogo[69] irremediable le oprimía la garganta.

«¿Y si no está muerto?—pensaba—. ¿Y si no está muerto? ¡Pobre Fausto!»

Seguramente no sabría qué hacer, abandonado, solo, sin fuerzas para vivir. Volvió a tener ganas de llorar.

De nuevo, un hombre entró en la taberna, con una bocanada[70] de frío. Sin pensarlo más, la niña se escurrió[71] afuera por la puerta abierta.

Pasó una calle, otra y otra. Allí, en aquella esquina había sido.

Efectivamente: Fausto estaba allí, pegado contra la pared y mirando tristemente. La niña se agachó hacia él, lo cogió en brazos y, juntos, vagaron. Iba ahora dominada por una honda amargura, una precoz amargura que se le endurecía y enco-

---

[58] cracked
[59] creaked
[60] nape of the neck
[61] cigarette butts
[62] **se puso, comenzó**
[63] okay?
[64] he stammered

[65] cut him off
[66] **incluir**
[67] trips, routes
[68] involved
[69] **gran dolor, constricción**
[70] rush, gust
[71] slipped

naba[72] en el corazón. Iba andando muy pegada a la pared.

Entonces les llegó a la nariz un aroma caliente, casi palpable. Se acercó despacio. Procedía de unas ventanas bajas, y se asomaron. Eran las grandes cocinas de un colegio. La niña miró a través de los barrotes de las ventanas. Fausto también miraba. Todo parecía como desdibujado[73] en una atmósfera de humo y hervores. ¡Qué grato calorcito había allí dentro! Les llegaba aroma a pan, a otras mil cosas confortablemente cotidianas[74] pero extraordinarias para ellos dos. El vaho[75] tibio y dorado les hacía cerrar los ojos. El suelo de la cocina parecía un gigantesco tablero de ajedrez.[76] Había grandes cacharros de aluminio, que parecían hervir muy enfadados. Veían los pies de las criadas, sus zapatos negros y el borde de sus amplias faldas azules. La niña acarició el cuello de Fausto distraídamente. En las mesas de mármol había cosas apetitosas para Fausto, y al alcance de Fausto.

De pronto, la niña se agachó al oído de Fausto:

—Anda, hombre—le dijo—. Entra ahí. Yo no puedo ir siempre ayudándote. Tú tienes que aprender a ir solo.

Fausto mayó débilmente, y entonces ella se puso furiosa. Lo dejó bruscamente en el antepecho,[77] pegándole las narices a los barrotes.

—¡Maldito holgazán!—le dijo—.

¡Ya te enseñaré yo! ¿Crees que voy a vivir siempre para ir ayudándote? ¡Pues no, pues no! ¡Entra ahí y búscate comida!

Pero Fausto bostezó largamente, encorvó[78] el lomo[79] después se golpeó el hocico con la zarpa.[80]

—Mira—dijo la niña—. Mira ése... ¿Por qué no haces como él, como todos?

Dentro de la cocina, debajo de una silla, dormitaba un gato grande y negro, reluciente. Era un gato bien alimentado y, a todas luces, honrado. Ninguna criada lo echaba de la cocina. El gato cumplía su cometido,[81] con seguridad, y por eso se le admitía y toleraba.

La niña empujó a Fausto.

—Entra ahí—le dijo—. Entra y aprende de ése.

Lo empujó de tal modo que al fin Fausto cayó dentro. La niña se tapó los ojos. Luego volvió a mirar, despacito.

Lenta, sigilosamente, Fausto se acercaba a un plato que había en un rincón, con el residuo de la comida del gran gato. El corazón de la niña se puso a golpear de alegría.

De nuevo, todo se derrumbó.[82] El gato grande, despertándose, dio un fuerte bufido[83] y se abalanzó[84] sobre Fausto. ¡Ah, malvado egoísta! En el plato sobraba comida, pero no quería ceder a nadie ni una migaja[85] de lo ganado por él. La niña vio cómo Fausto huía, corriendo desesperada-

---

[72] **irritaba**
[73] blurred
[74] everyday
[75] vapor
[76] **tablero**...chess board
[77] railing
[78] arched

[79] back
[80] paw
[81] **deberes, obligaciones**
[82] fell apart
[83] snort
[84] **se**...hurled himself
[85] crumb

mente en busca de la puerta. Iba lleno de terror. Pero la niña se dio cuenta de que el gato grande no iba a hacerle daño. Sólo le echaba a zarpazos[86] y rugidos.[87] Eran como el abuelo y el cojo, poco más o menos.

Aplastándose[88] contra el suelo, Fausto salió al fin por debajo de la puerta. La niña dio la vuelta a la esquina de la casa, buscando aquella salida.

Fausto salió como llorando. Había surgido el sol de tras las nubes y, pálidamente, alumbró su piel, que aparecía apolillada y casi muerta.

Allí había un solar. La niña se sentó junto a la tapia. Empezó a juguetear con la tierra. Tímidamente, Fausto se acercó, como si ya comprendiera que las cosas habían cambiado. No mayaba para que lo cogieran en brazos. Se arrebujó[89] a un lado y sus párpados empezaron a temblar bajo los rayos leves, tibios.

Así estuvieron un rato. Al fin la puerta de la cocina giró lentamente, y el gran gato honrado y trabajador salió también. Iba igualmente a solazarse,[90] aprovechando los raros rayos invernales. Se sentó, un poco apartado, con la cola enroscada[91] en torno, atusando[92] sus bigotes con envidiable negligencia. Todo él parecía despedir un hálito[93] de reconfortante bienestar, de vida asegurada. «Debería fumar un puro, como don Paco», pensó la niña. Todo él recordaba a don Paco, el dueño del almacén, cuando después de comer salía de su casa, colorado y con los ojos chi-

quitines, a tomar café en el bar de la esquina.

De pronto, el gato grande miró a Fausto. A la niña le pareció descubrir en su mirada la misma expresión que cuando don Paco le regalaba a ella los terrones[94] de azúcar. Largo rato, muy largo rato, el gato negro miró a Fausto. Y de repente la niña recordó la voz del cojo: «Hola, abuelo... Yo no tengo nada contra usted, pero yo estaba allí primero. Donde yo esté, no puede haber otro al mismo tiempo». Era justo. La niña empezó a comprenderlo así. Ahora, casi lloraría de rabia. «¡Claro está!—pensó—. Él caza ratas en la despensa[95] y a cambio de eso le alimentan y le quieren.»

Sintió entonces que debía dar a Fausto su última oportunidad. Recordó que allí cerca había una vieja capilla. A veces el sacerdote le había dado una estampa: se acordaba. Ella oyó una vez que en la sacristía había muchas ratas. Unas ratas grandes y repugnantes que se comían la cera de las velas.

Con gesto rápido volvió a tomar a Fausto en brazos y echó a correr.

Cuando encontró la capilla se dio cuenta de cuánto había corrido. Notaba como si le clavasen alfileres en las piernas, y apenas podía hablar. Dentro, todo estaba oscuro.

De puntillas[96] fue a la sacristía. El sacerdote estaba allí, de espaldas, buscando algo en el cajón. Se le acercó.

—¿Qué quieres, niña?—le dijo.

---

[86] blows with the claw
[87] roars, bellows
[88] Flattening himself out
[89] **Se...**He shrank
[90] **descansar**
[91] wrapped around him
[92] **arreglando, componiendo**
[93] breath
[94] **pedazos pequeños**
[95] pantry
[96] **De...**On tiptoes

Ella entonces se explicó como pudo. Al principio él no la entendía, y creía que iba a venderle a Fausto.

—No, no—le dijo—. Tengo ya dos gatos. Una pareja muy bonita, y mucho mejor que ese tuyo.

—Pero no: si es que yo se lo doy, se lo regalo, para que lo tenga, para que cace ratones y usted, a cambio, le dé de comer.

El cura se quedó pensativo. Luego sonrió débilmente. Era un hombre delgado y pálido, con una mancha como una fresa en la mejilla.

—Bueno—le dijo—, déjalo.

Le dio la mano para que se la besase. La niña dejó a Fausto en el suelo y cerró la puerta de prisa, para que no pudiera seguirla. Volvió a salir y a cruzar la nave, de puntillas. Al llegar a la calle echó a correr como si la persiguiese una jauría.[97]

No quería volver con el abuelo. La regañaría. Esperaría que se hiciera de noche, para volver a la barraca y acostarse. Estaba muy cansada. Tenía un gran peso en el pecho y un gran vacío en el estómago. Se fue al solar, se tendió junto a la tapia y cerró los ojos, encogiéndose dentro del vestido. Las mangas le venían un poco cortas, y se apretaba las muñecas con los dedos.

Cuando despertó ya hacía frío y no quedaba ni un pedacito de sol en el suelo. Se frotó los brazos y golpeó con los pies la tierra.

Súbitamente, la hirió el recuerdo de Fausto.

«Ya es como todos, como todos», pensó. Y empezó a vagar despacio, con melancolía.

Sin saber cómo, sin querer, se encontró de nuevo frente a la capilla. Sin pensarlo, entró y buscó al sacerdote.

No estaba. En cambio, en la sacristía había un hombrecito muy feo, raspando la cera pegada a los candelabros.

—¿Qué quieres?—le dijo.

Ella explicó:

—He traído un gatito rojo para cazar ratas, ¿puedo verlo?

Los dos hablaban en voz muy baja.

—¡Ah, ya!—dijo el hombre—. ¿Conque es tuyo el bicho? ¡Vaya gran cosa! ¿Sabes cómo lo encontré? Jugaba con un ratón. Tenía un ratón subido al lomo y jugaba con él.

Fausto asomó entonces por debajo de una silla su cara triste y resignada. La niña lo miró en silencio, fijamente. El hombre añadió:

—Lo mejor que puedes hacer es ahogarlo. No sirve para maldita la cosa. Ni siquiera es bonito. Mátalo, y dejará de sufrir, porque está muy enfermo.

—No—empezó a decir ella. Pero luego bajó la cabeza en silencio.

—¿Pues qué quieres? Llévatelo de aquí. Si no, yo lo mataré.

La niña no se movía. Una fina arruga aparecía entre sus cejas, y apretaba los labios. Su boca era una rayita blanca. Miraba a Fausto. Luego dio media vuelta. Fausto la seguía con la cabeza baja.

Cuando cruzaron la nave, alguien entró en la capilla, y una ráfaga[98] de viento se coló por la puerta, haciendo temblar las llamas de las velas.

Afuera, la niña se sentó en el

---

[97] **grupo de perros cazadores**

[98] gust

bordillo de la acera. Fausto se echó a sus pies.

La niña se quitó la cinta del pelo y se la puso al gato alrededor del cuello. Se levantó, se apartó un poco y lo miró con ojos críticos:

—No. Ni siquiera eres bonito. Nadie te comprará.

Fausto, de pronto, había dejado de temblar. Sus ojos brillaban, brillaban. Pero ya no parecían estrellas. Ningún cascote de botella parece un lucero.[99] Sólo brillaban en el cielo, y muy lejos, demasiado lejos. Y, tal vez—ya estaba ella casi segura de eso—, al mirarlas de cerca, las estrellas también deben de resultar muy diferentes.

La niña cogió a Fausto por las patas de atrás y le golpeó la cabeza contra el bordillo de la acera. Fausto tosió por última vez. Y, ésta, sí que parecía un hombre.

Lo dejó cuidadosamente tendido en el charquito rojo, que, poco a poco, se agrandaba bajo su cabeza rota. Los ojos de Fausto se apagaron.

La niña volvió a la barraca. El abuelo ya había vuelto y estaba contando el dinero. La niña le miró desde la puerta.

—Entra ya, vagabunda—dijo él. Tosía. Volvía a toser.

La niña obedeció, aunque sin dejar de mirarle muy fijo. Al fin le preguntó:

—¿Han salido las cuentas, abuelo?

—No... ¡No y no! ¿Quieres saberlo, verdad? ¡Pues no he sacado ni la mitad del alquiler, con que...!

La niña se quitó el vestido y los zapatos. El pelo, libre ya de la cinta, le caía ahora por la frente y se le metía en los ojos. Se echó en el jergón y se tapó con la manta. La luz de la taberna de enfrente brillaba. Alguien, dentro, estaba cantando, dando voces. En la calle resonaban las pisadas de los que iban y de los que venían. La niña miraba al techo, que estaba oscuro y demasiado cerca. Pensaba que también ellos debían de tener una lámpara.

—Abuelo—dijo de pronto—, he matado a Fausto. No servía para nada.

El viejo levantó la cabeza y abrió la boca. Un extraño miedo llegó hasta él. Un miedo como viento, como temblar de cirios, como voces sin eco. Sus huesos se hacían rígidos, inmóviles. Tenía la piel como la de un muerto. La niña prosiguió, con su vocecita clara y fría:

—Abuelo, apuesto algo a que te vas a morir muy pronto...

Bostezaba y daba la vuelta hacia la pared. Casi lo decía en sueños. Quizá ni siquiera lo había dicho. Uno de los brazos de la niña, flaco y tostado, brillaba suavemente, como los cascotes de la pared.

Bruscamente, el viejo empezó a llorar. En los dos puños apretaba fuertemente toda la calderilla[100] que estaba contando. Buscó con la mirada aquella cruz que estaba quieta, muda en la pared. Y estalló en un hervidero de lamentaciones y de lágrimas por el pobre Fausto.

Pero la niña se dormía ya. La gente de la taberna bebía, voceaba. Muchas pisadas iban y venían por la calle. Y nadie le oía ni le hacía caso.

---

[99] **estrella**

[100] **moneda de metal de poco valor**

SOBRE LA LECTURA

1. ¿Qué hacía la niña para embellecer su barraca y su vida?
2. ¿Qué detalles menciona la autora que le dan a entender al lector que se trata de una niña muy pobre?
3. ¿Cómo era el abuelo? ¿Qué pensaba de los papelitos de color de la niña? ¿Qué revela esto acerca de su carácter?
4. ¿Cómo ganaba dinero el abuelo? ¿Por qué no podía salir?
5. ¿Qué ambiente representan las tres señoras que llegaron a la barraca? ¿Cómo sabemos que no entendieron bien la situación de la niña y de su abuelo?
6. ¿Cómo era el gato que encontró la niña? ¿Cómo reaccionó el abuelo al verlo?
7. ¿Qué vacío llenaba el gato en la vida de la niña?
8. ¿Por qué lo llamó Fausto? ¿Por qué se sintió vengada al ponerle este nombre?
9. ¿Por qué odiaba el abuelo a Fausto?
10. ¿Qué sintió la niña al abandonar el animal? ¿Y al ver que él la seguía?
11. ¿Qué efecto tenía en la niña la música del viejo?
12. ¿Qué pasó cuando el abuelo se acercó a una esquina donde había un hombre con un acordeón?
13. ¿Qué reacción produjo este incidente en la niña?
14. ¿Cómo se desquitó el viejo con el gato? ¿Por qué? Describa su estado psicológico.
15. ¿Qué emociones se confundían en la niña mientras comía?
16. ¿Cómo cambió la actitud del hombre del acordeón? ¿Por qué no quería que el abuelo le contara su historia?
17. ¿Por qué salió la niña a buscar a Fausto? ¿En qué estado lo encontró?
18. ¿Qué vio en el colegio? ¿Qué quería que hiciera Fausto? ¿Lo hizo?
19. ¿Qué tenían en común Fausto y el gato grande con el abuelo y el hombre del acordeón?
20. ¿Cómo alteró el incidente del colegio la relación que existía entre la niña y el gato?
21. ¿Qué hizo el gato grande al salir del colegio? ¿Cómo modificó la niña su concepto de la justicia? ¿En qué sentido se maduró en ese momento?
22. ¿Qué le pidió al sacerdote? ¿Qué pasó cuando volvió a la capilla?
23. ¿Qué le hizo la niña a Fausto?
24. ¿Cómo reaccionó el abuelo al contarle la niña lo que le había hecho al gato?
25. ¿Qué más le dijo al abuelo? ¿Qué sintió el viejo al oír estas palabras? ¿Por qué?
26. ¿Oyó la niña sus lamentaciones? ¿Por qué?

HACIA EL ANALISIS LITERARIO

1. ¿Nos dice Matute que los personajes son pobres o nos lo da a entender por medio de la descripción? ¿Cómo crea el ambiente?

2. Además de la niña y su abuelo, ¿qué otros personajes aparecen en el cuento? ¿Cómo son? ¿Cómo contribuyen al ambiente?

3. ¿Son malos los personajes de Matute o es su aparente frialdad el resultado de una lucha larga y cansadora por sobrevivir? ¿Cómo sabemos esto? ¿Por qué cree la niña que «no es bueno hacer grandes demostraciones, excepto durante el trabajo»?

4. ¿Por qué no les pone la autora nombre a los personajes de «Fausto»? ¿Cuál es el significado del hecho de que el gato tenga un nombre?

5. Describa la relación que existe entre la niña y su abuelo. ¿Cómo nos hace la autora comprender esta relación? ¿Por medio de la descripción? ¿Por medio de la acción? Dé ejemplos.

6. ¿Es la niña un personaje estático? ¿Cómo cambia? ¿Describe la autora su desarrollo emocional y psicológico de una manera directa o indirecta? Explique su respuesta. ¿Qué representan los pedacitos de papel y de vidrio? ¿Por qué los recoge la niña con tanta desesperación?

7. Explique el siguiente pasaje: «Fausto, de pronto, había dejado de temblar. Sus ojos brillaban, brillaban. Pero ya no parecían estrellas. Ningún cascote de botella parece un lucero. Sólo brillaban en el cielo, y muy lejos, demasiado lejos. Y tal vez—ya estaba ella casi segura de eso—, al mirarlas de cerca, las estrellas también deben de resultar muy diferentes».

8. ¿Cómo desarrolla la autora los temas de la culpa y la venganza?

9. ¿Qué paralelo existe entre el ambiente meteorológico y el humano?

10. ¿Cuándo le vienen a la niña ganas de comer azúcar? ¿Qué representa el azúcar?

11. ¿Cómo desarrolla la autora el paralelo que existe entre Fausto y el abuelo?

12. ¿De qué se da cuenta el abuelo al final? ¿Qué efecto logra la autora con los últimos párrafos del cuento?

13. Describa el tono de este cuento. ¿Es exaltado? ¿apagado? ¿Qué efecto produce este tipo de exposición?

14. ¿Usa la autora un vocabulario sencillo o complicado? ¿Son sus imágenes difíciles o fáciles? Dé ejemplos.

TEXTO Y VIDA

1. ¿Por qué mata la niña a Fausto? ¿Es bueno o malo que se haya dado cuenta de las realidades de la vida? ¿Cuál es la actitud de la autora hacia sus personajes?

2. ¿Cuál es el tema central del cuento? ¿La pobreza? ¿La niñez? ¿La desilusión? ¿Cree usted que alguien que estuviera en circunstancias económicas diferentes podría experimentar lo mismo que la niña? ¿Es la carencia de ilusiones más común entre los pobres que entre los ricos? Explique.

3. En su opinión, ¿es este cuento realista o no? ¿Por qué?

4. ¿Habría podido pasar esta historia en los Estados Unidos? Explique.

5. ¿Hay soluciones a los problemas a los que se enfrenta gente como la niña y su abuelo? ¿Cuáles son?

La generación del medio siglo: Juan Goytisolo

Juan Goytisolo (1931–) es de la generación que vivió la Guerra Civil de niño. De origen vasco y francés, nació en Barcelona en 1931. Vio de primera mano—y con la sensibilidad de un niño—la muerte y destrucción causada por la guerra: Su madre pereció en 1938 en un ataque aéreo de las fuerzas nacionalistas y su padre fue encarcelado. Goytisolo se trasladó a un pueblo catalán, donde vivió en una casa que servía de escuela para niños de refugiados. Allí tiene lugar su segunda novela *Duelo en el paraíso*.

Goytisolo es tal vez el más conocido de los novelistas que empezaron a escribir durante los años cincuenta. Como otros de su generación, articula la brutalidad, la indiferencia y la soledad del español durante los años de la guerra y de la posguerra. Según él, el novelista de su generación no escribe para olvidar las atrocidades que vio de niño—lo cual sería imposible—sino para liberarse. El proceso de escribir viene a ser una catarsis, además de una exploración de la realidad individual y colectiva. La memoria despierta la conciencia, forzando al artista a analizar la relación entre la guerra y la España actual.

Las primeras novelas de Goytisolo, *Juegos de manos* (1954) y *Duelo en el paraíso* (1955), retratan a niños y jóvenes que se vuelven insensibles al sufrimiento por la violencia que han experimentado. En *El circo* (1957)—que, como las novelas anteriores, gira alrededor de un asesinato—los personajes se escapan de la miseria y la mediocridad por medio de la fantasía. *Fiestas* (1958) son cuatro historias relacionadas entre sí que retratan a varios soñadores y delincuentes a la vez que exponen la hipocresía religiosa. Prohibido en España, *Fiestas* salió primero en los Estados Unidos. En todas estas novelas, reina un ambiente de brutalidad. Sólo la muerte trae la paz; por medio de la muerte, el individuo se escapa del horror o del aburrimiento de la vida.

En sus novelas más recientes, Goytisolo intensifica muchos de los elementos que caracterizan sus primeras obras. En *La resaca* (1958) utiliza el «realismo fotográfico» para describir a los habitantes de un barrio de las afueras de Barcelona. Víctimas de la pobreza, la desesperación y la violencia, ahogan su angustia en el trago, los sueños y las palabras. Giner, el personaje principal, es uno de miles de hombres que dejan el sur de España para trasladarse a las zonas más industrializadas del norte. A pesar de darse cuenta de que el español carece de libertad y de posibilidades, cree que hay que reclamar los derechos que son fundamentales a una existencia decente—aun si el intento no produce resultados. Por medio de descripciones gráficas de escenas violentas o repugnantes, Goytisolo pinta una sociedad en degeneración. La Iglesia, una constante en la obra de Goytisolo, no ofrece ninguna solución a los dilemas de los personajes ya que no cumple, según el autor, con su deber social.

La isla (1961) trata de dos activistas de la Falange que han perdido sus ilusiones políticas. De vacaciones en Málaga, se entregan al materialismo, al sexo y al sensualismo. *La isla* pinta un mundo en que la fidelidad conyugal no existe. Los personajes—españoles y turistas extranjeros—viven para satisfacer sus deseos. Los americanos que pasan el verano en «la isla» son ricos, estúpidos, borrachos y sexualmente degenerados—y los españoles, en vez de despreciarlos, hacen todo por imitarlos.

La novela más conocida de Goytisolo, *Señas de identidad* (1966), es un ataque violento contra el régimen de Francisco Franco. Gira alrededor de Alvaro Mendiola, hijo de una familia pudiente de Barcelona, que se va a Francia en 1952 para librarse del conservadurismo aplastante de su medio social. Enajenado y espiritualmente perdido, Alvaro se fuerza a recordar y revivir los momentos importantes de su vida. En esta novela, Goytisolo pinta un cuadro horrible de la represión franquista, con toda la injusticia, la brutalidad y el hambre a las cuales somete a la clase obrera. Analiza las señas de identidad de su personaje—la vida personal, la familia, el ambiente social—en un contexto histórico que se extiende desde los años 30 hasta 1963. En vez de una narración cronológica, la novela consta de cuadros, hechos, situaciones, recuerdos, monólogos que están superpuestos unos encima de otros. Se cambia de la primera persona a la segunda y a la tercera. Confluyen una variedad de formas y de técnicas: poesía, descripción *objetiva, *monólogo interior, análisis crítico, *flashback. En algunos de los monólogos en primera persona suprime la puntuación. A menudo cambia abruptamente, sin transiciones, de una escena a otra. Los críticos han tenido diversas reacciones a las innovaciones de Goytisolo. Aunque algunos la han comentado negativamente, el novelista mexicano José Agustín ha llamado a *Señas de identidad* la novela española más importante del siglo.

Al principio de su carrera, Goytisolo fue influido por los objetivistas, escritores que describían al hombre de una manera meticulosa pero fría, como si fuera un objeto más. El enfoque de los objectivistas era el hombre común y su monótona rutina diaria. Al retratar la conducta del individuo desde una perspectiva distante y objetiva, estos escritores intentaban comunicar el ambiente pesado y sombrío de la España de la posguerra.

Goytisolo deseaba crear una novela nacional, aunque no nacionalista, que reflejara con exactitud la realidad del momento, al mismo tiempo que incorporara elementos líricos. Rechazaba el *tremendismo y el *folklorismo porque, según él, no captaban la realidad del pueblo, con sus esperanzas y problemas, sus preocupaciones y valores. También rechazaba la novela psicológica, alegando que era un género elitista, ya que la gente común no tiene el lujo de hundirse en la introspección o en crisis filosóficas. Aunque más tarde usaría el monólogo interior, el joven Goytisolo alegaba que esta técnica era adecuada sólo para la clase media, la cual estaba acostumbrada a analizar textos, buscando significados y sutilezas. Prefería la descripción y el diálogo, es decir, la representación dramática de una situación determinada. En sus novelas más recientes, Goytisolo se aleja del objetivismo puro, ya que sus preocupaciones sociales y políticas hacen imposible que el autor se distancie totalmente de sus personajes.

Se ha llamado al estilo de Goytisolo «realismo cinematográfico». A menudo utiliza el *flashback,* la descripción detallada a manera de *closeup,* la recreación meticulosa de lugares y ambientes o el diálogo extendido para crear un efecto cinematográfico. A veces usa técnicas que se asocian con el reportaje periodístico. Experimenta con la estructura, manipulando varios hilos narrativos al mismo tiempo o introduciendo personajes que aparecen y desaparecen sin que el autor los desarrolle. Algunos personajes de Goytisolo no son más que sombras que se dibujan con líneas borrosas—pero tienen su importancia dentro de la estructura total. Las vidas se cruzan en algún momento, después se separan—como las de la pareja que viaja a Cartagena y la del Macanas, en el cuento «La ronda». Por medio de esta técnica Goytisolo crea un cuadro *impresionista en el cual no es el personaje individual sino el efecto total lo que importa. Goytisolo construye una estructura compleja y a veces confusa para hacer de sus novelas un reflejo de la complejidad y confusión de la existencia humana.

En los cuentos, Goytisolo recrea diversos ambientes sin desarrollar una verdadera narración. De hecho, casi nada ocurre en estos relatos. Consisten en descripciones detalladas de lugares, con mención de algún incidente o personaje de interés. Intervienen soldados, turistas, estudiantes o prostitutas. Aun en estos pequeños cuadros de la vida diaria Goytisolo demuestra la indiferencia y crueldad que imbuyen la sociedad española. En «La ronda», una pareja que viaja a Cartagena recorre los barrios que están cerca del muelle, con sus bares y cafés llenos de soldados y marineros. Allí conocen al Macanas, un soldado andaluz que es un bailarín excelente y que los otros soldados, que están aburridos y hastiados, explotan sin piedad. El narrador reconoce que el constante abuso de los talentos de Macanas puede dar por resultado la muerte del muchacho, pero entre gente que se interesa más en divertirse que en el bienestar del prójimo, no se puede esperar la compasión.

Además de ficción, Goytisolo escribe crítica literaria. Articuló sus ideas sobre la novela en *Problemas de la novela,* publicado en 1959 y basado en gran parte en artículos que había escrito para la revista *Destino.* Desde entonces, ha modificado muchas de las ideas que expone en *Problemas de la novela.* Sus artículos sobre la literatura aparecen periódicamente en la prensa española.

La segunda mitad del siglo XX ha producido muchos otros novelistas y cuentistas dignos de mención. Ignacio Aldecoa (1925–1969), Rafael Sánchez Ferlosio (1927–), Juan Benet (1928–), y Juan Marsé (1933–) son sólo cuatro de los que han hecho una contribución significativa a la literatura contemporánea.

Edición

Goytisolo, Juan. *Obras completas.* Intro. Pere Gimferrer. Madrid: Aguilar, 1977–)

Crítica

Bieder, Maryellen. «De *señas de identidad* a *Makbara:* Estrategia narrativa en las novelas de Juan Goytisolo». Tr. Philip Metzidakis. *Revista iberoamericana* 47. 116–117 (July–Dec. 1981):89–96

González, Bernardo Antonio. *Parábolas de identidad: realidad interior y estrategia narrativa en tres novelistas de posguerra.* Potomac, Maryland: Scripta Humanística, 1985

Pérez, Genaro J. *Formalist Elements in the Novels of Juan Goytisolo.* Potomac, Maryland: J. Porrúa Turanzas-Studia Humanitatis, 1979

Pérez, José Carlos. *La trayectoria novelística de Juan Goytisolo: el autor y sus obsesiones.* Zaragoza: Oroel, 1984

Schwartz, Kessel. *Juan Goytisolo.* New York: Twayne, 1970

——————. "Women in the Novels of Juan Goytisolo." *Symposium.* 31 (1977):357–367

——————. "Motherhood and Incest in the Fiction of Juan Goytisolo." *The American Hispanist* 4. 32–33 (Jan.–Feb. 1979):23–25

Sobejano, Gonzalo. *Juan Goytisolo.* Madrid: Fundamentos, 1975

——————. «Valores figurativos y compositivos de la soledad en las novelas de Juan Goytisolo». *Revista Iberoamericana* 47. 116–117 (1981):81–88

Ugarte, Michael. *Trilogy of Treason: An Intertextual Study of Juan Goytisolo.* Columbia: University of Missouri Press, 1982

La ronda

JUAN GOYTISOLO

I

Viniendo por la nacional 332, más allá de la base hidronaval de Los Alcázares, se atraviesa una tierra llana, de arbolado escaso, jalonada, a trechos, por las siluetas aspadas de numerosos molinos de viento.[1] Uno se cree arrebatado[2] a los aguafuertes[3] de una edición del Quijote o a una postal gris, y algo marchita, de Holanda. La brisa sopla día y noche en aquella zona y las velas de los molinos giran con un crujido[4] sordo. Se diría las hélices[5] de un ventilador, las alas de un gigantesco insecto. Cuando pasamos atardecía y el cielo estaba teñido de rojo. Recuerdo que nos detuvimos junto a un palmar:[6] los pájaros alborotaban como barruntando[7] la proximidad del crepúsculo, el viento multiplicaba la protesta de los molinos y, entreverados[8] e irreales, se oían gritos de niños y disparos de cazadores. No salimos siquiera del coche y arrancamos[9] en seguida, camino de Cartagena.

Habíamos pasado la noche en Valencia y sentíamos la proximidad del Sur con la misma ansiedad que unos chiquillos la fecha de su aniversario. A medida que dejábamos atrás el paisaje de Levante y sus pueblos endomingados[10] y ricos, nos parecía dejar atrás, asimismo, un período acabado de nuestra vida. Claudia no conocía la región, y yo, apenas. Veo, como si fuera hoy, un caserío de calles polvorientas, que atravesamos, en plena feria de agosto. Un niño soltó a nuestro paso: «El mundo al revés. La mujer es el chófer». Y cuando, después de una región de minas, con las viviendas excavadas en la ladera[11] de la montaña, divisamos, al fin, Carta-

---

[1] **jalonada...**with the sharp silhouettes of windmills sticking up at intervals
[2] carried into, snatched into
[3] etchings
[4] creak
[5] blades
[6] palm grove
[7] sensing
[8] blurred
[9] we tore off
[10] manicured, elegant
[11] side

gena, tuve, de golpe, la extraordinaria intuición del tirador, de haber acertado en el blanco.

El sol se había quitado y el puerto se desleía[12] en la penumbra.[13] Por el Paseo, vagaban grupos de marinos y los últimos churretes[14] de luz burilaban[15] la silueta adormecida de los barcos. En varias ocasiones, los ganchos corrieron a nuestro encuentro y nos gritaron direcciones de hotel. «Ya tenemos», les dije por la ventanilla. La víspera caímos en uno lleno de chinches[16] y habíamos decidido ir al mejor. Durante unos minutos recorrimos los barrios próximos al muelle. Después, dando un rodeo, nos dirigimos hacia el hotel Mediterráneo—único mencionado por la guía—.

Hacía chaflán[17] con la plaza Prefumo y su situación nos agradó. Claudia aparcó el coche frente a un almacén de tejidos y contemplamos los bares y tiendas iluminados. En la plaza había muchos soldados y marineros y una ronda de centinelas formaba para el relevo en la puerta de Capitanía. Con la maleta a cuestas,[18] subí a la dirección del hotel. Un botones nos acompañó a la habitación. La camarera preparó inmediatamente la ducha y, olvidando la fatiga del viaje, salimos a la calle.

Siempre he sentido una flaqueza[19] especial por los puertos, hasta el punto de que la idea de diversión se asocia, instintivamente, en mi memoria, al olor a salmuera[20] y a brea,[21] al zurrido[22] de las sirenas, a todo el rumor vago y, sin embargo, perfectamente definido, que señala, en cualquier latitud, y de modo inconfundible, la presencia o cercanía del mar. En años anteriores a la ventura de mis vacaciones y ahorros, había visitado los muelles y tabernas de Hamburgo, Amberes, Le Havre. Claudia los conocía aún mejor que yo y, mientras dábamos una vuelta por la plaza, excitados por la novedad del descubrimiento, nos comunicamos nuestro horror mutuo por los alpinistas, los suizos, las vacas y las montañas.

La calle Mayor me hizo pensar en la de las Sierpes de Sevilla: las mesas de los bares y cafés invaden la calzada[23] y los transeúntes deben abrirse camino por en medio. No vimos ninguna mujer. Los hombres charlaban apaciblemente entre ellos y los limpiabotas iban de un lado a otro con sus betunes[24] y cepillos. De vez en cuando nos cruzamos con grupos de soldados que se volvían y comentaban irónicamente los pantalones ceñidos[25] de Claudia. Se acercaba la hora de cenar y el aire olía a pescado frito. En un bar bebimos un chato[26] de manzanilla[27] y en otro un porroncete[28] de blanco.[29] Finalmente, dimos con una tasca[30] de aficionados al cante y Claudia pidió unos callos[31] a la madrileña

---

[12] **se**...faded
[13] **sombra**
[14] spots
[15] chiseled
[16] bedbugs
[17] an oblique
[18] **a**...on my shoulders
[19] **debilidad**
[20] brine
[21] tar

[22] buzzing
[23] sidewalk
[24] shoe polish
[25] tight
[26] wineglass
[27] pale, dry sherry
[28] jug
[29] **vino blanco**
[30] dive, joint, bar, tavern
[31] tripe

y yo, una docena de sardinas asadas.

Las mesas eran de madera, sin manteles, y los mismos clientes se ocupaban de servir. Había obreros de las minas con boina y camisa de colores, soldados y marineros despechugados.[32] Algunos se traían la cena en la tartera,[33] y otros, el vino, y hasta el chusco[34] de pan. La atmósfera estaba impregnada de efluvios[35] humanos y aromas de fritura. Los soldados iban y venían con porrones de tinto y, entre trago y trago, se entretenían en palmear. Había uno bajito, que cantaba con voz de niño. A su lado, otro, afiligranado[36] y rubio, bebía, retrepado[37] contra la pared. Iba vestido pobremente, de paisano, y sus amigos le azuzaban[38] para hacerle bailar.

—Es el mejor bailaor[39] del Cuartel—me explicó un mozo de facciones terrosas—. Cuando se pone en serio, no hay quien le gane.

—¿De dónde, es?—pregunté.

—De aquí, de la región—me contestó—. De la parte de Palos.

Luego, otro soldado se acercó a nuestra mesa y nos contó su vida, milagros y andanzas.[40] Era huérfano, picó[41] piedra en las canteras,[42] no sabía escribir ni leer. En una gran ciudad, como Barcelona, haría en seguida carrera. Nos lo afirmaba él, que había vivido allí y conocía la afición que hay por el baile.

—Si tiene usted amistad con algún empresario dele su nombre.

No se arrepentirá.

—¿Cómo se llama?

—López Rosas, Gonzalo... Pero todos le dicen el Macanas...

Mientras hablaba, habían hecho coro otros dos y confirmaron las palabras de su amigo: el Macanas era el mejor bailaor de la ciudad, hacía lo que quería con el cuerpo, había desafiado y vencido al campeón de los americanos...

—¿Americanos...?

—Bueno...Aquí decimos así a los que trabajan en Escombreras,[43] en la Central.

—¿En qué Central?

—En la Térmica.[44] Son varios miles. Parece que los americanos tienen prisa y pagan más que nadie.

Me presentaron a uno que venía de allí. Un hombre de cejas negras y espesas y ojos azules y hundidos, como lagunas de agua clara. También él había visto bailar al Macanas, me dijo: una noche, delante del Director y los Ingenieros; fandangos, tientos y soleares,[45] durante más de tres horas. Lo habían traído para medirle con los suyos y dio cien vueltas[46] a los mejores de la base...

—Lo han de ver ustedes una vez. Merece el viaje.

Ajeno al interés que suscitaba, el Macanas seguía empinando el codo.[47] Con ojos turbios, observaba a sus compañeros, absorto, y se alisaba[48] mecánicamente la mecha de pelo que

---

[32] with their shirts open, bare chested
[33] dinner pail
[34] odd piece
[35] discharge, secretions
[36] **delicado**
[37] leaning back
[38] **incitaban, animaban**
[39] **bailador, bailarín.** The young man speaks an Andalusian dialect.
[40] fortunes

[41] he smashed
[42] quarries, stone pits
[43] Waste Section, Dump
[44] Thermal Plant
[45] **fandangos...**three types of Andalusian folk dances
[46] **dio...**he ran circles around
[47] **empinando...bebiendo**
[48] smoothed

le caía por la cara.

—Todos los días hace igual— explicó el de las facciones terrosas—. Hasta que no la agarra buena, no arranca.[49]

—Nuestro teniente, que es muy flamenco, se lo lleva siempre de juerga[50] —dijo un cabo[51] con acento catalán.

—A la novia del teniente Ramos le gusta mucho el baile andaluz.

—El otro domingo le invitaron al cerro y tuvieron que bajarlo en andas.[52]

—Él solo se bebió una botella de anís.

—Yo lo he visto despacharse en una tarde un litro de coñac.

Los soldados estrechaban su cerco alrededor del Macanas: le tiraban de la camisa, de las piernas, uno quiso quitarle la silla. El cabo se levantó también y le dijo unas palabras al oído. El muchacho volvió la cabeza lentamente y, por la expresión de sus ojos, comprendí que le hablaba de nosotros.

—Hay que dejar bien en alto el nombre de la ciudad[53] despachurró[54] el cabo haciéndonos un guiño[55]—. Los señores son forasteros y quieren ver como bailas.

El achuchón[56] debió hacerle mella[57] pues el Macanas se sacudió y vino a darnos la mano. Iluminado de lleno[58] por la bombilla[59] pude, por

fin, observarlo bien. Era más fino aún de lo que me había parecido a primera vista y tenía un aspecto enfermizo y febril, como prematuramente avejentado.

—Voy a bailar para usted—dijo a Claudia.

Los otros acogieron su decisión con aplausos. El de la cara terrosa desapareció por la puerta del fondo y regresó, instantes después, con una guitarra. Durante unos momentos se aplicó a templar[60] las cuerdas,[61] mientras los soldados apartaban las sillas para hacerle sitio. El Macanas permanecía de pie, con la mecha rubia sobre la frente y la mirada perdida en el suelo. El cabo catalán se sentó junto a Claudia y sonrió vanidosamente.

—A estos murcianos[62] se les ha de tratar así...Como no se les despabile un poco, no dan golpe.[63]

El dueño se había acercado a vigilar los preparativos y encargué una ronda de vino para todos.

—No arméis demasiado jaleo[64] —advirtió—. Luego protestan los vecinos y me clavan una multa.[65]

—No se preocupe usted, don Angel—gritó el cabo—; lo haremos a base de bien.

—Como españoles—puntualizó uno.

—Como españoles, y como machos.

—Que no os liéis a pelear[66]

---

[49] **Hasta...**Until the liquor puts him in the mood, he doesn't take off
[50] **de...**on his sprees
[51] corporal
[52] **en...**on a stretcher
[53] **Hay...**You have to give the city a good name
[54] said, mangling the words
[55] wink
[56] jostling
[57] **hacerle...**make a dent

[58] **de...completamente**
[59] light bulb
[60] tune
[61] strings
[62] **de Murcia (en el sureste de España)**
[63] **Como...**If you don't prod them, they won't do a thing.
[64] **No...**Don't make too much of a rumpus
[65] **me...**they'll stick me with a fine
[66] **Que...**Just don't start fighting

como el otro día, digo yo...

—El otro día no fuimos nosotros.

—Vosotros o quién fuese, igual da.

—Estese tranquilo, jefe.

—Que se lo prometemos, qué joder[67]...

Un soldado rechoncho[68] había impuesto silencio con un ademán[69] y todas las miradas convergían sobre la frágil figurilla del Macanas.

—Ahora está en su punto—nos confió el cabo—. Lo que van a ver es cosa fina.

—No es pan de cada día, no— confirmó el «americano».

Luego, el guitarrista atacó un fandango, y a los gritos de

—Por Cartagena

—Por el Cuartel

—Por tu puta madre,

los soldados comenzaron a batir palmas.

II

El «americano» tenía razón: el espectáculo del Macanas bailando merecía el viaje a Cartagena. Han pasado once meses desde aquella noche y su imagen sigue grabada en mi memoria: viril, patético y leve, la mecha de pelo sobre la cara, el cuerpo flexible y el ademán preciso, indiferente y como extraño al entusiasmo que despertaba. No sé a qué hora empezó ni cuándo nos echaron a la calle. El dueño llenó varias veces los porrones de vino y todos bebimos más de la cuenta. Sólo recuerdo que un marinero desgalichado[70] bailó con él y que, a los acordes agrios de la guitarra, hicieron una parodia del tango apache.[71]

Claudia estaba tan entusiasmada como yo y, bajo la mesa, me estrechó varias veces la mano. El Macanas era un artista de verdad. En ninguna zambra[72] ni fiesta había visto una capacidad de locura como la

suya, ninguna exhibición de facultades tan rotunda y tan clara. Cuando salimos, sus compañeros lo llevaron en hombros durante un buen trecho, cantando y armando escándalo. Las calles estaban todavía llenas de gente y nos detuvimos a beber en varios bares. El Macanas parecía ignorar la fatiga y bailó cuantas veces se lo pidieron. La mecha rubia se le había pegado a la frente y el sudor le corría, por las arrugas, a lo largo de la cara.

En un momento dado se acercó a saludarnos y cambió unas palabras con nosotros. Hablaba con una voz infantil, levemente cascada[73] y preguntó si nos había gustado el baile. Le dijimos que sí y calló, satisfecho. En seguida, sus amigos volvieron a darle de beber. El que nos había contado su vida, discutió ásperamente con el cabo. Los otros intervinieron para separarles y alguien propuso que fuésemos al cerro.

---

[67] **qué...**what the hell
[68] chubby
[69] gesture
[70] ungainly
[71] An Argentine dance in which the man

pretends to abuse his partner by throwing her around the room.
[72] **fiesta gitana o mora**
[73] hollow

Torciendo a la izquierda de la Plaza Prefumo, frente a la puerta principal de Capitanía, una calle estrecha y en zigzag une la parte baja de la ciudad al barrio de El Molinete. La cuesta es pina[74] y hay que tomarla con calma. Al fin, se desemboca en una plaza, alumbrada por un farol de gas, que recuerda muchas plazas de puerto: pequeña y, no obstante, destartalada,[75] con la ropa colgada de los balcones e innumerables gatos vagando entre las basuras.

Uno tiene la impresión de entrar en otro mundo; la atmósfera está saturada de olores vagamente dulzones, las radios parlotean[76] sin sentido y se escucha, en sordina,[77] el rasgueo[78] de las guitarras. Los bares se alinean unos junto a otros—*Miami, Palm Beach, La Farola, El Barquito*—y sus luces de diferentes colores—rojas, verdes, violadas y azules—disfrazan la noche de un halo relumbrón y policromo.

Ni Claudia ni yo nos esperábamos un cambio tan brusco y nos detuvimos a mirar, aturdidos.[79] Cadetes, marineros y soldados iban de un bar a otro y algunos se volvían y decían adiós al Macanas. Veo todavía a un oficial americano del brazo de una muchacha pintada, morena; está borracho y se empeña en invitarnos a beber. Un chico nos dispara desde una esquina con un revólver de juguete: la madre viene a buscarlo y se lo lleva a casa de la oreja...

Entramos en un bar con un largo mostrador de zinc, servido por cinco o seis mujeres. Unos oficiales bebían en la mesa del fondo y, al ver al Macanas, se incorporaron.

—¡Míralo!

—¡Cabrón!

—¿Dónde leches te habías metido?[80]

—Andaba con unos amigos, mi alférez.[81]

—Y nosotros dando vueltas por ahí, buscándote...

—No lo sabía...Nadie me dijo nada.[82]

—Nadie, nadie...Valiente rácano estás hecho tú.

—Y con una buena tajada encima,[83] ¿no?

—Regularcilla,[84] mi alférez.

—Pues, hala, ya te estás viniendo con nosotros y te pones a bailar.

—No hay guitarra.

—Lo mismo da. Sin.

—Como ustedes ordenen.

Se volvió hacia nosotros, como pidiéndonos disculpa y los oficiales comenzaron a palmear. En un abrir y cerrar de ojos, los clientes hicieron anillo a su alrededor. Los soldados jaleaban también, y Claudia y yo nos acodamos[85] en la barra.

—Les gusta, ¿verdad?

Era el que antes había peleado con el cabo. Se había separado de los otros y le sonreí.

—Mucho, muchísimo.

—En mi vida he visto bailar gente—dijo—. Pero, nunca, a nin-

[74] steep
[75] shabby
[76] jabber
[77] muted
[78] strum
[79] **confusos**
[80] **¿Dónde...**Where the hell have you been?
[81] lieutenant
[82] **farsante, mentiroso**
[83] **Y...**And good and drunk
[84] So-so
[85] leaned

guno con su clase.

Hablaba con voz bronca,[86] y como retenida y, en pocas palabras, redondeó la biografía del muchacho: a sus padres les fusilaron después de la guerra, lo habían recogido unos tíos suyos, nadie le había enseñado a bailar...

—¿Nadie?

—Nadie. Todo lo que sabe, lo ha aprendido solo. En la cantera...

Me contó cómo, a la salida del trabajo, los hombres le llevaban a beber con ellos. Iban a una taberna, a las afueras del pueblo y escuchaban la radio. Y, cada vez que había música, el niño la bailaba...Llevaba el ritmo en la sangre, el Macanas. Y los de la cantera le querían como a un hijo porque le habían visto bailar desde el comienzo y su baile no era postizo[87] como el de otros, sino que le venía de muy dentro...

—Es un chico de mucho mérito, mucho—concluyó—. Y muy bueno. Vale lo que pesa en oro...

—Sí. Se ve en seguida...

—No sabe decir nunca que no y, por pedazo de pan,[88] todo el mundo se aprovecha.

—¿Se aprovecha? ¿Cómo?

—Lo explotan—repuso el amigo—le hacen beber y bailar y no lo sueltan hasta que se cae de puro cansado.

Los oficiales lo llamaban siempre para sus juergas, dijo. En el cuartel había muy poco que hacer y, casi cada noche, se emborrachaban.

Empezaban en el bar de la Residencia y, si se terciaba[89] la ocasión, subían al cerro a buscar mujeres y a hacer el chulo[90] por los bares. Se les daba igual la hora y el que, al día siguiente, el chico se levantara a las seis. Enviaban un centinela a despertarle y lo sacaban de la cama...

—¿Y él? ¿Por qué va?

—Es lo que digo yo—murmuró el soldado con rabia—. Él no duerme de día, como ellos. Y no tiene salud...Desde los siete años se ha pasado la vida trabajando.

El Macanas había acabado el baile y se detuvo a respirar unos segundos. Parecía un niño, con el pelo caído en anillas y la mirada turbia[91] y como anhelante.[92] Llevaba la camisa de colores, plagada de remiendos[93] y, sujetando sus pantalones, un trozo gastado de cuerda hacía las veces[94] de cinturón.

—No tienen ningún respeto por él—dijo su amigo—. Mi padre lo conoció en la cantera y cuenta que, allí, todos apreciaban su arte...Aquí, no. Unos y otros lo exprimen[95] como una fruta y se les importa una higa si vale o no vale.

Las venas de la frente le abultaban[96] y sentí un repeluzno[97] de frío.

—¿Cuánto tiempo le falta para cumplir?—preguntó Claudia.

—Diez meses—repuso el mozo, abatido—. Hasta el otro verano.

—Es una pena—dije.

—Sí. Es una pena.

—En Madrid, le hubiera en-

---

[86] gruff
[87] **falso**
[88] **por...por ser buena persona**
[89] **si...**if they got the chance
[90] **hacer...**show off
[91] dazed, clouded
[92] yearning
[93] **plagada...**full of mends
[94] **hacían...**stood in for, served as
[95] squeeze
[96] were swollen
[97] chill

contrado trabajo en seguida.

—Sí.

—Es la misma raza que Antonio, que Faíco[98]...

—Sí.

—Tengo amistades y hubieran podido ayudarle.

—Sí, sí.

Bajó la vista, como adivinándome el pensamiento y encendió un pitillo.[99]

—Es un gran artista—dijo—. Sería una lástima que se malgastase[100]...

---

[98] famous flamenco dancers
[99] cigarette

[100] go to waste

SOBRE LA LECTURA

1. ¿Adónde iban el narrador y su amiga por la ruta nacional 332?
2. ¿Cómo era la tierra que atravesaban?
3. ¿Qué emoción les producía el estar acercándose al Sur?
4. ¿Conocían bien la región? ¿Qué sintió el narrador al ver las viviendas excavadas en la ladera de la montaña?
5. ¿Cómo era el barrio del muelle?
6. ¿Al narrador le gustaban los puertos? ¿Le gustaban el campo y los animales?
7. ¿Por qué llamaban la atención los pantalones de Claudia? ¿Qué revela este detalle acerca del ambiente del puerto?
8. ¿Cómo era la tasca que encontraron? Describa el ambiente.
9. ¿Qué les dijo un mozo acerca del Macanas?
10. ¿Qué datos agregó el otro soldado?
11. ¿Qué quería el soldado que el narrador hiciera por el bailarín en Barcelona?
12. ¿Quiénes eran los «americanos»? ¿Qué rivalidad existía entre ellos y los soldados?
13. ¿Qué pasó cuando el Macanas bailó delante del Director y los Ingenieros?
14. ¿El Macanas parecía tener mucho interés en lo que los otros decían de él? ¿Qué hacía mientras los otros hablaban?
15. ¿Por qué tomaba? ¿Tomaba mucho?
16. ¿Qué dijeron los soldados del teniente?
17. ¿Cómo hizo el cabo que el Macanas bailara para los forasteros? ¿Cómo reaccionaron los otros soldados?
18. ¿Qué le dijo el cabo catalán a Claudia? ¿Qué tipo de hombre era él?
19. ¿Qué revela el comentario de don Angel?
20. ¿Qué dice el narrador del baile del Macanas?
21. ¿Cómo abusaban del bailarín sus jefes y compañeros? ¿Cómo sabemos que no todos estaban de acuerdo con esta explotación de su talento?
22. ¿Cómo era el barrio del cerro?
23. ¿Cómo reaccionaron los oficiales al ver al Macanas? ¿Qué querían que hiciera?
24. ¿De qué nuevos datos sobre el Macanas se enteró el narrador?

25. ¿Por qué estaba indignado el amigo del Macanas?
26. ¿Qué pensaba el narrador que le podía pasar al bailarín?

HACIA EL ANALISIS LITERARIO

1. ¿Cómo comunica el autor la belleza pintoresca del paisaje? ¿Qué impresión crea esta descripción detallada? ¿Por qué cree usted que el autor menciona la ruta nacional 332 y la base hidronaval?
2. ¿Qué tipos de metáfora usa en su descripción del paisaje?
3. ¿Por qué es importante el hecho de que ni el narrador ni su compañera conocían bien Cartagena? ¿Cómo crea el autor una expectativa de parte del lector? ¿Cómo crea una distancia entre los forasteros y los soldados?
4. ¿Cuál es el papel del narrador en este cuento?
5. ¿Qué siente el autor por el cabo y el teniente? ¿Por qué?
6. ¿Qué tipo de persona es el Macanas?
7. ¿Por qué les da el autor un nombre sólo a Claudia, don Angel y el Macanas?
8. ¿Cómo crea la impresión de un *close-up*?
9. ¿Qué otros elementos cinematográficos incorpora a este cuento?
10. ¿Cómo logra describir a los personajes secundarios con muy pocas palabras?
11. ¿Cuál es la actitud del catalán para con los del Sur? ¿Cómo nos comunica el autor la tensión que existe entre los del norte y los andaluces? ¿Por qué cree usted que empieza con la descripción del viaje en coche?
12. ¿Qué imagen de la vida militar pinta Goytisolo en este cuento?

TEXTO Y VIDA

1. ¿Piensa usted que el tipo de explotación que se describe en este cuento se produce sólo en el ejército español o se encuentra en otros ambientes sociales? Dé ejemplos.
2. ¿En qué sentido es el ejército un microcosmo de la sociedad de la posguerra?
3. ¿Por qué es especialmente vulnerable el Macanas? ¿Qué podría o debería hacer para protegerse?
4. ¿Qué mención hace el autor de la Guerra Civil? ¿Qué efecto ha tenido en el Macanas? ¿Qué efectos de la guerra se notan en el comportamiento de los personajes?
5. ¿Qué imagen de las mujeres pinta Goytisolo en este cuento? Describa la relación que existe entre el narrador y su compañera. ¿Cómo tratan a Claudia los soldados? ¿Y el Macanas?
6. ¿Cree usted que el tipo de tensión regionalista que el autor describe en este cuento existe en los Estados Unidos? Explique.
7. ¿Qué futuro ve usted para el Macanas?
8. ¿Por qué llaman los soldados «americanos» a los de la Térmica? ¿Cómo ven a los americanos? ¿Se justifica esta opinión o no?

España después de Franco

En 1969 Franco designó al príncipe Juan Carlos, nieto de Alfonso XIII de España e hijo de Juan de Borbón y Battenberg, como futuro monarca. Franco preparó al sucesor al trono con mucho cuidado, con la esperanza de que éste siguiera la política conservadora con la cual se había gobernado España durante casi cuarenta años. Sin embargo, después de la muerte del generalísimo en 1975, Juan Carlos I, el nuevo rey de España, sorprendió al mundo al iniciar un proceso de liberalización.

A pesar de las huelgas y protestas que amenazaban la tranquilidad doméstica del país, Juan Carlos les concedió la libertad a 650 presos políticos, excluyendo de la amnistía a los terroristas vascos. Al mismo tiempo, el rey aprobó los planes de reforma de Carlos Arias Navarro (1908–), presidente del gobierno, quien, aun antes de la muerte de Franco, había propuesto más derechos para los obreros y la creación de unas Cortes bicamerales que serían elegidas por voto popular. En diciembre de 1976, las reformas se aprobaron en un referendum y en junio del siguiente año tuvieron lugar las primeras elecciones democráticas desde la Guerra Civil.

Se eligió un gobierno moderado, encabezado por Adolfo Suárez González (1932–). Las minorías catalanas y vascas recibieron cierta autonomía y se reconocieron la bandera y la lengua vascas. En 1978 se aprobó una nueva constitución democrática que establecía la monarquía constitucional como la forma de gobierno oficial.

A pesar de la liberalización de la política del gobierno central hacia las provincias, éstas seguían exigiendo más independencia. El terrorismo vasco aumentaba, creando problemas para el nuevo régimen. Sin embargo, la amenaza más seria a la estabilidad doméstica fue una tentativa de golpe de estado que ocurrió en febrero de 1981, cuando unos guardias civiles invadieron las Cortes e intentaron tomar el poder. El rey Juan Carlos reaccionó de una manera decisiva, alineándose con las fuerzas democráticas y oponiéndose a los militares. Mandó que las tropas volvieran a sus barracas, poniendo fin a toda especulación de que él favorecía una vuelta a la monarquía tradicional.

La situación doméstica seguía inestable en gran parte a causa de los problemas económicos que el nuevo régimen había heredado del antiguo: la inflación, el desempleo y la deuda exterior. El gobierno tomó medidas para estabilizar la economía, alzando los impuestos y limitando las importaciones. España pidió entrar en la Comunidad Económica Europea en 1977 y, en vista de los avances del proceso de democratización, recibió una respuesta favorable, a pesar de la oposición inicial de algunos de los miembros de la organización. España es miembro de la Comunidad Económica Europea desde el primero de enero de 1986.

La inestabilidad política y económica continuó durante la primera mitad de la década de los '80. Los elementos más conservadores de las fuerzas armadas seguían constituyendo una amenaza. En octubre de 1982 el partido socialista ganó las elecciones y Felipe González Márquez (1932–) tomó las riendas del gobierno. Los socialistas volvieron a triunfar en 1986. La moderación y la liberalización han caracterizado el gobierno de González, quien ha hecho grandes esfuerzos por mejorar la economía y por integrar a España a la comunidad internacional.

La prosa femenina actual

«A lo largo de la Historia de la Literatura de nuestro país. . .», escribe Ymelda Navajo en su prólogo a *Doce relatos de mujeres,* «la mujer no ha significado más que una anécdota». Lo mismo podría decirse de la mujer en la literatura nacional de cualquier país occidental. Aunque ha habido excepciones notables—Santa Teresa, George Sand, Jane Austen—la mujer no se ha destacado en la literatura—hasta ahora. Desde los años cincuenta, tanto en España como en el resto de Europa, la situación está cambiando. A medida que las mujeres empiezan a trabajar fuera de la casa y a tomar parte en la vida pública de su país, ocupan un lugar activo en la literatura—no sólo como escritoras, sino también como críticos agentes literarios y directoras de revistas y casas editoriales. Todavía existen pocos estudios acerca de la narrativa femenina española. En un importante trabajo bibliográfico, Karen Hardy menciona a unas 700 escritoras que producen obras durante los siglos XIX y XX y que son, muchas de ellas, desconocidas de la crítica.

Las escritoras de la nueva generación difieren radicalmente unas de otras en cuanto a sus temas y técnicas, pero todas se enfrentan al desafío de incorporarse al *mainstream* literario—hasta ahora dominado por hombres—y al mismo tiempo de mantener su perspectiva femenina. Muchas han abandonado los temas que tradicionalmente se asocian con la literatura femenina—el niño, el amor—y las han reemplazado con un detallado examen de otros aspectos de la vida de la mujer: la amistad, el trabajo, la angustia ante la vejez y la muerte. La sexualidad ocupa un lugar central en la obra de muchas escritoras contemporáneas, las cuales echan abajo los tabúes para explorar las contradicciones de una sociedad cada vez más permisiva. Otro tema importante es la creatividad misma, o sea, el proceso de crear una obra de arte.

Las influencias extranjeras—especialmente las de autoras americanas, británicas y francesas—son muy evidentes en esta nueva narrativa. Se ven claramente en el relato «Poor Tired Tim» de Rosa María Pereda, por ejemplo, en el cual la autora construye su narrativa sobre el fundamento del cuento de misterio de Agatha Christie. La acción tiene lugar en Londres. Una joven española que ha ido a la capital británica para entrevistar a la renombrada escritora de misterios se encuentra de repente ella misma en medio de una aventura novelística. La influencia extranjera se ve también en «El reportaje» de Carmen Riera, en el que una periodista que escribe para una revista norteamericana investiga los hechos de una historia de Anaïs Nin y descubre el secreto que obsesiona a un pequeño pueblo de Mallorca. Llega a sorprender el gran número de cuentos que tienen lugar en el extranjero o en que aparecen

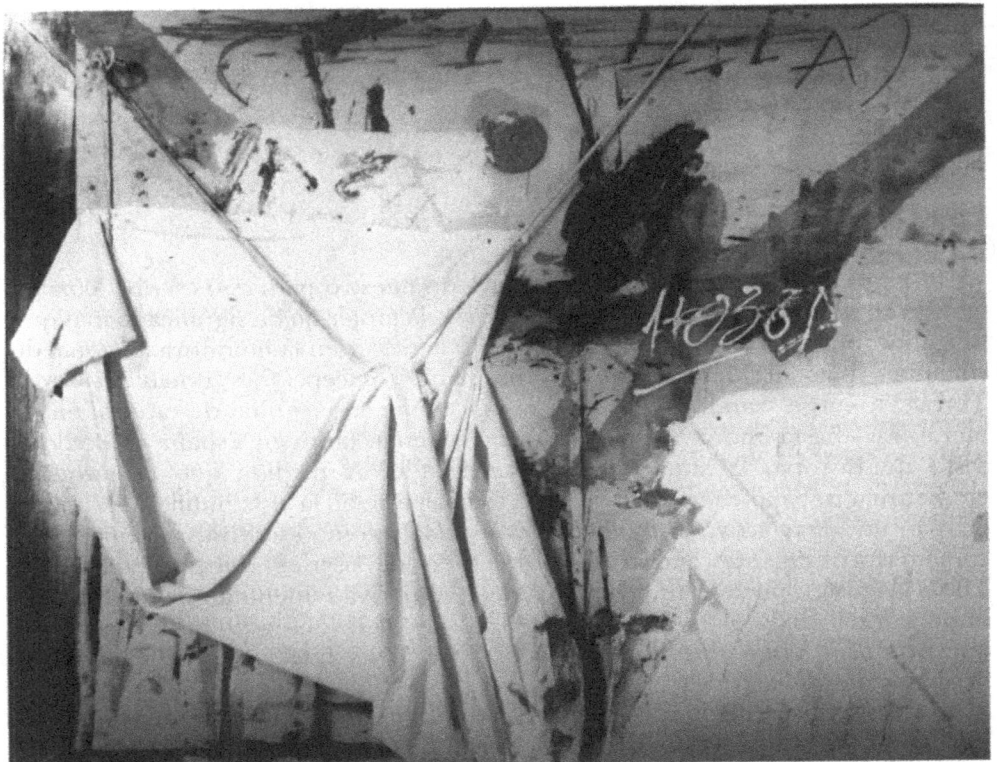

Painting With Cloth and Rope, 1975, 70″ × 67″, Antoni Tapies, David Anderson Gallery, Inc.

personajes extranjeros. «Omar, amor» de Cristina Fernández Cubas se desarrolla en un país árabe. La primera parte de «Quince de agosto» de Beatriz de Moura recrea el ambiente de un pequeño pueblo griego. Navajo sugiere que la influencia de escritoras como Virginia Woolf, Simone de Beauvoir, Doris Lessing y Mary McCarthy ha contribuido a que la literatura femenina siga una tendencia a universalizarse. Para Navajo, la obra de las escritoras españolas de la nueva generación se acerca más a la de las jóvenes escritoras norteamericanas que a la narrativa femenina de la posguerra española.

Es notable el gran número de nuevas escritoras que son catalanas o tienen raíces en Cataluña. Barcelona siempre ha sido un importante centro cultural, pero la oposición de Franco al uso de la lengua catalana hizo difícil el desarrollo de una cuentística en ese idioma. Con la muerte de Franco y la liberalización de la política respecto del uso de lenguas y dialectos regionales, ha florecido la narrativa catalana. Entre las escritoras catalanas más destacadas se incluyen Ana María Moix, Mercè Rodoreda, Montserrat Roig y Concha Alós.

Pocas de las escritoras que han sobresalido desde 1980 se han dedicado exclusivamente a la creación literaria. Muchas han trabajado en el periodismo, la edición y la crítica. Otras han sido profesoras o traductoras. Esto explica la producción esporádica de muchas de ellas.

Rosa María Pereda

Rosa María Pereda nació en Santander en 1947. Licenciada en letras por la Universidad de Deusto y en periodismo por la Escuela Oficial de Madrid, comenzó sus actividades profesionales dando clases de literatura para el bachillerato y escribiendo crítica literaria. A la aparición del diario *El País* en 1976, abandonó la enseñanza para dedicarse a la información y crítica cultural. En 1984 pasó a formar parte del Grupo 16, un conjunto de publicaciones en el que ella sirvió como reportera para la revista Cambio 16. En 1988 dirigió «Según lo cuentan», un intervalo dedicado a la literatura, para Radio Nacional de España. Actualmente coordina y anima la revista *Letra Internacional* en su sección española y prepara un programa cultural para la televisión.

Sus artículos y cuentos han aparecido en numerosos periódicos y revistas. Es autora de *Guillermo Cabrera Infante* (1978), un largo ensayo sobre el novelista cubano, y editora de *Joven poesía española* (1980), una antología poética. En 1982 publicó *El gran momento de Juan García Hortelano,* un libro-entrevista con el novelista español, y en 1986, *Vestir en España,* una panorámica crítica del diseño de ropa en su país. En 1989 apareció su segundo libro sobre la moda, *De Fortuny al diseño: cien años de moda española.*

Sobre «Poor Tired Tim»

Según la autora, su intención al escribir este cuento fue «recuperar y homenajear un mundo de lecturas sucesivas, y la manera como se iban imbricando en la vida.» Añade: «Es lo que intento, de una manera o de otra, con uno u otro tono. . .en casi toda mi escritura.»

«Poor Tired Tim» está basado en una serie de alusiones literarias y referencias a obras que, siendo niña la autora, formaron parte de sus lecturas. El título se refiere a una canción de Walter de Lamare, y funciona como las canciones infantiles en las novelas de Agatha Christie, a quien el cuento de Pereda pretende ser un homenaje.

Otro autor a quien Pereda menciona como fuente de este relato es Harry Stephen Keeler, novelista español que mantiene su identidad oculta. Pereda afirma haber tratado de averiguar su verdadero nombre sin éxito. «Quizá haya muerto», dice la autora, «pero sus libros andan todavía por las librerías de viejo. Yo sospecho que es un editor catalán, pero tampoco tengo datos suficientes para afirmarlo. Se trata, en cualquier caso, de un autor de serie B.» Los gemelos aparecen con frecuencia en los libros de Keeler.

La amplitud de la base cultural sobre la cual Pereda construye sus cuentos confirma que la nueva literatura femenina transciende las fronteras nacionales.

Edición

Pereda, Rosa María. «Poor Tired Tim». *Doce relatos de mujeres.* Ed. Cristina Fernández. Madrid: Alianza, 1982

Crítica (estudios sobre la ficción femenina contemporánea)

Bellver, Catherine G. "New Writers in New Times: Spanish Women Narrators of the Post-Franco Decade." *Rendezvous* 22.2 (Spring 1986):26–31.

Chown, Linda E. "American Critics and Spanish Women Novelists, 1942–1980." *Signs: Journal of Women in Culture and Society* 9.1 (Autumn 1983):91–107

Galerstein, Carolyn L. "Outside-Inside Views of Exile: Spanish Women Novelists and Younger Generation Writers." *Latin America and the Literature of Exile.* Ed. Hans-Bernhard Moeller. Heidelberg: Winter, 1983. 137–148

Novelistas femeninas de la postguerra española. Ed. Janet W. Pérez. Madrid: José Porrúa Turanzas, 1983. Contiene artículos de Phyllis Z. Boring, Joan L. Brown, Kathleen M. Glenn, Estelle Irizarry, Ricardo Landeira, José Ortega, Sara Schyfter, Jean J. Smoot, Michael D. Thomas, Geraldine C. Nicholas, Margaret E. W. Jones

Ordóñez, Elizabeth. "Reading Contemporary Spanish Narrative by Women." *Anales de la Literatura Española Contemporánea* 7.2 (1982):237–251

Peréz, Janet. *Contemporary Women Writers of Spain.* Boston: Twayne, 1988

Regazzoni, Susana. *Cuatro novelistas de hoy: Entrevistas y estudios.* Milan: Instituto Editoriale Cisalpino-La Gerliardira, 1984

Women in Hispanic Literature: Icons and Fallen Idols. Ed. Beth Miller. Berkeley: University of California Press, 1983

Poor Tired Tim

Rosa María Pereda

«Usted habrá podido ver que empecé a escribirlas hace ya veinte años, en aquella hermosa casa de Nimrud, en Iraq. Entonces Iraq era casi un sueño, y usted, señorita, pensará que nuestra vida podía ser hasta tediosa y desde luego aburrida. La vida de unos arqueólogos, algo locos, y en cualquier caso apasionados por su trabajo...» Agatha, Agatha Christie, sorbe[1] el té minuciosamente,[2] desde sus manos largas. El rojo de la taza de cerámica hace juego con[3] las telas del salón de este hotel, con las tapicerías de unos muebles discretamente *art decó,*[4] con la quietud de su ropa verdosa y hasta del sombrero diría que indefectiblemente[5] victoriano, que ha dejado posado en una esquina del sofá.

«Los jóvenes actuales son demasiado...Bueno, borre usted eso. No diga nada de esto. Es mejor que...» Los ojos de la Christie se mueven

---

[1] sips
[2] meticulously
[3] **hace...**matches
[4] A style of architecture, furniture and graphics developed in the 1920's and 30's.

The term art deco derives from the French *arts décoratifs.* Art deco combines exotic motifs, often of Aztec, Egyptian, or Oriental origin, and modern technology.
[5] **perfectamente**

rápidamente por el *hall* del Savoy, y hay cierta confusión en sus palabras. Una agitación rara, una cierta luz nerviosa cuando se fijan en aquel chico del extremo.[6] «Creo que me voy a tener que ir.»

Entonces empezó un forcejeo[7] de palabras, ante mi evidente resistencia y desaliento.[8] No podía hacerme eso. Mi periódico me había enviado a entrevistar a la que acababa de ser nombrada Dama del Imperio Británico. La cita había sido concertada[9] para esta tarde, ella misma había elegido el día y la hora y el lugar. «No puede ser.» Agatha Christie, pasados los ochenta años y con una energía curtida[10] y corpulenta, se pone de pie ágilmente y se encasqueta[11] en segundos el sombrerito de alas cortas,[12] lleno de cerezas. «A no ser que...[13] ¿Por qué no me acompaña?» El muchacho del fondo y yo misma, como en un raro *ballet,* salimos detrás de la que no podía ser llamada una anciana sin caer en exageraciones imperdonables.

Más tarde pude fijarme en el pelirrojo. Ahora, sentado en el transportín del taxi que volvía por el Strand camino de Trafalgar,[14] hacía crujir los huesos[15] de sus manos con un aire verdaderamente circunspecto. Le calculé veinticinco años algo sombríos, quizá preocupados, seguro, porque la señora Christie, que me mandó callar tan pronto intenté seguir mi trabajo, le dio un par de sorprendentes palmaditas[16] en la rodilla. El taxi siguió un viaje que parecía atravesar todo Londres y que duró dos cigarrillos fumados en solitario por mi persona. En solitario y en silencio, hasta que entramos en un barrio de villas y chalets, que podría ser Hampstead o cualquier otro del norte, y ella dijo: «Bueno. Ya llegamos. Y usted», a mí, «no pregunte nada y procure no estorbar».[17]

Creo que no me di cuenta de que estaba en una historia hasta la mañana siguiente. Porque cuando llegamos al chalet, inmenso, entre sombras, ellos cerraron tras de sí las puertas correderas[18] de lo que pude entrever[19] como una biblioteca, y yo me quedé algo perpleja mirando lo que me aseguraba a mí misma que sería una copia de Hogarth,[20] en una especie de recibidor[21] indudablemente inglés, muy clase media acomodada, pasada por las colonias. No lo pensé por aquellos objetos que, junto a la escena satiricona y cargada de humor, colgaban de la pared, sino más bien por los cortinones excesivamente gruesos para la escasa luz de esta ciudad, y las alfombras paquista-

---

[6] **del**...at the far end of the room
[7] struggle
[8] disappointment
[9] set, arranged
[10] weather-beaten
[11] **se pone**
[12] **de**...narrow-brimmed
[13] **A**...A menos que
[14] The Strand is a large street on which the Savoy Hotel is located. Trafalgar is a major square in London.
[15] **hacía**...cracked his knuckles

[16] pats
[17] get in the way
[18] sliding
[19] glimpse
[20] William Hogarth (1697–1764), an English painter and engraver known especially for his prints. A great satirist who depicted with exquisite detail and subtle characterization the mores of his time, he is sometimes compared with Cervantes.
[21] anteroom

níes o turcas, con el brillo evidente de la seda natural.

Dentro debe haber otras dos personas, o tal vez tres, si Agatha Christie no bebe, imaginé por el servicio de whisky que entró una camarera, después de servirme mi copa. Aunque de manera un poco inconsciente traté de oír la conversación que se me ocultaba, los libros y el entelado[22] impedían el paso de cualquier voz. Me dio tiempo a tomar el *scotch* servido con una generosidad poco británica, y a ver con más minuciosidad de la deseada, la extraña chimenea barroca y nórdica, de cerámica parda, en la que la imaginación del artesano había puesto bajo el esmalte[23] dos sátiros inquietantes. Extrañada aún por la naturalidad con que la uniformada muchacha había completado mi whisky con agua hasta casi los bordes del vaso, fui descubriendo en las figuras simétricas que debían escoltar[24] un ahora inexistente fuego y cuya expresión estaba medio oculta por los frutales signos de la lascivia y la abundancia, la escasa diferencia que les hacía convertirse, pensé horrorizada, en dos opuestos. En dos crueles o inocentes enemigos indiferenciables. «Ahora—dijo Aghata saliendo inopinadamente sola de la habitación—vámonos a cenar. Nos lo merecemos.»

A las nueve en punto de la mañana, Aghata Miller de soltera, Agatha Christie para mí y para ustedes, Agatha Kallowan por su matrimonio segundo y aún feliz, conducía un enloquecido Morris[25] negro, chato, chirriante,[26] un vejestorio[27] divertido. «Es mi primer y verdadero coche—dijo jovial, cuando me recogió en mi hotel—. No lo hay igual, como es irrepetible el placer de tener un trasto[28] así para una sola. ¿A usted no le pasa?» Contesté vagamente pensando en el seiscientos[29] aparcado en una calle de Madrid, y traté de volver al objeto de aquel viaje que, ahora lo sentía mientras veía flotar el *foulard*[30] de florecitas de aquella mujer, iba siendo cada vez más otra cosa. Igual que la noche anterior, Agatha divagó[31] un poco sobre la naturaleza humana, sobre las ligerísimas fronteras entre la conducta normal y lo que se podría llamar la criminal, sobre esas situaciones límites, a veces estúpidas, que pueden llevar a una persona al crimen. «Yo misma—dijo—he estado alguna vez cerca, sí, muy cerca.» Y la perplejidad, ese sentimiento que iba dominando este paseo extraño, se me convirtió en una especie de revelación cuando delante de nuestros cafés vieneses, del espléndido *strudel*[32] de Louys, la confitería[33] húngara de Hampstead Heath, me dijo: «¿Qué has pensado de Cat?»

«Creo que tenía miedo», respondí, deduciendo en primer lugar quién sería Cat, y agradeciéndole con una sonrisa el imperceptible tuteo, que capté en una inflexión nueva de su voz. «La lengua nos separa, señora

---

[22] drapery
[23] enamel work
[24] **acompañar**
[25] **tipo de auto**
[26] squeaky
[27] old piece of junk
[28] piece of junk
[29] **modelo de auto**
[30] scarf
[31] went on, rambled on
[32] a German-style pastry made of a thin sheet of dough rolled up with a filling of apple or some other fruit
[33] confectioners store, sweets shop

Christie», dije. «Y ahora que lo pienso, habla poco Cat, y parece huraño.»[34] «Está mudo», dijo Agatha.

Vi que los ojos de Agatha se lanzaban como halcones a la cortina apenas movida. A mí misma, que llegué a la sombra una décima de segundo después de ella, me dejó una indefinible sensación de espanto o amenaza. En cuanto a la novelista, que parecía estar completamente a sus anchas,[35] le debió recorrer algo como un escalofrío, porque sin decir palabra sacudió su busto poderoso y se arrebujó[36] el pañuelo liberty[37]—única concesión a este otoño de todo su vestuario. Ahora, de día, era bien visible el palacete[38] de tres plantas,[39] el mirador[40] de amplias cristaleras, la torre agaterada,[41] los visillos[42] de encaje, la escalinata de piedra, la campanilla a la antigua, y algo en el jardín, junto a la inefable cortadora de césped, amenazando un perro enorme que nunca llegué a ver. «Poco más abajo», me dijo, «en esta misma calle de Maresfield Gardens, vive Anna Freud.[43] No es que comparta todo lo que su padre escribió, pero hay veces que me ha ayudado, ya lo creo». «Cuando yo le conocí, ya aquí en Londres, no podría tomarme en cuenta»,[44] rió, «ni yo misma hubiera podido»...

Frente a una chimenea de mármol, tapado con una manta de cuadros, Cat fingía leer. Hizo un gesto brusco, y casi al mismo tiempo, otro de la Christie le hizo quedarse quieto.

Las hojas del *Times* rodaron sobre la alfombra china e hicieron temblar[45] la lamparilla de pie de bronce. Estaba más palido que ayer, como enfermo, exageradamente abiertos los ojos celestes y desmesurados.[46] Corregí la edad que le diera en cinco años menos, mientras oía la voz de Agatha que le tranquilizaba con una letanía en la que se repetía: «Todo está muy bien, se va a resolver todo, debes estar tranquilo, querido Cat, pequeño», una y otra vez. Las manos del mudo, convulsas, hacían sonar las falanges[47] de todos los dedos en un gesto que debía ser costumbre, esta vez a un ritmo semejante al de los pasos que ya venían sonando en el parquet del zaguán.[48]

Casi al tiempo que la muchacha entraba el servicio de té, un hombre flaco y arrugado, envuelto en un batín[49] de cachemira, nos saludó casi sin voz. «Es mi secretaria española», mintió Agatha respondiendo a la pregunta únicamente visual de nuestro verdadero anfitrión.[50] «Hoy he creído oportuno que esté presente en nuestra entrevista.» Pese a la inquietud que se vio en sus ojos, la segunda mirada que me dirigió el señor Robert McConnell *Senior*, fue, como reconocería después la propia Agatha, incómodamente lúbrica.

El médico había dicho que lo de Cat—Robert McConnell Jr.—no tenía mucho arreglo. El médico, y el

---

[34] **tímido**
[35] **a...cómoda**
[36] wrapped around herself
[37] a long, thick scarf
[38] **casa grande**
[39] **pisos**
[40] bay window
[41] **con pequeñas ventanas o aperturas**
[42] **cortinillas**

[43] **hija de Sigmund Freud**
[44] **tomarme...darme importancia, tomarme en serio**
[45] to shake
[46] out of proportion
[47] **huesillos de los dedos**
[48] **vestíbulo**
[49] smoking jacket
[50] host

propio Mr. McConnell, opinaban también que habría que acostumbrarse a la idea de que el pelirrojo no volvería a hablar después de aquel misterioso viaje y, contra lo que habían pensado incluso hasta ayer mismo, ni el médico ni Mr. McConnell esperaban ya nada de la investigación de que se había hecho cargo la más famosa escritora de novelas policiales del mundo. Incluso—y aquí Mr. McConnell hizo un expresivo gesto que quería ser definitivo—consideraban que ya la cosa había ido demasiado lejos, que todo esto estaba resultando demasiado para la débil mente del muchacho y que, en suma, sin que supusiera ningún perjuicio[51] económico para la escritora, la señora Christie debía abandonar todo lo que significara ahondar[52] más en las penas y en los problemas del chico. Agatha Christie sonrió casi pícara y a modo de respuesta empezó a salmodiar[53] débilmente la vieja canción infantil:

> Poor Tired Tim. It's sad for him.
> He lags the long bright morning
>   through,
> Ever so tired of nothing to do;
> He moons and mopes the livelong
>   day,
> Nothing to think about, nothing to
>   say;
> Up to bed with his candle to creep,
> Too tired to yawn, too tired to sleep:
> Poor tired Tim! It's sad for him!

Apenas soy capaz de ordenar lo que sucedió después y mientras Agatha, con voz cansadísima, recitaba. La butaca de Cat McConnell se empezó a mover espasmódicamente, en la cara del padre se dibujó una muda amenaza disuelta en algo que se parecía al pavor, y el corpachón[54] de la detective estaba ya en la puerta, mientras en su rostro aparecía una mueca de satisfacción. «Estoy casi segura de saber qué la mató», me dijo mientras arrancaba el veterano Morris. «Vamos a dar un paseo», dijo.

En lo alto de la colina de Hampstead hay un pequeño lago artificial. Esta mañana, suavemente fría y escasa de sol, unos niños protegen sus barcos, dirigidos desde la orilla, de las patas chapuceantes[55] de dos hermosos caballos que lo cruzan montados por dos uniformados hombres mayores. Caminando ahora, seguimos su misma ruta, un sendero embarrado[56] que se interna en el parque natural que da nombre a la zona y que baja suavemente poblado de árboles y matojos[57] Acepto el *Simmons*[58] que me ofrece la novelista, y la veo fumar, silenciosa y pensativa, por primera vez. «Si seguimos caminando», dice repentinamente, «llegaremos al palacio de Hampstead Heath, y te lo recomiendo, porque hay hermosos cuadros, Vermeer, Rembrandt...pero tendrá que ser otro día. También tienes por aquí la casa de Keats. Un territorio éste que parece más propicio a la contemplación que a la muerte. Y, sin embargo...» Se paró entonces y me señaló: «Ahí, colgando de aquel roble[59] apareció muerta Dorothea McConnell.»

---

[51] **daño**
[52] delve
[53] **cantar de una manera monótona**
[54] **cuerpo grande**
[55] clattering

[56] muddy
[57] shrubs
[58] a British cigarette
[59] oak

Mientras Agatha Christie me hablaba, sentadas las dos en un banco del parque, volvía a mi memoria el óleo que presidía, desde la chimenea francesa, la biblioteca del caserón que habíamos abandonado poco antes. Una mujer de facciones frágiles y aspecto triste, lo que confería algo raro a su belleza indudable, sonreía hace veinte años toda carne pálida y muselina. «Dotty nunca fue una mujer de talento», decía ahora Agatha. «Hija de un viejo coronel pronto viudo, su salud minada[60] por herencia, no podía soportar el clima de las colonias, ni sus pulmones la humedad de las afueras de Londres, de donde, paradójicamente, no se movió nunca. Se crió pues, separada de su padre, y luego, cuando casó jovencísima con el hombre que has conocido hoy, siguió viviendo atada a la vieja casa de su madre, perdida en la infancia, al jardín que las deudas harían disminuir y, en fin, a este barrio que un día viera pasear a los hombres más importantes del pensamiento europeo, y que hoy se va convirtiendo cada vez más en residencia de comerciantes y financieros.»

«La gente», y Agatha hablaba sin contar con mi atenta atención, «la gente es realmente misteriosa. No puedo comprender qué empujó a Dorothea a casarse con este hombre que tiene nombre de buen tabaco,[61] pero que, y le conozco hace treinta años, nunca tuvo nada de lo que el buen fumador de pipa busca en sus mezclas. Ni es dulce, ni es fuerte, ni fue nunca satisfactorio para ella...Lo único que pudo conducir a Dotty a un matrimonio que tenía que saber de antemano que sería otra forma de la soledad, es el parecido indudable entre Robert y su propio padre. El carácter, la profesión, las aficiones destinadas y ella hubiera debido intuirlo, a repetir en su vida sufrimientos que ya conociera en la de su madre». «Pero», concluyó, «la gente busca a veces su infelicidad a propio intento. Claro que no por eso merece morir. Ahora vamos. Nos esperan en el Savoy.»

«Es increíble lo que está cambiando Londres. Hace pocos años era tan distinto...Se veía el dinero, no sé explicarte. La gente paseaba y presumía de ser británica, a la vuelta del imperio...Ahora» dice Agatha, parada en un extraño atasco[62] de circulación, impaciente, «hay todos estos coches modernos, tan poco elegantes, y del imperio sólo quedan algunos títulos para la reina y algunas historias que contar por gentes como Robert McConnell, comidos la mayoría por el paludismo[63] o cosas peores...» «Han vuelto y han vuelto mal», dice. «Las verdaderas colonias deberían haber durado al menos hasta terminar esta generación de soldados inútiles.» Extrañada por su dureza, mi cara debe ser bastante expresiva, porque ella dice: «Estoy absolutamente segura de que si McConnell no hubiera vuelto, Dorothea estaría viva ahora. Y estoy segura también de que él tiene que ver con el shock que ha enmudecido a su hijo. Además», dijo, «esa actitud suya ha sido demasiado clara, si lo prefieres demasiado confirmadora. Ahora que lo pienso, es lo único que me falla. Por cierto, ¿qué sabes tú sobre gemelos?»

---

[60] **arruinada**
[61] McConnell is a brand of tobacco

[62] **atasco**...traffic jam
[63] **malaria**

De Agatha Christie a estas alturas yo sabía que podía esperar cualquier pregunta, y sabía también que siempre que ella preguntaba algo es porque tiene la respuesta de antemano, y que no espera de una más que lo que llamaría después «la conducta Watson»,[64] o sea, esa actitud admirativa—que en mi caso estaba aumentando peligrosamente, más por el imán[65] personal de esta mujer que por los datos del caso—dulcemente estúpida y finalmente aplaudidora que me había molestado siempre en el compañero seudoayudante de Sherlock Holmes. «Nada», dije. «Leí en mi adolescencia algunas novelas de Harry Stephen Keeler,[66] que siempre trataban de niños idénticos. Porque es a eso a lo que usted se refiere, ¿no?» «Por cierto, ¿qué le parece la chimenea de cerámica que los McConnell tienen en el hall?» Agatha aceleró el Morris y sus carcajadas resonaron con un raro poder. «Caramba», me dijo. «Estás aprendiendo. Por cierto, ¿quién es ese *Killer* del que hablas?» «Ese es nuestro problema», le dije haciendo un juego de palabras que nunca me perdonaré.

Creo haber visto antes al personaje que nos esperaba en el Savoy tomando un jerez y sin duda hambriento. Nadie me dijo su nombre, pero tenía un aspecto de algún modo inconfundible. Vestido con un traje de viaje de *tweed*, el pantalón y la chaqueta diferenciados por el cuadro que dividía la última, llamaba la atención por su bigote estrambótico,[67] afinado en largas guías,[68] y esa conducta rara que sólo tienen los extranjeros residentes en Londres. Sólo alguien predispuesto como yo notaría un lejano acento afrancesado en sus erres, y esa cordialidad recelosa,[69] evidentemente continental, en sus maneras. No era muy alto, tenía vivos ojos negros, y se puso en pie cuando la señora Christie y yo llegamos a su mesa.

«Nada especial, querida», dijo a modo de saludo. «Al menos, nada que no supiéramos...» Alentado[70] por el gesto de impaciencia, y algo confuso por el mío propio, siguió hablando. «He seguido los dos temas y concuerdan. La ola de suicidios relaciona las cuatro muertes con la vuelta de sendos oficiales ingleses, aunque sigue siendo raro que se vayan a dar precisamente este otoño. Hace entre tres y seis años que han regresado todos ellos...En cuanto a Timothy, es efectivamente sorprendente», dijo mientras pasaba unos papeles que mostraba a la mujer absolutamente fuera de mi vista. «Tendrás que darte una vuelta por Gloucester Road», dijo después. «Está bien», contestó Agatha. «Ahora», dirigiéndose a mí, «¿por qué no subes a tu habitación? Nosotros tenemos que discutir un par de asuntos. Dentro de veinte minutos nos volveremos a encontrar aquí. Te llevaremos a comer al sitio más inglés

---

[64] reference to Sherlock Holmes's assistant. Holmes typically prefaces the explanation of the crime with the words, "Elementary, dear Watson."

[65] magnetism

[66] pseudónimo de un novelista español (Véase la pág. 599.)

[67] odd

[68] handle bars

[69] cautious, distrustful

[70] Spurred on

de Londres». Con un gesto de desagrado que no pude evitar fui hasta la conserjería[71] a buscar mi llave.

Me encontraron, histérica y amordazada,[72] una hora más tarde, encerrada en mi habitación. Una larga cola de conserjes,[73] presidida por el director del hotel y cerrada por aquel amigo de Agatha Christie, me acercaron frascos de sales para prevenir un desmayo que si no se había dado ya no se daría, y desataron las excesivas ligaduras que me inmovilizaban. Agatha estaba consternada. En los ojos del personajillo había, en cambio, una lucecita de ironía. Sin saber bien por qué, le eché la culpa de todos mis males, del susto terrible que había sufrido. «Agatha», rogué, «que se vayan todos. Que se vaya también el señor francés». «Deberías saber», dijo ella dulcemente, «que Hércules[74] es belga». Pero todos salieron de la habitación, y pude contarle mi extraña experiencia. «Todo concuerda,[75] todo concuerda», decía constantemente. «Estamos ante un caso tan sencillo que nos parece mentira...»

«Es posible, claro que es posible. Sin tener nada en común, salvo el padre, hay dos muchachos engendrados con una diferencia de horas que nacieron, idénticos, el mismo día 31 de octubre de 1951. Como trató de explicar él mismo, Cat, el hijo legítimo de Robert McConnell vivió pacíficamente con su madre en la hermosa casa de Marefield Gardens. «Un muchacho como todos», describía Agatha, «quizá un poco más tímido de lo habitual, que hizo sus estudios en la Universidad, y que sigue ahora un doctorado en biología genética».

«Hace escasamente tres años, Robert McConnell volvió a Londres. Hasta entonces, las espaciadas visitas paternas habían sido breves y festivas. Ahora, consumido por una enfermedad tropical y amargado por la desaparición de todo un mundo, venía a quedarse.»

«Efectivamente, como te dio a entender en la torpe visita que te hizo hace un rato, empezaron a pasar cosas raras. El pobre Cat empezó a oír extraños reproches de su madre, sentía la animadversión[76] cada vez más aguda de su padre y comenzaba aquella pesadilla que él achacaba[77] a sus propios estudios. Por fin, incluso despierto, insistía en ver una sombra de sí mismo moviéndose ágilmente entre sus amistades, en su habitación, en su propia casa.»

«Hace tres meses decidió tomarse unas vacaciones e irse al continente. Estuvo en París, en Roma, en Madrid, animado por su padre que puso a su disposición todo tipo de medios. Al fin estaba solo, sin la sombra que, ahora estaba seguro, era simple fruto del cansancio y la tensión...Sin avisar, movido por un desconocido resorte,[78] decidió volver a casa antes de lo previsto. Cuando abrió la puerta, cuando entró en la biblioteca con los regalos recién com-

---

[71] desk (in a hotel)
[72] gagged
[73] porters
[74] The detective Hercule Poirot is a standard character in Agatha Christie's mysteries
[75] **Todo...**It's all coming together
[76] ill will
[77] **atribuía**
[78] spring

prados y sin avisar, se encontró...se encontró a sí mismo, a su viva imagen, gritando la sorpresa con su propia voz, envuelto en su manta de cuadros, cuidado y mimado por su madre Dorothea...»

«La escena», siguió explicando Agatha Christie, «debió ser impresionante para los tres, y muy dura para Robert McConnell. Algunos días después aparecía ahorcada[79] la pobre Dotty y un par de semanas más tarde, Cat, o tal vez Tim, se presentó, mudo por el shock, en mi casa».

Sin pararnos a comer, desoyendo las protestas del belga, Agatha nos conducía en su coche hacia Kensington. En un semisótano[80] de Gloucester Road, justo debajo de donde vivía, según me contó Agatha, el único escritor inglés de habla castellana, había que evitar contra el tiempo—y el atentado contra mí no tuvo otro objeto que hacérnoslo perder—que esta historia acabara de manera cainita.[81]

No se oía nada en la oscura escalera. Apenas la madera apolillada del suelo dejaba escapar algún crujido. La puerta estaba cerrada. Conteniendo la respiración, Agatha acercó su oído a la cerradura, mientras el hombre decía algo sobre sus gustos personales y la violencia en un francés casi imperceptible. Dulcemente, Agatha volvió el pomo[82] de la puerta, y ésta, sin producir el menor sonido, giró sobre unos goznes[83] extrañamente bien engrasados[84]...

Había sido una suerte, decía Agatha delante del *roastbeef* de *Simpsons*, haber llegado efectivamente a tiempo. O tal vez, había sido inútil nuestro viaje, porque una extraña fuerza había parado las manos idénticas y doblemente asesinas. Como confirmaría el escritor vecino, cosas muy raras habían ocurrido en la casa antes de que encontráramos a los dos muchachos en el suelo, aún abrazados o magullados[85] por la pelea que se había desarrollado poco tiempo antes, pero encendidos en cierto extraño sentimiento nuevo. Sorprendentemente iguales, se miraban descubriendo una identidad enloquecida y tratando de distinguir la diferencia...Una diferencia que tal vez no existía.

Tim, el pobre y cansado Tim, se había visto arrastrado[86] por una historia que al principio le había parecido una aventura. Nacido el mismo día que su medio hermano, de una mujer menuda[87] y samoana a la que el parto costara la vida, se había educado en el cuartel, el deporte y el aire libre, al lado de su padre. Desconocía Tim McConnell la existencia de otra familia paterna que no fuera él mismo, y, desde luego, la de un muchacho igual a él y viviendo un mundo diferente a miles de kilómetros de distancia.

El crecer de los chicos, decía Agatha, había tenido que llenar de sufrimiento al padre, que sólo después de algunos años se fijaría en el extraño parecido que les unía. «Estoy segura», explicaba en la cena, «de que

---

[79] hanged
[80] half basement
[81] **como la de Caín y Abel**
[82] doorknob
[83] hinges

[84] oiled
[85] bruised
[86] dragged
[87] **pequeña**

él mismo estaba aterrado por esa extraña jugada de la naturaleza, de que en muchas noches insomnes calculó al instante el momento y las circunstancias de la concepción de cada uno, y que muchas veces se arrepintió, en las largas horas de vigilia,[88] por haber dado lugar a lo que se le hacían dos monstruos». «Se arrepentiría también por no haber conseguido que se encontraran, por no haber traído a Tim a la casa familiar, y se justificaría en lo que no pudo dejar de ser un tormento de años, culpando a Dorothea por su gélida actitud hacia él, por su obstinación en permanecer en Inglaterra, por la distancia de abismo que ella y sólo ella, pensaba, había permitido e impuesto en su pareja.»

«Todo esto», seguía la escritora con su relato explicativo, en esta apoteosis final de purés de castañas y manzanas, de salsas amargas y dulces y abundantes ensaladas en torno a la carne sangrante, «fue soportable hasta el momento de la vuelta. Cuando Robert McConnell, jubilado del ejército de Su Majestad, se encontró en un barco con su hijo y sus pocos enseres,[89] debía intuir lo que se le venía encima. Los primeros meses debieron pasar rápidamente, y de alguna manera, felices. Instaló a su hijo, con la esperanza de llevárselo a casa en poco tiempo, y le fue enseñando una ciudad que a él mismo le era ajena, le envió a París y más tarde a Roma, le hizo leer, le hizo estudiar, y le obligó a modular su voz en el acento que él mismo iba retomando...» «La presencia de Cat se convertiría en un tormento a medida

que el tiempo les hacía consciente a ambos de una antipatía que no hacía sino crecer. No sé en qué momento», dijo Agatha Christie, después de una corta pausa, «empezó a pensar seriamente la substitución. Tampoco sé las razones que daría al propio Tim. El caso es que la presencia de Timothy le era necesaria y que confiaba en la estupidez enferma de su mujer y en la natural separación de la familia para alcanzar, quizá por primera vez en su vida, la serenidad que la suerte le había negado hasta entonces».

«Todo hubiera ido bien si Cat, como él proyectaba en su necesidad de darse plazos, hubiera continuado su viaje y, un poco más tarde, hubiera disfrutado la beca que ya McConnell, como militar retirado, gestionaba[90] para él. Dorothea apenas notaba la diferencia, y aunque Tim protestaba débilmente por una situación que no entendía, la apenas aludida locura de la mujer le hacía aceptar una ternura inédita y unas comodidades desconocidas para él sin mayores problemas.»

«Así estaban las cosas cuando volvió Cat. De golpe, se vendría el mundo encima. Dotty, incapaz de afrontar el hecho de la infidelidad impensable en los primeros tiempos de su matrimonio, se enfrentaba, además de con la evidencia de su fracaso, con la idea de que su hijo, su propio hijo, era tan repetible como las hojas de un libro. De que su cariño podría haberse multiplicado, y de que ahí estaba como una traición, el cariño que no sabía desde cuando había dedicado a este otro muchacho, tan pelirrojo y delicado como el suyo

---

[88] sleeplessness
[89] equipment, goods

[90] **arreglaba**

mismo...Cat se sintió, debió sentirse, atrapado por la desgracia. Capaz de comprender a estas alturas las oscuras leyes del azar[91] y la herencia, que le permitían tener un hermano idéntico con el que no había compartido el claustro materno, ni los juegos, ni el tiempo, le veía ahora como una presencia horrible y amenazadora. Y Timothy, perplejo, abochornado,[92] odiando una historia en la que había entrado como un juego de afectos, pero cuyos verdaderos límites desconocía. Sus verdaderos límites eran un personaje igual a él y con una verdadera existencia, más allá de la imaginación demente de la mujer de su padre.»

«Los tres, en suma, pensaron en matar. Los tres desearon matar, y también Robert McConnell. Los tres, y también Robert McConnell, se defendieron de esta idea. Sólo Dorothea, débil, con la vida destrozada porque las razones de su existencia se habían borrado en la culpa recién hallada, apareció una madrugada colgada de un árbol para castigarse y castigarles». «No comprendo», terminó Agatha, «de donde sacó la fuerza para dar esa patada al taburete[93] que le sirvió de patíbulo...»[94]

«Mi avión sale mañana temprano, señora Christie, y usted no me ha dicho nada sobre sus memorias.» «Qué importa», dijo. «Cuenta toda esta historia. Yo ya no lo haré. Es suficiente, ¿no?» «En cuanto a las otras muertes», dijo contestando mi última pregunta, «son como la de Dorothea, señales del tiempo. El Imperio Británico ha terminado, un tiempo nuevo se abre y se cobra sus víctimas. Pasa siempre. ¿No te he dicho que las fronteras entre lo normal y lo criminal, entre el valor y su ausencia, entre la infelicidad y la muerte son tan débiles? Pues poco más he aprendido en esta vida tan larga, que, no se lo digas a nadie», y entonces hizo un guiño,[95] «pasa ya de los ochenta años...»

---

[91] chance
[92] ashamed
[93] stool

[94] scaffold
[95] wink

SOBRE LA LECTURA

1. ¿Dónde se encuentran la narradora y la Sra. Christie?
2. ¿Por qué se molesta la narradora cuando la Sra. Christie dice que tiene que irse?
3. ¿Cómo es Cat?
4. ¿Adónde los lleva la Sra. Christie? Describa el chalet.
5. ¿La narradora entra con la Sra. Christie en la biblioteca?
6. ¿En qué la hacen pensar «los dos sátiros inquietantes» de la chimenea? ¿Por qué es significativo este pasaje?
7. ¿Sobre qué divaga Agatha Christie mientras están en el auto?
8. ¿Qué le dice la Sra. Christie a la narradora acerca de Cat?
9. ¿Qué revela su comentario sobre Anna Freud?

10. ¿Cómo se ve Cat ahora? ¿Modifica la narradora su idea del joven?
11. ¿Cuál parece ser la actitud de la Sra. Christie para con Cat?
12. ¿Qué le había dicho el médico al padre de Cat acerca de la condición de su hijo?
13. ¿Cómo es Robert McConnell, Senior? ¿Quiere que la Sra. Christie siga su investigación? ¿Por qué es importante este detalle?
14. ¿Qué canta Agatha Christie? ¿Cómo reacciona Cat? ¿Y su padre?
15. ¿Qué le pasó a la madre de Cat?
16. ¿Qué le dice Agatha a la narradora acerca de Dorothea McConnell? ¿Cómo explica el matrimonio de Dorothea y Robert?
17. Según la Sra. Christie, ¿con qué tienen que ver la muerte de Dorothea y el hecho de que Cat haya enmudecido?
18. ¿Qué pregunta extraña le hace Agatha Christie a la narradora?
19. ¿Con quién se encuentran en el Savoy? ¿A qué nuevo personaje menciona él? ¿Qué otra información le da a la Sra. Christie?
20. ¿Qué le pasa a la narradora mientras está en su cuarto?
21. ¿Qué le dice la Sra. Christie a la narradora acerca de Cat y de su padre?
22. ¿Cómo cambió la vida de Cat después del regreso de su padre? ¿Cómo era la sombra que veía por todos lados?
23. ¿Con quién se encontró el muchacho al volver de Europa inesperadamente?
24. ¿Qué resultado le produjo a Cat el shock? ¿Y a Dorothea?
25. ¿En qué sentido termina la historia de una manera «cainita»? ¿Qué pasa en la casa de Gloucester Road cuando la Sra. Christie y la narradora llegan?
26. ¿Quién es Tim?
27. ¿Por qué fue Tim a vivir a Londres? ¿Cuál era el plan de Robert McConnell, Senior? ¿En qué sentido es él culpable por la muerte de su esposa?
28. ¿En qué sentido son los personajes de esta historia víctimas del momento histórico?

HACIA EL ANALISIS LITERARIO

1. ¿Cómo utiliza la autora el formato clásico del cuento de misterio inglés? ¿Por qué convierte a Agatha Christie en personaje? ¿Cuáles son las características de la Agatha Christie de Rosa María Pereda?
2. ¿Cómo incorpora a la narradora española en el cuento?
3. ¿En qué sentido es «Poor Tired Tim» un cuento dentro de un cuento? ¿Cuántas narradoras hay? Describa la estructura.
4. ¿Qué tiempos verbales utiliza la autora? ¿Qué efecto logra?
5. ¿Por qué piensa usted que la narradora coloca la acción en Londres?
6. ¿Cómo yuxtapone la violencia de la historia de Cat y Tim con la conducta sumamente civilizada de Agatha Christie?
7. ¿Qué indicios da desde el principio del cuento de la existencia de un hermano gemelo? ¿Cómo utiliza la autora paralelos y reflejos para crear un ambiente de misterio?

8. ¿Cuál es el significado del título del relato? ¿Cómo incorpora la autora la canción infantil a su cuento?
9. ¿Cuál es la importancia de las divagaciones de Agatha Christie acerca de la condición humana?
10. ¿Por qué insiste tanto en el momento histórico?
11. En su opinión, ¿es éste un «cuento femenino»?
12. ¿Es la voz de la narradora identificablemente española? ¿Cuál parece ser la actitud de la autora respecto a sus personajes británicos?

TEXTO Y VIDA

1. ¿Por qué piensa usted que a la gente le gustan los misterios?
2. ¿Qué dice la autora acerca de las fronteras entre lo normal y lo criminal? ¿Está usted de acuerdo con ella?
3. ¿En qué sentido es este cuento ambiguo?
4. ¿Ha leído usted una novela de Agatha Christie? ¿Cómo se compara este cuento con el modelo?
5. Invente otra conclusión para este cuento.

Vocabulario

A

abad *m* abbot
abadía abbey
abajo under; underneath
abandonar to abandon
abanico fan
abarcar to grasp; include
abastecer to provide; satisfy
abatir to throw down; demolish
abdicar to abdicate
abierto open
abismo abyss, depths
ablandar to soften
abogado -a lawyer
abolir to abolish
abrazar to embrace
abrazo embrace
abreviar to shorten
abrupto abrupt
abstenerse to abstain
abstinencia abstinence
absolver to absolve

abstracto abstract
absurdo absurd
aburrido bored; boring
abusar to abuse
abuso abuse
acabar to finish, end
acabar de to have just...
académico academic
acaecer to happen
acampar to camp
acaso perhaps
accidente mark, feature
acción *f* action
aceite *m* oil
aceptar to accept
acercar to bring near
acercarse to approach
aclarar to clear up
aconsejar to advise; counsel
acontecer to happen
acontecimiento event

acordarse to remember
actitud *f* attitude
activismo activism
activo active
actual current, present
actuar to act
acudir to resort, to attend
acueducto aqueduct
acuerdo agreement
acumulación *f* accumulation
acumular to accumulate
acusar to accuse
adaptar to adapt
adelantar to advance
adelanto advance
además besides, moreover
adherente adhesive
adherir to adhere, stick
adicional additional
adquirir to acquire
advertir to warn, advise
afán *m* anxiety, eagerness
afirmación *f* affirmation
afirmar to affirm
afligir to afflict
afligirse to grieve
afortunado fortunate, lucky
afrenta insult, affront
afrontar to confront
afuera outside; outskirts
agradecer to thank
agrícola agricultural
aguantar to endure
agüero omen, augury
aguijar to spur on
aguijón *m* spur
aire *m* air
alabanza praise
alabar to praise
al azar by chance
alba dawn
albedrío free will
albergar to lodge
albergue *m* lodging, shelter
alcahueta bawd, procuress
alcance *m* reach, scope, range

alcanzar to reach, catch up with
alcázar *m* castle, fortress
aldea village
alegación *f* allegation, argument
alegoría allegory
alegórico allegorical
alegre happy
alegría happiness
alejarse to recede, move away
alianza alliance
aliarse to ally
alma soul
alrededor (de) around; *m pl*
  surroundings
alternar to alternate, to take turns
alternativa alternative
altivo haughty
alto high
al través through
aludir to allude
alumbrar to illuminate
alumno -a student, pupil
alzar to raise
allá there
amanecer *m* dawn; *v* to dawn
amar to love
amazona Amazon
amazónico Amazonian
ambición *f* ambition
ambicioso ambitious
ambiente *m* environment, atmosphere
ambigüedad *f* ambiguity
ambiguo ambiguous
ambos both
a mediados de about the middle of (a
  period of time)
amenaza threat
amenazar threaten
a menudo often
amigo -a friend
amo -a master, mistress
amontonar to pile, heap
amor *m* love
amoroso loving, love
amparar to protect
amparo protection

ampliar to enlarge
amplio large, roomy
análisis *m* analysis
analizar to analyze
analogía analogy
anciano -a elderly person
andaluz Andalusian
andar to walk
anécdota anecdote
ángel *m* angel
anhelar to long for
anhelo yearning; anxiousness
animal *m* animal
animar to encourage, inspire
ánimo spirit, courage
anoche last night
anochecer *m* nightfall; to grow dark
ansí variant of **así**
ante before, in front of; in the face of
anterior prior, previous
antes before
antigüedad *f* antiquity
añadir to add
aparecer to appear
aparente apparent
aparición appearance
apariencia appearance
apartar to separate
apetecer to appeal to
ápice *m* apex
apostar to bet, wager
apoyar to support
apoyarse to lean
apreciar to appreciate, esteem
aprender to learn
apretar to press, compress; tighten; squeeze
aprovecharse to take advantage
apuesta bet, wager
apuntar to point at; take notes
apuro need, urgency, hurry
aquí here
ar attention!, ready!
árabe Arab; Arabic
árbol *m* tree
arco arch, bow

arder to burn
ardiente burning
arena sand; arena
arenal *m* sand pit
argumento plot; argument
armadura armor
armar to arm; assemble; start
armonía harmony
arras wedding bond; pledge, deposit; dowry
arrancar to pull out
arreglar to repair; arrange
arrojar to fling, throw
arte *m/f* art
articular to articulate
artículo article
artístico artistic
arzobispo archbishop
asaltar to assault
asalto assault
ascensión *f* ascension
asesino, murderer
así thus, so
asilo asylum
asistir to attend
asociar to associate
asomarse to appear
asombrar to shade; astonish; frighten
asombro astonishment; fear
aspecto aspect; looks
áspero rough
áspid *m* asp
astuto astute
atacar to attack
ataque *m* attack
atar to attach; tie
ataúd *m* coffin
atemorizar to terrify
atento attentive
atrás behind
atrasarse to be late; fall behind
a menudo often
a través de through
atravesar to pass through; cross
atreverse to dare
atrocidad *f* atrocity

atroz atrocious
audaz audacious
aumentar to increase, augment
aun even
aún still, yet
aunque although
ausencia absence
autobiografía autobiography
autobiográfico autobiographical
autor -a *m* author
autoridad *f* authority
avaricia greed
avaro greedy
ave *f* bird
avenirse to get along
avergonzar to embarrass
averiguar to verify, to find out
avisar to warn
aviso advice, warning
ayer yesterday
ayuda help
ayudante *m or f* assistant
ayudar to help
ayuno fast, abstinence
azada hoe, spade
azotar to whip
azote *m* whip
azúcar *m* sugar

B

bachillerato secondary school
bailar to dance
baile *m* dance
bajar to lower
bajel *m* vessel, ship
bajo short; low
bala bullet
balada ballad
balbucear to stutter; mumble
balde *m* bucket; **en balde** in vain
bálsamo balsam, balm
banco bank; bench
bandera banner, flag
bañar to bathe
baño bath

barato cheap
barba beard
barbaridad *f* barbarism, rudeness
barbarie *f* cruelty, savagery
bárbaro barbaric; rude
barbilla tip of chin
barbudo bearded
barca *m* rowboat
barón *m* baron
baronesa baroness
barrer to sweep
barro mud
barroco baroque
barruntar to foresee, conjecture
basar to base
base *f* base, basis
bastante enough, sufficient
bastar to be enough, suffice
bastardo bastard, illegitimate
bastidor *m* frame
bastón *m* cane
basura rubbish, trash
batalla battle
baúl *m* trunk
bautizar to baptize
bautizo christening
bebé *m/f* baby
bebedor -a *m* drinker
beber to drink
bebida drink, beverage
beldad *f* beauty, belle
belleza beauty
bello beautiful
bendecir to bless
bendito blessed
besar to kiss
beso kiss
bestia beast
biberón *m* baby's bottle
bíblico biblical
bien *m* good, welfare; *adv* well
bienestar *m* well-being
bigote *m* moustache
billete *m* ticket; note
blanco white, target
blasfemar to blaspheme

boca mouth
boda wedding
bodega cellar, store
boina beret
bola ball
bolsa bag, sack
bolsillo pocket
bondad *f* goodness
bordado embroidery
bordar to embroider
borde *m* edge, side
bosque *m* forest
bota boot
botar to throw away
botella bottle
botica pharmacy
brazo arm
breve brief, short
bribón -ona scoundrel, rascal
broma joke, fun
bronce *m* bronze
brutal brutal
brutalidad *f* brutality
bueno good
buey *m* ox
burgués -esa bourgeois
burla joke, jest
burlarse to mock, make fun
burlesco funny, comic
busca search
buscar to search, look for
búsqueda search, quest

C

cabalgar to ride (a horse)
caballería chivalry; cavalry
caballero knight, gentleman
caballo horse
cabello hair
caber to fit
cabeza head
cada each
cadáver *m* corpse
cadena chain
caduco decrepit, expired

caer to fall
café *m* coffee; café
caída fall
caja box, chest
cajetilla package; tobacco can
calamidad *f* calamity, disaster
caldera cauldron, kettle
caldo broth; stew
calentar to heat
calidad *f* quality, worth; virtue
caliente hot
calificar to assess
calmarse to calm
calor *m* heat
calumnia calumny, slander
calvo bald
calzado footwear
callar to quiet
callarse to be quiet
calle *f* street, road
cámara chamber; camera
cambiar to change, exchange
cambio change
camisa shirt
campamento encampment
campaña countryside; campaign
campeador *m* valiant warrior
campesino -a peasant
campestre rural, country
campo country, countryside, field
cana gray hair
canciller *m* chancellor
canción *f* song
cancionero songbook, song collection
candado lock
cansado tired
cansancio tiredness
cantar to sing
canto song, chant
caña cane, reed; beer glass
caos *m* chaos
capa cloak
capaz capable
capricho caprice, whim
caprichoso capricious
carácter *m* character

característico characteristic
caracterizar characterize
carbón *m* charcoal; coal
carbunclo carbuncle
cárcel *f* jail, prison
cardo thistle
carecer to be lacking
careta mask
carga (military) charge; muleload
cargar to bear; load; charge
cargo load
caricatura caricature
caridad *f* charity
cariño love, affection
carmín *m* carmine color; red; wild rose
carne *f* flesh; meat
caro dear; expensive
carrera race; career; course
carro cart; car
casa house
casamiento marriage
casarse to marry
caso case, situation
casta cast, lineage
casticismo adherence to traditional usage
castizo pure; traditional
catalán Catalonian
catecismo catechism
catedral *f* cathedral
categoría category, class
católico Catholic
causa cause
causar to cause
cautela caution
cautivar to captivate
cautivo captive
caza hunt
cazar to hunt
cazuela casserole, pot; women's section in a theater
ceder to give up, cede, yield
ceguedad *f* blindness
ceguera blindness
celda cell
celebrar to celebrate; hold (a meeting)

celeste celestial; light blue
celo zeal
celos *m pl* jealousy
celoso jealous
ceniza ash
ceñir to gird
cera wax
cerrar to close, shut
ciego -a blind
cielo sky; heaven
cierto certain; true
cigarrillo cigarette
cincha cinch
cine *m* cinema
ciprés *m* cypress
ciudad *f* city
civilizado refined
claridad *f* clarity, daylight
clarificar to clear up
claro clear; of course
clase *f* class
clásico classic
clavar to nail
clavo nail
clerecía clergy
clerical clerical
clérigo cleric, clergyman
cobertura cover, covering
cobrar to recover, collect
cobre *m* copper
código code
coger to grab; catch
cogote *m* nape, back of neck
cojo lame
colección *f* collection
colmo peak; last straw
colocar to place, situate
color *m* color
comadre *f* midwife; intimate friend; relationship between the parent and godmother of a child
comarca region
combinación *f* combination
combinar to combine
comedia play, drama; comedy
comentar to comment on

comentario comment, commentary
comenzar to begin
comienzo beginning
compadre *m* chum; benefactor; relationship between the parent and godfather of a child
compañía company
comparar to compare
compás *m* rhythm
compendio summary, compendium
compilar to compile
complacer to please
complaciente pleasing
complejo complex
completar complete; fill
componer to compose
composición *f* composition
compostura structure; repair; construction; creation
comprometer to oblige; compromise; render accountable
comprometerse to become engaged; to commit oneself
compromiso engagement; commitment
común common
concebir to conceive
concepción *f* conception
conciencia conscience
concluir to conclude
conclusión *f* conclusion
concreto concrete
concurso contest
conde *m* count
condenar to condemn
condición *f* condition
condimento condiment, spice
conducir to conduct, drive
conducta conduct
confesar to confess
confessión *f* confession
confianza confidence
confiar trust, confide
conflicto conflict
confluir to flow together, meet
confudir to confuse; mistake
confusión *f* confusion

confuso confused
congoja anguish, grief
conjetura conjecture
conjeturar to conjecture
conjunto entirety, whole; ensemble, group
conocer to meet; know; be acquainted with
conocimiento knowledge; learning
consciente *m* consciousness; *dj;* conscious
conseguir to get, obtain; succeed in
consejero counsellor, advisor
consejo advice, counsel; council
consentir to allow, permit, consent
conservador -a conservative
conservar to conserve; preserve; keep
conservarse to keep young; be well preserved
considerar to consider
considerarse to be considered
consistente consistent
consistir en to consist of
consolación *f* consolation
consolar to console
constancia constancy, proof; documentation
constante constant
constar to be clear, certain; to consist
consuelo consolation
consumirse to be consumed
contar to count; relate, narrate
contener to contain
contento content, happy
contradecir to contradict
contradicción *f* contradiction
contrariar to oppose
contrario contrary, opposed
contrastar to contrast
contraste *m* contrast
convencer to convince
convenir to be convenient, suitable
conversar to converse
conversación *f* conversation
convertirse to become
convincente convincing
convocar to convoke

copa glass; drink
copiar to copy
copista *m or f* copyist, transcriber
coraje *m* anger, rage; courage
corazón *m* heart
corneja crow
coro chorus; group of followers
corral *m* corral; open-air theater
correo post, mail
correr to run
corriente *f* current; course; *a.* flowing
cortar to cut; slight
corte *m* cut; *f* court
cortina curtain
cosa thing
costumbre *f* custom; habit
cotizar to value; quote
cráneo skull
creación *f* creation
creador -a creator
crear to create
crecer to grow
crédulo believing; credulous, gullible
creencia belief, creed
creer to believe
crepúsculo twilight
criatura creature; child
cristianismo Christianity
cristiano Christian
crítica criticism
crítico -a critical; critic
cruel cruel
crueldad *f* cruelty
crueza cruelty
cuadro painting; square; frame
cual what, which, as; cual si as if
cualidad *f* quality, trait; virtue
cualquiera any, whichever
cuaresma lent
cuartel, *m* barracks
cuarteta quatrain, a four-line verse
cuarto room; quarter
cubrir to cover
cuello neck
cuenta calculation, count; bill; account
cuento story, tale

cuerdo wise, sensible
cuerpo body
cuestión *f* question, matter, affair
cuestionar to question
cueva cave, cellar
cuidado care
cuidar to care for, take care of
cuidarse to take care, be careful
culebra snake
culpa guilt
culpar to blame
culto cultured, learned
cultura culture
cumbre *f* summit, peak
cumplir fulfill, reach (one's birthday),
   have a birthday
cuna cradle
cuñada sister-in-law
cuñado brother-in-law
cura *m* priest *f* cure
custodiar to guard, take care of

Ch

charco puddle
charla chat
charlar to chat
chico -a small; boy; girl
chimenea fireplace
chirriante squeaky
chispa spark
chocar to shock, shake; crash
chocolate *m* chocolate
chulo vulgar; flashy type; cute

D

dama dame, lady
damas *f pl* checkers
dañar to hurt, damage
daño hurt, damage
dar to give
datos *m pl* data
deber *m* duty; *v* to owe; ought
decadencia decadence
decidir to decide

decir to tell, say
decisión *f* decision
dedicar to dedicate
dedicarse to devote, dedicate
de espacio slowly
defender to defend
dejar (de) to leave (cease); let
delantal *m* apron
delante before
delicado delicate
delicioso delicious
demostrar to demonstrate
denunciar to denounce
depender to depend; be subordinate to
deporte *m* sport
depresión *f* depression
deprimir to depress
derecha right side
derecho right, law; *adj* straight; *adv* straight ahead
derribar to demolish
derrota destruction, defeat
derrotar to defeat, destroy
desacuerdo disagreement
desafiar to challenge
desafío challenge
desagradable unpleasant
desahogo comfort
desaparecer to disappear
desarrollar to develop
desarrollo development
desayuno breakfast
descansar to rest
descanso rest; relief; pause
descortés rude, discourteous
describir to describe
descripción *f* description
descubrimiento discovery
descubrir to discover
desde from, since
desdén *m* disdain, scorn
desdeñoso disdainful, scornful
desear to desire, want
desempeñar to carry out
deseo wish, desire
deshonra dishonor

deshonrar to dishonor
desilusionar to deceive, disappoint
desorden *m* disorder
despedida farewell, parting
despedirse to take one's leave, say goodbye
despejado cloudless, clear
despertarse to awaken
desposar to perform a marriage; to get married
desposarse to be betrothed; to get married
desposorio betrothal
después after; later
desterrar to exile
destierro exile
destreza dexterity, skill
destrucción *f* destruction
destruir to destroy
detallar to detail; specify
detalle *m* detail
detrás behind
devoción *f* devotion
dialogar to engage in dialogue
diálogo dialogue
diario daily newspaper **adj.** everyday
dicha good fortune
dicho said; saying, proverb
diestra right hand
diferente different
difícil difficult
dificultad *f* difficulty
difundirse to spread
dilema *m* dilemma
diligente diligent
dinastía dynasty
dirigirse to address, direct oneself
discípulo disciple, student
discreción *f* discretion
diseño design
distinto different, distinct
distraer to distract
diversión *f* amusement; diversion
diverso diverse
divertirse to amuse oneself, have a good time

divino divine
doblar to fold; to turn
doblegar to fold, bend; dissuade
doctor *m* doctor
doctrinal doctrinal
doler to hurt, ache
dolor *m* pain, hurt, ache
domar to tame, subjugate
dominio dominion; knowledge
donación *f* donation
donaire *m* elegance; clever wit
doncella maiden; virgin
donde where
donoso witty, graceful
dormir(se) to sleep (go to sleep)
drama *m* drama
dramatismo dramatic quality
dramaturgo playwright
duda doubt
dudar to doubt
dueño -a owner
dulce candy; sweet
dulzura sweetness
duque *m* duke
duro coin; **adj.** hard

E

esclesiástico ecclesiastical
eclipse *m* eclipse
echar to throw (out)
Edad Media *f* Middle Ages
edición *f* edition; publication
edificar to edify; construct
editor editor, publisher
editora editor, publisher, publishing house
educación *f* manners; education
educar to bring up, educate
efecto effect; **en efecto** in fact
eficacia effectiveness
eficaz effective
ejecutar to execute
ejemplar exemplary
ejemplo example
ejército army

elección *f* choice; election
elegante elegant
elegir to elect, select
elemento element
elogio praise
embellecer to embellish
emisario emissary; spy
empequeñecer to make small; belittle
emperador *m* emperor
emplear to employ, use
emprender to undertake
enamorarse to fall in love
encarcelar to incarcerate, put in jail
encarnación *f* incarnation
encarnar to incarnate
encerrar to enclose; shut in
encomendar to entrust
encomienda charge, commission
encontrar(se) to find (oneself)
enemigo -a enemy
enemistad *f* enmity
enfermedad *f* illness, disease
enfermo ill
enfrentarse to meet face to face, to confront
engañar to deceive
engaño deception
engendrar to engender, beget
ensayar to rehearse; try
ensayo essay; rehearsal; attempt
enseñanza teaching
enseñar to teach; show
entelado drapery
entender to understand
enternecer to soften, touch (emotionally)
entero entire, whole
enterrar to bury
entierro burial
entonces then; in that case
entre between, among
entregar to deliver, hand over
entregarse to give oneself up
entrevista interview
enviar to send
envidia envy
envilecer to degrade

épico epic

episodio episode

época era, age

epopeya epic poem

equipaje *m* baggage

equipo team; equipment; crew

ermitaño -a hermit

erotismo eroticism

erudición *f* erudition, scholarship

erudito erudite, scholarly

escabroso scabrous, harsh, rough

escándalo scandal

escarnecer to mock, ridicule

escoger to choose

escolar scholastic; *n.m.* school boy

escoltar to escort, accompany

esconder to hide

escribir to write

escritura writing

escuchar to hear, listen

escudero page, squire

escudo shield, crest

esforzarse to make an effort

esfuerzo effort

esmalte *m* enamel work

espacio space; period of time

espada sword; spade

espantar to scare, frighten

espanto fright

espantoso frightful

español -a Spanish; Spaniard

especie *f* kind, sort; species

espina spine

espíritu *m* spirit

espontáneo spontaneous

esquema *m* scheme

establecer(se) to establish (become
   established, set oneself up)

estable *adj* stable

establo *n* stable

estallar to explode; break out

estar to be

estío summer

estilo style

estómago stomach

estrechar to tighten; extend; shake (one's
   hand)

estrella star

estremecerse to shake; suffer a chill

estribillo refrain

estribo stirrup

estrofa stanza

estructura structure

estudiar to study

estudio study

étnico ethnic

Europa Europe

Europeo -a European

evitar to avoid

existencia existence

existir to exist

éxito success

experimentar to experience; experiment

experto expert

explicar to explain

explorar to explore

exponer to expose

extender to extend

extensión *f* extension

extenso extensive

extraño strange, unfamiliar, unknown;
   stranger, outsider

extraño -a stranger

F

fábula fable

fácil easy

falta lack; *n* mistake

fallecer to die

fama fame, reputation

famoso famous

fantasía fantasy

fantástico fantastic

fatal fatal

fatalidad *f* fate; fatality

fealdad *f* ugliness

feo ugly

feroz ferocious

ficción *f* fiction

ficticio fictitious

figura figure; shape; looks

figurarse to imagine

fila row, tier

filo edge
filosofía philosophy
filósofo philosopher
fin *m* end; goal
flaco thin
flor *f* flower
florecer to flower; flourish
forma form, shape
formación *f* formation; education; training
formarse to be formed; be educated; take shape
formato format
forzoso forced
fraile *m* monk, friar
francés -esa French (person); *adj.* French
franco frank; free; exempt
fraternidad *f* fraternity
fraterno fraternal
fraude *m* fraud
fraudulento fraudulent
freír to fry
frente *f* forehead; *m* (political) or military front *prep* in front of, opposite
frío cold
frontera border
frutal *m* fruit tree
fruto fruit; product
fuego fire
fuente *f* source; fountain
fuero decree, statute; privilege
fuerte strong
fumar to smoke
función *f* function
funcionar to function, work
fundar to found
fúnebre funereal, funeral
fusión *f* fusion
futuro future

G

gafas *f pl* eyeglasses
gala elegance, finery; prize
galán *m* gallant, beau
galardón *m* reward

galope *m* gallop
gallina hen
gallo cock, rooster
gana desire; willingness
ganar to win, gain; earn
gandul *m* idler, bum
gañán *m* farmhand
gato cat
gemelo -a twin
general general
género gender; kind; genre
generosidad *f* generosity
generoso generous
genio temperament, mood; genius
gentilidad *f* gentiles, heathens
gesto *m* gesture
gira trip, tour
girar to turn; revolve
giro turn; draft
gloria glory
gobernar to govern
gobierno government
goce *m* enjoyment, pleasure
golpe *m* blow; coup; attack
golpear to hit, strike
gozar to enjoy
gozo joy
gozoso joyful
gracia grace; humor; cleverness
gracioso funny; pleasing
grana kermes; red cloth; scarlet color
grande big, large; grand
grano grain
gritar to shout, cry out
grito cry, shout
grotesco grotesque
grueso thick
gruñir to grunt, growl; creak
gruñón -ona grumpy
guardar to keep; guard
guarnición *f* trimmings, garnish
guerra war
guerrero warrior
guía *m/f* guide; *f* guidebook
guiar to guide
gula gluttony
gusano worm

gustar to please, be pleasing; *v.t.* to taste, try
gusto pleasure; taste

H

haber aux. to have
hábil skillful
hábito dress, habit; custom
hablar to speak, talk
hacer to make, do
hacia toward
halcón *m* falcon
hallar to find, come upon
hallazgo finding, discovery
harina flour
hartarse to be bored, fed up, satiated
harto bored, fed up; sufficient
hasta *adv* even; *prep* until; as far as
haz *f* face, surface; bundle
hazaña exploit, deed
hechicero wizard
hechizar to bewitch, enchant
hechizo spell
hecho fact; event; *adj* accustomed
hechura making; workmanship; craft
helado *adj* frozen; *n* ice cream
helar to freeze; astonish
hembra female animal
heredar to inherit
hereje *m/f* heretic
herida wound
herir to wound
hermana sister, nun
hermano brother, friar
hermoso beautiful
hermosura beauty
héroe hero
hervir to boil; seethe
hidalgo -a nobleman
hidrópico dropsical; hydropic, very thirsty, insatiable
hielo ice
higo fig
hija daughter

hijo son
hilo string, thread
himno hymn
hincar to thrust, drive in, plant; to sink down, fall down on
hipérbole *f* exaggeration, hyperbole
hipócrita hypocritical; n *m/f* hypocrite
hipótesis *f* hypothesis
historia history; story
historiador -a historian
hogar *m* home, hearth
hoja leaf
holgar to rest; take pleasure
holgazán *m* loafer, idler
hombre *m* man; mankind
homenajear to pay homage to
hondo deep
honesto decent, honorable
honor *m* honor; fame; rank
honra honor; reputation; respect
honrado honest, honorable
horizonte *m* horizon
horno oven
horrorizado horrified
horrible horrible
hospedar to lodge, put up
hotel *m* hotel
hoy today
huella trace, print
huerta garden, orchard
hueso bone
huésped *m* **huéspeda** *f* guest
huevo egg
humanismo humanism
humanista *m/f* humanist
humanístico humanistic
humano human
humedecer to moisten
húmedo humid
humildad *f* modesty, humility
humilde humble
humillar to humiliate
humo smoke
humor *m* humor; disposition; mood
hundir to sink; immerse
huracán *m* hurricane

I

ibérico Iberian
idea idea
ideal *m* ideal
idéntico identical
identidad *f* identity
identificar to identify
ideología ideology
idioma *m* language; tongue
idiota *m/f* idiot
iglesia church
ignorancia ignorance
ignorar to be ignorant of, not to know
igual equal
igualar to be equal; to make equal
ilegítimo illegitimate
ilícito illicit
iluminar to illuminate
ilusión *f* illusion; hope
imagen *f* image
imaginar to imagine
imbricar overlap successively
imitación *f* imitation
imitar to imitate
impedir to impede, prevent
imperio empire
implicación *f* implication
implicar to imply
implorar to implore
imponer to impose
importante important
importar to be important; to matter
imposible impossible
impostor *m/f* impostor
impresión *f* impression; printing
impresionar to impress
impuesto tax, tariff
impulso impulse
inaugurar to inaugurate
incendio fire
incidente incident
incienso incense
inclinar to slope; to influence
incluir to include
incluso included, including

incorporar to incorporate, unite, embody
independentista pro-independence
independiente independent
independizarse to become independent
indígena *m/f* native
indiscreción *f* indiscretion
indiscutible unquestionable
individual individual; personal
individuo individual, person; member
índole *f* class; kind
inevitable inevitable
infamia infamy
infanta a Spanish monarch's daughter
infante *m* a Spanish monarch's son after the first-born
infeliz unhappy
inferior inferior
inferir to infer
infiel unfaithful; disloyal
infierno hell
infinito infinite
influencia influence
influir to influence
información *f* information, news coverage
informe *adj* shapeless; *n m* report
infortunado unfortunate
ingenio mind, intelligence; wit; engine; device
ingenuo naïve
inglés -esa English (person)
ingresar to enter
inicial initial
iniciar to initiate
injusticia injustice
injusto unjust
inmediato immediate
inmenso immense
inmoral immoral
inmortalidad *f* immortality
inmóvil immobile
inocencia innocence
inocente innocent
inocentón simpleton
inoportuno untimely; inappropriate

inquietar to disturb, trouble
inquietarse to worry
inquisición *f* inquisition
insensato senseless
insinuar to insinuate
insistir to insist
insolente insolent
inspirar to inspire
instante *m* instant, moment
instruido educated
insultar to insult, offend
integral integral; whole
integridad *f* integrity
intelectual intellectual
inteligencia intelligence
inteligente intelligent
intención *f* intention
intensificar to intensify
intentar to try, attempt
intercalar to interpolate, intersperse
intercambiar to exchange
interceder to intercede
intercesión *f* intercession
interés *m* interest; attraction
interesante interesting
interior interior
intermedio intermediate
interminable interminable, never-ending
internacional international
interno internal
intervalo interval, segment
intervención *f* intervention
intervenir intervene
interrogar to question
interrumpir to interrupt
interrupción *f* interruption
intimidad *f* intimacy
íntimo intimate
intoxicar to intoxicate, poison
intrépido intrepid
introducción *f* introduction
introducir to introduce
inútil useless
invadir to invade
invasión *f* invasion
invención *f* invention

inventar to invent
inverosímil unlikely, improbable
inversión *f* inversion; investment
invertir to invert; invest
investigación *f* investigation
investigar to investigate
invierno winter
invitar to invite
invocación *f* invocation
invocar to invoke
inyección *f* injection
ir to go
ironía irony
isla island
izquierda left, left hand
izquierdo left, left-hand

J

jabón *m* soap
jacinto hyacinth
jadear to pant
jaleo noisy fun; clapping and shouting
jamás never
jamón ham
jardín *m* garden; yard
jaula cage
jazmín *m* jasmine
jefe *m* chief, head, boss
jerarquía hierarchy
jesuita Jesuit
jornada day's journey; act of a play
joven *adj* young; *n m/f* youngster
joya jewel
judío Jewish; Jew
juego game, sport; set
juez *m* judge
jugar to play
juglar *m* minstrel; storyteller
juicio judgment; prudence
juntar to join; connect; assemble
junto joined, together
juramento oath
jurar to swear
jurídico juridical, legal
justicia justice; judge; the authorities

justo just, fair
juvenil youthful; juvenile
juventud *f* youth
juzgar to judge

K

kilo, kilogramo kilogram *(about 2.2 pounds)*
kilómetro kilometer *(about 0.6 miles)*

L

laberinto labyrinth
labio lip
labor *f* labor; work
labrador -a farmhand
lado side
ladrar to bark
ladrón -ona thief
lagartija lizard
lágrima tear
laico lay; *n* lay person
lamentar to lament, weep
lamento lament, sorrow
lámpara lamp
lampiño beardless
lana wool
lánguido languid, pale
lanza spear
lanzarse to rush, dash
largarse to get out, leave
largo long
lástima pity, shame
laúd *m* lute
laurel *m* laurel, honor
lavandera washerwoman
lavar to wash
leal loyal
lealtad *f* loyalty
lección *f* lesson
lector -a reader
lectura reading
leche *f* milk
lechuza owl
leer to read
legítimo legitimate

legumbre *f* vegetable
lejos far
lengua tongue; language
león -ona lion
letra letter, handwriting, lyrics *(of a song)*
letras *f pl* letters, literature
levantarse to get up
leve light; slight
ley *f* law
leyenda legend
liar to tie, bind
liberador -a liberator
liberar to liberate, free
libertad *f* liberty, freedom
libertar to liberate, free
libra pound *(weight, coin)*
librar to free
libre free
librería bookstore; **librería de viejo** old or used bookstore
librete booklet
libreto libretto
libro book
licencia permission, license
licenciado holding a *licencia,* a degree roughly the equivalent of a Master of Arts
lícito licit, lawful
líder *m* leader
liebre *f* hare
ligereza lightness; agility
ligero light, loose
limitar to limit
límite *m* limit; boundary
limón *m* lemon
limosna alms
limpiar to clean
limpio clean
linaje *m* lineage, extraction
línea line
lira lyre
lírica lyric poetry
lírico lyric, poetic
lirismo lyricism
lisonja flattery
lista list

listo ready; clever
literato -a literary person
literatura literature
litúrgico liturgical
liviano light; frivolous
loa praise; short dramatic prologue to a
   play
lobo wolf
lóbrego gloomy, lugubrious
loco mad, insane; crazy person
locura insanity, madness
lograr to attain, succeed; manage
logro gain, profit; accomplishment
lozanía vigor; elegance; gallantry
lucero bright star
lucir to illuminate, shine; show off; dress
   to one's advantage
lucha fight, struggle
luchar to fight, struggle
luego later, then
lugar *m* place
lujo luxury
luminar *m* luminary, illustrious person
luna moon
lustre *m* lustre, gloss
luto mourning
luz *f* light

Ll

llaga wound
llama flame
llamar to call
llamarse to be called, named
llano level, flat
llanto crying, weeping
llanura plain, levelness
llave *f* key
llegada arrival
llegar to arrive
llegar a ser to become
llenar to fill
lleno full
llevar to carry, take; bear, wear
llorar to cry, weep
llover to rain

llovizna drizzle
lluvia rain

M

macilento lean, wan
macho male animal; macho
madera wood
madrastra stepmother
madre *f* mother
madrina godmother
madrugada dawn
madrugar to get up very early
madurar to ripen; mature
madurez *f* maturity
maduro mature
maestro -a teacher
magia magic
mágico magical
magistral masterly
magnífico magnificent
mago -a magician
maíz *m* maize, corn
majadero stupid; boring; *n* fool
majestad *f* majesty
mal *m* evil; wrong *adv* badly
malaventurado unfortunate
malcriado ill-mannered
maldad *f* wickedness, evil
maldecir curse
maldito cursed, wicked
maleficio harm; curse
maleta suitcase
malévolo malevolent, evil
malicia malice, evil
malicioso malicious, evil
malo bad, evil
maloliente foul smelling
maltratar to mistreat, abuse
malvado wicked, evil
manantial *adj* flowing *n m* spring
mancebo youth; lad
mancha stain
manchar to stain
mandamiento commandment
mandar to command; send

mandarina mandarin orange
mandato mandate; order
mando authority
manejar manage; handle
manejo handling; management
manera manner; way
manga sleeve
manía mania
manicomio insane asylum
manifestación *f* manifestation, demonstration
manifiesto manifesto, tract; *adj* plain, obvious
manipulación *f* manipulation
manipular to manipulate
maniquí *m* puppet; figure
manjar *m* morsel; dish
mano *f* hand
mansión *f* mansion
manso tame
manta blanket; cloak
manteca lard
mantel *m* tablecloth
mantener to maintain
mantenerse to support oneself
mantequilla butter
mantilla veil, scarf
manto mantle; cloak
manual *m* manual; guide
manuscrito manuscript
manzana apple; block (of houses)
maña skill, knack, cunning
mañana morning; *adv* tomorrow
mapa *m* map
máquina machine
mar *m/f* sea
maravedí *m* small coin
maravilla wonder; marvel
maravilloso marvelous
marca mark, stamp, brand
marcar to mark; observe, note
marco frame; model
marcha march; action; speed
marcharse to leave, go away
marchitarse to wither, wilt
marea tide

mareado nauseous
mareo nausea
marfil *m* ivory
margarita daisy
marginar to exclude, ostracize; annotate
marido husband
marinero sailor
marioneta puppet
mariposa butterfly
mariscal *m* marshall
marisco shellfish
marítimo maritime
mármol marble
marqués *m* marquis; **marquesa** marquise
marrón brown
martillo hammer
mártir *m/f* martyr
mas but
más more, most
masa dough, mass
mascar to chew
máscara mask
matanza slaughter
matar to kill
materia field (of study)
material *m* material
maternal maternal
matiz *m* shade, hue
matrimonio marriage
máxima maxim
mayor greater; larger; older
mayoría majority
medalla medal
mediano intermediate; middle-sized
medicina medicine
médico medical doctor
medida measure; measurement
medieval medieval
medio half, middle
mediocre mediocre
medir to measure; judge
meditabundo pensive
meditar to think; ponder
mediterráneo Mediterranean
medroso fearful
mejor better, best

mejorar to better, improve
melancolía melancholy
melena mane
melodía melody
memoria memory
mencionar to mention
menester *m* need, want
menesteroso needy, poor
menor less, least; younger, youngest
menos less, least; minus; except
menospreciar to underrate; despise; scorn
menosprecio scorn, contempt
mensaje *m* message
mensajero messenger
mentalidad *f* mentality
mente *f* mind
mentecato foolish
mentir to lie
mentira lie
mentiroso lying; liar
menudo small, tiny; worthless; **a menudo** often
mercader *m* merchant
mercado market
mercancía trade; merchandise
merced *f* favor, grace; honor
merecer to deserve
meridional southern
merienda lunch, afternoon snack
mero mere
meseta plateau
mesía *m* messiah
mesurado moderate
meta goal
metáfora metaphor
metal *m* metal
metamorfosis metamorphosis; change
meter to put in, insert
meterse to butt in; meddle
metro meter; subway
metrópoli metropolis, big city
mezcla mixture
mezclar to mix
michino kitten
miedo fear

miel *f* honey
miembro member; limb
mientras while
miga crumb
milagro miracle
milla mile
mimbre *m* wicker
mineral *m* mineral
ministerio ministry
ministro minister
minúsculo minuscule
minuto minute
mirada look, stare
mirar to look (at); stare
mirra myrrh
misa mass *(religious)*
misceláneo miscellaneous
mismo same, self; very
mitad *f* half
mito myth
mitológico mythological
moda fashion, mode
moderación *f* moderation
moderar to moderate
modernismo modernism
moderno modern
modesto modest
modo mode, manner, way
molde *m* mold, form
moler to grind, mill
molestar to bother
molestia bother
molino mill
momento moment
monarca *m* monarch
monasterio monastery
monja nun
monje *m* monk
monseñor *m* monsignor
montaña mountain
montar to mount, ride; set up, produce (a play)
monte *m* mountain; woodland
morado purple
moral moral
moraleja moral

moralista *m/f* moralist
mórbido morbid
morboso morbid
mordaza gag
morder to bite
mordisco bite
moreno darkskinned, brown
morir to die
morisco Moorish
moro Moorish; Moor
mortaja shroud
mortal mortal
mosca fly
mostacho moustache
mostrador *m* countertop; clockface
mostrar to show
motivar to motivate
motivo motif; motive, reason
mover to move
moverse to move; budge
móvil moving, mobile
movimiento movement
mozo -a young; lad; lass; servant
muchacha girl
muchacho boy
mucho much, a lot
mudanza move; change
mudar to move; change
mudo mute
muela molar
muelle *m* pier, wharf, dock
muerte *f* death
muerto dead
muestra sample
mugir to low, bellow, roar
mugre *f* filth, grime
mujer *f* woman
mujeriego womanizer
mula mule
muleta crutch
múltiple multiple
multiplicar to multiply
multitud *f* multitude; crowd
mundo world
municipal municipal
muñeca wrist; doll

muñeco doll
muralla wall
murciélago bat
murmullo murmur
murmurar to murmur; gossip
músculo muscle
música music
músico musician
musulmán -a Muslim
mutuo mutual
muy very

N

nácar *m* mother-of-pearl
nacer to be born
nacimiento birth
nación *f* nation
nacional national
nada nothing
nadar to swim
nadie nobody
naipe *m* playing card
naranja orange
nariz *f* nose
narración *f* narration
narrador -a narrator
narrar to narrate
narrativo narrative
nasal nasal
natal native
nativo native
natural natural; *m/f* native
naturaleza nature
naufragio shipwreck
navaja knife; blade; razor
navegar to sail
neblina mist; fog
necedad foolishness
necesario necessary
necesitar to need
necio foolish
néctar *m* nectar
negar to deny
negativo negative
negligente negligent

negociar to negotiate
negocio business; affair
negro black
neoclásico neoclassical
nervio nerve
nervioso nervous
nevar to snow
nido nest
niebla fog
nieta granddaughter
nieto grandson
nieve *f* snow
ninguno no, not any
niño -a *m/f* baby, child
nítido bright, clear
nivel *m* level
noble noble; *m/f* noble person
nobleza nobility
noción *f* notion
nocturno nocturnal
noche *f* night
nodriza wet nurse
nombrar to name
nombre *m* name
normal normal
norte *m* north
nostalgia nostalgia
nota note
notable notable
notar to note; make note of
noticia news; information
notificar to notify
novedad *f* novelty, news
novela novel
novia bride; fiancée
novio bridegroom; fiancé
nube *f* cloud
nublado cloudy
núcleo nucleus
nudo knot; plot
nuera daughter-in-law
nuevo new
nuez *f* nut
número number
numeroso numerous
nutrir to nourish
nunca never

O

obedecer to obey
obediencia obedience
obispo bishop
objetivo objective
objeto object
oblicuo oblique
obligación *f* obligation
obligar to oblige, force
obligatorio obligatory
obra work; (dramatic) play
obrar to work, act
obrero -a worker
obsequiar to give; court, woo
obsequio gift; courtesy
observación *f* observation
observador -a observer
observar to observe
obsesión *f* obsession
obsesionar to obsess
obstruir to obstruct
obtener to obtain
ocasión *f* occasion; opportunity, chance
ocaso sunset; decline
occidente west
océano ocean
ocioso lazy, idle
ocultar to hide
oculto hidden
ocupado busy
ocupar to occupy
ocuparse to be busy; take care of
ocurrir to occur, happen
odiar to hate
odio hatred
odioso hateful
oeste *m* west
ofender to offend
ofenderse to take offense
oferta offer
oficial official
oficina office
oficio office, occupation; official letter
ofrecer to offer
oído ear
oír to hear

ojalá I hope; I wish

ojear to eye, stare at

ojo eye

ola wave

oler to smell

olfatear to smell; sniff

olfato sense of smell

oliva olive

olivo olive tree

olor *m* scent, smell

olvidar to forget

onda wave

ondular to undulate; ripple

operación *f* operation

operar to operate

opinar to be of the opinion

opinión *f* opinion

oponer(se) to oppose (be opposed)

oportunidad *f* opportunity

oportuno opportune, timely

oposición *f* opposition

opresión *f* oppression

oprimir to oppress

optimiso opimism

optimista *m/f* optimist

óptimo optimum

opuesto opposite

opulento opulent

oración *f* prayer

oráculo oracle

orador -a orator

oral oral

orden *m* order, sequence; *f* order,
    command; religious order

ordenar to order

ordinario ordinary, plain

oreja (outer) ear

organizar to organize

oriental eastern

orientarse to get one's bearings

oriente *m* east

origen *m* origin

original original

originalidad *f* originality

orilla border, edge, bank

oro gold

orquesta orchestra

osadía boldness

osar to dare

oscilar to oscillate

oso bear

ostentación *f* ostentation

ostentar to show, display

otoño autumn

otorgar grant, consent

otro other, another

oveja sheep

oyente *m/f* listener

P

pabellón *m* pavilion; flag

paciencia patience

paciente patient

pacto pact, covenant

padecer to suffer, endure

padrastro stepfather

padre *m* father

padrino godfather

paga pay

pagar to pay

página page

país *m* country

paisaje *m* landscape

paisano -a countryman (-woman)

paja straw

pájaro bird

paje *m* page boy

palabra word

palacio palace

paladar *m* palate

palafrén *m* palfrey; woman's or groom's
    horse

palanca lever

palidez *f* pallor

pálido pale

palma palm

palmera palm tree

palo stick

paloma dove

palpable palpable, touchable, obvious

palpar to touch; to grope

palpitar to palpitate; throb

pan *m* bread

Vocabulario

panadería bakery
panadero -a baker
pandereta tambourine
pánico panic
panorama *m* panorama
pantalón *m* trousers
pantalla screen
panza paunch
papa potato
Papa Pope
papel *m* paper; role
paquete *m* package
par *m* pair
paradoja paradox
paráfrasis *f* paraphrase
paralelo parallel
parar to stop
parcial partial
pardo dark; mulatto; brown
parecer to appear, seem
parecerse to look like
pared *f* wall
pareja couple, pair
parentesco kinship
pariente *m/f* relative, kinsman
parlamento parliament
parodia parody
parodiar to parody
párpado eyelid
parque *m* park
párrafo paragraph
párroco parish priest
parroquia parish
parte *f* part
participar to participate
particular particular; private
partida departure; party
partidario -a partisan
partido game; side (*in a contest*)
partir to leave; divide
pasa raisin
pasaje *m* passage
pasajero *n* passenger; *adj* transitory
pasar to pass
pascua Easter; Passover; religious
   holiday

pasear to walk; take a stroll, ride
paseo walk, promenade; ride
pasmarse to be astounded
pasta dough, batter; paste; noodles
pastel *m* pie; pastry; cake
pata paw, hoof
paternidad *f* paternity
paterno paternal
patria homeland
patrimonio patrimony
patrón *m* patron, protector; boss
pausa pause
pavor *m* terror, fright
paz *f* peace
pecado sin
pecador -a sinner
pecar to sin
pecho chest
pedigüeño bothersome
pedir to seek, ask for; order (as in a
   restaurant)
pegar to fasten; strike
peinar to comb
pelar to peel
peldaño stair, step
pelea fight
pelear to fight
peligro danger
peligroso dangerous
pelo hair
pelota ball
peluca wig
peludo hairy
pena grief; embarrassment
pendón *m* banner
penetración *f* penetration; insight
penetrar to penetrate
penitencia penitence, penance
penoso difficult, trying
pensamiento thought
pensar to think
pensativo thinking, pensive
pensión *f* pension; boarding house
peón *m* peon, day laborer
peor worse, worst
pequeño small

percepción *f* perception
percibir to perceive
percha perch
perder to lose
pérdida loss
perdiz *f* partridge
perdurar to last
perecer to perish
peregrinaje *m* pilgrimage
peregrino -a pilgrim
pereza laziness
perezoso lazy
perfección *f* perfection
perfecto perfect
perfume *m* perfume; scent
pergamino parchment
periódico newspaper
periodismo journalism
periodista *m/f* reporter
período period
perjudicar to harm, prejudice
perjuicio prejudice, injury
perla pearl
permanente permanent
permiso permission; permit, license
permitir to permit
perpetuar to perpetuate
perplejo perplexed
perseguir to persecute; pursue
perseverancia perseverance
persona person
personaje *m* personage; character
personal personal; *m* personnel
personalidad *f* personality
personificar to personify
perspectiva perspective
persuadir to persuade
pertenecer to belong
pertenencia belonging
perverso perverse
pervertir to pervert
pesado heavy
pesadumbre *f* grief; burden
pesar to weigh
pescado fish (caught)
pescar to fish; catch

pésame *m* condolence
peseta unit of money, Spain
pésimo very bad
pestaña eyelash
pestañear to wink; blink
peste *f* plague; stench
pestillo lock, latch; bolt
pez *m* fish (in the water)
piadoso pious; merciful
piano piano
picar to cut, chop; sting
picante cutting; piquant; spicy
picaresco roguish
pícaro -a rogue; rascal
pie *m* foot
piedad *f* pity
piedra stone
piel *f* skin; hide, leather
piélago high sea
pierna leg
pieza piece; coin; room; theatrical work
pillar to pillage; rifle
pinar *m* pine grove
pinchar to prick, puncture
pino pine tree
pintor -a painter
piña pineapple; pine cone
pío *adj* merciful, pious; *n* chirp
piojo louse
pipa pipe
piropo compliment; flirtatious remark
pisar to step on
pistola pistol
pitar to whistle; **salir pitando** to rush out
pito whistle
placentero pleasing
placer to please; *n m* pleasure
plagio plagiarism
plan *m* plan
plancha iron
planchar to iron
planear to plan
plano flat; smooth
planta plant; floor
plantar to plant; place
plata silver; money

Vocabulario

platicar to chat
plato dish; plate
playa beach
plaza square; place; bullring; fort
plazo term, time
plebe *f* plebs, common people
plebeyo plebeian
plegar to fold
pleito lawsuit; dispute
pleno full
plomo lead
pluma feather; pen
población *f* population; town, settlement
pobre poor; *m/f* poor person
pobreza poverty
poco little; bit, *pl* few; not much
poder to be able; *n m* power
poderoso powerful
podredumbre *f* decay; rot
podrido rotten
poema *m* poem
poesía poetry; poem
poeta *m* poet
poetisa *f* poet
policía *f* police (force); *m/f* police officer
política politics; policy
político political; politician
polvo dust
pólvora powder
pollo chicken
pompa pomp
ponderar to ponder
poner to put
pontífice *m* pontiff
ponzoña poison
popular popular
porción *f* portion
porfiado obstinate; persistent; stubborn
porfiar to contend; persist
pormenor *m* detail
porquería filth; trifle
portarse to behave
portazo slam
portugués -esa Portuguese (language); Portuguese person
porvenir *m* future

posada inn; lodging
poseer to possess, own
posesión *f* possession
posesivo possessive
posguerra postwar period
posibilidad *f* possibility
posible possible
postergar to postpone
posteridad *f* posterity
posterior posterior
postizo false, fake
postura posture; bid; wager
pozo well
practicar to practice; do
práctico practical
prado meadow, pasture
pragmático pragmatic
precedente *m* precedent
preceder to precede
precio price
precioso precious, refined
precoz precocious
precursor -a precursor
predecir to predict
prefacio preface
preferir to prefer
pregonar to proclaim
pregunta question
preguntar to ask, question
premiar to reward
premio prize, reward
prenda article of clothing, jewelry; pleasing character trait
prendar to attach
prendarse to fall for *(a person)*
prender to seize, capture
prensa press
preñado pregnant, full
preocupación *f* preoccupation, worry
preocuparse to worry
preparación *f* preparation
preparar to prepare
preparativo preparation
preponer to put before, prefer
presencia presence
presenciar to witness; attend

presentar to present, introduce
presente present (as in *here*)
preso captive
prestamista *m/f* moneylender
préstamo loan
prestar to lend
prestigio prestige
presto quick; ready
presumir to presume
presunción *f* presumption;
   presumptuousness
presupuesto budget
pretender to aspire (to); claim
pretensión *f* pretension, claim
pretexto pretext
prevenir prepare; warn; prevent
prever to foresee
primavera springtime
primero first
primo -a cousin
princesa princess
principal principal
príncipe *m* prince
principio beginning; principle
prisa hurry, speed
prisión *f* prison
prisionero prisoner
privar to deprive
privilegio privilege
probable probable
probar to prove; try; test
problema *m* problem
procedencia origin
proceder *m* conduct; way of doing
   things; **v** to proceed; originate
procesión *f* procession
proceso process; trial
proclamar to proclaim
procurar to strive for; endeavor
prodigio prodigy
producción *f* production
producir to produce
producto product
proeza prowess
profesar to profess
profesión *f* profession

profesor -a professor
profundo deep; profound
profusión *f* profusion
profuso profuse, plentiful
programa *m* program
progresar to progress
progresión *f* progression
prohibir to prohibit
proletariado proletariat, working class
prolijo prolix, unduly prolonged
prólogo prologue
prolongar to prolong
promedio average
promesa promise
prometer to promise
prometido promised; engaged
pronto quick; *adv.* soon
propagar to propagate
propiedad *f* property
propina tip
propio proper; own
proponer to propose
proporción *f* proportion
proporcionar to furnish, supply
propósito purpose
prosa prose
prosista *m/f* writer of prose
prosperar to prosper
prosperidad *f* prosperity
próspero prosperous
prostituta prostitute
protagonista *m/f* protagonist
protección *f* protection
proteger to protect
protestar to protest
provecho advantage, benefit
provechoso advantageous; beneficial
provenir to come from; originate
proveer to provide
proverbio proverb
proximidad *f* proximity
próximo next; close to
proyectar to project; make plans
prudencia prudence
prudente prudent
prueba proof; trial

psicología psychology
psicológico psychological
publicar to publish; disclose
público public; audience
puchero pot, kettle
pueblo people; town; village
puente *m* bridge
puerco pig
puerta door
pues then, well
puesto post, place
pulir to polish
pulsar to touch lightly; to strum
punto point
purgatorio purgatory
puro pure; *m* cigar
purpúreo purple

Q

quebrantar to break; violate
quebrar to break, smash
quedar to remain, be left
quedarse to stay, remain
quehacer *m* duty, chore
queja complaint
quejarse to complain
quemadura burn
quemar to burn
querer to love, want
queso cheese
quiebra breakdown; crack; failure
quieto still, orderly; quiet
quimera chimera
química chemistry; chemical
químico -a chemist
quinqué *m* oil lamp
quinto fifth
quitar to take away
quitarse to take off; get rid of
quizá perhaps

R

rabí *m* rabbi
rabia anger
rabino *m* rabbi

racimo bunch, cluster
racional rational
racionalismo rationalism
racionar to rationalize; reason
radicarse to reside
ráfaga gust; burst
raíz *f* root
rama branch
ramo bunch (of flowers); branch
rapidez *f* speed
rápido fast, quick
rapto rapture; abduction; rape
raro strange; rare
rascar to scratch
rasgar to tear, rip apart
rasgo feature, trait
rastrear to trail, trace
rata rat
rato while
ratón *m* mouse
rayo ray, beam
raza race; breed
razón *f* reason; words; opinion
razonar to reason
razonamiento reasoning, rationale
reacción reaction
reaccionar to react
real royal; real
realidad *f* reality
realismo realism; royalism
realista *m/f* realist; royalist
realizar to realize; carry out
rebajar to reduce, lower
rebaño flock
rebelarse to rebel, revolt
rebelde rebellious; rebel
rebelión *f* rebellion
rebosar to overflow; abound
rebuscado affected, unnatural
recado message
recalcar to pack, stress
recato caution; modesty
recelar to fear, distrust
recelo fear; foreboding
recepción *f* reception
receta recipe

recibir to receive
reciente recent
recinto enclosure
reciprocar to reciprocate
recitar to recite
reclamar to reclaim, protest, call out
recoger to pick up, gather
recomendación *f* recommendation
recomendar to recommend
reconciliar to reconcile
reconocer to recognize
reconquista reconquest
reconstrucción *f* reconstruction
reconstruir to reconstruct
recontar to recount; tell, relate
recordar to remember; remind
recreo recreation
recular to retreat; fall back
recuperar to recuperate
recurso resource, recourse
recurrir to resort; revert
rechazar to reject; repel
rechazo rejection
red *f* net
reducir to reduce
reemplazar to replace
reencuentro clash
referencia reference
referir to refer
refinado refined
refinar to refine
reflejar to reflect
reflejo reflection
reflexión *f* thought, reflection
reflexionar to reflect upon
reflujo reflux, ebb
reforma reform
reformar to reform
refrán *m* refrain; proverb
refrescar to refresh
refugiarse to take refuge
refugio refuge, shelter
regalar to give as a gift
regañar to scold; admonish
regaño scolding
regencia regency

régimen *m* regime, regimen
región *f* region
regir to rule, govern
regla rule, order
regresar to return
reina queen
reinado reign
reinar to reign
reino kingdom, realm
reír(se) to laugh
relación *f* relation, relationship;
   narrative
relajar to relax; slacken
relámpago lightning
relativo relative
relato short story; tale
religión *f* religion
religioso religious; priest -**a** nun
reloj *m* watch, clock
relucir to shine
remanso backwater
remediar to remedy
remedio remedy
remendar to patch; fix up
remiendo patch
remolino whirl, whirlwind; whirlpool
remordimiento guilt, remorse
rencor rancor
renglón line
renombre *m* renown
renta income; rent
renunciar to renounce; resign
reñir to scold
reparación *f* repair, reparation
reparar to repair; remedy; stop; observe
repartir to distribute; allot
repasar to retrace; review
repentino sudden
replicar to reply
reportero reporter
reposo rest
representación *f* performance;
   representation
representar to perform; represent
repulsar reject
repulsivo repulsive

resbalar to slip
rescatar to rescue
rescindir to rescind
resentir to resent
reservar to reserve
resfriado chill, cold
residencia residence
resignarse to resign oneself
resistencia resistance
resistir to resist; withstand
respecto respect, regard
respetar to respect
respeto respect
respirar to breathe
resplandecer to shine
resplandor *m* radiance, brilliance
responder to answer, respond; be
    responsible
responsabilidad *f* responsibility
responsable responsible
respuesta response, answer
restablecer to reestablish, restore
restablecimiento restoration
resto rest, remainder
resultado result
resultar to result
resumen *m* summary
resumir to summarize
retablo altarpiece; puppet show
retardar to slow down, retard
retirarse to withdraw
retorcer to twist
retórica rhetoric
retrasar to delay
retraso delay
retratar to portray
retrato portrait
retumbar to resound, echo
reunión *f* meeting; reunion
reunir(se) to bring together (to meet)
revelar to reveal
revés *m* reverse
revisar to revise; review; inspect
revista magazine
revolución *f* revolution
rey *m* king

rezar to pray
rico rich
ridículo ridiculous
rienda rein
rigor *m* rigor; sternness; inflexibility
riguroso rigorous; inflexible
rima rhyme
rimar to rhyme
rincón *m* corner
riña quarrel
río river
riqueza wealth
risa laughter
risueño smiling; pleasant
ritmo rhythm
robar to steal
roble *m* oak tree
robledal *m* oak forest
robusto robust
rocío dew
rodar to roll; roam, wander
rodear to surround
rogar to request; beg
rojo red
romance romance; *n m* ballad
romancero collection of ballads
romano Roman
romper to break
ronda night outing
rondar to walk the streets by night
rosa rose; pink
rostro face
roto broken
rubí *m* ruby
rudo crude
ruido noise
rumor *m* murmur; rumor
ruptura break; rupture
ruso Russian

S

sábana sheet
saber to know; **saber a** to taste of
sabiduría wisdom
sabio wise

sabor *m* flavor
sabroso flavorful, delicious
sacar to remove, take out
sacerdote *m* priest
saciar to satiate, fulfill
sacramento sacrament
sacrificar to sacrifice
sacrificio sacrifice
sacrilegio sacrilege
sacro holy
sacudir to shake; dust
sagaz wise
sagrado sacred
sal *f* salt
salario salary
salida exit; way out
salir to exit, go out; come out
salpicar to splash, splatter
saltar to jump
salto jump
salud *f* health
saludar to greet
salvar to save; make an exception of
salvo safe, excepted; *prep* except for
sanar to cure
sangrar to bleed
sangre *f* blood
sano healthy
santiguarse to make the sign of the cross
santo -a saint; holy, saintly
saña fury
saquear to sack; plunder
sartén *m/f* frying pan
sátira satire
satírico satirical
satisfacción *f* satisfaction
satisfacer to satisfy
satisfecho satisfied
sazón *f* seasoning, ripeness; season
secar to dry
sección *f* section
seco dry
secreto secret
sector sector; section
secuestrar to kidnap; sequester
secular secular

seda silk
sede *f* seat; head office
seducción *f* seduction
seducir to seduce
seglar lay, secular
segmento segment
seguir to follow, pursue
según according to
segundo second
seguridad *f* security, safety
seguro secure, safe; sure
selección *f* selection
seleccionar to select
sellar to seal; stamp
sello seal; stamp
semana week
semblante *m* face, look; aspect
sembrar to sow, scatter
semejante similar
semejanza similarity
semilla seed
sencillo simple
seno bosom
sensación *f* sensation
sensatez *f* good sense
sensato sensible
sensible sensitive
sensitivo sensitive, sensual
sensual sensuous, sensual
sentarse to sit
sentencia (legal) sentence; declaration
sentido sense; meaning
sentimental sentimental
sentimiento feeling; sentiment
sentir(se) to feel
seña sign, mark
señal *f* sign, mark
señalar to point out
señor *m* sir; master, mister; lord
señorial majestic, seigniorial
sepulcro tomb
sepultar to entomb
ser *m* being; *v* to be
ser humano *m* human being
sereno calm; serene; night watchman
serie *f* series; **de serie B** second rate

Vocabulario

serio serious
serpiente *f* serpent
sermón *m* sermon
serrano -a highlander
servicio service
servidor -a servant
servidumbre *f* servitude; staff, servants
servil servile
servir to serve
seso brain
seudónimo pseudonym
severo severe
sexo sex
sexual sexual
siempre always
sierpe *f* snake
sierra mountain range
siervo -a serf; slave; servant
siesta nap
siglo century
significado meaning, significance
significar to mean
significante significant
significativo significant
siguiente following
silbar to whistle
silencio silence
silla chair
sillón *m* armchair
simbólico symbolic
simbolizar to symbolize
símbolo symbol
simpatía liking; sympathy
simpático nice; congenial
simple simple; foolish, simple-minded; simplistic
simpleza *f* simplicity; foolishness, dullness
sin without
sinceridad *f* sincerity
sincero sincere
síncope *f* faint, swoon
sindicato trade union; syndicate
sinfín *m* great number
sino but, but rather, if not
síntesis *f* synthesis

sinvergüenza *m/f* shameless rogue
sistema *m* system
sitio place, space
situación *f* situation; job
situar to situate, place
soberano sovereign
soberbio vain, proud
sobornar to bribe
sobra excess
sobrar to be in excess
sobre on, above; over; *n m* envelope
sobremanera exceedingly
sobresalir to stand out; excel
sobresalto sudden dread or fear
sobrina niece
sobrino nephew
sociable sociable
social social
sociedad *f* society
socio member; partner
sofocar to suffocate; stifle
soga rope; noose
sol *m* sun
solar *adj* solar; *n m* plot of land
solariego manorial; of noble ancestry
soldado soldier
soledad *f* solitude
solemne solemn
soler to be accustomed to; usually (+ verb)
solicitar to request
solidez *f* solidity
solidificar to solidify
solo alone
sólo only
soltar to release, let go of
solución solution
solucionar to solve
sollozar to sob
sollozo sob
sombra shade, shadow
someter to submit
son *m* sound; song
sonar to sound; ring
sonoro sonorous
soñar to dream

sopa soup
soplar to blow
soportar to endure; put up with
sordidez *f* sordidness; filth
sórdido sordid, filthy
sordo deaf
sortija ring
sorprender to surprise
sorpresa surprise
sosiego calm, peace
sospechar to suspect
sostener to sustain; support
sótano basement, cellar
suave soft; gentle
subconsciente subconscious
subida ascent, rise; incline
subir to take up; *v.* to ascend, go up; get on
subjetividad *f* subjectivity
subjetivo subjective
sublime sublime
subordinar to subordinate
subrayar to underline
subsistir subsist
subversión *f* subversion
subyugar to subjugate
suceder to occur; follow
sucesión *f* succession
sucesivo successive
sucio dirty
sudar to sweat
sudeste *m* southeast
sudor *m* sweat
suegra mother-in-law
suegro father-in-law
suelto loose
sueño dream; sleep; **tener sueño** to be sleepy
suerte *f* luck
suficiente sufficient, enough
sufragio suffrage; vote
sugerencia suggestion
sugerir to suggest
suicidarse to commit suicide
suicidio suicide
sujetar to fasten

suma sum total
sumergir to submerge
suministrar to provide, supply
sumo highest
supeditar to oppress; subject; subordinate
superficial superficial
superficie *f* surface, exterior
superior superior
superlativo superlative
superrealismo surrealism
súplica petition, request
suplicar to implore
suponer to suppose
supremo supreme
suprimir to suppress
sur *m* south
surco groove
surrealismo surrealism
suspender to suspend
suspenso suspense
suspirar sigh
suspiro sigh
sustentar to sustain; support
susto scare
sutil subtle
sutileza subtlety

T

tabaco tobacco
taberna tavern
tablado stage
tacaño stingy; mean
tachar to cross out
tajar to cut out; to slice
tal *adj* such; *adv* thus
tal vez perhaps
talento talent
talismán *m* talisman
talla size
talle *m* size; waist; figure
taller *m* workshop
también also
tambor *m* drum
tampoco neither

Vocabulario

tan *adv* so
tanque *m* tank
tanto so much; as much
tapa lid, cover
tapar to cover
tapia mud wall
tardar to be late; to take (time)
tarde late
tardecer to get late
tarifa tariff; rate
tarjeta card
té *m* tea
teatro theater
tecnología technology
techo roof; ceiling
tejer to weave; knit
tela cloth
telaraña spiderweb
teléfono telephone
telegrama *m* telegram
telescopio telescope
tema *m* theme
temblar to tremble
temer to fear
temeroso frightened; timid
temible frightful
temor *m* fright
templar to moderate
temporal *m* storm; rainy season; *adj*
   temporary
temprano early
tenacidad *f* tenacity
tenaz tenacious
tendencia tendency
tenderse to lie down; stretch
tener to have; own; hold
tener que must; to have to
tensión *f* tension
tentar to touch; feel; tempt
tenue slight, tenuous
teñir to dye
teología theology
teólogo -a theologian
teoría theory
tercero third
terminar to finish, end

término term; end
ternero calf
ternura tenderness
terrenal earthly
terreno piece of land
terrestre terrestrial; earthly
terrible terrible
terror *m* terror
tertulia meeting; social gathering;
   literary salon
tesoro treasure
testimonio testimony
texto text
tez *f* complexion
tía aunt
tibio lukewarm
tiburón *m* shark
tiempo time; weather
tienda tent; store
tierra earth
timbre *m* stamp; doorbell; timbre
timidez *f* shyness
tímido shy
tino knack; tact
tío uncle
tipo type; fellow
tirar to throw; pull
tiro throw; shot
titubear to totter; hesitate
título title
toalla towel
tobillo ankle
tocar to touch, feel; play (music); knock
todo all; everything
tolerar to tolerate
tomar to take
tomo tome, volume
tono tone
topar to run into
torcer to twist
tormenta storm
tornarse to turn; become
tornillo screw
toro bull
torpe clumsy
torre *f* tower

torta tart, pie
tortura torture
tos *f* cough
tosco rude; rough
toser to cough
total total, sum
totalidad *f* totality
totalmente totally
trabajar to work
trabajo work; job
trabajoso difficult
traducción *f* translation
traducir to translate
traer to bring
tragar to swallow
tragedia tragedy
tragicomedia tragicomedy
traición *f* betrayal
traicionar to betray
traidor -a traitor
traje *m* suit
trama plot
tramar to plot; contrive
trámite *m* procedure
trampa trick; trap
trance *m* trance; peril; critical moment
tranquilo tranquil, calm
transcendental transcendental
transcurrir to elapse; come to pass
transición *f* transition
transportar to transport
tranvía *m* tram, trolley
trapo rag
trasero rear, hind
trasladar to move; remove; relocate
traspasar to cross
trastienda back room
trasto piece of junk
trastornar to upset
trastornarse go crazy
tratado treatise; treaty
tratar to treat; deal with
tratarse de to concern
tregua truce
tribu *f* tribe
tributo tribute; tax

trigo wheat
triste sad
tristeza sadness, sorrow
triunfar to win, triumph, succeed
trocar to exchange, barter
tropa troop
troj *f* barn, granary
tropezar to stumble
tropiezo stumble; slip
trovador *m* troubador
trozo piece
trucha trout
trueno thunder
trueque *m* barter, exchange
tuerto one-eyed
tumulto tumult
turbar to disturb
turno turn
turrón *m* nougat

U

ubicar to place, situate
úlcera ulcer
último last
ultrajar to offend; violate
ultraje *m* offense
unánime unanimous
unidad *f* unity
unificar to unify
unificador -a unifying; *n* unifier
uniforme uniform
unión *f* union
universal universal
universidad *f* university
universo universe
urbe *f* metropolis
urraca magpie
usar to use; wear
útil useful
uva grape

V

vaca cow
vacío empty
vagabundo -a vagabond

vago lazy; vague; vagrant
valer to be worth; **valerse** use profitably
valiente brave
valor *m* bravery; worth
valle *m* valley
vanagloria vainglory, pride
vanguardia vanguard
vanidad *f* vanity
vano vain
vapor *m* steam, vapor
vara rod; staff; unit of length (about 2.8 ft.)
variar to vary
variedad *f* variety
vario various, diverse
varón *m* male
vasallo subject; vassal
vaso glass
vasto vast, wide
vecino neighbor
vehemente vehement
vejestorio old piece of junk
vejez *f* old age
vela candle; vigil; eve; sail
velar to watch; stay awake
velatorio wake
velo veil
veloz fast, quick
vena vein
vencer to conquer
venda bandage
vender to sell
veneno poison
venerar to venerate, honor
venganza vengeance
vengarse to take revenge
venir to come
ventaja advantage
ventajoso advantageous
ventana window
ventura chance; happiness
venturoso lucky
ver to see
veracidad *f* truthfulness
verano summer
verdad *f* truth

verdadero true
verde green
verdor *m* greenery
verdugo hangman, executioner
vergel *m* orchard; garden
vergonzoso embarrassing
vergüenza shame, embarrassment
verosímil likely
verosimilitud *f* likeliness
versión *f* version
vestíbulo lobby, vestibule
vestidura vestment, dress
vestigio vestige
vestir(se) to dress (get dressed)
vez *f* time, occasion
vía way; track
viajar to travel
viaje *m* trip, voyage
vianda meat; snack
víbora snake; viper
vicio vice
vicioso given to vice
víctima victim
victoria victory
vida life
viejo -a old; old person
vigente in force
vigilar to keep watch over
vigor *m* vigor
vil vile
villa town, village
villanía low birth; baseness
villano of low birth; peasant; rustic
vinagre *m* vinegar
vino wine
viña vineyard
violar to violate, rape
violencia violence
virar to turn; veer
virgen *f* virgin
virtud *f* virtue
virrey *m* viceroy
visigodo -a Visigoth
vislumbrar to glimpse
vista sight; view
vitalidad *f* vitality

vitorear *v.i.* to shout hurrah for
viuda widow
viudo widower
vivir to live
vivo alive
volar to fly
volcar to upset; overturn
volumen *m* volume
voluntad *f* will
volver to return
voz *f* voice
vulgar vulgar; popular
vulgo public; common people
vulnerable vulnerable

Y

yacer to lie (prone)
yegua mare

yerba herb
yerno son-in-law
yugo yoke
yuxtaponer to juxtapose

Z

zafar to loosen
zaguán *m* porch; entryway
zángano loafer, idler
zanja trench, gully
zapatero -a shoemaker *f* shoemaker's wife
zapato shoe
zarzuela musical comedy
zorro -a fox
zumbido buzz, hum

Indice

Photo Credits

4, Anonymous, "Come O Come mantou...", © Performing Arts Research Center/The New York Public Library at Lincoln Center. 54, Anonymous, "Ell alta Reuna dona...", Musée de Coudée, Chantilly, © Pedro Marcuello, Photographie Giraudon/Art Resource. 94, Velázquez, "Las Meninas", 1656, oil on canvas, Museo del Prado, Spain, SRS Register Systems. 122, From *Retratos de los españoles ilustres con un epítome de sus vidas,* engraving, Imprenta Real, 1791, Madrid, plate 75, © Editorial Photocolor Archives/Art Resource. 328, Goya y Lucientes, *Scena del tre Maggio, 1808,* Gall de Prado, Binroduziane Interdette, Anderson, © Art Resource. 390, Joaquin Sorolla y Bastida, *The Monastery of San Juan de los Reyes,* Toledo Sorolla Museum, Madrid, © Joseph Martin/Scala. 466, Federico García Lorca, *Merienda,* 1927. 598, Tapies, *Painting With Cloth and Rope,* 1975, 70×67.

Art Credits

Roy Gallop, map of Hispano-germanic Empire (1517–1614), p. 90

Literary Credits